ECONOMICS & MANAGEMENT

教育部经济管理类核心课程教材

Marketing

市场营销

互联网时代的营销创新

孟 韬 编著

中国人民大学出版社
· 北京 ·

序 言

我和东北财经大学的孟韬教授相识很长时间了。十多年前，我就经常在市场营销学术会议上见到他，对他关于社会网络、顾客创新、互动营销等方面的研究很感兴趣，知道他一直在营销的前沿理论方面不停思索、笔耕不辍。

学术研究和教材写作是两回事。能写好论文，未必能写好教材。认识孟韬，只看到了他学术研究的一面，这本教材让我认识了他的另一面。大学对教师成果的评价更倾向于学术论文，因此，肯花精力、不拼凑、写出对得起学生的教材，对中青年教师而言实属不易。不过，认真写教材，对市场营销的理论体系进行系统的梳理，有助于全面深入地理解这一学科。

认真阅读后可以感觉到，孟韬采用营销的理念和方法来策划和撰写这本教材。教材有明确的目标市场选择和定位，全书紧紧围绕读者需求编写，进行了与众不同的差异化设计。

首先，以互联网时代的营销创新为主线谋篇布局，视角独特新颖。互联网给市场营销带来的变革是颠覆性的。该书的标题“市场营销：互联网时代的营销创新”，没有把互联网营销只放在营销渠道或促销方式那一章中，而是将互联网时代的营销新方法贯穿全书的每一章，体现了该书的“差异化营销战略”。顾客创新、商业模式创新、微信营销、移动营销、社交媒体营销、微商、内容营销、视频营销、场景营销、病毒营销等基于互联网的新兴营销方法，都在该书中有精彩呈现。

其次，针对读者需求的特点，教材突出了内容的趣味性和实用性。作者大量使用了人们熟悉的本土案例。以 90 后、00 后为主体的读者是网络一代，他们重度使用社交媒体和各种网络产品。书中选取了众多读者在生活中能够遇到的有趣的消费品营销及互联网营销案例，激活读者已有的信息。例如，可口可乐在中国市场的包装瓶、岳云鹏的淘宝星店、罗辑思维的自媒体、唯品会的定位、安慕希与跑男的娱乐营销、Papi 酱与网红营销等，读者读起来能够获得共鸣，产生进一步的思考。为了使读者更具有营销实战能力，作者在第 14 章营销策划与方案中介绍了营销策划书、营销诊断书、营销年度计划书三种策划方案的结构和写作技巧。另外，在每一章后作者设计了“应用与实战”专栏，提出几个启发式的问题；安排了一个独特的导言，让读者在学习之前从总体上理解市场营销的核心。作者还在第 1 章中设计了“市场营销的流程与职业方向”一节，用表列出了市场营销中的各种营销和销售职位，便于读者规划自己未来的营销职业生涯。

孟韬还把自己的研究与教材写作结合在一起，展现了前沿的理论研究。该教材的部分内容体现了作者承担的国家自然科学基金课题“大众生产的网络机制与组织模式研究”

的成果，展现了他对基于顾客的创新、众包、众筹、P2P 模式、互联网商业模式创新、互联网思维、分享经济、平台组织、网络组织等前沿问题的理论思考。

这是一本创造了顾客价值、能使顾客满意的创新性营销教材。期待该书能在激烈的竞争中取得良好的营销绩效。

庄贵军

前　言

用市场营销的理念和方法来策划和撰写市场营销教材一直是我践行的思路。我主编的《营销策划：方法、技巧与文案》是“营销策划”的结果，成为全国最畅销的营销策划教材之一，希望这本《市场营销：互联网时代的营销创新》教材也能做到。

互联网的阳光已经照射到市场营销的每一个角落。互联网给市场营销带来的变革是前所未有的。网络营销已成为营销者的必杀器，可谓无“网”不胜。整合营销传播之父丹·舒尔茨在访问中国的演讲中反复表示：因为互联网的出现，传统的整合营销传播已经过时，市场规则已经改变，我们需要建立一个以消费者为主导的具有交互性的新营销体系。由此，本书取名为“市场营销：互联网时代的营销创新”。本书的每一章都和互联网相结合，而不是把互联网仅仅作为网络营销渠道或促销方式，这也正是本书最突出的特色。本书面对的是以 90 后为主体的顾客群体，他们是数字化“原住民”、“N 一代”（网络一代），他们天天都在使用社交媒体，关注网红，使用 APP，被无数新兴的网络产品和营销案例包围着。让这样的顾客真正喜欢一本市场营销教材，不仅使他们满意，还要使他们愉悦，对我这个 70 后来讲是一种挑战。没有特色、陈旧乏味、落入俗套的教材只会让顾客不屑一顾。因而，我使用市场营销的方法，对这本教材进行了目标市场选择、市场定位、目标设定和差异化设计，以期使它在众多的竞争产品中独树一帜、脱颖而出。

- 目标市场：本科生和硕士生，经济管理专业的专科生，以及营销管理人员、销售业务与销售管理人员等营销学习者。
- 定位与目标：以科特勒《市场营销》的第 16 版为标杆，中国化、有趣味、更精简、更实用，成为国内最畅销的市场营销教材之一。
- 差异化战略：全面紧扣“网络”，理论方法前沿，基础知识实用，案例新颖有趣，章后问题务实。

当然，以上只是营销战略的设计，最重要的还是产品自身给顾客带来的价值。我总结本书的特色与价值如下：

与互联网营销有关的内容贯穿全书每一章

本书认为互联网不是工具，而是思维、范式、方法论。故而，没有把互联网营销只放在营销渠道或促销方式那一章中，而是每一章都论及互联网时代的营销新方法。尤其是，本书的第 1 章第 4 节总体概述了互联网时代对市场营销提出的挑战；第 4 章、第 13 章对互联网环境和网络传播策略做了全面的论述。全书各章有关互联网的营销新方法如下：

- 在第 1 章市场营销的内涵与理念中，分析了互联网时代的营销创新，表 1–7 总结了互联网时代的营销创新与新趋势并和传统营销进行了比较；总结了数字化营销的四种驱动力；简要介绍了移动营销、社交媒体、社交媒体营销等。
- 在第 2 章顾客价值、顾客满意与顾客关系中，介绍了价值让渡网络、价值共创、产消者、用户创造内容（UGC）模式、顾客创新 / 用户创新、顾客社区、麦当劳的网络营销等。
- 在第 3 章市场营销环境分析中，介绍了“大智移云”技术新趋势、工业 4.0、大商集团的互联网转型等。
- 在第 4 章互联网环境分析中，专门详细介绍了网红与网红营销、互联网的特点与性质、互联网时代的营销优势与变革、网络经济与网络营销、大众生产、开源软件、维基、众包、分享经济 / 协同消费、P2P 与众筹、网络营销的特点与类型、互联网的营销环境、互联网九大思维、互联网时代“新 4C”、“互联网 +”的含义与类型、基于互联网的商业模式、O2O、罗辑思维的发展与转型等。
- 在第 5 章购买者行为分析中，介绍了互联网时代消费者行为 AISAS 模型、消费者的自组织与同类聚合等。
- 在第 6 章市场营销信息与调研中，介绍了大数据与大数据营销及其经典案例、市场信息来源网站、网络调查法、网络调查网站、海尔的大数据营销等。
- 在第 7 章企业战略与竞争战略中，介绍了商业模式以及基于互联网的商业模式创新、平台营销、免费战略、竞合战略、腾讯和尚品宅配等企业的互联网战略等。
- 在第 8 章营销战略的制定中，介绍了互联网市场的细分、部落营销、八种互联网社区类型、唯品会的营销战略、陌陌的定位等。
- 在第 9 章产品策略中，介绍了淘宝的“淘品牌”、互动营销、新产品开发中的众包、网络产品的属性与品牌、网络服务的类型与工具等。
- 在第 10 章定价策略中，介绍了“双十一”低价大促、秒杀 / 限时抢购与团购等网络促销定价策略、到线下看而到线上买的“逛展厅”问题与对策、滴滴优步合并后的价格调整等。
- 在第 11 章渠道策略中，介绍了电子商务渠道的功能与类型、国内服装企业拉夏贝尔线上线下渠道协调发展、菜鸟物流、京东自建仓储物流等。
- 在第 12 章大众传播策略中，介绍了网络标题党、阿里钉钉印刷广告、微博上的公共关系活动、天猫商家的好评返还等。
- 在第 13 章网络传播策略中，介绍了网络化的传播、社会网络理论、品牌社区、网络广告、搜索引擎营销与竞价排名、粉丝经济、社交媒体营销及其 4I 原则、微商、内容营销、视频营销、场景营销、病毒营销、微信营销、移动营销、二维码与 LBS、移动广告、天猫的 T2O 营销等。
- 在第 14 章营销策划与方案中，介绍了 2016 年精彩的八大营销策划方案，其中大部分与网络营销策划有关；还介绍了三只松鼠、饿了么、滴滴打车的营销策划等。
- 在第 15 章营销组织、执行与控制中，介绍了大众生产组织，虚拟组织与战略联盟，学习型组织，阿米巴组织，苏宁、海尔、阿里巴巴的组织变革等。

结构与篇章安排精巧

第一，将整个市场营销活动创新性地比喻为“一条龙”：龙骨——顾客价值与顾客关系；龙珠——市场环境分析；龙头——营销战略制定；龙身——营销策略设计；龙尾——营销的组织、执行与控制。龙骨是主线，龙珠是方向，龙头是引擎，龙身是主体，龙尾是保障。因而，本书按照“一条龙”，将整个教材的结构分为理念篇、环境篇、战略篇、策略篇和管理篇五篇，分别对应龙骨、龙珠、龙头、龙身和龙尾。

第二，增加了导言，让读者在正式开始学习之前理解五个问题——问题 1：为什么要学市场营销？问题 2：市场营销是什么？问题 3：市场营销学什么？问题 4：市场营销做什么？问题 5：怎么学好市场营销？从而对市场营销的框架、学习目的和就业方向有总体的认识，感性认识营销，并产生浓厚的学习兴趣。

第三，在章节安排上，考虑到一般大学一学期有 18 周，除去“五一”或“十一”等放假、总复习时间，教学周仅仅 15~16 周左右，因而章数安排不多，共 15 章，除去导言和第 1 章可用两周完成，其他内容基本上一章一周，非常便于教学安排。

内容与练习注重实用、实战

本书注重启发读者思考、应用知识来解决实际营销问题，教会营销学习者“临门一脚”。

第一，在每一章后并没有老套的有关本章知识内容的简答题，而是设计了“应用与实战”，有 2 ~ 4 个问题。例如，第 1 章后设计了一道应用与实战题：对王健林与马云、董明珠与雷军设的豪赌做出自己的判断，并提供依据。

第二，为了使营销学习者更具有营销实战能力，安排了第 14 章营销策划与方案。营销策划是计划职能的集中体现，营销策划方案的写作是营销人必须具备的能力。这一章介绍了营销策划书、营销诊断书、营销年度计划书三种策划方案的结构和写作技巧，实际上是将市场营销专业的另一门课程“营销策划”浓缩在这一章中。

第三，本书还介绍了调查问卷范例、定位地图、十种成功推销术等实用的工具和技巧。在第 1 章中设计了“市场营销的流程与职业方向”一节，表 1–5 和表 1–6 列出了市场营销中的各种营销和销售职位，便于读者规划自己未来的营销职业生涯。

侧重使用读者在生活中熟悉的本土案例

科特勒的市场营销大作有丰富的国外案例，虽然很多做法很前沿，但中国读者不熟悉，不能产生共鸣。中国企业的营销实践也十分精彩，本书侧重选取读者，尤其是 90 后、00 后在生活中能够遇到的有趣的消费品营销、互联网营销案例，激活读者已有的信息，激发读者进一步思考。例如，胡歌的必胜客短视频营销，可口可乐在中国市场的包装瓶，“欠星爷的电影票该还了”的《美人鱼》广告，小岳岳（岳云鹏）的淘宝星店，安慕希与跑男的娱乐营销，Papi 酱与网红营销，等等。

与市场营销前沿理论研究相结合

一本提供较高顾客价值的教材不仅会涵盖本学科的基础知识，而且会展现前沿的、与时俱进的理论研究。本教材的部分内容与本人的学术研究相结合，本人承担了国家自然科学基金课题“大众生产的网络机制与组织模式研究”，研究了基于互联网的顾客创新、众包、众筹、P2P 模式、分享经济等前沿问题，发表了诸多学术论文，这些内容也就转化成教材内容。

本教材还给读者带来其他一些附加的顾客价值：

- 新鲜新颖的信息。以下新鲜有趣的案例和知识都体现在本教材中：特朗普的社交媒体营销、二孩政策与市场营销、雾霾与新能源汽车营销、《隆中对》的市场营销解读、“小鲜肉”营销、钻石的营销骗局、常用的网络调查网站、推荐查找市场营销资料的网站、奢侈品品牌、腾讯的黄金红包、中国的“经济邪教”——传销的发展、小众媒体与卫生间广告、《变形金刚 4》的植入广告、场景营销、腾迅推出的微信小程序、Pokemon Go 与 AR 营销、海尔集团与苏宁等企业的战略转型等。

- 提倡重视中国式营销。中国传统文化中的“欲从商，先为人”就是强调诚信、正直的个人品德修养对市场营销的重要性。这是在任何一本西方的市场营销教材中都学不到，而需要在中国传统文化中汲取的有中国特色的市场营销精髓。教材通过中国市场营销历史回顾、中国式关系营销以及相关专栏内容的介绍，历史性、全景式地看待市场营销，不割裂市场营销与传统贸易，提醒读者重视中国特殊的营销环境和传统的儒商精神。

- 便于学习专业英语。主要市场营销术语都标注了英文，章后对本章的重要概念做了汇总，并给出了英文。这便于读者学习专业英语、商务英语，查阅英文资料；为本科生出国攻读硕士打好基础。

- 语言与格式方面的精心设计。语言亲切、活泼，不板起面孔说话，体现了读者导向，如多用第二人称“您”而不是“你”。正文中有 80 多个专栏，多是补充的前沿知识或小案例，部分专栏采用二维码形式，扫一扫即可阅读，形式新颖且方便。重要概念在正文中设为黑体字，便于读者查找。

还有其他几位教师及我指导的一些市场营销专业的博士生和硕士生参与了本书的资料收集、撰写等工作。他们是：董政、李佳雷、李林晓、马毓徽、关钰桥、王维、何畅、樊文玲、尚立君。感谢他们付出的劳动。本教材的出版得益于中国人民大学出版社的大力支持，在此表示由衷的感谢。另外，本书还借鉴并引用了国内营销书籍、杂志和网站上一些同仁编写的案例，也对他们表示诚挚的谢意。同时，也希望广大读者不吝赐教，以便本书再版时修订。可联系的电子邮箱是：mengtao@dufe.edu.cn。

孟　韬

目　录

第 4 篇　策略篇

第 5 篇　管理篇

欢迎来到精彩的市场营销世界

打开这本书，意味着您即将开始一个精彩、有趣的市场营销世界之旅，欢迎您。

当您在赞叹电影《战狼 2》以 57 亿元票房创下国内上映电影票房纪录时，有没有想过这个营销奇迹是如何实现的？都使用了哪些线上线下的营销手段？当您在吃着火锅、喝着加多宝的时候，有没有想到加多宝如何在与王老吉的较量中胜出？它的那句广告语有什么奥妙？当您在有了 iPhone X，还想知道下一款 iPhone 何时出的时候，有没有想过乔布斯如何让 iPhone 打败了曾经的市场老大摩托罗拉、诺基亚？为什么有那么多顾客熬夜排队买 iPhone？您有没有听说过“饥饿营销”？

这些现象和故事都与一个专业知识有关，它就是市场营销。的确，市场营销很有趣，它和我们的生活是如此贴近。您也是一名被营销者——消费者，成天被铺天盖地的营销信息和营销活动包围着。只要留心就会发现，市场营销无处不在。在电视和报纸广告里，在超市中，在您的手机 APP 和微信里，在校园内外，在吃穿住行玩各个领域，凡是有商业竞争的地方，就会有市场营销。

创新性和艺术性是市场营销永恒不变的两大主题。面对日趋白热化的竞争以及同质化的产品，企业必须不断地采用与竞争对手不同的新的市场营销思路、方法，再巧妙地与顾客需求、文化、情感结合，使营销活动充满艺术性、观赏性和娱乐性，才能使消费者和公众对企业及其产品产生较高的认同，从而转化为购买行为。市场营销在不断地创新，且富有艺术性，甚至会经常制造出轰动性的、吸引眼球的事件、新闻。因而，市场营销充满了趣味和激情，它已成为当前企业竞争中最亮丽的一道风景线，能够激发出最具创造力的灵感，产生最有竞争力的产品，也最能吸引我们去关注它、研究它，并投身于这项事业。

学习这本书之前，我们要从总体上明白五个问题：第一，为什么要学市场营销？第二，市场营销是什么？第三，市场营销学什么？第四，市场营销做什么？第五，怎么学好市场营销？

问题 1：为什么要学市场营销？

问您两个问题：您知道一个企业最基本和重要的职能是什么吗？您知道近 20 年的人

才市场中最受欢迎的专业是什么吗？答案都是市场营销。市场营销不仅有趣，而且重要，对企业、对个人都重要。

企业要盈利必须将自己生产的产品或服务卖出去，实现马克思所说的“从商品到货币的惊险一跳”。管理大师彼得·德鲁克认为：企业只有两个基本职能，即营销和创新。德鲁克这样评价市场营销：“它囊括了一切业务。从最终结果来看，也就是从客户的角度来看，一个企业要做的事情只有营销。企业的各个部门都应该关注营销，负责营销。”被誉为“营销之父”的菲利普·科特勒说：“今天各个层次成功的企业都有一个共同点，即它们都着重强调以顾客为中心并大力进行市场营销。”由此可见，市场营销是企业的基本职能，成功的市场营销是企业持续发展的基本条件和要求。

市场营销人员是各类工商企业、社会团体与组织不可缺少的人才。无论是国企、民企、外企，大企业、小企业，传统行业企业、电子商务企业，还是少林寺、你所在大学等非营利组织，都需要市场营销人员，所有的企业都设有营销部或销售部。在我国人才市场中，市场营销人才的需求量一直居高不下，在众多人才交流会上，市场营销人才都是最受欢迎、最供不应求的。企业往往用底薪加佣金的方式吸引和激励营销人员，许多营销人通过自己的努力取得了丰厚的报酬。对今后不做营销工作的读者来讲，学习市场营销有助于了解身处的商业世界和经济生活，对其他工作也会起到促进作用。

问题 2：市场营销是什么？

在此不需要给市场营销下一个标准的定义。美国学者麦克唐纳（MacDonald）出了一本别开生面的营销漫画书，第一页就有一幅图：拿着货币的人与拿着商品的人相互在丛林里追逐（如图 0–1 所示）。他这样解释营销是什么：“在商务世界的丛林里有一块空地，它叫做市场。在这里，拥有商品和拥有货币的人相互追逐，直到他们追上对方，但遗憾的是，这种情况并不多见。更多的时候，拥有商品的人徒劳地寻找拥有货币的人，拥有货币的人也在徒劳地寻找拥有商品的人，需要某种魔法才能让他们相遇。这种魔法就是——营销。”营销的魔法有两种：一是通过广告、推销、促销，让有货币的人找到有产品的人；二是看看有货币的人想要什么，生产出他们需要的商品然后卖给他们。第二种营销魔法比第一种更高明。所以，市场营销不仅仅是广告和销售。

用学术语言来讲，学过经济学的人都知道供求曲线，市场机制是经济学的灵魂，供给曲线是解析市场机制的基本工具。如何让供给曲线与需求曲线相交成一个叉形，这就是市场营销要发挥的作用。市场营销使供给与需求匹配，让“看不见的手”舞起来，从而形成市场价格和市场机制，这正是市场经济的基石。

图 0–1 有关市场营销含义的漫画

问题 3：市场营销学什么？

直白地说，市场营销将教给学习者致富的方法。科特勒对市场营销的定义是：“企业为从顾客处获得利益回报而为顾客创造价值并与之建立稳固关系的过程。”我们要学习为顾客创造价值、使顾客满意和维护顾客关系的方法，这也是企业盈利、营销人获得财富的方法。在这本书中，我们将这套方法称为市场营销“一条龙”——龙珠是市场环境分析，龙头是营销战略制定，龙身是营销策略设计，龙尾是营销的组织、执行与控制。龙身是主体，需要运用以 4P 为核心的营销策略组合，即产品（Product）、价格（Price）、渠道（Place）和促销（Promotion），这是学习者必须掌握的营销策略组合。本书的章节按照“一条龙”的逻辑和环节进行安排。

概括地讲，在这本书中，我们要学习和具备：顾客导向的理念、市场分析的方法、营销战略的思路、营销策略的技巧、创意策划的头脑、推销推广的能力和文案写作的能力。

问题 4：市场营销做什么？

如果您学习完这本书对营销产生了浓厚兴趣，立志以营销为职业生涯，那么就要考虑能做什么。可以在企业的市场部、销售部等相关部门从事企业产品销售、销售管理、顾客服务、市场调研、营销策划、产品品牌设计、广告与公关策划、网络营销等工作。还可以到一些提供营销专业服务的公司去工作，在那里专业技能会得到更快的提高，例如管理咨询公司、营销策划公司、广告公司、市场调查公司、公关公司等。

您在企业的升迁路径一般是这样的：从销售员，到区域营销主管，再到公司销售部或市场部经理，最后到营销总监（CMO）、总经理。也可以不从销售而从营销策划的方向发展，从普通企划人员，到部门负责人、营销总监。但一般而言，一线市场的销售经理的经历与经验是不可缺少的。

当然，您也可以自己创业，当老板。市场营销是最适合创业者选择的专业！因为它教会您如何洞察消费者需求，发现商机，再把商机转化为盈利，积累人生财富。学完这本书之后，您也许发现自己不仅学会了如何营销产品，更学会了如何营销自己。

问题 5：怎么学好市场营销？

我们已经进入互联网时代，营销的工具发生翻天覆地的变化，微博、微信、微电影、社交媒体、网站、视频，这些我们天天接触的新媒体创造出富有魔力的营销手段，每个人都能轻而易举地进行营销，您就是营销人。对于每一位市场营销的学习者来说，认识到市场营销精彩、有趣非常重要。市场营销的这一特征是很多其他学科、课程所不具有的，它与我们的日常生活息息相关，涉及很多重要的、轰动性的经济社会活动。只要将市场营销的知识、方法与我们感兴趣的现实、实践结合，我们就会产生极大的学习热情和兴趣，兴趣会成为我们事业成功的原动力。

做营销人，关注天天发生在身边的有意思的营销，您一定会爱上这门学问，学好这门学问。因此，学习的时候别只学知识和方法，一定要掌握大量中外经典的营销案例，将它们和生活中你知道的鲜活的营销事例结合起来。

市场营销更强调学习者具备运用各种知识去解决现实营销问题的能力，学习者通过学习要具备实际沟通能力、推销能力、执行能力、策划能力、组织能力和创新能力等六项能力。这是仅仅读书或在课堂上学不到的，可以通过实习兼职、实验模拟、实训培训、案例研讨、演示演讲等多种方式全面提升自己的营销能力。还是那句老话：理论和实践结合。

此外，学习市场营销要结合其他课程的学习。学习者可以通过自学或选修课程，了解一些心理学、社会学、经济学、传播学和统计学的方法或理论，同时要学习工商管理方面的一些知识，如战略管理、人力资源管理、财务管理等。这对做好营销工作会起到很大的促进作用。

导言仅为读者产生兴趣开启一扇门。最后留几个思考题，带着这些问题开始您对精彩的市场营销世界的探索吧！

- 如何把梳子卖给和尚？
- 如何把冰箱卖给爱斯基摩人？
- 如何选择并营销一项产品或服务，开始你的创业？
- 如何在未来的职场生涯中营销你自己？

第 1 篇 ▷ ▷ ▷

理念篇

第 1 章

市场营销的内涵与理念

学习目标

- ▷ 感性认识国内外市场营销实践，体会总体演化历程。
- ▷ 理解市场营销的内涵，领悟作为哲学观念的市场营销。
- ▷ 体会市场营销理念的演变和当前的全面营销。
- ▷ 描述推动当代市场营销变革的主要趋势和力量。
- ▷ 认识中国传统文化和经济改革发展对中国市场营销的影响。

引例　海底捞火锅为什么这么火?

爱吃火锅的人没有不知道海底捞的。1994 年从四川简阳街边的一家麻辣烫摊子起家，海底捞到目前已经成为拥有 150 多家分布在全国，以及美国、新加坡、韩国的直营店，年营业额约 70 亿元的火锅集团公司。2016 年 7 月，海底捞还实现了其火锅底料业务在中国香港的上市。《海底捞你学不会》等介绍海底捞经验的书成为畅销的管理图书。

让我们去吃一次海底捞！之后就能领悟海底捞成功的奥秘。吃海底捞要等一两个小时是很正常的事情。这里的等待不是闹心，而是享受。等的时候，可以享受无限量的免费水果、虾片、黄豆、豆浆、柠檬水等，可以打牌下棋，还可享受美甲、擦鞋等免费服务；幼儿可以去游乐室，小孩子可以上网打游戏。吃的时候，为了吃得更丰富，可以点半份菜；店里提供围裙防止火锅汤溅到顾客身上；服务员为长发顾客递上束发皮筋，为戴眼镜顾客送上眼镜布，为顾客的手机套上塑料袋。若顾客点了拉面，服务员会像跳舞一样当场表演拉面的过程。服务员还叫得出老顾客的名字，要求多送一份水果或者一样菜品，服务员也会爽快答应。海底捞的顾客会感受到一种前所未有的服务，这种服务完全超出自己的预期，有些顾客甚至称之为“变态式服务”（见图 1-1）。在这种“变态式服务”下，海底捞创造了 50% 的顾客回头率，每天 3～5 桌的翻台率，这是餐饮界翻台率最高纪录，是属于海底捞的营销奇迹。

图 1-1　海底捞顾客在等待时接受服务

很多企业都在追求顾客满意和服务至上，为什么海底捞能取得持续的营销成功？看看海底捞的员工，他们的笑容是那么由衷和自然，他们的服务都是发自内心的行为。要想让顾客满意，先得让员工满意；要想服务做得好，需要员工乐意为顾客服务。"善待员工"是海底捞从建立起就实行的一个导向。海底捞的员工宿舍离工作地点不会超过20分钟，全部为正规住宅小区，会配备空调、上网电脑，有专人负责保洁以及洗衣服；如果员工是夫妻，则考虑给单独的房间。仅是住宿一项，一个门店一年就要花费50万元。海底捞在简阳当地赞助了一家学校，海底捞员工的子女在该学校上学，全部是寄宿制管理。为了激励这些大多来自农村的员工的工作积极性，海底捞有一个传统，就是将过节慰问品以及部分员工奖金直接寄给他们的父母亲人，让员工的家人也分享这份荣耀。除了福利待遇，海底捞还给予员工一些支配权和建议权。基层服务员享有打折、换菜甚至免单的权力，只要事后口头说明即可。在每一间海底捞的办公室里，墙上都会贴着一张"金点子排行榜"，这就是海底捞思想火花的来源。每个月，由各大部长、片区经理组成的创新委员会对员工提出的创意做出评判，一旦评上就会推广到各个分店，员工可以获得200～2 000元不等的奖励。海底捞的员工流动率一直保持在10%左右，而中国餐饮业的平均流动率为28.6%。

市场营销的核心与成功的奥秘是什么？海底捞用切实的行动回答了这个问题，这就是：以顾客为导向，全面地、不懈地、卓越地追求顾客满意与员工满意。在海底捞店内以及官网上都没有任何此方面的口号和标语，但在去过海底捞的顾客心中，他们都有做了一回上帝的感觉，在海底捞的员工心中，他们都有视海底捞为自己的家的感觉。从营销的角度讲，员工也是企业的顾客；对待顾客是企业的"外部营销"，对待员工是企业的"内部营销"，内外部都贯彻顾客导向的营销理念，就是"全面营销"。有了这种理念，才会有优质和不断创新的产品、体贴而又全面周到的服务，以及最终不断提高的企业业绩。

每位市场营销的学习者都去吃一次海底捞，感受一下顾客导向、全面营销的市场营销理念吧。

第 1 节　市场营销的内涵

一　感性认识市场营销

人类社会在工业革命之后的一段漫长的时间里，没有出现现代意义上的市场营销。20世纪以来，市场营销才在英、美等国有了迅猛发展，并且形成了市场营销理论与学科。营销实践和理论相互交织发展、共同促进。在此，我们主要通过梳理国内外市场营销实践的发展历史，通过无数的企业家/商人和产品的营销故事，感性地、全景地、动态地认识市场营销是什么。

（一）世界市场营销的产生与发展

1. 交换与贸易：起源阶段（19 世纪及以前）

在早期社会，人类处于生产为了消费的自给自足阶段，没有大规模的交易。在这一时期，剩余产品的物物交换、简单贸易是市场营销的起源。到中世纪，有了初步的劳动分工，生产是为了交易，人们开始在正式或非正式的市场上进行交换、交易，国家和地区之间有了跨越空间和时间的贸易和商品流通，例如我国的茶叶、丝绸通过“丝绸之路”流通到欧洲。

2. 推销与广告：形成阶段（19 世纪末至 20 世纪初）

从 19 世纪开始，工业革命带来了机械化、大规模生产方式，制造业得到了飞速发展，世界上第一家百货公司在法国巴黎诞生。日益发达的生产力，使社会商品供应日益丰富，导致部分产品出现供过于求。1825 年，欧美爆发了第一次以“生产过剩”为特征的大规模经济危机，之后每隔大约十年就要出现一次周期性的经济危机，从而使产品推销、销售成为企业关心的问题。企业纷纷成立了销售部门，雇用销售人员。一些企业还成立了市场营销的研究机构，开始了理性的市场营销活动。最早的是美国柯蒂斯出版公司，1911 年就建立了商业研究部门，对市场营销活动进行专门的研究。由于企业对产品推销与销售的重视，广告、商标、包装等已成为企业开展市场营销的重要手段，1865 年美国工商界的广告费用总额约为 8 万美元，1904 年超过 8 亿美元，1920 年高达 30 亿美元。

3. 现代营销：发展阶段（20 世纪 30—80 年代）

该阶段是市场营销发展最为迅速的阶段，具有深远的历史意义，对企业营销实践和理论发展产生的影响延续至今。这一阶段又分为第二次世界大战前后两个时期。在第二次世界大战前，市场供应的迅速增加和有效需求的不足使社会经济矛盾日趋尖锐，终于在 1929 年导致世界性的经济危机。1929—1933 年的经济危机造成商品积压、企业倒闭、市场萧条、失业上升。西方国家的工业生产下降了 37%，世界贸易额减少了 2/3。严酷的现实使越来越多的企业感受到竞争的压力，体会到市场营销活动的重要性，从而使市场营销活动在企业中迅速普及。越来越多的企业开始由单纯研究产品的宣传和销售，转向发现和研究顾客需求，以市场为导向，指导企业的生产和经营活动，组织系统的市场营销活动。此时可口可乐、IBM、通用电气等公司在实践中创造出一整套市场营销的策略和技术。第二次世界大战以后，一大批新技术、新材料、新能源由军用转向民用，促使新产品不断涌现，市场供应十分丰富；社会消费品质量不断提高，消费需求多样化、层次化趋势日益明显；商场成为新的“战场”，各国谋求市场进一步扩张的欲望只能通过新的商业竞争加以实现。随着经济全球化的发展，国际市场营销被可口可乐等美国公司以及索尼、松下、三星等后起的日韩企业运用和实施。在整个发展阶段，市场细分与定位、营销战略制定、品牌战略、整合营销传播、分销与物流、国际营销、公共关系、关系营销等都是企业采用的营销手段。

4. 数字化营销：发展新阶段（20 世纪 90 年代至今）

20 世纪 90 年代以来，以互联网为代表的数字技术的迅猛发展给企业市场营销带来又一次革命。通信技术彻底改变了人们的生活方式，如购物、沟通、娱乐、学习、医疗等。据统计，33 亿人——世界人口的 44%是网民；发达国家和以中国为代表的部分发展中国家 1/3 以上的成年人使用智能手机。这些数字随着互联网技术的发展而快速增长。在 eBay、雅虎、亚马逊、谷歌、脸书等互联网企业的探索下，人类社会进入数字化营销时代，社交媒体营销或新媒体营销、移动营销、搜索引擎营销、视频营销、场景营销、病毒营销、大数据等都成为企业营销的新利器。

（二）中国市场营销的产生与发展

许多学者认为中国市场营销是从改革开放开始的，只有30多年的历史。实际上，中国市场营销可以追溯到古代商业和民国时期的民族工商业，它扎根于悠久的古代商业历史和深厚的中国传统文化。讲究“义利并重”“以义取利”“致富为仁”“以德经商”“欲从商，先为人”“先交朋友，后做生意”的商业文化为中国现代市场营销积累了宝贵的财富，促成了具有中国特色的市场营销模式。营销学习者需要从“大营销”的角度回顾中国历史长河，从古代儒商的生意经中汲取精华，领悟中国式营销的真谛。

1. 儒商与古代商业：起源阶段（清代及以前）

中国古代商业产生于商周时期，初步发展于秦汉，到唐宋、明清时期有了进一步的发展。周武王灭商后，商朝遗民为了维持生计，东奔西跑做买卖，日子一长，便形成一个固定职业。周人就称他们为“商人”，称他们的职业为“商业”。春秋战国时期，涌现了范蠡、子贡等一批秉承“君子求财取之有道”的儒商，也出现了靠奇货可居、贩贱卖贵而富可敌国的吕不韦、白圭等。例如，范蠡辅佐越王勾践卧薪尝胆灭吴兴越之后，传说携西施功成身退，北上经商。他收购农产品到集市上去卖，再购得食盐麻布卖给农民，他货真价实、仗义疏财，三次散尽家财后，凭借才智和品德又迅速致富。范蠡还总结出一套商训，阐述了义利兼顾的儒商思想以及“贱收贵抛”“囤积居奇”的生意经（参见小贴士1-1）。后人尊称范蠡为陶朱公，推崇其为儒商鼻祖。虽然一段时间内存在重农抑商的思想，但在唐宋、明清阶段，商人地位逐步提高，商业经营逐步发展，儒商思想进一步升华。在清代，全国各地涌现出许多地域性的商人群体，叫做商帮，如徽商、晋商、

小贴士 1-1　商圣陶朱公（范蠡）商训

陶朱公商训之一

生意要勤紧，懒惰则百事废。
接纳要温和，躁暴则交易少。
议价要订明，含糊则争执多。
账目要稽查，懒怠则资本滞。
货物要整理，散漫则必废残。
出纳要谨慎，大意则错漏多。
期限要约定，延迟则信用失。
临事要责任，放弃则受害大。
用度要节俭，奢侈则用途竭。
买卖要随时，拖延则机会失。
赊欠要识人，滥出则血本亏。
优劣要分清，苟且则必糊涂。
用人要方正，诡谲则受其累。
货物要面验，滥收则售价低。
钱账要清楚，糊涂则弊窦生。
主心要镇定，妄作则误事多。

陶朱公商训之二

一是能识人。知人善恶，账目不负。
二是能接纳。礼文相待，交往者众。
三是能安业。厌故喜新，商贾大病。
四是能整顿。货物整齐，夺人心目。
五是能敏捷。犹豫不决，终归无成。
六是能讨账。勤谨不怠，取行自多。
七是能用人。因才而用，任事有赖。
八是能辩论。生财有道，阐发愚蒙。
九是能办货。置货不苛，蚀本便经。
十是能知机。售贮随时，可称名哲。
十一是能倡率。躬行必律，亲感自生。
十二是能运数。多寡宽紧，酌中而行。

鲁商、浙商等，他们中的很多商人以儒商自居。出海通番的沈万三、汇通天下的乔致庸、红顶商人胡雪岩等的传奇故事都是经典的中国式营销案例。这些商帮历时二三百年而不衰，对明清的政治、经济、军事的发展起到了举足轻重的作用。

中国古代商人正是以儒学为指导思想，从传统文化中汲取仁义礼德的养分。求富趋利是整个社会与人生追求的目标，但要以仁义道德为基础，“欲从商，先为人”，由此形成共同商业伦理道德和自愿遵守的商业行为准则。这种思想和这些准则都是当代中国营销人和企业家应当继承和发扬的。

2. 民族工商业：启蒙阶段（1911—1949 年）

民国时期，伴随民族工商业的发展，在与国外产品的竞争中，在军阀混战和抗日战争的硝烟中，民族企业艰难地开展市场营销的启蒙与探索。一大批民族资本家在纺织、金融、食品、化工等领域创办企业，张謇创办了中国最早的民族轻工业，卢作孚创办了民生轮船公司，吴蕴初创办了上海天厨味精厂，荣德生、荣宗敬有“面粉大王”和“棉纱大王”之称，刘鸿生有“煤炭大王”“火柴大王”之誉。许多企业都设有专门的营销与销售部门，在上海等地出现了从事广告与设计的专业人员。民族企业在商标设计、品牌宣传、海报设计、包装装潢等方面已经达到较高的水平，至今许多作品仍让人惊叹不已；产生了哈德门、冠生园、六必居、三枪等许多名牌，一些品牌到现在仍具有旺盛的生命力。

3. 改革开放：复苏阶段（1978—1989 年）

中华人民共和国成立后的 30 年，由于实行计划经济体制，企业统购统销，市场营销失去了生存的土壤。新中国的市场营销伴随整个国家的改革开放、特别是市场经济发展起来。20 世纪 70 年代末，中国步入改革开放的轨道后，国有企业自主权扩大，乡镇企业和民营企业异军突起，从而有了竞争和市场，企业的市场营销实践开始复苏。市场营销的发展进一步促进了国家市场经济体制的巩固与深化。

1979 年，《天津日报》在全国率先恢复报纸商业广告，可口可乐第一次进入中国大陆市场，推出“可口可乐添欢乐”的广告。从西铁城、精工手表、索尼电视、可口可乐，到“味道好极了”的雀巢咖啡、丰田汽车和夏普电器，日、美等国的企业以独特新颖、制作精良的户外广告和电视广告打动了中国老百姓的心，也给中国企业上了一堂生动的市场营销启蒙课，中国企业的市场营销从广告开始起航。国内第一次大规模广告是 1982 年江苏盐城燕舞公司做的，首先在《人民日报》《北京日报》和北京电视台投放收录机广告，继而在中央电视台连续播出燕舞广告，“燕舞、燕舞，一曲歌来一片情”的广告曲一时响遍大江南北。为“霞飞”化妆品拍广告的潘虹成为中国第一位拍广告的电影明星。“郑州亚细亚”商场在中央电视台黄金时间不断亮相，引起一场中原商战。1984 年，广州白云制药厂承包了广州足球队，开创了企业利用运动赛事推广企业形象的先河。

4. 营销热潮：发展阶段（1990—1999 年）

20 世纪 90 年代，境外直接投资的规模大幅提高，中美史克肠虫清、康师傅方便面、宝洁系列洗发水、大众汽车、嘉士伯啤酒、麦当劳与肯德基等都开始在中国市场开疆拓土。它们在市场研究、品质管理、品牌传播、分销系统、促销手段和广告创意方面的一系列做法，给参与其中的中国营销员工做了深入、全面的培训。1992 年之后，房地产热、保健品热、股票热、期货热等驱动了各行各业的营销热潮，中国企业的营销实践此起彼伏、分外精彩。

第一，广告。从 1995 年开始，中央电视台进行黄金时间的广告招标，孔府宴酒、秦池酒、爱多 VCD、步步高等先后高价竞得“标王”，尤其是，1997 年，山东秦池酒花 3.2 亿元蝉联“标王”。

第二，销售促进。90 年代初期的市场疲软导致各行业纷纷采取销售促进手段，“买一赠一”、“返款销售”、送汽车的“巨奖销售”层出不穷。长虹每台彩电让利消费者 350 元，由此点燃彩电行业“价格战”的战火。三株、巨人、太阳神、飞龙等一批保健品企业在人员推销、广告等领域展开了营销战。

第三，公共关系活动。1990 年，健力宝集团花巨资购买了专用运动饮料专利权，并出资 1 600 万元赞助第十一届亚运会，成为当时国内最大的广告赞助商。中国企业各类公关活动不仅改变了人们对公关的狭隘认识，而且使中国企业营销策略从单一广告转变为策略组合。

第四，分销渠道系统。众多企业学习宝洁等企业的经验，搭建自己的分销渠道系统，经销商、代理商在全国四处开花。1990 年，美国雅芳化妆品在广州安家落户，并以传销方式招募直销员，开展无店铺直销，传销一时泛滥成灾，成为经济社会的热点。

5. 理性与变革：发展新阶段（2000 年至今）

进入 21 世纪，秦池、爱多等“标王”相继陨落，中国企业对市场营销有了理性的、全面的认识，企业不再将市场营销与“打广告”“搞推销”等同起来，开始走出“标王”的误区，客观进行市场分析，全方位部署营销战略，走上了整合营销的道路。传销虽然对中国企业丰富渠道系统、重视直销以及销售队伍的建设与激励起到一定的促进作用，但由于“猎人头”“老鼠会”的做法引发了严重的社会经济问题，2005 年国务院发布《直销管理条例》《禁止传销条例》，被称为“经济邪教”的传销遭到取缔，安利等一些国内外公司进行转型。2001 年，中国成功加入世界贸易组织（WTO），中国市场进一步同国际市场接轨，中国企业与强大的跨国公司直接竞争。这迫使中国企业更快地掌握和应用市场营销的理论和方法，市场营销在中国的发展更加理性、深入和广阔。

首先，产品研发和国际营销成为重要的营销战略。以海尔、联想、娃哈哈为代表的一批企业，重视产品研发和市场调研、消费者行为研究，市场营销战略被融入到企业整体发展战略之中，产品更新换代的周期不断缩短，企业市场竞争的武器不再只是价格、广告。很多行业从比价格、比广告投入，转型为比服务、比质量、比国际化程度。海尔、联想等企业相继实施了以新产品开发、国际营销为重点的营销战略，并实施了海外并购。

其次，市场营销被应用到服务行业，服务营销蔚然成风。市场营销的理念与方法影响了餐饮、旅游、酒店、通信、银行、民航等服务业的竞争和发展，服务理念、态度和方式都产生了革命性的变化。一些国有垄断性行业引入市场竞争机制，中国联通、民生银行等一批股份制企业打破垄断局面，运用市场营销树立品牌形象、提高服务水平，从而赢得了市场，也带动了整个行业的提升。

最后，企业进入数字化营销、网络营销时代。20 世纪 90 年代后期，互联网开始在中国进入商业领域。互联网技术衍生出的虚拟市场营销彻底改变了传统的广告模式、渠道模式、产品模式、服务模式等，数字化营销及网络营销是中国市场营销迈入新世纪的里程碑与航标。21 世纪，在阿里巴巴、腾讯、百度（简称 BAT）等的带动下，网络营销已经上升到国家战略层面，成为对传统营销模式、传统行业运行发挥巨大作用的变革力量。

二　市场营销的内涵

（一）市场营销的定义

什么是市场营销？许多人都认为是广告和销售。我们每天都被电视广告、报纸广告、网络广告、微信广告、销售人员包围着。然而，广告和销售仅仅是市场营销的冰山一角。正如我们在导言中讲到的，营销的魔法有两种：一是通过广告、推销、促销，让有货币的人找到有产品的人；二是看看有货币的人想要什么，生产出他们需要的商品然后卖给他们。如果营销者很好地理解了顾客的需求，开发并提供有需求、有价值的产品及服务，采用合适的定价、方便的渠道、有效的促销，这些产品就容易出售、适销对路。也正因为如此，我们说第二种营销魔法比第一种更高明，管理大师彼得·德鲁克说“营销的目的是使推销成为不必要”。整个市场营销的冰山如图 1–2 所示，水面以下看不见的营销活动才是现代市场营销的重点。

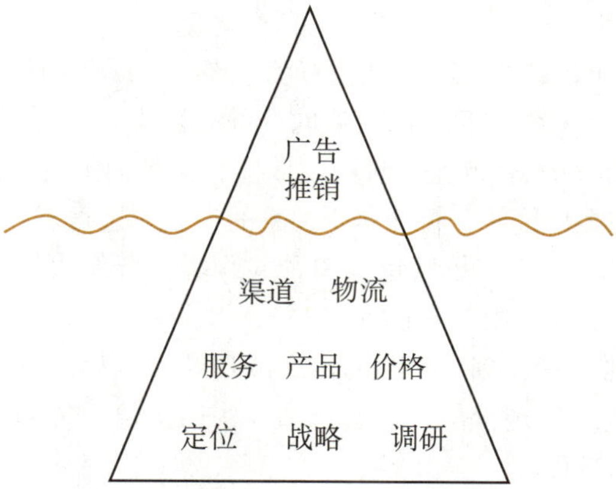

图 1–2　市场营销的冰山

市场营销（marketing），亦称营销、行销、市场学，它的基本含义是人们在市场中进行产品交换的活动。正是出于这样一个本意，国外学者创造了一个新词——marketing，在“market”（市场）的后面加了一个后缀“ing”，直观地表达了营销的含义。中国汉字更博大精深，可以通过说文解字来理解营销：营销由“营”和“销”两个字组成，“营”意指策划、经营，“销”意指销售、推销，因而一个是水面上的冰山部分，一个是水面下的冰山部分，一文一武，一静一动，相得益彰，不可偏废。

简单的营销活动可以用图 1–3 来描述。在这里，有两个交换方，甲方和乙方，他们都有获得对方产品的需要。为达到交换的目的，可能有一方主动，也可能双方都主动发出交换的信息，对方在接收到该信息后做出回应，商谈用什么交换、以什么价格交换、交换多少等内容，直至达成交易。

“营销之父”科特勒给市场营销下的定义是：“企业为从顾客处获得利益回报而为顾客创造价值并与之建立稳固关系的过程。”这是在狭义的商业环境中的定义。广义上讲，“市场营销是一种通过创造和与他人交换价值实现个人和组织的需要与欲望的社会与管理活动”。

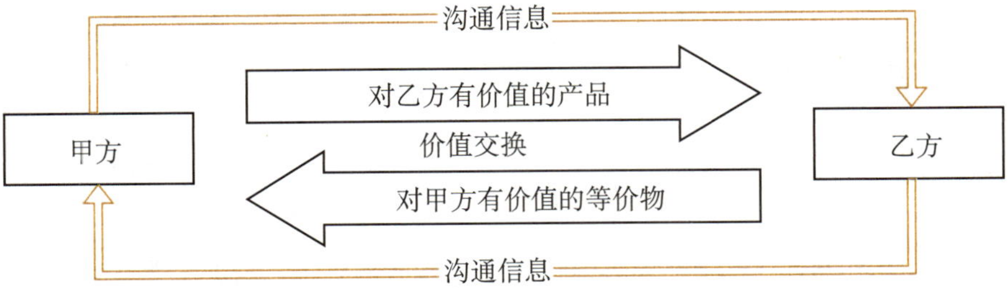

图 1–3　营销基本活动示意图

市场营销的学术定义有多种不同的解释和表述。这些解释和表述反映了在不同时期人们对市场营销的认识及其发展过程。美国市场营销协会（American Marketing Association，AMA）对营销术语的一系列表述被视为营销领域的权威定义。从 AMA1960 年到 2014 年最新的定义可以看出，市场营销的内涵在不断扩大，从向顾客传递产品的纯经济活动转变为向社会传递价值的经济与社会活动。只有深刻理解市场营销内涵的转变，才能产生更有效率、有效果的市场营销实践。

1960 年的定义："市场营销是引导产品及劳务从生产者到达消费者或使用者手中的一切企业经营活动。"

1985 年的定义："市场营销是计划和执行关于商品、服务和创意的观念、定价、促销和分销，以创造符合个人和组织目标的交换的一种过程。"

2004 年的定义："市场营销既是一种组织职能，也是为了组织自身及利益相关者的利益而创造、传播、传递客户价值，管理客户关系的一系列过程。"

最新的 2014 年的定义："市场营销是一种向顾客、合作伙伴和社会创造、传播、传递和交换价值的一系列活动、组织和过程。"

市场营销还有其他一些深刻、简明的定义或理解，例如：营销是把顾客需求转化为商业机会的过程；营销是发现价值、创造价值、沟通价值、传递价值的过程；营销是盈利性地满足顾客需求的过程。

（二）市场营销的三个层面

市场营销是科学，也是艺术，更是哲学。从这三个层面看待市场营销，有利于我们更加深刻地理解市场营销。

1. 市场营销的科学性

市场营销的科学性，是指市场营销活动具有客观规律和发展趋势，企业在进行营销的过程中，如果把握营销的内在规律、采用规范的营销方法，则能够促进和实现成功营销。经历 100 多年的发展，市场营销学在汲取经济学、行为学、社会学、心理学等学科养分的基础上，形成了具有独特研究领域和研究理论的学科。市场营销实践具有一套科学的范式，即从市场环境分析，到营销战略制定、策略设计，再到营销执行、组织与控制的市场营销"一条龙"。此外，诸如定位、品牌、消费者行为、关系营销等营销理论是无数营销研究者进行理论和实证研究的结果，具有科学性，能够运用到营销实践中。

2. 市场营销的艺术性

市场营销的艺术性，是指企业难以只根据理论和固定模式来进行市场营销，而需要根据具体的市场环境，有策略地、灵活地、有创意地开展营销活动。艺术是不可复制的，艺术一旦能复制，就失去了价值。而科学恰恰相反，科学能够不断复制。由于市场营销面对的是复杂的消费者心理和行为，其外部的营销环境也是复杂多变的，这种多样化、差异化、动态化决定了市场营销的艺术性。可以打这样一个比方：营销资源为颜料，市场为画布，营销方法为画笔，画家是营销者。“万物之妙，从乎一心”，能够画出多美的图画，在于营销者自如驾驭颜料、画布和画笔的才华。孙子曾经说，兵无常势，水无常形，这句话同样适用于营销。在当今复杂多变的市场环境下，营销者如果僵化、机械，不具备灵活性、应变性、适应性，必将出现失误。

此外，市场营销的艺术性要求营销者有创意地设计营销策略，尤其是在促销策略方面。因而营销者需要：具有丰富的想象力和发散性思维，能够从不同角度、方向思考；具有敏锐的洞察力，善于观察市场动态和消费者行为特征；具有积极的求异性，不易于从众、盲从，在促销等营销活动中勇于创新。在营销实践中，越具有艺术性、创意性的营销实践其营销效果越好。例如：与其他企业花大价钱聘请明星代言人不同，聚美优品的总裁陈欧利用自己高富帅的形象为公司做代言人，并策划系列网络视频广告，广告语为“我为自己代言”，在女性目标市场中取得了很好的传播效果。

3. 市场营销的哲学性

随着社会经济的发展和人们认识的深化，市场营销的内涵和外延大为丰富、扩展和提升，已经上升到哲学层面。市场营销的哲学性指市场营销理论与方法所体现的市场导向等根本指导思想，是一种理念、价值观和思维方式，具有世界观和方法论的普遍意义，包括以下三种类型。

一是企业经营的哲学理念。任何企业的营销和经营都是在特定的思想或观念指导下进行的，确立正确的营销哲学理念，对企业经营成败具有决定性意义。这种营销哲学最根本的就是以顾客为中心，在顾客导向、市场导向、营销导向下开展营销和整体经营活动。

二是事物运行的方法论。这是指市场营销的理念也适用于除产品和服务之外的事件、产权、组织、思想、区域等多种载体，因而有“一切都是营销”的说法。这一点我们将在下一节中进一步阐释。

三是个人的生活哲学。个人也能够作为营销的客体，市场营销活动蕴涵的理念和价值观也能指导个人的生活与工作。个人营销（individual marketing）已经成为营销理论的一个分支，有不少相关著作和研究。很多明星和网红都是个人营销高手，营销人应该把 Lady Gaga、凤姐、Papi 酱等人的故事作为营销案例来分析，客观、辩证地学习他们是如何营销自己的。对市场营销的生活哲学，本书会多做些阐释。我们将延伸到生活哲学的市场营销理念总结为理解、创新与求利三个词。

第一，理解。顾客导向是市场营销的灵魂，将此导向推广，那么需要共同创造价值或交换价值的对方都可以视为顾客，而这个创造或交换价值的过程也是营销。例如恋爱和婚姻可以视为营销，恋人或配偶也是顾客。如何做到具有顾客导向呢？答案就是理解他人、换位思考。“理解”对应的英文是“empathy”，这是一个心理学术语，意为移情、同理心。营销人需要具有想他人所想、急他人所急，由人推己的同理心。具备这种生活理念的营销人一定会成为具有仁爱之心、亲和力强、善于沟通、受人赞赏的人，这样的人去做营销工作还难吗？

第二，创新。市场营销是最与时俱进、不断推陈出新的一门学科。竞争越激烈，创新越精彩。激烈的市场竞争逼迫中国企业从价格战、广告战，转向关系营销、绿色营销、网络营销、社交营销、移动营销等，不断进行创新升级。一个企业开展了新的促销活动，别的企业会很快模仿，因此企业只能不停地开展新的活动。推及个人生活哲学，营销人需不断挑战、超越自我。人生就是一场营销，自身的“产品质量”“品牌美誉度”“市场占有率”只有在永无止境的创新与奋进中才能得到提升。

第三，求利。企业营销同时实现盈利和满足顾客需求两个目标。没有企业愿意持续进行不盈利的营销和经营。司马迁曾说：“富者，人之情性”“天下熙熙，皆为利来；天下攘攘，皆为利往”。市场经济条件下，营销人追求金钱财富已不是羞于启齿的事情。“躲进小楼成一统，哪管春夏与秋冬”，这种寻求自我实现、不讲市场回报的生活哲学不是营销人的追求。当然，“君子求财取之有道”，营销人需要谋求长远利益而不是短期利益，应当义利并重，承担社会责任，做当代儒商。

市场营销的人生哲学还体现在人的价值观、品德与行为准则对市场营销活动的影响上。市场营销活动从根本上说是人的交易活动，尤其在面对面的、长期的交易活动中，营销人的品德、品行是促成交易的决定性因素。中国传统文化秉承的“欲从商，先为人”就是强调诚信、正直的个人品德修养对市场营销的重要性。这是在任何一本西方的市场营销教材中都学不到，而需要在中国传统文化中汲取的有中国特色的市场营销精髓。

（三）市场营销学的发展概要

科特勒说过：“经济学是营销学之父，行为科学是营销学之母；数学乃营销学之祖父，哲学乃营销学之祖母。”从19世纪末开始，学者开始研究推销、广告等营销行为。20世纪初，一些学者比较系统地提出了促销和分销方面的有关理论。1905年，克罗西（W. E. Kreusi）在美国的宾夕法尼西大学第一次讲授了“产品的市场营销”课程，提出了“市场营销”（marketing）的概念。1912年，被誉为市场营销学鼻祖的肖（A. W. Shaw）发表了题为“关于市场分配的若干问题”的论文；三年之后，肖对这篇文章进行了修改和补充，强调以市场为导向的经营观念。1920年，彻林顿（Paul T. Cherington）出版了第一部市场营销著作——《市场营销基础》。1922年，克拉克（Clark）的《市场营销学原理》问世。1931年，美国市场营销协会（AMA）成立，对市场营销的研究活动趋于社会化。这一时期的市场营销研究大多数停留在从企业的角度出发，研究如何对产品进行宣传和推销的层次上。20世纪50年代，一些市场营销研究者正式把营销从传统的经济学研究转入管理学研究，市场营销成为管理学大类下的一门学科，研究视角从企业内部转向顾客需求，研究内容日益丰富。1960年，美国密歇根大学教授麦卡锡（Jerome McCarthy）的《基础市场营销学》出版，他提出了4P营销组合，更为系统地详述了市场营销的基本理论体系。此时，市场营销理论开始由美国向欧洲、日本及全球扩散、传播。70年代之后，社会营销、关系营销以及数字化营销、网络营销等理论伴随着实践的发展层出不穷，市场营销学与社会学、心理学、统计学等学科结合得更加紧密，以此保持旺盛的学科生命力。历年来出现的主要市场营销理论与概念如表1-1所示。

1949年之前，我国有几所设有商科或管理专业的高等院校开设了销售学，改革开放之后，市场营销学在引进国外理论体系的基础上快速建立起来。70年代末到80年代初，通过聘请美国营销专家到大连等地讲学、培训师资，引进、组织编写教材，我国大学陆续具备了开设市场营销学课程的条件。90年代以来，理论引进与应用的速度加快，美国市场营销的前沿理论在国内几乎同步出现。近年来，越来越多的市场营销学者不满足于复制美国的理论，而是探索中国特殊文化与社会情境下的市场营销理论。

表 1-1　　20 世纪各年代及 21 世纪市场营销学出现的重要理论与概念

50年代以前	50年代	60年代	70年代	80年代	90年代	21世纪
买方市场 推销与广告 分销与市场 市场信息 市场调查 品牌与品牌管理	营销管理 产品生命周期 市场细分 品牌形象 营销导向 营销审计 营销职能	4P 营销组合 营销近视症 营销战略 营销控制	市场定位 战略计划 BCG 矩阵图 社会营销 反向营销 人道营销 服务营销	营销战 内部营销 公司营销化 全球营销 大营销 直接营销 关系营销	品牌资产 定制营销 营销网络 顾客服务 顾客满意 顾客让渡价值 网络营销 顾客价值和顾客资产 绿色营销	数字化营销 社交媒体营销 移动营销 病毒营销 全面营销 顾客创新 / 用户创新 价值共创 服务主导逻辑

第 2 节　市场营销理念的演变与全面营销

一　市场营销理念的含义

每个人行动的背后都隐含着指导其行动的哲学，包括世界观、价值观等，企业亦然。换个角度，无论企业是否意识到，每个企业的战略、策略，甚至是日常每个具体的管理决策和行动，都在一定程度上反映出这个企业深层的经营管理哲学。企业哲学可能源自企业主要领导者（特别是创业者）的个人哲学，也可能源自企业在长年经营管理中所沉淀的文化。我们将潜在地指导或影响企业营销活动的哲学观念、思想和态度称为市场营销理念（marketing concept）或市场营销观念、市场营销导向。

市场营销理念是企业做好营销实践最应当关注的问题。市场营销理念的意义在于，促使一切营销活动在某种适合企业盈利目标和外部环境要求的思想观念的指导下进行。市场营销理念是属于组织文化层面的战略性问题，对企业营销成败和持续发展具有全局性和方向性的影响。从这个意义上说，市场营销理念既是指导营销的思想，又是协调企业、顾客和社会关系的准则，还是贯穿和统领各项营销活动的总纲。

就企业和环境之间存在的历史和辩证的关系而言，市场营销理念是对营销环境变化的反应，是关于环境中主导因素的基本对策。当营销环境的变化程度不大、环境的主导因素处于稳定状态时，市场营销理念基本上可以延续；当营销环境发生较大的变化、环境的主导因素出现根本改变时，市场营销理念将更新并做必要的调整，否则，整个营销活动和营销环境将难以实现动态适应与和谐匹配。

由于历史上企业市场营销发展存在客观的局限性，现代市场营销理念更加适合现代企业，因而我们将种类繁多的市场营销理念分成传统市场营销理念和现代市场营销理念两大类。传统市场营销理念以企业内部要素为中心、为导向，现代市场营销理念以企业外部要素为中心、为导向。传统市场营销理念包括：生产理念、产品理念、推销理念；现代市场营销理念包括：营销理念、社会营销理念、关系营销理念和全面营销理念。各种组织和企业无不在其中某一营销理念的指导下从事营销活动。

但是，传统的市场营销理念并没有完全过时，在特定的市场条件下仍然行之有效。例如，科特勒认为，在生产理念的指导下，联想电脑和海尔电器通过低廉的劳动力成本、较高的生产效率和有效的大众分销，在竞争激烈、价格敏感的中国市场上占据了垄断地位。推销理念现在仍然被大量用于推销那些非渴求商品。非渴求商品是指购买者一般不会想到要去购买的商品，如保险、百科全书和墓地。在一些非营利领域，比如大学招生、募捐和党派竞选等，以及许多公司在产品过剩时，通常也采用推销理念。

二 传统市场营销理念

（一）生产理念

生产理念（production concept）认为，消费者喜爱那些随处可以得到的、价格低廉的产品。生产理念是指导卖方行为的最古老的理念之一。这种理念的基本内容是：企业以改进、增加生产为中心，生产什么产品就销售什么产品。

生产理念型企业的管理层总是致力于获得高生产率和广泛的分销覆盖面。受这种理念主导的企业认为消费者主要对产品是否可以买到和价格低廉感兴趣。当消费者或用户希望购得有用的产品，而不计较该产品的具体特点或特性时，生产理念产生并盛行起来。这种理念在发展中国家有重要意义，因为那里的消费者对获得产品比对产品的性能更感兴趣。在生产理念的指导下，企业的中心任务是组织所有资源，集中一切力量，提高生产效率和分销效率，扩大生产，降低成本以扩展市场。生产理念产生于典型的卖方市场。市场产品供不应求，产品生产出来不愁没有销路。生产以大批量、少品种、低成本为主要特征。这种理念的基本经营方式是等顾客上门，通过大量生产来获得利润，而不必考虑市场调研、销售促进等活动。

（二）产品理念

产品理念（product concept）认为，消费者最喜欢高质量、多功能和具有某些创新特色的产品。产品理念型企业的中心任务是生产质量优异的产品并不断改进其性能和特色。

持产品理念的公司在设计产品时经常不让或很少让顾客介入。它们相信自己的工程师知道该怎样设计和改进产品，甚至不考虑竞争者的产品。产品理念会引发“营销近视症”（market myopia），营销近视症是李维特（Levitt）于 1961 年提出的，它是指企业在营销活动中缺乏远见，只注重产品质量，而忽视市场需求变化及企业长远发展。营销经理总是认为自己的产品好，忽视了顾客的需要、利益和价值。营销近视症会导致企业的产品渐渐偏离市场，最终使企业处于困难的境地。产品理念与生产理念相同的是二者都重生产、轻营销，并从生产角度出发，把市场看作生产过程的终点，而不是从消费者出发，把市场看作生产过程的起点；忽视了市场需求的多样性和动态性。如果说生产理念是“以量取胜”，则产品理念强调的是“以质取胜”“以廉取胜”。

（三）推销理念

推销理念（selling concept）认为，如果不经过销售努力，而是让消费者和企业自行选择，他们就不会大量、足量购买某一组织的产品。因此，该组织必须主动推销和积极促销。也就是说，企业努力推销什么产品，消费者或用户就会更多地购买什么产品。推销理念不仅仅依靠人员推销，也被称为促销理念。

在推销理念的指导下，企业十分注意运用推销术和广告术，往往雇用大量的推销员，采用轰炸式的广告，向潜在购买者大肆兜售产品，以期压倒竞争者，提高市场占有率，获取利润。这一理念仍然是从企业现有产品出发，因而本质上是企业生产什么就销售什么。在产品供应宽裕并向买方市场转化时，企业往往奉行推销理念。

小贴士 1-2 中国企业的传统营销观念

中国企业也有过以上三种传统营销理念。20 世纪 80 年代，我国刚刚开始改革开放，消费品严重短缺，供不应求，处于卖方市场，大部分企业具有生产理念和产品理念。到了 90 年代，大部分企业具有推销理念。目前，许多欠发达地区和特殊行业的企业仍然采用传统营销观念。在买电视、电冰箱都要走后门、有指标的 80 年代，对企业来说，谁能够引进产品，贷款上项目，然后拼命扩大产量，谁就能够成功。这是典型的生产理念。一时间，电视机、电冰箱的制造企业遍地开花，仅电冰箱生产线全国就引进了近百条，光是阿里斯顿生产线就有 9 条，仍是供不应求。前来提货的卡车在厂门口排起了长龙，甚至军用运输飞机都参加到电冰箱运输中来。但是时过境迁，90 年代中期以后，那些埋头生产的企业大都陷入困境。例如，在推销理念的影响下，90 年代初，从计算机行业转型到保健品等行业的巨人集团，通过在各种媒体铺天盖地地打广告来推销“脑黄金”“巨能钙”等产品，这些产品一时极度畅销。在巨人集团因为房地产投资失败破产以后，其原董事长史玉柱又创立健特生物保健品公司，推出“脑白金”，主打策略仍然是轰炸式广告。自 1994 年“脑白金”品牌创立后十几年，一对卡通老伴的歌伴舞广告片在央视上就没有停歇过。尽管这个广告片 2002 年被评为中国十大恶俗广告之首，在当年却实现了 12 亿元的销售额，至今还有不小的销量，之后企业又推出了“黄金搭档”。可见，在消费者认知、消费行为特点、竞争环境、法律规制等方面，中国市场环境与西方发达国家的成熟市场有很大差别，传统营销观念在特定市场环境下行之有效。当前中国企业正处于从传统营销观念向现代营销观念转型的时期。

三 现代市场营销理念

（一）营销理念

营销理念（marketing concept）认为，实现组织诸目标的关键在于正确确定目标市场的需要和欲望，并且比竞争对手更有效、更有力地传送目标市场所期望获得的东西。营销理念也被称为市场理念 / 导向、顾客理念 / 导向。

在这种理念下，企业十分重视市场调查研究，收集每个顾客的历史交易资料以及人文、心理、媒体和购买偏好等方面的信息，在消费者的动态变化中不断发现那些尚未得到满足的市场需求，并集中企业的一切资源和力量，千方百计地去适应和满足这种需求，以期在顾客满意的过程中不断扩大市场销售，长久地获得较为丰厚的利润。企业考虑问题的逻辑顺序不是从既有的生产出发，不是以现有的产品去寻找或吸引顾客，而是从市场上的消费需求出发，按照目标市场的需要与欲望，比竞争者更有效、更优秀地组织生产与销售。在互联网时代，企业必须意识到一个事实，那就是客户的文化程度普遍提高，他们可以利用互联网等工具对他们所要购买的商品进行精挑细选、比对价格、查看其他顾客的点评。客户已经取代生产商、分销商成为强势的一方。因此，营销者应该意识到，营销活动的中心是购买者而不是销售者。

营销理念与推销理念相比有根本的不同（见表 1–2）。推销理念注重卖方需要，营销理念则注重买方需要。推销理念以卖方需要为出发点，依靠单一的推销和促销手段，考虑如何把产品变成现金，实现获得利润的目的；而营销理念考虑如何通过提高产品价值、服务水平、分销物流以及传播促销，来创造和传递产品，从而使顾客满意并获得利润。

表 1–2 推销理念与营销理念的比较

理念类型	比较因素			
	出发点	中心	方法	目的
推销理念	企业	产品	推销和促销	通过销售获得利润
营销理念	目标市场	顾客需求	整合营销	通过顾客满意获得利润

营销理念是如此重要，那么，如何在企业和组织中确立营销导向呢？

1. 明确目标市场

在市场上，一个营销机构很难做到使每一位顾客都满意。根据顾客所喜欢或需要的产品和营销组合的不同，营销者可以把他们分成具有明显特征的消费群体，进而为每个目标市场制定适当的营销方案。**目标市场**（target market）是企业营销活动所要满足的有相似需要的消费者群。也就是企业在细分出来的若干子市场中，根据自身的资源和技术情况、管理水平和竞争状况，选择的对自己最有利的决定进入的市场。今天的市场由不通过网络购买的传统顾客、通过网络购买的网络顾客和两种方式都使用的混合顾客组成。其中，许多顾客是混合型的。他们逛传统的商店，喜欢亲手摸摸布料、闻闻香水，并且和营业员打交道，但他们又往往在网上购物。所以，公司要重新考虑和制定营销战略，同时使用在线和离线两种方式以迎合这些混合型顾客。

2. 洞察顾客需求

首先，要对顾客明确表示的需求做市场调研、数据分析，而后根据**顾客需求**（customer demand）创造产品、开展营销。更重要的是，要对顾客没有明确表示出的需求进行洞察并开展营销。因为，在很多情况下，顾客并不清楚自己到底想要什么。例如，亨利·福特曾说过，如果我问人们想要什么，他们会说跑得更快的马，而不是汽车。乔布斯也声称自己从不做市场调研，因为没有顾客清楚想要什么样的智能手机。因此，存在三种类型的营销：响应营销、预知营销与创造营销。响应营销（responsive marketing）是寻找已存在的需求并满足它，大部分的消费品营销属于此类型；预知营销（anticipative marketing）是在顾客已有的需求基础上预测顾客下一步的需求并开展营销，比如过去的随身听、录像机，现在的智能手机、智能家居等产品的营销；而创造营销（creative marketing）是发现和满足顾客没有提出的，但他们会热烈响应的需求，比如过去的 Windows 计算机操作系统，现在的无人驾驶汽车、智能穿戴等产品的营销。预知营销和创造营销都要求营销者比顾客更好地理解顾客的需求，并创造产品和服务以满足顾客的潜在需求。

3. 实施整合营销

整合营销（integrated marketing）是指企业以顾客为中心，整合企业内外部所有资源，使所有的营销手段、企业部门都为顾客提供协调一致的服务，以提高顾客服务水平和满意程度。整合营销包括两方面的含义：一方面是综合使用各种市场营销的战略和策略，如市场调研、产品设计、服务营销、品牌营销、渠道管理等，而不仅仅是推销、广告及促销。这些营销职能必须从营销理念、顾客导向出发，彼此协调。另一方面是营销必须使公司其他部门，如研发部、生产部、财务部等，也接受营销理念，从顾客的角度出发开展工作。

（二）社会营销理念

社会营销理念（societal marketing concept）认为，企业提供产品，不仅要盈利并满足顾客需求，而且要符合顾客和社会的长远利益，企业要关心和增进全社会的福利和进步。

社会营销理念逐步为企业所接受有两个原因：第一，20 世纪 70 年代以来，社会对于环境保护和健康消费日益重视，这使得政府政策对有损社会利益的生产行为和消费行为的约束越来越严，从而迫使企业不得不通过树立良好的社会形象和主动协调各方面的关系来改善自己的经营环境。第二，企业认识到，如果在其经营活动中不顾社会利益，造成社会利益受损，就会面临社会公众和舆论的压力，从而影响企业进一步发展。因而，社会营销理念要求营销者在营销活动中考虑社会和道德问题。营销者必须平衡与评判公司利润、消费者需要和社会利益三个方面的关系。沃尔玛、通用电气、可口可乐、强生等许多公司都在实践社会营销理念、承担社会责任，这对品牌形象树立和长期营业额增长起到促进作用。图 1–4 展示了企业在社会营销理念下，应该在企业、顾客和社会三者之间保持平衡。

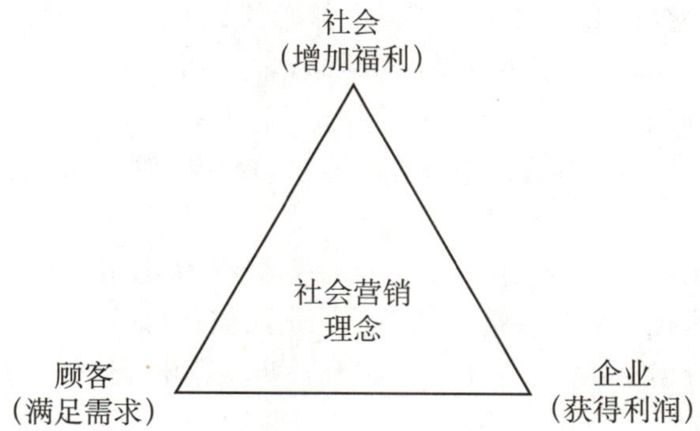

图 1–4　企业、顾客与社会三者的均衡关系

（三）关系营销理念

到了 20 世纪 80 年代，美国等发达国家遭遇经济滞胀，亚洲“四小龙”的崛起使欧美企业面临严峻的挑战。西方发达国家的企业开始由销售增长和市场份额扩张的进攻战略转变为保住已有销售收入和市场份额的防守战略。由此，以维护现有顾客为主导思想的关系营销应运而生。“关系营销”一词最早是由贝里（Berry）于 1983 年提出的。**关系营销理念**（relationship marketing concept）认为，随着市场逐渐成熟和竞争逐渐加剧，企业营销关注的焦点应当由与顾客的单次交易转变为与顾客建立长期业务关系，并通过这种长期的业务关系实现企业的目标；建立、维持并增进顾客与企业的关系，保留老顾客是企业获得持久竞争优势的关键。这种理念指导下的营销管理也称为关系营销。实践和实证研究证明：将一种产品和服务推销给一个现有客户的成本远低于吸收一个新客户的成本；获得新顾客的成本是留住老顾客的 6 倍。满意的老顾客会有积极的正向口碑，和企业保持良好关系的顾客乐于把企业推荐给他人，从而有助于企业树立良好信誉，使企业低成本地获得更多的顾客，增加市场份额。

在中国有特殊的中国式关系营销，中国营销者必须有所认识并适度使用，既不能完全依赖，又不能以庸俗为由对其视而不见，参见小贴士 1–3。

小贴士 1–3　中国营销人必须知道的“中国式关系营销”

实际上，关系营销在中国不完全算是一个舶来品。“先交朋友，再做生意”，找熟人、托关系自古是中国商业的规则。中国传统社会是一个“熟人社会”，形成一种按照亲疏远近关系差别对待的“差序格局”社会网络，犹如用一颗颗石子击水时形成的涟漪。这种社会网络对中国经济和营销活动产生了巨大影响。但是，中国式的关系及关系营销与西方有所不同，西方是先有商业利益，然后产生信任与情感，由此发展出关系营销；而中国是先有信任与情感，然后利用信任与情感开展营销。中国式关系是基于亲缘、地缘、业缘、神缘和物缘的“五缘”关系，西方学者用拼音“guanxi”来区别“relationship”。亲缘是包括血亲和姻亲在内的宗族宗亲关系；地缘是邻里乡党关系；业缘是同业和同学关系；神缘是具有共同的宗教信仰；物缘是对某物品或活动有共同兴趣爱好形成的关系。中国式关系营销是把“双刃剑”，它可能节省交易成本，提高效率，也可能产生腐败，损害公平。在不违反法律法规的前提下，适度利用“五缘”关系寻找客户、建立信任、促成交易，是中国营销者必须掌握的营销理念和策略。

关系营销具有以下几方面的特征，它们也是做好关系营销的关键。

第一，关系营销注重的范围更加广泛。关系营销将企业的视线扩大，从传统的目标顾客扩大到供应者、分销商、内部员工、政府等多个利益相关者，各种关系交叉形成了企业网络（business network）或者营销网络（marketing network）。企业的竞争不再是“一个人的战斗”或“PK”，而是企业网络之间的“群殴”。而且，关系营销进一步对目标市场的顾客进行细分和区别，寻找每个顾客的需求和欲望的差异以提供更好的产品或服务，保持顾客忠诚。

第二，关系营销是以承诺、信任、双向信息交流为基础的合作过程。一个人要想有真正的朋友，得到永恒不变的友情，就必须让别人信任自己，做一个信守承诺的人。同样，一个企业要想持续发展，就要和自己的利益相关者相互信任、充分沟通、实现双赢，并建立稳定的长期关系。

第三，关系营销是以互惠互利为目的的营销活动。在营销活动中，企业要遵循合作的原则，互惠互利，而不能以对一方的伤害为基础来达到自己的目的。

第四，关系营销是以真诚为基础的情感交流。在当前竞争激烈的社会，人们越来越重视情感。因此，在关系营销中，合作的双方不仅要实现物质上的互惠，还应该注重友谊、友情的建立。

第五，关系营销更加强调顾客服务的重要性。关系营销强调的是高度的顾客参与和紧密的顾客联系，并且，关系营销的一些核心理念来自服务营销，所以对顾客服务更加重视。

关系导向的营销理念较之传统的交易导向的营销理念是一次质的飞跃，两者的差别如表 1–3 所示。

表 1–3　关系导向的营销理念与交易导向的营销理念的区别

划分标准	交易导向的营销理念	关系导向的营销理念
对顾客的基本假设	经济人	社会人
顾客对交易的积极性	消极的	积极的
产品的概念	实体价值	实体价值和服务

续前表

划分标准	交易导向的营销理念	关系导向的营销理念
质量维度	产品的质量	互动的质量
营销的作用	价值分配	价值创造
营销的重点	获得新顾客	留住老顾客
营销的核心	交易	关系
各次交易间的关系	没有作用	有作用
时间观念	关注短期	关注长期

资料来源：董大海（2010）.

（四）全面营销理念

营销理念在一百多年的历史演进中经历了多个阶段、多种类型。实际上，没有哪个营销理念能够涵盖所有的营销理念并用以指导营销实践，也许，整合现有的各种观念是一种现实的选择，因而科特勒提出了**全面营销理念**（holistic marketing concept）。科特勒认为全面营销理念包括四个方面：关系营销、整合营销、内部营销和社会营销（见图 1–5）。

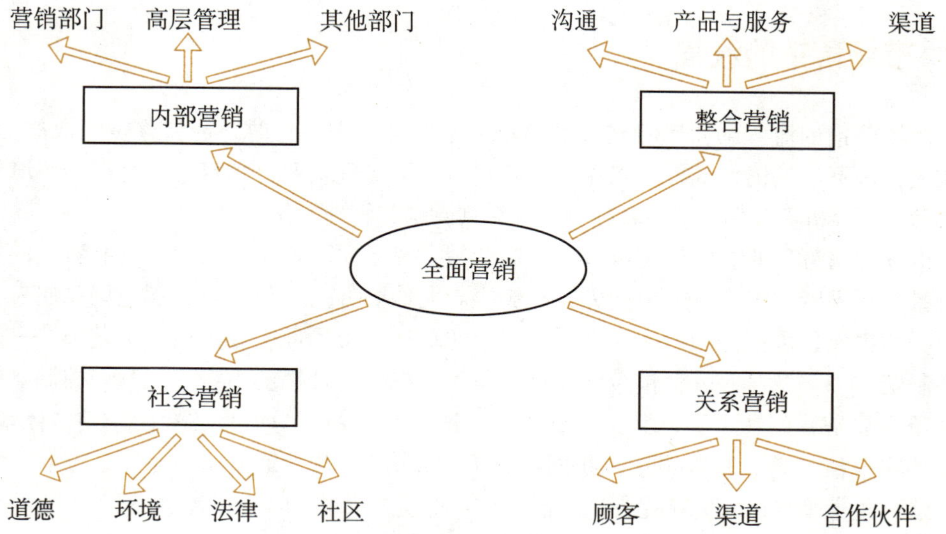

图 1–5　全面营销理念

内部营销是指培养公司的经理和雇员都树立以顾客为中心的观念，在企业或组织内创造一种营销文化，成功地雇用、培训和尽可能激励员工为顾客服务。海底捞获得极高的顾客满意和营销成功就得益于其内部营销。外部营销是企业对组织外部顾客的营销。内部营销必须先于外部营销，有效的内部营销是有效的外部营销的基础。关系营销、整合营销和社会营销在前文已有论述，它们是外部营销的营销理念，与内部营销共同构成全面营销理念。

我们认为全面营销还包括第二层含义：企业不仅需要营销自己的产品和服务，也需要营销有关的事件、体验、人物、区域、产权、组织、信息和观点。也就是说，市场营销理念和方法不仅适用于产品和服务，也适用于事件、体验、人物等要素，这也称为营销的范围（marketing scope）。企业对这些要素的全面营销体现在：

• 事件——宣传企业的重大庆典、企业经营取得的重大成就等，即事件营销。

• 体验——创造能够增加顾客参与性与满足感的服务内容，即体验营销。

• 人物——宣传企业家和代表性的员工，达到树立企业形象的目的，即企业家营销。

• 区域——如果产品具有地域性，则对区域的品牌形象进行宣传，达到爱屋及乌的效果，即区域营销。

• 产权——营销企业的所有权或经营权，即通过上市、兼并收购、出售、剥离等方式进行资本运营，也称为产权营销。

• 组织——通过公关活动、广告等树立企业良好的形象，即企业形象系统（CI）。如果不以企业为实施主体，则这里的组织是指市场营销拓展到的非营利组织，如博物馆、学校、慈善机构等，用以吸引客户、志愿者和捐助基金。

• 信息——有效展现公司内部信息，如上市公司公布年报，企业利用新媒体及时沟通信息。

• 观点——不仅营销产品和服务，而且营销它们所传达的消费观念、价值观。

第 3 节　市场营销的流程与职业方向

一　市场营销的流程

市场营销的流程即营销者在开展市场营销及其管理工作时，需要逐步完成的工作。总体上，这不仅是销售或推销工作，而且包括为了实现企业营销目标，对市场环境和营销活动进行分析、计划、执行和控制的一系列营销和管理工作。

市场营销流程的总体框架可以用市场营销"一条龙"来比喻，如同我们看到的舞龙的情景：指挥者拿着龙珠在最前方，龙头跟着龙珠的方向，带动龙身和龙尾舞起来。因而市场营销流程可以分为以下几部分：（1）龙珠——市场环境分析；（2）龙头——营销战略制定；（3）龙身——营销策略设计；（4）龙尾——营销的组织、执行与控制。但还有一条主线是我们看不到但又至关重要的，这就是以顾客为中心的导向，具体体现为：创造顾客价值与建立顾客关系，我们称其为"龙骨"。龙骨是主线，龙珠是方向，龙头是引擎，龙身是主体，龙尾是保障。整个"一条龙"如图 1-6 所示。

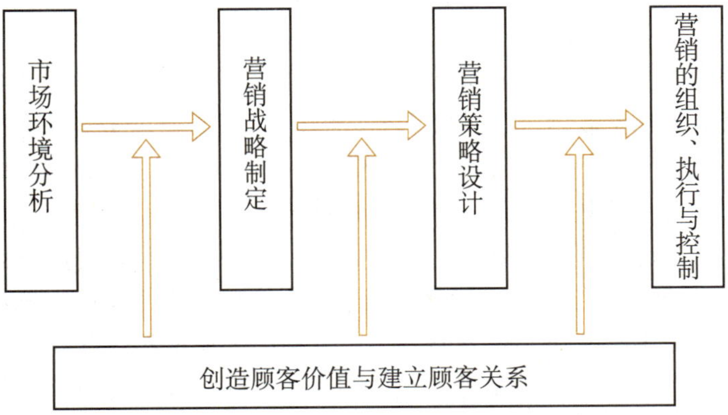

图 1-6　市场营销"一条龙"

本书的章节内容也按照这一流程来安排，根据四个阶段分别安排了环境篇、战略篇、策略篇和管理篇，关于龙骨——创造顾客价值与建立顾客关系，则放在第一篇理念篇。

（一）龙骨——创造顾客价值与建立顾客关系（理念篇）

市场营销理念的核心是顾客导向，顾客导向即所有的市场营销资源与活动都要围绕为顾客创造价值、与顾客建立关系而展开。**顾客价值**（customer value）和**顾客关系**（customer relationship）是市场营销的两个关键概念，顾客价值是指能够满足顾客特定需要的产品和服务给顾客带来的总收益、净收益，也称为顾客感知价值或顾客让渡价值。顾客关系是企业与消费者，以及广义的供应商、销售商等利益相关者的经济性和社会性联系。创造顾客价值与建立顾客关系的导向需渗入到环境分析、战略与策略制定以及其他管理过程的每个环节中。营销者必须从顾客导向的角度思考：如何吸引顾客、建立顾客关系？如何创造顾客价值，使顾客满意，乃至取悦顾客？如何通过关系营销及顾客关系管理（customer relationship management）使现有顾客不流失，从而获得忠诚的顾客群体？如何把顾客导向扩大到供应商、销售商等利益相关者，进行**合作伙伴关系管理**（partner relationship management）？这些内容将在本书的第 2 章介绍。

（二）龙珠——市场环境分析（环境篇）

营销环境（marketing environment）分析是市场营销的开端。市场营销是对外部市场机会和威胁、内部企业资源和条件的反应，通过营销环境分析能够发现市场机会，即市场上存在的未满足的需求，或客观上已经存在或即将形成，而尚未被竞争对手认识的市场。正如舞龙时整条龙都要围绕龙珠转一样，环境分析就像龙珠，决定了市场营销后续步骤的方向。环境是一个多因素、多层次的复杂的综合体，各种环境因素不但分别对企业的营销活动产生影响，而且各因素之间有相互交叉的影响。企业总是处于一定的、不断变化的营销环境当中，这给企业的市场营销带来制约与威胁，同时也给市场营销活动创造了良好的机会。所以，在进行市场营销时首先要考虑的是如何对企业的内外部环境进行全面有效的分析。

营销者不仅要分析外部环境中的政治、经济等宏观要素和消费者、竞争者等微观要素，也要分析内部环境中的企业资源条件、战略模式、企业文化、组织结构等。分析企业营销环境的方法和工具很多，需要通过市场调查的方法获得一手和二手数据，而后使用 PESTEL（政治、经济、社会、技术、环境、法律等宏观因素）分析法、SWOT 分析法（优势、劣势、机会、威胁分析）、波士顿矩阵、通用电气公司经营矩阵，以及统计方法和软件等工具来分析数据，寻找市场机会。营销环境的多种因素中，顾客最为重要，因此需要分析顾客的消费行为与特征。本书环境篇的第 3 ~ 6 章即对应这一部分。

（三）龙头——营销战略制定（战略篇）

在对企业的内外部环境进行分析之后，就需要确定市场营销的总体思路——营销战略（marketing strategy），它具有纲举目张的作用，是市场营销“一条龙”的龙头。制定企业营销战略的主要任务是明确把产品和服务卖给谁，提供什么价值主张给顾客。这样的营销战略是以顾客价值和顾客关系为导向的营销战略。其制定的步骤是“市场细分—目标市场选择—市场定位”，用英文单词第一个字母简称为“STP”营销。市场细分（market segmentation）是企业按照某种标准将市场上的顾客划分为若干个顾客群的市场分类过程。市场细分的目的是选择合适的目标市场（market targeting）。目标市场，就是企业决定要进入的那个市场部分。企业在市场细分和选择目标市场之后，还需进行市场定位（market positioning）。市场定位就是企业为了使自己生产或销售的产品获得稳定的销路，从各方面为产品培养一定的特色、树立一定的市场形象，以求让顾客形成一种特殊的偏爱。

完成定位之后，营销者还需要根据外部机会与内部条件选择适合企业的市场营销战略类型。市场营销战略包括竞争战略、市场地位战略、产品生命周期战略、营销发展战略、市场地域战略等。其中，竞争战略包括成本领先战略、差异化战略和集中战略；市场地位战略包括市场领导者战略、市场挑战者战略、市场追随者战略、市场补缺者战略；产品生命周期战略包括导入阶段战略、成长阶段战略、成熟阶段战略、衰退阶段战略；营销发展战略包括密集型成长战略、一体化成长战略、多角化成长战略；市场地域战略包括本土化营销战略和国际化营销战略。当然，营销战略的类型还在不断丰富，互联网时代商业模式创新也是战略内容，还有学者和实践者把合作营销、关系营销、品牌营销等也作为营销战略。本书战略篇第 7 ~ 8 章将对此做讲解。

（四）龙身——营销策略设计（策略篇）

在确定营销战略的基础上，需要对营销策略进行具体可实施性的设计。企业的营销策略是企业对其内部与实现营销目标有关的各种可控因素的组合和运用。影响企业营销目标实现的因素是多方面的，包括产品的设计制造、产品包装、品牌选择、价格的制定与调整、中间商的选择、产品的储存和运输、广告宣传、人员推销、营业推广、公共关系等。最为广泛接受的**营销策略组合**（marketing mix）即麦卡锡于 20 世纪 60 年代提出的 4P——产品（Product）、价格（Price）、渠道（Place）、促销（Promotion），其内容如图 1–7 所示。

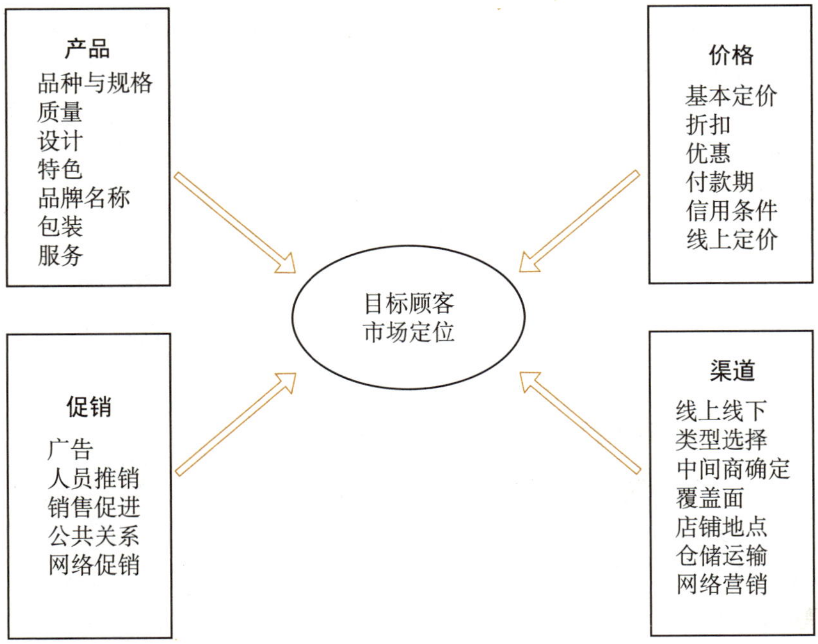

图 1–7　市场营销 4P 组合

• 产品策略是指企业以向目标市场提供各种满足消费者需求的有形和无形产品的方式来实现其营销目标。主要的营销工作涉及：产品品种、规格、设计、质量、包装、特色、品牌名称以及服务。

• 价格策略是指企业以按照市场规律制定价格和变动价格的方式来实现其营销目标，其中包括同定价有关的基本价格、折扣、优惠、付款期、信用条件以及各种定价方法和定价技巧等。

• 渠道策略是指企业以合理地选择分销渠道和组织商品实体流通的方式来实现其营销目标，其营销工作涉及：线上与线下的选择、直销还是通过中间商、中间商的确定、渠道覆盖面、店铺地点的选择、仓储运输的物流管理，以及网络营销等。

• 促销策略是指企业以利用各种信息传播手段刺激消费者的购买欲望，促进产品销售的方式来实现其营销目标，其中包括对同促销有关的广告、人员推销、销售促进、公共关系等可控因素的组合和运用。

20 世纪 90 年代以后，随着市场营销理念的深入和新经济的发展，美国学者舒尔茨（Schultz）提出了以顾客满意为导向的营销组合理论：4C 理论，即顾客（Customer）、成本（Cost）、便利（Convenience）、沟通（Communication）。他提倡在新时期的营销活动中用 4C 来取代 4P。其中“顾客”是指顾客的需要与期望；“成本”是指顾客获得满足的代价；“便利”是指顾客时间与精力的节省；“沟通”是指顾客与企业之间信息与情感的交流。4C 的提出只是进一步明确了企业营销策略的基本前提和指导思想，从操作层面上讲，仍然必须通过以 4P 为代表的营销活动来具体运作。4C 只是深化了 4P，而不是取代 4P。

如同全面营销描述的那样，营销的内容十分丰富、广博，4P 还无法全部涵盖这些内容。如果要更好地反映全面营销的理念，就需要新的 4P 组合，即人员（People）、流程（Process）、项目（Program）、绩效（Performance）。人员指的就是内部营销，也就是说，员工对营销的成功至关重要，需要加强对员工的人文关怀、营销导向和营销技能的培训以及薪酬和非薪酬的激励。流程是指营销者必须建立一套规范的、合理的与营销工作有关的程序，避免临时的规划。这里的流程还包括新产品开发流程、服务流程等。项目反映了企业内部与顾客直接相关的所有活动，无论线上还是线下活动，无论销售促进活动还是公共关系活动，所有的营销活动都应该整合成有机的整体，统一实现市场定位和营销战略。绩效指一系列从财务角度和非财务角度进行测量的结果指标，如利润、品牌资产和顾客满意度；它也反映企业社会责任、营销道德、法律遵守等方面的情况。

此外，还有 3P、10P、4V、4R 等新的策略组合，如表 1–4 所示。营销策略的组合繁多，但 4P 仍然是到目前为止对营销策略组合最为简洁、实用、通行的诠释。本书按照 4P 的框架，在策略篇第 9 ~ 13 章讲解营销策略组合。

表 1–4　　新的营销策略组合的名称与内容

名称	角度	内容
4C	顾客导向	顾客（Customer）、成本（Cost）、便利（Convenience）、沟通（Communication）
新 4P	全面营销	人员（People）、流程（Process）、项目（Program）、绩效（Performance）
3P	服务营销	人员（People）、物质证据（Physical evidence）、流程（Process）

续前表

名称	角度	内容
10P	大营销	战略 4P：市场研究（Probing）、市场细分（Partitioning）、目标市场选择（Prioritizing）、市场定位（Positioning） 策略 4P：产品（Product）、价格（Price）、渠道（Place）、促销（Promotion） 国际营销 2P：公共关系（Public relation）、政治权力（Political power）
5C	参与主体	企业（Company）、合作者（Collaborators）、顾客（Customers）、竞争者（Competitors）、环境（Context）
4R	关系营销	顾客关联（Relativity）、市场反应（Reaction）、关系营销（Relationship）、利益回报（Retribution）
4V	顾客价值	差异化（Variation）、多样化（Versatility）、附加价值（Value）、共鸣（Vibration）

（五）龙尾——营销的组织、执行与控制（管理篇）

营销者在市场营销中除了要善于营销，还要重视管理。市场营销管理需要有对营销过程进行组织、执行与控制的一套系统。这是本书最后一章第 15 章的内容。

企业必须设计一个实施营销方案的营销组织。在现代市场经济条件下，市场营销部门的经营效益不仅取决于其组织结构是否合理，还取决于市场营销最高管理层是否善于挑选、培训、指挥、激励、评价市场营销人员，充分调动其积极性。企业的营销组织可以根据企业的性质、任务的不同而有所不同。但从一般管理原理的角度讲，首先要求组织的人员具有以顾客为中心的营销导向，而后由一个处于公司决策层的分管领导（如营销副总经理、营销总监）、一个专门的职能部门（如营销部或市场部）以及一支从事营销活动的工作人员队伍组成营销组织。营销副总经理负责公司营销职能与其他职能乃至公司决策层面的沟通及协调；营销部负责公司营销活动的策划、组织与实施；营销队伍则是开展具体营销活动的基本力量。

重在执行、赢在细节，没有执行的营销是空中楼阁，没有执行力的营销人是纸上谈兵。分析市场营销环境、制定营销战略和营销计划是解决企业市场营销活动应该“做什么”“在哪里做”“为什么做”的问题，而市场营销执行则要解决“谁去做”“何时做”“怎么做”的问题。营销执行力就是将营销战略和计划转化为实际行动的能力，是企业营销战略成功的关键和实现高绩效的必要条件，也是营销人必备的一项能力。

营销控制是保证营销计划顺利实施的重要环节，一般要抓好四个方面的控制：年度计划的控制，即从数量和进度上保证营销计划的实施；盈利能力的控制，即从营销的质量上进行检验和提高；效率控制，即对营销活动进行日常监督和检查；战略控制，即注意营销计划同环境的适应性，保证营销活动促使企业总体战略目标的实现。

需要说明的是，营销管理的完整过程是计划、组织、执行与控制，计划的环节在这里没有提到是因为整个环境分析、战略和策略的设计过程就是计划的管理职能。为了使本书的读者更具有营销实战能力，我们安排了第 14 章营销策划与方案。营销策划是计划职能的集中体现，营销策划方案的写作是营销人必须具备的能力。

二 市场营销的职业方向

许多人在学习完市场营销之后，对这门职业产生了浓厚的兴趣，并立志以营销为职业生涯。我们为此在本小节介绍市场营销的职业方向和职位，便于营销人明晰自己的职业方向，并进行规划和求职。对于不做营销工作的学习者来说，能够借此更深入地理解市场营销。可以在企业的市场部、销售部等相关部门从事企业产品销售、销售管理、顾客服务、市场调研、营销策划、产品品牌设计、广告与公关策划、网络营销等工作。正如我们在导言里建议的，还可以直接到管理咨询公司、营销策划公司、广告公司、市场调查公司、公关公司等专业的营销服务公司去工作，专业技能会得到更快的提高。

根据英国学者乔布尔（Jobber）的总结，结合中国企业的实际情况，我们较全面地归纳出企业的市场营销职位。由于营销和销售是不同的，大部分企业设有不同的营销职位和销售职位。可以看出，市场营销的职位多样多种，为个人发展提供了许多机会。表 1–5 列出了营销职位，表 1–6 列出了销售职位。

表 1–5 市场营销中的营销职位

	工作描述
营销主管 / 总监	管理所有与市场营销相关的活动
品牌职位	
品牌经理 / 产品经理	产品经理负责一个产品或产品线的所有营销和相关管理活动：进行顾客需求调查研究、参与产品的开发与设计、制定产品生产线的经营计划及营销战略、管理产品的分销、发布产品信息、协调售后服务与销售
品牌 / 销售助理	初级品牌助理的职责包括：进行市场分析、追踪产品销售情况、进行销售额及市场份额分析、监控促销活动等
营销职位	
市场研究员 / 分析员	搜集并分析相关信息以判定消费者是否存在对特殊产品或服务的需求。其中一些工作包括设计问卷、搜集所有相关的信息，并分析、提交、展示报告结果，提出一些建议等
市场沟通经理	管理组织的市场传播活动，包括广告、公共关系、赞助及直复营销
客户服务经理 / 专员	管理服务交付以及客户与组织的沟通。不同行业的客服经理扮演的角色不同
广告职位	
客户主管	设计并协调广告活动：设法与受托方（广告公司或媒体）取得联系；获取产品与公司详情、预算，以及营销研究的相关信息；向受托方中的专家（如创意团队、媒体策划和研究员）提供简要的顾客需求信息；制定活动的细节；向企业提供广告创意和广告方案并附上费用明细表；就有疑问的地方与受托方进行讨论并修改
媒体策划 / 媒体采购员	计划并协调在网站、社交媒体、电视台、电台、杂志、报纸等各种媒体上的广告活动；与广告版面的销售商达成协议；参与广告创意和内容设计，确保广告可以到达预期的目标市场

续前表

	工作描述
公共关系职位	
公共关系主管	帮助组织建立并维持一种热情友好的公关环境；与专业的公关公司或公关对象取得联系，并就特殊情况进行协商、游说；管理危机、媒体关系，撰写并编辑印刷材料
媒体关系 / 公司事务部职员	与媒体建立并维持一种友好的工作关系；撰写新闻发布稿或者回应媒体的质疑

表 1–6　　市场营销中的销售职位

	工作描述
销售主管 / 总监	与现有的以及潜在的客户建立良好的商业关系，使公司产品具有良好的销售前景
销售职位	
销售经理	计划并协调销售队伍的销售活动；监控产品的分销及预算达成率；培训并激励员工，准备预测
大客户经理	管理大客户的销售及市场运作；与大客户就产品、数量、价格、促销以及特别优惠等方面进行沟通；与能够影响大客户购买决定的关键人员建立良好关系；在销售过程中，负责与所有部门内部及相关同事进行沟通；监测对大客户的销售业绩
销售支持经理	通过对顾客实地访问或电话、邮件沟通提供销售支持；参与商品展销与促销活动；为产品宣传册、销售小册子的制作准备材料；购买市场调查公司提供的主要数据
跟单员	及时跟踪和汇报对客户的销售情况；确保交易顺利进行并维护客户关系
促销主管	直接拜访部分重要客户，并在客户所在地将产品的特性及优点直接介绍给客户；对所有的促销活动进行说明与管理
电话营销代表	记录与销售相关的呼入与呼出电话
广告营销专员	向潜在客户展示公司的宣传册、网络广告、电视广告、视频广告等
零售职位	
零售主管	制定计划并与零售商进行协调；监督人员招聘、培训过程；保持高质量的客户服务；管理存货水平
零售采购员	采购原材料或半成品；管理并分析存货水平；进行供货商关系管理

第 4 节　互联网时代的营销机遇与挑战

企业所处的时代正发生着前所未有的变化和革新。在这一部分，我们将分析给市场营销领域，特别是中国企业的市场营销带来深刻变革的力量、机遇与挑战，即互联网时代的营销创新、社会营销的大趋势、经济新常态的挑战。其中互联网时代的营销创新重点讲解数字化营销的驱动力和社交媒体营销。互联网已经渗入市场营销的每一个角落，本书的每一章都将论及互联网时代的营销新方法，本节只做总体概述。第 4 章、第 13 章将对互联网环境和网络传播策略做进一步的论述。

一 互联网时代的营销创新

（一）数字化营销的驱动力

数字技术与互联网无所不在，正在彻底改变我们的生活方式。早上忘了带手机，是不是就像丢了魂？的确，智能手机、平板电脑等数字设备，在我们的学习、工作、购物和娱乐活动中连接着互联网、连接着“朋友圈”、连接着世界。据 2016 年 11 月召开的世界互联网大会发布的《乌镇报告》统计，2016 年末，全球互联网用户约 35 亿，占总人口 47%；中国互联网用户数约 7.3 亿，占总人口 56%。据国际数据公司（IDC）统计，2016 年末，智能手机用户数量约 22 亿，中国智能手机用户数量约 6.2 亿。

全球互联网及通信技术的迅猛发展，一方面提升了生活质量，推进了经济与社会的发达程度；另一方面给企业经营管理，以及市场营销的理念、战略、策略与组织模式等带来强大的冲击与挑战。柯达、摩托罗拉、诺基亚等昔日辉煌的企业都是在这场跨时代的冲击下营销失败的例子，传统报纸和书店、音像店、百货店等经营惨淡或倒闭的例子比比皆是。但是，近年来，国内对“互联网 +”战略质疑的声音也不少，它们强调传统制造业的重要性，认为互联网就是工具、载体。“互联网”到底是噱头还是革命？于是有了王健林与马云、董明珠与雷军的豪赌（参见章后“应用与实战”的第 2 题）。从营销的角度讲，互联网带来的冲击和挑战是革命性的，是由数字化营销驱动的。我们将数字化营销的驱动力归纳为以下四种根本性力量，营销人如果认同这四种力量，可能就会支持马云和雷军。

第一，连通性（connection）。当代营销业务基本通过网络的数据信息传递来实现。局域网把一个组织的人群联系起来，互联网广域网把本企业和供应商、分销商、顾客联系起来，把顾客连通到一个世界范围的大型“信息源”，这是一种超越空间和时间的连通。

第二，去中介化（disintermediation）。许多以传统商店为基础的营销商的桥梁作用被新兴网络公司弱化，典型的如书店、音像店、旅行社、房屋中介和汽车销售商等。企业与顾客、顾客与顾客之间都可以直接进行营销。网络公司并没有发挥传统中介的作用，而是搭建平台，实施平台营销（platform marketing）。

第三，去中心化（decentralization）。移动互联与社交网络以“人的行为为核心”的信息组织方式，赋予顾客或用户前所未有的力量和权柄。这并不是说单个顾客是强大的，而是说顾客结成的网络是强大的。分散的顾客因快速、实时、紧密、无处不在的网络连接成为一个强大的整体，他们还能不断与供应商、经销商、其他社会组织结成网络，使原来居于中心地位的企业或政府等组织不再成为中心，甚至成为相对弱势的一方。世界变平了，变成一个纵横交错的网络。基于互联网的“顾客网络”（customer network）不再是“乌合之众”，他们拥有的市场权利与权力日益增强。

第四，跨界融合（crossover）。互联网具有改造甚至颠覆原有产业格局的力量。互联网不再仅仅是信息技术，它跨越了技术层面和信息行业，正在与传统产业融合，也促使现有产业融合，行业间的界限变得越来越模糊。新的机遇存在于两个或更多行业的跨界、交叉、融合之中。例如，BAT 三巨头（百度、阿里巴巴、腾讯）、万达、乐视、小米、京东等中国企业无不是通过跨界融合成为营销骄子。

所谓数字化营销（digital marketing）是借助于互联网、通信技术和数字交互式媒体来实现营销目标的一种营销方式，网络营销、移动营销等都是数字化营销的表现形式。首先，企业选择网站、视频、电子书等网络媒体来做广告，企业广告策略选择变得多样化和数字化；其次，电子商务改变了传统的分销策略，虚拟网上直销取代了中间商，物流变得更迅速、更经济；最后，互联网将企业营销变为无国界的国际市场营销，国际市场营销更为便利。目前，基于智能手机的移动营销（mobile marketing）成为增长最快的数字化营销平台，智能手机被称为继电视、电影、电脑之后改变人类生活的"第四屏"。智能手机随身携带、始终在线、精准定位、高度个人化，这使得它成为理想的数字营销工具。

互联网技术衍生出的虚拟市场营销彻底改变了传统营销模式，将处于发展中的中国市场营销带到一个新的历史转折时期。互联网时代，在数字化营销的驱动下，市场营销不断呈现出创新或新的变化趋势，本书对此进行了较为全面的概括（见表 1–7）。这些创新与变化从营销导向、理念，到营销战略，产品、价格、渠道、促销策略，再到营销组织，是对传统营销的全面革新。

表 1–7　　互联网时代的营销创新与新趋势

	传统营销	新营销
1	以企业、产品为中心的营销	真正以顾客为中心的营销
2	垂直整合	水平整合、虚拟整合，跨界、外包、众包
3	实体传统公司或纯网络公司	O2O 的复合型公司
4	顾客被动消费	"产消者"、顾客参与、顾客创新、价值共创
5	关注股东	关注利益相关者
6	营销部门人员做营销	全员营销、内部营销
7	生产 – 销售模式	感知 – 响应模式
8	拥有资产、品牌	拥有平台、顾客流量
9	追求市场占有率	追求消费者份额
10	交易营销，关注盈利性交易	关系营销，关注顾客关系、顾客终身价值
11	关注吸引、获取新顾客	关注挽留老客户
12	大众营销	定制化、个性化营销
13	实体产品主导	服务主导逻辑
14	溢价策略、传统折扣定价策略	基于网络的免费策略、团购价格、秒杀
15	与供应商和分销商竞争，孤立发展	与供应商和分销商合作，合作营销
16	中介营销	直复营销、电子商务
17	大众传播、传统媒体	整合营销传播、社交媒体 / 新媒体
18	以产品为组织单位	以客户群为组织单位
19	层级制的营销组织	扁平化、网络化的营销组织
20	单向的 B2C、B2B 营销	循环的 B2B2C2C2B 营销

（二）社交媒体营销的兴起

有人说，美国总统特朗普的竞选胜利就是新媒体、社交媒体的胜利，传统媒体的溃败。希拉里竞选的广告费用是特朗普的近 5 倍；希拉里得到了几乎全美 200 家主流媒体的大力拥护和偏向性宣传，特朗普仅仅得到两家主流媒体和 20 家中小媒体的支持；希拉里投下大本钱做纸媒广告、电视广告等，特朗普没有做纸媒广告，声称“笨蛋才花大价钱去登广告”；希拉里在推特、脸书、Instagram 等社交媒体上共有 3 300 万粉丝，特朗普有 4 500 万粉丝。社交媒体营销助推了一位没有从政经验的、不被主流媒体看好的地产商人“四两拨千斤”，最终成功入主白宫（参见小贴士 1–4）。

小贴士 1-4　“粉丝”+“病毒”：特朗普的社交媒体营销

特朗普虽然没有从政经验，但却是精明的、成功的商人，深谙社交媒体营销。特朗普的社交媒体营销充分而免费地调用了主流核心媒体资源，吸引了大众的注意力，使特朗普轻松地将整个竞选过程变成他最熟稔的“真人秀”。比较一组数据：据DMN统计，在竞选广告费上，特朗普共花了 3 360 万美元，希拉里花了 1.566 亿美元；在总体竞选费用上，特朗普为 5 亿美元，希拉里为 11 亿美元。推特上特朗普拥有 1 160 万粉丝，希拉里只有 888 万粉丝；脸书上特朗普拥有 1 070 万粉丝，希拉里只有 600 万粉丝；Instagram 上特朗普有 2 200 万粉丝，希拉里有 1 800 万粉丝。可见特朗普及其竞选团队对社交媒体的重视和投入，特朗普本人也经常在社交媒体上发布言论与粉丝互动。希拉里的支持者大多是转发媒体报道的希拉里的言论，而特朗普的支持者更喜欢等待特朗普在推特上直接回复他们。特朗普团队没投电视广告，而在社交网络上一掷千金，在共和党代表大会的最后一天，花 20 万美元在推特上买了个推广标签。

特朗普还基于社交媒体展开病毒营销。“禁止穆斯林进入美国”“在美墨边境修建‘长城’”“把中国商品关税提高到 45%”等特朗普的极端言论极具煽动性和传播力，免费占据着主流媒体的头条，并成为社交媒体上关注、转发、议论的焦点。美国传播专家分析，这些言论为特朗普赚取到至少价值 20 亿美元的广告效果。谷歌搜索特朗普的结果达到 3.81 亿条，而希拉里只有 2.59 亿条。

在美国，竞选成功的总统都是他所在时代的传媒大师。比如小罗斯福总统的“炉边谈话”用的是收音机；肯尼迪总统利用电视俘获美国人的心；奥巴马在 2008 年和 2012 年两次竞选中，利用邮件群发、在线视频、大数据和社交网络成为美国历史上第一任黑人总统。

资料来源：陈轩. 川普如何用2亿广告费，打败了希拉里10亿广告费？.（2016–11–10）. 搜狐. http://www.sohu.com/a/118622095_122844.

社交媒体营销（social media marketing）是利用社交媒体与消费者交流，并使消费者参与其中的营销手段。社交媒体是当前发展最为迅猛的互联网元素。最早提出“社交媒体”一词的是美国学者安东尼 · 梅菲尔德（Antony Mayfield）。他认为，社交媒体是一种给予用户极大参与空间的新型在线媒体，具有参与、公开、交流、对话、社区化、连通性等特征，其最大的特点是赋予每个人创造并传播内容的能力。因而社交媒体也称为自媒体、新媒体。梅菲尔德将社交媒体的基本形态分为七大类：社交网络、博客、维基、播客、论坛、内容社区和微博。2012 年 4 月 9 日，尼尔森在线研究（微博）发布了中国社会化媒体全景图（见图 1–8），统计了 100 余家国内社会化媒体网站，并细分出 20 种类型。该研究认为，社会化媒体已不同于传统意义上的媒体，从以新浪微博为代表的微博类网站，到知乎等问答类网站，甚至如淘宝等电子商务网站，都可看作社会化媒体的一部分。社会化媒体的类型包括：微博、问答网站、电子商务、社会化商务、即时通信、社交游戏、商务社交网站、音乐 / 图片分享、签到 / 位置服务、博客 / 博客聚合、社交网站、社会化书签、RSS

订阅、百科网站、消费点评、视频分享及论坛 / 论坛聚合等。当今，我国主要的社交媒体应用主要分为三大类：以微信为代表的即时通信、以新浪微博为代表的微博和以人人网为代表的社交网站。

图 1–8　中国社会化媒体的类型

在社交媒体营销的基础上，又衍生出微信营销（wechat marketing）、微博营销（micro-blog marketing）、病毒营销（virus marketing）、场景营销（scene marketing）、内容营销（content marketing）、视频营销（video marketing）等多种营销新策略。众多国内外企业利用社交媒体建立虚拟顾客社区（virtual customer communities）与顾客互动、分享，从而达到发布产品信息、树立品牌形象、维护顾客关系、促进产品销售的多重目的。例如，《美人鱼》为何能超过《捉妖记》《速度与激情 7》，以 34 亿元收入创造当时的中国电影票房纪录？社交媒体营销及网络营销起到了重要作用。那些对周星驰的台词倒背如流的粉丝看完之后抒发情怀，在周星驰的个人品牌效应下形成讨论社区，甘愿在微博、微信上做“自来水”。影片也为各类自媒体提供了足够的谈资，从周氏风格的台词，到话题女星张雨绮和星女郎等，人气与口碑督促消费者走进电影院。影片还将移动网络售票端猫眼、格瓦拉作为制片单位，它们要参与分红，因此积极地在微博、贴吧、视频网站上开展直接推送影片优惠券的活动。

二　社会营销的大趋势

“社会营销”一词含义丰富，首先，它是指非营利组织运用市场营销的理念和方法达到社会公益的目的。市场营销已经成为国家、地方政府、学校、医院、博物馆、社会团体、宗教组织、基金会、国际组织等非营利组织的发展战略的重要组成部分，用于分析市场环境、传播与沟通信息、吸引消费者或公众、募集资金、树立良好形象。例如，我国制作了多部国家形象宣传片，在美国时代广场播出；对社会主义核心价值观的宣传使用了多种营销和传播方式；许多地方政府开通了官方微博、微信，以增强与公众的互动和信任；世界卫生组织、世界银行等国际组织通过自身实践认识到这一理论的运用是推广具有重大意义的社会目标的最佳途径。我国的各类非营利组织还需要更加系统、深入地应用市场营销理念和方法，全方位地创造顾客价值、维护顾客关系。例如，医院可运用顾客导向和顾客关系营销来消除医患矛盾、改善医患关系。

在此基础上，营销学家进一步对社会营销的概念进行扩充，认为企业应负有一定的社会责任。社会营销就是社会营销理念下的营销实践，同义于“社会责任营销”“可持续营销”“人道营销”等相关概念。我们对此做较多的阐述。

在利益的驱动下，企业的营销与生产活动往往会给社会、资源、环境带来负面影响。在我国，企业发展对劳动力、矿产、环境等资源禀赋更加依赖，带来的负面效应更为严重。食品安全、雾霾问题等无不和无良企业的行为有关。从三鹿的三聚氰胺奶粉事件、“苏丹红一号”事件，到瘦肉精、假疫苗等，这些企业不道德的营销活动不仅给消费者身体健康造成严重的危害，而且造成全社会的信任危机。因此企业的营销道德问题日益受到社会各界的广泛关注。人们在强烈谴责某些企业的不道德经营行为的同时，纷纷呼吁企业加强营销道德建设，承担企业应尽的社会责任。本章第 2 节讲到的社会营销理念认为，企业提供产品，不仅要使企业盈利和满足顾客需求，而且要符合顾客和社会的长远利益，企业要关心并增进全社会的福利，承担社会责任。企业社会责任（corporate social responsibility）是由发达国家实践证明的解决企业与资源、环境和社会种种冲突，保持社会关系和谐和经济秩序稳定的有效手段。大量的研究表明，企业的社会责任同经济绩效之间存在一种正相关关系，履行社会责任能帮助企业获得一系列实际利益，包括销售额和市场份额的增加、品牌地位的稳定以及营运成本的降低。履行社会责任不仅是成本，也是投资。企业的社会责任一般包括三个方面：保护消费者权益、保护社会的利益和发展、保护社会自然环境。

一批中国企业已经开始了有益的探索。2016 年，一汽大众公司组织了“迈向生态文明——向环保先锋致敬”项目，今后每年将资助 10 个环保公益项目，对于具有显著社会影响力、倡导性的环保项目，资助将达到 100 万元，年度资助总额为 500 万元；华能集团在水电开发过程中坚持系统论证，保护鱼类繁殖，促进企业与自然和谐发展；中国黄金集团通过矿山避险系统建设、尾矿复垦、关注社区发展等，践行环保节能、安全健康、和谐共赢等核心理念；国家电网构建了全面社会责任管理体系，注重与利益相关方的社会责任沟通。

小贴士 1-5　从营销 1.0 到营销 3.0

营销 1.0 是工业化时代以产品为中心的营销，营销 2.0 是以消费者为导向的营销。科特勒等在《营销革命 3.0：从产品到顾客，再到人文精神》一书中提出了营销 3.0。营销 3.0 超越了前两种营销模式，是一种以社会与人文精神为基础的营销，是社会营销的进一步阐释。首先，它以一种更为全面的眼光来看待顾客，把他们视为具有社会性、主动性、情感性的人群，甚至是企业潜在的合作者。当代顾客不仅追求产品的使用价值，更追求通过产品消费获得的情感价值。因而企业须加强对顾客的人文关怀，借助社交媒体等手段，以文化营销和精神营销践行营销 3.0。其次，营销 3.0 提倡将企业员工、供应商、销售商，乃至公司股东、政府社区都视为合作伙伴，企业营销要在与利益相关者共同编织的合作网络中开展，并实现保护自然环境和企业可持续发展。营销 3.0 就是合作性、文化性、精神性、持续性的营销。

三 经济新常态的挑战

从 2010 年开始，中国 GDP（国内生产总值）的增长速度告别了两位数时代，2016 年 GDP 增速下降到 6.7%。我国政府用“新常态”一词深刻揭示中国当前经济发展阶段的新变化。根据我国政府的阐释，新常态有三个主要特点：一是从高速增长转为中高速增长。二是经济结构不断优化升级，第三产业、消费需求逐步成为主体，城乡区域差距逐步缩小，居民收入占比上升，发展成果惠及更广大民众。三是从要素驱动、投资驱动转向创新驱动。对企业营销来讲，新常态还意味着，在我国长期反腐倡廉、严格执行“八项规定”的形势下，公款消费大幅降低，对高端餐饮、奢侈品等行业产生的冲击不是一时的。LV、Armani、Burberry 等国外奢侈品品牌已关闭了部分专卖店，缩小中国市场与其他市场的价差；高档饭店要么倒闭，要么放下身价走亲民路线。

2010 年之前，在市场需求旺盛的情况下，中国企业的营销和发展由生产要素和投资驱动。金融危机之后，国内外市场环境发生了根本变化，多种原因交织造成中国经济增速下滑，经营困难的企业增多，房地产等暴利行业不再存在，各行业普遍进入不景气状态。从营销的角度看，主要有以下几个原因：

第一，传统产业产能过剩、需求饱和。钢铁、电解铝、平板玻璃、水泥等的供给能力大幅超出需求，甚至光伏、风电等新兴产业也出现产能过剩，产能过剩已经成为困扰我国企业长期发展的主要障碍之一。

第二，具有独特市场价值的创新性产品和技术不足。长期以来，企业发展主要依靠旺盛的市场需求、劳动力等生产要素的低成本优势、模仿国外企业产品与技术，对关键基础材料、核心基础零部件的重视不够，企业研发投入强度普遍偏低，产业长期被锁定在国际产业价值链的中低端环节。例如，发展先进制造模式所需的数控系统、工业应用软件等基本被国外垄断，在智能制造、增材制造、云制造等新兴产业中与国际先进水平的差距明显。

第三，缺乏一批具有国际影响力的自主品牌。中国企业的品牌战略意识、品牌营销经验普遍存在不足，像华为、联想这样的自主品牌太少，化妆品、汽车、服装、食品、饮料等行业基本被国外强势品牌占据，还没有出现真正的具有极高溢价能力的国际一线奢侈品品牌。

第四，国际竞争日益激烈。发达经济体加快战略调整，推动“再工业化”和制造业回流，对我国企业向价值链高端环节攀升形成巨大压力。其他新兴经济体和发展中国家，例如越南、泰国等东南亚各国利用生产要素相对优势大力发展劳动密集型、资源密集型等产业，对我国企业保留并发展中低端产业形成挑战。我们在欧美市场的商品标签上以往看到的“中国制造”，现在逐步换成“越南制造”“印度尼西亚制造”等。

中国企业营销也随着中国经济进入新常态：市场竞争更加激烈，企业营销难度更大，并且这种情形将持续很长一段时间。为应对新常态，国家提出了“供给侧改革”“三个转变”等战略。“三个转变”与市场营销息息相关，它就是：“中国制造向中国创造转变、中国速度向中国质量转变、中国产品向中国品牌转变”。随着国家供给侧改革和产业结构升级的推进，企业市场营销也需要积极应对新常态的挑战，进行营销升级、营销创新。对此，我们简要提出以下思路，更加具体的方法还需要营销学习者去思考和实践：

第一，创造新的市场增长空间。华为致力于成为 5G 标准的制定者，美的开展对世界机器人制造巨头德国库卡公司的收购，大商、苏宁等传统零售商建设自己的网络商城，滴滴、小猪短租等开辟出分享经济的大市场。“没有疲软的市场，只有疲软的产品。”市场需要塑造，市场机会需要创造。信息技术与工业技术的深度融合以及基于“互联网 +”战略的商业模式创新是创造市场与价值的新途径。

第二，调整目标市场与定位。大众消费成为主体，亲民形象、高性价比、持续的良好口碑将是赢得市场的法宝。

第三，形成强势品牌与忠诚顾客群。品牌资产和顾客忠诚是降低营销费用、提高营销效率的必要手段。企业需要将品牌营销和关系营销置于营销战略的地位给予重视。

第四，升级营销理念与方法。吸收营销 3.0 的理念，进行营销理念升级，开展社会营销、合作营销，与顾客共创价值；实施大数据营销、电子商务、社交媒体营销，加强渠道和物流的信息化建设，全面推进营销策略的升级；优化营销组织结构，提高团队建设水平和营销执行力，实现营销管理的升级。

▶ 基本概念

市场营销（marketing）
生产理念（production concept）
产品理念（product concept）
推销理念（selling concept）
营销理念（marketing concept）
目标市场（target market）
顾客需求（customer demand）
整合营销（integrated marketing）
社会营销理念（societal marketing concept）
关系营销理念（relationship marketing concept）
全面营销理念（holistic marketing concept）
顾客价值（customer value）
顾客关系（customer relationship）
合作伙伴关系管理（partner relationship management）
营销策略组合（marketing mix）
社交媒体营销（social media marketing）

▶ 应用与实战

1. 出自《三国志》的《隆中对》被誉为“天下第一营销方案”，以下是其中的部分内容。阅读之后请回答下面的问题。

> 自董卓已来，豪杰并起，跨州连郡者不可胜数。曹操比于袁绍，则名微而众寡，然操遂能克绍，以弱为强者，非惟天时，抑亦人谋也。今操已拥百万之众，挟天子而令诸侯，此诚不可与争锋。孙权据有江东，已历三世，国险而民附，贤能为之用，此可以为援而不可图也。荆州北据汉、沔，利尽南海，东连吴会，西通巴、蜀，此用武之国，而其主不能守，此殆天所以资将军，将军岂有意乎？益州险塞，沃野千里，天府之土，高祖因之以成帝业。刘璋暗弱，张鲁在北，民殷国富而不知存恤，智能之士思得明君。将军既帝室之胄，信义著于四海，总揽英雄，思贤如渴，若跨有荆、益，保其岩阻，西和诸戎，南抚夷越，外结好孙权，内修政理；天下有变，则命一上将将荆州之军以向宛、洛，将军身率益州之众出于秦川，百姓孰敢不箪食壶浆以迎将军者乎？诚如是，则霸业可成，汉室可兴矣。

（1）请按照市场营销的框架与逻辑，给这部分文字分段。

（2）用市场营销术语概括每段的主要意思。

（3）结合《隆中对》，如何理解市场营销“一条龙”？

2. 王健林与马云、董明珠与雷军都曾设过豪赌，其内容与对互联网时代、网络营销的判断有关。暂且不论这两个豪赌有没有作罢，是不是有效，请阅读以下背景材料，回答下面的问题。

2012 年，在 CCTV 经济年度人物的颁奖仪式上，中国商业地产的领军人物和中国电子商务的领军人物——大连万达集团股份有限公司董事长王健林与阿里巴巴集团董事会主席马云在电商是否将取代传统店铺经营的问题上各持己见，马云认为电商必胜。王健林折中表态“双方都能活”。最后王健林提出：赌 2020 年，电商在中国零售市场是否能占 50% 以上，赌注 1 亿元。

2013 年，在同样的场合，小米公司董事长兼首席执行官雷军、格力电器董事长兼总裁董明珠又下赌注：赌小米 5 年之内销售额能不能超过格力电器，而且赌资升级至 10 亿元。

（1）为什么马云认为到 2020 年，中国电商能够占零售市场销售总额的 50%以上？您支持谁？依据是什么？

（2）查阅小米手机营销和格力电器营销的有关资料，以及近年来两家公司的市场表现，判断谁会赢。请提出您的依据。

▶ 案例

从“昵称瓶”“歌词瓶”“台词瓶”到“点赞瓶”
——可口可乐新包装的新营销

在互联网时代做营销创新，可口可乐是个老手。作为全球最大的饮料公司，已有 130 多年历史的可口可乐一直是营销常青树，它善于营销，与百事可乐的营销战是营销的经典案例，广为流传的圣诞老人形象其实是可口可乐为推广其红色标志色而创造的。可口可乐一直很年轻，它很懂自己的主体消费群体——青年人想要什么；它深谙互联网时代的营销之道，能够动员一切内外部资源达到其营销目标。在可口可乐的营销魔法棒下，可乐瓶不再是一个普通的包装，它变成一个会说话、会唱歌、会社交的瓶子（见图 1–9）。

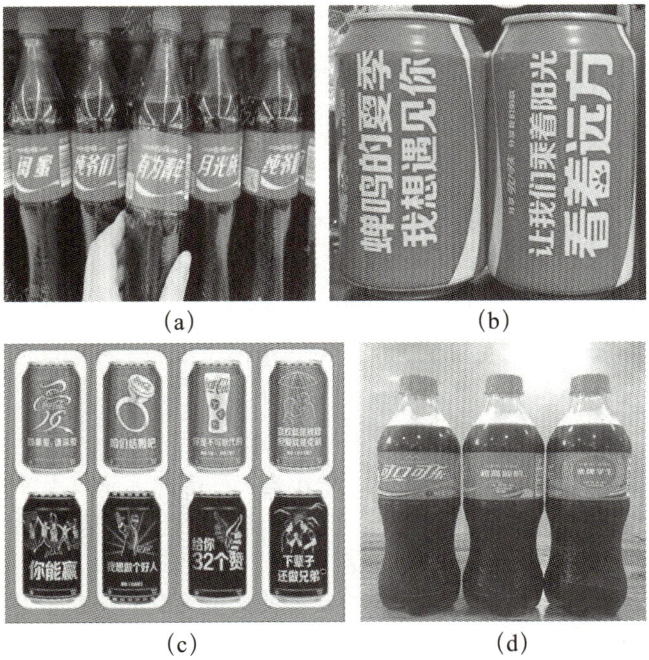

图 1–9　点燃可口可乐社交媒体营销的“昵称瓶”“歌词瓶”“台词瓶”“点赞瓶”

2013 年夏季，可口可乐面向中国市场，利用社交网络推出新包装，这就是荣获 2013 年艾菲广告大奖的“可口可乐中国昵称瓶”活动。可口可乐首先陆续向外寄送了印有目标意见领袖名字的定制昵称瓶，而没有事先通知他们。意见领袖以及粉丝对于突然收到可口可乐 250 毫升塑料昵称瓶包裹都很惊喜，许多人选择在微博、微信上晒图，与他人分享。黄晓明首先发布了一则微博，称收到了印有“大咖”的可口可乐，并上传了瓶子的照片（见图 1-10）。王心凌、蔡少芬、林更新、姚笛等也收到了瓶子，纷纷到微博上去“晒瓶子”。之后，可口可乐的官方微博高调证实“换装”：这个夏天，属于你们的快乐，想和谁一起分享？可口可乐昵称瓶。可口可乐又在官方微博以“可口可乐昵称瓶”的标签发布了一系列 600 毫升昵称瓶新包装。“卖萌”的可乐有学霸、闺蜜、氧气美女、喵星人、白富美、天然呆、高富帅、邻家女孩、大咖、纯爷们、有为青年、文艺青年、小萝莉、积极分子、粉丝、月光族等十几个昵称。

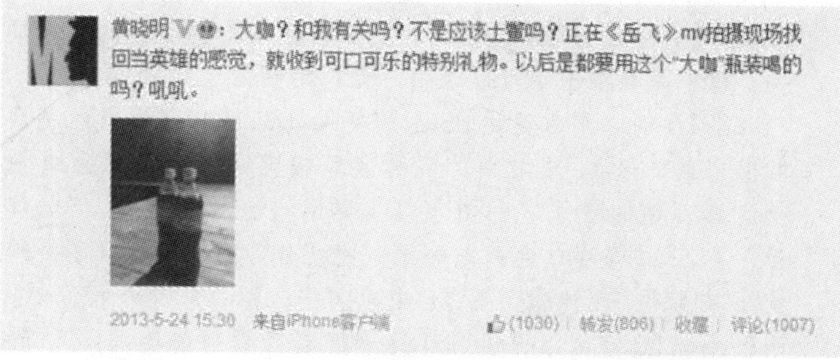

图 1-10　黄晓明收到“大咖”昵称瓶后发的微博

在线下，可口可乐请偶像团体五月天代言，并邀请叮当、严爵等助阵，在武汉、南京、成都等九大城市巡回开展“快乐昵称瓶”活动，接受个人昵称定制。线下活动通过微博、微信预告。可口可乐开展了多网多平台互动，包括新浪微博、豆瓣网、天涯社区、微信等。众多消费者选择购买自己感兴趣的昵称瓶，拍照上传到微信朋友圈或发微博等，即使文静的女孩也会忍不住拿着印有“女汉子”的可乐瓶拍照，发到朋友圈。可口可乐让消费者用最低的成本完成了一次有趣的自我表达。从线上导流到线下，粉丝线下拿到瓶子后再到线上晒照片，可口可乐完成一个 O2O 的循环。

可口可乐昵称瓶活动还在实名社交网络人人网上掀起了怀旧热潮，办起了线上同学会。消费者登录人人网，进入可口可乐的品牌主页，即可加入“那些年，我们的同学会”，参与社交互动。同学会的每一位成员都将获得一个可乐昵称标签，并自动加入自己所在班级的同学会。在班级时间轴页面上，用户可以把青春回忆、重聚情形的图片和文字上传到过去的某个时间，共同维护时间轴。可口可乐向 200 位人人网活跃用户邮寄了符合他们特质的可乐昵称瓶。一张张带有昵称瓶“真相”的照片和充满惊喜感的文字陆续被上传到人人网，得到这些用户的朋友的热烈回应和分享。活动启动后短短 5 天，就吸引近 5 万名人人网用户奔赴可乐同学会，人均参与活动高达 5.73 次，留下聚会影像共计 8 万多张，可口可乐在人人网上的品牌好友更是增加了 6 576 名。

2014 年，可口可乐又乘胜推出了“歌词瓶”。“你是我最重要的决定”“阳光总在风雨后”“我愿意为你”等几十款流行歌曲的歌词被印在可口可乐的瓶身和易拉罐上，总体上沿用昵称瓶的套路。5 月中下旬开始针对明星、意见领袖进行定制化产品投放，例如，潘石屹就晒出了送给任志强的定制版“由我们主宰”的可口可乐瓶。然后，再通过社交媒体引发活跃粉丝的跟进，进而利用社交媒体的扩散作用影响更多普通消费者。可口可乐的官方微博也开始出现与歌词瓶相关的内容，比如，让粉丝说出自己最喜欢的歌手的一句歌词等，这都是在为产品上市预热。5 月 19 日，开启了“转发微博加上‘可口可乐歌词瓶’标签并 @ 一下小伙伴就有机会获得一个专属定制瓶”的活动。在随后一系列的热点话题传播中，例如高考、毕业季、世界杯、七夕情人节等，都能看到可口可乐歌词瓶的身影。更新鲜的是，消费者可以扫描瓶身上的二维码，观看一小段音乐动画，并在社交媒体上进行分享，这将可口可乐的社交媒体营销推上了一个新台阶。可口可乐的营销人员还持续关注消费者在社交媒体上发布的信息。他们发现有的消费者抱怨“要跑很多地方找‘你是我最重要的决定’‘你在我眼中是最美’这两句歌词的瓶子”。为什么会这样？因为这两款歌词瓶很适合婚礼，消费者要为婚礼宴席专门准备这两款瓶子。但所有的铺货都是随机的，消费者不得不去很多地方凑瓶子。营销团队立刻与1号店合作，推出了“结婚‘歌词瓶’”系列。当消费者有特殊的歌词需求时，就可以在这个专区定制一定数量的歌词瓶。

2015年，可口可乐又推出了“台词瓶”。可口可乐选取了“臣妾做不到啊”“万万没想到”“生活就像一盒巧克力”等中外经典和热门影视剧中的49句台词。另外，与上线电影《煎饼侠》《命中注定》《我是路人甲》结合，推出电影的台词瓶，借势营销。可口可乐还在电影院、超市等地推出了可以让用户专门定制的台词瓶。

2016年，作为奥运88年的赞助商，可口可乐当然不会放过大做奥运营销的机会，借机推出“点赞瓶”。跟之前的昵称瓶等相比，这次不同的地方在于点赞瓶需要买两瓶做组合才能达到有趣的效果。一类包装上贴着“金牌真爱粉”“金牌老伙计”“金牌后援团”“金牌老爸”等22种描述社会关系的词，使“金”的意义超脱了金牌。而另一类包装上有“超嗲”“超赞”“超燃”“超治愈”等18个赞美词，两类瓶身互相配对能混搭出近400种点赞效果。可口可乐还与QQ空间展开合作，让消费者回顾那些年那些人带来的感动时刻，引发“此刻是金”的共鸣。每一个QQ空间的注册用户只要扫描金牌点赞瓶的瓶身二维码，即可获得私属的“此刻是金”社交回顾报告。

可口可乐的个性标签包装引发的社交营销很有趣、很热闹，那能不能拉动销售呢？《中欧商业评论》报道，该系列新包装平均每年为可口可乐品牌带来两位数的销量增长，从2013年6月初到7月底，昵称瓶可口可乐的销量较上年同期增长了20%。在北美市场，因为推出了昵称瓶，2014年夏季，可口可乐实现了继2000年后的第一次销量增长。

骄人的营销效果并不是仅仅靠“卖萌”标签一个创意就能达到的。从创意到执行，再到跟踪消费者数据，再调整，需要整个营销团队和相关人员的密切合作。早在2009年，可口可乐中国公司就成立了整合营销部，其工作就是将市场营销各部门全部打通。2011年底增加了社交营销部，它能够即时了解消费者；2012年成立了创意策略部，以更好地把握整个创意的大方向。职能部门随时代变化和消费需求而增加，那么，如何把这些不同职能在一个营销项目中有机整合？可口可乐的答案是项目制，它的特点是：有目标、有分工、有时间限制，做完项目就各回原来的岗位。所有参与项目的部门有共同的目标——市场销量和份额指标、消费者指标。前者即带来的销量增长和市场份额变化。后者包括有多少消费者变成高频率的饮用者、有多少消费者知道这个创新的产品、有多少人分享、有多少消费者会更加深入地互动等定量指标。这场营销活动并不是表面看到的换标签、找明星、发帖子那么简单，背后有大量的销售数据分析、消费者跟踪与分析、跨职能合作与协调等工作，这才构成完整的市场营销。

可口可乐的瓶子营销也是蛮拼的，在国外市场还有自拍瓶、名字瓶、盲文瓶、表情瓶等。例如，自拍瓶的瓶底有一个定制相机，当用户喝可乐且瓶子倾斜角度达到70度时，自拍瓶便会自动拍下用户喝可乐的瞬间，还可将照片分享至Instagram、脸书等社交网站。可口可乐在澳大利亚、英国、美国等开展过名字瓶活动，即印上常用的英文名。中国市场的昵称瓶做了些本土化的改良，显示出用户的态度、自我认知，具有娱乐性、时尚性、可传播性，市场效果更好。昵称瓶也是可口可乐在中国推出的一系列新包装中消费者反响最大、销售结果最好的。

一个普通的塑料瓶成为传播载体，而不是单纯的包装；每个消费者成为传播载体，而不是被动接受信息的“木瓜”。让产品和消费者发出自己独特的声音，产品即媒体，消费者即媒体。

就像可口可乐公司CMO（首席营销官）特里波第（Tripodi）在《哈佛商业评论》的文章里所说的，从消费者印象（impressions）到消费者表达（expressions），很清楚地诠释了社会化给品牌带来的本质变化，可口可乐不再是布道者，而是主持人。

难怪营销人纷纷感叹：“营销的玩法变了，该这么玩了！”

思考题

1. 请用市场营销“一条龙”的框架解析可口可乐新包装营销——从创意、计划到执行、管理的全过程。

2. 可口可乐为什么要换新包装？新包装及其社交媒体营销满足了消费者什么样的需求？

3. 你还知道哪些有趣的可口可乐的营销策略？

4. 请收集百事可乐的营销资料，对近年来百事可乐的“互联网时代下的营销创新”做一个类似本案例的归纳。

5. 如何理解“可口可乐不再是布道者，而是主持人”？营销的玩法变成什么样，该怎么玩？

资料来源：谢园 .“歌词瓶”：为什么是可口可乐？. 成功营销，2014（9）.

▶ 参考文献

[1] 董大海 . 营销管理 . 北京：清华大学出版社，2010.

[2] 菲利普 · 科特勒，何麻温 · 卡塔加雅，伊万 · 塞蒂亚万 . 营销革命 3.0. 北京：机械工业出版社，2011.

[3] 郭国庆 . 营销思想史 . 北京：中国人民大学出版社，2012.

[4] 李怀斌 . 市场营销学 . 2 版 . 北京：清华大学出版社，2012.

[5] 吴晓波 . 大败局 . 杭州：浙江人民出版社，2001.

[6] 吴晓波 . 跌荡一百年 . 北京：中信出版社，2014.

[7] 吴晓波 . 激荡三十年 . 杭州：浙江人民出版社，2008.

[8] 阳翼 . 数字营销 . 北京：中国人民大学出版社，2015.

[9] 张蒽，钟宏武 . 中国企业社会责任案例 . 北京：经济管理出版社，2014.

第 2 章

顾客价值、顾客满意与顾客关系

学习目标

- ▷ 理解并掌握顾客价值、顾客满意的内涵。
- ▷ 理解顾客价值是如何实现的。
- ▷ 掌握顾客满意的衡量方法。
- ▷ 了解顾客关系营销的层次。
- ▷ 掌握关系营销策略。

引例　岳云鹏的淘宝星店

继孙俪、林志玲、黄晓明、吴奇隆等一波明星后，岳云鹏成了又一位进驻淘宝星店的"大明星店主"。2016 年 9 月初，岳云鹏的"嗨嗨皮皮岳云鹏星店"正式上线营业，网店的主要产品是两种河南特色美食——耗辣椒、老汤烩面。其所售产品的辨识度非常高，包装上都印上了岳云鹏带黄色头巾、穿蓝布衫的卡通形象。这是小岳岳在粉丝中人气最高的、最经典的形象之一。

虽然上架商品还不多，但都是岳云鹏自己走南闯北这些年来最爱的"家乡的味道"，极具地方特色。根据淘宝店网页的介绍，耗辣椒制作工艺是一种长时间加工辣椒的特殊工艺，最早起源于清嘉庆年间，是河南非物质文化遗产。"嗨嗨皮皮"辣酱就是采用三耗九制的古方工艺制作而成的。考虑到不同消费者的需求，辣酱和烩面分别调制了不同的辣度和口味。例如牛肉味的耗辣椒分为特辣、中辣、微辣三种等级；老汤烩面有麻辣牛肉、滋补羊肉等口味（见图 2-1）。岳云鹏的网店在上架商品时注意到了差异化的重要性，给予顾客更多的选择本身就是提高顾客满意度的重要方法。对传统手艺的突出，在一定程度上迎合了消费者追求"老口味"的心理，满足了消费者的需求。

网店的产品不仅在口味上下功夫，还打出感情牌，从“嗨嗨皮皮”的品牌名称到卡通头像的产品包装设计，向顾客输出了一份笑星的附加价值。凭借出色的表演功底为观众带来欢乐的岳云鹏也将这份用心融入到星店的商品当中，不仅满足了粉丝的味蕾，同时也给他们传递了愉悦的心情。印有小岳岳“金句”的人形书签这一网店的赠品也让顾客感受到商家满满的诚意。

图 2–1 “嗨嗨皮皮”牛肉耗辣椒

资料来源：http://shop.11665.com/list0/50016422/50009821/50025222/50050642/n_538015134131.html.

目前来看，小岳岳的“粉丝经济效应”十分强大。岳云鹏在新浪微博发布的“嗨嗨皮皮”开业广告被大量转发、评论、点赞。截至 2016 年 10 月 10 日，淘宝星店数据显示，30 天内交易的不同口味的烩面约 1.74 万盒，不同口味的辣酱约 1.86 万瓶，商品均价在 19 元 / 件左右，也即这家新开张的网店月营业额大约为 70 万元。这样的业绩在淘宝星店中颇为突出。除了岳云鹏本人超高的人气，还有哪些因素成功吸引了消费者的目光？平易近人的价格，加上产品的用心，获得了消费者的认可，为顾客提供了价值，让岳云鹏自己的小店在诸多大明星纷纷关店的时候还能“嗨嗨皮皮”。

资料来源：何丹琳 . 岳云鹏开了家淘宝店卖河南辣酱和烩面比其他明星店主生意都好 . 界面新闻 . http://www.jiemian.com/article/893864.html.

第 1 节　顾客价值及其形成

一　顾客价值的含义

消费者是否会购买某一种产品，实际上取决于两方面：一是消费者能从产品中获取的价值或效用；二是消费者为了获得该产品所必须付出的成本或代价。将效用与成本进行比较，当效用大于所付出的成本时，消费者倾向于购买该产品；反之，消费者会放弃购买该产品。通过研究这一基本规律，我们可以理解顾客价值的概念。

下面的例子能更好地帮助我们理解顾客价值理论：现有甲、乙两人，都希望购买新款手机。甲能够熟练使用电脑及互联网，乙则不具备该能力。甲可以通过网上购物的方式快捷便利地获取新款手机产品，而乙只能通过前往实体店等方式进行购买。假如新款手机线上和线下的销售价格一致，甲比乙具有更低的顾客总成本（节省了时间与体力），那么，甲较乙更可能做出购买新款手机的行为。

因而，可得出**顾客价值**（customer value）的定义：顾客价值是指能够满足顾客特定需要的产品和服务给顾客带来的总收益、净收益，也称为**顾客感知价值**（customer perceived value）或**顾客让渡价值**（customer delivered value）。

二 顾客价值的形成

消费者做出购买行为是为了获取顾客价值，即通过该行为使其期望利益得以实现。消费者最终是否会做出购买行为，主要取决于顾客价值，即顾客总收益（包括通过该行为所能获得的全部收益，如产品收益、服务收益、形象收益等）与顾客总成本（包括为该行为所付出的全部支出或成本，如货币成本、时间成本、精神成本等）之差。顾客总收益与总成本之差为正时，消费者有可能做出购买行为；反之，购买行为难以发生。

我们还是用例子来说明这一理论。家住郊区的甲准备添置最新款的大尺寸液晶电视，他面临的选择有去市区的大型商场购买（价格稍便宜、款式多，但因为离家较远，送货安装要另外收费），在郊区的小商场购买（价格稍高、款式少、送货安装及时快捷）。衡量再三，甲做出在郊区小商场购买的决定。可以通过顾客价值理论对这一行为进行解释：两地购买的价格差距不大（3%～4%），甲会认为其获得的顾客总收益差异不大，而在郊区购买，方便快捷的送货安装服务使甲的顾客总成本降低，顾客价值增大，所以甲做出在郊区购买的决定就不难理解了。考虑另一种情况，如两地的价格差距足够大（例如超过30%），甲所面临的总收益差异大于总成本差异，那么，甲可能做出去市区购买的决定。

我们再举一个顾客到奔驰4S店购买汽车的例子来说明顾客价值的形成。该顾客从这次购买行为中得到的利益和付出的成本如下：

- 产品收益：一辆奔驰汽车。其易用性、操控性、耐用性都直接影响这一价值的实现。
- 服务收益：该车辆后续的保养与维护。保养与维护的及时性、便利性、准确性都直接影响这一价值的实现。
- 人员收益：参与此次购买行为的全部服务人员的响应。奔驰4S店人员的可靠性、积极性等都直接影响这一价值的实现。
- 形象收益：企业及其产品在社会公众中形成的总体形象。奔驰车的产品定位、服务品质、社会群体的认同等都直接影响这一价值的实现。
- 货币成本：顾客为购买奔驰汽车需向销售公司支付的全部货币。
- 时间成本：顾客为寻找合适的车型及销售者所花的时间。这些时间本来可以被顾客用来创造其他价值，而购买行为使得这些价值的实现变得不可能。
- 精力成本：顾客为购买行为所承受的心理压力。不适用的车型或者是不合适的销售者都会增加顾客的心理负担。这会直接导致顾客产生焦虑、烦躁等负面情绪，这些都是购买行为的精神成本。如果销售者能够事先通过广告等行为作出承诺与保证，则可能降低顾客的这一成本。
- 体力成本：顾客为购买行为所耗费的体力。互联网购物的兴起正在逐渐降低顾客的这一成本。

顾客价值的构成如图2-2所示。

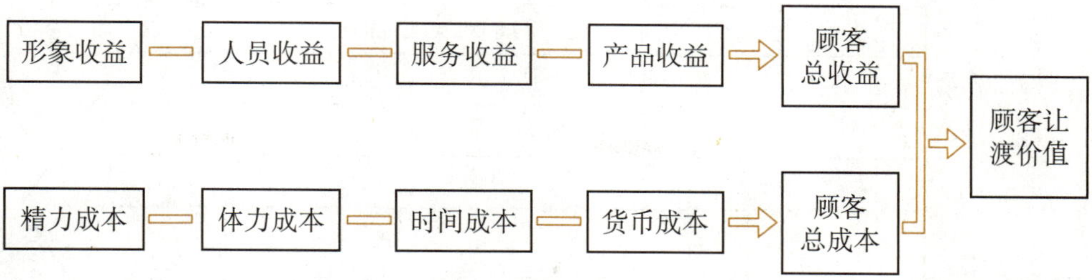

图 2-2　顾客让渡价值的决定因素

三　顾客价值的实现

为实现顾客满意，增加顾客的让渡价值，通常从两个角度出发：一方面，提高顾客的总收益。如前文所述，顾客总收益受多种因素的影响，在其他因素不变的情况下，增加某一种因素将使顾客的总收益得到提升。另一方面，降低顾客的总成本。顾客总成本和顾客总收益一样，也受多种因素的影响，在其他因素不变的情况下，降低某一种因素将使顾客总成本降低。这两种方法都可以有效增加顾客让渡价值，从而实现顾客满意。

企业在实际的生产经营过程中，应该注重对顾客让渡价值进行测量和估算，并通过比较竞争者产品的该价值，来确定合适的顾客总收益及顾客总成本，从而有效提升自身产品的竞争力。

深入理解和应用顾客价值理论需注意：（1）在信息基本透明的前提下，顾客做出购买行为的主要依据是使其让渡价值最大化，因而需要同样重视顾客总收益的提高和顾客总成本的降低。（2）顾客总收益和顾客总成本都由多种因素构成，不能只是简单地对产品价值与产品价格进行比较。（3）在提高顾客总收益时，除了产品收益之外，需更加关注其他几项非产品收益的提高；在降低顾客总成本时，除了货币成本之外，需更加关注其他几项非货币成本的降低。

小贴士2-1　智能手机操作系统的“三国演义”

四　价值链与价值网

价值链（value chain）由哈佛大学迈克尔·波特教授提出，是一种帮助企业识别如何创造更多顾客价值的有效工具。波特指出每个企业都是进行设计、生产、营销、送货以及其他各项辅助性活动的集合体。企业的每个部门都是企业价值链中的一个环节。价值链将企业的生产经营活动分成相互关联的九项活动，如图 2-3 所示，其中五项（包括进入物流、生产经营、运出物流、销售、服务）是基础活动，另外四项（包括公司的基础设施、技术开发、人力资源管理、采购）是支持性活动。如果企业想多为顾客创造价值，就应当认真分析每项活动的成本与绩效，不断提升原有水平，同时还应当时刻关注竞争对手的成本与绩效，以对手的水平为基础进行超越。

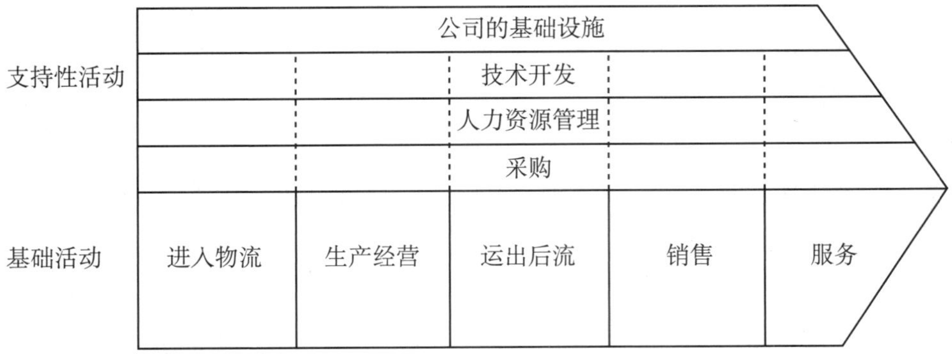

图 2-3　价值链示意图

基础活动组成企业生产经营的基本过程，不同环节之间以一定的顺序进行连接，关系紧密，同时，这一过程并不是孤立运行的，还需要其他支持性活动的帮助。四种支持性活动贯穿基础活动过程的始终，并影响基础活动的运行质量。采购是帮助企业获取各项基础活动所需的各种资源，影响基础活动的成本。技术开发渗透到每项基础活动中去，影响基础活动的绩效。人力资源管理则为每项基础活动提供合适的人员，从而在企业范围内实现人力资源的有效配置，因此这是一项至关重要的支持性活动。公司的基础设施则是各种活动运行的基础，涉及计划、管理、会计、法律等事务所需的职能与机构。

因此，企业为顾客创造出卓越的价值，靠的是各部门之间的紧密合作。由于企业内部存在分工，所以部门与部门之间必然存在利益矛盾，如何转变观念，强调系统利益最大化而不是部门利益最大化成为企业取得成功的关键所在。如企业的采购部门因追求采购成本的进一步降低而与供应商陷入旷日持久的谈判之中，使得企业的生产部门不能及时获取生产所必需的原料，那么，供应市场的最终产品数量必然不足，而生产部门的目标是尽可能多地完成生产任务，这与采购部门降低成本的目标相矛盾，导致的最终结果是产品的上市量不足，引发顾客的不满。企业的管理者应当及早发现这类问题并协调解决。

在现代社会，任何一个企业都不可能脱离其他企业的帮助开展生产经营。一个企业所使用的原料很可能就是另一个企业的最终产品，即便是从自然环境中获取原料的企业也需要能源企业提供的能源才能进行生产经营。企业生产出产品后，需要流通企业找到消费者从而最终完成价值传递。因此，企业除了要管理好自己的价值链，还应与供应商、流通商等企业紧密合作，联结起不同企业之间的价值链，从而更好地融入到企业网络当中去。与其他企业紧密联结的能力，对企业来说是一种重要的竞争优势。将不同企业的价值链进行联结建立起来的是一个价值让渡网络（value-delivery network），也称为**价值网**（value network）。网络的稳定性取决于不同企业的合作紧密度，越是紧密合作的企业在创造和传递顾客价值的过程中就越具备竞争优势。价值让渡网络的建立，改变了企业单体展开竞争的局面，形成了企业网络之间的激烈竞争。麦当劳的饮料供应商主要是可口可乐公司，肯德基的饮料供应商主要是百事可乐公司，两大快餐品牌加上它们背后的各类供应商，可以看作两个价值让渡网络，彼此之间展开激烈的竞争。

五　价值共创

让顾客直接参与产品的创新和生产过程，与企业一起进行**价值共创**（value co-creation）是一种新的顾客价值实现模式。顾客成了为企业工作的顾客，成为兼具生产者（producer）和消费者（consumer）特征的“**产消者**”（prosumer）。与此同时，顾客在参与创新生产的过程中获得独特的体验，这样一来，价值就不单单来源于企业，而是由企业和顾客共同创造，且由顾客最终决定。维基百科凭借众多消费者的共同撰写和修改短短几年内形成了 1 000 万个词条，超越了历史悠久的《不列颠百科全书》。宝洁公司每年约有一半的产品研发思路和设计来自消费者，宝洁还专门建立了吸引消费者帮助企业研发的网站“connect+develop”，如图 2–4 所示。近些年流行的顾客参与制作的蛋糕坊、陶吧就是在这种思想的启发下形成的。我国的海尔、小米、乐视等企业正在对价值共创进行探索。

在互联网领域，还有一种以互联网用户为主体的价值共创：UGC 模式。UGC 是“User Generated Content”的首字母缩写，即用户生成内容或用户创造内容，在 Web 2.0 时代，用户的行为模式不是被动下载这么简单，而是朝下载上传并重、主动进行内容创作的方向发展。YouTube、维基百科、优酷、新浪微博、百度知道、百度百科、知乎等网站都是 UGC 模式成功的典范。

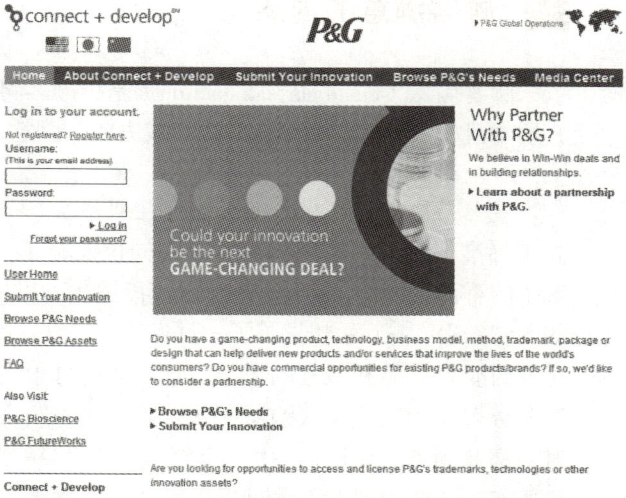

图 2–4　宝洁公司与消费者进行价值共创的“connet+develop”网站

在市场营销研究中，将以顾客为主体的价值共创称为**顾客创新**（customer innovation）或**用户创新**（user innovation），许多学者对此做了研究。价值共创，尤其是基于互联网的价值共创，为企业带来的是全新的人力资本和资源，可以更加低成本、高效率地促进顾客参与，鼓励顾客创新。价值共创正在重塑企业的商业模式、创新模式和组织模式。

价值共创的方式主要有两种：一种是生产领域内的价值共创，既可以发生在制造业当中，又可以发生在服务业当中，顾客通过与企业进行交流沟通直接参与到企业的生产流程中，从而影响企业最终产品与服务的价值，这有助于企业低成本、高效率地开发出顾客满意的产品与服务。另一种是消费领域内的价值共创，顾客和企业一同创造的是体验价值，即顾客从过程中获取的价值，该价值由顾客主导和决定。时下流行的果蔬采摘之旅可以归入此类，即顾客在采摘过程中，获取的不仅仅是果蔬成品，还获得不同的体验，这种体验对于顾客具有价值，该价值的大小由顾客自身决定。

第 2 节　顾客满意及其衡量

顾客让渡价值理论的提出较好地解释了顾客在选购商品和服务的过程中是如何做出决定的，正如它决定了你在面对货架上琳琅满目的方便面时，是选择康师傅还是五谷道场。然而这一理论并没有对客户重复购买行为进行阐述。事实上，再次站在货架前，你不会像第一次那样迷茫，“神秘的力量”在左右你的选择。市场营销理论告诉我们，对以往购买行为的满意程度影响着此刻的决定。对以往购买行为较为满意的顾客会更加钟爱他所购买过的产品和企业。满意与否并不是一个绝对的概念，它实际上是顾客心理预期与实际感知的对比结果。同样一包红烧牛肉味方便面，当靠它来填饱肚子时，结果可能是令人满意的，而当对它寄予厚望，想要品尝美味大餐时，结果可能就不尽如人意了。

一　顾客满意的内涵

顾客满意（customer satisfaction）是指顾客将一种产品的可感知的效果（或结果）与其期望值相比较后，所形成的愉悦或失望的感觉，即

顾客满意 = 顾客感知效果 − 顾客期望

既然是比较的结果，就必然存在两种状态，将期望看作标准值，当实际感知的结果高于标准值时，顾客感到愉悦。如同仅仅花了一元钱就买到一大块手工制作的巧克力，其中的香甜，相信读者能够体会。当实际感知的结果低于标准值时，顾客感到沮丧失望。如同“怒砸”1 万元却只买了一只劣质的过气款包包，悲伤自不必言说。顾客的愉悦会转化成对企业产品和服务的忠诚，日后加购可想而知；顾客的沮丧则会导致其对企业产品和服务敬而远之，二次购买无从谈起。在实践中我们发现，企业更愿意花时间和精力去讨好那些满意度一般的顾客，因为他们更容易被企业所推出的优秀产品所吸引，从而改变原有的购买习惯。百事可乐更可能去拉拢那些对软饮料态度一般的顾客，研究他们口味的变化，而不太可能会针对可口可乐的忠实粉丝推出改进的产品，对于这些忠实粉丝来说，新可乐不如老可乐。高度满意甚至会使顾客从心理和感情上对企业产品和服务产生依赖。作为一个忠实的粉丝，下次在面临产品的选择时，还需要片刻的犹豫吗？

既然顾客满意与否来源于期望与实际感知结果的比较，那么作为标准的顾客期望又是怎么得到的呢？顾客期望来自顾客以往的购买行为和经验、企业的营销行为以及从多种渠道获取的信息。

其一，以往的购买行为和经验。购买 iPhone 7 的顾客会因为购买过 iPhone 6S、iPhone 6 而对 iPhone 7 具有一定的期望值，如果 iPhone 7 不能像过去诸多版本的 iPhone 一样表现出色，顾客可能会因为期望值高而感到不满意。这种期望还能够跨越产品种类产生影响，假设你曾经购买了 iPhone，iMac，MacBook Pro，那么可能仅仅听到名字，你就对 iWatch 有较高的期望。

其二，企业的营销行为。过高的营销投入并不一定能够达到良好的效果，顾客可能因为企业的夸大宣传而对产品或服务持有过高的期望，而当其实际获得产品或服务时，会因为实际效果不及预期产生不满，企业应当避免此类弄巧成拙的事件发生。那么不做

宣传营销，降低顾客对产品或服务的期望是否又是明智之举呢？答案是否定的，因为这样一来虽然能够使做出购买行为的顾客感到满意，但却不能有效吸引足够多的购买者，最终会影响企业的利润。拿捏宣传的力度对于企业来说是一大考验，根据产品或服务的价值来制定合理的营销手段往往能取得事半功倍的效果。

其三，从多种渠道获取的信息。曾经有过购买行为的顾客能够通过多种途径对尚未购买产品或服务的潜在顾客施加影响，获得满意的购买体验的顾客会将成功的经历告诉身边的人，因此企业要重视并做好口碑营销。当然，也不要忽略那些负面的评价，心存不满的顾客可能会将他们的这种感受传递给其他人，从而对产品或服务的销售造成不良影响。

顾客的满意水平不仅受期望与实际使用效果对比的影响，还受到横向比较的影响，即同类产品或服务的价值也在一定程度上影响顾客的判断。常年奔波在外的商务人士会对不同航空公司的机票价格、准点率、服务有相应的评价，一次令人满意的乘机经历可能会在不同航空公司的另一次更令人满意的乘机经历之后变得不那么令人满意。因此对于想在竞争中取胜的企业来说，一方面要盯住自身的产品和服务，另一方面还要时刻紧盯对手产品和服务的质量和顾客满意水平，以及新产品的动态。

小贴士2-2　注重客户体验的捷蓝航空

二　顾客满意的衡量方法

近年来，越来越多的企业开始将顾客作为其关注的核心，这就需要企业基于顾客满意制定相应的营销策略。具体到实际操作中，我们应当如何衡量顾客满意？方法很多，常用的有以下四种。

（一）投诉与建议系统

企业推出的产品与服务难免会出现这样或那样的问题，从而导致顾客不满意，怎么有效解决这些问题呢？建立行之有效、反应迅速的顾客投诉与建议系统是解决问题的重要一环。当顾客在产品的使用过程中遇到问题时，往往会出现急躁情绪，及时了解并安抚顾客的情绪，从顾客的投诉建议中总结出有效消息，一方面着手解决现有顾客的问题，另一方面通过总结归纳的信息，加强研究开发，改进现有产品和服务，这样既能最大限度地提高顾客的满意度，又能继续开拓市场，从而吸引更多的潜在顾客。企业建立投诉与建议系统的形式多种多样，以反应迅速、处理得当为导向。传统意义上，超市、酒店等服务企业多采用发放回执卡等形式来获取顾客的意见建议，可以随产品服务主动发放回执卡，也可以在服务场所的显眼位置设立意见登记簿。此外，不少企业还通过设立投诉服务电话的形式来收集顾客的反馈信息，设立 24 小时的服务热线电话能够体现出企业对顾客的重视与关注，在使用电话收集信息的过程中，主动联系顾客获取意见和建议也是一种行之有效的手段，但应控制好频率与时间段，避免因为打扰顾客的正常生活而引起顾客的不满。

互联网为顾客投诉与反馈建议提供了新的途径和方法，例如利用大众点评（见图 2-5）、美团、百度贴吧、论坛等平台，顾客可快速了解其他顾客以往消费的情况与评价，

图 2-5 大众点评网

资料来源：http://www.dianping.com.

从而作出自己的决策。顾客的反馈信息更加公开，必然导致每条投诉建议所形成的社会影响加大，这就要求企业更加重视投诉与建议系统的建设。对于接收的顾客意见和建议不仅要及时给予反馈，还应当注意在公共信息平台做出恰当的回应，以树立良好的企业形象，便于下一步营销策略的执行。即使是与互联网关联不大的传统企业，也应注意网络舆论对本企业产品、服务的评价，并选择合理的方式做出回应。解决这种不特定群体、不特定目标的反馈问题应受到企业的足够重视，不能因为对象的模糊性就不予置评，听之任之。

上述举措都有助于企业快速了解顾客的满意水平，从而精准地制定营销策略。进一步的意义是通过了解顾客对产品和服务的意见、建议，及时恰当地解决顾客问题，改进企业原有的产品和服务，通过提升顾客满意度稳住现有客户。顾客作为产品和服务的使用者，对产品和服务有较深的理解，收集顾客反馈的信息，结合企业自身的科研，可以促进企业的创新与进步，从而吸引潜在顾客，开拓更加广阔的市场。

（二）顾客满意度调查

即便是一个完备的顾客投诉与建议系统，也不能解决关于顾客满意的所有问题，只能较为有效地解决那部分倾向于对外表达的顾客的问题。受到投诉反馈成本（投诉与建议通常要花费一定的时间成本）的影响，在某些情况下，还存在“沉默的大多数”，即顾客明明对产品和服务有不满情绪，却不通过相关途径表达出来，当面临再次购买的决策时就会转向其他企业的产品与服务，或者是当遇到朋友咨询等低成本倾诉渠道时，做出对企业不利的评价。这些现象很难被顾客投诉与建议系统发现，但却实实在在地影响着企业的发展。试想一下，当你吃到一款口味欠佳的巧克力时，是选择拨打客服电话表达自己的不满与建议，还是选择下一次转向其他品牌的巧克力以安慰你“不满”的胃。这种情况在互联网时代更是被快捷方便的评分系统所放大。相信读者在面对淘宝网上一款评分很低、缺乏具体评价的商品时，会选择敬而远之。道理很简单，顾客倾向于用最短的时间做出尽可能正确的选择，评分在此时就成了最重要的参考指标，至于产品到底哪里不好，为什么不好，顾客可能无心细究。

因此，并不是所有存在不满情绪的消费者都会对外进行表达，企业仅仅凭借所收到的实际投诉与建议来判断客户的满意程度，不太可能获得准确的结果。企业必须通过多种途径来修正这种偏差，其中主动对顾客进行满意度调查是一种较为有效的方法。企业采用随机抽样的方法，选定部分顾客，采用电话、问卷、面谈等形式，直接就产品和服务的使用满意度向顾客征询意见，当然也可以对部分有代表性的顾客意见进行总结归纳，以求达到改进企业产品和服务的目的。在此过程中，要注意对两种成本的控制：（1）企业的调查成本。对全部顾客进行满意度调查固然能得到较为准确的结果，但企业需要付出极高的时间和金钱成本，最终可能得不偿失。（2）顾客因为接受满意度调查所付出的成本。通常情况下，注意控制顾客的时间成本这一要求表现得最为突出。试想，一个悠闲的周末下午，在摆满琳琅满目的商品的购物中心，您一定会对厚达十几页的调查问卷皱眉头。繁复的调查内容可能会让企业掌握更多细节信息，但也有可能获取的是顾客敷衍的答复，信息的准确性可想而知。

鉴于客户的时间如此宝贵，企业在顾客满意度调查中最应当涉及的问题有：（1）客户对企业的产品和服务是否满意？（2）客户在使用产品和服务的过程中存在哪些问题？（3）怎样才能吸引客户再次做出购买行为？企业在进行顾客满意度调查时应注意提出问题的方式，采用直接提问与间接提问相结合的方式有时会取得不错的效果。

（三）“神秘顾客”

佯装成顾客完成一次完整的消费，从中获取有效的信息，是对企业服务状况进行评价的一种重要方法。这种“神秘顾客”既可以由企业内部员工扮演，也可以由外部第三方人员如市场调查公司人员扮演。通常情况下，外部第三方人员由于更少受到企业内部利益冲突的影响，更能在体验过程中作出公平公正的判断。对于规模不大的企业来说，设立专门的人员进行调查暗访成本较高，因此在恰当的时机使用第三方人员进行调查是一个不错的选择。在具体的实际操作过程中，既可以按照正常情况完成购买体验过程，以考察企业日常的服务水平，也可以在购买体验过程中有意制造突发情况，设置疑难问题，以考察企业处理问题的能力。

当然，使用企业内部人员来充当“神秘顾客”的做法也有它的好处。首先，由于参与者所从事的岗位不同，不同参与者体验购物过程的着重点就会有差异，这有助于全面发现业务流程中的各种不足与问题。其次，由于参与者的职级层次不同，基层员工能够发现业务流程中的细节问题，而高层管理者可以从全局角度出发，整体把握业务情况，提出新的业务构想。最后，开展此项活动不仅能够改善业务流程，提升产品和服务质量，还能够锻炼企业员工的业务能力和责任心。此外，在执行者和监督者之间的角色切换还能缓解员工长期从事同一种劳动的厌倦心理。

从实践来看，国内不少商业银行采用“神秘顾客”暗访的方式来考察一线员工的业务能力与服务状况，“神秘顾客”进入银行网点后，不仅会对人员的服务规范程度进行检查，还会对诸如网点卫生、环境、软硬件的舒适程度进行调查，甚至会检查营业网点是否提供一次性饮水纸杯。这种暗访活动有利于营业网点长期保持良好的服务水平，自推行以来取得了十分不错的效果。

（四）分析流失的顾客

即便做到了以上各点，企业也不能保证使每一名顾客都绝对满意。毕竟大千世界，选择众多。失败是成功之母，顾客转身离去的同时，企业还有从中发掘有效信息来提升产品和服务，将这一转身变为“最美背影”的机会。一般的满意度调查不能很好地解决此类问题，企业需要针对流失的顾客进行细致全面的分析，找出顾客失望离开的真正原因。既然顾客选择转身离开，又没有对企业的产品、服务表达出具体的抱怨和不满，那么在获取这部分顾客的反馈信息时就必须相当小心，避免因为不恰当的沟通方式而对顾客造成伤害。除了良好的态度以外，还可以多为顾客提供正向引导，甚至以提供奖励的方式来鼓励顾客表达自己的不满和建议。

实践中，有些企业会通过发放产品优惠券的形式，来对反馈意见的客户进行奖励，我们能在互联网平台企业的运营实践中见到这种举措，它们取得了一定的效果。但也应注意到，该项措施存在不足与缺陷，因为对企业产品和服务严重不满的顾客会选择不再购买，企业所提供的优惠券对这部分顾客缺乏必要的吸引力，满意且打算继续购买产品与服务的顾客会更加积极地进行评价、反馈，而不满意的评价、反馈的观测水平低于实际水平。长期采用这种奖励方式，可能会导致顾客满意度调查结果的失真。企业在面对从流失的顾客那里搜集到的信息时，应当端正态度，仔细分析其中暴露出来的各种问题，这是改善产品和服务的质量，提升企业竞争力的重要途径。

第 3 节　顾客关系的建立与发展

顾客关系是企业与消费者以及广义的供应商、销售商等利益相关者的经济性和社会性的联系。顾客关系的建立对于实现顾客价值、维系顾客满意都非常重要。那么顾客关系是如何建立、维系、发展的呢？本节将解答这一系列问题。

一　顾客吸引与维系

（一）顾客吸引

吸引顾客的传统方式有电视、杂志等大众传媒渠道，企业通过投放宣传广告的方式，或者通过上门拜访、发放试用品等更为直接的方式吸引潜在顾客的注意。这些方式在过去的一段时间内行之有效，为企业增加了不少顾客，然而与互联网渠道的宣传相比有着成本高、投放不够精准等显而易见的缺点。随着互联网技术的发展，越来越多的互联网平台企业为顾客提供了大量产品消息，许多产品信息和消费感受是由顾客自身创造并分享的。这种信息的获取成本比较低廉，顾客面临的选择有了极大的丰富。激烈的市场竞争造就了消费者的崇高地位，在企业提供的价值逐渐增加的同时，消费者的预期也越来越高，这就需要企业在吸引顾客方面投入更大的精力，以求获得更大的发展。

通过互联网进行宣传时，企业首先要构想出产品和服务面向的目标顾客群体，即本企业的产品和服务对于哪种类型的消费者更有吸引力，再利用互联网的大数据分析能力或者对消费者行为特征的定性分析，精准地选择出这些目标顾客，并在他们经常活跃的领域投入广告，这样往往能取得事半功倍的效果。试想，一个化妆品生产企业的产品更应当在哪种类型的网站进行广告宣传？富含韩剧内容的视频播放网站是不是一个很好的选择？利用从互联网渠道获取的信息，企业可以更加精准地展开试用品分发工作，并且能够更加快速地获取第一手的顾客反馈信息，以便节省出宝贵的时间对最终的产品进行调整。试想这种情况，读者可能会在平台网站的手机 APP 上报名参加餐饮企业推出的“霸王餐”活动。当然酒足饭饱之后，企业会要求您提交一篇图文并茂的反馈文章。您所提交的反馈一方面可以为企业改进自己的菜色口味提供参考，另一方面可以直接作为企业后期宣传所使用的素材，一顿面向潜在顾客的“霸王餐”可以让企业一举两得。“标题党”利用显眼醒目的标题来抓住顾客的目光，吸引顾客的注意；低价促销利用低廉的价格获取价值优势，吸引顾客购买；互联网秒杀以网络为依托，采用定时秒杀先到先得的方式吸引顾客；有的企业甚至免费提供产品给顾客试用，诸多新方法层出不穷。

当然，所有吸引顾客的方式都只是企业吸引顾客的辅助软件，企业的产品和服务提供的顾客价值才是企业取得成功的核心硬件。不管通过什么渠道，最终对潜在顾客转化成实际顾客起决定作用的一定是企业能够提供的顾客价值。卓越的顾客价值不仅能够帮助企业获取新的顾客资源，还能够保证老顾客的稳定购买。这两方面都是企业取得利润增长的重要保证。合理地在新顾客与老顾客之间分配资源，对企业家来说是一个重要课题。

小贴士 2-3 胡歌与必胜客的短视频营销的爆发

必胜客的大胆尝试获得了空前的成功，一个社交营销活动吸引了 4.3 亿的关注度。这个营销活动所采用的载体正是在2016年大热的短视频。小小的短视频，必胜客却玩出了新高度。2016 年 3 月，必胜客发起了“天生爱分享”的营销活动，联合胡歌和生活领域一众意见领袖打造了“爱分享”系列短视频。短短 3 分钟的主题视频里，胡歌游走于城市各处，观察大家的日常生活。他发现并拍摄了为女儿打伞的父亲，旁若无人 cosplay（角度扮演）的青年，肆意吐槽的闺蜜团以及必胜客餐馆里热情分享比萨饼的人群。多姿多彩的日常生活展现了人们爱分享的欲望。陪伴你分享的最优食物当然是比萨饼。一句“我们天生爱分享，比萨饼天生被分享”，将比萨饼所具有的分享特性与人的分享巧妙结合起来，下次人们在聚餐的时候，自然而然就会联想到一边分享生活，一边分享比萨饼。这场营销活动经过优酷和微博的推广，短短 3 个月在微博上获得了 4.3 亿的阅读评论和转发，取得了巨大的成功。人们的时间越来越宝贵，碎片化的时间就成了商家吸引消费者的重要阵地，大段空洞的介绍在这种时间场合变得越来越不合时宜，难以吸引人们的注意力。短视频作为新的营销载体短小精悍、生动形象，正好符合利用消费者的碎片化时间进行产品、服务宣传的目的。利用互联网传播的短视频，能够迅速走进消费者手中的小屏幕——手机，商家自然会追捧这样一种热门的宣传方式。

资料来源：Amy. 一场社交营销活动吸引 4.3 亿曝光关注，是如何做到的？. SocialBeta 网站 . http://socialbeta.com/t/opinion-how-to-use-short-video-marketing-2016-07.

（二）顾客流失的解决和顾客终身价值

努力获取到的顾客也会在不经意间流失，有时甚至是悄无声息，难以觉察。考虑这样的情景，当您遇到手机内存容量不足的问题时，可能会考虑删掉一些不经常使用的 APP，这一简单的过程实际上代表一些企业已经失去它们的客户。在互联网时代，产品与技术都在飞速发展，成功地将产品推送出去并不一定意味着企业的成功，持续不断的关注与资源投入，充分调动起顾客对产品使用的热情，才是保证企业不被顾客抛弃的关键所在。

（1）企业应当确定其顾客的维系率。这是决定资源和关注如何在新顾客与老顾客之间进行分配的基础信息。这些信息包括老顾客的数量、构成、偏好、重复购买情况等，通过上述数据可计算出流失顾客占原有顾客的比率，即顾客流失率。顾客流失率高，意味着企业在老顾客身上投入的资源与关注不足；相反，低顾客流失率意味着企业在顾客维系方面表现良好，但这也可能是因为企业在新顾客开发方面投入不够，老顾客占用了过多的企业资源。由于企业所面临的环境不断变化，顾客的喜好等重要信息也在不断发生变化，因此上述信息收集活动应当定期开展，以便企业及时掌握最新变动，做出必要调整。企业只有掌握了具体的顾客维系与流失信息，才能进一步开展分析研究，找出顾客流失的真正原因，并提出有针对性的改进措施。

（2）企业应当分析顾客流失的原因。首先应当明确的一点是，并不是所有的顾客流失都是由于企业造成的，导致顾客流失的问题并非全部都能解决。面对诸如顾客由于个人原因搬离企业产品和服务的覆盖范围等情况，企业只能接受。毕竟让中国电信去为一位移民美国的顾客提供宽带服务不太现实。在对顾客流失信息进行分析时，应当对流失原因进行有效区分。对于由于企业原因导致的顾客流失，应当重点关注并具体分析其影响因素。诸如产品和服务价格过高、质量欠佳、款式老旧、配套缺乏等因素都可能导致顾客流失。当然即便企业什么都没有做，新的强有力竞争对手的出现也可能导致严重的顾客流失。针对这些原因所导致的顾客流失，企业可以采用合理的应对措施加以避免。具体操作过程中，可以对这些原因进行分析，并在此基础上对顾客流失进行分类，建立相关数据库。这样能够持续了解企业的顾客变化情况及变化原因，有助于企业确立合理的顾客维系目标。

（3）企业应当量化顾客流失造成的损失。该损失是指流失顾客所导致的企业利润的减少。要估算这一损失，我们应当关注顾客的终身价值。如果顾客不流失，则可以在以后的年限里继续为企业提供收益，其未来能提供的收益总和就是顾客的终身价值。计算中我们使用顾客在正常年限内持续购买为企业增加的利润这一数字，假设一家企业拥有10万名顾客，某年因为新品推出不及时等问题导致顾客流失，企业损失了30%的顾客，即有3万名顾客流失。如果每一名顾客在正常购买的情况下，一年可为企业贡献1万元收入，则流失的3万名顾客将导致企业的收入降低3亿元。若企业的平均利润率为20%，则企业因为顾客流失导致的利润损失为6 000万元。可见，老顾客的流失所导致的损失十分巨大，而单个顾客的终身价值越高，企业所面临的损失就越大。

当然，企业所采取的各项措施都有成本，同时计算成本与收益是企业的必修课。企业在采取意在挽回流失顾客的行动之前，应当仔细计算需要投入的成本。高的顾客流失率意味着较高的成本。那么，什么样的顾客流失率适合企业呢？或者说，企业一年流失多少顾客是可以接受的？这就要考虑企业新开发顾客的成本了，对于新顾客开发成本低的企业来说，与其将有限的资源投入到挽回老顾客的行动中，不如花费同样的资源去开发新的顾客。而对于开发新顾客成本较高的企业来说，挽回老顾客不失为一种简单易行的提高企业业绩的方法。我们也应当注意到，通常情况下，新顾客开发的成本会随着开发数量的增加而上升，最终达到开发一个新顾客与挽回一个老顾客所需投入的资源相等的境地，此时的顾客流失率对企业来说是比较合理的。

（三）维系顾客的方法

顾客对企业来说意义非凡，顾客流失对企业来说影响是巨大的。因此，合理地开展对老顾客的维系至关重要。与其在顾客流失后再努力挽回，不如在顾客选择转身之前及时留住他们。方法有很多，但归结来说主要是多倾听顾客的反馈，了解他们的需求，并且有针对性地向顾客传递价值，以满足顾客的需求，提高顾客的满意度。这才是与顾客长期保持交易关系的关键所在。通常来说，企业可以采用三种方法来留住顾客。

第一，为顾客提供不断升级的具有卓越价值的产品和服务，提高顾客的满意度。一些顾客之所以流失，一个主要原因是竞争对手推出了性能更好、价格更低的产品。因此，维系顾客的直接措施就是不断优化产品的功能、性能、质量，价格也做出相应的调整，以此实现产品的升级换代。这种方法也称为**产品迭代**（product iteration）。今天，由于技术革新速度加快、竞争日益激烈，企业进行产品迭代的频率也在加快。最典型的例子莫过于苹果手机。手机作为技术发展迅速的产品，顾客通常在使用几年甚至是半年的情况下就会有更换的想法。苹果公司怎么留住老顾客呢？起绝对作用的当然是不断推出一款性能卓越、表现出众的 iPhone 新产品。从 2007 年 1 月推出第一代 iPhone，十年的时间里已经发展到了 iPhone 7，平均一年半的时间推出一代新产品，每一代产品在顾客体验、产品性能上都有所提升。有更换手机想法的苹果顾客自然还是选择购买苹果的新一代产品。

第二，通过提高顾客的转换成本、建立转换壁垒的方式来防止顾客流失。顾客在做出转换决定时，实际上是在进行衡量与对比，对比进行转换的成本与购买新产品能获得的额外顾客价值的大小。在本企业产品和服务与对手企业产品和服务顾客价值差额一定的情况下，提高顾客的转换成本将减少顾客的转换行为。影响顾客转换成本的主要是资金成本、时间成本等因素：顾客购买的新产品与服务和原有产品与服务相比价格上可能存在差距，这是付出的资金成本；顾客搜索新产品与服务的信息，并在购买后学习如何使用，这是付出的时间成本。企业可以巧妙地通过提高转换成本来留住客户。仍以苹果手机为例。iPhone 手机的老用户可以通过 iCloud、iTunes 等工具将原先所使用的 iPhone 上的数据简单快捷地转移到新购买的 iPhone 上，这减少了顾客在新手机上建立各类数据所需要的时间。如果您是一位 iPhone 手机的用户，三星推出的新款手机可能表现不俗，但一想到换购新款三星手机要下载各类 APP，转移各种数据，您也许就会放弃购买三星手机的这一想法。

第三，用顾客参与企业产品与服务的研发、营销的方式来吸引并维系顾客。顾客往往对倾注他们心血的产品有更深的感情。对于工业 4.0 时代来说，顾客参与设计制造是其主要特征，在产品的设计生产阶段，顾客可以通过互联网等多种渠道直接参与其中，使产品同时具备企业和顾客双方赋予的价值。这即是我们在本章第 1 节中讲过的价值共创。对顾客来说，以这种方式生产出来的产品更加契合其需求，顾客满意程度更高；对企业来说，顾客的参与降低了成本，提高了效率，无形中为企业增加了更多的人力资本。相较于由企业单方面生产的产品，凝结有顾客创新的产品更加具有吸引力，顾客更容易对这类产品形成依赖。

小贴士 2-4　豆瓣网的成长

豆瓣网这个大家熟悉的网站创办于 2005 年 3 月，令大多数人惊讶的是几乎没有任何商业宣传，这个网站就这么红了（见图 2-6）。截至 2012 年，豆瓣已经拥有 5 600 多万注册用户，ALEXA 排名稳定在第 1 600 名左右。究其原因，豆瓣的成功在于其独特的内容生成机制。该网站所有的内容、分类、筛选，甚至是排序都由成员决定，完全自动化，网站方面不加干预。这种省心省力的发展模式却造就了一个广受大众喜欢的网站。也许您也有这样的体验，在对该去影院观看哪部电影犹豫不决时，会不自觉地先去豆瓣网看看关于备选电影的评价。在豆瓣网，用户与用户存在多种沟通互动的可能。豆瓣内容的形成主要依靠的是网民接触过

图 2-6　豆瓣网

资料来源：https://www.douban.com/.

电影、书籍、音乐等内容后自发提供的相关评论。这些内容形成很多基础节点，不同节点之间再通过网站技术系统所提供的相应功能，例如条目、标签或网站推荐，产生各种联系，从而形成内容的基本网络。可以说整个网站的运行建立在用户提供内容、网站提供技术的框架之下。豆瓣的社区以兴趣爱好为纽带将不同用户连接起来。这种连接不是刻意进行的，实际上它是随着内容的生成而产生，随着内容的增加而深化。这种关系的建立看似无心，实则具有黏性，更易被用户接受。在自媒体来临的时代，这种允许用户发表评论、展示自我的平台型网站越来越受到用户的青睐。让用户参与同时也是维系顾客的一种重要手段。

二 顾客关系营销

（一）关系营销的内涵与过程

关系营销（relationship marketing）是企业与顾客、供应商、分销商等关键成员建立长期满意关系的实践活动，目的是保持与企业关键成员之间的长期交易关系。顾客关系营销（customer relationship marketing）通常简称为 CRM。

一旦成员的身份确立，企业就能够与成员共同发展。成员会在他们认为合适的时机替企业宣传产品，并鼓励他人购买，在企业的利益受损时站出来自觉维护企业的利益。实现顾客身份到成员身份的转变，需要企业开展卓有成效的关系营销。关系营销需要企业将目光放得更远，重视顾客的维护与培养，通过长期的努力实现企业与顾客的共同发展，而传统的交易营销更关注企业的短期利益最大化。正如科特勒所指出的，传统营销理论和实践往往注重如何开发新的顾客，意在创造交易，而对维系和深入发展顾客关系重视不足。在第 1 章第 2 节中我们简要介绍了关系营销理念，表 1-3 区分了关系导向的营销理念与交易导向的营销理念。两种营销方式所适用的市场环境和顾客类型是不同的。随着网络时代的到来，越来越多的企业开始意识到发展并深化与顾客长期关系的重要性，这种稳定的长期关系往往能带给顾客和企业“双赢”的结果。

如同人际关系的建立与深化一样，顾客关系的建立与发展也是一个长期渐进的过程，主要包括以下内容。

第一，识别顾客。顾客关系的建立始于企业对潜在顾客的设想，即设想哪些是可能购买企业产品的人，也即企业的服务对象。然后在这些潜在购买者中确定预期顾客，在此过程中主要是考量顾客对企业产品和服务的兴趣与顾客的购买力。将那些兴趣不大或不具备购买力的人从企业的预期顾客名单中去除，留下的就是合格的预期顾客。

第二，促成交易。企业需要通过宣传、促销等手段完成与预期顾客之间的交易，从而将预期顾客变成现实意义上的顾客。这还远远不够，因为此时的顾客可能会同时购买本企业的产品和对手企业的产品，即顾客的忠诚度不够。

小贴士2-5 电子游戏对顾客关系营销的启示

第三，转化成员。企业需要将顾客转化为成员，即企业需要与顾客保持利益上的一致性。要做到这一点不仅仅是促使顾客重复购买这么简单，而是需要向顾客提供全面的成员利益方案，既包括折扣优惠等经济利润，也包括优先服务等时间利益，还可能包括如 VIP 等顾客身份级别和荣誉。

（二）关系营销的层次

我们需要注意到，关系营销与交易营销各自有适用的限度，虽然从一般意义上来说，关系营销比交易营销优点更多，理念更先进，但千万不要忘了企业所进行的每一项活动都有成本。一方面，企业投入资源维系与重要顾客的关系，提高他们的忠诚度，形成较为稳定的收入流；另一方面，企业投在该活动上的资源有其成本，只有当企业从长期顾客身上取得的收益大于其投入资源的成本时，企业进行的关系营销活动才是合适的。市场中，顾客的构成十分复杂，不同顾客的价值导向并不相同。这就决定了企业要同时面对两种不同类型的顾客：一类顾客重视短期收益，容易被竞争对手的营销活动所影响，从而转向其他企业进行交易。另一类顾客则重视与企业建立长期稳定的关系，从而更好地获取企业所提供的价值。对不同类型的顾客，企业采取的营销手段也不相同，面对第一类顾客，企业可以更多地采用交易营销的方法，而面对第二类顾客时，关系营销的方法可能更为有效。其实这只是对顾客群体的大致分类，通常情况下，在面对要向哪些顾客投入资源以维系关系的问题时，我们会将顾客关系细分为五个不同层次。

1. 基本型关系

在这种关系下，企业只是简单向顾客出售产品与服务，之后不再过多地与顾客接触。当企业的产品面对巨量顾客，且企业从单一顾客身上所获得的利润很低时，可以考虑与顾客保持这种关系。（老王从集市的商户手上购买大米，由于人数众多，老王和商户在交易中并不相互了解。）

2. 反应型关系

与基本型关系不同，在反应型关系中，企业除了向顾客出售产品与服务，还会试图从顾客身上获取反馈信息，以改善产品与服务。当顾客就产品与服务向企业提出问题时，企业也乐于回答。（老王多次购买了同一商户的大米，商户会在老王购买大米后询问老王上次买的米吃起来口感怎么样。）

3. 可靠型关系

这种关系较反应型关系更进一步，企业会在交易完成后，通过多种途径和方法了解顾客的满意程度。在收集顾客意见建议的同时，企业还会将顾客的特殊要求一并记录下来，以求在后续产品与服务中进行改进。（商户不仅仅是问问这么简单，还根据老王的意见多进了一些香米来售卖。）

4. 主动型关系

在这种关系下，企业会更加积极地与顾客进行沟通，以使顾客参与到产品的改进以及新产品的开发当中来。企业还会主动向顾客提供产品升级改进的建议以及企业新产品的信息，力图通过这种方式帮助销售新产品。（老王开了自己的饭店，大米需求量大增，为了保住老王这样的大客户，商户主动询问老王需要什么口感的大米，并联系专人进行种植。）

5. 伙伴型关系

这是最高级的关系类型，在这种关系下，企业与顾客之间高度互信，利益相关。顾客既是企业产品和服务的使用者，又参与企业产品和服务的设计。企业和顾客共同努力以使顾客的处境不断改善，企业在帮助顾客的过程中获益。（老王的饭店非常重视食材的品质，特别与商户进行合作，派专人参与商户大米的种植、分装、运输等各个环节。商户也借此机会提升自己经营的大米的品质，培育出更适合饭店的精品大米。）

基于上述五种不同的顾客关系，企业能够在综合考量顾客的数量、产品利润水平等因素后决定采取哪种水平的关系营销。表 2-1 反映了企业与不同类型顾客之间的九个关系营销层次，企业可以根据自己的实际情况选择适合自身的关系营销层次。

表 2-1　企业与其顾客关系营销的层次

顾客的数量	产品利润水平		
	高利润	中利润	低利润
大量顾客	可靠型	反应型	基本型或反应型
中量顾客	主动型	可靠型	反应型
少量顾客	伙伴型	主动型	可靠型

从表中可以看出，如果企业所经营的产品利润较低，且面对的顾客群体庞大，那么适用的关系营销层次是基本型或反应型。例如，麦当劳餐厅并不会打电话给每一位光临过餐厅的顾客，邀请他们前来品尝，更可能的情况是麦当劳会联系那些对餐厅有意见并进行投诉的顾客，以及时解决问题。而当企业的顾客较少，且产品的利润很高时，企业应当采取伙伴型营销来进一步发展与顾客的关系。例如，高尔夫球场经常与其会员保持联系，询问会员的意见建议，及时做出改进，并邀请会员参加各类活动，甚至还会为重要的会员定制某些活动，努力与会员共同成长。介于两者之间的情况可以采用其他的关系营销层次。不存在最优的关系营销层次，需要根据企业的产品和服务情况，以及企业所面对的顾客的情况选取最适合的关系营销层次。

（三）关系营销策略

为了进一步强化企业与顾客之间的联系，企业在进行市场营销活动时应当采取一些必要的策略。常用的关系营销策略包括增加财务利益、增加社交利益以及增加结构性利益。

1. 增加财务利益

这种策略目标明确，即通过价格手段增加顾客的**财务利益**（financial interest）。简言之，这是一种为顾客省钱的策略，或者说是一种让顾客以更低价格享受更好服务的策略。具体实施过程中又分为使用频繁营销计划和俱乐部营销等方式。频繁营销计划即通过向那些稳定的、频繁的购买者提供价格折扣的方式来强化和顾客的关系。实践中，各大银行推出的信用卡积分换礼活动、各大航空公司推出的里程累积活动大都属于此类。近年来，各大银行更是纷纷推出针对特定日期特定商户的优惠活动，赠送礼品、免手续费等活动层出不穷。银行通过增加顾客财务利益的方法来培养顾客对本行产品的使用习惯。一旦顾客养成了使用习惯，银行后续再推荐其他产品和服务就会变得相对容易，所以说信用卡市场越来越受到银行的关注。另一种方式是推行俱乐部营销，这方面航空公司的做法比较有代表性，中国国际航空通过加入星空联盟为顾客提供更加优质的服务。顾客在中国国际航空飞行达到一定里程或航段数即可获得银卡、金卡等资格，凭借不同的资格等级，常旅客可享受诸如额外的行李额、机场贵宾室等服务。即便常旅客购买的是经济舱的机票，也可以享受优于经济舱的服务。这一举措在各大航空公司的激烈竞争中为中国国际航空留住不少旅客。

小贴士 2-6 "集五福"支付宝的大红包

由于支付宝、微信等软件的带动，抢红包已成为看春晚之外全民参与的重要活动。2017年1月27日，除夕上午10点，支付宝开奖在微信朋友圈掀起一波中奖金额刷屏潮。大多数人晒出了多日集福分得的1.28元、2.88元、5.08元等金额，当然还有别人家的666元。支付宝发起的这场全民集五福活动，为大家的新年增添了一份喜庆的气氛。所谓"集五福"是支付宝推出的利用其客户端扫描"福"字来集齐五张不同的福字卡片，并参与分享2亿元红包的活动。截至除夕晚上10点多，支付宝页面显示，最终有约1.68亿人集齐了五福卡片。为了"把欠大家的敬业福还上"（指在上一年度的集五福活动中，敬业福非常少见），支付宝在除夕前夕放出1 000万张万能福和2 017万张敬业福。随着集齐五福卡片的人数增多，每人随机分得的金额也在不断下降，大面额红包出现的概率也就越来越低。但这似乎并没有影响大家参与这项活动的热情，如阿里巴巴所愿，更多的人熟悉了支付宝及其业务的使用，进一步带动了支付宝业务的发展。

资料来源：王付娇 . 支付宝集五福红包 1.68 亿人获奖你对结果满意吗？. 界面新闻 .http://www.jiemian.com/article/1091612.html.

2. 增加社交利益

企业可以通过为顾客提供个性化和私人化的服务来增加顾客的**社交利益**（social interest），具体措施包括实施顾客关注和建立顾客社区两种形式。

（1）实施顾客关注。企业应尽可能了解顾客信息，提供满足顾客需求的产品与服务，达到实现和超越顾客期望的目的。达成这些目标后，企业即实现了顾客关注。所谓顾客关注是指企业从顾客的角度看问题，从实现顾客价值出发，给顾客以关心和热情。以飞机头等舱的贵宾服务为例，当大多数旅客还排在长长的行李托运队伍中时，头等舱的旅客已经坐在舒适的贵宾室中候机。登机时可以享有优先登机的便利，免去了排队的烦恼。登机后，除了更为舒适的坐椅，还有服务员更加周到的服务、特制的饮料和餐食。这部分旅客对于价格相对不敏感，他们追求的是快捷、优质的服务体验。乘坐头等舱是这部分旅客身份的体现，因此航空公司提供的服务越细致、越特别，就越能吸引这部分旅客的注意。

实施顾客关注依赖于顾客数据信息库的建立和分析。在过去很长一段时间里，获取、整理顾客的偏好等信息费时费力，成本高昂。然而随着CRM软件和大数据的不断应用，通过顾客信息管理系统以低廉的成本针对不同顾客开展差异化服务变得越来越容易。

（2）建立顾客社区。企业应建立顾客之间以及顾客与企业间交流情感和意见的网络社区或者线下活动。顾客本身也是企业的一项重要资源，企业可以通过将顾客聚集在一起来增加他们的社交利益，这也称为C-C互动。对于企业的特定顾客来说，他们可能拥有差不多的偏好、消费能力、社会地位，彼此之间的相识是顾客的一种内在需求。企业把握恰当的时机组织聚会，为顾客提供相识的机会，这也是一种不错的营销方式。顾客一旦加入企业所提供的"圈子"，实现顾客与企业、顾客与顾客之间的良性互动，其对企业的产品与服务的忠诚度自然得到提高。例如，著名摩托车公司哈雷－戴维森主办了哈雷车主俱乐部，并设计了一系列活动来吸引顾客参与、互动，将这一团体变成哈雷－戴维森之家，从而建立起强大的顾客纽带。国内很多房地产公司、银行的VIP客户服务部门也会组织客户的线上、线下社区和活动。

3. 增加结构性利益

这是指为顾客提供从别处无法轻易获得的有价值的服务，来与顾客建立关系的业务实践活动，是服务传递系统中基于技术的一种设计。它主要瞄向“顾客转换成本”，通过这种结构性关系提高顾客转向竞争对手的成本，同时增加顾客离开竞争对手转向本企业的利益。例如，定制化是一种增加**结构性利益**（structural interest）的方法，顾客可以获得个性化服务，受到额外关注并得到普通顾客无法享有的特殊服务，因此顾客的转换倾向更低，企业可以与顾客建立长期交易关系。

这种增加结构性利益的策略在组织市场上更为常见。以技术为依托，企业提供给顾客的不仅是产品，还是渗透到顾客生产、管理各个环节的优秀解决方案。也可以说，企业将自己的产品与服务整合到顾客组织内部，从而成为顾客组织的一部分。顾客在使用这种解决方案时，除了能够获得生产管理效率的提升，还能系统及时地向方案提供方反馈信息，从而进一步优化企业的产品与服务。通过增加结构性利益的方式，常能够获得双赢的效果。例如，软件公司为某物流集团提供先进的运营软件及技术支持，并安排人员直接进入物流公司技术部门提供服务，一方面提高了物流集团的运营水平，另一方面，物流集团反馈的技术问题能帮助软件公司进一步优化其产品，双方实现了共赢。

三 顾客盈利性分析

吸引新顾客和留住老顾客是企业保持利润增长的两个重要方面。科特勒认为，从本质上说，营销就是一门吸引和留住有利可图的顾客的艺术。但每个顾客能为企业创造的利润是不同的，并不是每个顾客都值得企业花费有限的资源去吸引和挽留。因此，识别顾客的可获利水平对企业来说就是一项重要任务，分辨出那些可获利水平高的顾客，并将营销活动重点放在这些顾客身上，是企业取得成功的关键。

可使企业获取利益的顾客是那些能为企业提供收入流的个人、家庭和企业，并且其提供的收入流大于企业为了吸引和留住该顾客所耗费的成本。

图 2-7 提供了一种顾客盈利性分析方法。图中的 C_1 至 C_3 代表三个不同的顾客，而 P_1 至 P_4 则代表企业四个不同盈利性的产品，二者交叉处的每个方格代表企业向该顾客出售的产品及其所产生的利润。

	C_1	C_2	C_3	
P_1	+			高盈利产品
P_2	+	+		盈利产品
P_3	−		−	无利润产品
P_4		−	−	亏损产品
	盈利顾客	无利润顾客	亏损顾客	

图 2-7 顾客盈利性分析方法

我们看到顾客 C_1 购买了高盈利产品 P_1、盈利产品 P_2 和无利润产品 P_3，从而为企业提供了较高的利润，是盈利顾客。顾客 C_2 购买了盈利产品 P_2、亏损产品 P_4，因而对企业的利润贡献是混合的，是无利润顾客。顾客 C_3 购买了无利润产品 P_3、亏损产品 P_4，是亏损顾客。对于顾客 C_2 和顾客 C_3 来说，企业能够采取的方法有两个：一是改进产品，提高无利润产品的利润率；二是努力向顾客推销盈利产品。这两种方法都能够达到将顾客转化成盈利顾客的目的，从而帮助企业实现盈利水平的提升。

通常情况下，并不是最大的顾客其盈利水平最高，因为大客户往往要求更大的折扣和更多的服务，这些都会降低企业的盈利水平。购买量小的顾客虽然议价能力较弱，但企业每次与之发生交易都会产生成本，这也会降低企业的盈利水平。购买量适中的顾客要求的服务与折扣较少，支付的价格较高，往往是企业利润的重要来源。

▶ 基本概念

顾客价值（customer value）
顾客感知价值（customer perceived value）
顾客让渡价值（customer delivered value）
价值链（value chain）
价值网（value network）
价值共创（value co-creation）
产消者（prosumer）
顾客创新（customer innovation）
用户创新（user innovation）
顾客满意（customer satisfaction）
产品迭代（product iteration）
关系营销（relationship marketing）
财务利益（financial interest）
社交利益（social interest）
结构性利益（structural interest）

▶ 应用与实战

1. 苹果公司的创始人乔布斯曾经说：“消费者并不知道自己需要什么。直到我们拿出自己的产品，他们才发现，这是我要的东西。”有的观点认为：“最好的服务，就是给你你还不知道的好东西。”利用在本章所学习的内容，发表您对上述观点的看法。

2. 根据您最近额度较大的一次购买商品的经历，利用在本章所学的知识，分析您的顾客总收益和总成本的构成，以及您获得的顾客价值。

▶ 案例

一直在努力的麦当劳

即便是已经成为快餐业巨头的麦当劳也一直在努力，为了更好地满足顾客的需求，麦当劳似乎一直在尝试。中国大陆首家麦当劳未来智慧概念餐厅最近在北京王府井正式开幕，顾客可率先体验更大的用餐自由，随心享受麦当劳的产品与服务。这一概念餐厅富有时尚气息，拥有多个与微信联手推出、全国首发的创新平台，如手机自创汉堡包、手机桌边加餐，除此之外，还有全国首个“线下游戏体验空间”。由于采用先进的技术，顾客可以不排队、不带钱包，吃喝玩乐由顾客自己做主。北京王府井餐厅对麦当劳来说意义非同一般。1992 年，麦当劳在此开设了当时全世界最大的麦当劳餐厅。2016 年，与微信展开合作的全国第一家未来智慧概念餐厅又诞生于此。麦当劳是一家现代化管理的积极进取的餐饮公司。这一新概念餐厅正是借着先进的技术将自由选择的权利交给顾客。从市场营销的角度来说，给顾客提供更多选择，以便更好地满足不同顾客的需求，本来就是获取顾客满意的重要手段。该餐厅融合数字化、个性化与人性化的体验，很好地满足了顾客的用餐需求，智能点餐、玩转餐厅、自创美食，给顾客带来不一样的用餐体验。

位于北京王府井大街 200 号的概念餐厅在设计上下了功夫，餐厅设计简约沉稳，很好地突出了食物的色彩。大堂设有触屏自助点餐机，屏幕超大，手指轻滑即可点餐。完成点餐步骤后，顾客可选择刷卡或手机支付（如微信支付等），轻松又快捷。这在移动支付已经较为普及的当下，为顾客节省了时间。当然，顾客也可以选择传统的点餐方式，独立的点餐柜台拉近了顾客与收银员的距离，沟通变得更加便利。双点式柜台将点餐与取餐区分开，不仅服务更快，还同时满足了手机订餐、外卖服务的需要，可谓一举两得。

在餐厅二楼，麦当劳推出全国首个“线下游戏体验空间”，打开手机蓝牙，微信摇一摇即可发现“开心寻宝乐园”。在“开心寻宝乐园”里，有五款适合3～9岁儿童的益智游戏，如涂鸦、讲故事、酷跑和消消乐等，融入麦当劳趣味元素，游戏积分还可兑换美食，这样家长可以和孩子获得亲子互动的用餐体验。麦当劳通过获得孩子的喜爱增加家长带孩子前来就餐的次数。

图 2-8 麦当劳自创汉堡包活动橱窗

在王府井餐厅，顾客将首次体验“我创我味来”（Create Your Taste）自创汉堡包；通过自由搭配24种精选食材，简单六步创造出不同的汉堡包组合（见图2-8）。不同顾客的不同汉堡包，又是一个抓住顾客、实现顾客满意的优秀创意。令人感到科技感十足的是，顾客在点餐后自由就座，接待员可以依据桌面自动定位送餐到桌。除此之外，“汉堡包吧”（Burger Bar）采用了开放式厨房的设计，新鲜的食材、汉堡包烹饪的过程顾客可以一览无余。试想一下，见证一款自己专属汉堡包的制作是多么令人高兴的事情。从以人为本的角度出发，概念餐厅在全国首家试点手机桌边加餐服务，顾客可在用餐过程中加点饮料、小食或甜点，用手机下单，无须离开座位，便会有人送餐到桌。使顾客的美食之旅不会中断，为顾客节省宝贵的时间，正是餐厅突出的优势之一。

有了出色的餐厅，麦当劳仍不忘打感情牌，利用具有中国特色的广告创意来获得中国消费者的认同。麦当劳中国推出了2016“你就是我的新年”系列新广告，尝试与中国消费者一起重新发现新年的意义，鼓励大家和最在乎的人一起度过美好的时光。春节作为中国的传统节日，会有非常多的人踏上归乡路。推出的新年电视广告以麦当劳叔叔玩偶为主角，作为消费者中的一员跟随人们踏上回家之路。纵然有各种阻碍，也阻挡不了人们回家与亲友团聚的脚步。广告沿用了以往新年主题温馨平实的镜头，讲述了一个只有麦当劳才能诉说的新年故事。感情上的认同拉近了这一洋品牌与中国消费者的距离，文化的融入使得消费者更容易接受产品、喜爱产品。

除了在中国市场有所突破，麦当劳也在全球市场开拓创新，来提高顾客体验，实现顾客满意。麦当劳宣布推出一款高科技吸管。一家餐饮公司为什么要设计一款吸管呢？原因在于麦当劳专注于提升顾客的用餐体验。当顾客使用普通吸管喝双层奶昔或者奶盖时，喝到的大部分是来自下部的饮料。麦当劳表示：希望消费者使用这款新吸管喝麦当劳的巧克力薄荷奶昔时，每一口都能品尝到一半巧克力和一半薄荷。而这款吸管的三个孔似乎能做到这一点。虽然只是一款小小的吸管却有着深厚的背景，麦当劳请到以设计苹果产品著称的 JACE 设计公司，以及剑桥 NK 产品设计公司，将产品设计师、航空航天和机器人产品领域的工程师聚在一起共同解决新款吸管的问题。看似夸张，实则展现出麦当劳作为餐饮业的国际巨头对消费者的满满诚意。

麦当劳一直在努力，不停地更新自己的菜单，这其实是将顾客放在第一位，尽力满足顾客的需求，以实现顾客满意、提高顾客忠诚度的高超营销手段。

思考题

1. 麦当劳在新开的概念餐厅中是如何向顾客传递价值的？
2. 麦当劳的自创汉堡包活动如何传递顾客价值和维系顾客关系？
3. 综合分析顾客在麦当劳就餐时的总成本和总收益。

4. 在网上搜索并观看麦当劳的 2016 年系列新广告，并分析这些广告传递了什么价值。

5. 如何评价麦当劳开发新吸管的行为？

资料来源：1. 麦当劳请来工程师设计出一款高科技吸管，还特意开了一场苹果风发布会 .SocialBeta 网站 . http://socialbeta.com/t/case-mcdonald-high-tech-straw-optimizes-shamrock-shake-experience.

2. 麦当劳未来智慧概念餐厅登陆北京，首次推出微信「我创我味来」点餐功能 .SocialBeta 网站 .http://socialbeta.com/t/news-mcdonalds-create-your-taste-restaurant-beijing-2016.

3. 麦当劳中国推出 2016「你就是我的新年」系列新广告 .SocialBeta 网站 .http://socialbeta.com/t/98402.

▶ 参考文献

[1] 菲利普·科特勒，加里·阿姆斯特朗 . 市场营销：原理与实践：第 16 版 . 北京：中国人民大学出版社，2015.

[2] 菲利普·科特勒，凯文·莱恩·凯勒 . 营销管理：第 14 版 . 北京：中国人民大学出版社，2012.

[3] 董大海 . 营销管理 . 北京：清华大学出版社，2010.

[4] 惠碧仙，王军旗 . 市场营销——基本理论与案例分析 . 北京：中国人民大学出版社，2004.

[5] 李怀斌 . 市场营销学 . 2 版 . 北京：清华大学出版社，2012.

[6] 孟韬，毕克贵 . 营销策划：方法、技巧与文案 . 2 版 . 北京：机械工业出版社，2012.

[7] 孟韬 . 消费者创新研究进展 . 经济学动态，2012（1）.

[8] 孟韬 . 网络社会中“产消者”的兴起与管理创新 . 经济社会体制比较，2012（3）.

[9] 百度百科 . http://baike. baidu.com/item/UGC/66502.

第 2 篇 ▷ ▷ ▷

环境篇

第 3 章

市场营销环境分析

学习目标

- ▷ 掌握市场营销环境的概念和特点。
- ▷ 学会分析影响企业营销的宏观环境。
- ▷ 学会分析影响企业营销的微观环境。
- ▷ 体会中国宏观和微观营销环境的特殊性。
- ▷ 掌握营销环境的分析方法。

引例　福特 Mustang 在两个市场的不同命运

作为福特公司一款有故事的车型，Mustang 在全球两大汽车市场上遭遇了截然不同的命运（见图 3-1）。在中国市场上，这款车的销售推广无疑是成功的。Mustang 是福特公司的标志性产品，2016 年成为中国市场上热销的跑车，公司统计数据显示，Mustang 2016 年前 9 个月在中国的销量达到 2 300 辆，较上年同期猛增 38%。让人感到意外的是，这样一款在中国大卖的车型在其本土市场的境遇却截然不同。美国 Autodata Corp 的数据显示，福特 Mustang 在当地消费者中的受欢迎程度正在减退。与全球市场上该车型销量攀升不同，2016 年前 9 个月，该车型在美国市场上的销量较上年同期下跌 9.3% 至 87 258 辆。福特汽车 CEO（首席执行

图 3-1　福特 Mustang 车型

资料来源：https://www.ford.com.cn/performance/new-mustang/.

官）马克·菲尔茨称，美国汽车市场进入平稳期和终端销售乏力是造成上述局面的重要原因。

福特公司自2015年起开始向全球市场出售Mustang车型，并为此专门生产了右舵车型。该车型在美国以外的市场大受欢迎。2015年，福特在全球140个市场上售出了超过10万辆Mustang。在欧洲，该车型的销量已超越保时捷911。而在中国，Mustang的热销还吸引了海外媒体的关注。Mustang进入中国市场的时间并不长，为何能吸引这么多消费者的目光?

2015年1月，福特Mustang以进口车的身份进入福特中国的销售渠道。这款美式肌肉车凭借其良好的知名度迅速成为中国市场上的热销跑车车型。福特公布的一份调查数据表明，有近60%的受访对象知晓或了解Mustang品牌，该品牌在“消费者最喜欢的福特车型”排行榜上位列前五。这是否说明在中国市场上，具有美式特点的肌肉车日益被消费者所接受?这一过程又是怎样发生的?不得不说影视作品等流行文化起到一定的推进作用。《变形金刚》《速度与激情》等大片中时常会有Mustang出现，这大大增加了其在中国消费者当中的知名度。

通过分化渗透、宣传推广等途径，该车型开始获得中国消费者的认可。福特方面提供了一组数字：在福特宣布Mustang在中国的售价后的12小时内，该公司的官方微信账号访问量即突破10万；上市一个月内，福特Mustang中文官方网站访问量突破500万，公司收到超过1.8万份试驾申请。该款车型对哪些群体产生了巨大的吸引力?从Mustang车型所凝聚的汽车文化来看，该车型对中国正在迅速增大的“新中产”阶层吸引力较大。众所周知，近些年中国经济的快速增长带来中产阶层群体的扩大，这构成对Mustang的巨大潜在需求。

据福特在华经销商介绍，Mustang的消费群体主要分成两类：来自中高收入家庭的年龄在30岁以下的年轻人和有过海外生活学习经历的“海归族”。这两种人恰恰都属于“新中产”的范畴。Mustang车型正好迎合了伴随着中国经济增长而富裕起来的中产阶层的需求。

资料来源：李亦萌.同车不同命中国卖得最好的跑车在其本土市场却卖不动.界面新闻.http://www.jiemian.com/article/926197.html.

第1节 市场营销环境的含义

一 市场营销环境的特点

企业的**市场营销环境**（marketing environment）指的是与企业市场营销活动相关的所有外部因素和条件。这些因素和条件由企业营销管理机构外部的行动者与力量所组成，影响企业开发和维持为目标顾客提供满意的产品和服务的能力。企业不可能脱离环境而独立存在，它的一切行为都发生在环境当中，受到环境的影响，同时也对环境产生作用。企业从外部环境中获取的是物质与信息，并通过一系列的企业活动最终对外输出产品、服务和信息。企业所开展的各类营销活动正是为了促进这种输入输出活动的进行。

根据营销环境对企业市场营销活动产生影响的方式和程度的不同，我们将市场营销环境大致分成两类：直接营销环境和间接营销环境。直接环境与企业具有一定的经济联系，直接影响企业为目标顾客提供产品和服务的能力，因此也称为作业环境、微观环境。间接环境与企业不存在直接的经济联系，但是可以通过影响直接环境的相关因素来影响企业，同样也能对企业的活动产生重要影响，又称为宏观环境。直接环境受间接环境的制约，间接环境通过直接环境来发挥作用。

营销环境有以下特点：

（1）动态性。动态性是营销环境的基本特征。企业所面临的环境并不是一成不变的，而是时刻处在变化之中，如消费者的需求偏好不断变化、经济繁荣与衰退交替出现、国家的政策法规变动调整等。随着网络时代的到来，这些变化变得越来越迅速、越来越频繁。曾经称霸市场的诺基亚、摩托罗拉因为没有敏锐地捕捉到市场需求的变化，在智能手机市场投入的资源不足，从而被苹果等一众智能手机生产厂商推下神坛。

（2）客观性。营销环境是客观存在的，不以人的意志为转移。管理者在做出相应判断和决定时必须以客观实际为基础，脱离实际的判断和决定会给企业带来重大损失。例如，一个地区的经济发展水平在一定时间内可以看做稳定指标，企业在选择投放产品与服务的档次与内容时，应将这一客观指标考虑在内。一味脱离实际，在经济欠发达地区追求提供高品质、高档次的商品，企业可能面临惨败。

（3）不可控性。企业作为一个组织能够对其内部的人员、资金等资源进行控制，以期实现高效率的运用。而营销环境则是超出企业控制能力的外部影响因素。对于这种影响因素，企业只能被动地适应，而无法对其产生影响。例如市场规模受人口数量的影响，企业面对一个人口数量一定的市场时，只能基于这一基础开展营销活动，以使营销活动本身与人口数量相匹配，单凭企业的力量很难改变地区的人口数量。当然，我们也应注意到某些巨型企业的兴衰在长时间内能够对所在城市和地区的人口流向和繁荣程度产生影响。例如，随着美国汽车制造业的衰落，不少城市在过去几十年中人口出现外流。这些特例不在本书的讨论范围。

（4）复杂性。凡是影响企业市场营销能力的宏观和微观因素，都是企业面临的营销环境，这些因素包括多个方面、多种层次，相互联系、互相影响。最为重要的是在这些错综复杂的因素的作用下，既存在着机会，又隐藏着风险。所有这些因素共同影响着企业的营销决策。

二　企业与营销环境的关系

（一）营销环境对企业的影响

市场营销环境不断发生各种变化，但从根本上来说可以分成两个大类：环境威胁、环境机会。所谓环境威胁，是指环境中不利于企业发展的影响因素，如果不加处理，采取正确的营销措施可能会对企业的市场地位造成损害。营销者应善于识别企业所面临的威胁，并根据其发生的可能性和严重程度及时制定适当的应对策略。环境机会则是指那些容易被企业的营销管理者加以利用来增强企业竞争力的领域。企业的成长不能只依靠不犯错误，而是应当抓住市场机会，结合企业自身的优势将市场机会转化为企业的机会，并利用这种机会取得利润和企业的发展。

当然，环境因素并不是一成不变的，而是随时随地发生变化，一个环境因素可以从给企业的发展带来机会，变成严重影响企业的生存。由于市场营销环境的动态性，市场营销机会与环境威胁在一定条件下可以互相转化。例如，某地为保护环境制定了严格的环保条例，使得企业在开展农业种植活动时不能大量使用农药，这影响了企业提高产量的目标，对企业生存构成了威胁，但也为企业开展绿色生态农业提供了机会。长期来看，如果企业坚持下来，并积极运用绿色纯天然这一理念来进行生产经营，那么一段时间过后，企业就可以以绿色产品、生态产品为竞争优势，在市场上卖出比其他竞争对手更高的价格，从而取得高额利润，实现企业的发展。

成功地实现由威胁到机会的转化，考验的正是企业对营销环境的适应能力。企业应当主动适应环境，一方面是因为营销环境具有客观性，另一方面是因为这是企业营销观念的要求。现代营销观念以消费者需求为中心，这就要求企业应当充分认识环境，从而发现消费者需求，较之企业的竞争对手更好地去满足消费者需求。不能成功做到这一点的企业最终会被市场所淘汰。消费者的需求经常发生变化，因此，企业必须时刻保持自身强大的环境适应能力才能应对这些变化。不存在永远受欢迎的产品和永远正确的市场营销策略。

即便受欢迎程度如可口可乐这样的产品也有它的困惑。众所周知，传统的可乐中含有大量糖分，会导致肥胖，不利于人们的身体健康。随着人们健康意识的提高，可口可乐公司不得不作出改变，推出低热量的健怡可乐来满足市场需求。尽管如此，整个软饮料市场的前景仍不容乐观。适应环境是企业取得成功的关键，瑞士钟表业的兴衰也印证了这种说法。20 世纪 70 年代开始出现的日本石英表撼动了瑞士制表业的市场地位。石英表以其成本较低、走时精准的特点迅速获得了大量消费者的青睐。而瑞士制表业中的不少企业并没有从此倒下，而是适应环境的变化，调整了市场策略，在手工制造的机械表方面下功夫，凭借高端的产品重新获得了坚实的市场地位。

小贴士3-1　麦当劳的米其林合作款汉堡包

这些例子都说明，随着客观环境的不断变化，有利与不利的因素也在不断转化，对环境出色的适应力是企业获取竞争优势的关键。市场营销学认为，企业的营销目标能否实现，在于能否对环境做出准确判断，并在此基础上采取适应环境的营销措施。“适者生存”是当今变化莫测、竞争激烈的市场上的不变真理。企业所做的每一项决策都不应是凭空想象出来的，也不是从其他成功企业那里照搬而来的，而要基于客观环境，做到有理有据。企业营销活动策略的成功乃至整个企业生产经营活动的成功，其实是企业利用自身控制的资源去适应外在客观环境并取得相应成果的过程。

（二）企业对营销环境的影响

企业并不只是被动地去适应环境，还可以积极主动地去改造环境，影响环境。企业与环境相互影响，企业受到营销环境的制约，又可通过企业的活动反过来影响环境。企业对营销环境的影响主要表现在两方面。

第一，虽然营销环境具有客观性，但是企业仍然可以通过科学的分析手段对环境的发展变化进行预测，并及时对现有的营销计划进行调整。比如，当今占有巨大市场份额的阿里巴巴、京东等公司在设立之初就预测到，在互联网高速发展的客观背景下，传统的商业零售业必将向网络空间转移，网络销售的比例会大幅提高。在这种预测的指导下，一批网络平台公司开始了对线上交易的摸索，并迅速获得了成功，财富创造与积累的速度都远超传统的商业模式。这批公司的成长进一步推动了互联网产业环境的发展变化。

第二，企业可以通过广告、公共关系等宣传手段来引导消费者的需求，促使环境因素朝着有利于企业的方向发展。实践中，不少企业做出成功的示范。金龙鱼提出的 1 ∶ 1 ∶ 1 的健康调和油的概念，相信读者都听说过，不少人开始改变过去只食用一种油的饮食习惯。农夫山泉的经典广告词“我们不生产水，我们只是大自然的搬运工”等，吸引越来越多的人成为饮用瓶装水的爱好者。这些宣传都很好地调动了人们追求更高品质、更健康的生活的积极性，创造出消费者对本企业产品的需求。

从实践来看，企业影响环境能力的大小既受企业自身实力的影响，又与环境因素相关。相较于小的手机制造商，苹果公司更有可能影响手机设计制造的潮流。而企业对直接环境的影响能力一般情况下要大于对间接环境的影响能力，因为企业与直接环境的联系更加紧密，作用更加直接。沃尔玛可以通过采购等措施影响其供应商，而供应商正是沃尔玛所面对的直接环境。相比之下，沃尔玛对人口规模、人均收入等间接因素的影响较小。

第 2 节 宏观环境分析

宏观环境分析是市场营销环境分析的一个重要方面。宏观环境分析的目的，一是要找出宏观环境中影响营销的主要因素和这些因素的趋势；二是确定宏观环境对营销活动的影响机理；三是发现宏观环境中的机会与威胁。**宏观环境**（macro-environment）主要是指经济环境、政治环境、法律环境、社会环境、技术环境、自然环境等。针对政治环境、经济环境、社会环境、技术环境所进行的分析称为 PEST 分析，针对政治因素、经济因素、社会因素、技术因素、环境因素和法律因素进行的分析称为 PESTEL 分析。

一 政治与法律环境

1. 政治环境

政治环境包括政局的稳定、政府的工作效率和政策措施等。现代社会中，政府通常扮演十分重要的角色，其一举一动对市场、对企业的影响巨大，因此企业应当时刻注意政治形势的变化。当企业试图进入一个国家或地区时，首先要考虑的是该国家或地区的政治形势，战争、频繁的政府更替都会给企业带来巨大风险。结合我国的实际情况来看，改革开放以来，我国吸引了大量国际资本，这得益于我国稳定的政治形势和政府推出的一系列优惠措施。

2. 政府的经济政策

一个重视经济发展的政府能为企业提供良好的外部政策环境，从而帮助企业快速适应当地环境，为企业在该地区取得进一步发展打下良好的基础。那么政府是如何做到的呢？宏观上来说，政府主要依靠财政政策和货币政策来达到目的。财政政策包括税收政策、财政补贴等。税收对企业的生产经营具有极为重要的影响，企业在试图进入一个新的国家或地区时应当仔细分析当地的税收政策，避免发生盈利困难的情况。较低的税收水平能够吸引企业进入当地市场，但长期来看，低税收可能会使政府没有足够的财力提供良好的基础设施和服务，企业的进一步发展会因此受到影响，而过高的税收水平又会使企业盈利困难。2016 年，以福耀玻璃董事长曹德旺美国建厂为引，我国的宏观税负水平在企业界和学术界掀起激烈的讨论。所以，企业应该慎重考虑税收因素对企业发展的影响。财政补贴也会对企业的生存发展产生重要影响。近年来我国采取的新能源汽车补贴政策，促使一批企业投身到新能源汽车的研究开发当中。值得我们注意的是，在全球化市场背景下，政府的补贴行为受到各种国际组织的制约。企业应当努力避免在国内获得补贴、在国际上受到制裁的情况发生。

3. 法律规定

守法运营是企业经营的前提条件。当企业进入某一国家或地区时，必须全面了解与企业生产经营有关的法律法规，除了常见的涉及合同、专利、商标、消费者权利、环境保护等方面的法律法规外，还应注意当地关于垄断与不正当竞争方面的法规，以避免遭受反垄断方面的法律制裁。特别提到这一点，是因为各国的反垄断法规差异较大，处罚时掌握的尺度也不同。欧盟就曾经对微软公司开出巨额罚单，导致公司遭受重大损失。结合我国的实际情况来看，近年来我国的立法工作不断推进，《反垄断法》《反不正当竞争法》等各项法律逐渐完善。随着网络时代的到来，我国越来越重视知识产权保护等方面的内容。读者可能注意到各大音乐播放平台上付费下载的歌曲数量逐步增多，通过版权获取收入的理念被消费者接受。淘宝等购物平台上盗版、侵权行为受到打击，这些都是我国在知识产权保护领域做出努力的体现。

二 经济环境

1. 世界性指标

随着网络时代的到来，全球的一体化水平进一步提高，各经济体之间的联系不断深化，世界性的经济指标反映的是整个世界经济的状态。其中，比较有代表性的是各大主要经济体的经济增长率（如美国、中国、欧盟、日本等的经济增长率）、各大证券市场的指数（如纽约证券交易所的道琼斯指数、伦敦金融时报指数、日经 225 指数等）。外向出口型企业受世界经济形势的影响最为明显。2008 年金融危机爆发后，由于欧美各国的经济形势恶化，导致我国一些出口型的轻工业制造企业的订单大量减少，出现经营困难。

2. 国别性指标

国别性指标主要是指国内生产总值（GDP）、人均国内生产总值、消费价格指数（CPI）、人口总量及增长率、人口年龄和性别结构等指标。GDP 是指在一定时期内，一个国家或地区最终产品和劳务的总值，反映的是经济活跃的程度。人均国内生产总值代表的是一个国家的发展情况，人均国内生产总值高的国家是发达国家，相反则是欠发达国家，企业应结合所在国家的发达程度来制定合适的市场营销策略。人均 GDP 低的国家居民的消费主要是生存型，而人均 GDP 高的国家居民的消费逐渐向享受型、发展型转化。根据消费经济学的理论，该转折点在人均 GDP 达到 1 000 美元时。而 CPI 则是反映一定时期内城乡居民所购买的生活消费品价格和服务项目价格的变动趋势和程度的一种相对数。该指数的上升代表着通货膨胀的程度，通常情况下，我们认为适度的通胀有利于经济增长。如果该指数下降，则说明经济发生衰退。

3. 产业性指标

产业性指标主要是指三种产业所占的比重以及三种产业的增长率。通常人们会将产业划分为三种：第一产业为农业，第二产业为工业和建筑业，第三产业为服务业。伴随着经济不断发展，第三产业所占的比重会逐渐上升。产业性指标代表一国或地区的生产要素、生产模式和消费模式的综合情况，也反映一国或地区产业竞争力的情况。企业可以根据产业性指标进一步了解一国或地区的经济发展状况，以便做出正确的生产运营决策。我国的现状是，与发达经济体相比，第一产业、第二产业在整个经济中所占的比重依然偏高，服务业所占比重还有比较大的提升空间。相较农业、工业来说，服务业所需的资源少、附加值高，对于中国这样一个人均资源匮乏的国家来说，大力发展服务业十分必要。

4. 个人性指标

个人性指标主要是指人均可支配收入、储蓄、消费等。个人可支配收入反映的是实际可用来个人消费和储蓄的收入。收入指标对企业的营销战略选择有重要的影响，收入高的个体意味着有更强的购买力，因此，准确衡量收入指标是企业把握机会、取得成功的关键。21 世纪以来，财富的两极分化现象更加严重，富人更加富有，而穷人更加贫穷，中产阶层的人数在下降，这不利于商业的繁荣。毕竟中产阶层才是这个社会的中坚力量，拥有最强大的购买潜力。但在这种不利情况下，企业如能顺应形势的变化，在两个极端的市场上下功夫，也能获得不错的发展机会。除此之外，恩格尔系数也常被用来表示收入与消费的关系，恩格尔系数越高，居民消费中食品消费所占的比重越大。随着人们生活水平的提高，恩格尔系数会逐渐降低，即消费的方向从食品朝娱乐、服饰等享受型产品和服务转移。我国的现状是个人可支配收入稳步提高，储蓄率高，随着消费升级的到来，人们在衣食住行等各方面增加的消费需求构成巨大的市场潜力。

三　社会与文化环境

1. 价值观念

价值观念是人们对社会生活中各种事物的评判标准。价值观念对人们的购买偏好具有十分重要的影响。例如，勤俭节约和铺张浪费是两种截然相反的价值观念，对于持有勤俭节约观念的人来说，在购买产品与服务时，会更加看重产品与服务的实用性，追求高性价比；而持有铺张浪费观念的人则往往追求享受，偏爱功能强大、设计奢华的产品，对于价格等因素不太敏感。企业应当根据不同的目标客户群所持有的价值观念来设计产品与服务，并采取适当的营销策略。长久以来，我国国民一直保持勤俭节约的良好美德，但这与改善生活带来的消费升级理念并不冲突。解决了温饱问题以后，人们必将更多的资源投入到改善生活品质的努力当中去。一方面是新时代的年轻人逐步接受来自发达经济体的消费观念；另一方面是国民个人收入稳步提高。两种因素共同导致我国市场蕴藏巨大的潜力。

2. 宗教信仰

宗教信仰在一定程度上也影响人们的消费习惯。企业在设计产品与服务及后续的营销活动时，应考虑宗教信仰所带来的影响，尤其要尊重宗教传统，不触犯宗教禁忌。例如，麦当劳餐厅在印度就不提供以牛肉为原料的食品，因为考虑到印度当地人对“神牛”的崇拜。考虑到印度教的特点，麦当劳专门开设了全素餐厅。这些措施都是基于对宗教的尊重，目的是在当地人心中树立企业良好的形象。

3. 风俗习惯

风俗习惯是指人们在长期的日常生活中形成的习惯性行为模式和规范。不同的风俗习惯使人们在饮食、服饰、居住、交通、节日、娱乐等方面呈现出不同的生活习惯和消费习惯。营销人员在从产品设计、包装到广告宣传、公共关系处理等的决策中应充分考虑所在市场居民的风俗习惯。例如，企业在产品包装颜色的选择上应注意不同市场的风俗习惯，在中国市场上红色象征着喜庆的氛围，所以有红色包装的产品可能更受欢迎，而在西欧的一些国家，红色就不那么令人喜欢。同一种颜色在不同文化背景下的意义可能截然不同。

4. 消费时尚

时尚对消费者偏好的影响在服饰领域表现得尤为突出。由于时尚具有明显的时间特征和地域特征，即同一时间，不同地域流行的商品款式具有差异性；不同时间，同一地区流行的商品款式具有差异性。因此企业要随时了解消费时尚的变化。值得注意的是，消费时尚还具有非常明显的人群特征，即不同阶层的人对时尚的理解不同。医生、律师等追求产品优雅大方，演员追求产品新潮动感。这就需要企业对时尚有敏锐的洞察力。网络时代，信息的沟通愈发便捷迅速。时尚信息借助网络有了越来越强大的影响力、穿透力。日本和韩国由于同属东亚文明，文化相近，其消费时尚对我国的影响巨大。近年来，日范、韩流等在一定程度上影响着中国的年轻一代。在奢侈品领域，法国、意大利等国家的流行元素对我国的高端消费群体影响较大。在科技时尚领域，美国公司表现突出。我国本土的时尚业同时面临着机遇和挑战。随着产业升级步伐的推进，吸取各方经验后，我国时尚业的提升空间很大。

四 技术环境

1. 技术发展趋势

营销进化的过程表明，新技术的应用能够深刻影响营销实践。随着技术的不断升级，营销的方式方法也在不断变化。随着互联网技术深入发展，近年来人们提出了“关注度就是生产力”的口号，微信营销、微博营销等新的营销手段层出不穷。传统营销所达不到的覆盖范围和深度，现在通过网络技术能够以较低的成本达到。把握新技术的发展动向，也就是把握市场发展、市场需求的新动向。企业如果不关注新技术的发展趋势，不加快引进新技术、新方法，或者进入新产业、新领域，必然会在激烈的市场竞争中被淘汰。现阶段，我国重点培育和发展的战略新兴技术和产业有：节能环保、新一代信息技术、生物、高端装备制造、新能源、新材料、新能源汽车等。其中，新一代信息技术包括推进“互联网 +”行动、实施国家大数据战略、做强信息技术核心产业、发展人工智能等；高端装备制造包括智能制造、节能制造等众多高精尖的制造技术。2015 年，我国发布了《中国制造 2025》，这标志着我国开始向工业 4.0 阶段迈进。

2. 研发费用的投入

企业为了增强其核心竞争力，势必要加大在研究开发领域的投入。相较于世界发达国家的企业，我国企业在研发领域投入的水平还较低，尚有进一步提升的空间。当然，这一不利局面与我国长期以来对知识产权保护不足的状况有关，近年来，随着相关法律的落实与实施，知识产权在我国受到越来越完善的保护。在“大众创业、万众创新”的“双创”国家战略推出之后，越来越多的企业加大了科研投入和技术创新。

3. 产品生命周期

随着技术的发展越来越快，企业产品的生命周期不断缩短。著名的摩尔定律指出，在价格不变的情况下，集成电路上可容纳的元器件的数量每 18～24 个月便会增加一倍，性能也将提升一倍。换言之，相同价格下，每 18～24 个月所能购买的电脑性能就将提高一倍。假如某企业是软件产品的开发商，那么其开发的软件产品也应当符合摩尔定律的要求，不断更新换代。对于手机等电子产品，一年甚至半年就可能出现跨代的新产品。对于消费者而言，产品的使用寿命不再是其物理寿命，而是以代差、性能差来计算。即便消费者的手机还能正常使用，随着软件的不断升级，原有手机的硬件已经不能使消费者拥有良好的使用体验，换机也就成为大多数消费者的选择。

小贴士 3-2 “大智移云”的时代

我们处在一个“大智移云”的时代，“大智移云”是大数据、智能制造、移动互联网、云计算四大新兴技术和产业的简称。“大智移云”是产业互联网的重要载体和推动力。在新技术引发产业革命的今天，移动互联网、大数据与云计算让人们以一种前所未有的方式展开合作。组织的边界逐步淡化，取而代之的是网络个体间更紧密、更复杂的联系。

将“大智移云”分开来看，智能化是指具有感知能力、记忆能力、思维能力、学习与适应能力、决策能力的系统。2016 年大热的人工智能挑战人类围棋高手获得胜利即属于这一范畴。大数据是指巨量资料，通过分析能产生经济社会效益的信息资料。例如，通过分析用户购物、出行、居住习惯的大数据，能快速辅助金融机构对贷款需求人的还款能力做出评价并提高准确度。云计算是基于互联网的相关服务的增加、使用与交付模式。它提高了资源的虚拟化程度和使用效率。用户可以通过手机、电脑等设备接入网络并使用其庞大的计算能力。移动互联网则作为连接手段将上述内容连接起来，从而保证整个网络系统的运行。移动互联网的产生和发展，减少了用户使用网络资源时时间、地点等因素对其产生的影响。2016 年河北省提出大力实施“互联网+”行动计划，把以“大智移云”为重点的网络信息产业作为战略产业来发展。

资料来源：百度百科 . http://baike. baidu. com/item/ 大智移云 .

五　人口环境

1. 人口总量及其增长率

人口总量是决定市场规模和市场潜力的一个重要因素。人是产品和服务的最终购买者和享用者。在其他条件一样的情况下，人口基数大的国家或地区拥有更大的市场潜力，尤其是对生活必需品来说，大的人口基数意味着更多的需求。人口增长，对食品、服装、交通、住房等方面的需求都会增加，企业也就获得了更大的市场。但我们应注意到，人口的增长不一定是越快越好，过快的增长会带来就业压力、资源匮乏、政局不稳等多种问题，从而影响企业的长久发展。我国是一个人口资源丰富的国家，但是人口增长率长期处于一个较低的水平。尤其是近年来，随着人口老龄化的加剧，人口红利逐渐减少。企业在进行人口环境分析时，要注意我国人口众多、老龄化程度趋高等特点，还应注意国家实施的一些新政策，例如二孩政策。

小贴士3-3　二孩政策对市场营销的影响

2. 人口结构

人口结构是指人口的年龄和性别结构。不同年龄、不同性别的人对商品的需求也不同。例如，相较于 70 后、80 后而言，90 后更加追求产品与服务的个性化。女性更加注重产品与服务的时尚性，男性则更加注重实用性。家庭规模和结构也对消费者的消费习惯产生重要影响。目前，中国城市家庭的规模普遍较小，常见的是父母和 1～2 名未成年子女构成一个家庭单元，与美国的家庭相比，未成年子女的数量较少。中美家庭的居住情况也不同，中国的城市家庭多居住于公寓、单元楼等小面积居室，而美国家庭多居住于独栋住房，人均居住面积较大。因此，企业面向中国市场设计产品时，应充分考虑小型化、小包装的用户需求。

3. 人口地理分布

空间上，人口的地理分布极不平衡。对于商业零售企业来说，选择合理的位置至关重要，在人口密集的区域设立营业网点能够有效吸引消费者前来购物，但同时会产生高昂的租金与停车困难等难题。如果选择远离市中心的郊区，虽然降低了租金，但对于不少不开车的消费者来说，交通成了一大问题。企业在对城市进行选择时也面临同样的难题，一方面，设立在人口较少的城市，各项成本会降低，但小城市人力资本较为贫乏，不利于人才的吸引。另一方面，设立在中心城市，人力资源较为丰富，便于企业进一步发展，但与此同时企业的各项成本又会大幅上升。小城市的竞争环境相对宽松，有利于企业快速占领市场，但市场规模较小。而大城市市场潜力大，但竞争激烈。因此，人口地理分布是影响企业制定营销策略的重要因素。现阶段，中国的人口流动趋势是农村的青年人口大量向城市转移，导致农村的老龄化现象比城市严重。随着人们生活水平的提高，越来越多的人选择走出去看一看，出国留学热正是这一想法的集中体现。新东方英语培训的成功，正是因为它适时地抓住了人们的这种理念，提供相应的服务。出国中介的兴起与发展也与这种理念的广泛传播相关。

六 自然环境

当然，企业的营销活动也受到自然环境的影响，这里主要是指资源状况和生态环境。

1. 资源状况

自然资源分为可再生资源和不可再生资源。可再生资源包括水、木材等资源，不可再生资源包括矿产、石油、煤炭等资源。经过几十年的经济发展，现阶段我国出现不少资源枯竭型城市，如阜新、伊春、辽源、盘锦、石嘴山、焦作等。这些城市的共同特点是：资源枯竭、产值下降、城市衰退；产业结构单一，资源产业衰退，而且尚未形成替代产业；失业率较高，大量职工的人均收入低于全国平均水平。而新能源的发展值得我们关注。所谓新能源指传统能源以外的各种能源，如太阳能、风能、核能、地热能等。这些能源的特点是污染小，资源丰富。

2. 生态环境

人类的一些生产活动不可避免地要对环境产生一定的影响，主要是指对环境的污染破坏。2015 年巴黎气候变化大会通过了全球气候变化的新协议《巴黎协议》，对 2020 年后全球应对气候变化的行动作出了安排。企业作为社会的重要组成部分，必然会受到协议内容的影响。企业在发展的同时要兼顾社会效益，尽量减少对环境造成的不良影响是每个企业应当承担的社会责任。当然如果能够两者并举，利用产业升级、环保技术升级的契机开发环境友好型产品，将为企业带来广阔的

图 3-2 特斯拉新能源汽车

资料来源：https://www.tesla.cn/.

发展契机。近年来，新型环保企业发展迅猛，在美国出现了特斯拉公司，该公司制造的电动新能源汽车一经面世就广受好评（见图 3-2）。

小贴士 3-4　雾霾、新能源汽车与营销机遇

2016 年的冬天，严重的雾霾笼罩着中国北方的不少城市，高速路封闭、飞机延误的情况不时发生，而且雾霾严重危害居民的身体健康。导致雾霾的原因很多，传统汽车产生的尾气是导致雾霾发生的原因之一。随着人们收入的增加，汽车的保有量快速增长。而新能源汽车由于其低排放、少污染的特点，越来越受到国家和社会大众的关注。

新能源汽车中特斯拉公司生产的纯电动车具有代表性。该公司生产的 Tesla Model S, Tesla Model X 等车型具有性能优越、单次充电行驶里程长等特点，受到中国消费者的欢迎。纯电动汽车的推广有利于雾霾问题的改善，在环保问题越来越受到人们关注的今天，特斯拉公司赶上了良好的发展机遇。当然对于企业来说，机遇并不等于成功，转化的关键在于能否为消费者提供优质的产品与服务。特斯拉公司的产品外观时尚、科技感强，很好地满足了消费者对新型汽车的需求。特斯拉公司的产品无论从环保的角度来看，还是从性能、外观等传统角度来看，都能较好地吸引消费者购买。

第 3 节　微观环境分析

一　外部微观环境因素分析

企业的**微观环境**（micro-environment）包括企业的供应商、营销中介、顾客、竞争者、公众等。其中，最核心的是顾客与竞争者。

（一）供应商

供应商（supplier）对企业的营销活动具有十分重要的影响。供应商是指向企业及其竞争者提供生产产品与服务所需资源的企业或个人。供应商所提供的资源有原材料、生产设备、能源、劳务、资金等。上述资源是维持企业正常运转的基础，离开了这些资源，企业无法向市场提供产品与服务。随着社会化分工的进一步深入，完全脱离其他企业与个人，仅靠自身进行生产的企业越来越少。现代文明下，大多数企业至少需要诸如电力之类的能源。既然企业与供应商紧密联系在一起，那么它们必然互相影响、互相制约。

供应商对企业营销活动的影响包括以下几个方面。

（1）供货的稳定性与及时性。原料、零件、能源以及设备等货源的保证，是企业一系列营销活动能够顺利进行的基本前提。企业应当与其供应商保持紧密联系，了解供应商的生产经营状况，避免因为供应商的问题遭受不必要的损失。著名电动汽车制造商特斯拉的实际产量时常达不到预期产量，与其供应商提供不了足够数量的产品有较大关系，Model 3 车型的预约购买数量巨大，但公司只能与动作最慢的供应商保持相同的制造速度。

（2）供货的价格变动。供应商提供的各种资源的价格直接影响企业最终产品与服务的价格水平。企业应当时刻对其使用的原材料、设备、劳务的成本做到心中有数，并保持适当的与供应商讨价还价的能力，避免陷入被动的局面。尤其是在终端产品定价难以变动的情况下，企业更应当对供应商提供资源的价格给予足够重视。例如在我国的成品油行业，由于最终的汽油销售价格受政策调控的影响，所以汽油生产企业可以采取提前约定价格订立供货合同的方式，来锁定其原油的成本，从而规避风险。

（3）供货的质量水平。质量是决定企业能否生存的关键。企业最终产品的质量受到供应商提供的产品质量的影响。这里所说的质量有两方面的含义：一方面是供应商提供的产品本身的质量；另一方面是供应商售前售后服务的水平。

企业在确定供应商的过程中，应当注意两方面的问题：一方面，注重对供应商资质、信誉、能力的考察，从而能够及时从供应商处以合理的价格取得足够数量的质量优良的产品。另一方面，努力使供应商多样化，这样既可以保证企业与供应商谈判时拥有足够的资本，又能够避免由于供应商的突发问题导致企业生产停滞的情况发生。

（二）营销中介

营销中介（marketing intermediaries）是指帮助企业促销、销售以及配销产品给最终消费者的企业或个人，包括中间商、实体分配公司、营销服务机构、财务中间机构。大部分企业的营销活动都是利用这些营销中介来完成的。随着社会化大生产的深入，社会分工越来越精细，营销中介在营销活动中所具有的专业优势也就展现出来。企业应将精力放在其擅长的核心能力上，对于不太熟悉的领域，应选择合适的机会外包给有专业特长的企业，从而获得最大收益。营销中介正是这一类专业企业，因此企业应当与营销中介保持紧密的联系。

1. 中间商

中间商是指帮助企业寻找顾客或直接与顾客进行交易的商业企业。中间商可分为代理中间商和买卖中间商。代理中间商是企业的代理人、经纪人，他们通过介绍顾客与企业联系，并从中撮合达成交易来赚取佣金，在整个交易过程中，代理中间商并不获得商品的所有权。买卖中间商则不同，他们购买商品，取得商品的所有权并寻找机会以高于购入价的价格将商品出售给顾客，以此赚取差价。买卖中间商主要有批发商、零售商和其他再售商。由于企业在与顾客最终达成交易的过程中存在交易成本，而中间商的存在能够降低交易成本，帮助产品更加便捷地从生产领域流向消费领域，因此企业选择适合自己的中间商变得尤为重要。企业所采取的营销手段不再只是单一地针对消费者，针对中间商展开营销也能帮助企业获取市场和利润。对于绿色食品的种植企业来说，由于品牌知名度低，直接面对消费者十分困难，选择诸如沃尔玛之类的大型商超作为中间商，不仅能够吸引更多消费者购买，还可以借助沃尔玛的品牌优势提升自身产品的知名度。

2. 实体分配公司

实体分配公司主要负责企业产品的储藏和运输，从而保证产品顺利到达目的地。我们在日常生活中接触到的快递企业就属于这一类型。如果企业受条件所限，生产原料、零件、成品的储存存在问题，就可以通过专业的仓储公司来解决。运输公司则负责将仓储公司所储存的货物运到目的地。这些公司节省了企业自己组织储存与运输所付出的成本。网络经济时代，物流企业所扮演的角色越发重要。如何快速准确地将产品送至消费者手中，成为各企业研究的热门课题。京东电商平台与淘宝平台相比，有自己的配送体系，对于部分商品能够做到急速送达，这大大提高了用户的购物体验。同时我们也应注意到，维持这一配送体系需要一定的成本，并不是所有的企业都适合建立自己的配送体系。

3. 营销服务机构

营销服务机构是指营销调研公司、广告公司、传播媒介公司以及营销咨询公司等，范围广泛。它们能够将企业的产品推介到合适的市场。随着网络时代的到来，媒体传播方式层出不穷，企业兼顾各种宣传途径往往力不从心，因此聘请专业的营销服务机构就成了明智之举。这些服务机构往往具有独特的资源和能力，能够帮助企业以更低的成本去推销自己的产品。企业可以将空闲出来的精力用于考核所聘请的营销服务机构，这样一来可以取得事半功倍的效果。例如，近年来大热的微信营销就有不少专业公司在做幕后推手，多采用情感营销的方式来引起消费者的注意。这种方法的使用要注意限度，避免因为过度炒作或突破道德底线而引起大众的不满。

4. 财务中间机构

财务中间机构主要是指银行、保险公司、信用公司及其他协助融资或保障交易进行的公司。在现代经济背景下，金融企业无处不在，这大大增加了交易的可能性，降低了交易结算的复杂性。企业与金融机构之间的联系千丝万缕，账务往来要通过银行，财产和货物需要保险公司进行承保，因此银行的存贷款利率、保险公司的保费水平都对企业的生产经营产生较大影响。

（三）公众

公众（public）是指可能对企业实现其目标产生影响的任何团体或个人。一个企业所面对的公众有：

（1）金融公众，包括银行、投资公司、证券公司、保险公司等。

（2）媒介公众，包括报纸、杂志、电视台、电台等。

（3）政府公众，指与企业生产经营相关联的各政府机构和部门，包括税务局、工商管理局、发改委等。

（4）公民行动公众，指对企业生产经营的结果感兴趣，并可能提出意见、建议的社会团体与组织，包括消费者协会、环保团体等。

（5）地方公众，指分布在企业周边的居民和团体，他们的生活可能受到企业生产经营较大的影响，这种影响超出了对一般公众的影响。

（6）一般公众，指那些可能受到企业生产经营影响的社会大众，他们并不购买企业的产品，但其看法可能会对产品的消费者产生影响。

（7）内部公众，包括管理人员、普通员工等。

公众对企业的生存和发展有巨大的影响，可能帮助企业实现其目标，也可能阻碍企业实现其目标。例如，百度公司对医疗、医药类关键词的竞价排名就引起了公众的严重质疑，给公司造成巨大的声誉损失。因此，企业必须采取恰当的措施，积极主动处理同公众的关系，树立并维护企业的良好形象，这些是企业进行成功的市场营销活动的保证。

（四）顾客

企业的全部营销活动都是围绕满足顾客需要展开的，因此，顾客理所当然是企业最重要的环境因素。顾客是企业产品和服务的销售对象，企业的生产经营活动以顾客为中心，因此有这样一种说法，“顾客塑造了企业”。顾客可以按不同标准进行划分，不同市场上的顾客其特点也不相同。企业为了满足顾客不断变化的需求，需要以差异化的形式提供产品与服务。怎样才能准确契合顾客的需求呢？这就要求企业对顾客进行分类研究，分析不同顾客群的需求特点、购买动机等，从而作出合适的市场营销行为，实现顾客满意。

（五）竞争者

竞争是市场经济的基本特性，企业处在市场经济环境中，面临竞争对手的挑战在所难免。**竞争者**（competitor）的营销战略和营销活动直接影响企业营销活动的效果。面对竞争对手在营销领域的挑战，企业要选择适当的策略进行应对。一味使用价格手段很可能会导致价格战的爆发，从而使得各企业都遭受损失。

小贴士3-5　英特尔是市场的垄断者吗？

二　内部营销环境因素分析

即便面对相同的外部环境，不同企业采取的营销活动的结果也往往不一样，因为每个企业都有不同的内部环境因素。

对于内部营销环境因素，麦卡锡概括了其中的四个，分别是产品、价格、渠道和促销，这四个因素构成营销策略组合，对企业营销成败有直接影响。产品策略包括产品的种类、规格、样式、质量、商标等内容；价格策略包括企业产品与服务的基本价格、折扣价格、补贴、付款期限、商业信用等；渠道策略包括渠道覆盖、中间商的选择、网点设置、储藏、运输等；促销策略则包括广告宣传、人员推销、公共关系等内容。

在诸多内部环境因素中，人员既是企业营销策略的制定者又是执行者，对企业的生产经营起决定性作用，是企业最为宝贵的资源。企业管理水平的高低、规章制度的完善程度都影响着企业营销策略的成败。资金和设备等物质要素为企业的营销活动提供了基础，同时也限制了企业营销活动的规模。

除此之外，企业文化和企业组织结构也是两个极为重要的内部环境因素。企业文化深刻影响着组织成员的行为模式和价值观念。良好的企业文化能够提升组织成员的工作效率，发挥其创新能力，增强企业的凝聚力，为企业长期稳定发展打下坚实的基础。海底捞火锅服务顾客的企业文化，使得顾客随时能在海底捞享受到一流的服务。看到戴眼镜的顾客，海底捞的服务员会贴心地递上眼镜布，以便顾客擦掉眼镜上的雾气。服务人员对于顾客的召唤总是微笑面对，随叫随到，亲切之情溢于言表。这些都给了顾客良好的消费体验，满足了顾客的需求。一流的服务成了海底捞脱颖而出的重要特色，企业文化的作用不可小视。

内部营销环境的另一个因素是企业组织结构，即企业营销部门与其他部门之间的关系。营销部门在企业中的地位影响其开展的营销活动的结果。一个地位不高的营销部门所能获取的组织资源有限，在此基础上开展营销活动，其前景不容乐观。

第 4 节 营销环境分析的工具

依据系统论与生态学的观点，企业与其所处的外部环境共同构成一个大系统。企业内部环境与外部环境是这一系统中的两个子系统，两者相互联系、相互适应，才能产生系统效应。但外部环境这一子系统对于企业来说客观存在且不受控制，因此企业应当时常对自己的内部系统进行调整，来适应外部环境的变化，实现长远发展。

通常情况下，我们从三个方面分析外部环境变化对企业产生的影响：一是对企业市场营销活动有利的因素，即环境机会；二是对企业市场营销活动不利的因素，即环境威胁；三是对企业市场营销活动无影响或影响甚微的因素，即中性因素。对于环境机会和环境威胁，企业应当采取恰当的措施进行应对，从而有效规避风险，获取利润，取得发展。

常用的环境综合分析方法是 **SWOT 分析**（SWOT analysis）。安索夫在 1956 年提出 SWOT 分析思想，后经多人发展成为一个有效的企业营销战略分析方法。SWOT 是 Strengths（优势）、Weaknesses（劣势）、Opportunities（机会）、Threats（威胁）的首字母组合。这一分析方法的核心是通过对企业内部和外部条件进行分析，确定企业可利用的机会与所面临的风险，再将这些机会和风险与企业的优势和劣势相结合，形成企业不同的战略。SWOT 分析的基本程序和内容如下。

一 外部机会与威胁分析

1. 环境机会分析

环境机会指对企业的营销活动具有足够吸引力的领域，并且企业在该领域内相较于其他竞争者具有优势，即企业可能获得成功的领域。环境机会从本质上来讲是企业发现的市场上消费者未被满足且能够被满足的需求。市场上的需求多种多样，但有些需求受资源、技术、资金等方面的限制，企业没有能力去满足，如受肥胖等因素的困扰，消费者热切盼望可乐生产企业推出一款忠实于原有口味的低热量的健康可乐，但经过一段时间的努力，无论是可口可乐还是百事可乐都未能推出与其传统产品口味完全一致的健康可乐，健怡可乐虽然降低了产品所含的热量，但消费者反映其口感与传统可乐存在差异。这一需求现阶段无法满足，但随着技术的进步，在未来有可能满足。

环境机会既可来源于宏观环境也可来源于微观环境。由于企业自身的业务能力不同，环境机会对不同企业的有效性也不同。同样的环境设定对一些企业来说是环境机会，但对另一些企业来说可能就是环境威胁。消费者对绿色天然食品的需求高涨，这对于深耕绿色农业的种植企业来说是环境机会，但对另一些坚持使用化肥、农药进行耕植，追求产量的企业来说可能就是威胁。

2. 环境威胁分析

环境威胁是指环境中可能会对企业产生不利影响的因素。这种威胁不一定会对企业造成损害，但是如果不采取恰当的营销措施，则可能影响企业的生存与发展。一般来说，环境威胁包括两方面：一是环境因素直接威胁企业的营销活动，如政府颁布的政策法规。2000 年，我国政府开始限制国内游戏主机的生产与销售，这对索尼、任天堂等公司来说意味着失去中国这个巨大的市场。然而和环境机会一样，威胁也在随时发生变化，2015年我国游戏机生产与销售全面解禁，又给这些公司带来巨大的发展机会。二是企业的目标和所拥有的资源同环境机会相矛盾。假使人们出于环保等原因将原本对传统燃油汽车的需求转变为对电动汽车的需求，那么传统汽车厂商所拥有的产能资源就与市场上的需求相矛盾，这就构成了环境威胁。传统汽车厂商需要通过淘汰原有产品、投资开发新产品等方式进行应对。

营销管理人员应当在营销计划中把企业面临的威胁识别出来，并将这些威胁按严重性和发生的可能性进行分类。然后针对每个可能发生的威胁准备应对方案，越是有可能发生、严重性高的威胁，企业所准备的应对方案越要详细完善，以便在威胁出现时从容应对。

企业对面临的威胁有三种对策：

- 反抗，即通过自身的努力扭转不利因素。
- 减轻，即使用恰当的市场营销策略来提高企业的环境适应力，以减轻环境威胁。
- 转移，即通过调整企业的业务重心转移到具有更好机会、更大增长潜力的市场或行业。

企业所有业务可以根据其面临的机会和威胁进行分类：

- 理想业务——高机会与低威胁业务；
- 成熟业务——低机会与低威胁业务；
- 冒险业务——高机会与高威胁业务；
- 困难业务——低机会与高威胁业务。

二 内部优势和劣势分析

所谓优势与劣势分析是将企业自身的实力和竞争对手的实力进行比较，所以优势与劣势都是相对存在的。当两个企业为同一目标顾客群体提供产品与服务时，如果一个企业能够以相同的价格提供更好的产品与服务，或者以更低的价格提供同样品质的产品与服务，且具有更高的盈利能力或盈利潜力，我们就称该企业相较于对手具有竞争优势。

优势是企业拥有的超过竞争对手的能力，这种能力既可以是给企业带来利润的盈利能力，又可以是未来给企业带来提升的发展能力。因此利润率绝不是考量企业优势的唯一指标，管理者在分析企业优势时，要综合各方面指标进行考察。而劣势是给企业的生产经营带来不利影响的各种因素，这些因素使企业在与对手的竞争中处于不利位置。通常来说，企业的劣势有技术落后、管理落后、资金缺乏、成本过高、质量低劣等。

由于优势与劣势的相对性，在同一市场中，竞争对手的优势就是企业的劣势。企业要摒弃懒惰被动的思想，主动了解竞争对手的信息，展开比较，补齐自己的短板，增强自身的核心竞争力，以积极的态度应对竞争者的挑战。在复杂的市场环境中，企业从节省精力成本的角度出发，可以外聘专业的市场咨询机构来完成相关信息的获取，以帮助企业做出恰当的决策。国际上著名的咨询公司有麦肯锡、波士顿咨询公司、罗兰贝格咨询公司、贝恩咨询公司、科尔尼咨询公司等。

三 根据环境制定营销对策

企业对内外部环境进行分析研究，以明确企业所面临的形势、机会和威胁，在了解自身优劣势的基础上形成企业战略。只有这种与环境变化符合的战略才能使企业长久发展。

企业的管理者在实施上述一系列行为的过程中，经常使用的是 SWOT 矩阵。所谓 SWOT 矩阵分析是指将企业的优势、劣势、机会、威胁以矩阵的形式列出，在进行内部环境分析时找出企业的优势与劣势，在进行外部环境分析时找出企业面临的机会与威胁。使用矩阵形式列出企业的优势、劣势、机会、威胁，简单明了，概括全面，不易发生遗漏。

通过 SWOT 矩阵分析形成的企业战略主要有四种类型：

- 机会与劣势组合（OW）：扭转型战略，即弥补弱点、抓住机会。
- 机会与优势组合（SO）：增长型战略，即发挥优势、利用机会。
- 威胁与劣势组合（TW）：防御型战略，即克服弱点、降低威胁。
- 威胁与优势组合（ST）：多元化战略，即发挥优势、减少威胁。

图 3–3 是以某电动汽车制造企业为例进行的 SWOT 分析。

		外部环境	
		优势（S） 1. 现代管理模式打造了良好的企业运营机制。 2. 利润率高于行业平均水平。 3. 人员素质较高，技术人员占比高。 4. 技术水平领先于竞争对手，持有的专利多。	劣势（W） 1. 营销体系不健全，市场信息掌握得不准确。 2. 产品生产成本较高。 3. 资金需求量大。 4. 零部件供应不稳定。
内部环境	机会（O） 1. 行业发展趋势好，市场潜力大。 2. 国家政策的支持。 3. 新兴市场尚未出现真正的领导者。	SO 战略 1. 扩大产品市场占有率。 2. 扩大企业生产的规模。 3. 塑造世界性品牌。 4. 进行管理创新。	OW 战略 1. 完善企业营销管理体系，准确掌握市场信息。 2. 拓展融资渠道，争取获得补贴。 3. 加大研发投入，降低生产成本。 4. 选择稳定的零部件供应商。
	威胁（T） 1. 行业增长潜力大，潜在进入者多。 2. 经济增长放缓，石油价格低迷。 3. 消费者对新产品的需求增加缓慢。	ST 战略 1. 制定有吸引力的价格。 2. 加大产品宣传，培养消费者的使用习惯。 3. 推出差异化、个性化的产品。	TW 战略 1. 改善与投资者的关系。 2. 加强成本控制。 3. 加强供应商关系管理。

图 3–3　SWOT 分析及相应战略

▶ 基本概念

市场营销环境（marketing environment）　　宏观环境（macro-environment）
微观环境（micro-environment）　　供应商（supplier）
营销中介（marketing intermediaries）　　公众（public）
竞争者（competitor）　　SWOT 分析（SWOT analysis）

▶ 应用与实战

1. 在经过了多年的高速增长以后，2016 年中国电影市场的票房增速出现明显的下滑，请运用所学知识，分析中国电影企业面临的环境，找出导致票房增速下滑的环境方面的原因。

2. 在 2016 年罗辑思维跨年演讲中，罗振宇提出了一个观点：随着全国手机等上网设备保有量接近峰值，个人日均上网时间趋于稳定，中国的互联网人口红利结束了。您同意这种说法吗？请分析中国的互联网企业所面临的环境，找出支持您观点的论据。

▶ 案例

大商集团的转变

大商集团组建于 1995 年，是中国百货业第一大公司、中国百强企业。大商集团以“创建享誉世界的大公司”为企业理想，以“无限发展、无微不至”为经营理念。300 家大中型店铺遍布 15 个省 80 多个城市，店网布设覆盖东北、跨越华北、进入西部。

然而这样的局面得来不易。几年前，实体零售业就已经感受到了寒冬。一方面，随着电商行业的发展，网络购物变得越来越便捷，消费者的购物习惯发生变化，电商平台的销售额不断攀升，具有代表性的“双十一”购物节的销售额屡创新高。与此同时，实体百货业则增长乏力。另一方面，各项成本如租金、人力成本等不断上涨，压缩了企业的盈利空间。从行业的角度看，实体零售业在经历一段时间的高速发展后，行业内竞争日趋激烈，不少地区出现同质化竞争严重的局面，这进一步缩小了企业的盈利空间。2013 年以后，大商集团的西安新玛特购物广场宣布关闭，大商集团抚顺将军店关闭，大商集团新玛特洛阳总店关门，这反映出传统百货行业的利润率下降。在传统零售业增长乏力的大背景下，一批零售企业进入电商领域以求发展，典型的有苏宁云商，它通过发展线上业务取得了一定的效果。

为应对这种不利的局面，大商集团于 2014 年创立了天狗网（见图 3–4），志在通过涉足电商领域带动集团的发展，实现线上与线下的互动。天狗网这一载体，使大商集团的实体门店具备了电商能力，优化了原有的顾客服务方式，给顾客带来不一样的购物体验。一方面，天狗网依托大商集团丰富的业态和商品，向消费者推送各类优惠促销信息。另一方面，大商集团对获取到的各类数据进行分析，开展更加有针对性的活动，通过线上和线下两种途径推送给消费者，比起原有的线下宣传方式更加有效，影响范围更广。天狗网的推出，有利于集团适应瞬息万变的市场环境，吸引部分已经转向电商平台的消费者。大商集团希望通过天狗网实现实体店铺的转型升级。2015 年 6 月 18 日，天狗网创办的东北首个 O2O 智能体验店开店，为消费者带来了不一样的购物体验。天狗网的发展在一定程度上带动了大商集团线下业务的价值重估。为了跟上网络时代的步伐，大商集团一直在努力做出改变。

图 3–4　大商集团天狗网与 APP

曾几何时，线下门店沦为电商平台“试衣间”的消息让零售商万分感伤，读者可能会有这样的购物体验，即在实体零售店看好试过的服装，然后去电商平台进行价格比较，如果电商平台给出的价格更加优惠，则会通过电商途径进行购买。如今，这种格局正在发生变化。大商集团在 2015 年 11 月初推出了“试衣节”活动，从 11 月 1 日至 11 月 5 日，消费者在实体店进行试衣、拍照，与营业员用手机快速生成的单品二维码绑定，选好尺寸、颜色等，将单品添加到由大商集团投资创立的天狗网个人账户，开设私人衣橱，天狗网将根据信息实时向消费者推送商品动态和优惠信息。11 月 6 日至 11 月 8 日，消费者在实体店或者天狗网可享受优惠价格，还可在线支付并享受送货到家。这些还不是“试衣节”活动的全部。那些喜爱网购的消费者先将在品牌官方旗舰店看好的商品链接保存，再到大商实体门店寻找同款，即可享受“双十一”电商同款同价。这样的购物流程使顾客能够近距离接触商品，方便顾客顺利买到符合自己需求的商品。

“试衣节”活动实现了零售方与消费者之间的互动。传统的实体零售店发挥出自身的优势，一方面，帮助顾客更加准确地掌握商品信息，更加直观地向顾客展示商品的特点，结合网络购物的特征给顾客大幅优惠。另一方面，帮助企业实现数据的采集与分析，使大商集团可以联合更多的企业开展更有针对性的活动，做好连接品牌与顾客之间的桥梁。大商集团推出的活动可以看做百货行业实现转变的一次尝试。在传统实体零售业日益受到电商行业冲击的背景下，业界认为“互联网 +”是个契机。

2015 年，大商集团收购沈阳中兴商业 20% 的股份。11 月，山东威百集团正式加入大商集团，威海百货大楼集团从具有 50 年历史的老字号商业企业发展而来，以时尚百货店为主要经营业态，下辖荣成威百商厦、威海凯奥商贸、威海展宏商贸、威百照相器材等。12 月，大商集团收购重组新疆友好集团，成为其第一大股东。友好集团在乌鲁木齐和其他城市拥有大型百货购物中心 18 家、超市大卖场 38 家、电器大卖场 13 家、餐饮连锁广场 15 家，年销量突破 100 亿元，位居西北第一。

此外，大商集团还进行了一系列国际收购。2 月，集团收购了位于澳大利亚悉尼北部的著名的格林岩石大牧场。3 月，集团收购了堪培拉东部风景秀美的钓鱼沟牧场。11 月，集团收购了占地 34 平方公里的澳大利亚顶级和牛牧场。集团在澳大利亚的天然牧场总面积达到 350 平方公里。

从上述资料可以看到，大商集团在线上和线下都进行了大胆的尝试，结合自身的优势做出了一系列努力。大商集团 2015 年销售收入突破 2 000 亿元。难能可贵的是，大商集团的业绩是在我国经济增速回落的大背景下取得的。大商集团能否突破重围，实现长久稳定的发展，在一定程度上取决于集团能否正确分析市场环境（既包括宏观经济环境，又包括行业环境等），能否对环境变化做出合理的反应，能否发挥自身优势，弥补自身不足。

思考题

1. 结合生活实际和案例中的内容分析大商集团的市场营销环境。
2. 哪些营销环境因素发生了变化？大商集团相应做出了哪些改变？
3. 利用 SWOT 矩阵列出大商集团的优势、劣势、机会、威胁。

资料来源：1. 桂小笋 . 实体零售企业不再避讳“双 11”　大商集团：只想试衣？欢迎！. 证券日报 . http://zqrb.ccstock.cn/html/2015-11/12/content_124317.htm.

2. 大商集团 2015 年销售收入突破 2000 亿元 . 腾讯大辽网 . http://ln.qq.com/a/20160104/029370.htm.

3. 大商集团官网 . http://www.dsjt.com/.

▶ 参考文献

[1] 王玮，梁新弘 . 网络营销 . 北京：中国人民大学出版社，2016.

[2] 菲利普·科特勒，加里·阿姆斯特朗 . 市场营销：原理与实践：第 16 版 . 北京：中国人民大学出版社，2015.

[3] 菲利普·科特勒，凯文·莱恩·凯勒 . 营销管理：第 14 版 . 北京：中国人民大学出版社，2012.

[4] 董大海 . 营销管理 . 北京：清华大学出版社，2010.

[5] 李怀斌 . 市场营销学 . 2 版 . 北京：清华大学出版社，2012.

[6] 孟韬 . 市场营销策划 . 3 版 . 大连：东北财经大学出版社，2014.

[7] 戴夫·查菲 . 网络营销：战略、实施与实践 . 北京：机械工业出版社，2008.

第 4 章

互联网环境分析

学习目标

- ▷ 了解互联网的特点与性质。
- ▷ 掌握互联网时代营销要素的变化。
- ▷ 理解互联网思维，思考如何利用互联网思维进行营销。
- ▷ 理解“互联网 +”国家战略，洞察基于互联网的传统产业变革。
- ▷ 理解基于互联网的商业模式和营销创新。

引例　Papi 酱、网红与网红营销

被称为开启“网红 3.0 时代”的 Papi 酱录制自嘲和吐槽的短视频，获得了无数网友的追捧和喜爱。其瞬息万变的面部表情，无厘头的恶搞，浮夸的心理演绎，再加上频频戳中人心的金句语录，让这个颜值被调侃为“低配版”的“苏菲·玛索”更接地气。据统计，Papi 酱从 2015 年 10 月凭借着《用台湾腔说东北话》上了热搜榜而迅速走红，短短半年时间，四十几条原创视频吸粉 500 万，因为最初的创意和最后的制作都是她一人完成的，故网友称其“有才华”。形式上，Papi 酱的段子通常以不到 3 分钟的短视频为主，Papi 酱拥有 10 万订阅量，总播放量高达 1.29 亿。对于众多段子手绞尽脑汁渴望的 10 万 + 点击量，在 Papi 酱的公众号里几十分钟便能完成。

这位自称“集美貌与才华于一身”的女子被称为中国 2016 年“第一网红”，并得到了真格基金、罗辑思维、光源资本和星图资本联合注资，拿到首轮融资 1 200 万元，且估值可能达到 3 亿元。随后，Papi 酱携手罗辑思维公众号发起了“中国新媒体世界的第一次广告拍卖”，最终以 2 200 万元的价格成交（见图 4-1）。

网红是“网络红人”的简称，是指在现实或者网络生活中因为某个事件或者某个行为而被网民关注从而走红的人。他们走红是因为自身的某种特质在网络作用下被放大，与网民的

审美、审丑、娱乐、刺激、偷窥、臆想以及看客等心理相契合，有意或无意间受到网络世界的追捧，成为网络红人。以互联网技术发展为依据，网络红人按照时间顺序划分为三类。

图 4-1 中国新媒体世界的第一次广告拍卖现场直播

资料来源：http://news.iresearch.cn/content/2016/11/265502.shtml.

第一类，文字时代的网络红人。Web 1.0 时代是文字激扬的时代，这一代网络红人共同的特点是网络写手。典型代表是著名网络小说作家痞子蔡和安妮宝贝。痞子蔡的《第一次亲密接触》中那句经典的话——“我对你的热情就算把太平洋的水全部倒出来也浇不灭。太平洋的水能全部都倒出来吗？答：不能。”——想必一直烙印在你我的回忆里。

第二类，图文时代的网络红人。当互联网进入高速的图文时代，网络红人开始如时尚杂志般绚丽多彩起来，在这样的时代，网络女性占尽优势，以图载文载人。如果要问为什么，原因就是这时候的互联网更有读图时代的味道。典型代表是两位“姐姐”一位“妹妹”：“凤姐”罗玉凤、“芙蓉姐姐”史恒侠以及“奶茶妹妹”章泽天。

第三类，宽频时代的网络红人。当互联网进入宽频时代，也就是我们目前所属的时代，各路网红大显神威、层出不穷、交替更迭。如今，有才华、会搞怪、有网络推手或者纯属一个意外，都有可能造就一位网红。这就是互联网时代的魅力。

与早期的网红相比，当前的网红不仅能够“吸睛”，更能“吸金”，网红 + 电商 + 广告已经成为网红变现的标配。随着网红的盈利能力与商业价值逐步显现，一些资本开始深度介入“网红经济”（即围绕网红产生的商业链条和盈利模式等的统称），甚至以产业链的方式开始打造网红个体或者平台，这也催生了基于网红的营销，又称为网红营销。

网红产业链中各环节与网红的深入合作将网红营销玩出了新花样，具体表现在：上游包括经纪公司、孵化机构，它们包装打造网红，同时带动美容化妆、摄影、文案编辑等多个环节；中游则包括微博、微信等社交平台，以及斗鱼、虎牙、56 等各种视频直播平台，为网红传播推波助澜；下游则是电商、广告等变现渠道。网红拥有粉丝、自带流量、是意见领袖等属性让网红营销成效显著。以目前淘宝女装店为例，销售前十的店铺超过一半是基于网红的店铺。

那么，就让我们一起走入这“无所不能”的网络时代，共同分析互联网环境，了解互联网对市场营销以及企业颠覆性的影响，掌握作为一个网络时代营销者必备的技能：网络营销。

资料来源：1. 罗辑思维抛弃 Papi 酱告诉我们哪些道理 ?.（2016-11-28）. http://www. cb. com. cn/index. php?m=content&c=index&a=show&catid=73192&id=1172864&all.

2. 南七道 . Papi 酱不行了？那你就太低估网红了 .（2016-11-29）. 艾瑞网 . http://news. iresearch. cn/content/2016/11/265614.shtml.

3. Papi 酱被“分手”为啥是知识 + 网红的里程碑 ?.（2016-11-24）. 艾瑞网 . http://news. iresearch. cn/content/2016/11/265502. shtml.

4. 互动百科 . http://www. baike. com/wiki/ 网红 .

5. 范晓 . 网红“变现”惹争议：Papi 酱真值 3 亿 ?.（2016-03-22）. 艾瑞网 . http://news. iresearch. cn/content/2016/03/259451. shtml.

第 1 节　互联网的特点与性质

一　认识互联网

（一）互联网的基本含义

从技术层面上看，所谓**互联网**（internet）就是将互相连接的网络整合在一起构成的全球网络。在这个网络中，许多计算机都存有文件，只要是一台联网计算机，就可以获取这些文件。网络中的每一台计算机、手机或者其他联网设备，都可以通过互联网发送或接收数据。这些数据通过电话线、光缆、卫星等设施从发送者传递到接收者。

在这个传递过程中，互联网在技术上扮演着三重角色：

（1）信息的提供者。互联网可以创造信息，这些信息保存在网络计算机里，方便读取。如之前热播的网络剧《太子妃升职记》，近期非常火的《火星情报局》《世界青年说》等，都是通过互联网进行保存和传播的。

（2）信息的使用者。联网计算机通过互联网读取其他计算机上的信息，发送电子邮件或者其他数据。如通过联网阅读微博上的评论等。

（3）创造、传递、读取信息的基本设施，主要是计算机的硬件和软件。

每一台计算机既可以是信息的使用者，也可以是信息的提供者，在不同的时间扮演不同的角色。三种不同的使用形式组成了互联网，分别是内联网、外联网和公共互联网。

（1）内联网（intranet）：指在一家企业内部运行的网络，该网络也使用互联网的各种标准，如浏览器等。内联网就像是一个小型互联网，只是在企业内部运行而已。

（2）外联网（extranet）：指两个或者多个网络连接在一起共享信息。如果两家企业将内联网连接在一起，就形成了一个外联网。外界对这种网络的信息读取是有限的。

（3）公共互联网（public internet）：指一个全球网络，任何人都可以随时随地在网络上读取信息。

小贴士4-1　从万维网到电子业务、电子商务、语义网、第四媒体

（二）从 Web 1.0 到 Web 3.0

互联网技术自兴起发展至今，国内外对于互联网发展阶段的定义有很多，主流的说法是将其划分成 Web 1.0、Web 2.0、Web 3.0 等不同阶段。三个阶段的区别如下。

1. 在表现方面

Web 1.0 阶段，人们只能被动接收网络信息，Web 1.0 技术将人和计算机网络联系在一起，帮助用户接收信息。Web 2.0 阶段，用户通过发布信息参与到网站建设中，Web 2.0 技术在第一代技术的基础上把人与人联系在一个社交网络中，方便用户创造内容、分享信息。以社交网络为基础的社交媒体得到了大发展，这种区别于传统媒体的“新媒体”对网络用户的吸引力远远大于传统媒体。值得一提的是，当代涌现出一大批优秀的自媒体，如罗辑思维等，一时间百家争鸣、百花齐放。Web 3.0 阶段表现为高度智能化、人性

化和个人化，用户的参与度和影响力逐渐增强，此时的网络成为用户需求的理解者和提供者，可以理解为“科技即个人”。随着语义网、大数据、云计算、3D 打印、可穿戴智能设备、AR、VR 等技术的进一步成熟，Web 3.0 网络将完全掌握用户的全部需求。试想如下场景：您早上伴着智能音箱根据您的睡眠状况播放的柔和音乐醒来，此时窗帘自动徐徐拉开，一缕阳光洒入室内，智能厨具早已准备好您最喜欢的早餐，咖啡也加入最适合您的牛奶和糖。您今天准备去附近的城市旅行，刚走出家门，网络软件代理叫好的车已经在楼下等着。一到达目的地，您的智能设备就自动匹配了最佳住宿地点及游玩攻略。一天结束，洗完温度刚刚好的热水澡，您沉沉睡去。

小贴士 4-2　Pokemon Go 与 AR 营销

在 Web 3.0 技术的基础上，增强现实（augmented reality, AR）以及虚拟现实（virtual reality, VR）等数字技术也得到快速发展。AR 能够将虚拟信息融合到现实情境中，如图片、物体等，极大地丰富了现实世界。随着技术的发展，添加到现实世界中的虚拟物品越来越真实，使得人们可以在现实世界中通过设备来感知虚拟的物体，谷歌眼镜是具体例证之一。人们利用计算机技术创造一个虚拟空间，并使用虚拟现实电子设备沉浸在虚拟世界中，目前虚拟现实技术通过 VR 眼镜、VR 头盔等设备在游戏娱乐、模拟训练、规划设计等领域有了诸多应用。二者的本质都是建立人与机器的连接，却遵循了两条完全不同的科技发展道路，分别为人类和机器连接增加了可能。

任天堂游戏公司出品的 Pokemon Go 是基于 AR 技术的宠物养成对战游戏，玩家可以通过智能手机在现实世界里发现宠物小精灵，进行抓捕和战斗。玩家可收集超过 100 种精灵。该游戏具有非常高的可玩性，2016 年一经推出就风靡全球。Pokemon Go 推出一个月之后，就以 2 亿美元收入成为史上最赚钱的游戏，任天堂公司的股价也随之大涨。

里约奥运会开幕时，腾讯在 QQ 上开发了一个 AR 玩法的火炬传递小游戏，游戏中参与传递的火炬手超过 1 亿人，是唯一一个可以媲美 Pokemon Go 的现象级事件。2016 年 9 月 23 日，京东和“照见”APP 合力推出“百所校园，enjoy 夜跑”活动，通过基于 AR 技术的签到模式，吸引同学们积极参与夜跑锻炼身体。

AR 技术使用灵活，便于分享、推广、展示，这非常符合营销人的胃口，这个特性决定了 AR 在营销方面的效果远胜于娱乐。其实，应用 AR 技术的营销并不是什么新鲜事，除了游戏之外，智能手机、汽车、家居、餐饮等行业近年来都使用过。例如，宜家家居推出的家居指南除了纸质版还有 APP 可供下载，用户可以将所选家居虚拟摆放在家中，在做出购买决定前实际感受一下。

资料来源：光速追猎者 . 与游戏相比，AR 也许更适合营销 .（2016–10–19）. 艾瑞网 . http://news.iresearch.cn/content/2016/10/264589.shtml.

2. 在特征方面

Web 1.0 的特征概括为“编辑发布、即时传播”。具有 Web 1.0 时代特征的企业、媒体、用户都聚集到万维网上，这使得它的发展速度远远超过广播、电视以及其他传统媒体。Web 2.0 的特征概括为“双向互动、主体互嵌”，即人与人、人与网络之间都有互动，网络逐渐融入人的生活，此时人人都是内容制造者。Web 3.0 的特征概括为“开放包容、智能便捷”。互联网提供了多种全新的分享模式，尤其是 Web 2.0 时代信息开始交互流动，每个人既是信息的接收者又是信息的发布者，这让个人与个人、点对点的分享成为可能。以上演进过程具体体现在表 4–1 中。

表 4–1　Web 1.0、Web 2.0 与 Web 3.0 的比较

角度	Web 1.0	Web 2.0	Web 3.0
主体	网站与用户	用户与用户	网站与网站
传播方向	单向的、静态的	交互的、分享的	及时的、移动的
交互程度	网站与用户缺乏交互	实现用户与用户的交流	搭建信息与信息之间的桥梁
用户自主性	单向，用户自主性低	双向，用户自主性较高	多向，用户高度自主
信息生成	受众被动接收信息	用户主动参与	人人参与
内容生成	拥有内容	分享内容	聚合内容
特点	信息共享	信息共建	知识传承
要素	内容传播与信息检索	个体创造与群体协作	情境感知与智慧控制
表现	网络产生汇聚信息	信息开始交互流动	信息主动找到人
总结	少数人提供内容给多数人看	多数人提供内容给多数人看	能看的东西提供给想看的人看

资料来源：胡海波（2014）.

二　互联网的特点

“在互联网上没有人知道你是一条狗”，原本是美国《纽约客》杂志刊登的一幅由彼得·施泰纳（Peter Steiner）创作的漫画的标题（见图 4–2）。这是人们根据互联网的特性，针对互联网的虚拟性、隐蔽性所作的颇有几分夸张的描述，现在它已经变成一句流行语。

除了虚拟性、隐蔽性，互联网还呈现出数字化、多媒体性、高效性、交互性、开放性的特点。

（1）数字化。互联网应用的是数字技术，又称信息技术，具体指计算机技术和网络技术，因为它们为数字信息（也就是用 0 和 1 组成的信息）的存储和传递创造了条件。

（2）多媒体性。网络媒体有能力在技术上实现多媒体传播，因此我们接收的信息是文字、动画、影音等的集合，这是报纸、广播、电视等传统大众传媒无法比拟的。

（3）高效性。“高效”体现为即时反应、海量信息、全球互联、信息精准。互联网使得全球形成一个网络地球村，网络信息无与伦比的传输速度辅以大数据、云计算等信息挖掘、匹配技术，让点对点的信息传播成为可能。百度、谷歌等专业搜索引擎及一些网站自有的检索工具，使网上查找信息变得十分便捷，我们可以通过拷贝粘贴、下载、收藏、

图 4–2　“在互联网上没有人知道你是一条狗”

资料来源：https://zhidao.baidu.com/question/151109060036613I020.html.

打印网页等方式复制、存储所需资料。

（4）交互性。交互性又称互动性，包含一对一、一对多、多对一、多对多等传播方式，Web 3.0 时代，互联网的交互性被进一步放大。

（5）开放性。人类在认知上的原始本能导致个人会根据他人的行为和看法来做出决定，也就是社会认同法则。互联网从技术层面降低了认同形成的时间和传播成本、扩大了认同覆盖的范围，从而形成规模效应。Web 2.0 时代开始有了信息交互，每个人既是信息接收者又是信息发布者的特质提高了互联网的开放性。

小贴士4-3　袁姗姗与网络暴力

三　互联网的性质

为什么互联网技术能够代表人类技术进步的“第四次浪潮”，给世界经济、社会带来革命性的变化，并在我国上升到“互联网 +”的国家战略层面？这都是由互联网的性质决定的，互联网的性质直接体现在网络时代各行业之中，尤其是在营销领域。

（一）连通性

当代营销业务基本通过网络的数据信息传递来实现。局域网把一个组织的人联系起来，广域网把企业和供应商、分销商、顾客联系起来，把顾客连通到一个世界范围的大型“信息源”，这是一种超越空间和时间的连通。

（二）去中介化

许多以传统商店为基础的营销商的桥梁作用被新兴网络公司所弱化，典型的如书店、音像店、旅行社、房屋中介和汽车销售商等。企业与顾客、顾客与顾客之间都可以直接进行营销。网络公司并没有承担传统中介的作用，而是搭建平台。

随着互联网的高速发展，传统领域各行业也纷纷触网，开始探索互联网时代的发展新模式。2015 年两会上，李克强总理在政府工作报告中提出“互联网 +”行动计划，“互联网 +”可谓大势所趋，成为各行业发展新常态。从打车软件的出现带来的对出租车公司的去中介化，上门家政服务对家政公司的去中介化，到如今房地产交易甚至买卖二手车市场等都开始去中介化，互联网对传统行业去中介化的步伐越来越快，从点到面逐一显现。

出租车行业无疑是最早的去中介化试验田，滴滴、优步等打车软件的相继出现给传统出租车公司带来巨大冲击和颠覆（见图 4-3）。58 同城的 58 到家、e 家洁等家政软件也随着市场需求应运而生，

图 4-3　滴滴出行

资料来源：http://www.xiaojukeji.com/index/index.

传统市场中的“保姆荒”问题随之解决。去中介化的市场前景似乎被各行业从业者看好，这种模式在各领域如火如荼地展开。房地产交易这块大市场自然不会被忽视，安居客、搜房网等软件不断涌现，眼下连二手车等二手买卖都已开启去中介化模式，如瓜子二手车网等。

各行各业都在加速与互联网衔接，纷纷采用互联网新模式，互联网去中介化在当下如此火热是因为它具有以下优势：

（1）平台化节省交易成本。互联网平台去中介化性质带来的最直接的优势就是去除了中间环节，供需双方直接对接，节约了时间、人力、物力等多方面的交易成本，直接惠及交易双方。

（2）大数据为行业提供支持。互联网最大的特点就是数据化，“互联网 +”不仅是将互联网应用于传统行业，更是将无所不在的计算、数据反馈给行业本身，促进行业创新。当互联网去中介化广泛应用于某个领域时，便可以通过该互联网平台的大数据监测行业发展走向，为行业发展提供客观参考。

（3）透明化助行业转型升级。由于互联网去中介化缩短了交易链条，避免了过多的人为参与，交易过程会清晰记录在互联网上，可随时审核查看，这在一定程度上保证了交易的透明度，有助于行业整体水平的提升。

（三）去中心化

移动互联与社交网络以“人的行为为核心”的信息组织方式，赋予顾客或用户前所未有的力量和权柄。这并不是说单个顾客是强大的，而是说顾客结成的网络是强大的。分散的顾客因快速、实时、紧密、无处不在的网络连接而成为一个强大的整体，他们还能够不断与供应商、经销商、其他社会组织结成网络，使原来居于中心地位的企业或政府等组织不再成为中心，甚至成为相对弱势的一方。世界变平了，变成一个纵横交错的网络。基于互联网的“顾客网络”不再是“乌合之众”，他们拥有的市场权利与权力日益增强。但这并不是说互联网的去中心化特征使网络传播失去了中心，而是每个人都变成中心，在现实中表现为去中心化与中心化共存，即信息表达的去中心化与网络传播的中心化同时存在。

互联网的系统结构是互联网去中心化特征的根源所在。英国学者安德鲁·查德威克在其专著《互联网政治学：国家、公民与新传播技术》中分析解读了 TCP/IP 协议与互联网技术的基本价值观，包括四项内容：其一，每个不同的网络必须代表它自己，当它接入互联网时不应该被要求进行任何内部调整。其二，网络传输应该建立在最小努力的基础上，如果数据包不能抵达最终目标，那么这个数据包应从其来源之处迅速被再次传输。其三，以“黑盒子”来连接网络（这些“黑盒子”后来称为网关和路由器），信息流动数据包通过网关时不应该有信息滞留，因此，要使信息数据包简单化，避免复杂匹配，能够复原各种失败信息。其四，在运行方面不应有全球层面的控制。上述四项内容是 TCP/IP 的核心价值观，其中第一项传达的是互联网的无限扩张理念；第二项指出了互联网的活力与灵活性特征；第三、四项预示着互联网在技术层面缺少中心化控制。不可否认的是，互联网的去中心化弱化了权力的话语权，使得人人都具有话语权（表达的权力）。

可是，去中心化特征依然有来自资本垄断的干扰，亦即，当互联网作为一种具有重大经济效益的传播媒介时，资本将蜂拥而至。遵循市场经济规律，资本的强势介入和市场激烈的竞争使得互联网产品开始分化，在同一类产品中，几番竞合之后，绝大多数将处于弱势，只有少数成为霸主，即那些有着先进经营理念和雄厚资金支持的互联网产品。它们从众多相似产品中胜出，积累起公信力，吸聚绝大多数用户，成为一个又一个中心。以国内为例，天涯、猫扑等在论坛和社区中崛起，微信、QQ 在即时通信市场中处于强势，百度在中国搜索引擎市场独大，新浪、网易、搜狐、人民网、新华网等在新闻网站中处于领先地位，新浪、腾讯较早在微博市场投入巨资打造新浪微博、腾讯微博品牌，等等。就国外而言，脸书、推特是很好的例证。

因此，从传播层面而言，互联网的去中心化与中心化同时存在，其关系是辩证统一的。假设中心节点压根儿就不存在，那么信息传播就是无序的，在无序状态下人们将无从选择，从而被淹没在垃圾信息的海洋之中。因此当有重要价值的信息出现时，各网络节点会向意见领袖汇聚，促使其成为新的“中心”。

（四）跨界融合

美国著名经济学家波拉持在 1977 年发表的《信息经济：定义和测量》中，第一次采用四分法把产业部门分为农业、工业、服务业、信息业，并把信息业按其产品或服务是否在市场上直接出售，划分为第一信息部门和第二信息部门。第一信息部门包括现在市场上生产和销售信息机械或信息服务的全部产业，诸如计算机制造、电子通信、印刷、大众传播、广告宣传、会计、教育等。第二信息部门包括公共、官方机构的大部分和私人企业中的管理部门。除此之外，非信息部门的企业在内部生产并由内部消费各种信息服务，也属于第二信息部门。

然而，互联网具有改造甚至颠覆原有产业格局的力量，这体现在互联网的高渗透性功能上。互联网不再仅仅是信息技术，它跨越了技术层面和信息行业，正在与传统产业融合，也促使现有产业之间融合。行业间的界限变得越来越模糊，出现了第一、第二和第三产业相互融合的趋势。可见，随着网络信息技术的飞速发展，信息产业与传统工农业等的融合渗透已然非常广泛，传统的行业划分方式已经不足以概括网络时代的巨大变化。变化之中伴随着新的机遇，它们存在于两个或更多行业的跨界、交叉、融合之中。例如，BAT 三巨头（百度、阿里巴巴、腾讯）、万达、乐视、小米、京东等中国企业无不是通过跨界融合成为营销骄子的。跨界融合的典型方式“互联网 +”几乎涵盖全部传统行业，如互联网 + 农业、互联网 + 制造业、互联网 + 金融、互联网 + 餐饮、互联网 + 旅游、互联网 + 医疗等，关于“互联网 +”的内容将在本章第 4 节详述。

四 互联网时代的营销优势与变革

（一）营销优势

与传统时代的营销者相比，互联网时代对人们的要求越来越高，与此同时，新时代的营销者拥有前辈们不曾享有的优势。

1. 成本控制优势

开展网络营销给企业带来的最直接的竞争优势是成本的下降。第一，借助网络，一方面，企业可以将其服务市场拓展到全球；另一方面，用户可以自由访问企业网站，查询产品信息或直接进行订购。借助自动的网络订货系统，企业还可以自如地组织生产和配送产品，同时提高销售效率，减少对销售人员的需求，从而降低费用。第二，网络具有交互性、多媒体性等特点，可以实现声音、图像和文字信息的实时传递，同时可以直接在信息发布方和接收方之间架设沟通的桥梁。例如，在效果相同的情况下，网络广告的成本要比电视、报纸广告低廉，而且网络广告可以直接转化为交易，吸引消费者直接产生购买行为。

2. 市场覆盖优势

互联网没有时间和空间的限制，它的触角可以延伸到世界的每一个地方。利用互联网开展市场营销活动可以到达过去靠人工销售或者传统销售所不能到达的市场，可以为企业创造更多市场机会。

3. 定制营销优势

网络营销是一种以消费者为导向、精准锁定目标市场、强调个性化的营销方式。许多公司都承认，营销界一直呼吁和宣扬的个性化定制、一对一营销、精准化及精细化营销等理念只有借助互联网技术、数据挖掘技术等的发展才有可能真正实现。如今的消费者面对的可选商品太多，企业唯有提供个性化的产品和服务才可能长久地吸引顾客。

4. 整合传播优势

整合营销是运用系统论和权变论来演绎营销的一种理论，它以消费者为中心，认为营销中各个部门、营销过程及结果具有统一性。在网络营销中，营销者发出的信息具有统一性，营销的过程表现为与顾客进行交互式沟通，营销的最终结果和目标统一于顾客。网络营销不仅整合了营销信息和过程，更重要的是，把顾客整合到营销过程中来，以顾客满意作为营销的目标和价值。

（二）营销变革

互联网的阳光已经照射到市场营销的每一个角落。对市场营销来讲，互联网不是工具、渠道，而是范式、方法论、思维。互联网给市场营销带来的变革是前所未有的。2012年，“整合营销之父”丹·舒尔茨在访问中国的演讲中反复表示，因为互联网的出现，传统的整合营销已经过时，市场规则已经改变。“我们需要建立一个以顾客为主导的、具有交互性的新营销体系。”舒尔茨说，“过去我们总是不停地说服顾客，现在我们需要倾听，要进一步倾听顾客的需求。”传统上，所有的营销模型都会告诉企业，顾客会经历一个漏斗过程：你要吸引他的注意，进而引起他的兴趣，让他产生意向，他会搜索，搜索以后会产生购买，购买以后会产生分享，这是一个单向的过程。但是，互联网环境下顾客的看、挑、查、买、享五个过程中任何两个点之间都会产生连接，而不是单向的，这样，所有的行为就变成一个网状结构。

互联网不只是给市场营销带来互联网广告、电子商务、网络渠道，它在深层次上给营销带来了巨大的变革。

（1）互联网以更加直接、更加多元的方式创建企业与顾客之间的连接。一方面，互联网去中介的性质给中间商、实体店铺带来前所未有的冲击。线上平台、虚拟商店作为一种新兴的中间商，通过网络建立了企业与顾客的直接连接。以天猫商城、京东商城为代表的线上公共平台聚合了企业资源，以整合平台的形式与顾客对接。顾客在此类公共平台上可以实现便捷的关键词检索、条件筛选，平台可以根据顾客产生的数据痕迹推送顾客感兴趣的信息、增加顾客黏性、提高平台知名度，企业则可以省去相应的推广、渠道费用，是为三赢。与此同时，还有诸多企业选择打造自己的网络商店来直接连接消费者，如苏宁、大商、华为等，它们越过中间商，使营销成本大幅降低。

另一方面，市场营销的核心是以更有效的方式发现顾客、吸引顾客，建立企业与顾客之间的连接。这就要求企业及时发现顾客的诉求，通过顾客细分确定营销目标，从顾客数据出发制定整合营销方案。互联网对此提供了多种新的数字化营销工具和策略，例如微信营销、移动营销、场景营销与 LBS（基于位置的服务）等。微信作为我国移动端即时通信应用软件领域的“独角兽”，以其强大的顾客黏性和使用频率成为一个传奇，可以说，微信研发团队的一举一动都被数十亿人关注。微信中公众平台、朋友圈、微店、小程序都成为企业营销的主战场，本章开篇案例提到的罗辑思维就是基于微信公众平台的知识型企业的典型代表。移动营销则是应用移动设备、社交媒体等实现商家与顾客的连接，微信营销其实是移动营销的一部分。在传统营销视角下，消费是物品消费；在场景营销视角下，消费是场景消费。场景消费与物品消费的区别在于：物品消费中消费者看重的是物品的所有权、商品功能和实际效用，而场景消费中消费者看重的除了物质满足更有心理满足和精神满足。换言之，场景消费虽然注重商品的物理属性，但更加注重并利用商品的表现能力和象征意义，通过商品、人、时间、空间等要素的组合勾勒出具有特定含义、特定氛围、特定效应的生活场景。能够利用多媒体手段重塑消费场景的微信推送是场景营销的典型例子。LBS 是通过电信移动运营商的无线电通信网络或外部定位方式获取移动终端用户的位置信息，在地理信息系统平台的支持下，为用户提供相应服务的一种增值业务。

（2）互联网让企业和顾客进行交互而非单向、一厢情愿地推广。企业只有通过和顾客互动交流获得顾客认可，传播产品信息，才能开发出适合的商品和服务并营销出去。互联网凭借其超越时空、及时便捷的连通性、交互性和开放性，成为当今企业最重要的与顾客交流的平台和手段。随着互联网技术的发展，社交媒体又起到至关重要的作用，企业与顾客、顾客与顾客都在社交媒体上进行互动。最初的社交媒体都是以信息通信工具的形式出现的，如 QQ、论坛、博客、微博、微信等；后来，营销者敏锐地认识到，社交媒体能够极大地提高信息传播的广度和深度，并且成本很低，于是将其用于营销信息传播，从而形成了社交媒体营销。在智能手机普及和移动互联迅猛发展的推动下，社交媒体营销成为当今企业开展市场营销的“必杀器”。

（3）互联网的发展使得精准营销、定制化营销成为大趋势。精准营销就是在准确定位的基础上，依托现代信息技术手段建立个性化的顾客沟通服务体系；定制化营销则是指企业将每一位顾客都视为一个单独的细分市场，根据个人的特定需求来制定市场营销组合，以满足每一位顾客的特定需求。互联网时代，大数据以及虚拟社区的发展使得这两种营销成为大趋势。

一方面，互联网产生海量的数据，大数据挖掘技术的发展催生了大数据营销。大数据营销平台用科学的算法取代企业经验式营销倾向，用机器代替传统公司中占用大量人力和成本的事务，帮助企业减少市场调研、分析等环节的人力成本，将更多的精力用在生成创意、提供更优质的服务和体验上。用大数据可以还原顾客的生活，为原有的样本研究带来新的思考角度和挖掘深度。那些经常被顾客遗忘的、忽略的，甚至无法提及的，在大数据研究时代可以被还原。因而通过对潜在顾客的消费行为进行大数据分析，能够更准确地找到目标市场并开展营销和促销活动，从而提高营销效率、降低营销成本。

小贴士4-4　互联网+营销：燕格格目标人群重定向

另一方面，虚拟社区的发展催生了部落营销

和社群营销。在一个成熟的虚拟社区中，成员间彼此信守同样的价值观，分享、协作是虚拟社区不断发展的基础。例如小米社区聚集了一批“科技发烧友”，小米的口号也一度是“为发烧而生”；罗辑思维则聚集了一批信奉互联网思维、社群经济的人。企业与虚拟社区的结合则促使消费者以生产者的身份参与到企业产品设计、生产环节中，逆转了传统市场营销先产品、再营销的程序，变成先聚集有相同需要的人，然后定制设计产品，再生产这一过程。

第 2 节 网络经济与网络营销

互联网产生的经济效应形成网络经济，也称为互联网经济。互联网产生的营销效应是网络经济效应的一种，即网络营销。要对互联网的变革力量有全面的认识，就需要理解网络经济与网络营销。

一 网络经济

网络经济（network economy）是建立在互联网基础之上、以现代信息技术为核心的新经济形态。从经济社会层面看，网络经济通过网络开展经济活动，有别于游牧经济、农业经济、工业经济的信息经济、知识经济和数字经济。其中，信息网络是全新的生产力，此处的网络包括物质型网络和信息型网络两种。网络经济体现的是在信息网络上的生产、分配、交换和消费的经济关系。网络经济符合梅特卡夫法则（the Metcalf rule），即网络的价值随着用户数量的平方数增加而增加，随着优质网络节点的加入，信息资源的特性打破了传统工业经济中边际效应递减法则，呈现出递增的规律，这种递增还会随着网络规模的扩大而扩大。

在网络经济下，产品、需求、企业、生产与消费等要素与经济活动都产生了重大的变化，理解这些变化对企业营销有着长远的指导意义。下面将对这些变化进行分析。

（一）网络经济下的产品、需求与企业

1. 网络经济下产品的含义、分类与本质

网络经济下的产品泛指处于网络经济环境之中所有可能成为商品的经济物品。依据一般的习惯，我们将从事计算机网络以及相关产品生产与销售的企业称为网络企业，相关的行业称为网络产业，相应地，这些行业的产品就称作网络产品，网络经济下的产品包括但不限于网络产品。

网络经济可以划分为四个层次：互联网基础层、可数字化平台性产品、可数字化产品、传统实物产品。

第一，互联网基础层是指互联网的基础设施建设和联网接入服务。提供此种服务的厂商一般称作 ISP（internet service provider）。提供这类产品必须有庞大的资金投入和技术组织能力。由于互联网基础层是支撑网络经济的关键基础，所以这一层次具有明显的外部性，甚至关系到国家安全，因此在很多国家受到政府的严格管制。

第二，可数字化平台性产品是指诸如操作系统、应用软件和各种开发工具之类的产

品。这类产品并不是消费者的最终需求，只是为最终需求的满足构建一个平台。如在计算机上安装一个文字识别软件后，就可以在计算机上直接利用手写输入装置输入汉字，这个文字识别软件就是平台性产品。

第三，一本书、一段录像节目、一条市场信息都是可数字化产品。许多这类产品是从传统媒介转移过来的，具有个性化和多样化的特征。现在该类产品已经成为重要的经济产品，在国民经济中所占比例越来越大。

第四，网络经济对传统实物产品的最大作用是降低其交易成本，实物经济依然是国民经济的主体，不过网络已经使其发生了很多变化，从生产到消费都会更加依赖网络。

网络经济下产品的本质体现在以下三个方面：第一，网络提高了生产和贸易的效率，降低了成本，但是不会改变经济物品的稀缺性。第二，网络经济中不同层次的产品具有不同的技术特性、成本形态，但是它们的经济本质没有区别。第三，网络经济下产品的均衡价格还是通过市场供求关系形成的。

2. 网络经济下的需求趋势

趋势一：服务变得越来越重要。一方面，物质产品所附带的服务更加丰富；另一方面，服务性产品在经济中占有的比例越来越大。消费者对服务的需要是本源性的，但是由于在传统经济条件下，提供服务将耗费众多的人力和物力，这种需要便受到制约而不能成为一种市场需求。随着技术的进步、服务成本的不断降低，网络为厂商以较低的价格向消费者提供服务创造了条件。

趋势二：需求日益个性化。网络经济是个性经济，这表现在两个方面：首先，网络经济下市场划分更加细致，由于网络聚集了分散的需求，加之敏捷制造技术的采用，个性化产品的规模生产成为可能；其次，由于具备了成本低廉的信息沟通手段，服务行为可以更加个性化，为不同的人群提供不同的服务。

3. 网络经济下的企业变化

在工业经济时代，企业的组织方式主要受管理模式的影响，通过提高管理效率进而促进生产效率的提高是确定企业组织方式的前提。而在网络时代，企业的商业模式是决定企业组织方式的主要依据。随着互联网通信技术、人工智能技术的迅猛发展，企业部门之间、企业与顾客之间、管理者与员工之间的沟通变得越来越便捷及时，管理的幅度、深度都在增加。因而如何获得顾客、取得盈利与可持续发展，比如何管理员工、进行生产和经营更为重要。企业关注的重心从内部开始转向外部。

在此背景下，企业组织和企业管理出现企业流程再造、业务外包或众包、学习型组织、企业组织扁平化、企业轻型化、企业网络、虚拟企业、战略联盟、互联网平台企业、顾客参与创新和价值共创、企业内员工创客化等诸多新的发展趋势和特征。面对复杂多变的市场，企业要参与竞争并不被淘汰，必须不断地通过组织学习、实施组织变革来适应当前的互联网时代。

（二）网络经济下的大众生产

大众生产（peer production）是网络经济下独特的生产方式，是信息技术环境下在知识产品的生产领域中出现的一种新型组织模式，美国学者班克勒（Benkler）将其定义为“分散在世界各地的众多参与者利用互联网共同提供、分享知识产品的生产模式”。大众生产的兴起正在重塑经济生产主体与生产方式、企业创新模式与组织模式。在没有经济激励、正式组织的情况下，大众生产可以高效地创造出维基百科、百度百科等复杂的知识产品。

开源软件（open source software）、维基百科、百度百科等都是在大众生产模式下高效产出的知识产品。开源软件是以免费开放源代码、大众协作编程的形式开发的软件。目前开源软件覆盖了操作系统、网络通信、安全、办公和数据库等几乎所有软件类型。计算机开源软件也促进了智能手机操作系统和软件的发展与开源。**维基**（wiki）是一种可以在网络上实现多人协同创作的超文本系统。维基百科是用户自己创建、编辑和发布词条的百科全书，经过十年的发展，它已成为世界上最大的维基网站，其发展速度远远超过由专家撰写的《不列颠百科全书》。维基百科带动了国内百度百科等的发展。传统行业中的许多企业也在利用大众生产模式。宝洁、戴尔、星巴克等公司都开设了专门的网站来邀请消费者和其他外部人员为公司提供产品创新思路和设计。海尔公司开设了“海尔创意工场”网站来吸收用户的创意。第三方平台如猪八戒、Innocentive 等采取企业发布“悬赏任务”的形式邀请用户提供创意（见图 4–4 和图 4–5）。这种策略称为**众包**（crowdsourcing）。

图 4–4　猪八戒网站

资料来源：http://www.zbj.com/?pmcode=19310698&utm_source=bdpz&utm_medium=SEM.

图 4–5　Innocentive 网站

资料来源：https://www.innocentive.com.

（三）网络经济下的协同消费

协同消费（collaborative consumption）是网络经济下独特的消费方式，同义于**分享经济**（sharing economy），最早由费尔森（Felson）和斯佩思（Spaeth）在 1978 年提出，指个人或多人与他人一起参加活动，一起消费产品或服务的过程。在人类活动中，经济活动与社会关系密不可分，社会关系嵌入经济活动中，通过影响经济交换来影响经济活动。协同消费作为该交互影响过程中的代表行为，要求社会关系的参与者积极协作。贝尔克（Belk）在 2014 年认为这个定义太过宽泛，指出只有当人们付出一定报酬来获得对应资源时，才称为协同消费。在传统的概念嵌入网络社会之后，Web 2.0 时代下的协同消费被定义为通过网络社区，以个人对个人的方式，采用租赁、交换等形式获取、给予或共享产品和服务使用权的过程。贝尔克将上述过程称为“伪分享”（pseudo-sharing），它在本质上是逐利的，有长短期租赁、在线信息分享、在线物物交换等多种形式。“基于使用的消费”（access-based consumption），指消费者更倾向于通过支付费用来使用或体验产品和服务，而不是真正拥有它。

分享经济是在网络时代背景下产生的一种经济现象，表现为通过互联网技术手段重新分配、利用或分享产品、服务的闲置部分，让个人、企业、非营利组织、政府等多方参与到分享、分配过程中，达到最大化利用资源这一目的。分享经济根据所有权的不同分为两类：第一类是“使用而非拥有型”（access over ownership），主要表现为租赁，即产品和服务的拥有者为消费者提供限时的产品和服务的使用权，这也是目前分享经济的主要表现形式。第二类是“转移所有权型”（transfer of ownership），主要表现为交换、捐赠和二手物品交易等。基于此，分享经济的定义为：借助网络平台，个人或组织间基于使用权充分让渡从而最大化利用产品和服务闲置部分的一种经济现象，在应用上可以分为物品分享、服务分享和资金分享三类。

1. 物品分享

物品是指集中在拥有者手中的闲置品或未充分利用品。物品分享在实践中有多种类型，如以 58 同城、赶集网为代表的二手市场平台，以舍得网为代表的物物交换网站，以 Airbnb、小猪短租为代表的房屋在线短租平台，以滴滴打车、优步为代表的私家车出租平台，以及其他各类实物交换、交易活动（见图 4-6 和图 4-7）。

图 4-6　小猪短租网站

资料来源：http://www.xiaozhu.com.

2. 服务分享

服务分享在实践中包括基于 P2P 模式的技能交换平台，以维基百科、百度百科、知乎为代表的以共享知识为目的的开源网站，以威客网为代表的分享时间、智慧的企业众包，以技能交换网、技能银行为代表的技能交换，以 Opentable 为代表的美食分享等（见图 4-8 和图 4-9）。

图 4-7　Airbnb 网站

资料来源：https://zh.airbnb.com/?af=43896654&c=baidu_brd_brandzone_demand_title_p1&src=Baidu&medium= PPC&ag_kwid=2299-36-57701246c0b98773.6a0cc0f87b49337e.

3. 资金分享

资金分享主要包括 P2P 网贷与众筹。

P2P 网贷即民间借贷的网络化，网络平台将出借方与借贷方点对点匹配，采取小额打散、多向匹配的原则，保障借贷双方权益，平台仅收取手续费。目前银监会牵头发起了对 P2P 网贷平台的管理，一系列监管文件被制定并实施，监管主要集中在提高门槛、设置资金托管、去担保等方面。美国“借贷人俱乐部”（Lending Club）的成功上市以及国内诸如宜人贷、陆金所（见图 4-10）、积木盒子

图 4-8　威客中国网站

资料来源：http://www.vikecn.com.

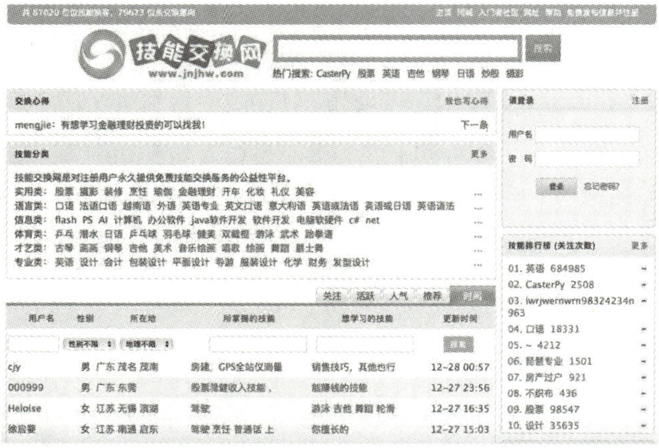

图 4-9 技能交换网网站

资料来源：http://www.jnjhw.com.

图 4-10 陆金所网站

资料来源：https://www.lu.com/?marketFeedbackCode=eyJ1cmxUaWQiOiItNzc5MCIsInVybFNvdXJjZSI6IjE4MzgyIn0.

图 4-11 众筹网网站

资料来源：http://www.zhongchou.com.

等平台的不断尝试让该行业的发展走上正轨，并在 2015 年迎来井喷。

众筹（crowdfunding）即大众筹资，是一种社会大众通过互联网对企业或个人发起的项目进行小额投资的新兴商业模式，由融资者、投资者和平台构成。众筹起源于美国，在互联网通信技术的推动下，逐渐成为一种适合中小企业和创业者的融资模式。众筹对我国互联网金融创新以及投融资模式创新有重要意义。众筹模式在我国发展很快，涵盖公益、农业、娱乐、出版、艺术等领域。除了众筹网（见图 4-11）等专门的众筹平台之外，淘宝、小米也先后发布了自己的众筹板块。

二 网络营销

（一）网络营销的概念

网络营销是随着计算机通信技术的发展，尤其是互联网的发展而发展起来的。互联网技术的发展给企业和社会带来革命性的影响。产品制造商、批发商、零售商、消费者、银行、服务部门、进出口商及政府管理部门进入互联网虚拟空间后，形成了一个名副其实的虚拟市场。此外，消费者的消费主动性增强，不再是被动地等待推销，而是主动地通过各种可能的途径获取与商品有关的信息并进行比较分析。个性化消费逐渐成为消费的主流，消费者希望以个人心理愿望为基础，购买个性化的产品及服务，甚至要求企业提供个性化的定制服务。因此，互联网技术的发展、虚拟市场的形成以及消费者需求观念的改变是网络营销产生的重要原因。

网络营销（internet marketing）在国外有许多名称，如 cyber marketing，network marketing，e-marketing 等。不同的学者对网络营销有不同的理解，有些人把网络营销等同于网上销售，有些人认为网络营销是在网上发布供求信息、向潜在顾客发送电子邮件等。这些只是反映了网络营销的某个方面，而不是网络营销的全部。网络营销是数字化营销的具体表现形式。所谓**数字化营销**（digital marketing），是指借助互联网、通信技术和数字交互式媒体来实现营销目标的一种营销方式。数字化营销，尤其是网络营销，首先是企业选择网站、视频、电子书等做广告，这使得企业广告策略选择变得多样化和数字化；其次，电子商务改变了传统的分销策略，虚拟网上直销取代了中间商，物流变得更迅速、更经济；最后，互联网将企业营销变为无国界的国际市场营销，国际市场营销更为便利。

所谓网络营销，是指利用信息技术去创造、宣传、传递客户价值，并对客户关系进行管理，目的是为企业和各种利益相关者创造收益。简单地说，网络营销就是将信息技术应用到传统的营销活动中。从营销的角度出发，网络营销的定义如下：网络营销是以互联网技术为依托，通过对思想、产品和服务的构思、定价、促销和分销的计划和执行过程，实现个人和组织的目标交换。网络营销既包括网上直接面向消费者的零售，也包括企业之间的供应链管理，一般以前者为主，但后者也非常重要。

网络营销对传统营销有两个方面的影响。第一，它提高了传统营销工作的效率；第二，网络营销技术代表了营销战略。正是由于这些变化，企业开发出全新的经营模式，增加了客户价值，也提高了企业的盈利能力。

（二）网络营销的特点

1. 网络营销的本质

第一，网络营销以互联网技术为依托。与传统营销相比，网络营销是基于互联网的，它采用了许多传统营销方式中所没有的技术手段，比如电子邮件营销、邮件列表、群发软件等。通过互联网突破时间和空间的限制进行信息交换，企业能用更多的时间在更大的空间进行营销，以达到尽可能多地占有市场份额的目的。互联网本身的技术特点和网络特性决定了网络营销具有广域性、实时性和互动性的特点。

第二，网络营销是传统营销的继承和发展。网络营销仍属于市场营销的范畴，是建立在传统营销理论基础之上的。传统营销理论中的 4P 理论和 4C 理论都适用于网络营销，从这一点来看，网络营销是传统营销的继承。但是，网络营销也有自己的特点，并超越了传统的 4P 理论和 4C 理论，顾客可以参与产品设计，企业可以根据产品对用户的价值灵活定价。它创造了以信息技术为基础的新型直接渠道模式，并从传统的推式促销转向与顾客互动沟通。可以说，网络营销的许多特点和优势逐渐成为传统营销的发展方向。

第三，网络营销意味着企业经营模式的转变。企业开展网络营销，在企业的组织结构设置、人员配备、职能分布、业务流程及经营机制等方面都必须转变。例如，企业不再需要店铺和一大批营业员，它只需要一个机房、几台服务器和少数营销人员及网站维护人员；网站不需要商店装潢和货架摆放，只需要调整网页界面来满足用户的需要。

第四，网络营销不仅仅是网上销售。正如营销不仅仅是销售一样，网络营销不仅仅是到网上卖东西，也不仅仅是将传统的营销手段应用到网络中去，而是在互联网的特点和性质的影响下（如本章第 1 节所述），利用互联网思维和互联网数字技术重塑营销战略和营销策略。

2. 网络营销的理念

第一，网络营销者必须正视消费者的长期价值。这种新观念建立在两个经济学论据基础之上：其一，维持一个老顾客的费用远远低于争取一个新顾客的费用。其二，信息服务业是网络经济时代价值增值的核心产业。企业与顾客的关系越持久，这种关系越能给企业创造价值。另外，由于网络营销是个性化的营销方式，而且往往是点对点销售，这为企业与顾客建立长期伙伴关系、企业了解顾客的长期价值提供了可能。

第二，网络营销是一种整合营销。代表传统营销管理的营销策略是4P（Product，Price，Place，Promotion）组合，这一组合的经济学基础是厂商理论，即企业利润最大化，实际的决策过程是市场调研—营销战略—营销策略—反向营销控制这样一个单向链，没有把顾客整合到整个营销决策过程中去，其实质是将厂商利润凌驾于满足顾客需求之上。营销学理论的最新发展是，以舒尔茨教授为首的一批营销学者从顾客的需求出发，提出了所谓的4C组合：Customer（顾客的需求与期望），Cost（顾客的费用），Convenience（顾客购买的方便性）和Communication（顾客与企业的沟通）。而菲利普·科特勒认为4P与4C有着一一对应的关系，即Product—Customer，Price—Cost，Place—Convenience，Promotion—Communication。网络营销的整合模式是通过企业和顾客的不断交互，清楚地了解顾客的个性化需求，然后做出相应的使企业利润最大化的4P决策。在这一整合营销策略过程中，4C和4P不是相互替代的关系，企业最终的操作还是4P，只是整合营销模式下的4P包含了4C的信息。互联网使得这种交互成为可能。

第三，网络营销是一种软营销。在网络经济环境下，顾客不再像在传统营销方式下那样被动地接受强势广告的信息，对于那些不遵循网络礼仪的不请自到的信息非常反感。与强势营销不同，软营销的主动方是顾客，个性化消费需求的回归使顾客在心理上要求自己成为主动方，而互联网的互动性、实时性和无居间性使其实现主动方地位成为可能。顾客会在某种个性化需求的驱动下，自己到网上寻找相关信息。从这一点出发，企业不能再把顾客看作可替代的商品，而应该和顾客建立起长期合作伙伴关系，即所谓的伙伴营销方式。企业应重视顾客的长期价值，以适应软营销方式的要求。

第四，网络营销是一种直复营销。在网络经济环境下，产业调整使得产业结构进一步分化和融合，传统营销方式下的大营销不再适应网络营销的要求，取而代之的是以顾客为核心、以互联网为手段的直复营销。具体形式包括电子邮件营销、视频营销、微信营销、社交媒体营销等。在这种直复营销方式下，企业和消费者可以直接交流，不再通过第三方。这使市场调查和顾客反馈变得较为容易，企业可以及时对营销效果进行评价，改进以往的营销策略，以获得更满意的结果。

小贴士 4-5 美剧《纸牌屋》是大数据时代的骗局还是一次绝妙的网络营销？

在美国的电视剧行业，没有什么是确定的。在任何一门生意中，能够预见未来都是可怕的，Netflix在《纸牌屋》一战中可能已经接近这个水准。作为世界上最大的在线影片租赁服务商，Netflix比所有人都清楚大家喜欢看什么电影和电视剧。Netflix在美国有2 700万订阅用户，在全世界则有3 300万用户。每天用户在Netflix上产生3 000万多个行为，比如暂停、回放或者快进都会产生一个行为。Netflix的订阅用户每天还会给出400万个评分，提出300万次搜索请求——询问剧集播放时间等。

《纸牌屋》的成功得益于Netflix海量的用户数据积累和分析，大数据挖掘和分析能告诉你观众以前喜欢什么，以作为对未来预测的依据。通过海量数据分析，Netflix知道用户很喜欢芬彻（Fincher）(《社交网络》《七宗罪》的导演)，也知道斯派西（Spacey）主演的片子表现都不错，还知道英剧《纸牌屋》很受欢迎，三者的交集表明值得在这件事上赌一把，美剧《纸牌屋》由此诞生。Netflix 花 1 亿美元买下版权，请来芬彻和老戏骨斯派西，首次进军原创剧集就一炮而红。《纸牌屋》在美国及 40 多个国家成为最热门的在线连续剧。

当然，美剧《纸牌屋》的成功也有另外一种说法，那就是以“大数据”这个概念为噱头的一次营销。但无论如何，Netflix 利用大数据造剧开创了大数据在电视剧制作方面的先河，这个概念一经发布就在行业内部引起了轰动，经过媒体不断传播，不失为一次成功的营销。

数据挖掘越来越多地渗透到生活的方方面面，从奥巴马竞选团队利用数据分析筹款，到内特・西尔弗（Nate Silver）成功预测 2012 年 50 个州的选举结果，最近微软研究院称其成功预测了大部分奥斯卡奖项。在不久的将来，通过大数据挖掘获得的结果也许比一个行业老手的直觉判断更准确，那会是一个什么样的时代呢？

资料来源：黑太一 .Netflix 是如何用大数据捧火《纸牌屋》的 .（2013-02-26）.http://36kr.com/p/201569.html.

（三）网络营销的类型

网络营销泛指以互联网为平台，使用数字化技术和网络媒体来实现营销目标的一切过程，因此网络营销涵盖的范围非常广。根据不同的角度，网络营销可分为多种类型。

一是根据网络营销主体与客体的角色不同，分为 B2C，B2B，C2C，C2B 四种形式。前两种最普遍，天猫、天狗（大商集团网上商城）、京东、亚马逊等都是 B2C，很多零售商都有自己的 B2C 平台，形成 O2O 网络营销模式。中国化工网、中钢网等生产资料的网上交易属于 B2B。阿里巴巴、eBay 等是 C2C 的典范。数字化营销最新奇的一个应用就是 C2B 营销活动的不断发展。例如美国的 Priceline.com，在其网站上，旅行者可以自己出价预订飞机票、酒店和租赁交通工具，让卖家决定是否接受消费者提出的价格，在我国还鲜有采用这种模式的网络公司。C2B 还有一种形式，例如 InnoCentive.com，用户把自己的创意、设计、方案提交给这个平台上提出任务的企业，企业接受后用户会得到奖励，这也叫“众包”，是顾客参与企业创新（即顾客创新、与企业共创价值）的途径。国内有猪八戒、任务中国等网站。

二是根据网络营销方向的不同分为平台型与垂直型。平台型网络营销是指利用网站推广产品或服务，一般表现为搜索营销、竞价营销、关键词营销或数据库营销，典型代表是百度、搜狗、谷歌等搜索引擎。垂直型网络营销则是专注于某一领域的营销，这里的垂直一般包括该领域产业链上下游的全部环节，例如酒仙网、聚美优品都是专注某一特定的市场领域来开展相关的营销。

三是根据网络营销媒介的不同分为非社会化网络营销和社会化网络营销。非社会化网络营销即在非社交媒体平台上的营销推广，如电子邮件营销与搜索引擎营销等，主要体现在广告宣传上。包括：在电子公告牌上发布信息；设立自己的网站，在网站上公布与本企业产品和经营有关的信息；在点击率高的网站上刊登广告；在提供搜索引擎的网站上注册；在专门的广告黄页网站上发布广告；向注册的顾客发送介绍本企业的多媒体材料。可以说，只要是在网络上进行非交互式、社区式推广营销的，均属于非社会化网络营销的范畴。

计算机和互联网技术的进步，特别是 Web 2.0 技术和移动互联技术的出现，促进了社会化媒体的蓬勃发展。在此背景下，网民不再是被动、单向地接收发布者的信息，而是可以与发布者及其他网民进行双向交流。最初的社交媒体都是以娱乐工具的形式出现的，如社交网站脸书、即时聊天工具 MSN、个人日志即时更新工具 Microblog 等；后来，营销者敏锐地认识到，社会化媒体能够极大地提高信息传播的广度和深度，并且成本很低，于是将其用于营销信息的传播，从而形成了社会化媒体营销（社交媒体营销）。社会化媒体营销的常见类型包括以下六种：

（1）微博（博客）。最大的特点是信息通过圈子传播，用户可以通过关注其他用户来自主选择信息源。微博（博客）的传播方式为多点对多点，每个微博（博客）用户都可以被视作话语权中心，与关注他的其他用户形成一个传播圈，呈现分散的趋势。微博（博客）利用圈子的力量传播营销信息，而且用户可以自主选择圈子的组成，对被选择对象的信赖使得微博（博客）营销与购物网站相比可信度更高、速度更快。得益于圈子的力量，微博（博客）能迅速形成热点，可以用来宣传企业的重要活动或事件。

（2）媒体共享社群。它类似于信息网络，可以在用户间实现媒体内容共享，形成用户生成内容。社群中的成员对共同关注的问题进行分享、讨论，基于共享的内容建立密切的个人关系，形成对社群的归属感和相互承诺，组织与个人由此获得各种资源与能力，拓展社会资本。这能促进组织学习，并通过激励创新来最大化知识管理的价值。组织与成员都能从这种共享中受益，乐于参与社群活动。很多企业抓住媒体共享社群的这个特点，鼓励消费者提交有关企业活动的视频，并利用媒体共享社群中的用户聚合性，吸引更多用户观看视频。社群中共享的知识还能为企业提供创意。

（3）论坛。它是社会化媒体的始祖。与其他平台的不同之处是，论坛更注重意见领袖的力量，使信息传播自上而下呈伞形结构。在诸多社会化媒体平台中，论坛可以对信息进行极佳的整合、分类与深入分析，因此成为意见领袖常驻与发挥影响力的最佳场所。意见领袖的力量极其强大，他们通常拥有较为专业的视角和较为广泛的人际关系，可以引导网络舆论的走向，形成网络讨论热点。网络的跨地域性扩大了意见领袖的影响范围。意见领袖的存在及其在相关领域的专业性，使得论坛拥有更具相关性和完整性的信息，从而成为消费者搜寻信息的首选。企业可以借助意见领袖的力量，使营销信息传播得更为广泛。

（4）社交网站。它将现实中的社会关系网络转移到互联网上，其独特之处是以强关系形成关系链，成员的社群意识较为薄弱，但人际关系可以弥补这一缺陷。社交网站没有明确的边界，不靠话题来维系成员之间的关系，而通过类似“朋友”这样的称呼形成联系。成员之间以一对一的单独交往代替多对多的关系，形成一组组关系链。在社交网站中，只要与关系链上的一个对象保持稳定的联系，就可以维持关系。社交网络关系的稳定性和聚合性使其成为企业营销的新宠，一些企业已经开始利用社交网站来创建品牌社群、进行市场营销调研以获取微观层面的信息。

（5）虚拟世界平台。把现实生活复制到虚拟的环境中，用户在虚拟社会中的消费习惯是他们现实生活的映射。用户以虚拟的身份在虚拟世界中进行互动，行为比在现实中更为自由。一方面，用户在虚拟世界里可以塑造理想化的自我人格，去除现实社会的伪装，通过虚拟形象还原真实的自我；另一方面，用户可以打破现实的制约，以完全不同甚至颠覆性的形象出现。虽然用户的形象是虚拟的，但用户可以在虚拟的自我和他人交互的过程中获得真实的心理感受。虚拟世界平台的这一特性为企业提供了包括消费者行为研究、虚拟产品销售、广告宣传在内的众多营销机会。

（6）合作项目。合作项目允许用户参与并创建内容，比如维基和社会化书签（social bookmark）。有学者研究了人们参与维基内容编辑的动机，排在前三的依次为“贡献内容很有趣”“使信息自由流通”“帮助他人可体现个人价值”。现有研究成果显示，成员普遍认为利他行为能增加个人发展机会，并基于这一动机参与合作项目。合作项目的开放性与参与自愿性使其具有公益色彩，这导致越来越多的网民认为合作项目中的消息更为可信，这既为企业带来了机会，也带来了挑战。

第 3 节　互联网的营销环境

利用商业生态系统理论来分析网络营销的集群现象可以发现，一系列关系密切的企业和组织机构超越地理位置的界限，将互联网作为竞争和沟通平台，通过虚拟、联盟等形式进行优势互补和资源共享，结成一个有机的生态系统，即网络生态系统，也称网络营销生态系统，它是互联网的主要营销环境。

网络营销生态系统是一个开放的系统，主体和外界不断交换物质、能量和信息，比如企业的观念、商务信息、资金、人才、知识、装备、货物等。正是这种无时无刻不在的流动和交换，使得整个系统不断学习、不断优化、不断适应，也使整个系统显得生机勃勃、充满活力。系统主体的开放性和整个网络营销系统的开放性，保证了网络营销生态系统的新陈代谢和茁壮成长。

主体和主体之间、主体和环境之间、子系统和子系统之间互相适应、互相作用。主体在自身演化升华的同时，也推动了整个系统的发展。这种共同演化的方式有很多。如 B2B 企业之间的激烈竞争会促使企业不断学习其他企业的长处，并优化内部管理和产品结构及市场策略，结果是企业的竞争优势增强了。企业之间的竞争促进了整个系统主体质量的提高，系统因此向更高级发展。阿里巴巴平台聚集了 500 万个中小企业会员，平台会员之间形成互动，整合的力量非常强大。会员企业在阿里巴巴平台上每天都会发布 10 万条以上的资讯，这不是阿里巴巴自身能够做到的。阿里巴巴的系统和会员一起为这个平台创造价值；反过来，平台又带来了更多的会员和商机。会员和平台相互促进，实现双赢，以价值共同体的方式共同发展。

网络营销子系统互相之间的作用是非线性的。网络营销生态系统由大量非线性的、相互作用的部分组成。子系统之间的影响不是简单的累加，系统中每一个部分的行为和行为模式都依赖于其他部分的行为和行为模式。各部分根据自身的行为规则、邻居的情况和全局的规划进行局部的交互。同时，这种非线性作用来源于内因，归之于主体或子系统的主动性和适应能力。

网络营销生态系统的主体之间不断学习，并根据环境的变化调整自己的行为，以适应环境。这种不断的变化和调整本质上就是远离平衡态。系统中的任何主体都不存在唯一的稳定状态，而适应复杂系统的活力就在于非平衡。

在一定范围内，网络营销生态系统具有自组织、自学习、自适应和进化的功能。系统内部的所有个体不仅共处在一个大环境中，还处在各自的局部小环境中。每一个体并行、独立地进行有目的、有意识的适应性学习和演化。处于演化过程中的个体为了更好地适应周边环境，需要不断调整自己的行为，修改自身的规则，以求得更好的生存。众多个体的适应性行为反过来不断影响和改变环境，如此反复，个体与环境就处在一个相互影响、相互作用的进化过程中。当然，内部结构的不合理和外部环境的恶化也会造成系统的崩溃。例如，在网络营销刚出现时，受巨额商业利润的驱使，投资人百般追捧，各种各样的营销网站如雨后春笋般涌现，网络营销的虚假繁荣也带动了通信、软硬件等行业的发展。网络营销泡沫破灭后，那些存留下来的网站痛定思痛，冷静下来寻找可行的商业模式，踏踏实实地为用户提供服务。同时，国家政策也开始对网络营销的发展进行宏观调控，民众对网络营销的认识逐渐客观化，网络营销的发展越来越理性，快速走向成熟。

根据网络营销生态层次的不同，可以从宏观、微观两个视角对网络营销生态系统进行分析。宏观层面主要研究网络营销与政治、经济、文化、技术等外部环境之间的关系，微观层面主要研究个人、企业以及其他“物种”之间的关系。

一 互联网宏观营销环境分析

互联网宏观营销环境由影响微观环境的较大的社会力量构成，主要包括经济环境、技术环境、政治环境和文化环境。

1. 经济环境

经济会对企业营销产生影响。经济力量会影响供给和需求，对于营销人员而言，更为重要的是识别哪种经济力量需要特别关注。传统的经济因素，例如增长率和失业率、利息率和汇率、经济周期、国际贸易壁垒等会影响商业活动的各个方面。此外，国际市场的发展和新型经济也会对网络营销活动产生潜在影响。

2. 技术环境

营销人员需要理解数字和网络技术及术语，一旦理解错误就会造成严重的后果。数字技术尤其是网络技术，以及数字安全、技术融合等新技术，都会对制定网络营销计划产生重要的影响。例如，微信小程序（简称“小程序”）是基于微信开发的一种不需要下载安装即可使用的应用，它实现了应用“触手可及”的梦想，用户扫一扫或搜一下即可打开应用。它是微信公众号功能的拓展，必将给未来的微信营销带来改变。

3. 政治环境

政治环境的形成是特定社会中影响或制约各种组织和个人的法律、政府机构及压力团体相互作用的结果。政治力量和经济力量密切交织在一起，政府对经济的影响力体现在方方面面。对网络营销而言，各国政府都会对网络的增长和使用进行一定的管理（网络治理（internet governance）），但是网络的全球化使得政府对网络空间的控制越来越困难。法律力量在于提供一个控制和规范的框架，使得个体和商业机构可以在遵守法律和道德的前提下开展业务。针对在线交易，各国有很多法律法规和道德标准，营销人员必须理解并在这一制度框架下开展工作。比如，注意保护他人和自己的隐私权、知识产权等。再如，《网络预约出租汽车经营服务管理暂行办法》于 2016 年 11 月 1 日起施行，从法律角度规范我国网约车行业的发展。

4. 文化环境

一个国家或地区的语言、风俗、规范和价值观能够对用户的网络需求产生巨大的影响。网站和搜索引擎的类型在不同国家差异非常大。因此，在情境分析中对国家间的差别进行考察很重要。另外，全球人口分布显示，有 8%左右的人口年龄在 65 岁以上，这部分人群较少使用网络，这对网络营销者而言是一个很大的挑战。这也是一种社会排斥（social exclusion），即社会的一部分人被排除在其他人可用的工具之外，成为孤立的群体。

二　互联网微观营销环境分析

互联网微观营销环境由影响企业服务顾客能力的联系紧密的组织或个人组成，主要包括顾客、竞争者、供应商以及渠道结构等。在这一部分我们还将介绍互联网微观营销环境的在线市场分析法。

（一）环境扫描和在线市场分析

环境扫描和在线市场分析是分析互联网微观营销环境的常用方法。公司不断对其环境进行管理的过程称为环境扫描（environmental scanning）。在线市场分析有助于对竞争性市场的性质进行界定，同时也为管理在线交易环境提供了一种方法。

图 4–12 所示的是在线市场的图景概览，总结了在线业务与顾客之间的连接形式。

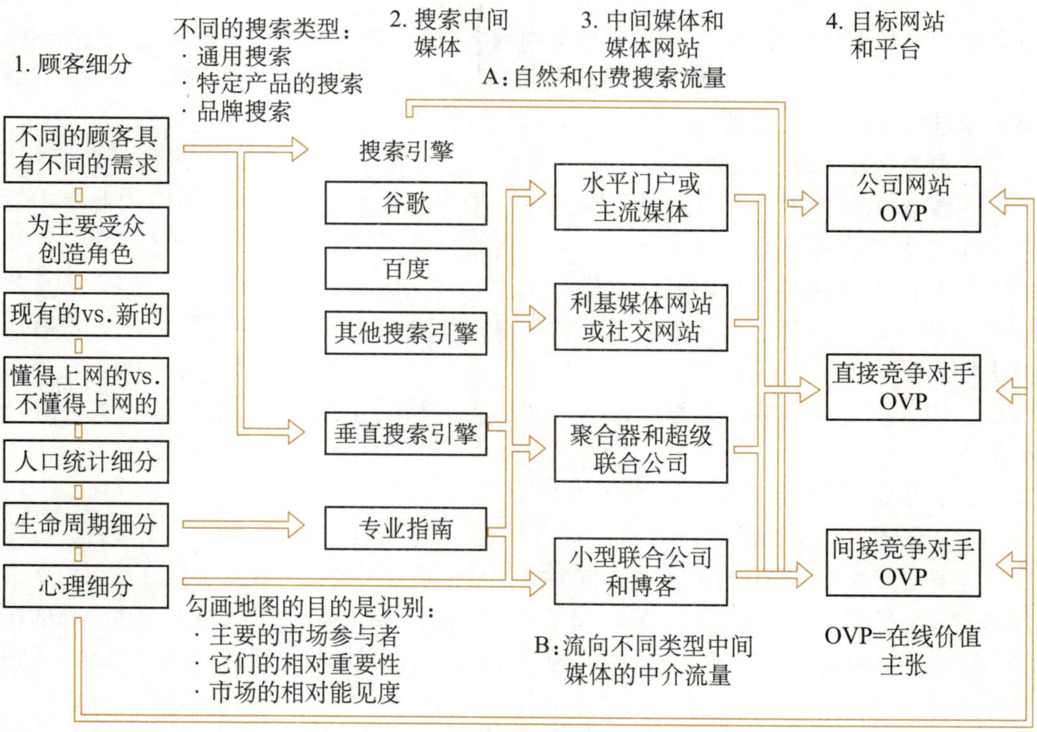

图 4–12　在线市场的图景概览

资料来源：戴夫·查菲等（2015）.

1. 顾客细分

市场分析有助于识别和总结在线业务中的不同目标细分市场，以便更好地理解他们的在线媒体消费，以及想要得到的在线体验。无论是数字化的活动还是网站设计，对角色的认知有助于理解不同群体的偏好、特征及在线行为。

2. 搜索中间媒体

每个国家都有其主要的搜索引擎。通常来说，谷歌、雅虎、必应、百度是主要的搜索引擎。有些公司提供了专业的用户数据，使得网络营销人员能够了解到在不同国家特定搜索引擎的相对重要程度。搜索引擎变得越来越重要，有助于在销售中预测未来的销售量。

3. 中间媒体和媒体网站

主要代表为门户网站和社交网站等。不同类型的中间媒体将通过顾客细分和顾客搜索中间媒体得来的流量引向目标网站和平台，起到承上启下的作用。

4. 目标网站和平台

通常包括由零售商开设的购物网站、金融服务网站和旅行服务网站等，如淘宝、京东、去哪儿和宜信。目标网站和平台除了开设专门的门户网站之外，还在如微博、微信等社交网站中进行展示，目的是通过多种渠道吸引更多的用户访问。

（二）顾客需求分析

1. 评估顾客需求水平

在进行顾客需求分析时，首要的是对顾客需求水平进行评估。在网络环境下，尤其是伴随着大数据技术的发展，消费者以前的网络浏览、消费行为均留下了足迹，网络营销者可以借助新技术快速、准确地掌握顾客需求水平，如淘宝店燕格格通过大数据对顾客需求进行分析，并重新进行市场定位，获得了销售成功。

2. 顾客选择和数字化的影响

顾客选择在购买过程中是很关键的一个步骤，数字媒体在购买决策的制定中发挥越来越大的作用。对于很多顾客而言，网络是搜寻信息的第一站，他们会花大量的时间在网上对商品进行研究。这样一来，顾客了解的信息更多了，他们更愿意从多样性的资源中发现信息，他们了解的信息最终会对其购买决策产生影响。现有研究表明，形成购买决策的最重要的信息资源是个性化推荐和其他顾客在网上发布的信息。因此，公司需要仔细思考，如何通过产品和服务的质量和品牌偏好使其好评度最大化。

3. 在线顾客行为及其对营销活动的启示

为了创建一张更为清晰的图像，营销人员还需要对其目标顾客的在线行为进行鉴别，理解他们的特征如何影响其与不同网络营销渠道打交道的方式。个体在使用数字平台的方式上呈现出很大的差别。顾客情境（customer scenarios）可以用于描述全部的在线顾客购买决策过程，是指特定的顾客为了达到他的预期结果想要或必须完成的一系列任务。

（三）竞争者分析

对于任何营销人员而言，一个关键问题在于知道如何比竞争对手更好地满足顾客的需求。所谓产业就是一群公司，它们营销那些彼此能够替代的产品，但是，一些产业会比另一些产业更为盈利，产业部门以及特定市场的差异并不能完全解释这个现象。行业中有多种力量共同形成竞争的规则，波特的五力模型在分析行业竞争态势的形成和竞争强度中被广泛应用，而网络对这五种力量有着显著的影响（见表 4-2）。

表 4-2　网络对五种竞争力量的影响

购买者的议价能力	供应商的议价能力	替代产品和服务的威胁	进入壁垒	与现有竞争者之间的竞争
①当在线购买者拥有更广泛的选择范围时，他们的议价能力会增强，并且随着顾客知识和价格透明度的增加，价格可能被压低。 ②对于一个 B2B 组织而言，和顾客建立电子链接可以加深关系并提高顾客的转换成本，形成“软锁定”效应。	①当一个组织进行购买活动时，它的供应商的议价能力是下降的，因为电子采购和电子市场的出现带来了更广泛的选择空间和更多的商品。 ②这与购买者议价能力增强是相反的。	①由于新的数字产品或衍生品能够很快生产出来，替代品成为一个重要的威胁。 ②应该仔细地监控新的替代产品和服务的出现，避免其对市场份额的侵蚀。 ③网络技术能够加快产品和服务的出现。 ④这个威胁与新的商业模式有关。	①进入壁垒的降低导致新竞争对手的介入，特别是对于那些传统的零售商或服务组织而言。 ②必须对新进入者进行仔细监控，防止其对市场份额的侵蚀。 ③网络服务比传统服务更容易模仿，很容易产生“快速跟随者”。	①网络鼓励了普及化，这使产品间的差异很难体现出来。 ②由于产品生命周期的缩短和新产品研发领先时间的缩短，竞争变得更加激烈。 ③网络为进入国际市场提供了便利，增加了竞争者的数量。

资料来源：戴夫·查菲等（2015）.

1. 购买者的议价能力

顾客的力量及其知识的增加可能是电子交易带来的最大威胁。这一力量无论是在 B2C 交易市场环境下还是在 B2B 交易市场环境下都很重要。从 B2C 的视角来看，零售购买者的议价能力在他们使用网络以后大幅提升了，因为借助网络他们更容易评估产品和比较价格。对于顾客而言，他们可以很便利地借助在线媒体进行比较。从 B2B 的视角来看，在线拍卖和 B2B 交易在驱动商品价格下降方面具有相同的作用。网络不仅为更多的用户提供机会，同时也扩大了产品的范围。

2. 供应商的议价能力

供应商的议价能力可以被认为是公司的机会而不是威胁。为了降低成本和提高供应链效率，公司可以要求它们的供应商利用数据交换等电子技术实现订单发送。此外，网络的发展削弱了供应商的能力，因为不同供应商之间的转换壁垒降低了，尤其是企业对企业的交易场所的出现。如果供应商坚持使用某种专业技术和企业建立联系，将导致转换供应商的成本或者复杂性增加。

3. 替代产品和服务的威胁

这一威胁来自已有的或新建立的公司。网络的优点在于能够以较低的成本提供以信息为基础的服务。最大的威胁可能来自那些通过网络提供数字产品和服务的公司。替代包括通过新的网络渠道仿制既有服务，如网上银行和电子书籍等，同时也包括对现有服务的补充。

4. 进入壁垒

对于传统企业而言，新的网络进入者已经成为重大威胁，如滴滴打车对传统出租车行业的威胁。过去，人们一直认为新进入者很容易以低成本进入现有市场，这一观点背后的逻辑在于新进入者之所以能够快速进入市场，是因为它们不需要花费成本来建立并维持用于销售产品的分销网络，并且它们的产品不需要生产基地。

然而，为了获得成功，新的进入者需要成为实施营销和提供顾客服务的领先者，这通常被描述为成功壁垒或“保健因素”而非进入壁垒，企业获得成功的成本依旧很高。

5. 与现有竞争者之间的竞争

网络催生了更多的产品，想要实现差异化变得很困难。由于网络的出现，更多的公司可以借助网络来提供服务。因此，在一些市场中，公司的数量越来越多，共同就一些可获得的业务来瓜分市场份额。在线交易公司之间竞争的本质在很大程度上是由市场中参与者的数量、相对规模、成本和定价结构，顾客转换成本，企业的战略目标以及现有的壁垒等因素共同决定的。

（四）供应商分析

供应商沿着供应链向公司提供产品和服务，以保证其业务经营活动的开展。在数字市场中，供应链有多种形式，主要基于所涉及的产品是有形的还是数字化的。在网络营销环境下，对供应商进行管理的一个最重要方面就是，尊重供应商在给最终顾客提供产品或服务的活动中的作用。相较于其他因素，供应商在网络情境下的作用相对较弱。但网络在某些业务活动领域还是有重要影响的，因为在网络的影响下已经形成了供应链中新的渠道结构和新的供应商类型，它们为整个数字产业提供专业服务，包括网站开发、技术管理和整合。

营销中间媒体（marketing intermediaries）就是帮助公司进行促销、销售并配送产品或者服务的公司，它们与网络服务提供商不同，后者仅仅开发网站并提供托管服务。在线营销中间媒体为顾客提供关于产品或服务的信息，可以服务于 B2B 和 B2C 信息交换，同时也用于支持在线社交网络，如淘宝、天猫、聚美优品等。

（五）新的渠道结构

渠道结构描述的是生产商或者销售组织将产品或服务提供给顾客的方法。分销渠道包括一个或多个媒体，如批发商或零售商。在互联网环境下，新的渠道结构体现了互联网去中介的特性，因为网络提供了一种绕过一些渠道伙伴的方法。去中介化给生产者和消费者带来好处，一方面，它能减少销售成本以及销售过程中渠道所需要的基础设施成本，另一方面，所节约成本的一部分可以以降价的方式传递给顾客。

但是，因为购买者在选择商品时仍然需要帮助，所以就产生了新的中间媒体形式，这一过程称为**再中介化**（reintermediation）。新型中间媒体可以实现价格评估，因为它的数据库和不同供应商的数据库之间已经建立了链接并不断对价格进行更新。

第 4 节　互联网思维与“互联网 +”

互联网思维和“互联网 +”对企业营销战略的制定有重大影响。正如本书开篇所言，企业营销战略的主要任务是明确把产品和服务卖给谁、提供什么价值主张给顾客，这样的营销战略是以顾客价值和顾客关系为导向的营销战略。而互联网思维中以用户为核心、提倡互动、打造极致的价值观有助于企业迅速确定细分市场、明确目标市场，并准确定位自己的产品和服务。与此同时，“互联网 +”则借助互联网的力量以极快的速度和极低的成本使企业营销战略迅速落地。

一 互联网思维

互联网思维是一个形象的说法，从企业角度主要指企业在跨越式发展过程中，充分利用网络提供的便利和优势，将不同行业、不同服务对象的特点组合成各种生产要素，进而统筹整合与优化组合的思维方式。

人类社会进入了（移动）互联网时代。（移动）互联网改变了交易场所、拓展了交易时间、丰富了交易品类、加快了交易速度、减少了中间环节，它对商业企业、工业企业、金融企业乃至医疗企业、高等院校、政府机构产生了广泛而深远的影响。然而，万变不离其宗，这就是互联网思维。

互联网思维包括三个层次：一是互联网精神，即开放、平等、协作、共享。二是互联网理念，即打通虚拟实体、打破时空约束，一切都极致化、一切都模块化，个人帝国主义、利用大众力量，通过免费赚钱、用户本位主义。三是互联网经济，即网络经济。

基于此，针对互联网思维有如下九大形象说法，如图 4–13 所示。

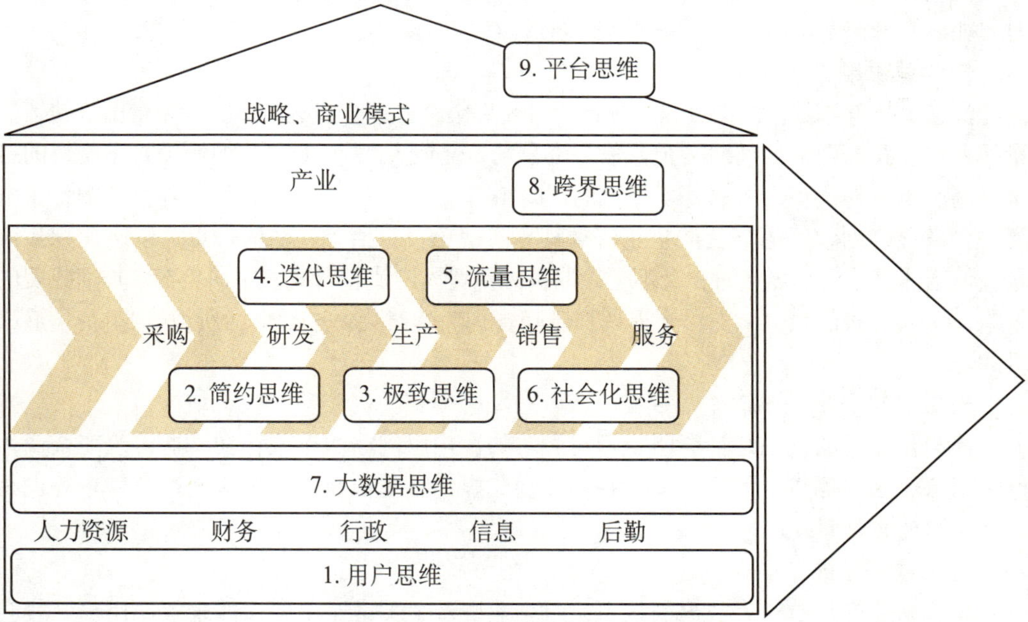

图 4–13 互联网时代九大思维模式

资料来源：赵大伟（2014）.

1. 用户思维

用户思维是互联网思维的核心，其他思维都是围绕用户思维在不同层面展开。用户思维是指在价值链的各个环节“以顾客为中心”去考虑问题。“参与感”是对用户思维典型的诠释，让用户参与到产品的开发、设计过程中。第一代小米手机就是这样产生的，完全是一批特定用户需求的集合。在网络时代，不用担心你的需求多么小众，也不用担心你要求的服务有多么窄，因为在电子技术的连通作用下，点对点及时匹配变得很容易，这对网络时代的营销者提出更高的要求，能否在产品或服务的生产、推广中始终以用户思维来进行考量和修正，就显得至关重要。简单来说，“用户体验”是第一位的。

2. 简约思维

简约思维是指在产品的规划和品牌定位上，力求专注、简单；在产品设计上，力求简洁、简约。在互联网时代，海量信息让消费者有更多选择的同时也变得无所适从，如何才能在最短的时间里“抓住”用户是网络营销者首要考虑的问题。因此，对企业而言，少即是多，专注才是王道，产品的定位至关重要。例如，主流智能手机的界面风格从原本的“拟物化”转变成如今的“扁平化”，无印良品简约的设计理念等。

3. 极致思维

极致思维就是把产品和服务做到极致，把用户体验做到极致，超越用户预期。互联网时代的竞争中，赢家通吃，只有做到极致，才能够真正赢得消费者。谈及极致，就不得不提海底捞如家人般关怀的服务，正如本书开篇案例介绍，海底捞是将服务做到极致的经典案例，完美体现了极致思维。

4. 迭代思维

敏捷开发是互联网产品开发的典型方法，是一种以人为核心、迭代、循序渐进的开发方式，允许有所不足，不断试错，在持续迭代中完善产品。由于在互联网时代从产品供应到消费的时间非常短，同时消费者反馈意见的成本非常低，这就要求企业和组织实时、如实掌握消费者需求，不断进行微创新。

5. 流量思维

流量意味着体量，体量意味着分量。目光聚集之处，金钱必将追随。流量即金钱，流量即入口。我们经常见到网络企业争夺流量的“烧钱大战”，如之前的滴滴打车与快的打车、滴滴出行与优步，多家外卖平台的“厮杀”，“双十一”“双十二”等购物节中各家电商平台各显神通，等等。这类企业通常具有前期免费、给予补贴的特点，以迅速积累流量，但当体量达到临界点时，又不乏采取基础免费、增值收费或者短期免费、长期收费的策略，比如，微信钱包、支付宝提现都已经告别免费时代，正如俗话所说，“免费是最昂贵的”。

6. 社会化思维

社会化商业的核心是社会网，公司面对的客户以网络的形式存在，这将改变企业生产、销售、营销等整个形式。除了利用社会化媒体，采取众包、大众生产、分享等也是社会化思维的典型方式。

7. 大数据思维

大数据思维是指对大数据的认识，对企业资产、关键竞争要素的理解。用户一般会在网络上产生信息、行为、关系三个层面的数据，比如，用户登录电商平台会注册邮箱、手机、地址等信息；用户浏览、购买商品属于行为层面的数据；用户把信息分享给谁或者找谁代付，则是关系层面的数据。

8. 跨界思维

科技的发展让许多产业的边界变得模糊，互联网企业的触角无孔不入。谁也不曾料到取代相机胶卷巨头柯达这家化学公司的是电子企业。跨界无处不在，其本质就是高效率整合低效率。一个又一个传统行业被颠覆、再造。

9. 平台思维

互联网的平台思维就是开放、共享、共赢的思维。最典型的案例是海尔集团的内部改造。海尔流传着这样一句话：在海尔，每一个员工都是创业者。海尔在内部打造一个事业群，提供平台给员工进行内部创业；对外，公司整体就是一个平台，打造出一个多主体共赢互利的生态圈。BAT 三大巨头围绕搜索、电商、社交构建了强大的产业生态。未来的平台之争一定是生态圈之间的竞争。

互联网思维下传统企业必须进行再造，其方向是打造智慧型组织：网络化生态、全球化整合、平台化运作、员工化用户、无边界发展、自组织管理。正如海尔集团公司首席执行官张瑞敏所说，“没有成功的企业，只有时代的企业”，所有企业只有跟上时代的步伐才能生存。

4C 是 4P 的理念基础，真正在实施过程中起主要指导作用的依然是 4P。应用互联网思维，导致在互联网时代出现“新 4C”商业规则，即共同创造（Co-creation）、产品核心（Commodity）、社群生存（Community）、组织网络（Connecting），如图 4-14 所示。

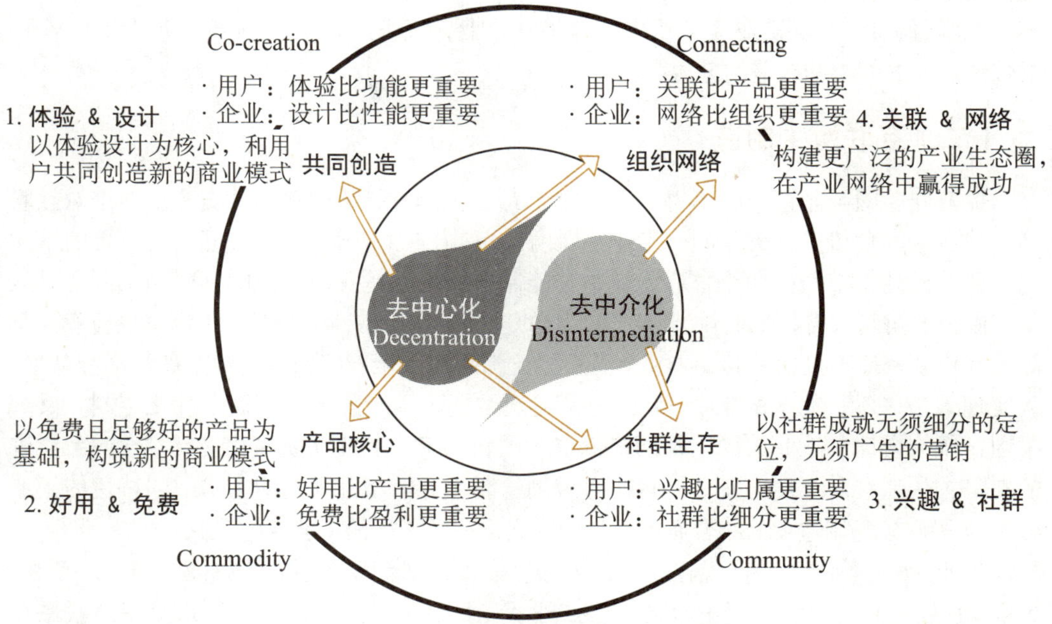

图 4–14　互联网时代“新 4C”商业规则

资料来源：唐兴通．引爆社群：移动互联网时代的新 4C 法则．北京：机械工业出版社，2015.

二　“互联网+”的含义与类型

（一）“互联网 +”的含义与本质

所谓“**互联网 +**”（internet plus），是指以互联网为主体的一整套信息技术（包括移动互联网、云计算、大数据、物联网等配套技术）在经济、社会生活各部门扩散、应用，并不断释放出数据流动性的过程。互联网 + 各个产业部门不是简单地连接，而是通过连接产生反馈、互动，最终出现大量化学式反应的创新和融合。

“互联网 +”的前提和基础是互联网作为一种基础设施被广泛安装。在过去十几年里，人们对互联网的认识经历了一个逐步深入的过程。最早，绝大部分企业把互联网看成一种工具；后来，更多人，尤其是传统企业把互联网看成一种渠道，用于获取信息、接触客户和销售商品，最典型的策略是清理库存；从2008年到现在，互联网日益被视为基础设施。所有行业和具体企业的价值链、产品和服务，从创意产生、研发设计、广告宣传、交易发起、商品递送到售后服务，都可以放到互联网上来做，并且会产生化学反应。对互联网的理解不同，决定了“互联网+”有不同的变现形式。

“互联网+”的本质是传统产业的在线化、数据化，在于促进信息/数据的广泛流动、分享和使用。只有商品、人和交易行为迁移到互联网上，才能实现在线化；只有在线才能形成活的数据，随时被调用和挖掘。在线化的数据随时可以在产业上下游、协作主体之间以最低成本流动和交换。数据只有流动起来，其价值才能被最大限度地挖掘出来。

“互联网+”是中国经济转型进入新常态的新动力。在2014年11月举办的“首届世界互联网大会”上，习近平主席在贺信中强调，互联网日益成为创新驱动发展的先导力量，深刻改变着人们的生产生活，有力推动着社会发展。2015年，“互联网+”被写入李克强总理的政府工作报告，成为国家经济社会发展的重要战略。

“互联网+”可以说连接了几乎全部传统行业，接下来让我们领略一下“互联网+”对传统行业的颠覆和改造的魅力。

（二）互联网+制造

提及互联网+制造，就不得不说工业4.0。工业4.0是德国提出的概念，源于对互联网时代深深的危机感，美国叫“工业互联网”，我国叫“中国制造2025”，这三者的本质内容是一致的，都指向一个核心，就是智能制造，也就是我们所说的互联网+制造。从生产制造的角度来看，工业4.0实现了广泛的连接，把设备、生产线、工厂、供应商、产品、客户紧密地连接在一起，连接的背后是全流程以及全网络数据和信息的流动与共享。从实现效果来看，德国的工业4.0是为了实现柔性化生产甚至大规模个性化定制。反观中国，作为全球制造业大国以及网络消费大国，传统产业的互联网化呈现“逆向”渐进的态势，从消费需求端出发，一直往上游倒逼制造业转型升级，催生出中国特色的工业4.0，电子商务与制造业的结合有可能让中国走出一条不同的工业4.0道路。

工业4.0的特点主要体现在互联、数据、集成、创新和转型五个方面。第一，互联。工业4.0的核心是连接，要把设备、生产线、工厂、供应商、产品和客户紧密地联系在一起。第二，数据。工业4.0连接产品数据、设备数据、研发数据、工业链数据、运营数据、管理数据、销售数据和消费者数据。第三，集成。工业4.0将无处不在的传感器、嵌入式终端系统、智能控制系统、通信设施通过信息物理系统（cyber-physical systems，CPS）形成一个智能网络。通过这个智能网络，人与人、人与机器、机器与机器、服务与服务能够形成一个互联，从而实现横向、纵向、端到端的高度集成。第四，创新。工业4.0的实施过程是制造业创新发展的过程，制造技术、产品、模式、业态、组织等方面的创新会层出不穷，从技术创新到产品创新，到模式创新，再到业态创新，最后到组织创新。第五，转型。对于中国的传统制造业而言，转型实际上是从传统的工厂，从2.0、3.0的工厂转型到4.0的工厂，在整个生产形态上，从大规模生产转向个性化定制，整个生产过程更加柔性化、个性化、定制化。这是工业4.0一个非常重要的特征。

小贴士4-6　红领集团：大规模服装定制是如何炼成的?

2014年5月11日，中央电视台《新闻联播》节目以“工业新亮点，传统制造业走向数据智能化”为标题报道了一家位于山东青岛的民营服装生产企业——红领集团。在服装生产这样一个从设计、价格到渠道等各方面都竞争异常激烈的行业，这家企业可以做到：从不拖欠薪资，从不要求员工加班；不是销售人员出去寻找客户，而是客户带着订单主动上门；生产车间的每一件衬衣从颜色、款式到面料完全不同，但却是标准化、流程化批量生产的。2014 年 1—4 月，生产、销售、利润等各方面的指标都同比增长了 150% 以上……这家创立于 1995 年，拥有总资产 12 亿元，服装板块年销售收入 10 多亿元，有超过 5 000 名员工的西服制造企业经营的奥秘是什么？它是怎样创造出这些惊人的数字的？

红领西服做的是什么？用董事长张代理的话说，“大数据下的数字化 3D 西服打印机”，通俗一点，就是用工业化的标准流程生产出个性化定制的西服。定制西服的核心是手工量体和手动打版，一个专业的打版师傅需要漫长的经验积累才能保证西服每个部位的尺寸和形状都精准无误，没有十几年甚至几十年的经验积累很难出师，优秀的打版师傅即使在定制西服产业最为发达的欧美国家也是稀缺资源。制作周期长、人工成本高也成为定制西服价格居高不下的原因。

然而，在新技术的支持下，红领西服将这一切游戏规则都打破了。董事长张代理花了 11 年时间，投资 2.6 亿元研发出一个个性化定制平台——名为“RCMTM”的男士正装定制领域的大型供应商平台（RCMTM 即 redcollar made to measure，意思是“红领西服个性化定制”）。RCMTM 平台的关键是用大数据系统替代手工打版。红领根据过去 11 年，每年大约 40 万套西服的制作数据，建立了一个人体各项尺寸与西服版式的数据库，根据这些数据，红领可以采用制作建筑图纸的方式，在电脑上基于数据库的运算模型，根据顾客的体型数据进行计算机 3D 打版。

经过大数据制版，信息会传输到布料准备部门，裁布机器会自动按照订单要求准备布料。裁剪后的那些大小不一、色彩各异的布片会按照一套西服的要求挂在一个吊挂上，同时会配备一个射频识别电子标签。在接下来的几个流程中，每个工人面前都有一个终端用以识别射频电子标签，根据里衬、扣子、袖边等技术数据进行手工或半机械缝制。

在这个模式下，原本全手工制作，动辄价格数万元的定制西服的价格降到一两千元，制作周期也从半年左右变成 7 个工作日。相对国内现有某著名定制西服品牌一条小型定制生产线平均一天五套左右的产能，红领一天可生产 1 200 套西服，而且全流程可复制，随时可以增补人员扩大生产能力是服装制造业的一个奇迹。

资料来源：王有为 . 阿里案例工场十佳案例 | 红领集团：大规模服装定制如何炼成的？.（2014-07-20）.http://www.aliresearch.com/blog/article/detail/id/19445.html.

（三）互联网 + 农业

互联网 + 农业是指依托互联网的信息技术和通信平台，使农业摆脱传统行业消息闭塞、流通受限制、农民分散经营、服务体系滞后等缺点，让现代农业坐上互联网的快车，实现中国农业集体经济规模经营。

我国传统农产品流通模式呈现出结构不对称和权力不平衡的主要特征，渠道结构中间大两端小，农户和零售终端规模小，中间流通环节纷杂，流通效率低下。农民基本没有话语权，消费者更是被动参与，各方的利益均得不到保障。在互联网的催化作用下，以电子商务为主要形式的新型流通模式快速崛起，在流通主体、组织方式、上下游影响等方面都呈现出创新和变化。各类生产者积极变身，直接对接电子商务平台，因此，面对的市场更大，议价能力更强。另外，农产品电子商务也迅速崛起，原产地农产品直销、生鲜农产品、农产品预售等快速发展。

互联网 + 农业提高了农产品流通效率，节约了社会成本，改变了农民的弱势地位，提高了农民收入。我国在政策法规上大力支持互联网 + 农业的发展，如 2015 年中央一号文件《关于加大改革创新力度加快农业现代化建设的若干意见》、《2015 年中央政府工作报告》、《国务院关于积极推进“互联网 +”行动的指导意见》、《2015 年电子商务工作要点》和《关于扎实做好 2015 年农业农村经济工作的意见》等。

（四）互联网 + 金融

互联网 + 金融不是互联网技术与金融行业的简单加总，而是金融的基本功能在融入互联网精神后产生的深层次变化。金融行业本质上是数字行业，金融产品大多是数字的组合，可以通过数据存储、传输和计算完成。近年来，互联网技术的大发展以及社会信息数字化水平的提高给互联网 + 金融提供了良好的发展环境。

互联网 + 金融改善了金融基础设施。首先，它提高了支付清算效率。基于互联网平台的金融在突破时空约束的基础上，加快了资金的流动速度，克服了支付清算资金的存量化，最大限度地保证交易双方，特别是资金接收方的利益。从交易方式来看，互联网 + 金融的支付方式前端直接面对网上客户，后端连接各家商业银行，通过第三方平台实现大量小额交易。这里的第三方平台主要是以支付宝为代表的第三方支付平台。可以说互联网支付是中国互联网 + 金融的开疆者，伴随快速发展的电子商务成长起来，从实体经济出发，在短时间内获得了超常规发展。

其次，互联网 + 金融完善了征信系统。现代经济其实是信用经济，而征信在这一体系中处于枢纽位置，征信的主要功能是解决金融市场尤其是信贷市场的信息不对称问题，为金融市场中的资金供给者提供识别和管理信用风险的服务，同时为金融监管和制定货币政策服务。互联网的连通性以及大数据性使其记录下我们在网络生态系统中发生的全部行为，这样，完善的征信系统可以有多个信息来源作为辅证。

最后，互联网 + 金融开创了普惠金融新模式。它打破了传统金融行业的地域局限，可以低成本地扩大金融服务的覆盖面，在短时间内迅速增加金融受众，缓解金融资源可得性不够的问题。与传统金融模式相比，互联网 + 金融的资金供给方式更加大众化，资金来源不再局限于银行和一些主要的非银行金融机构，比如，网络借贷就是民间借贷与互联网技术结合的产物，互联网将资金的需求方与想让闲散资金增值的供给方点对点连接起来，减少了融资交易的环节和成本，提高了融资效率。

（五）互联网 + 医疗

互联网尤其是移动互联网对医疗行业的影响是深远的，互联网 + 医疗的出现有三大驱动因素，分别是政策、技术和需求。

（1）政策。2015 年，国务院办公厅印发《全国医疗卫生服务体系规划纲要（2015—2020 年）》，要求在信息资源配置上，制定健康中国云服务计划，积极应用移动互联网、物联网、云计算、可穿戴设备等新技术，推动惠及全民的健康信息服务和智慧医疗服务，推动健康大数据的应用，逐步转变服务模式，提高服务能力和管理水平。加强人口健康信息化建设，到 2020 年，实现全员人口信息、电子健康档案和电子病历三大数据库基本覆盖全国人口且信息动态更新。全面建成互联互通的国家、省、市、县四级人口健康信息平台，实现公共卫生、计划生育、医疗服务、医疗保障、药品供应、综合管理等六大业务应用系统的互联互通和业务协同。积极推动移动互联网、远程医疗服务等的发展。普及应用居民健康卡，积极推进居民健康卡与社会保障卡、金融 IC 卡、市民服务卡等公共服务卡的应用集成，实现就医“一卡通”。依托国家电子政务网，构建与互联网安全隔离，联通各级平台和各级各类卫生计生机构，高效、安全、稳定的信息网络。建立和完善人口健康信息化标准规范体系。加强信息安全防护体系建设。实现各级医疗服务、医疗保障与公共卫生服务的信息共享与业务协同。

（2）技术。我国移动通信已经进入 4G 时代，宽带基础设施日益完善，实现移动互联网医疗所需要的基础技术条件已经具备。

（3）需求。在个人健康管理意识大大增强的同时，医疗资源不均衡导致的看病难、挂号难等问题凸显，成为医疗关系紧张的导火索，药品链条信息的不透明导致看病贵、以药养医的状况持续。另外，挂号难、看病难一直是老百姓最希望解决的问题，如何缩短患者的等待时间也是我国医疗改革的难点之一。

图 4–15　支付宝自助挂号缴费

互联网 + 医疗有效地缓解或解决了上述问题，将互联网能力纳入医院的挂号、就诊、缴费等流程中。现在，患者依靠支付宝或者其他移动就医平台可以直接在移动端 APP 中完成挂号、检查、缴费、取药、查看检查报告等流程，进行健康体检的客户可以直接在相应网页或 APP 中查询自己的检查结果（见图 4–15）。以阿里巴巴等为代表的互联网巨头与全国各大医院的合作将会进一步深化，移动智能医院、未来医院就在不久的将来。

（六）互联网 + 教育

教育的本质和知识、信息高度相关，而互联网的根本是信息的传递和交换，这种高度相关性使互联网和教育的结合顺理成章。一直以来，受到经济、社会等各种因素的影响，我国存在教育不公平、难以实现终身教育等问题。经过持续的努力，我国目前已实现九年制义务教育，达到一定的教育公平，并逐渐向学前教育、高中教育、高等教育延伸，但是接受高等教育的机会公平远未实现。与基础教育、职业教育、高等教育相比，终身教育更难提供，在互联网时代，知识更新的速度非常快，每个人都需要持续不断地学习。

互联网 + 教育作为破解教育难题的探路先锋，已经取得了一定的成效。目前，互联网 + 教育主要有以下几种模式。

第一，慕课模式。**慕课**（音译自 MOOC，是 mass open online course 的简称，即大规模公开在线课程）让老师借助互联网技术突破时间、空间的限制，为更多的学生提供帮助。慕课的理想是让“任何人在任何时间、任何地点能学到任何知识”。目前，国外慕课三巨头为 edX、Coursera 和 Udacity，其中，edX 由哈佛大学和麻省理工学院合办，已经有 50 所世界一流名校入驻（见图 4–16）。中国也出现了一些慕课平台，如由清华大学研发的网络开放课程平台学堂在线、果壳网旗下的慕课学习社区 MOOC 学院等（见图 4–17）。

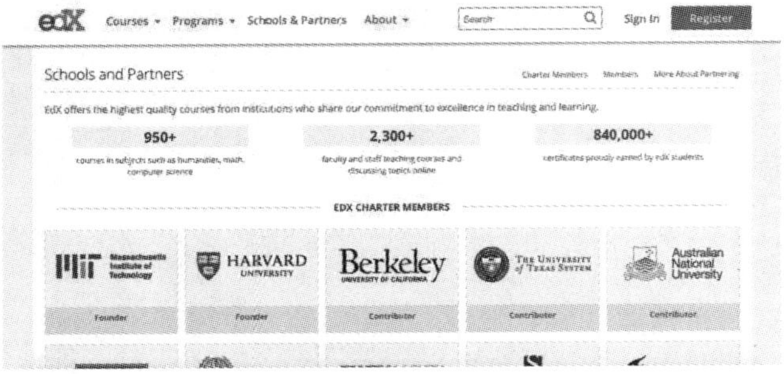

图 4-16　edX 官网

资料来源：https://www.edx.org/.

图 4-17　学堂在线官网

资料来源：http://www.xuetangx.com/notsupport.

第二，工具模式。即给传统教育提供具有互联网属性的教学工具，如苹果专门针对手机和平板终端的 iTunes U。有了 iTunes U，教师完全可以将课堂搬到 iPad 上来，使用应用程序和自己的教材创建课程，收集学生的作业并评分，开展课堂讨论或与学生进行一对一谈话来解答问题和提供反馈。任何拥有 iPhone、iPad 或 iPod touch 的用户均可使用 iTunes U 来学习世界上收藏最多的免费教育内容，其中包括来自顶尖学校、大学、博物馆和文化机构的公开课程和精选教材。对于教师，可以直接通过 iPad 备课、给作业评分并与学生保持联系；添加自己的教学材料，包括文稿、工作表、网页链接、照片和视频；通过使用来自 iTunes、App Store 和 iBooks 的应用程序、图书、视频、播客等内容让每位学习者都参与其中；使用内置注解工具给 PDF 添加说明或注释；查看学生何时浏览或完成自己的作业，并提醒学生作业的截止时间；在成绩册中给学生的作业评分并跟踪班级的进度；使用单个学生视图来单独进行快速签到或开家长会；在一对一聊天中回答问题，或者使用群组讨论与班级展开讨论；使用通知让学生了解并预习课程；使用“Apple 校园教务管理”和“管理式 Apple ID”导入花名册，以精简课程创建流程；隶属于合格机构的教师可以将课程发布到 iTunes U 上，每个人都可以免费获取。对于学生，在一个位置即可查看作业和课程更新，并在完成作业后核对检查；用苹果任一款创造性应用程序或数十款第三方应用程序提交家庭作业，或者以注解 PDF 形式提交作业；通过一对一信息，在课外时间向教师提问或者让教师检查自己的家庭作业；与整个班级展开群组讨论或者加入群组讨论；查看过去所有作业的评分和教师反馈。iTunes U 中的教材由斯坦福大学、耶鲁大学、麻省理工学院、牛津大学、麦吉尔大学、拉筹伯大学、东京大学、普拉多博物馆、史密森尼图书馆、美国国会图书馆等机构提供，十分权威。

第三，基础设施。主要是大数据和教育云，人们在教育过程中的一切行为都可以转化为数据，如每个学生上课的笔记、作业、实验、考试、参加的活动等，都可以转化为教育大数据。通过数据分析，老师可以为每个学生提供个性化的内容与进度，可以准确知道学生的偏好、难点和共同点，从而对学生因材施教。

未来互联网会给教育带来哪些颠覆性的变革？学校尤其是传统的公立学校会从“以学生为产品”的思路转化为“以课程为产品”，教学资源与活动都是围绕学生来优化配置，教师对自己的课程进行营销，课程由学生打分，学生的评价决定课程的评级。如果你处在这样一所学校，你会给本书五星好评吗？

（七）互联网 + 旅游

随着近年来大众消费能力、旅游消费意愿的增强，特别是移动互联网的快速渗透，旅游服务从线下迁移到线上并呈现出快速发展的态势。旅游说到底是一种消费者体验，互联网 + 旅游全面提升了旅游者的全程消费体验，网络技术大大降低了旅游者搜索信息的时间成本，在线旅游平台针对个人定制的个性化旅游使旅游者避开了不必要的花费，降低了资金成本。互联网 + 旅游的发展不仅可以为游客提供便利，为旅游企业提供数据，还可以通过数据分析为旅游管理者决策提供依据，成为旅游管理的工具。在互联网时代，用户评价成为游客最终决定是否预订旅游产品的重要依据，引导企业去改变。

我国非常重视互联网 + 旅游的发展，在政策上，国家旅游局发布的“515 战略”提到，要积极主动融入互联网时代，用信息技术武装中国旅游业。2015 年 8 月，国务院办公厅印发《关于进一步促进旅游投资和消费的若干意见》，要求积极发展互联网 + 旅游，积极推动在线旅游平台企业发展壮大，支持有条件的旅游企业进行互联网金融探索，放宽在线度假租赁、旅游网络购物、在线旅游租车平台等新业态的准入许可和经营许可制度，到 2020 年，全国 4A 级以上景区和智慧乡村旅游试点单位实现免费 WiFi（无线局域网）、智能导游、电子讲解、在线预订、信息推送等功能全覆盖，在全国打造 1 万家智慧景区和智慧旅游乡村。随后，9 月 16 日，国家旅游局下发《关于实施“旅游 + 互联网”行动计划的通知（征求意见稿）》，提出到 2020 年，在线旅游投资占全国旅游直接投资的 15%，在线旅游消费支出占国民旅游消费支出的 20%。

在此背景下，一些第三方旅行网站通过整合多方旅游资源，将有相同需要的人聚集起来，通过（移动）网络平台将供需双方直接连接。典型代表有去哪儿网、穷游网、途风网等。例如，去哪儿网通过自有技术平台有效匹配旅游业的供需，满足旅游服务供应商和中国旅行者的需求。对旅游服务供应商而言，去哪儿网通过移动客户端及在线平台为其提供技术基础设施；对旅行者而言，去哪儿网通过网站及移动客户端的全平台覆盖，随时随地为其提供国内外机票、酒店、度假、旅游团购及旅行信息的深度搜索，帮助旅行者找到性价比较高的产品、优质的信息和便捷的预订方式，合理地安排旅行（见图 4–18）。

图 4–18　去哪儿网

资料来源：http://travel.qunar.com/?from=header.

小贴士 4-7　互联网 + 公益：ALS 冰桶挑战

ALS 冰桶挑战可以说是 2014 年夏天的大赢家，它由国外传入，并经国内最大的社交平台微博不断发酵。率先接受挑战的是科技界的雷军、李彦宏这样的大佬们。之后，娱乐圈的各路明星也纷纷加入活动，使冰桶挑战持续升温。围观的群众表示虽然自己被点到名的可能性非常之小，但看着平日里高高在上的名人们发如此亲民又好玩的视频实乃一大乐趣。

ALS 的中文全称是“肌萎缩侧索硬化症”，患有此病的波士顿学院的著名棒球运动员彼得·弗雷茨（Pete Frates）希望有更多人关注这一疾病，于是发起冰桶挑战。活动规则如下，被点名的人要么在 24 小时内完成冰桶挑战，并将相应视频上传社交网站；要么为对抗 ALS 捐

图 4–19 比尔·盖茨接受冰桶挑战

资料来源：http://www.sd.xinhuanet.com/titlepic/1112136239_title0h.jpg.

出 100 美元。因挑战的规则比较简单，活动得到“病毒般”的传播，在短短一个月内筹得 2.57 亿美元的捐款。

ALS 冰桶挑战是公益活动与网络营销有效的结合，是互联网 + 公益的典型代表。可能彼得·弗雷茨在发起这项活动时都没料想到会有如此疯狂的传播，也算是无心插柳柳成荫。不少品牌纷纷借势营销，较有名的就是三星向苹果发起冰桶挑战（见图 4–19）。

冰桶挑战活动成功的因素总结如下：

（1）低门槛的活动参与机制。

（2）社会心理学的成功应用。挑战的信息公布于透明的社交平台，在众人的监督下，活动完成与延续的可能性更大。

（3）名人的传播效应。这种大范围的公众人物参与活动可以算是互动营销历史上的第一次。

资料来源：2014 年网络营销经典案例 ALS 冰桶挑战 .（2016–04–16）.http://blog.sina.com.cn/s/blog_13e5809050102wls8.html.

三 基于互联网的商业模式

作为战略规划的一部分，组织需要对其所选的业务类型有一个清晰的认识。对商业模式进行分类的一个基本标准是看其服务对象是消费者还是商业组织，因此基于互联网的商业模式可以划分为企业对顾客交易（business to consumer，B2C）和企业对企业交易（business to business，B2B），之后延伸出顾客对顾客交易（consumer to consumer，C2C）以及顾客对企业交易（consumer to business，C2B）两种形式。

前两种模式最普遍，天猫、天狗、京东、亚马逊等都是 B2C，很多零售商都有自己的 B2C 平台。中国化工网、中钢网等生产资料的网上交易属于 B2B。阿里巴巴的淘宝网、eBay 等是 C2C 的典范。美国的 Priceline.com 属于 C2B。后来基于 B2B、B2C、C2C、C2B 四种模式，又发展出 O2O、B2T、P2P 等多种新的交易模式，但无论怎样变化，前四种模式是基础，如图 4–20 所示。

O2O，即 online to offline，也即将线下商务的机会与互联网结合在一起，让互联网成为线下交易的前台。这样线下服务就可以在线上揽客，消费者可以在线上筛选服务，交易可以在线上结算。O2O 的优势在于把网上和网下的优势完美结合。通过导购机，把互联网与地面店完美对接，实现互联网落地。让消费者在享受线上优惠价格的同时，又可享受线下贴身的服务。O2O 模式还可实现不同商家的联盟。典型的代表是大众点评、美团、百度糯米等网站。

B2T，即 business to team，也即企业对团队的商业模式，B 是通常意义上的商家，而 T 指的是存在共同点和联系的消费者团队。B2T 模式和 B2C 模式有点类似，B2C 模式中的 C 指的是广泛的消费者，他们中的大部分都是独立的个体，不一定存在某种联系。淘宝联盟和返利网是通过消费者分享产品给好友获得返利的营销模式，是 B2T 模式的典型代表。

P2P，即 peer to peer，也即个人对个人的商业模式，最常见的是第三方信息匹配平台，典型代表是网络借贷平台，如陆金所等。

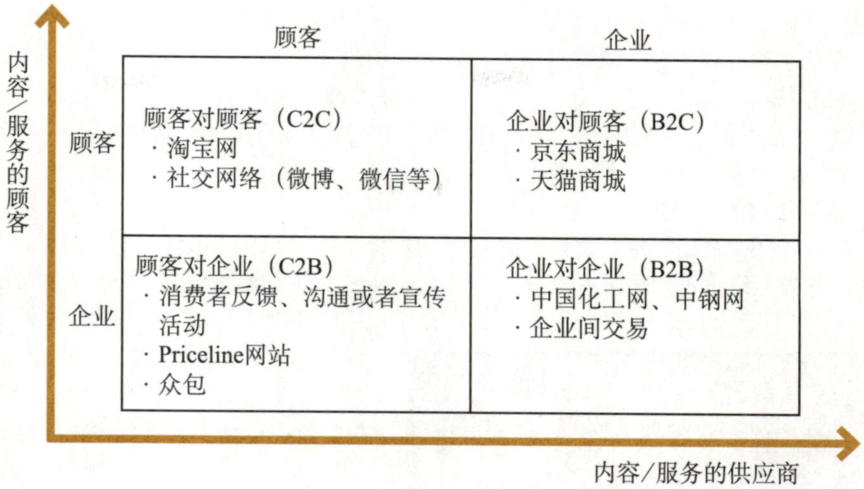

图 4-20　企业、顾客间可选择的商业模式图解

此外，如果考虑政府和公共服务组织，在电子政务领域，还有 B2G、C2G 等模式，这里的 G 即政府（government）。

▶ 基本概念

互联网（internet）
大众生产（peer production）
维基（wiki）
协同消费（collaborative consumption）
众筹（crowdfunding）
数字化营销（digital marketing）
互联网 +（internet plus）
网络经济（network economy）
开源软件（open source software）
众包（crowdsourcing）
分享经济（sharing economy）
网络营销（internet marketing）
再中介化（reintermediation）
慕课（mass open online course，MOOC）

▶ 应用与实战

1. 假如你想成为一名网红，你将运用哪些营销策略和手段来推广自己？
2. 假设你生活在 2025 年，互联网 + 各个产业部门均已经发展完全，请描述你一天的生活。
3. 选择一个你感兴趣的产业，论述该产业如何实施互联网 + 战略。
4. 选择一家你熟悉的传统企业，分析该企业如何在互联网时代进行转型。

▶ 案例

罗辑思维的野心与转型

一、“有种、有趣、有料”的罗辑思维

2016 年的跨年夜，超过 10 000 人选择来到深圳和一个姓罗的胖子一起度过。这个胖子是罗辑思维的联合创始人罗振宇。从 2015 年开始，他想为“时间”做一件事，即每年做一场跨年演讲，发愿至少“死磕 20 年”。

今年，罗胖没有食言。2016 年 12 月 31 日凌晨，罗振宇在深圳举办了“倒数第 19 场”演讲。四个小时、六个章节，一个神秘嘉宾——万科董事会主席王石在罗振宇第五章节的演讲结束后做了 15 分钟演讲，成为整场演讲的“意外惊喜”。

成熟的运营和豪华的嘉宾阵容让罗振宇的这次跨年演讲斩获颇多。在全国所有的直播节目当中，深圳卫视直播的这一场跨年演讲，收视率排在全国第一，超过“鲜肉”“花旦”云集的各卫视跨年晚会，可容纳 12 000 多人的演唱会场馆的上座率接近 80%。然而，罗振宇跨年演讲的门票却并不便宜，价格为：外场看台有 680 元、1 280 元和 2 080 元三种票价，内场 3 280 元，另有 20 年门票套餐价 4 万元。

二、罗辑思维的成长史

2012 年 12 月 21 日，知识型视频脱口秀《罗辑思维》正式上线（见图 4–21）。2013 年 8 月 9 日，罗辑思维推出“史上最无理”的付费会员制，仅半天就告罄，轻松入账 160 万元。2013 年 12 月 27 日，罗辑思维二期会员招募，且限定微信支付，24 小时内招收到 2 万会员，入账 800 万元。如今，罗辑思维在优酷上推出的 200 多期视频，到 2017 年 2 月 14 日已经有 459 792 063 的总播放量，每期视频的平均点击量超过 100 万，音频首发地喜马拉雅也有超过 600 万粉丝关注。

图 4–21 《罗辑思维》视频节目

资料来源：http://v.youku.com/v_show/id_XNDkxMDk2NTQw.html?spm=a2h1n.8261147.reload_1.1~3!10~5~A.

罗辑思维的口号是“有种、有趣、有料”，“死磕自己，愉悦大家”，做大家“身边的读书人”。在罗辑思维的运营初期，外界将罗辑思维的火爆归功于罗振宇本人的魅力：首先，罗振宇之前的工作领域属于传统媒体，他长期担任第一财经频道的主持人，组织节目的能力很强，能够有效把握“秀”的分寸，将熟悉的话题与陌生的知识紧密结合。其次，罗振宇还懂得互联网的逻辑。最后，罗振宇的知识广度、阅历和人脉超出绝大多数互联网业内人士。

总而言之，可以简单理解为：传统媒体人的内容积淀 + 互联网新媒体的渠道优势 = 罗辑思维的成功。

罗辑思维的成功可以算是传统媒体人转型成功的正面教材，然而其意义却不仅限于此。包括罗振宇本人在内，都将罗辑思维的成功视为“自媒体”商业模式的成功。自媒体强调互动式广播，听众参与互动甚至创造内容。

自媒体圈子可以分为三种：第一个是潘石屹模式，在产业链上自己生长出媒体，潘石屹其实就是 SOHO 中国的媒体，他把他表演、作秀、演讲、发微博、发博客形成的注意力倒灌回他自己的产业链，形成整个产业价值；第二个是媒体人以魅力人格体为核心自建产业链，如薛蛮子、罗永浩、郭德纲、郎咸平；第三个是像罗辑思维这样的自媒体。

三、罗辑思维为什么会火?

首先，从本质上说，罗辑思维搭上了信息时代的顺风车。在信息泛滥的时代，人们需要可信的知识源、可靠的知识，同时，也需要有效运用自己的自由时间，使时间的价值得到提升而不是浪费。人们的自由时间除了用于内容消费，还应更多用于内容分享和创造，而分享和创造的价值远大于消费。在互联网时代，无论多小众的兴趣，都存在利基市场，让你能够找到志同道合的人结成社群。互联网能将个人力量进行汇总，这种力量就是“认知盈余”。认知盈余是指受过教育并拥有自由支配时间的人有丰富的知识背景，同时有强烈的分享欲望，他们通过高效及多样化的沟通渠道形成社群限制。随着“认知盈余”时代的演进，更多自由时间的力量被利用，罗辑思维就是这种力量的聚集地之一。

其次，罗辑思维定位精准，成为整合资源的平台。罗辑思维的定位是打造自由人自由联合的知识社群。罗辑思维的用户被高品质的内容吸引，因为价值观彼此认同而形成关系。罗辑思维的目标人群是相信罗辑思维的品质、认同罗辑思维的内容和运作方式，并期待罗辑思维更好、更成功的人。罗辑思维不追求那种广大的服务性，甚至不需要传统大众传播中几百万人、几千万人的传播量。罗辑思维的目标会员对知识性产品有发自内心的热爱，彼此信任，有行动的意愿，且能付出行动。

未来在体验经济下，当一切产业的本质都是媒体的时候，所有产业链都必须生长出自己的媒体性。未来市场只存在两种必然：一种叫资源，一种叫运营资源的平台。未来只有两种角色可选：一是成为资源，二是成为整合资源的人。罗辑思维所推崇的手工艺人生活方式（U盘化生产方式：自带信息、不装系统、随时插拔、自由协作）是应对未来市场的有效工具。

最后，罗辑思维关注的焦点均是时代热点和敏感话题，既包括房价、慈善、民主、反腐、法制、政治体制改革等当今主流社会关注的热点，也包括找工作难、读博无用等生活化的话题。打着读书的名义，通过以史为鉴、洋为中用、立足国情帮助它避开可能的政治麻烦。

四、罗辑思维的“野心”

罗辑思维最初仅仅是一款互联网视频产品，现在它已经成为亲身践行互联网思维的知识社群。罗辑思维自媒体知识社群不仅包括视频、MP3、微信公众号、微博，还包括正式的会员、书籍等出版物、有道云笔记本，以及百度贴吧等。

市场演变首先是产品为王，然后是渠道为王，再过渡到内容为王，未来则是社群为王。在互联网时代，内容不值钱，因为内容太多了。互联网时代一旦去中心化，就没有所谓的粉丝经济，只有所谓的社群经济，社群经济的底层密码就是让一群沟通协作成本更低、兴趣点更相同的人结合在一起。社群由兴趣相同的人组成，人依附于各种社群。人们期待关联、渴望发展、关注新事物、拥抱变化，同时还要有归属感。

罗振宇在其《夜观天象》一文中阐述过罗辑思维的初期运营思路：

（1）推出自媒体视频；

（2）在APP上免费推广，依靠粉丝打赏；

（3）帮助其他自媒体人打造产品；

（4）寻求合作。

罗辑思维社群经济的发展大致可分为三个阶段，不同阶段的运营重点并不相同：

第一阶段，罗辑思维自媒体的品牌建设阶段。这一阶段主要是输出脱口秀视频并在微博和微信上进行推广，积累口碑。人们在新浪微博上@罗振宇，多半能得到本人的回复。罗辑思维最初几期的内容均由团队自己策划完成，吸引了大量观众。但罗振宇在视频节目中也承认，仅仅靠团队自身知识很难保证罗辑思维长期高品质内容的产生。

第二阶段，罗辑思维知识社群的形成阶段。从罗辑思维开放投稿开始，罗辑思维知识社群开始形成。从这时起，罗辑思维开始逐渐发挥自媒体的“互播式”优势。在内容方面，罗辑思维将之“众包”给广大听众，有了前期积累的数十万粉丝，即使只有一小部分与之互动，也能产生相当多的热点和素材。罗辑思维脱口秀视频的内容品质开始稳步提升，所谈所讲均是社会潮流。

第三阶段，罗辑思维社群经济的探索阶段。从招募会员开始举办活动即可算是真正的社群经济的探索，罗辑思维也将长期处在这个阶段。从招募到会员开始，罗辑思维采用社群经济的运作模式。这种模式分为两类：一类是群内互动；一类是社群电商，就是一起挣社群外的钱。最后，则是向其他产业延伸，形成更大的声势和共振。

群内互动的尝试包括帮会员相亲，女会员附上照片、简介和微信号，在微信公众号上广而告之，征集意中人。

社群电商的尝试就是正在进行中的“吃霸王餐”，已经征集到200家单位1万多个席位。通过罗辑思维合作平台的吸引力和社群成员本身的人脉，吸引外部商家免费参与这些活动。

再如，乐视免费给罗辑思维的会员提供高清电视作为福利，也正是看重罗辑思维知识社群的吸引力。

这两种模式的后续运营方式有很大的想象空间。比如说有会员想找工作，可以很快通过社群在外部找到。再比如许多会员想去旅游，可以找企业赞助，社群帮助打广告，会员帮助协调组织等。类似的行动召集将是低成本、高效率的。组织社群内的人一起来做，在社群内和社群外互动，是一件很欢乐的事情。

除了做服务以外，罗辑思维还可能借助社群做产品。例如推出罗辑思维的月饼，首先在社群内筹资，比方说 500 份，一份 1 万元，限会员，一天抢完，筹到 500 万元资本金。再把月饼的制作包括法律顾问、财务顾问等问题摊开，让会员认领。最后，接受全社会关于罗辑思维月饼的联合定制，挣到钱之后，把参加会员的工资付掉，留下 20% 做公益事业，剩下 80% 跟原始股东分成。

网上将类似的运作方式称为预售电商或是饥饿营销，大致步骤是：

（1）做品牌，积累口碑。

（2）建立社群，聚集对产品感兴趣的精准用户。

（3）先收钱再生产，利用原材料的差价赚取利润。

（4）分批放货，培养粉丝忠诚度。

（5）扩大产能，再做产品延伸。

目前较为流行的利用众筹来生产小众产品的运作方式与之类似。

五、罗辑思维的转型

外界对于罗辑思维的成功能否持续的怀疑源自两个方面：

（1）罗辑思维如何稳定、持续、标准化地生产出真正具有启发性的思想；

（2）罗辑思维如何在商业化和高品质间保持平衡。

罗辑思维对于标准化内容所做的努力除了定期的脱口秀外，就是坚持微信公众号每天早上 6 点半发布 60 秒语音信息。选择早上 6 点半发布是为了争取每天第一个需要阅读的碎片化时间，即早上上厕所的时间。

对于罗辑思维的未来走向是什么，或者说具体怎么服务会员，罗辑思维团队在不断试验中进步。与传统媒体相比，自媒体只需要很少的盈利就可以生存。尽管罗辑思维的定位是知识型社群或自媒体，但其线下活动却并不是严肃的读书会，而是相亲、吃霸王餐等看似无关的"有趣"活动，这并不是偏离定位，而是在向人们展示社群一呼百应的力量，未来的互联网时代也许就是无数个"小而美"社群的时代。

罗辑思维一直在思考和尝试，从与"2016 中国第一网红"Papi 酱合作创造天价广告拍卖到"分手"这几个大动作中可见一斑。

Papi 酱依旧是那个"集美貌与才华于一身的女子"，但是，由她主演的"2016 中国网红最强音"迎来了转折：Papi 酱和罗辑思维"分手"了。虽然罗辑思维提供并且组织了 Papi 酱 1 200 万元的首轮融资，但是近期罗辑思维正式退出 Papi 酱这一项目。

这不禁让人想起今年年初两者的"亲密无间"，为何仅仅 7 个月之后，剧情突然反转，两者上演"割席分坐"？Papi 酱、罗辑思维这对曾经的亲密"战友"，为什么会走到这一步？简单来说，是钱。更具体一点说，在如何赚钱这件事上，罗辑思维似乎已经取得了突破，进展不多的 Papi 酱最终只能被"放下"。当然，这也与罗辑思维的发展战略有关。

说起罗辑思维的变化，就要提到罗辑思维的另一个重要人物，罗辑思维联合创始人兼 CEO 李天田，网名"脱不花"。早在 2016 年 6 月初，她就曾发朋友圈表示：互联网的所谓"免费"是一个假象，本质是"转移支付"。到最后，与其复杂地转移，不如简单地收费。一个生产内容的人必须一边写字一边拉广告。这种复杂必无天理。最终只剩一个问题：内容生产者怎么生产出值得让用户掏钱的内容？

随后在混沌研习社线下活动中，她直接走上讲台，以《李翔商业内参》《雪枫音乐会》《槽边往事》为例，分享了在内容创业上罗辑思维走过的路与坑。其中她隐约提到了与 Papi 酱“分手”的关键想法：“后来我跟罗胖商量，投资这件事儿要画句号了，再也不能做了。不是我们投得不好，我们投的都是很好的公司，但就是因为它们太好，投资上我们可能要赚很多钱，我们就容易受到诱惑。所以，这是我们的耻辱，为什么？说明你没有把精力放在你最该干的事情上。用户的时间是有限的，我们的时间也是有限的。之所以你能把这个公司做得还不错，不是因为你做啥事儿都行，而是因为你只能做这件事。”事实证明，脱不花的确是“言既出行必果”。

无论是知识经济还是网红经济，这次“分手”都意义重大。

首先是网红经济。2016 年，网红形成一波浪潮。但是随着时间的推移，这股浪潮的高峰似乎已经过去，礁石逐渐露出海面。这对于仍未能找到自身内容延续和盈利方式的网红来说绝对不是个好消息。同时，通过全新组织方式形成的短视频内容，经过一年多的尝试基本形成了自己的商业逻辑，但其盈利方式依旧无法摆脱传统内容依赖的植入。营收和用户体验的权衡还要继续。

知识经济显得更为重要。首先是持续高涨的消费升级“浪潮”。其次是商业模式似乎迎来了一次“返祖”：原先多次转移、转化才能最终达到目的的商业模式的竞争力愈发下降，取而代之的是更加“简单粗暴”的在关键核心点抓住用户需求的商业模式。最后是国人逐渐淡化的“免费意识”，视频网站必看的各种广告，越来越多的收费资讯平台，以及试用完就要购买的软件，成为越来越多人的选择。

正如 BAT 三巨头所言，互联网时代已经迈向下半段，互联网环境就是我们的生活环境，也是我们的营销环境，互联网技术、互联网思维已经融入生产、生活的方方面面，罗辑思维作为其中优秀的代表正站在趋势的潮头。当罗辑思维摸着石头过河时，我们是继续站在河边围观，论证浪潮是否存在，还是试着去打造自己的过河之舟呢？

思考题

1. 结合本章所学内容分析罗辑思维成功的主要原因。
2. 新媒体具有哪些传统媒体不具备的优势？
3. 如何评价罗辑思维的社群经济？
4. 你如何看待罗辑思维作为自媒体的转型？
5. 根据罗辑思维的现状，结合互联网环境，你对目前的自媒体工作者有哪些建议？

资料来源：1. 自媒体案例分析：“罗辑思维”成长经历 .（2014-07-22）. http://www.useit.com.cn/thread-6899-1-1.html.

2. 罗辑思维 4 小时跨年演讲干货全文：2016 年的“五只黑天鹅”.（2017-01-01）. http://money.163.com/17/0101/02/C9LN9TQ5002580S6.html.

▶ 参考文献

［1］王玮，梁新弘 . 网络营销 . 北京：中国人民大学出版社，2016.

［2］朱迪·斯特劳斯，雷蒙德·弗罗斯特 . 网络营销：第 7 版 . 北京：中国人民大学出版社，2015.

［3］戴夫·查菲，菲奥纳·埃利斯-查德威克 . 网络营销：战略、实施与实践：第 5 版 . 北京：机械工业出版社，2015.

［4］朱迪·斯特劳斯，阿德尔·埃尔-安萨瑞，雷蒙德·弗罗斯特 . 网络营销：第 4 版 . 北京：中国人民大学出版社，2007.

［5］加里·P. 施耐德 . 电子商务：第 7 版 . 北京：机械工业出版社，2008.

［6］菲利普·科特勒，加里·阿姆斯特朗 . 市场营销：原理与实践：第 16 版 . 北京：中国人民大学出版社，2015.

［7］菲利普·科特勒，凯文·莱恩·凯勒 . 营销管理：第 14 版 . 北京：中国人民大

学出版社，2012.

[8] 董大海．营销管理．北京：清华大学出版社，2010.

[9] 李怀斌．市场营销学．2 版．北京：清华大学出版社，2012.

[10] 王建伟，张乃侠．网络经济学．北京：高等教育出版社，2006.

[11] 阿里研究院．互联网 +：从 IT 到 DT. 北京：机械工业出版社，2015.

[12] 孟韬，毕克贵．营销策划：方法、技巧与文案．2 版．北京：机械工业出版社，2012.

[13] 孟韬，孔令柱．社会网络理论下“大众生产”组织的网络治理研究．经济管理，2014（5）.

[14] 孟韬，张媛，董大海．基于威客模式的众包参与行为影响因素研究．中国软科学，2014（12）.

[15] 孟韬，张黎明，董大海．众筹的发展及其商业模式研究．管理现代化，2014（2）.

[16] 赵大伟．互联网思维—独孤九剑．北京：机械工业出版社，2014.

[17] 李光斗．分享经济．北京：机械工业出版社，2016.

[18] 胡海波．Web 3.0 环境下基于用户兴趣的信息聚合服务．情报理论与实践，2014，37（8）.

[19] 邓乔茜，王丞，周志民．社会化媒体营销研究述评．外国经济与管理，2015（1）.

[20] 王雪冬，董大海．国外商业模式表达模型评介与整合表达模型构建．外国经济与管理，2013，35（4）.

[21] 刘艳．移动互联时代场景营销探析．西部学刊，2016（18）.

[22] 王世华，冷春燕．互联网再认识：去中心化是个伪命题？——兼与李彪先生商榷“中心化”问题．新闻界，2013（20）.

[23] 叶丹．互联网“去中介化”，颠覆还是共赢?．南方日报，2015-04-16.

[24] 作物静思．分享：大数据经典案例与谬误．（2016-09-19）．数据猿．http://www.datayuan.cn/article/7371.htm.

[25] 张陆．大数据大营销——全息大数据营销研究探索．（2015-01-21）．http://www.aliresearch.com/circle/index/detail/id/411.html.

[26] 国务院办公厅关于印发全国医疗卫生服务体系规划纲要（2015—2020 年）的通知．（2015-03-30）．中国政府网．http://www.gov.cn/zhengce/content/2015-03/30/content_9560.htm.

[27] “旅游 + 互联网”到底为旅游业带来了什么?．（2016-01-13）．http://tour.dzwww.com/shandong/mstc/201601/t20160113_13675439.htm.

[28] 何婷．网红互联网营销模式．（2016-06-01）．网络营销能力秀．http://www.wm23.cn/art/490970.html.

[29] 互联网的那些事．互联网时代的商业新规则——新“4C”模型．（2015-03-18）．http://mp.weixin.qq.com/s?__biz=MzA4MzQ2MzgzNw==&mid=207520258&idx=1&sn=f5eaad49964dcca28ba3fd8309aba008&3rd=MzA3MDU4NTYzMw==&scene=6#rd.

[30] 终于有人把 P2P、P2C、O2O、B2C、B2B、C2C 的区别讲透了!（2014-12-25）．MBA 智库．http://news.mbalib.com/story/88506.

第 5 章

购买者行为分析

学习目标

- ▷ 掌握市场的要素与类型，定义消费者市场和组织市场。
- ▷ 理解消费者行为模型。
- ▷ 指出影响消费者购买行为的因素。
- ▷ 掌握消费者如何制定购买决策。
- ▷ 确定影响组织购买者行为的主要因素。
- ▷ 了解组织购买决策过程。

引例　Vans 50 周年，用一个创意短片讲述半个世纪的品牌故事

1966 年 3 月 16 日，范·多伦（Van Doren）和三个合伙人在美国加州的阿纳海姆开设了 Vans 的第一家零售店铺。开张第一天，12 位顾客光顾了这家店铺，买走了当天赶制出来的鞋。50 年后，Vans 已成为全球最大的青年文化品牌之一，支持着年轻人在极限运动、艺术、音乐和街头文化领域的创意自我表达。

2016 年，Vans 推出 "The Story of Vans" 短片，该短片是其 50 年来首次借助艺术的表达方式来展示品牌的里程碑（见图 5-1）。著名演员兼极限运动爱好者夏雨为这个纪念短片的中文版献声，英语系列短片的配音则分别由不同领域的代表人物完成。

"Off The Wall" 是 Vans 品牌的标志，同时也是极限运动的象征。1976 年，滑板界的元祖级人物托尼·阿尔瓦（Tony Alva）成为第一位做出 Off The Wall（即滑离碗池后平稳着陆）空中动作的滑手，从那之后 Vans 鞋后跟上就开始采用 "Off The Wall" 这个标识，它表达了一种创新以及张扬自我风格的精神，代表了极限运动和年轻文化。50 年来，Vans 在极限运动、时尚、音乐和艺术领域创造了诸多具有 "Off The Wall" 精神的里程碑，这样一双简单的帆布

图 5-1 Vans 50 周年纪念短片

资料来源：http://www.zcool.com.cn/special/vanshouse/assets/img/v2.jpg.

图 5-2 Vans 与街头运动

资料来源：http://www.zcool.com.cn/special/vanshouse/assets/img/pics/China.jpg.

鞋，让 Vans 这个品牌成为全世界个人创意展现的平台。今天，Vans 用自己独一无二的魅力征服了越来越多的年轻人，在他们心中，50 岁的 Vans 早已不仅仅是一双鞋、一件衣服，而是与众不同的生活态度。由于每一款鞋子都是与众不同的，张扬着青春的活力，因此成为很多人争相拥有的“挚爱”。

可以说，极限运动是滑板、冲浪、滑雪、尾波滑水、小轮车、越野摩托车等，年轻文化是艺术、音乐、街头文化等。而 Vans 就是极限运动和年轻文化的代表（见图 5-2）。

Vans 公司明白，它给顾客提供的不仅是一双优质的帆布鞋，而且是与之相随的热血青春。在营销过程中，Vans 紧紧与极限运动、年轻文化相结合，在不断提升设计及工艺水平的同时，兼顾情怀。如在著名的《速度与激情》系列电影中，故去的电影演员保罗·沃克一直穿着 Vans 的经典鞋款，为影迷献上了精彩的表演；为了迎接中国的农历鸡年，Vans 推出了“鸡飞狗跳”主题的鸡年生肖鞋款等。

Vans 不仅是一双鞋，更是极限、滑板、潮流、年轻的代名词，它让消费者享受青春与激情。

资料来源：1. Rosy. Vans 50 周年，用一支创意短片讲述半个世纪的品牌故事 .（2016-03-18）.http://socialbeta.com/t/vans-celebrates-50-years.

2. Vans. 互动百科 . http://www.baike.com/wiki/VANS.

第 1 节 市场的要素与类型

一 市场的含义与要素

（一）市场的含义

市场是一切具有特定的欲望和需求，愿意且能够以交换来满足此欲望和需求的潜在和现实顾客的集合。随着社会分工和商品经济的发展，市场的概念具有多重含义。

（1）市场是商品交换的场所，即买卖双方进行交易的地点或场所。这重含义体现的是市场的空间性质。任何商品交换活动，包括与商品实体运动相脱离的期货交易，以及信息、技术等无形商品的交易行为，都是借助现代化的交易手段，在特定的交易场所中进行的。从场所这一角度定义市场为企业开展营销活动提供了空间基础。

（2）市场是各种市场主体之间经济关系的总和。这重含义充分体现了市场的经济关系性质。在商品经济条件下，所有商品生产者、经营者、消费者或其他经济主体，都必须通过市场从事交换活动，从而发生经济联系，实现各自利益。因而，市场成为以交换关系为主的各种经济关系的综合体。企业作为市场活动的重要主体之一，在营销过程中必须协调各类主体之间的经济利益关系。

（3）市场表现为对某种商品的需求。由于市场产生的基础是商品所有者为满足各自需要而相互交换产品，因此需求是市场的基本特征。在商品经济条件下，市场在消费者需求这一层次的含义集中体现了现代市场的本质。认识这重含义对企业开展市场营销具有重要意义，因为企业是以消费者的市场需求为出发点做出生产经营决策的。从这个意义上说，市场是指具有特定的需求或欲望，愿意并能够通过交换来满足这种需求或欲望的潜在顾客的集合体。

（4）市场是经济生活的综合体现，也是资源的主要配置者和经济活动的主要调节者。这是宏观层次的市场含义。在这一层次，市场不仅表现为交换场所、交换关系，而且包括生产、分配和消费等各个领域，体现了社会再生产的全过程，是社会经济运行的总体反映。不仅如此，在商品经济条件下，市场还是配置资源和调节经济的主要力量，任何企业都要受到大市场环境的影响和制约，按照市场导向配置各种生产要素，开展营销活动。

市场的上述多重含义从不同角度和层次概括反映了市场的基本特征，对企业开展市场营销活动具有不同的意义。因此，应当完整、全面地理解和认识市场，以便为企业掌握市场营销活动的规律奠定基础。

（二）市场的基本构成要素

市场是由各种基本要素组成的一个有机体。正是这些要素之间的相互联系、相互作用，决定了市场的形成，推动着市场的现实运动。

1. 卖方角度

从卖方角度来看，市场主要包括以下要素：

第一，人口。需求是人的本能，因此对物质生活资料及精神生活资料的需求是人类维持生命的基本条件。哪里有人，哪里就有需求，就会形成市场。人口的多少决定了市场容量的大小，人口的状况影响着市场需求的结构和内容。构成市场的人口因素包括总人口、性别和年龄结构、地理分布、家庭户数和家庭人口数、职业和文化程度、民族与宗族信仰等。

第二，购买力。购买力是指人们支付货币购买商品或劳务的能力。人们的消费需求是通过用手中的货币购买商品来实现的。因此，在人口状况既定的条件下，购买力就成为决定市场容量的重要因素之一。市场的大小直接取决于购买力的高低。一般情况下，购买力受到人均国民收入、消费结构、个人收入、社会集团购买力、平均消费水平等因素的影响。

第三，购买欲望。购买欲望是指消费者购买商品的愿望、要求和动机。它是把消费者的潜在购买力转变成现实购买力的重要条件。如果仅仅具备一定的人口和购买力，但消费者缺乏强烈的购买欲望，那么商品买卖就不能发生，市场也无法存在。因此，购买欲望也是市场不可缺少的构成要素。

2. 宏观角度

从宏观角度来看，市场主要包括以下要素：

第一，一定量的可交换的产品。这里的产品既包括有形的物质产品，也包括无形的服务，以及各种商品化的资源要素，如资金、技术、信息、土地、劳动力等。市场的主要活动是商品交换，所发生的经济联系也是通过商品的购买或售卖来实现的。因此，具有一定量的可交换产品是市场的基本构成要素，也是市场存在的物质基础。如果没有可供交换的产品，市场就不会存在。

第二，为市场提供商品的卖方。商品不能自己到市场上去与其他商品进行交换，而必须由它的所有者——出售商品的当事人，即卖方带到市场上进行交换。在市场中，商品的所有者把他们的意志——自身的经济利益和经济需要——通过商品交换反映出来。因而，卖方或商品所有者就成为向市场提供一定量商品的代表，并作为市场供求中的供应方成为基本的市场构成要素之一。

第三，有支付能力的商品需求及其人格化的代表者——买方。卖方向市场提供商品后，还需寻找既有需求又有支付能力的购买者，否则，商品交换无法完成，市场也就不复存在。因此，以买方为代表的市场需求是决定商品交换能否实现的基本要素。

商品、供给、需求作为宏观市场构成的基本要素，通过其代表者——买方和卖方的相互联系，推动市场的总体运动。

二 市场的主要类型

市场按商品的属性可分为一般商品市场和特殊商品市场。一般商品市场是狭义的商品市场，又称货物市场；特殊商品市场指为满足人们对资金及各种服务的需要而提供的市场，包括金融市场（或称资本市场）、劳动力市场、技术市场和信息市场等。

一般商品市场由消费者市场和组织市场构成，是营销者在制定营销战略和策略时首要考虑的市场环境。

（一）消费者市场与消费者购买行为

消费者市场（consumer market）亦称消费品市场，是由消费者构成的市场。消费品就是用于个人消费和家庭消费的商品，消费者就是为满足自己的物质和精神需要购买商品的个体和家庭。因此消费者市场可以理解为为满足个人和家庭的消费需求而提供商品或服务的市场，也可称为“最终消费者市场”，出现在该市场上的商品和服务一旦被消费者购买便不再经过商业程序，划分标准是商品的用途。

消费者购买行为（consumer buying behavior）是指最终消费者为个人消费而购买商品和服务的行为。

全球各地的消费者在年龄、收入、受教育水平以及品位等方面有很大的差异，所购买的商品和服务也千差万别。这些多样化的消费者与他人及环境相互联系所构成的消费者市场是现代营销学的主要研究对象。成功的营销管理者是那些能够有效地开发对消费者有价值的商品和品牌，并且用具有吸引力和说服力的方法把商品和品牌有效地呈现给消费者的人。研究消费者市场和消费者行为就是要真正了解消费者的需求，做出适合目标市场的营销决策，减少产品失败的事情发生。

（二）消费者市场的特点

消费者市场有以下五个主要特点：

第一，消费者人多面广。在商品经济条件下，每个人都必须从市场上获得所需商品。

第二，需求差异性较大。消费者由于年龄、性别、职业、教育、民族、生活习惯等不同，会产生不同的需求与爱好。

第三，小型购买、多次购买。消费者受收入和家庭储藏条件的限制，每次购买量都比较小，但因为许多消费品是连续消费的，故而购买次数较多。

第四，多属非专家购买。消费品的种类繁多，消费者不可能对这些商品进行专门研究，因而缺乏充分的知识准备，这样就容易在外界环境的刺激下冲动购买商品。消费者市场的商品又可分为便利品、选购品和特殊品。在消费者市场上，消费者拥有安全权、认知权、选择权和申诉权等基本权利。

第五，购买流动性大。由于家庭收入及储藏条件等的限制，消费者的购买量相对比较小，商品并不需要在固定地点购买，具有购买流动性。

（三）组织市场与组织购买者行为

组织市场（business market）是由为获利而购买某种标的的个人和组织所构成的顾客群。有学者将其定义为除了消费者市场以外的所有市场，包括农业市场、矿业市场、建筑市场、制造业市场、交通运输市场、房地产市场、金融保险市场、服务市场和政府市场等，也包括以营利为目的的小商贩的中间商市场。

这个定义强调了组织市场与消费者市场的本质区别：经营者为获利而购买，而消费者为个人消费和使用而购买。政府和大学等公共事业是一个特例。它们虽然不是为了获得利润，但也讲究投入产出的经济性，少花钱多办事、办好事。

组织购买者行为（business buyers behavior）指一些组织为了出售、租赁或供应其他组织生产而购买产品和服务的行为，也包括零售和批发企业的购买行为，它们购买产品和服务是为了转售或出租给其他人以此谋利。在组织购买过程中，组织购买者首先决定需要什么产品和服务，然后寻找备选的供应商和品牌，并进行评价和选择。

组织市场可以分为四类：第一，产业市场，又叫生产者市场或企业市场，是指一切购买产品和服务并将其用于生产其他产品或服务，以供销售、出租或供应给他人的个人和组织。产业市场通常包括农业、林业、水产业、制造业、建筑业、通信业、公用事业、银行业、金融业、保险业、服务业等。第二，转卖者市场，是指购买产品和服务并转售或出租给他人，以获取利润为目的的个人和组织，一般包括各种批发商和零售商。第三，政府市场，是指为执行政府职能而采购或租用商品的各级政府单位，一个国家政府市场上的购买者是该国各级政府的采购机构。第四，非营利机构，是指具有慈善、教育、社区或其他服务性质的团体，如医院、教堂、学校、博物馆和养老院，非营利机构通过购买产品和服务发挥其职能。

（四）组织市场的特征

组织市场有以下几个主要特征：

第一，购买人数较少，购买规模较大。在规模巨大的组织市场中，大部分的需求来源于少数几个买家。

第二，组织市场的需求具有刚性。相比消费产品，组织市场上的价格变动对许多工业品的需求影响不大。需求最终来源于人们对消费品的需求，比如，消费者在选购电脑时，一般不会直接选择单独的处理器、显卡等部件，而是购买苹果、联想、戴尔等品牌的电脑整机，这些设备中包含英特尔处理器等各种配件，这里的英特尔处理器一般是由组织购买的，是典型的组织购买者行为。

第三，购买决策参与者多，工作专业。与消费者购买相比，一般组织购买由受过训练的采购代理人完成，若购买过程非常复杂，会有相应的采购小组。

第四，购买决策复杂。组织购买一般涉及大量资金以及复杂的技术，买卖双方组织有不同层次的人员互动，购买达成的时间较长，需要经历询价、竞标、审批等一系列流程。

可以说，组织购买者不仅仅通过组织市场购买到满意的产品或服务，更重要的是达成组织间长期的战略伙伴关系。

第 2 节　消费者市场购买行为分析

一　消费者行为模型

消费者每天都在制定购买决策，在此过程中产生的消费者行为是回答消费者买什么、在哪里买、如何买、何时买、买多少以及为什么买等问题的答案，值得市场营销者仔细研究。但是，了解消费者购买的原因难之又难，因为消费者一般不会轻易表达，而且大多数时候就连消费者自己也不清楚究竟是什么影响了他们的购买决策。那么，究竟消费者对企业采取的营销策略的反应如何？让我们一起来了解消费者行为模型，探索消费者内心深处关于购买决策的秘密。

（一）刺激–反应模型与 AIDMA 模型

行为心理学的创始人约翰·沃森（John B.Watson）指出，人类的复杂行为可以分解为两部分：刺激和反应。人的行为是受到刺激的反应。刺激来自两方面：身体内部的刺激和体外环境的刺激，而反应总是随着刺激呈现的。

按照这一原理分析，从营销者角度出发，企业的许多市场营销活动都可以视作对购买者行为的刺激，这些刺激称为“市场营销刺激”，包括 4P——产品、价格、渠道和促销，是企业有意安排的对购买者的外部环境刺激。此外，购买者还会受到其他方面的外部刺激，包括购买者所处环境中的重要力量和事件，比如经济、技术、政治和文化等方面。

在营销学中，人们经常会提到一个词，那就是消费者“黑箱”。所谓黑箱，是指人们不能或暂时无法分解以直接观察其内部结构，或分解后其结构和功能即遭到破坏的系统。消费者黑箱又称购买者黑箱，是指消费者在受到外部刺激后所产生的心理活动过程。由于它对企业来说是一种看不见、摸不着、不透明的东西，故称为消费者黑箱。

从营销角度来看，消费者黑箱将揭示什么人在什么时间、什么场合，抱着什么目的去消费什么产品。许多商家虽然知道自己产品的质量、价格以及消费者购买的结果，但消费者是怎么想的，他们的决策过程是什么样的，商家却不知道。

所有这些刺激进入购买者黑箱后，经过一系列的心理活动，产生人们看得到的购买者反应：购买还是拒绝，或是表现出需要更多的信息。这就是购买者行为的刺激–反应模型，如图 5–3 所示。

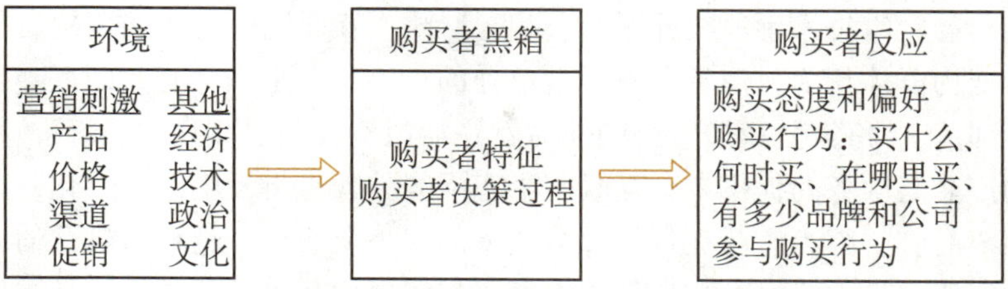

图 5–3 购买者行为的刺激–反应模型

1898 年，美国广告学家 E.S. 刘易斯提出了 AIDMA 模型，总结了消费者在购买商品前的心理过程，即由最开始的引起注意（Attention），产生兴趣（Interest），培养欲望（Desire），形成记忆（Memory），到促成最终购买行动（Action）。AIDMA 模型适用于传统的大众传播环境，在这一环境中，人们往往从报纸、杂志、广播、电视等媒介获取相应的产品信息，被广告吸引，产生兴趣和认同感，当消费欲望被激发后，就会记住产品信息，最终购买产品。

（二）互联网时代的消费者 AISAS 模型

AISAS 模型是日本电通公司针对互联网时代消费者生活形态的变化，提出的一种全新的消费行为分析模型。2005 年，日本的四大传统广告媒体形式的投入金额与上一年相比有所下降，反而网络广告的投入暴涨了 54.8%。为了定义由网络及移动电话的普及所导致的新消费趋势，电通公司创造了 AISAS 模型。针对消费者行为变化而构建的 AISAS 模型同样具有五个环节：广告首先仍然要吸引消费者的注意（Attention），触发消费者的兴趣（Interest），消费者被吸引后就会通过网络搜索（Search）信息为购买决策提供依据，在行动（Action）之后，消费者会在各种网络平台上发表自己的使用感受，分享（Share）自己的消费经验与产品信息。

基于网络特质的 AISAS 模型不仅要引起消费者的注意使其产生兴趣，更重要的是能够让消费者主动参与消费的全过程，并在消费后自发向周围传播信息。AISAS 模型的营销法则中，两个具有网络特质的“S”——Search（搜索）和 Share（分享）的出现——展现了互联网时代下搜索和分享的重要性，传统单向的灌输已经过时，互联网对人们的生活方式和消费行为产生了巨大的影响（见图 5–4）。

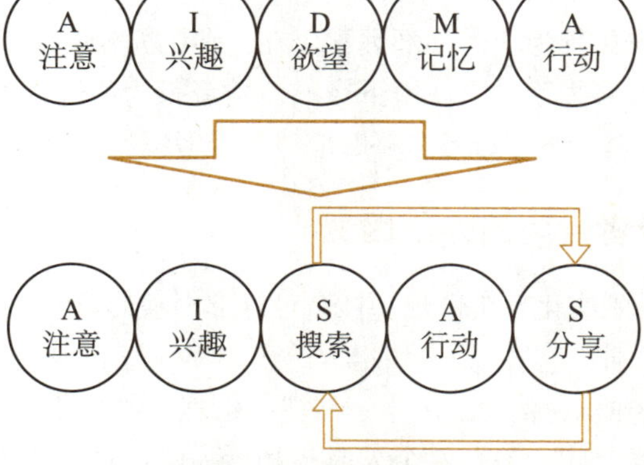

图 5–4 互联网时代的消费者 AISAS 模型

（三）互联网 + 消费者

在移动互联网背景下，“消费者”这个词被重新定义，他们不再是彼此隔离的孤岛，而是通过网络社区等技术手段彼此联结、相互影响。互联网生态下的消费者行为正在从个人行为转变为群体行为，消费者不再是单独的个人，而是一个有共同兴趣、爱好与价值的群体（部落）。每家公司最重要的使命就是与消费者共建文化“部落”，并成为这个文化部落的产品与服务的提供者。互联网生态下的品牌也将发生巨大变化，即从公司品牌转变为用户品牌，因为生活在群体部落之中的“小众”越来越相信自己的同类而不再相信公司的宣传，更重要的是，产品的价值更多体现为互动价值，而不是过去强调的性价比或所谓的品牌体验。

在互联网时代，消费者自组织正在成为创新活动的主要推动者，新一代企业要贴近消费者，高效分析并深刻理解其需求，传统的公司只会沦为用户平台的附庸。“底层的力量”正是互联网的魅力所在，这种力量主要体现在同类聚合上，包括价值观聚合、情绪聚合、兴趣聚合三类。

第一是价值观聚合。一旦把互联网平台当成一种生活平台，上网首先就是一种思想、一种观念，或者说是一种思维方式。互联网时代，企业的价值观成为聚合消费者的核心要素。如果消费者认同这个价值观，不给钱也会参与，从这个意义上讲，消费是一种基于价值观的行为。互联网是以人而非产品为中心的。

第二是情绪聚合。移动互联网具有“复合”情绪的文化功能，这是因为某种情绪是有着某种感受的一群人才会有的，过去这些人分散在各地，现在互联网让有着共同情绪的人找到共同的平台，情绪因此成为强大的力量。人天然是情绪动物，情绪的共鸣会产生强大的力量，这种力量远比领袖的号召要强大得多，因此，基于情绪的聚合是互联网上消费者最常见的聚合。

第三是兴趣聚合。所谓“物以类聚，人以群分”，人们最基本的聚合方式包括兴趣聚合。企业众包、维基百科、百度知道等都是人们以兴趣聚合，共同完成任务的典型代表。事实上，互联网的成功大多源于聚合，如谷歌、百度是信息聚合的成功，新浪、搜狐是新闻聚合的成功，天猫商城、京东商城是卖家聚合的成功。聚合如此强大，是因为聚合不再强调“你我”，公司之间、个人之间不再有界限，一切只因为客户价值而存在，一切只因为创造价值而共享共生。

二 影响消费者购买行为的因素

关于影响消费者购买行为的内外部因素，在经典的营销和组织行为学教材中多有涉及，然而我们不能忽略那些互联网环境下影响消费者行为的因素。虽然营销人员无法控制这些因素，但在制定营销战略以及策略时应该综合考虑这些因素。

（一）影响消费者行为的外部因素

消费者行为主要受到文化、价值观、社会等外部因素的影响。

1. 文化因素

文化（culture）是知识、信念、艺术、法律、伦理、风俗和大多数社会成员所共有的能力、习惯等构成的复合体，是引发个人愿望和行为的最根本原因，不仅影响人们的偏好，还会影响人们决策的方式。

小贴士5-1　猫屎咖啡与虫子奶酪：饮食的文化差异

文化是一个综合概念，它包括影响个体思维过程与行为的各个方面。文化是一种习得行为，而人类的行为方式大多是通过学习获得的，并非与生俱来，因此文化广泛影响着人们的行为。文化很少明确规定详细的行为规范，这是由于现代社会比较复杂。我们往往很少意识到文化的影响，因为我们总是与同一文化下的其他人一样行动和思考，只有这样看起来才是“正常的”，这些行为也就内化成我们的行为。文化并非静态的，它会随时间的变化而逐渐演变。市场营销者一方面要了解目标市场现有的文化，另一方面要努力发现文化变迁，以发掘潜在的产品需求。

亚文化（subculture）是主文化的一部分，其成员具有共同的独特的价值观和行为模式，亚文化的成员是他们生活在其中的主文化的一部分，因此其行为、信念都打上了主流文化的烙印。亚文化也可以理解为因相同的生活经历和背景而具有共同价值体系的人群，包括民族、宗教、种族和地域等。许多亚文化形成了重要的细分市场，市场营销者需要根据该细分市场的需要制定营销计划。中国广袤的地域以及多民族的特性形成了多种亚文化。

2. 价值观因素

文化价值观是社会普遍倡导的信念。为理解消费者当前和未来的行为，需要了解潜在价值观的变化，与此同时，公司营销组合的各个方面都应与目标市场的价值观保持一致。最常用到的有绿色营销、公益营销和基于性别的营销。

第一，绿色营销。伴随着对环境问题的日益关注，绿色营销理念被提出，主要包括三个方面：一是产品的生产、使用和废弃物的处理与传统同类产品相比对环境的破坏更小；二是开发对环境有积极影响的产品；三是把产品的购买与某个环保组织或事件挂钩。如著名户外品牌 Timberland 用环保材料制成耐用的、可回收的产品，李维斯推出有机棉牛仔裤等。

小贴士5-2　公益营销的全球开山鼻祖——美国运通

第二，公益营销。公益营销将企业及其产品与相关事件或公益事业结合在一起，目的是在为相关公益事业发展出力的同时提高产品销售额或改善企业的形象，与消费者建立一种长期关系，树立企业与品牌形象。

小贴士5-3　男性护肤品市场

第三，基于性别的营销。现代生活方式对有关性别的价值观有显著影响，在几乎每一个产品或服务领域，营销人员都清醒地认识到男性、女性两个细分市场的巨大潜力。近年来针对男性的营销迅速发展，“男性专用”“男士专属”等字眼频繁出现在广告中，将传统价值观中不易被男性接受的产品及服务重新包装，取得了显著效果。

3. 社会因素

消费者行为会受到社会因素的影响，包括消费者所处的群体、家庭以及社会角色和地位等。

第一，**群体**（group）。成员群体是个人从属且受到直接影响的群体，参照群体是个人态度或行为形成过程中直接或间接对比或参照的对象。成员群体和参照群体会对消费者行为产生显著影响，其中，参照群体展示了新的行为和生活方式，影响着人们的态度和自我观念，进而影响人们对产品和品牌的选择。目前各品牌签约的代言人就是典型的崇拜性群体，购买者会因为某品牌代言人而做出购买决策。

小贴士 5-4 “小鲜肉”营销：中国智能手机代言之战

2016 年是中国智能手机硝烟迭起的一年，IHS Technology 的数据显示，2016 年第三季度中国智能手机市场销量为 1.23 亿台，较上年同期增长 15%。OPPO 首次在中国智能手机市场季度排名第一，vivo 凭借 X7 的热销排名第二，华为排名第三，小米和苹果分列第四、第五。三星则由于 note7 爆炸事故而被甩出中国市场前五。

值得一提的是，OPPO 和 vivo 有极大的渊源。要知道 vivo 和 OPPO 是什么关系，就得先聊聊段永平。说起段永平，也许没几个人知道他是谁。但如果说起小霸王、步步高、vivo、OPPO 这几个品牌，恐怕很多人都有印象，特别是 70 后、80 后，他们是伴着“小霸王学习机”的广告语长大的。段永平就是这几个品牌的幕后大老板。2001 年，在段永平的牵头下，三家公司共斥资 3 0C0 万元注册了 OPPO。不过由于沈炜、黄一禾无意投身 OPPO，所以陈明永直接买断了 OPPO 品牌的权限。2011 年，根据发展需要，步步高通信科技为旗下的智能手机推出了一个新的商标——“vivo”，经过几年的发展成为目前的维沃移动通信有限公司。可以说，二者为嫡系，但独立经营、互相合作和竞争。

近年来 vivo 和 OPPO 手机的广告遍布大街小巷，国内收视率最高的两档节目《快乐大本营》和《奔跑吧兄弟》长期被这两个手机品牌冠名，这两个品牌在国内青少年群体中的知名度不亚于苹果、三星等一线品牌。与此同时，它们先后签下了鹿晗、李易峰、TFboys 等当红“小鲜肉”，取得了相当好的营销效果。其他智能手机厂商不甘落后，纷纷花大手笔，如金立手机签下著名导演、影帝冯小刚，小米手机签下吴秀波，华为手机签下球星梅西。一时间，百家争鸣。

不可否认的是，各界“小鲜肉”作为部分购买者的崇拜性群体对购买行为具有显著影响，但对智能手机市场而言，更重要的是回归产品和服务，说到底营销是基于企业自身的研发、创新、生产实力。

资料来源：中国智能手机行业的发展现状及前景分析.（2016-12-29）. 中国投资咨询网. http://www.ocn.com.cn/chanjing/201612/kbqer29155347.shtml.

第二，家庭。家庭成员对购买者的行为也有很大的影响，作为社会中最重要的消费购买组织，市场营销者对家庭各成员在不同产品和服务的选择和购买过程中所扮演的角色非常感兴趣。

家庭生命周期对于市场细分和制定营销策略来说，是一个非常有效的工具，反映一个家庭从形成到解体的循环运动过程。使用家庭生命周期进行分析时有一个基本的假定，即大多数家庭都会经历若干阶段，这些阶段各有特点，具有不同的经济状况和购买模式。

在家庭生命周期的不同阶段所做的家庭决策也不尽相同，家庭决策是指直接或间接由两个及以上家庭成员做出的购买决策。家庭决策具有感情色彩，会影响家庭成员彼此之间的关系，在家庭开支上意见不一致常常是导致家庭矛盾的主要原因之一。

第三，社会角色和地位。个体可能同时归属于家庭、组织等多个群体，每个人在群体中的位置由其社会角色和地位决定。人们普遍会选择适合自己角色和地位的产品，而企业在营销中会突出产品和服务的定位，以精准的形象展示给消费者。如专业的体育用品品牌迪卡侬、专注大众家居的宜家、关注精致奢华的香奈儿等。

(二) 影响消费者行为的内部因素

消费者行为同时受到个人、心理等内部因素的影响。

1. 个人因素

个人因素是消费者购买决策过程最直接的影响因素，也是最易识别的因素。它包括消费者的年龄与生命周期阶段、职业和经济状况、生活方式、个性和自我概念。

第一，年龄与生命周期阶段。年龄不同的消费者，其需要与欲望有所不同，即使相同，需求量也有较大差别。例如，小孩喜欢吃糖，但老年人对糖则很谨慎，糖尿病患者对糖更是要小心。又如，小孩对玩具的需求比成年人更大。

第二，职业和经济状况。职业对消费的影响是显而易见的。大学教师每年要用千余元购买书籍、订阅报刊，其他职业者在这方面的花销则要小些。经济状况包括收入、储蓄、资产、债务、借贷能力以及对待消费与储蓄的态度等。消费者的经济状况既与个人能力有关，也与整个经济形势有关。

第三，**生活方式**（lifestyle）。生活方式就是人们在活动、兴趣和思想上表现出的生活模式。生活方式可以从不同的角度进行划分。一些社会学和心理学方面的研究成果可以作为市场营销者的参考，但市场营销者若能根据本企业营销对象的特点和营销策略的意向性有针对地进行生活方式的划分，市场营销活动就会更有意义。

第四，**个性**（personality）和自我概念。个性是指一组显著的人类心理特质，这些特质会导致对环境刺激做出相对一致而持久的反应。消费者经常选择和使用的品牌是在个性上与他们的现实自我概念相一致的品牌。

2. 心理因素

这里的心理因素指的是狭义的心理因素，主要包括动机、感知、学习、记忆、信念和态度，它们对消费者购买决策有较大的影响。

第一，**动机**（motive）。动机是促使人们为满足某种需要而采取行动的力量。动机产生于未满足的某种需要，这时心理上会产生一种紧张感，驱使人们采取某种行动以消除这种紧张感。心理学家提出了多种人类动机理论，它们得到较为广泛的应用，其中最著名的是马斯洛的需要层次理论和弗洛伊德的潜意识理论等，这些理论对市场营销具有一定的借鉴意义。

马斯洛试图解释为什么人们在特定时期会有特定的需要，他的答案是，人类的需要是分层次排列的，从最迫切的到最不紧迫的排列，分别是生理需要、安全需要、社会需要、尊重需要和自我实现需要（见图 5-5）。马斯洛提出人总是先满足最重要的需要，这种需要得到满足后，就不再是一种激励因素，此时，人会转向满足次重要的需要。

可是在现实生活中，我们经常发现人们在追求安全的同时也追求社会归属感，金钱在每个层次的需要中都有一定的作用，甚至有些人在连基本的温饱都无法保证的情况下将自我实现需要放在第一位，这又是为什么呢？人作为一个复杂而精密的系统，各种需要是相互联系、互相作用的，在一些情况下，多种需要会同时出现，需要综合考量。

第二，**感知**（perception）。感知是人们通过收集、整理并解释信息，形成有意义的世界观的过程。按照心理学的说法，当客观事物作用于人的感官时，人脑就产生了反应。这种反应如果只针对事物的个别属性，则称为感觉；如果是针对事物各种属性及其相互关系的综合反应，则称为感知。对客观事物的综合反应可能是正确的，也可能是片面的，甚至可能是错误的（错觉）。感知是接受刺激的第一道程序，它对刺激进行筛选、组织、

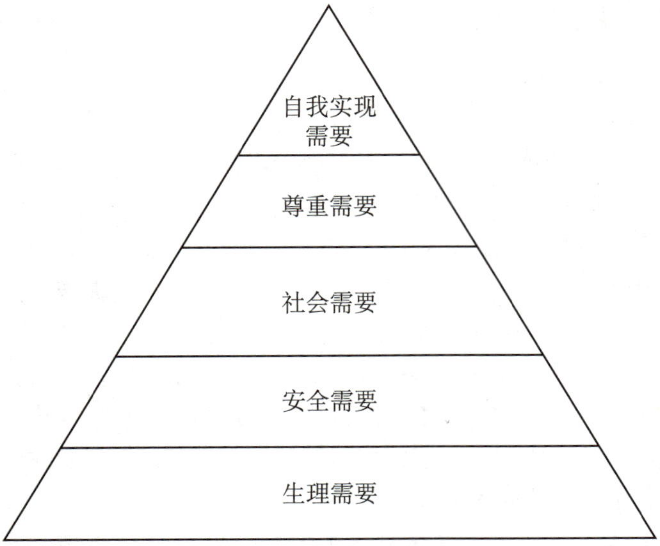

图 5–5　马斯洛的需要层次理论

归类和抽象，找出它们之间的关系，再赋予一定的意义，然后形成经过提炼的信息，指导人的行动。感知具有三个特点：

（1）选择性。由于客观事物多种多样，人们的背景、兴趣和经验不同，在一定的时间和环境条件下，人们对客观事物往往不是全面吸收，而是有所选择地把事物的少数方面作为感知的对象。

（2）理解性。感知不仅是对事物的感知，还包括对这一事物赋予的意义的感知。人们往往根据自己的知识、经验和需要来理解事物，这就是感知的理解性。因此，感知可能是正确的，也可能是错误的。

（3）恒常性。人们一旦形成对某一事物的感知，就会继续以这种感知去认识这一事物。这种特点对建立顾客忠诚非常重要，一旦顾客对你的产品产生好印象，他就会有继续购买你的产品的倾向。反之，若他第一次使用你的产品时印象就不好，让他对你的产品产生好印象就难上加难。

第三，**学习**（learning）。学习是指由经验引起的个人行为的改变，大多数人的行为是通过学习产生的，学习是通过驱动、刺激、诱因、反应和强化间的相互作用发生的。消费者买了一种伪劣产品后，就不会再购买这家企业的产品。重复是促销活动的一个关键因素，可以增加顾客对产品的学习。简单重复或同义重复是广告策略中最常用的方法，最经典的是脑白金通过那句“今年过节不收礼，收礼只收脑白金”广告语，加上两位卡通老人家“魔性”的舞蹈，一时间火遍全国。

小贴士 5-5　钻石：20 世纪最精彩的营销骗局

要说将“创造消费者需求”“教育消费者”做到淋漓尽致的，非钻石莫属，钻石也被誉为 20 世纪最精彩的营销骗局。一个叫罗兹的英国商人在 1888 年创建了大名鼎鼎的戴比尔斯公司，从此钻石营销拉开了它的世纪大幕。

戴比尔斯垄断了整个钻石的供货市场，曾经掌控着市场上 90% 的交易量。但是如果买了钻石的人要卖掉，钻石的价格体系就会崩溃，所以要想稳定价格，除了让别人买，还不能让他卖钻石。这个超级难题的解决方案催生了这个世界上最绝妙的组合，那就是把爱情同钻石紧紧结合在一起。因为钻石＝美好＋永恒，而爱情＝美好＋永恒，所以，钻石＝爱情。

1938 年以后，戴比尔斯的实际控制者奥本海默家族花了巨额广告费用打造所谓的钻石文化，宣称坚硬的钻石象征的是忠贞不渝的爱情，只有钻石才是各地都接受的订婚礼物，并通过铺天盖地的广告强化钻石和美好爱情的联系。1950 年，戴比尔斯创造了广告语：钻石恒久远，一颗永流传。通过这个营销，戴尔比斯做到一石三鸟：其一，男人都认为只有更大更美的钻石才能表达最强烈的爱意；其二，女人都认为钻石是求爱的必需，你连钻石都不舍得买，还好意思说你爱我；其三，钻石代表着永恒的爱情，拿来出售简直是对神圣爱情的最大亵渎，就算卖也不会有人接手，因为那是你的爱情，不是我的。

正因为如此，尽管钻石开采量至今已经有 5 亿克拉，但整体上还是供不应求，价格扶摇直上。20 世纪 80 年代，苏联发现一座巨大的钻石矿，大量碎钻可以供应市场。戴比尔斯马上同苏联建立价格同盟。为了不让钻石掉价，营销广告顺势转向，强调碎钻一样高贵，钻石虽小依然代表高贵的爱情。钻石的珍贵不是看大小，而是看做工和切面，于是又产生了大量行业标准。随后，钻石又彻底征服了社会底层，大的好的卖给富人，碎的小的卖给穷人。

但如果你拿着本文去向你未婚的女友义正词严地指出，买钻戒是一件很傻的事情，那么你的女友一定会说："是的，这很傻，可是你就不能为我傻一次吗？"

资料来源：钻石的营销案例 .（2016-08-09）. http://30daydo.com/article/91.

第四，**记忆**（memory）。认知心理学家将记忆分为短时记忆和长时记忆。所有在生活中积累的信息和经验都可以成为我们的长时记忆。其中，关于长时记忆结构，最广为接受的观点是我们会形成某种联想网络记忆模型，也称为图式记忆。将长时记忆视为由一系列节点和纽带组成，任何形式的信息都可以存储在这种记忆网络中，包括文字的、视觉的、抽象的和情境的信息等。在这个模型中，我们可以将消费者的品牌知识看作一个存在诸多关联的记忆中的节点。这些关系的强度与结构决定了我们能够回忆起的关于品牌的信息。品牌联想包括所有与品牌节点相关联的与品牌有关的想法、感觉、感知、印象、体验和态度等。

营销者感兴趣的另一类记忆是情节记忆，它是对个人所参与的系列事件的记忆，如第一次约会等，常常会激发意象（思想、情感和事物在感觉上的具体表现，直接再现过去的经历）和情感。营销者常常试图唤起情节记忆，因为品牌与此相关，可以将消费者产生的正面感觉与品牌关联起来。

第五，信念与态度。信念与态度是同价值观紧密相关的概念。**信念**（belief）是人们关于周围事物的知识的组织模式。例如，一位消费者认为海尔冰箱最好，质量可靠，价格合理。这种信念可能来自知识、信任或传说。消费者一般会形成关于某一产品特征的一组信念，并通过这一组信念形成关于某一特定品牌的印象。换言之，品牌印象形成消费者对某一产品的态度。态度是我们对所处环境的某些方面的动机、情感、知觉和认识所形成的持久的体系，是一种对给定事物喜欢或不喜欢的倾向。态度由三部分组成：情感（感觉）、认知（信念）以及行为（反应倾向）。

态度（attitude）包含人们对某一事物对、错、好、坏的价值评价，具有三个特点：（1）统合性。它是认知（评价）、感情（好恶）和意向（反应倾向）等心理过程的统合。（2）媒介性。它是心理活动与外部表现的中介，是潜在的行为。（3）压力性。它具有导向某一行动的倾向。

（三）互联网环境下影响消费者行为的因素

网络环境下消费者行为主要体现在网上购物方面，影响消费者网上购买的因素有很多，大致分为以下四种。

1. 消费者个人因素

这类因素除了包括传统的消费者的年龄、生活方式、职业、经济水平等，还包括消费者个人的消费习惯、风险倾向、技术准备等。例如，一些较为年轻的消费者更习惯于网上购物，而年龄较大的消费者则更偏向于在实体店购物。同样，风险偏好者可能更倾向于尝试网上购买，而风险规避者则尽可能避免网上购物。计算机使用水平也是影响消费者网上购物的重要因素。

2. 营销刺激因素

这类因素与实体店相同，同样包括产品、价格、渠道和促销。例如，网上产品的种类、产品的个性化以及款式等会影响消费者的选择。网络促销等活动也会影响到消费者是否会参与网上活动。很多网店会给出比传统商店更多的优惠，这也是一些消费者尝试网络购买的重要原因之一。

3. 技术因素

目前人们普遍认为影响网上购物的主要因素是网络的可靠性和安全性。网上购物的支付方式主要是支付宝、银行信用卡等。但由于目前许多网站的可靠性及安全性尚不稳定，所以一些消费者不敢使用信用卡支付，担心自己的账户或密码被盗。同时，进入网站的可行性、网页下载的速度等会影响消费者光顾网站的次数。

4. 社会环境因素

社会环境因素包括文化环境、经济环境、法律环境等。文化环境的价值观会影响消费者的价值理念以及生活方式。经济环境会影响网上购物的普及，例如，经济较发达地区的网上购物比经济欠发达地区更为流行。法律环境也会影响网上贸易的发展，如相关电子商务法律条例的健全程度涉及消费者的利益保障。

小贴士5-6　中国市场：宝洁的困境

三　消费者购买决策过程

（一）消费者购买行为类型

面对不同类型的产品，消费者的购买行为也不尽相同，越复杂的决策往往涉及越多的购买者，消费者也越慎重。图 5-6 所示是根据购买者介入度和品牌差异度划分的消费者购买行为类型。

	高介入	低介入
品牌间差异显著	复杂的购买行为	寻求多样性的购买行为
品牌间差异较小	减少失调的购买行为	习惯性的购买行为

图 5-6　消费者的四种购买行为

资料来源：菲利普·科特勒，加里·阿姆斯特朗. 市场营销：原理与实践：第 16 版. 北京：中国人民大学出版社，2015.

（1）复杂的购买行为。当消费者高度介入且认为品牌间存在显著差异时，将采取复杂的购买行为。在购买价格高、风险比较大、商品可得性较小时，消费者可能会高度介入，例如做出购房决定并完成购买决策。此时购买者将经历一个学习过程，首先对产品产生信念，而后逐渐形成态度，充分考虑后作出购买选择。作为营销者必须帮助购买者充分了解产品属性及其重要性，从而影响购买者对品牌的最终选择。

（2）减少失调的购买行为。该行为与复杂的购买行为的不同之处在于品牌间的差异不大，购买者可能在货比三家后作出购买决策。营销者应特别注意售后沟通，提供支持，让消费者感觉选择某品牌是正确的。

（3）习惯性的购买行为。该行为发生在消费者介入度低以及品牌差异细微的情况下，如购买食盐、豆油等产品。消费者购买同一品牌往往是出于习惯。

（4）寻求多样性的购买行为。消费者转换品牌并不是因为感到不满意，而是为了寻求多样性，如不同品牌不同口味的酸奶、饼干等。

（二）消费者购买决策过程的五阶段模型

消费者购买决策过程一般由五个阶段构成，即五阶段模型，如图 5–7 所示。购买过程早在实际购买发生之前就已经开始，在购买后还会延续很长时间。市场营销者需要关注整个购买过程，而不只是单一的购买决策阶段。

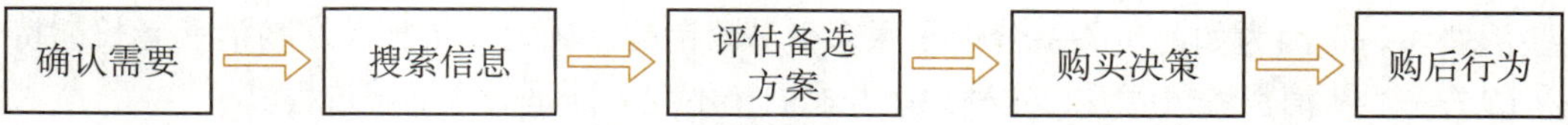

图 5–7　消费者购买决策五阶段模型

1. 确认需要

购买过程从购买者确认某一个问题或某种需要开始。例如，当人们饥饿、口渴时，就会产生找食物充饥、找水解渴的动机。针对消费者确认需要这个阶段，市场营销者要做的就是加大对消费者的刺激，以激发消费者的动机与欲望。

2. 搜索信息

消费者的信息来源主要有四个方面：

第一，个人来源：家庭、朋友、邻居、熟人；

第二，商业来源：广告、推销员、经销商、包装、展览会；

第三，公共来源：大众媒体、消费者评价机构；

第四，经验来源：产品的使用。

如今，互联网技术飞速发展，消费者可以自由地在各种商业、社交网站上分享商品评论、图片和体验，如淘宝、京东、亚马逊、微博、微信等。购买者可获取信息的途径增加，这有助于作出购买决策。

在消费者搜索信息这个阶段，企业营销的关键是掌握消费者会寻求哪些信息源，并能通过这些信息源向消费者施加影响。比如，饮料企业可以通过新颖的广告宣传吸引消费者购买本企业产品。

3. 评估备选方案

在搜集了一定数量的信息之后，消费者会对多种备选产品进行评估，这种评估有理性的成分也有感性的成分。对饮料而言，理性的评估包括饮料包装的容积、品质、价格等，感性的评估包括饮料的口感、款式、品牌等。一般来说，商品的价格越贵，消费者的评估就越理性；价格越低，评估就越感性。但也因人而异。

在评估过程中，消费者要考虑多种因素。企业如果能够搞清楚消费者对诸因素的重视程度，通过营销手段强化消费者看重的因素，弱化次要因素和消极因素，就可以取得消费者的青睐。

4. 购买决策

在对备选产品进行评估之后，消费者会做出到底购买哪种产品的决策，并采取购买行动。但是，这常常受到他人的态度和意外因素的影响。例如，本来想要购买糖的消费者在家人的提醒下突然意识到自己的身体不适合食用糖类，于是取消购买决策。

5. 购后行为

消费者购买以后可能会获得满足，这将鼓励他今后重复购买或向别人推荐该产品。如果不满意，消费者会有许多不同的做法，可能要求退货、换货，可能诉诸法律，可能弃之不用，或四处抱怨以发泄心中的不满。显然，不满意的消费者对企业的影响要比满意的消费者的影响要大。如果处理得不好，企业将会遭受损失。为此，重视顾客满意的企业建立起专门受理顾客投诉的机构与相应的制度。

消费者购买决策过程反映的是消费者购买行为的一般过程。但是，消费者的消费过程并没有终止。在购买过程之后还存在重复购买的情形。上述决策过程的最后阶段——购后行为并不是一个消费过程的结束。企业关注消费者的购后行为的根本目的是留住这些消费者。正因为如此，关系营销在原来交易营销的基础上，更加关注与消费者长期持久的关系。从消费者角度看，这种关系并非静止不变，而是一个动态过程。

第 3 节　组织市场购买行为分析

一　组织购买者行为模型及其影响因素

（一）组织购买者行为模型

组织购买者作为区别于普通消费者的特殊市场，在购买行为上有一定的差异。图 5-8 所示是组织购买者行为模型，在组织内部，购买行为由两个主要部分构成：一是**采购中心**（buying center）；二是采购决策过程。组织购买行为受采购决策所涉及的人际关系、内部组织和个人等因素影响，同时受外部环境因素影响。采购中心由在企业采购决策制定过程中发挥作用的所有个人和单位组成，包括产品或服务的实际使用者、购买决策的制定者、购买决策的影响者、实际购买者以及控制购买信息的人。

组织购买有三种主要类型：直接重购、修正性重购以及新购。

直接重购（straight rebuy）是指按部就班地重复以往的购买决策，通常由采购部门按照常规完成，被选中的供应商会努力维持产品和服务的质量，未被选中的供应商会尝试以新方法来提供新的价值，以期在下次采购决策中被选中。

修正性重购（modified rebuy）是指购买者希望调整对产品的要求、产品的价格、产品的交易条件或供应商。现有的供应商因感受到压力而紧张，会努力表现以保住自己的地

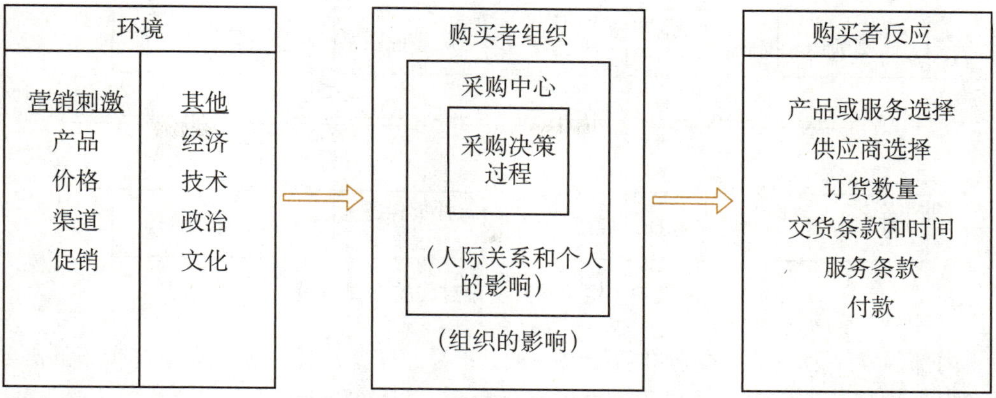

图 5-8　组织购买者行为模型

位。对落选的供应商而言则是一次难得的机会。

新购（new task）指的是首次购买一种产品或服务的情况。对营销者而言，新购是最好的机会，同时也是极大的挑战。后文对组织购买决策过程的描述主要是针对新购，因为在直接重购与修正性重购情形下，决策过程中的一些环节可以省略。

（二）影响组织购买者行为的因素

组织购买者行为主要受四个层面因素的影响，分别是：环境层面、组织层面、人际关系层面及个人层面。

第一，环境层面。组织购买者行为主要受到经济发展、市场供应条件、技术变化、政治与管制、竞争发展、文化与习俗等环境因素的影响。组织购买者与个人购买者相比在更大程度上受到当前和预期经济环境的影响。

第二，组织层面。组织购买者行为主要受到组织的目标、政策、流程、结构以及制度的影响。

第三，人际关系层面。尽管购买者是组织，但做出购买决策的仍然是人，既有理性的又有感性的反应，情感在组织购买决策过程中发挥着重要作用。

小贴士5-7　浪潮决胜网游服务器市场

第四，个人层面。参与组织购买决策的个人的年龄、收入、受教育程度、工作岗位、个性以及对风险的偏好程度等都会产生影响。

二　组织购买决策过程

由于组织决策比个人或家庭决策涉及更多的人和任务，因此，影响这一过程的因素更复杂。一般而言，组织购买决策过程主要包括问题确认、基本需求描述、产品说明、寻找供应商、征询方案、选择供应商、订货程序说明、业绩评价八个环节（见图 5-9）。

1. 问题确认

当企业内有人发觉通过采购某种产品可以解决企业的某一问题或满足企业的某种需要时，购买过程就开始了。觉察出问题可能是由内部需要引起的，也可能是由外部刺激引发的。

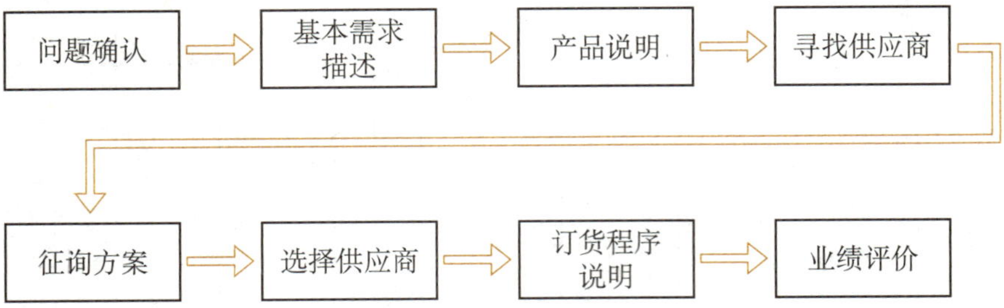

图 5-9　组织购买决策过程的主要阶段

内部因素一般包括：企业准备推出一种新产品，于是对原材料和设备产生新的需要；设备出现故障，需要更新或采购配件以修复设备；采购的产品不尽如人意，需要寻找新的供应商；采购负责人认为有可能找到更质优价廉的供应商。

从外部来看，采购者受到销售者的营销刺激，如展销会、广告、推销介绍等，可能产生购买的欲望。

2. 基本需求描述

确定了某种需求以后，购买者就要确定欲购产品的特性与数量。对于通用的、简单的产品，这个环节比较简单，但对于技术复杂或价值较高的产品，就要召集有关人员共同研究。

3. 产品说明

在确定了需求之后，购买者会就产品的技术性能制定产品说明，具体确定产品规格。对于简单的产品，这一阶段与上一阶段是合二为一的；对于复杂的产品，这一阶段则要做许多工作，如用投入 / 产出方法评估欲购产品各种规格的不同收益，从而选择最满意的规格。

图 5-10　阿里巴巴 B2B 网络平台

资料来源：阿里巴巴官网 .

4. 寻找供应商

如今，越来越多的公司求助于互联网来寻找供应商，尤其是 B2B 网络平台如阿里巴巴等的发展，使较小的供应商在许多方面具有与大规模竞争者相同的机会（见图 5-10）。

5. 征询方案

采购单位会以电话、传真和信函等方式通知供应商提供详尽的产品目录资料和报价。对于重大设备和工程，采购单位可能采用招标的方式征询报价。

对于供应商而言，如果能收到征询报价的信息，就有中选的希望，因此要慎重地制定报价。除价格以外，要尽可能全面地展示本企业产品的功能、质量、服务、付款等方面的信息和政策。同时，为了使本企业的报价更有竞争力，对采购单位的需要和竞争者的情况要作深入的了解，使报价更有针对性和竞争性。

6. 选择供应商

在汇集了多个报价之后，采购单位就要进行比较，从中择优。选择标准因企业和产品不同而有一定的差异，主要内容大致包括以下六个方面。

第一，产品：功能、质量、款式、价格等；

第二，履约能力：技术能力、生产能力、财务状况、组织与管理能力等；

第三，信誉：履约的情况、用户的口碑等；

第四，服务：是否提供援助与咨询、技术培训、维修服务等；

第五，方便性：地理位置、交货及时性等；

第六，法律。

比较简单的产品的选择主要凭经验和直觉。复杂的采购任务有时要建立专门的采购委员会并请专家参加，采用更为严密的评选方法，如专家意见加权计分法等。采购者可能会选择一个或几个供应商，许多采购者偏爱多个供应来源，以避免完全依赖某个供应商。

7. 订货程序说明

订货程序说明包括向选中的供应商订货，并列明技术要求、所需数量、交货时间、退货政策和保证等条件。

8. 业绩评价

经过一段时间以后，采购单位会对采购绩效进行评估，以决定是修正重购还是直接重购，或是放弃原供应商寻找新的供应商。对供应商来说，正式订购仅仅是业务的开始，只有在采购单位业绩评价满意的前提下才能得到长期的业务。

以上是一般组织购买者进行决策的八阶段模型，实际购买通常要复杂得多，并且每个组织都有自己的购买方式、流程，不同的购买情形往往有独特的要求。

▶ 基本概念

消费者市场（consumer market）
消费者购买行为（consumer buying behavior）
组织市场（business market）
组织购买者行为（business buyers behavior）
文化（culture）
亚文化（subculture）
群体（group）
生活方式（lifestyle）
个性（personality）
动机（motive）
感知（perception）
学习（learning）
记忆（memory）
信念（belief）
态度（attitude）
采购中心（buying center）
直接重购（straight rebuy）
修正性重购（modified rebuy）
新购（new task）

▶ 应用与实战

1. 组建小组，假设你是一家国际化餐饮公司的负责人，你和小组成员需要在中国农历春节期间接待来自全球的顾客。讨论你会为顾客提供什么样的早、午、晚餐。每个大洲至少选择一个国家，基于文化差异研究消费者喜欢吃什么。请准备一份展示，形式不限。

2. 结合你自己购买一部智能手机的经历，参照消费者购买决策五阶段模型，分析自己在做购买决策时所进行的全部思考。与你的小组成员对决策过程和结果进行讨论。

3. 访问一位商人，了解他所在的组织是如何进行采购的，询问他在这次采购中所扮演的角色，并讨论影响其决策的主要因素。对照组织购买过程进行分析，参考本章相关概念编写一份简短的报告。

▶ 案例

惊天一炸：三星 Note 7

要说2016年最“爆炸”的消息当属三星Note 7事件了，下面让我们回顾一下事件的始末。

一、“一代机皇”的“滑铁卢”

三星 Galaxy Note 7于2016年8月2日北京时间23：00在美国纽约、英国伦敦和巴西里约热内卢同步发布。这款产品一经面世，媒体以及诸多用户便毫不吝啬溢美之词，“机皇”“旗舰”等词不绝于耳。确实，曲面屏、S Pen等诸多细节让Galaxy Note 7几乎代表了现如今安卓手机的最高水平。

2016年8月25日，有网友在贴吧贴图称，韩版三星Note 7在充电时爆炸。之后国内外多起爆炸接连不断。

9月2日，三星公司宣布：因电池缺陷问题停售Note 7手机；允许已经购买这款手机的消费者两周后置换新手机；召回美国、韩国、澳大利亚等10个国家和地区的共2 500万部Note 7手机。9月2日中国三星电子正式声明，声称9月1日起在中国正式发售的国行版三星Galaxy Note 7不受本次召回事件的影响，中国消费者可放心使用。根据调查，三星Galaxy Note 7接连发生爆炸极有可能是因为电池绝缘功能出了问题，因合作厂商电池制程发生细微误差，导致阴极和阳极碰触而起火。三星将爆炸原因归结为电池的电芯。此次Note 7系列的电池供应商有两家，分别为三星旗下的SDI和中国新能源科技有限公司（ATL）。其中，70%的电池由SDI生产，30%来自ATL。

Note 7遭遇多家航空公司的封杀。美国联邦航空管理局8日发出警告，强烈建议乘客在登机后不要启动Note 7手机或为其充电，也不要把它放在托运行李内。日本国土交通省9日发出类似警告，要求国内各航空公司不要让乘客在飞机上使用Note 7手机。韩国交通部10日发表声明，要求Note 7手机用户在乘坐飞机时全程关机，不给手机充电，且手机不能放在托运行李内。

9月18日首次出现中国市场盖乐世Note 7爆炸的消息，百度上出现好像被烧坏的盖乐世Note 7的照片，上传者称在使用盖乐世Note 7时突然黑屏随后爆炸。

10月8日报道声称，继第一版Note 7产品爆炸事故频发导致大规模召回之后，三星为用户更换的改良版Note 7在一次航班上出现冒烟事故，这引发美国消费品安全委员会的调查，如果事态严重，三星Note 7或面临罕见的二次召回。

10月11日，在三星宣布全球运营商和零售合作伙伴停止销售以及更换Galaxy Note 7后，此前一直正常销售的中国市场也开始全面停售。

2017年1月10日，三星表示，截至目前已经在全球召回超过96%的Galaxy Note 7手机。召回行动从2016年9月开始，在将近四个月后召回率达到96%。

2017年1月13日，韩媒报道，三星官方将于本月23日正式对外公布Galaxy Note 7电池起火的调查结果，据称有可能与该机发售时间提前、测试日程紧迫、虹膜识别等高性能应用运行过程中出现错误等有关。

二、全球市场中的“双重标准”

真正引发中国消费者不满的是三星电子在召回策略上的“双重标准”，即全球市场中唯独中国市场中的Note 7未同步召回，且官方宣称国行产品没有问题，但是紧随其后的多起爆炸事件让人感到三星电子打了自己的脸，并刺激到中国消费者的敏感心理。三星对中国产品的电池供应商的选择为何不一样，为何国外召回国内不召回，是许多中国消费者认为被歧视、持双重标准的情绪根源。反过来看，如果一个国外品牌在欧美其他国家不召回产品，单独针对中国市场召回产品，相信同样会有人认为国外产品品质更高，国外品牌来中国就变了样，品质标准降低了，这也是双重标准。

事实上对于三星这样的公司而言，一个元器件采用多家供应商是一种正常的行为，一方面，销量巨大，需要多家供应商确保出货与产能；另一方面，提升自身对供应商的议价能力，不受某一家供应商的掣肘。苹果双供应商策略的思路也大致如此。但这种策略往往会因为对供应商把控环节的一些差池导致产品的品控与质量不一致的问题。

三星在中国有完整的优化流程与独立的供应体系，国行版采取不同电池供应商也属正常。近年来为讨好我国消费者，三星陆续推出多项“中国特色”的产品和服务，力求本土化。三星手机出货量常年雄踞全球榜首，体量之大绝不是一家供应商可以消化的，尤其对于 Note 7 这种全球销售的爆款产品，一家供应商根本无法满足其零配件需求。针对各地区的网络、环境与用户习惯以及市场政策等因素，各厂商会对产品的零配件进行调整组合。

三、三星中国高管下跪

正所谓一波未平，一波又起。三星中国高管下跪了，不是因为 Note 7 爆炸而愧对消费者，而是感动于经销商的“不离不弃”。三星中国负责人表示，尽管有爆炸事件，但经销商还是下了很多订单，韩国高管按他们的礼仪下跪感谢，中国高管也感动下跪。中国人的礼仪是“男儿膝下有黄金，跪天跪地跪父母”，因此，“三星让中国高管跪经销商”一时间引起轩然大波。

在中韩文化中对于下跪的理解是不同的。韩国人的下跪在他们的文化里其实是行大礼，意思就是很感激对方，很尊重对方。的确有不少韩国演艺人员在表演现场向粉丝行“下跪礼”以示感谢。部分韩国演艺人员在中国开演唱会时也出现过向观众集体下跪以示感谢的情况。

抛开文化差异不讲，给经销商“行大礼”没有什么问题，渠道毕竟也是一家企业要重视的部门，可是，企业真正面对的是消费者，如何满足消费者的需要才是首要任务和目标，况且事情发生在 Note 7 风波之中，正值三星品牌及口碑的低谷时期，此举更显得不妥。

综合来看，三星电子遇到了前所未有的危机，一款原本为了在智能手机市场“突出重围”的心血之作不仅未获成功，反而遭受巨大损失，估计达到 170 亿美元左右。在危机处理的过程中，三星对与消费者尤其是中国消费者的关系把握得不是特别好，加之各类外部因素的影响，一时间大伤元气。下一步三星将如何布局？让我们拭目以待。

思考题

1. 从本案例中你得到了哪些启示？请结合消费者与组织购买者决策过程模型进行分析。
2. 结合应用与实战第 2 题，简要介绍你选择购买智能手机产品的依据。
3. 三星作为组织购买者，采用的策略是多个元器件由不同厂商同时提供，这是为什么？
4. 结合案例内容简要分析购后行为对市场营销的影响。
5. 结合中韩文化，简要说明你对三星中国高管下跪一事的观点。

资料来源：三星 Note 7 事件回顾：这些你都知道吗？.（2017-01-18）. http://www.itunicorn.cn/keji/Mobile/1902.html.

▶ 参考文献

［1］菲利普·科特勒，加里·阿姆斯特朗 . 市场营销：原理与实践：第 16 版 . 北京：中国人民大学出版社，2015.

［2］菲利普·科特勒，凯文·莱恩·凯勒 . 营销管理：第 14 版 . 北京：中国人民大学出版社，2012.

［3］董大海 . 营销管理 . 北京：清华大学出版社，2010.

［4］德尔·I. 霍金斯，戴维·L. 马瑟斯博 . 消费者行为学：第 12 版 . 北京：机械工业出版社，2014.

［5］迈克尔·所罗门，卢泰宏，杨晓燕 . 消费者行为学：第 10 版 . 北京：中国人民大学出版社，2014.

［6］李怀斌，周学仁，张北光 . 市场营销学 .2 版 . 大连：东北财经大学出版社，2011.

［7］王淑娟 .AISAS 模式下的广告创意新趋势 . 新闻界，2010（4）.

［8］消费者黑箱 .MBA 智库 .http://wiki.mbalib.com/wiki/%E6%B6%88%E8%B4%B9%E8%80%85%E9%BB%91%E7%AE%B1.

第 6 章

市场营销信息与调研

学习目标

- ▷ 掌握市场营销信息系统的构成、作用及其应用。
- ▷ 了解大数据、大数据营销及其在企业中的应用。
- ▷ 熟悉市场营销调研的步骤。
- ▷ 掌握基本的调研方法，并了解每种方法的优缺点及其使用条件。
- ▷ 学会设计调查问卷、写作调查报告。
- ▷ 学会使用网络调查法进行市场调查。

引例　宜家巧妙运用调研适应市场

瑞典宜家家居有限公司（IKEA）是全球最大的家居品牌，在全球 28 个国家和地区拥有 328 个商场，其中有 19 家在中国大陆（见图 6–1）。

宜家以价格低廉、美观实用和自组装的家具闻名世界。宜家的商场通常占地 5 万平方米，拥有各种家具，从大的沙发衣橱到像台灯这样小的家居摆件应有尽有。为了实现全球的一致性，宜家使其生产、运作和流程标准化。然而当开拓到新市场时，宜家遇到了新挑战，在世界各地，房屋设计、气候环境和居住模式相差很大。为进军澳大利亚，宜家在当地进行了市场调研，考虑到调研要反映出消费者在家中最真实自然的状态，宜家决定采取隐蔽观察法，即在征求同意的

图 6–1　深圳宜家家居的外景

基础上对澳大利亚的 80 多个家庭进行观察并了解他们是如何生活的，这样宜家能更好地了解一些细节，比如他们坐在哪里看电视节目？通常几个人一起吃饭？当他们回家时把鞋放在哪里、手提包放在哪里？这种类型的调查能够揭示出人们的生活模式和习惯，以及他们对家的概念和感知。从调查结果的分析中宜家得到一个很重要的结论，那就是恰当的家具能够促进更好的家庭生活，例如，一家人一起看电视或共进晚餐。宜家从调研中得到启发，发起了一个叫作“这就是家”的广告活动，目的在于展示家具是如何改变人们生活的。为拍摄广告素材，宜家在典型家庭的客厅、厨房和卧室安装了摄像头，以记录人们的生活。“真实”模式的广告发挥了作用，看到过该活动的 50% 的人表示，他们会考虑去逛一下宜家商场。

中国已成为宜家最大的采购市场和业务增长最重要的空间之一，在宜家的全球战略中具有举足轻重的地位。中国现在的 80 后成为厨房主力军，宜家为了更好地适应这些变化，寻求更多的市场机会，2015 年以“食物”为主题，围绕厨房和餐厅两个家居空间，在上海、北京、广州、武汉和沈阳五个城市开展了调查活动，整个调查历时半年，共分三个阶段进行。第一阶段是在正式调查前，宜家的工作人员通过微博、本地生活信息论坛等网络社交平台进行有关“在家吃饭”的事前搜索。随后，带着通过搜索产生的预判，宜家组织开展焦点小组访谈和家庭拜访，平均每个城市会有 6~8 组家庭参与其中。在获得定性调查的初步结果后，宜家最终以网络调查的形式，通过 1 500 份问卷，对 16~64 岁、月收入在 6 000 元 ~2 万元的网友给出的在线调查答案进行整理并分析，将此前获得的定性结果量化。报告的结果总结了中国厨房的五大痛点：没有时间下厨、空间小、菜肴品种少、想和孩子一起烹饪、厨房不美观。目前宜家正在根据调查结果给出更本土化的解决方案，为中国家庭提供可简单烹饪的食材，各式橱柜抽屉单元柜，美观的餐具，儿童烹饪工具，以及绿植等。食物正在变成一种社交媒介，厨房也变成一种社交空间和休闲场所。宜家中国下一步的重心是围绕社交和烹饪乐趣进行家居的战略部署。

宜家巧妙地运用市场调查适应了新市场和新变化，赢得了顾客的青睐和信任。市场调研是企业开展营销策划的基础，有了信息数据的支持，企业经营活动的开展自然事半功倍。通过市场调研活动洞察顾客的潜在需求甚至是超越顾客的需求，是所有企业面临的重要课题。

第 1 节　市场营销信息与大数据

一　市场营销信息系统

（一）信息与市场营销

信息普遍存在于自然界和人类社会活动中，它的表现形式远比物质和能量复杂。信息是人们在适应外部世界并使这种适应反作用于外部世界的过程中，与外部世界进行交换的内容和名称。信息是一个发展中的动态范畴，它随人类社会的演变而相应扩大或收缩，总的来看，信息所涵盖的范围是不断扩大的，可以断定，随着人类社会的发展，信息范畴将进一步扩大。对人类社会来说，信息有三个基本功能：一是中介功能；二是联结功能；三是放大功能。从认识论的角度来说，信息是事物运动状态以及运动方式的表象。广义的信息由文本、数据、图像、声音这几种形态组成，主要与视觉和听觉相关。

市场营销已从注重内部管理的时代发展到致力于应对外部环境变化的时代。为此，营销信息至关重要，企业要及时掌握营销信息并建立起营销信息系统。市场营销就是通过了解市场环境的变化和预测未来的状况来应对顾客的需求变化。市场营销信息是一定时间和条件下，与企业的市场营销有关的各种事物的存在方式、运动状态及其对接收者效用的综合反映。所有的市场营销活动都以信息为基础展开，经营者制定的决策也是基于各种信息，经营决策水平越高，外部信息和用于预测的信息就越重要。其中，市场营销信息形成企业的战略性经营信息系统的基础。

市场营销信息除具有一般信息的特征，还有一些特殊性：

（1）社会性。市场营销信息反映的是人类社会的市场经济活动，是营销活动中人与人之间传递的社会信息，是信息传递双方能共同理解的数据、文字和符号。

（2）目的性。在产出大于投入的前提下，市场营销信息为营销决策提供必要的、及时的和准确的信息。

（3）系统性。市场营销信息不是零星的、个别的信息汇集，而是若干具有特定内容的同质信息在一定时间和空间范围内形成的集合。

市场营销信息对企业的重要性不言而喻。市场营销信息是企业经营决策的前提和基础，也是制定企业营销计划的依据。掌握了信息，才能保证决策的科学性和正确性，否则企业采取的战略和策略将会成为无源之水、无本之木。同时，市场营销信息是实现营销控制的必要条件，管理者只有根据反馈的信息进行调整和协调，才能有效地开展下一轮经营活动。由于营销信息的重要性及其在企业营销活动中的作用，企业需要及时的市场营销信息并采用专业科学的收集系统和分析方法。

（二）营销信息系统

为了针对瞬息万变的环境做出科学的决策，企业必须及时地收集信息、准确地分析信息、迅速地使用信息。在这个经济飞速发展的时代，营销信息系统对企业的营销有不可忽视的作用，世界上众多成功的大企业都有科学的营销信息系统。在现代营销活动中，营销范围从区域市场辐射全国乃至国际市场的现实，使营销者与消费者之间的距离拉大了；人们的生活水平以及消费理性程度的日益提高，使市场需求更加多样化、复杂化。复杂的市场状况必然形成日趋激烈的市场竞争。企业的营销决策要以市场需求为核心，就必须保持对市场变化高度敏感。实践证明，要提高营销决策的正确性，企业必须充分了解市场，确切掌握相关营销信息。而现代科学技术的发展为企业建立科学的营销信息系统提供了良好的条件。

营销信息系统（marketing information system，MIS）由人、设备和操作过程组成，用以收集、分析、评估和向营销决策制定者提供所需的及时、准确的信息。它能广泛、迅速地为企业收集相关营销信息，科学地分析、评估相关营销信息，并能让这些营销信息为营销活动获得成功发挥最大作用。

营销信息系统由内部报告系统、营销情报系统、营销调研系统和营销分析系统这四个子系统构成（见图 6–2），它们各司其职共同完成企业内外部环境的沟通，形成完整的营销信息流循环过程。

1. 内部报告系统

内部报告系统（internal reporting system）及时向营销管理者提供有关交易的信息，它的主要作用是报告企业的订货、库存、销售、费用、现金流量以及应收应付款等方面的数据资料。内部报告系统的核心是订单—发货—账单的循环，以企业内部会计系统为主，

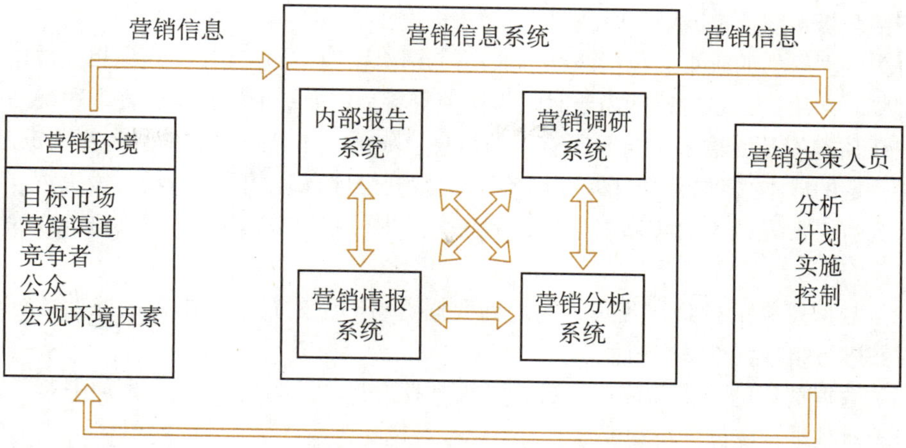

图 6-2　营销信息系统的构成

辅之以销售信息系统。通过对上述信息的处理和分析，企业营销管理者可以发现重要的市场机会，找出营销管理中存在的问题，例如，发现滞销的产品，了解大众的消费偏好，找出企业中成本太高利润太低的问题，让管理者作出改进。

2. 营销情报系统

营销情报系统（marketing intelligence system）收集有关企业营销环境发展变化的信息，往往由企业的各级营销人员、中间商以及专职的营销信息收集人员负责。内部报告系统提供的是事后数据，而营销情报系统提供的是当前的信息。企业一般通过销售代表、分销商、情报供应商等获取情报信息，并建立内部的市场营销信息中心来收集和传递市场营销情报。市场情报信息不仅来源于市场与销售人员，也可能来自企业中与外部有接触的其他员工。所谓知己知彼，百战不殆。市场随时在变化，产品更新飞快，从外部获取市场信息是企业生存之道。公司决策者通过这一系统，将最新信息传递给有关管理人员，使公司与时俱进。现在产品博览会举办频繁，作为情报系统人员，要及时发现别人产品的优点与缺点，让本公司产品进一步完善。

3. 营销调研系统

营销调研是企业取得市场资料和信息，正确认识市场现状，预测市场趋势，从而编制营销计划、作出经济决策、进行科学管理、提高经济效益的一种有效手段。根据企业营销工作面临的主要问题，对与某项具体营销决策有关的信息进行系统的收集、分析和报告的过程是营销调研系统的主要任务。在日益复杂多变的营销环境下，**营销调研系统**（marketing research system）能随时服务企业，帮助营销管理者制定有效的营销决策。企业在营销活动中，还需要对一些特定问题和机会作重点研究，比如进行市场调查、产品偏好测试、区域销售预测、广告效果研究等。

4. 营销分析系统

营销分析系统（marketing analysis system）为营销决策提供分析方案是市场营销信息系统的第四项服务功能，也称最高级的信息服务功能。营销分析系统是分析营销数据的统计模型和统计数据，即用一些先进的技术和方法分析市场营销信息，以更好地进行营销决策，所以也可以称作营销决策支持系统（decision support systems，DSS）。信息公司将收集到的大量数据存储于大型数据库中，使用一些决策工具和技术（如盈亏平衡分析、回归分析模型和线性规划）对这些数据进行评估，并回答企业“如果这样做会如何”的问题。

营销分析系统承担着以下职能：

（1）数据资料的收集。包括两种情况：一是作为一种常规工作，收集相关数据资料，以便需要时调用；二是在特殊需要时收集相关资料。例如，市场营销管理者明确问题后，就要确认信息库是否输入了与问题有关的信息。如果找不到适合的信息，要决定是否需要花费一定的成本去收集。如果认为不值得，则利用现有信息进行市场营销决策。相反，如果认为有必要花成本收集新的信息，就在企业内外收集数据资料，并将其输入数据资料库。

（2）数据资料的处理。收集、输入到数据资料库中的都是未加工的原始数据资料，需要对其进行整理、编辑、归档等。

（3）数据资料的分析和评价。数据资料要成为有价值的信息，还必须用科学方法并结合经验对其进行统计分析和评价。

（4）数据资料的存储和检索。存储和检索至少应包括两个层次：一是原始数据资料的存储和检索；二是经加工，即统计分析和评价后作为某种决策信息的存储和检索，要将这种信息制成报告等形式，以便提供给市场营销管理者和经营者。

（5）信息的传递。作为一种日常工作，将有关市场营销信息及时提供给市场营销管理者和经营者，或者根据需要随时向市场营销管理者和经营者提供某种特定的信息。

二 大数据与大数据营销

（一）大数据

大数据是继云计算、物联网之后 IT 产业又一次颠覆性的技术变革，将对社会管理、国家安全与国家战略决策、企业与组织的管理决策、企业的业务流程以及个人生活方式产生巨大的影响。麦肯锡曾评估大数据能使欧洲发达国家政府节省至少 1 000 亿欧元的运作成本，使美国医疗保健行业降低 8%的成本，使大多数零售商的营业利润率提高 60%以上。华尔街的德温特资本市场公司首席执行官保罗・霍廷每天的工作之一，就是利用电脑程序分析全球 3.4 亿个微博账户的留言，进而判断民众情绪，再以 1~50 进行打分。根据打分结果，霍廷再决定如何处理手中数百万美元的股票。霍廷的判断原则很简单：如果所有人都高兴，那就买入；如果大家的焦虑情绪上升，那就抛售。这一招收效显著——当年第一季度，霍廷的公司获得了 7%的收益率。 这就是运用大数据的很好的例子。阿里巴巴创办人马云在演讲中提到，未来的时代将不是 IT 时代，而是 DT 的时代，DT 就是 Data Technology（数据科技），这说明大数据对于阿里巴巴集团来说举足轻重。

2015 年 9 月，国务院印发《促进大数据发展行动纲要》（以下简称《纲要》），系统部署了大数据发展工作。《纲要》明确，推动大数据发展和应用，在未来 5~10 年打造精准治理、多方协作的社会治理新模式，建立运行平稳、安全高效的经济运行新机制，培育高端智能、新兴繁荣的产业发展新生态。这代表着从国家层面全面推动数据共享，规划大数据设施建设，形成大数据产品体系。美国管理学家爱德华・戴明的名句“21 世纪除了上帝以外，任何人都要用数据来说话”成为全球的流行语。大数据作为互联网时代的产物，已经成为经济社会升级发展的必然趋势。

大数据（big data），指无法在一定时间范围内用常规软件工具进行捕捉、管理和处理的数据集合，是需要新处理模式才能具有更强决策力、洞察力和流程优化能力来适应海量、高增长率和多样化的信息资产。自 2012 年以来，“大数据”一词被越来越多地提及，人们用它来定义和描述信息爆炸时代产生的海量数据，并命名与之相关的技术发展与创新。大数据技术的战略意义不在于掌握庞大的数据信息，而在于对这些含有意义的数据进行专业化处理。换言之，如果把大数据比作一种产业，那么这种产业实现盈利的关键在于提高对数据的“加工能力”，通过“加工”实现数据的增值。

大数据大致分为三种类型：（1）传统企业数据；（2）机器和传感器数据；（3）社交数据。大数据的特点被概括为 5V（IBM 提出），分别是：Volume（大量）、Velocity（高速）、Variety（多样）、Value（价值）、Veracity（真实性）。大数据到底有多大？一组名为“互联网上一天”的数据告诉我们，一天之中，互联网产生的全部内容可以刻满 1.68 亿张 DVD；发出的邮件有 2 940 亿封之多（相当于美国两年的纸质信件数量）；发出的社区帖子达 200 万个（相当于《时代》杂志 770 年的文字量）；卖出的手机为 37.8 万部，高于全球每天出生的婴儿数量 37.1 万……在各行各业均存在大数据，但众多的信息是纷繁复杂的，需要搜索、处理、分析、归纳，总结其深层次的规律。

小贴士 6-1　国内外知名企业大数据的实践

- 淘宝——淘宝推出的数据魔方服务是淘宝平台上的大数据应用方案。通过这一服务，商家可以了解淘宝平台上的行业宏观情况、自己品牌的市场状况、消费者行为等，据此作出经营决策。淘宝根据匹配数据优化店铺排名和用户推荐，消费者可以更轻松地购买到心仪的宝贝。
- 凡客诚品——近年来凡客内部最大且最重要的调整就是实现互联网的系统化和数据化管理，为了让任何“数字”变得可预测和可控，凡客成立了大数据中心。数据中心会根据不同的问题，不断寻找数据与数据之间的关联，最终把各种关系搭建起来。
- 耐克——耐克近两年十分火爆的 Nike ID 业务就是充分挖掘数据潜力的例子。Nike ID 业务允许消费者基于耐克的一些产品进行个性化的改造，选择自己喜欢的颜色搭配、面料，甚至绣上自己的名字缩写等。完成自己的设计后，耐克就能为消费者量身打造一款独一无二的运动鞋。通过 Nike ID 业务，耐克公司不仅能够了解用户的喜好，同时这些宝贵的数据对于耐克将来研发新品也是非常重要的参考。
- 亚马逊——亚马逊一直通过大数据分析尝试定位客户和获取客户反馈，并发现数据越大，商业运营和决策支持效果越好。它根据每位顾客以往的购买和搜索记录，推荐其有可能感兴趣的相关产品，这一推荐系统对总销售的贡献超过 30%。亚马逊独有的亚马逊超级会员服务（Amazon Prime）提供的两天送货项目有利于其抢占顾客钱包份额。

（二）大数据营销

1. 大数据营销的作用

利用大数据不但可以使大企业实现精准营销，使传统企业实现在互联网时代的转型，更可以让企业发现新市场与新趋势，进行市场预测与决策分析，实现创新发展。**大数据营销**（big data marketing）是基于多平台的大量数据，依托大数据技术，应用于互联网广告行业的营销方式。大数据营销衍生于互联网行业，又作用于互联网行业。依托多平台的大数据采集，以及大数据技术的分析与预测能力，能够使广告更加精准有效，给品牌企业带来更高的投资回报率。大数据营销的核心在于让网络广告在合适的时间，通过合适的载体，以合适的方式投放给合适的人。如购物网站可通过分析客户以往购买的商品来判断个人所需产品、购买习惯等，有针对性地推送消息。百事可乐公司为了更加精准地投放广告，购买了社交信息优化推广公司 SocialFlow 的服务，对数据进行分析，从而知道何种营销活动的传播效果更好。

大数据营销在互联网时代发挥着越来越重要的作用，正确有效地运用大数据可以使企业获得以下竞争优势：

第一，有助于分析用户行为与特征，使产品及营销活动投用户所好。只有通过收集大量用户数据，才能了解用户的喜好与习惯，以及他们对产品的期待，从而做到投其所好。大数据营销是建立一个数据模型让营销更加精准、有效，让企业做到比用户还要了解自己，以此留住用户。

第二，有利于品牌危机监测及管理支持。大数据可以让企业对自己品牌的所有问题提前有所洞悉，避免因为品牌效应给企业造成不必要的麻烦。大数据可以采集相关信息，及时启动危机跟踪和报警，分析人群的社会属性，聚类事件过程中的观点，识别关键人物及传播路径，进而保护企业、产品的声誉，抓住源头和关键节点，快速有效地处理危机。

第三，有助于提升用户体验和提供客户分级管理支持。用户的体验直接反映出对企业的好评程度。要改善用户体验，关键在于真正了解用户及他们使用产品的状况，给予适时的提醒。面对日新月异的新媒体，许多企业通过对粉丝的公开内容和互动记录的分析，将粉丝转化为潜在用户，激活社会化资产价值，并对潜在用户进行多个维度的描述。

小贴士 6-2　大数据营销的两个经典案例

一、超市预知高中生顾客怀孕

美国明尼苏达州的一家塔吉特超市被客户投诉，一位中年男子指控塔吉特将婴儿产品优惠券寄给他的女儿——一个高中生。但没多久他却来电道歉，因为女儿经他逼问后承认自己怀孕了。塔吉特就是靠着分析用户所有的购物数据，然后通过相关关系分析了解事情真实状况的。塔吉特的顾客数据分析部门发现，怀孕的女性一般在怀孕第三个月的时候购买很多无香乳液。几个月后，她们会购买镁、钙、锌等营养补充剂。根据数据分析部门提供的模型，塔吉特制定了全新的广告营销方案，在孕期的每个阶段给客户寄送相应的优惠券。结果，孕期用品的销售呈现爆炸式增长。

二、尿不湿与啤酒一起畅销

沃尔玛在其美国门店将尿不湿与啤酒摆放在一起，结果是尿不湿与啤酒的销售量双双增长。总部位于美国阿肯色州的世界零售巨头沃尔玛拥有世界上最大的数据仓库系统，为了能够准确了解顾客在其门店的购买习惯，沃尔玛对顾客的购物行为进行分析。沃尔玛数据仓库里集中了各门店的原始交易数据，在这些原始交易数据的基础上，沃尔玛利用 NCR 数据挖掘工具对这些数据进行分析和挖掘，可以很轻松地知道顾客经常一起购买的商品有哪些。一个意外的发现是："跟尿不湿一起购买最多的商品竟是啤酒！"产生这一现象的原因是：美国的太太们常叮嘱她们的丈夫下班后为小孩买尿不湿，而丈夫们在买尿不湿时又随手带回了他们喜欢的啤酒。

2. 大数据营销的特点

大数据营销有其独有的特点，企业在进行大数据营销时，应当关注这些特点，更好地利用海量数据进行营销。

（1）关联性。大众关注的广告与广告之间的关联性是大数据营销的一个重要特性。

在大数据的采集过程中企业会快速了解到大众对产品的喜爱程度，以及地域之间的差异，哪些地域的大众喜欢哪种产品更多一点。这些有价值的信息可让广告的投放产生前所未有的关联性。

（2）时效性。大众往往会在某一段时间内特别喜欢某一种产品，大数据的出现给企业创造了黄金时间。把握住大众的喜好才能获取更多的市场。时效性不仅体现在流行上，还表现为大众接受企业广告的重要时机。通过大数据，企业可以更好地选择合适的时间投放广告，满足各类人群的需求，这大大节省了企业不必要的广告投放。

（3）个性化。网络时代，企业的营销理念从“媒体导向”向“受众导向”转变。以往的营销活动以媒体为导向，企业通常选择知名度高、浏览量大的媒体投放广告。如今，企业完全以受众为导向进行广告营销，因为大数据技术可让它们知晓目标受众身处何方，关注什么位置的屏幕。大数据技术可以做到当不同用户关注同一媒体的相同界面时，广告内容有所不同，实现对网民的个性化营销。

（4）性价比高。大数据营销是依托海量数据的采集，以及大数据技术的分析与预测能力，实现广告的精准投放。相较于传统营销模式的“广而告之”，大数据营销可以大幅提高投入转化效果，降低单位成本，提高企业产品的性价比，并根据实时的效果反馈及时进行调整。

（5）非单一化的数据采集。大数据营销并非“量”的存在而是“智慧的数字生态”。大数据的采集是多样化的、多平台的，这样能更好地满足用户的真实需要。多平台包含互联网、移动互联网、广电网、智能电视，未来还有户外智能屏等。

小贴士 6-3 大数据营销案例——1 号店的大数据营销

大数据时代的崛起给企业带来无限商机。1 号店作为电商行业的后起之秀，得益于对大数据多领域、多方位的挖掘和应用，具体体现在以下几个方面：

- 巩固目标市场。1 号店应用大数据开发了 PIS 项目即智能价格系统，不仅可以监测供货商的供货价格是否最低，而且可以根据竞争对手的价格实时自动调节本企业的产品价格，还可以通过分析消费者的喜好确立物流服务和营销方式。
- 精准营销。1 号店通过数据分析给每一位消费者画像，画像显示了每一位消费者的行为、心理和态度，有助于企业适时为顾客提供个性化推荐，实施个性化 EDM（电子邮件营销），为每一位用户打造其专属的 1 号店。
- 优化供应链。1 号店发明了“订单池”的概念，即将具有相同属性的 15~20 个订单的商品分为一批放进一个订单池，之后拣货人员的数据采集器会为其制定一条最优路径，此举大大提高了拣货效率，降低了成本。
- 开发新产品。1 号店的商业智能团队不仅为战略决策提供数据上的参考，还开发了一系列与大数据有关的产品，包括日晷、数据水晶、聚宝盆和 1 金融等。日晷和数据水晶以店铺为目标，监测店铺的顾客特征、订单数量、运转状况等，帮助店铺制定营销规划。聚宝盆的对象是 1 号店的战略合作伙伴，它实时监测，提供数据分析报告，给予品牌商在投放广告、商品销售等方面的建议。1 金融平台通过建立数据模型对商家的销售量、库存量、周转率实施监控，根据评估结果为商家提供贷款理财等业务。

资料来源：1 号店大数据营销研究 . 百度文库 .http://wenku.baidu.com/view/ede6645db9f3f90f77c61b6b.html.2015.

第 2 节　市场调研的流程

一　市场调研的价值

在当今激烈的市场竞争中，市场营销者需要基于消费者行为和市场洞察来进行决策。例如，小米公司希望知道，有多少人以及什么样的人会购买红米手机；聚美优品希望知道，在自己投放的广告中最有效的诉求是什么；海底捞希望知道，顾客对新推出的火锅底料的口味有何反应。在这些情况下，管理者需要进行有针对性的市场调研。

市场调研（market research）是指系统地设计、搜集、分析并报告与企业有关的数据和研究结果。作为一个复杂的调研活动，市场调研必须运用科学的方法，有目的、有计划地收集、整理和分析有关市场营销方面的信息，获得合乎客观事物发展规律的见解，提出解决问题的建议，让企业决策者制定科学的营销规划，优化营销组合，开拓新的市场。

取得巨大成功的苹果公司在推出新产品之前根本不做市场调查，乔布斯摒弃传统市场营销学的金科玉律，只专心做自己喜欢的东西。他在接受记者采访时说："不用做调查，消费者不知道他们想要什么，而苹果会告诉他们什么才是潮流。"走在公众需求的前面，力争引导市场而不是迎合市场，这就是乔布斯的哲学。乔布斯敢于相信自己的直觉判断，敢于创造自己的市场，这是一种自信和对自身存在意义的追求，但企业也会因此承受非同一般的市场风险。那么我们可以模仿苹果的模式吗？答案是否定的。像乔布斯这样的商业天才凤毛麟角，对于大多数企业来说，需要通过市场调查了解消费者的现实需求，进而满足顾客需求；而依靠直觉和灵感洞察消费者的潜在需求并超越顾客需求更为困难。因此"没有调查就没有发言权"仍然是市场黄金法则，充分深入的市场调研是企业进行营销策划的基础。

二　市场调研的内容

市场调研涉及营销活动过程的各个方面，主要内容有产品调研、顾客调研、销售调研、促销调研等。

（1）产品调研包括对新产品进行设计、开发和试销，对现有产品进行改良，对目标顾客在产品款式、性能、质量、包装等方面的偏好进行预测。

（2）顾客调研包括对消费者心理、消费者行为的特征进行调查分析，研究社会、经济、文化等因素对购买决策的影响以及这些因素的影响作用到底发生在哪个环节。

（3）销售调研包括对购买行为的调查，以及对企业销售活动的审查。产品的市场潜量与销售潜量以及市场占有率的变化情况，也是销售调研的内容。

（4）促销调研主要是对企业在产品或服务的促销活动中所采用的各种促销方法的有效性进行测试和评价。

市场调研最主要的活动有：识别潜在的市场，确定市场特性，分析市场占有率、销售、竞争。市场调研技术包括定量研究和定性研究。定量研究一般是为了对特定研究对象的总体得出统计结果而进行的。定性研究具有探索性、诊断性和预测性等特点，它并不追求精确的结论，只是为了了解问题之所在，摸清情况，得到感性认识。

三　市场调研的步骤

市场调研是一个由不同阶段、不同步骤相互联系、相互衔接构成的统一的整体。市场调研的过程包括五个步骤：确定问题和研究目标、设计调研方案、选择调研方法、选择抽样方法、搜集信息、分析信息、提出结论（见图 6–3）。市场调研的这五个步骤又可以分为三个阶段：准备阶段（包括确定问题和研究目标），设计阶段（包括设计调研方案、选择调研方法、选择抽样方法三个步骤），实施阶段（包括搜集信息、分析信息、提出结论三个步骤）。

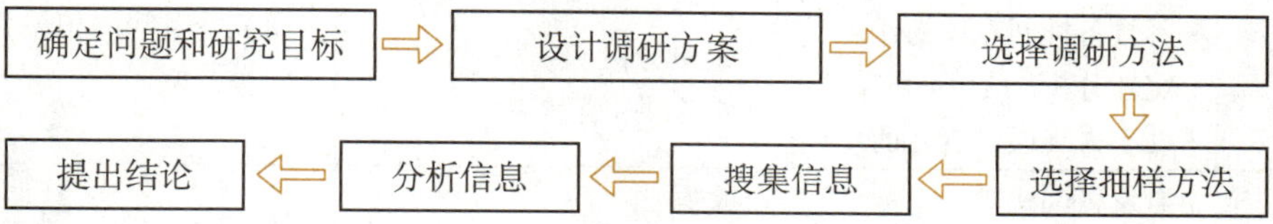

图 6–3　市场调研步骤

（一）准备阶段

这一阶段主要是确定调研目的、要求及范围并据此制定调研方案。并非每一项调研都有执行的必要，因此市场调研策划的首要环节就是确定调研是否有必要。调研的第一个步骤要求研究人员认真确定问题和研究目标。这通常要求与企业进行充分的沟通，同时查阅相关资料。在任何一个问题上都存在许许多多可以进行调研的因素。因此，企业营销管理者必须善于把握，对问题的规定要适量，既不要太宽，也不要太窄。如果定义得太宽则难以操作，有可能会在调查中获得许多不需要的信息，冲淡甚至掩盖真正对企业营销决策有效的信息。如果定义得太狭窄，会造成研究深度太浅、过于片面，限制研究者的视角以至于不能为决策者提供全面的信息支持，影响决策的质量。在分析调研的必要性之后要确定调研的问题及主题。

通常在正式调研之前要进行一项非正式调研，又称探索性调研，即一种小规模的调研，目的是确切地掌握问题的性质和更好地了解问题的背景，以便节省调研费用、缩小调研范围、深入了解调研问题。非正式调研常用的方法是收集二手资料或进行小范围的讨论等，即调研人员尽可能收集企业内外部的各种相关资料，并咨询企业内外部对此问题有丰富经验及深入研究的专家、学者，也可从最终消费者或调研对象身上收集相关资料，以便明确调研问题。调研问题确定过程的最终结果是形成调研目标，所有为调研项目投入的时间及成本都是为了实现既定的调研目标，它是调研项目进展的指导方针，是评价调研质量的尺度。因此，调研目标必须尽可能准确、具体并切实可行。

（二）设计阶段

1. 设计调研方案

调研方案的设计是指为实现调研目标制定调研计划书，它是调研项目实施的行动纲领，为回答具体问题提供了框架结构，保证了调研工作顺利进行。一份完整的调研方案通常包括以下几方面内容：确定资料来源；设计具体的调研内容；设定调研的时间表；

确定调查对象和调研人员；说明调研预算。由于不同类型调研方案的侧重点不同，因此，设计调研方案的首要任务就是确定本项调研是探索性调研、描述性调研还是因果性调研（见表 6–1）。

表 6–1 三种调研方案的比较

	探索性调研	描述性调研	因果性调研
目的	· 了解并界定问题 · 追踪和寻找市场机会	· 描述特征、功能、属性	· 研究因果关系
适用	· 无法确定某一问题 · 实现问卷的精确、细化	· 对问题有较多了解 · 对所需信息有清晰的定义	· 存在某种内在联系 · 试图寻找解决问题的途径
特征	· 小样本调研 · 不具备推断总体的作用 · 定性分析 · 处于大规模调查之前	· 大样本调研 · 定量分析 · 结论供决策参考	· 研究变量间的相关关系 · 定量分析
方法	· 专家咨询法 · 座谈会法 · 个人访谈	· 文案法 · 问卷法 · 观察法	· 实验法 · 统计模型法

（1）探索性调研。是指没有特定的结构并且采用非正式的方法进行的调研，通常用于深入了解并界定问题或寻找市场机会。通常，当人们无法确定某一问题时，往往借助此法来界定问题；或在大规模调查之前，凭借此法使问卷更加精确、细化。常用方法有专家咨询法、座谈会法、个人访谈等。

（2）描述性调研。是指以描述研究对象的特征、功能、属性等为目的进行的调研，研究范围包括：研究对象的态度、行为，以及竞争者的一些基本情况等。这种方法侧重于使用一系列调查问题来描述被调查者的行为及心理特征。描述性调研通常以大样本为基础，同时要求调研人员对所研究的问题有较多的了解，并对所需信息有清晰的定义。常用方法有文案法、问卷法、观察法等。

（3）因果性调研。是指为了通过对多种因素的研究来确定问题产生的原因所进行的调研。调研人员需要考察一个变量是否影响另一变量，以及变量之间是否存在某种相关关系。例如，食品公司进行调研，了解产品口味的改变是否会引起销售量的改变。常用方法有实验法、统计模型法等。

2. 选择调研方法

营销调研的方法有观察法、实验法、访问法、问卷法、文案法、网络调查法等，在下一节将有详细的介绍，供读者参考。

3. 选择抽样方法

（1）随机抽样。随机抽样方法中总体的每个单位被抽中的概率相等。具体包括四种方法：简单随机抽样，是指以每一个体为抽样单位，并使每一个体被抽中的概率相等；等距抽样，是指将总体中的个体按照某种顺序排列，随机抽出某一位置上的个体，并顺着某个方向等间隔地选取其他个体；分层抽样，是指将总体中的个体按某种特征分为若干类，使得每类内部相差不大，类与类之间差异较大，然后在每一类中随机抽取若干个体构成样本；整群抽样，是指将总体按照地域标志或其他标志分成若干个内部差异很大但相互之间差异很小的群体，然后在每一群体中随机抽取若干个体构成样本。

（2）非随机抽样。非随机抽样是指从总体中非随机地选择特定的个体，每一个体被选中的机会未知，也不能用概率表示。具体包括四种方法：任意抽样，是指调研人员随机抽取一些个体作为样本；雪球抽样，它要求被调研者提供其他可能回答问题的人的名单供调研者使用；判断抽样，是指调研人员根据对总体及个体情况的了解，凭借主观判断选择有代表性的个体构成样本；配额抽样，是指调研人员根据一定的标准确定样本个体数的配额，然后按照配额抽出一定数额的个体构成样本。

（3）设计样本量。选定抽样方法之后就要根据抽样的特点确定样本量。可以使用五种方法：教条式方法，即根据调研人员的经验确定样本量；约定式方法，即认为某一个"约定"或某一数量为正确的样本量；成本基础法，即将成本视为样本量的基础；统计分析法，即为了确保样本可信度或统计结果的正确性而确定最小的样本量；置信区间法，即运用置信区间、抽样分布等概念创建一个有效的样本。

（三）实施阶段

1. 搜集信息

调研计划制定好后，就要开始搜集信息。信息一般来自一手资料和二手资料。一手资料也叫作原始资料，获得的方法很多，也很灵活，具体方法根据调研的目的、性质以及研究经费的多少决定。但是，无论采用何种方法，都要紧密围绕调研主题，周详安排。二手资料是在某处已经存在的为某种目的搜集的信息。研究人员通常从搜集二手资料开始他们的调查工作，收集这些二手资料比较容易，花费也较少。我们一般将利用二手资料进行的调研称为案头调研。二手资料为调研提供了一个起点，具有成本较低以及得之迅速的优点。但是，研究人员也必须搜集一手资料，它们是为某种特定目的而收集的原始资料。

市场调研中搜集信息是一项艰苦的工作，不仅要求调研人员吃苦耐劳，还需要其掌握科学的收集数据的方法和技术。搜集信息是整个调研中成本最高同时出错率也最高的阶段，要求员工认真负责、实事求是。随着时代的发展以及互联网的广泛应用，数据的搜集越来越简便快捷。有些公司使用专门的电话调研软件，对一个集中的地点进行随机访问，被调查者只需要按照提示按下选项对应的电话按键，他们的回答就会被存储到远程的数据库中，以供将来分析之用。

2. 分析信息

完成信息的搜集，获得想要的数据后，要对所得信息进行处理与分析。所采集的数据大多是分散、零星甚至是不准确的，因此，首先要对所采集的数据进行加工处理，形成系统化、规范化且符合客观规律的资料，具体分为四个步骤：第一步，将数据资料分类，即按数量、时序、地域、质量分组；第二步，编校，即审查、验证数据是否正确，修订或剔除不符合实际的数据；第三步，数据编码及录入，即为每个问题及答案赋予一个数值代码，并将其录入计算机；第四步，编制图表，即列示每一种答案出现的次数，形成所有资料的数据库。在营销分析系统中，研究人员应努力采用一些先进的统计技术和决策模型，以期得到更多的调查结果。对数据的分析包括统计分析和理论分析。统计分析包括两个方面：描述统计，推论统计。描述统计是根据所得信息找出这些数据的分布特征，是描述调查观察的结果。推论统计是在描述统计的基础上加以推断。理论分析是分析数据的重要环节，是在资料汇总分析的基础上进行思维加工，进而从感性认识上升到理性认识。分析信息的方法有归纳法、类推法、公理法、演绎法等。

小贴士6-4 网络购物人群的支付方式偏好调查

3. 提出结论

市场调研的最后一个步骤是陈述研究人员对相关问题的研究发现。调研人员不应该让管理人员埋头于大量的数字和复杂的统计技术中，而应该简明扼要地提出与主要营销决策有关的一些调查结果，之后撰写市场调研报告，进行跟踪反馈。

四 市场调研报告

在市场调研中提出结论后就该撰写市场调研报告了（见表 6–2）。它是调研活动的结论性意见的书面报告，将调研的结果、结论、建议等重要信息传递给客户，为客户提供决策基础。市场调研报告通常包括三种形式：数据型报告（提供调查所得数据）、分析型报告（提供数据并进行分析）、咨询型报告（不仅提供数据、分析结果，而且在此基础上提供咨询方案）。调查报告是调研的重要组成部分，也是最终的产品。研究者必须花足够的时间和精力认真准备书面报告和口头报告。

（一）市场调研报告的内容

1. 前言

（1）封面。封面通常包括以下四方面内容：第一，标题，要尽可能提供有关报告的目的和内容的信息；第二，委托单位的名称，即为哪个单位或个人提供调研服务；第三，调研机构的名称（可以添加地址、电话、传真、电子邮箱等联系方式）；第四，呈送调研报告的日期。

（2）授权书。授权书是指在调研活动开始前委托客户写给调研机构的信函，详细说明了对调研机构的要求。通常由双方订立确定委托代理关系的合同文书。并非所有报告都要有授权书。一份授权书通常包括以下内容：调研范围与调研方法；付款条件；预算；人员配备；期限；临时性报告；最终报告的要求。

（3）目录。目录列示整个书面报告的内容，帮助快速找到每一章节在报告中的相应位置。通常包括以下三方面：章节标题 / 副标题及相应页码；图表、数字清单标题及页码；附录标题及页码（即附录、索引及相关资料），以方便查询。如果是电子文档，则要添加超级链接，以增强报告的可读性。

（4）执行性摘要。此部分是对调研报告主体部分的高度概括和总结，是整个报告的必读部分，为忙碌的管理者及委托单位提供了预览条件。主要包括：调研目标、调研方法；调研结果；结论及建议；其他有关信息（如背景信息、局限性等）。

2. 主体

（1）引言。此部分介绍实施调研的背景（如项目来历、调研方法的简单描述等）、参与调研的人员和单位、向相关个人及单位致谢，也可以对报告中每一部分内容及其联系进行简单介绍。

（2）分析与结果。此部分是调研报告的正文，也是最核心的部分，应按照一定的逻辑顺序进行陈述（通常包括项目的市场背景分析、原因分析、利弊分析和预测分析），并配合文字、表格、图形等展示分析的全过程，得出调研结果。

表 6-2 市场调研报告的内容

前言
◆封面
◇标题
◇委托单位
◇调研机构
◇日期
◆授权书
◇调研范围与调研方法
◇付款条件、预算、人员配备与期限
◇临时性报告及最终报告的要求
◆目录
◇章节标题 / 副标题及页码
◇图表与数字清单标题及页码
◇附录标题及页码
◆执行性摘要
◇简述调研目标、调研方法
◇简述调研结果
◇简述结论及建议
◇简述其他有关信息
主体
◆引言
◇简述调研背景
◇介绍参与调研人员
◇致谢
◆分析与结果
◇背景、原因、利弊、预测等分析（配合文字、表格、图形）
◇陈述分析结果
◆结论及建议
◇调研结论
◇建议
◆调研方法
◇研究类型及目的
◇总体及样本的界定
◇资料收集方法（文案法、访谈法、问卷法等）
◆局限性
◇样本界定误差
◇随机误差
◇时间、预算、资源等限制条件
附录
◆调查问卷及说明
◆数据统计图表及详细计算与说明
◆参考文献及资料来源索引
◆其他支持性材料

（3）结论及建议。这是调研报告的关键部分，也是最吸引人之处。其中，结论是以调研分析结果为基础得出的；建议是根据结论提出的工作及行动建议，是今后的行动指南，是调研机构对整个调研项目的总结。

（4）调研方法。此部分主要包括：调研的类型及目的；总体及样本的界定；资料收集方法（文案法、访谈法、问卷法等）和调查问卷的一般描述；对特殊问题的考虑，以增强调研的可靠性。通常调研方法的篇幅不用过长。

（5）局限性。由于任何调研都难免受样本界定误差或随机误差的影响，同时又受时间、预算、资源或其他条件的约束和限制，使调研结果产生不同程度的误差，因此应以客观的态度对调研项目的局限性进行说明。

3. 附录

（1）调查问卷及说明。将调查问卷原稿附在正文后面，并对调研方法、抽样调查方式以及问卷调查中的相关问题进行详细说明。

（2）数据统计图表及详细计算与说明。报告中涉及的图表及其他资料应详细说明，数据的统计、计算过程也应适当解释。

（3）参考文献及资料来源索引。报告所参考的文献、学术期刊等资料需进行说明，同时需要对一手资料、二手资料的来源及联系方式进行详细说明。

（4）其他支持性材料。除上述资料外的其他资料也应作相应说明。

（二）市场调研报告的撰写要求及注意事项

一份好的市场调研报告不仅要精心设计报告内容，合理地组织安排报告结构和格式，更重要的是以客户导向为基础。以下是撰写市场调研报告的要求及注意事项。

1. 合乎逻辑

撰写调研报告应按照调研活动展开的顺序，前后衔接，环环相扣，使调研报告结构合理、符合逻辑，并对必要的重复性调研工作进行适当说明。通常通过设立标题、副标题、小标题并标明项目的等级以增强报告的逻辑性。

2. 解释充分，结论准确

调研报告中的图表是为增强阅读性、可视性而设计的，但并不意味着不需要进行任何解释。尽管绝大多数人都能够理解图表的内容及含义，但调研报告撰写者仍应辅以相关文字进行说明。同时，报告中不要堆砌很多与调研目标和调研主题无关的资料和解释说明，避免形成脱离目标的结论，而应尽量切合实际地提出调研建议。

3. 重视质量，篇幅适当

有些调研人员误认为报告越长，质量越高，并试图将自己获知的所有信息纳入报告之中，从而导致信息冗余，重点不突出。因此，应重视调研报告的质量，一份优秀的调研报告应该简洁、有效、重点突出，避免篇幅冗长。

4. 定量与定性分析相结合

一份优秀的调研报告既不能通篇是文字说明（使报告的可读性下降），又不能罗列所有的定量分析结果，过度使用定量技术往往被视为“泡沫工作”，给人们的阅读及理解造成干扰和困难。因此，撰写调研报告要将定量分析与定性分析方法相结合。

5. 避免虚假的准确性

通常人们会对统计数字保留两位小数以上形成认知错觉，认为这些数字极其精确。例如，“有 52.79% 的顾客对我公司提供的服务满意”，人们会误认为这一数字是准确无误的，然而，这可能是调研者的技巧与方法。因此，调研人员应尊重客观事实，避免虚假的准确性。

6. 尽量图表化

图表等视觉工具能够直观地显示出所要陈述的内容，增强调研报告的可读性，因此，应尽量使用图表。

第 3 节　市场调研的方法

要想更好地实现调查目的，必须有科学合适的市场调研方法。只有调查手段恰当，调查方法科学，搜集来的资料才能及时、准确和全面。要搞好市场调研，就必须根据调查的目的、任务、被调查对象的特点选择合适的调查方法。

常见的市场调查方法有观察法、实验法、访问法、问卷法、文案法和网络调查法。

一　观察法

观察法（observation method）是由调查人员利用眼睛、耳朵等感官以直接观察的方式对调查研究对象进行考察并搜集资料的一种定性调研方法，是社会调查和市场调查研究的最基本方法。乍看起来，观察法的实施似乎不需要计划，但事实上事先制定计划很重要，这样可以避免观察的结果受到环境的影响，使各次观察的结论保持高度一致，并且用于比较和概括。

（一）观察法的方式

1. 直接观察和间接观察

直接观察是指观察被研究者正在发生的行为。比如，如果商店想知道顾客是怎样挑选西瓜的，就可以观察西瓜购买者是怎样选择购买的。许多公司都运用直接观察法。比如美国通用磨坊公司（General Mills）使用此方法了解儿童怎样吃早餐，随后推出了儿童课间食品“Go-Gurt”。又如调查人员在商场中秘密观察、记录、跟踪顾客的行为和举止，并将观察记录的结果汇总，总结出顾客的消费行为、偏好、心理特征等。

为了观察一些非明显甚至是隐蔽的行为，如过去的行为，需要用到间接观察法。通过间接观察法，调研人员研究被观察对象的行为所产生的效果和结果，而不是他们的行为本身。间接观察法可通过档案记录和实物追踪来实现。比如，根据销售电话记录可以了解销售人员电话访谈的频率，根据收银机的扫描数据可以了解价格变化、促销活动以及产品包装变化对市场的影响。

2. 隐蔽观察和非隐蔽观察

隐蔽观察是一种被调查者并不知道自己被调查的调研方法。例如，调研人员装扮成普通顾客介入活动之中，搜集有关商店、雇员与顾客的信息资料，这样能够客观、真实地反映被调查者的行为。

在有些情况下，想让被观察者毫无知觉是不可能的，这时就需要使用非隐蔽观察。这种观察方法比较常见，在面试中，面试官会通过许多环节如无领导小组、案例分析等观察面试者的神情举止、表达能力等，判断其是否符合岗位的要求。

3. 结构化观察和非结构化观察

结构化观察是指调研人员预先设定了将要观察和记录的行为内容，而对其他行为不予关注的一种观察方法。通常观察者会准备一个有具体条目的表格，集中观察某些特定的行为。这种方法可以减少观察者的工作量。

非结构化观察是指调研人员没有任何限制地去观察所有行为的一种方法。观察者必须关注研究的主题。该方法经常应用于探索性调研。

4. 人工观察和机械观察

在人工观察中，调研人员自己或者雇用别人来担任观察员，这是一种比较实用的方法，比如，观察员扮成神秘顾客进行观察等。机械观察是指使用机器代替人进行观察，在人工观察成本高昂时，选择机械仪器进行观察是明智之举。随着科技的发展，很多先进的智能设备被用于机械观察中。交通流量计数器是最为流行和普遍的机械观察设备之一，它可以用来测量特定路段的人流量和车流量，户外广告设计者也可以根据交通流量计数器来确定每天经过某一特定广告牌的人数，零售商可以使用这些信息进行店面选址的决策。阅读器、收视计数器、条码扫描器可以用于观察顾客的行为。摄像头、录像机及其他一些监听、监视设备可以记录消费者的行为。如美国尼尔森公司在全国各地 1 250 个家庭的电视机里装上电子监视器，每 90 秒扫描一次，只要收看 3 分钟以上的节目就会被记录下来。眼动仪可以将观众观看广告时的眼动轨迹记录下来，通过分析记录的数据了解观众观看广告的先后顺序，对画面某一部分的注视时间、注视次数等，以此分析观众的心理活动。

小贴士6－5　神经营销

（二）观察法的优缺点

观察法的优缺点见表 6–3。

表 6–3　观察法的优缺点

优点	缺点
· 能够客观、真实地反映被调查者的行为 · 不存在被拒绝或不配合的现象 · 有利于排除语言或问题理解等方面的误差 · 简便、易行、灵活 · 不干扰顾客	· 调查耗时长、费用高 · 只能反映客观事实，难以获得深层次信息 · 对调查人员的素质及业务水平要求高 · 观察到的事物可能存在某种假象

（三）观察法的适用情况

（1）消费者偏好调查。观察法适用于观察消费者购物时对商品的品种、规格、款式、包装、价格、服务等的偏好。

（2）商场经营环境调查。观察法适用于对商场的商品陈列、货架摆放、橱窗布置、卖场气氛、客流量等方面进行观察。

（3）品牌调查。观察法适用于调查消费者对某种品牌的喜好、忠诚程度，以及同类产品品牌的替代程度。

二 实验法

实验法（experimental method）是指调查人员根据调查的要求，用实验的方式使调查对象处于特定的环境条件下，对其进行观察以获得相应的信息。控制对象可以是产品的价格、品质、包装等，在可控制的条件下观察市场现象，揭示在自然条件下不易发生的市场规律，这种方法主要用于市场销售实验和消费者使用实验。

实验的意思就是，研究人员改变一些因素（这些因素称为解释变量、自变量或实验变量），观察这些因素的变化对其他因素，即因变量有什么影响。在营销实验中，因变量经常是衡量销售的一些指标，例如总销售量、市场份额等。解释变量或实验变量则是典型的营销组合变量，如销售人员付酬方式、价格、广告的数量、产品特点的变化等。外生变量是指那些对因变量有一些影响但不是自变量的变量。针对这些变量，我们举例说明。假设一个超市就啤酒的摆放位置（自变量）对销售量（因变量）的影响做实验。记录按常规的产品摆放时的销售额，然后将啤酒放在不起眼的角落里并再次记录销售额。假设销售额增加，那么是否意味着啤酒摆放位置的变化会导致销售额增加呢？是否还有其他的外生变量会影响销售额呢？很明显，根据经验，天气、节假日、广告等都会影响销量，所有这些都可以看做外生变量。由于它们会对因变量产生影响，所以在进行实验时需要控制这些外生变量。

（一）实验法的优缺点

实验法的优缺点见表 6–4。

表 6–4　实验法的优缺点

优点	缺点
· 较科学、实用 · 实验结果具有较强说服力、价值高 · 能够排除人们的主观偏差 · 可探索不明确的因果关系	· 耗时长、成本高 · 保密性差，易暴露营销计划的关键部分 · 样本或实验区域的选择较困难 · 在操作、管理、控制等方面较困难

（二）实验法的适用情况

（1）检验因果关系。实验法主要用于检验某些市场因素之间的因果关系，研究其对总体市场的影响程度。

（2）新产品的区域试销。在某一产品大规模进入所有目标市场之前，有必要在一个有代表性的区域内适销产品，以观察市场反应程度。

三 访问法

访问法（access method）又称询问法，是指调查人员以访问为主要手段，从被调查者的回答中获取信息资料的方法，是一种最常用的实地调研方法。访问法包括以下几种方法：

1. 面谈访问法

面谈访问法是指调查人员面对面地向被调查者询问有关问题，以获取相关信息资料。包括个人访谈、小组访谈等多种形式，其中，个人访谈包括入户访问、拦截访问及经理访谈等；小组访谈包括焦点小组访谈、深层访谈、德尔菲法访谈及头脑风暴法访谈等。其优点在于简单、灵活，可随机提问；调查人员可边询问边观察，有助于提高调研质量；提问的弹性大（就某问题深入详细地交谈），被调查者可充分发表意见，有助于获取有价值的信息；所提问题的回答率高。缺点是费用高、时间长，只适合小规模的调研；对调查人员素质要求较高；调研效果在很大程度上取决于被调查者的配合情况，被调查者易受调研人员主观意识的影响，使信息失真。

2. 邮寄询问法

邮寄询问法又称通讯询问法，它是将事先设计好的问卷或调查表通过邮件的形式寄给被调查对象，他们填好以后在规定的时间内寄回来。其优点在于高效、便捷、费用低，样本量大、调查范围广，减少了对调研人员的监督，被调查者思考的时间充裕，尤其适用于较敏感或涉及隐私的问题。缺点是问卷或调查表的回收率低，信息反馈时间长、时效性差，对被调查者素质要求较高，对调查内容要求较高（问卷设计清晰无歧义，能够引起被调查者的兴趣）。

3. 电话询问法

电话询问法是指调查人员根据抽样的要求，在样本范围内，通过电话询问的形式向被调查对象询问事先拟定的内容来获得信息资料。其优点在于经济、快速、易于控制，访问对象样本大、范围广，受调研人员影响小，交谈自由，能畅所欲言，对调研人员的管理方便，尤其适合热点问题或突发问题的快速调查。缺点是无法进行产品的有形展示，不适合较长时间的访问，不适合深度访谈或开放式问题的访谈，容易遭到拒绝，被调查者易产生抗拒心理。

4. 焦点小组法

焦点小组多由 8~12 人组成，在一名主持人的领导下对某一主题或观念进行深入的讨论，目的在于了解人们的想法及其原因，了解他们对一种产品、观念、想法或组织的看法，了解所调研的事物与他们的生活的契合程度，以及在感情上的融合程度。

焦点小组访谈法不是一问一答式的面谈。它们之间的区别也就是群体互动和群体访谈之间的区别。群体互动所提供的互动作用是焦点小组访谈法成功的关键，正是因为互动作用才组织一个小组而不是个人进行面谈。使用群体会议的一个关键假设是，个人的反应会成为对其他人的刺激，这样可以观察到受试者的相互作用，这种作用会产生比同样数量的人做单独陈述时更多的信息。

焦点小组访谈法的优点在于参与者之间的互动可以激发新的思考和想法，这是一对一面谈实现不了的，而且，群体的压力可以使激进者更现实一些。参与者之间积极的互动还意味着，对委托方而言，通过观察焦点小组来获得一手资料比一对一的面谈更为快捷和有趣。同时，这个方法也便于操作，容易得到所需要的结论。焦点小组访谈法的缺点在于：容易受主持人的水平或研究者的认识的影响，可能会产生误导性的而不是指导性的结论。此外，如果选择的参与者和目标市场有一定的偏差，造成的后果就不堪设想。

四　问卷法

问卷法（questionnaire survey）是指通过设计调查问卷，让被调查者填写调查表来获得调查对象的信息。在调查中将调查的资料设计成问卷后，让被调查者将自己的意见或答案填入问卷中。在一般的实地调查中，问卷法采用得最广泛；同时，问卷法在目前网络市场调查中运用较为普遍，是收集一手资料最常用的方法之一。

1. 调查问卷的结构

（1）标题。要突出问卷的调查主题及目的，使被调查者对所要回答问题的主要方向一目了然。

（2）问候语与填表说明。问候语应语气亲切、诚恳、有礼貌，内容交代清楚，使被调查者消除疑虑，参与调研。填表说明旨在规范并帮助被调查者回答问题，可以集中放在正文前面，也可分散到相关问题中，视具体情况而定。

（3）正文。包括所要调查问题的全部，主要由问题、答案及指导语构成。

（4）被调查者背景资料。包括性别、年龄、民族、文化程度、收入、婚姻状况、家庭类型、职业、职务、单位、联系方式等，目的是进行资料统计与分析时能够对消费者的特征有更好的把握。

（5）调研人员资料及问卷编号。为便于查询、核实、奖励及明确责任，问卷需包含调研人员的姓名、实施调研的时间和地点、相关信息及问卷编号。

（6）结束语。亦称致谢语，置于整个问卷的最后，用来表达对被调查者的感谢。

2. 设计调查问卷的程序

设计调查问卷的程序见图 6–4。

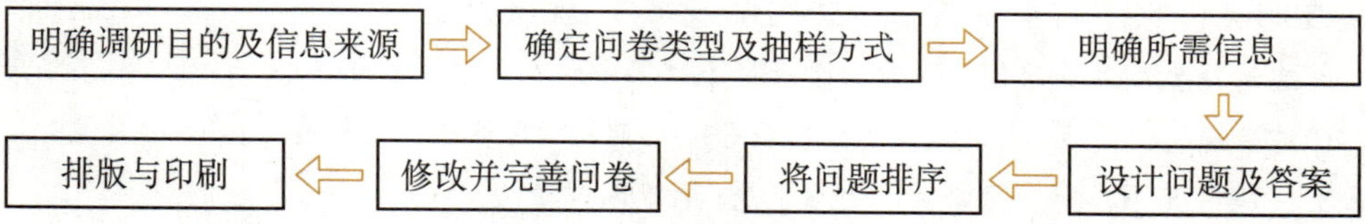

图 6–4　设计调查问卷的程序

第一步，明确调研目的及信息来源。首先，进行探索性调研，发现待研究问题；其次，参照调研主题对问题进行筛选，排除不必要的问题；最后，确定调查主体和调查内容。

第二步，确定问卷类型及抽样方式。首先，根据被调查群体的属性及特征确定采用何种问卷类型，即送发式、邮寄式、人员或电话访问式等；然后，确定抽样方式，即随机抽样或非随机抽样。

第三步，明确所需信息。首先，根据调研的目的及主题列出所要调研的信息；其次，集思广益，使问卷尽量包括所有相关问题；最后，考虑信息获得的渠道及可行性。

第四步，设计问题及答案。首先，确定问题的类型（开放式或封闭式）；其次，设计问句，要求用词准确，避免误导或诱导性词句，切忌一个句子中出现两个问题；最后，问题选项应尽量包含所有可能性，例如，可增添“其他”选项。

第五步，将问题排序。首先，运用过滤性问题将不合格应答者剔除；其次，将易答问题放在前面，复杂、敏感的问题放在后面；最后，按照正常的逻辑顺序进行排序或将问题分组，以免产生思维来回跳跃的现象。

第六步，修改并完善问卷。首先，对问卷的措辞反复推敲，使问题能够获得相关信息；然后，进行小范围的问卷试答，确认每一个问题都能被充分理解与回答；最后，根据各方意见完善问卷。

第七步，排版与印制。二者看似无足轻重，却会较大影响调查效果。切忌为节省成本而进行版面压缩，使问题之间空隙太小；也不要使用低档的纸张和粗糙的印刷。

小贴士 6-6 调查问卷小范例

大连地区大学生乳制品消费情况调查问卷

您好，我们是 ×× 大学的学生，想要调查大连大学生乳制品消费情况，所以需要了解一下您的想法，请在您选择的选项上打钩。我们保证会对您的信息保密，填写问卷需要占用您几分钟的时间，给您带来的不便请谅解，感谢您的配合！

一、受访者背景资料

1. 您的性别是：[单选题]

○男　　○女

2. 您所在的学校是：[单选题]

○ ×× 大学　○ ×× 大学　○ ×× 大学　○ ×× 大学

3. 您所在的年级是：[单选题]

○大一　○大二　○大三　○大四　○硕士　○博士

4. 您平均每月的生活费是：[单选题]

○ 1 000 元以下　○ 1 000~2 000 元　○ 2 000~3 000 元　○ 3 000 元以上

二、乳制品消费习惯调查

1. 您平均每个月对乳制品的消费金额是：[单选题]

○ 20 元以下　○ 20~50 元　○ 50~100 元　○ 100 元以上

2. 在选择乳制品的时候，您倾向于选择下列哪一种？[单选题]

○纯牛奶　○酸奶　○乳饮料（如优益 C）○奶粉　○调味乳（如核桃奶）○其他

3. 一般情况下，您饮用奶制品的频率是：[单选题]

○每天喝　○经常喝（一周 2~3 次）○偶尔喝（一个月 2~3 次）○从来就不喝

○无所谓，有就喝，没有就不喝

4. 您买乳制品的原因是：[多选题][必答题]

□补充营养　□生活习惯　□增强抵抗力　□父母要求　□受身边人影响

□其他________________

5. 您经常购买或熟知的液体奶（如酸奶、纯奶）的品牌有：[多选题][必答题]

□伊利　□蒙牛　□君乐宝　□光明　□辉山　□娃哈哈　□旺旺　□三元

□完达山　□其他________________

6. 对乳制品的购买，您更喜欢的方式是：[单选题]

○商场　○奶站　○学校超市　○食堂　○网上

7. 您喜欢的促销方式是：[多选题]

□不关注促销活动　□买赠　□打折　□团购优惠　□满额抽奖　□积分换礼

□其他________________

8. 请在下表中填写您认为影响乳制品购买的因素的重要程度（从 1 到 5 重要程度依次递增）：[矩阵量表题][必答题]

	1	2	3	4	5
口感	○	○	○	○	○
价格	○	○	○	○	○
生产日期及保质期	○	○	○	○	○
品牌知名度	○	○	○	○	○
奶源	○	○	○	○	○
添加剂	○	○	○	○	○
其他人的评价	○	○	○	○	○

我们的问卷调查到此结束，再次感谢您的配合！

调研人员：×× 调研地点：大连高校 调研时间：2016 年 12 月

五 文案法

文案法（copy method）又称二手资料调研法、间接调研法或文献调研法，是指通过查找或阅读图书、统计资料或研究成果等资料，获得所需信息的过程。它具有成本较低、资料较易查找、搜寻耗时较短等优点；同时具有针对性弱、实效性差、可信度低等缺点。

（一）文案调研的资料来源

文案调研的资料来源有两个方面：内部资料和外部资料。

（1）内部资料，是指企业生产经营活动的各种记录，包括以下几个方面：

1）物资供应资料。包括原材料、零部件、在产品及产成品的库存记录，进出资料记录，以及各种物料管理的规章制度等。

2）生产资料。包括生产作业的完成情况、工作效率、质量检验、操作规程、工艺流程，以及产品的设计图纸和说明、技术文件、实验数据等资料。

3）销售资料。包括订单、发票、销售记录、业务员访问报告、业绩总结等文件或资料。

4）统计资料。包括各类统计报表及统计分析资料。

5）财务资料。企业的各种财务和会计核算与分析资料、财务制度，包括各种会计账目、利润表、资产负债表、现金流量表等，以及企业产品的成本、销售价格等。

6）市场环境资料。包括顾客和客户资料；竞争者的产品、服务、规模及优劣势研究；市场潜量、成长速度、发展趋势等。

7）其他资料。如日常简报、经验总结、同行业研究及有关照片和录像、顾客意见及建议等。

（2）外部资料，是指已出版的资料，具体来源如下：

1）国际组织、国家统计机关及各级政府主管部门公布的有关统计资料，如联合国每年出版的《统计年鉴》、世贸组织发布的国际贸易统计数据，我国政府每年出版的《中国统计年鉴》、各省市的统计年鉴及《中国经济年鉴》等综合性年鉴资料汇编。

2）各种专业调研机构、经济信息中心、信息咨询机构、行业协会和联合会等提供的市场信息和有关行业情报，国内外行业文献，各企业的年度报告、财务报告等。根据

2014 年国家市场调研中心对中国市场调研公司进行的实力排名，前五位分别为央视市场研究公司、央视－索福瑞媒介研究、上海尼尔森市场研究有限公司、北京特恩斯市场研究咨询有限公司、北京益普索市场咨询有限公司。这些专业的市场研究机构都拥有大量的数据库，可以提供权威的市场数据。

3）互联网提供的各种信息。互联网以其便捷、及时的特点，成为非常重要的获得二手营销资料的来源，大有取代传统纸媒的趋势。我们推荐主要的市场信息来源网站如下：

• 搜索引擎网站：谷歌、百度等。

• 统计与经济信息网站：国家统计局官网（www.stats.gov.cn）、国务院发展研究中心信息网（www.drcnet.com.cn）、中国经济信息网（http://www.cei.gov.cn）、国泰安数据库、EBSCO 等。

• 市场营销专业网站：中国营销传播网（www.emkt.com.cn）、中国广告网（www.cnad.com）、第 1 营销网（www.cmmo.cn）、中国价值网（www.chinavalue.net）等。

• 学术资料共享网站：中国学术期刊网（www.china-k.net）、百度文库（wenku.baidu.com）、道客巴巴（www.doc88.com）、栖息谷（bbs.21manager.com.cn）等。

• 互联网营销研究网站：艾瑞网（www.iresearch.cn）、中国互联网络信息中心（www.cnnic.net.cn）、阿里研究院（www.aliresearch.com）、199IT 中文互联网数据资讯中心（www.199it.com）等。

4）国内外相关书籍、文献、杂志、咨询报告等所提供的资料。例如，各种统计资料、广告资料、市场和行业情报及预测资料。

5）有关生产和经营机构发布的资料，例如，《中国工商企业名录》等企业名录、广告说明书、专利资料及商品价目表等。

6）电视台、电台提供的信息。

7）各种国际组织、使馆、商会和国内外博览会、展览会、交易会、订货会以及专业性、学术性经验交流会提供的信息。

（二）文案调研的步骤

文案调研的步骤见图 6–5。

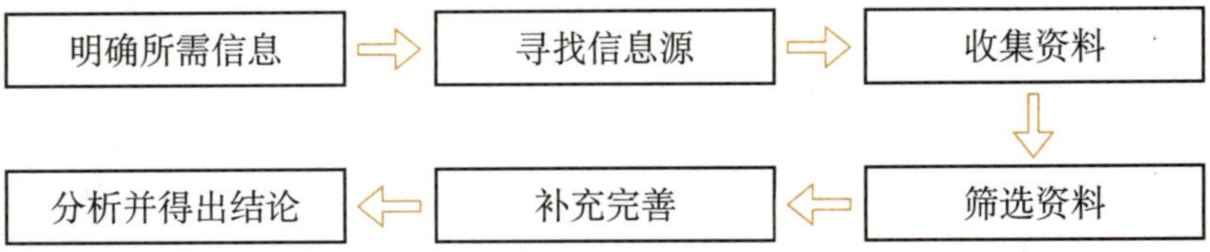

图 6–5　文案调研的步骤

（1）明确所需信息。识别实施营销策划可能出现的问题，明确所缺少的但却能够从企业内部或外部获得的信息。

（2）寻找信息源。通过分析所需信息的属性及特点，确定搜寻渠道。

（3）收集资料。通过查找、阅读企业的内外部资料获得所需的各种信息。

（4）筛选资料。将所查找的资料中不具有时效性、客观性差、针对性不强的资料剔除，保留具有分析意义的部分。

（5）补充完善。结合专业的知识技能、深厚的理论基础、科学的统计分析方法对资料进行加工完善。

（6）分析并得出结论。通过资料的收集、加工与分析，得出调研结论。

六　网络调查法

在互联网时代，网络调查很快成为市场营销信息调研的利器。**网络调查法**（web survey）是指企业利用互联网了解和掌握市场信息的方式。网络调查法具有自愿性、定向性、及时性、互动性、经济性与匿名性的特点。网络调查不受时空与地域的限制，节省了人力、物力，节约了成本和时间，省略了印刷、邮寄等过程，问卷回收效率高，还可以增加调查的信息量。其缺点就是上网的人群不一定代表被研究的对象，针对性不强，无法深入调查，真实度不高，这些都是制约网上调研的重要因素。网络调查法是一种新兴的调查方法，它的出现是对传统调查方法的创新和补充，受网络调查以及通信技术的深刻影响，传统调查方法正在发生改变，如图 6–6 所示。

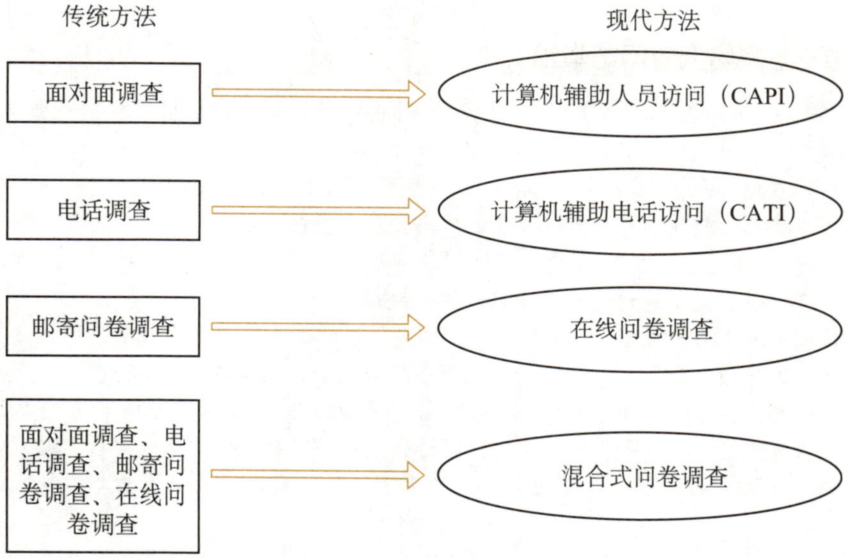

图 6–6　传统调查方法的变化

网络调查法包括网上问卷调查法、网上讨论法、网上测验法、网上观察法四种方法。

（一）网上问卷调查法

网上问卷调查法是在网上发布问卷，被调查对象通过网络填写问卷，完成调查。在问卷的设计上，尽量做到简明易懂，尽可能立即显示调查结果。

1. 站点法

站点法是将问卷放在网络站点上，由访问者自愿填写、提交问卷，经调查者统计分析后再在网上公布结果的调查方法，是网上调查的主要方法。大学生常用的问卷调查网站有问卷星（见图 6–7）、第一调查网（见

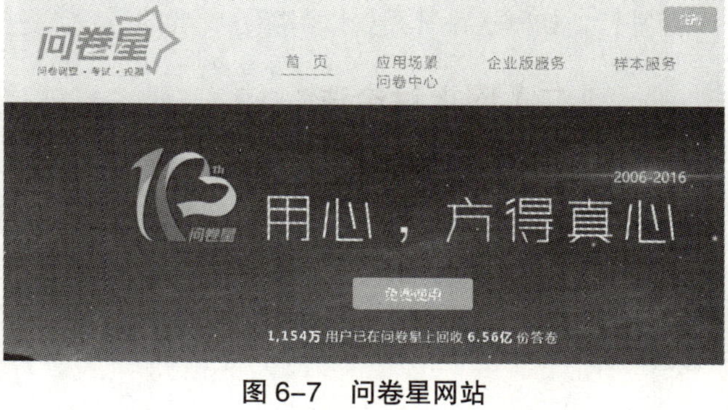

图 6–7　问卷星网站

图 6–8　第一调查网

图 6–8）等，这些调查网站为了鼓励用户使用，设有金币或者积分奖励，以便更好地达到调研目的。此外，随着通信工具的发展，微信调查越来越普及，制作好调查问卷后利用朋友圈转发、公众号推送等方式让用户进行问卷的填写，这是大学生进行调查时最常见的方式之一。站点法的优点是答题者是自愿的，且传播途径广，目前被广泛应用；不足之处是难以选择和控制被调查对象，有时甚至可能出现样本重复、数据不真实等情况。

小贴士 6-7　网络调查网站集锦

• 问卷星（www.sojump.com）：专业的在线问卷调查、测评、投票平台，界面简单易用，成本低，被企业和个人广泛使用，尤其受学生群体的喜爱。

• 第一调查网（www.1diaocha.com）：专业且最活跃的网络调查社区，用户可以在此进行自由的交流，为会员提供参与调查、发表意见并获得收益的机会。

• 积沙网（www.jisha.cn）：会员只要踊跃参与积沙的市场调查活动，就可以“聚沙成塔”，赢得积分，金沙社区、金沙论坛也是获取金沙的途径之一。

• 中调网（www.zdiao.com）：集专业调查和娱乐生活于一体的特色网站，通过参与调查和活动获得金币，将市场研究网络化，让网民直接参与调查，获得收益。

• Surveymonkey（www.surveymonkey.com）：美国著名的在线调查系统服务网站，功能强大，涵盖所有《财富》100 强公司，支持任何语言，也可以制作中文调查问卷。

• SURVEYSAVVY（www.surveysavvy.com）：世界著名的市场调研公司，参与的每份调查都会有现金支付。

• GlobalTestMarket（www.globaltestmarket.com）：是全球领先市场调查提供商 GMI（Global Marketing Insights）旗下的公司，现已入驻脸书，有中文版，参与调查可获得积分。

2. E-Mail 问卷法

E-Mail 问卷法是指通过邮件群发的方式将问卷发送给答题者，答题者直接通过点击问卷链接的方式答题。这种方式的优点是可以有针对性地选择答题者，使用简便，投递迅速，收费低，问卷易于保存，被广泛应用；缺点是回收率低，容易遭到答题者的反感，有侵犯个人隐私之嫌。因此，使用该方法时应得到答题者的同意，并向答题者提供一定补偿，如赠送小礼品，以消除答题者的敌意。

（二）网上讨论法

网上讨论法不需要面对面的交流，而是借助互联网平台实现交流。它有多种途径，如 BBS（电子公告牌系统）、newsgroup、IRC（网络实时交谈）、Netmeeting（网络会议）、Newsgroup（新闻组）等，从本质上讲就是互联网集体访谈法。此方法被广泛用于企业间网络会议、网络投票、网上焦点小组访谈等。

（三）网上测验法

网上测验法是指测验者利用网站或 E-mail 等途径，向网民或受测者发出有测验内容的问卷或信件，网民或受测者做出回答后反馈给测验者，测验者对反馈信息进行统计分析，并得出结论。比如，公司可以通过在不同的网页或不同时间提供不同的价格、标题或某种产品属性，来比较自己的营销变量效果，或者可以创造虚拟的购物环境，测试新产品和市场营销方案。

（四）网上观察法

网上观察法是指观察者进入聊天室观察聊天的情况，或利用网络技术对网站接受访问的情况以及网民的网上行为、言论，按事先设计的项目、要求做观察、记录或自动监测，然后进行定量分析研究，并得出结论。与线下的观察法类似但又有所不同，网上观察法不能直接观察被观察者的神情姿态，但可以对呈现在网络上的行为进行观测，不受空间限制，节省人力成本。比如，公司可以通过跟踪点击率了解网上顾客的行为，包括他们如何访问网站，如何跳转到其他网站。

▶ 基本概念

营销信息系统（marketing information system，MIS）
内部报告系统（internal reporting system）
营销情报系统（marketing intelligence system）
营销调研系统（marketing research system）
营销分析系统（marketing analysis system）
大数据（big data）
大数据营销（big data marketing）
市场调研（market research）
观察法（observation method）
实验法（experimental method）
访问法（access method）
问卷法（questionnaire survey）
文案法（copy method）
网络调查法（web survey）

▶ 应用与实战

1. 2013 年 5 月，阿里巴巴集团、银泰集团联合各大快递机构宣布组建菜鸟网络科技有限公司。“菜鸟”名字小志向大，其目标是通过 5~8 年的努力打造一个开放的社会化物流大平台，在全国任意一个地区都可以做到 24 小时送达。作为淘宝大物流计划的新企业，许多专家都曾预料菜鸟的诞生将引发新一轮电商物流竞赛。请您为新企业“菜鸟”进行市场调研，选择调查方式与渠道，并说明理由。

2. 自制网剧，顾名思义就是由网络媒体自己投资拍摄，专门针对网络平台制作并播放的影视剧。近几年自制网剧如雨后春笋般出现，并产生了巨大的轰动。《太子妃升职记》《老九门》《余罪》等都引发了收视狂潮。从趋势上看，网络自制剧的热度不会减退，而题材的选择仍是各大视频网站面临的难题。现某网剧制作团队欲向学生群体推出自制网剧，可选题材有古装宫斗剧、青春校园剧、神话玄幻剧、穿越剧等，请您设计对学生群体进行影视题材调查的方案。

3. 5 位同学组成一个调查小组，选择一个学生群体以及和市场营销有关的调查主题，选择调查方法，设计调查问卷，进行数据分析，编写调查报告并做演示。

▶ 案例

海尔精彩玩转大数据营销

海尔是我国家电行业的领先品牌，除了自身的产品广受认可外，它还是最具互联网精神的创新企业。在海尔 30 多年的发展历程中，营销经历了三个阶段：营销 1.0 阶段，以产品为中心，目的是销售。海尔在 1984 年成立，当时改革开放处于初期，产品供不应求，只需要通过传统广告把产品告诉用户，就能快速实现销售。在当时，将商品交给客户，拿到回款，销售就结束了。营销 2.0 阶段，以顾客为中心，目的是吸引回头客，创造新顾客。这时已经供大于求。大家都看过动画片《海尔兄弟》，海尔兄弟从广告的舞台走到电视屏幕中，这部动画片影响了一代人，他们已经成长为海尔的忠实用户。海尔从广告发展到营销策划，开始润物细无声地和顾客打交道。营销 3.0 阶段，进一步发展到以人文精神为中心，顾客参与创新。进入网络化时代，顾客开始参与产品、营销等全流程创新。比如，在以海尔兄弟为主题的手游中，玩家扮演的是游戏中的一个角色。

在营销 3.0 阶段，时代发生了变化，商业模式颠覆了，从分工式到分布式；制造模型颠覆了，从大规模制造到大规模定制；消费模式颠覆了，从产品经济到体验经济。随着外部环境变化，海尔开始寻找在 3.0 阶段营销的利器。早在 2012 年，海尔创建了会员制，吸引用户自主注册，建立了一个精准细分、活跃度高的 SCRM（社交化客户关系管理）会员大数据平台。这一大数据平台定位于打通企业内部的全流程数据，以用户最佳体验为导向，驱动产品数据、销售数据、供应链数据、服务数据等全流程数据优化增值，同时与企业外部的全网络数据动态连接，最终形成全流程用户体验生态圈。建平台获取数据不是目的，用平台黏住用户才是根本。海尔希望建立的 SCRM 数据平台成为企业的用户主数据平台，就像青岛 100 多年前建立的排水系统一样，从来没有出过问题，因为基础非常牢固。

1. 数据的核心是人

海尔秉承这样一个观念：回款不是交易的结束，而是交互的开始。企业需要研究的是用户需求，数据平台运营要聚焦活生生的人，而不是冷冰冰的数，要洞察消费者。因此海尔分两个层面运营用户数据：底层数据平台是海尔 SCRM 数据平台，打通 8 类数据资产，核心是 1.4 亿用户数据。上层会员平台是海尔梦享会员俱乐部，活跃会员超过 3 000 万人。图 6–9 为海尔梦享会员俱乐部的首页。

图 6–9　梦享会员俱乐部

用户注册梦享会员后会产生很多数据，存放数据的平台叫 SCRM 平台。这个数据平台不仅存放会员注册数据，还有产品销售数据、售后服务数据、官方网站数据、社交媒体数据等。用一句话概括：只要是和海尔用户有关的数据，都存在 SCRM 平台上，一个个数据孤岛连接成一个大数据平台。现在，这个数据平台存有 1.4 亿用户数据，并且进行了清洗、融合、识别，每个用户生成了 360 度用户画像。

这些数据有什么用？目前有两个核心用处：第一，采用数据挖掘的办法看看这些用户什么时候要买家电，这叫做精准营销。第二，看看这些用户中哪些用户很活跃，与他们进行交互，满足他们的需求，这叫做交互创新。

2. 数据采集的核心是连接

数据不等于有价值的信息，就像产品不等于商品。数据经过连接才能变成信息。海尔以用户数据为核心，全流程连接企业运营数据，全方位连接社交行为数据，特别是连接网络交互数据和网络行为数据。

大企业在发展过程中，每一个业务部门都会有自己的信息化业务系统，这些系统很容易成为一个个数据孤岛，互相孤立，互不连接。所以，海尔在建立企业级用户数据平台时，以用户数据为核心，将分散在各个信息系统中的数据连接起来。海尔已连接1.4亿线下实名数据，19亿线上匿名数据。生成360度用户画像的标签体系包含7个层级、143个维度、5 236个节点，现在的数据标签超过11亿。

用户识别、用户画像这些工作没有“结束”一说，永远是个过程，不会存在终点，只要企业的业务还在发生，用户还在与你交互，用户识别就不会停止，用户画像就不会结束。

3. 数据挖掘的核心是预测

优秀的企业满足需求，伟大的企业创造需求。在进行数据挖掘时，最核心的是预测，预测消费者接下来会发生什么样的行为，会有什么样的需求，或者对已有的产品、方案有什么新的需求。

海尔经过数据融合、用户识别生成数据标签，建立数据模型。海尔现已建立3类、10个数据模型，用量化分值定义用户潜在需求的高低。

4. 数据应用的核心是场景

数据的灵魂是应用，数据采集和挖掘的最终目的是使用数据。数据平台要分析业务部门在什么时候开展什么业务，可能遇到什么问题，在解决问题时需要用到哪些办法，这些办法中哪些可以用数据挖掘来达到目的。把这些业务应用场景梳理出来后，就可以开发出一个个数据产品。从其中一个角度可以将场景分为线上场景和线下场景，线上场景有上网浏览、电商购物、线上社交；线下场景有居家生活、门店购物、电话交流等。消费者无论出现在哪一个场合，企业都需要在正确的时间、正确的地点，给消费者提供其想要的产品或服务。

数据连接的目的是生成360度用户画像，精准洞察用户。SCRM把分散在不同系统中的用户数据聚到一起，包括销售数据、售后数据、会员注册数据等，进行数据融合。通过数据清洗识别出每个海尔用户：姓名、电话、年龄、住址、邮箱、产品……为了更全面地认识海尔用户，SCRM获得了用户在网上的行为数据，进行全网用户识别，生成360度用户画像。这样一来，海尔终于得以了解每一个用户的特点、爱好和他们的生活习惯，并给他们打上数据标签。

例如，海尔近年来的新产品帝樽空调，因其外形由方到圆的颠覆性创新，被ICEC评为“影响世界的十大创意产品”，这款产品有很多特点：健康，除PM2.5；舒适，3D立体送风；智能，Smart风随人动。哪些人群会购买这款健康智能的空调？为了找到新产品的目标市场，实现精准营销，为用户提供个性化的服务，海尔用SCRM大数据平台快速锁定目标顾客，提取数以万计的已经购买海尔帝樽空调的用户数据，与中国邮政的名址数据库匹配，建立“look-alike”模型。这个模型将已经购买帝樽空调的几万名用户所在的省份、城市、城区甚至小区分成几类，并打上标签；再把这些数据标签映射回中国邮政的名址数据库，找到有相似特点的所有区域；锁定区域后，SCRM开始分析范围内的潜在顾客，通过与社交媒体、杂志等的合作获取顾客的兴趣、产品偏好等数据，通过这些信息锁定目标顾客，对这些顾客实施针对性营销，比如直邮单页等，这样精准营销的成功概率大大增加。

目前，海尔的SCRM大数据应用逐步产品化、常态化。海尔开展过一次“海尔、新浪微博、国美三方联合数据精准营销”，SCRM大数据平台将海尔用户数据和新浪微博用户数据进行匿名匹配，当匹配的共同用户在微博上出现的时候，直接把用户引流到国美渠道购买海尔家电产品。具体过程为：第一步，SCRM大数据平台基于底层的需求预测数据模型精准预测出海尔1.4亿忠实用户中有超过3 000万人存在更新换代、交叉购买等潜在需求。第二步，海尔SCRM、新浪微博都对自己的数据进行加密处理，在同一个第三方的“数据安全港”进行匿名匹配，结果发现：在海尔的3 000多万潜在用户中，有500多万人在新浪微博也有数据，属于“重合潜在用户”。第三步，海尔、国美联合策划一个营销方案，并在新浪微博上向这500多万“重合潜在用户”精准投放。活动期间，这500多万目标用户中有120多万人登录新浪微博，成为这次大数据营销的精准受众。最终的效果良好，精准转化率超过平时营销活动的3倍。

为了开展线下精准大数据营销，SCRM大数据平台开发了两个数据产品：海尔营销宝和海尔交互宝（见图6-10）。海尔营销宝是为营销及销售人员开发的具有精准营销功能的大数据产品，可辅助其面向区域、社区和用户个体开展精准营销。营销宝其实就是一个APP，海尔几万名终端销售和营销人员的手机上都可以安装海尔营销宝，打开就可以看到功能区：社区热力图、用户热力图、小微播音台。

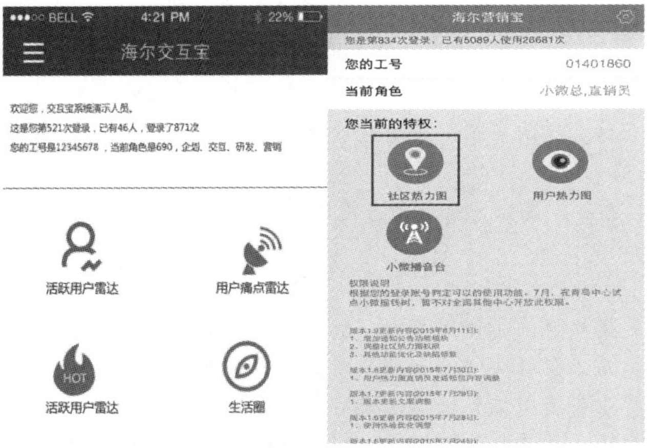

图6-10 海尔交互宝和海尔营销宝

社区热力图体现的是互联网社区，告诉营销人员目标区域在哪里，区域里的目标人群有多少。底层的基础是需求预测数据模型。打开社区热力图时，它会基于所在的地理位置把周边小区显示出来，这样就可以知道每个小区有多少海尔用户，哪些用户需要对他的家电产品进行更新换代。这便于营销人员在正确的时间、正确的地点把产品送给有需求的人。

用户热力图本质上就是互联网加门店，它可以告诉门店人员在周边5公里范围内，有多少海尔用户需要进行产品更新换代。门店人员可以和这些用户直接联系。在这个过程中，使用原则是“数据可用不可见”，即用户的个人隐私是看不见的。用户热力图使用大数据告诉门店销售人员每个用户的潜在需求是什么，销售人员可以直接和用户进行精准交互。

小微播音台是给海尔42个区域的小微公司使用的，当它们想和所在区域有需求的用户进行精准沟通时，数据平台可以告诉公司这个区域有多少海尔用户，他们对海尔的哪一款产品有需求，公司可以和用户精准联系。

为了基于数据进行交互创新，海尔的数据产品“海尔交互宝”可以帮助研发、设计和企划人员更全面地了解用户特点、受欢迎的产品特征、用户的兴趣分布与可参与交互的活跃用户。当企业人员想找到可以跟企业进行交流的用户、了解产品的优劣势及用户的产品偏好时，就可以使用交互宝。用户可以通过平台反馈自己的意见和想法，这些建议会通过平台传达到海尔的企划部门。海尔有一个营销理念：用户参与设计才是真正的营销。事实上，在SCRM大数据平台上与用户的互动不只是精准营销，而是让用户参与设计，与用户分享价值。

思考题

1. 请您通过海尔的例子说明大数据营销是怎么做到精准营销的。

2. 大数据营销的前提是掌握足够的客户数据，企业应该如何获得客户的基础信息？

3. 假设海尔要开展新产品的市场调研，请您根据海尔现有的平台资源设计一个调查方案。

4. 在互联网时代，请您举例说明像海尔这样的传统企业应该如何进行营销信息的调研。

5. 请您根据海尔和新浪微博、国美联合的大数据营销活动，策划一场海尔的精准交互营销活动。

资料来源：孙鲲鹏. 5000字解密：海尔SCRM大数据精准营销.（2016-10-03）. http://sanwen.net/a/lntcfoo.html.

▶ 参考文献

［1］菲利普·科特勒，等．营销管理：第 13 版．北京：中国人民大学出版社，2009.

［2］魏伶如．大数据营销的发展现状及其前景展望．江苏商论．2014（15）.

［3］大数据营销案例与如何实施．百度文库．http://wenku.baidu.com/view/92739679e87101f69e3195b1.html.2015.

［4］维克托·迈尔–舍恩伯格，肯尼思·库克耶．大数据时代．杭州：浙江人民出版社，2013.

［5］董大海．营销管理．北京：清华大学出版社，2010.

［6］阿尔文·C. 伯恩斯，罗纳德·F. 布什．营销调研．北京：中国人民大学出版社，2011.

［7］威廉·G. 齐克芒德，巴里·J. 巴宾．营销调研精要：第 4 版．北京：清华大学出版社，2010.

［8］孟韬，毕克贵．营销策划：方法、技巧与文案．2 版．北京：机械工业出版社，2012.

［9］菲利普·科特勒，加里·阿姆斯特朗．市场营销：原理与实践：第 16 版．北京：中国人民大学出版社，2015.

［10］赵国栋．网络调查研究方法概论．2 版．北京：北京大学出版社，2013.

第3篇 ▷▷▷

战略篇

第7章

企业战略与竞争战略

学习目标

- ▷ 明确企业战略的定义，了解企业战略的制定过程。
- ▷ 理解商业模式以及互联网时代商业模式的创新。
- ▷ 在行业中辨别竞争者，运用模型分析竞争者。
- ▷ 掌握四种基本竞争战略，并了解四种战略的使用条件和优劣势。
- ▷ 学会划分企业在市场上的地位，掌握根据市场地位不同而采取的不同的竞争战略。

引例　尚品宅配家居公司的转型战略

伴随互联网时代的到来，几乎所有的行业都面临洗牌。马云曾说过，未来的世界由数据驱动，商业模式将从 B2C 转为 C2B，用户改变企业，企业的转型必然要以用户为中心。家装行业也同样如此。成立于 2004 年的尚品宅配借助信息化技术开创“O2O+C2B”新战略模式，在金融危机的冲击下仍能逆势而上，实现每年高态势增长，至今已发展成为国内最大的定制家具机构（见图 7-1）。

为消费者提供立体的、全方位的家具解决方案，秉承服务的精神做制造，将家具制造业升级为家具服务业，在尚品宅配董事长李连柱看来，这是尚品宅配与其他家具企业最大的不同之处。尚品宅配基于“互联网 +”的战略转型分为四个阶段：转型前身、定制起步阶段、定制拓展阶段和深度定制阶段。尚品宅配的前身为圆方软件，主要从事装修和家具设计软件的研发。经过 10 年的发展，圆方软件在国内装修软件市场的占有率高达 90%。因为当时家具企业利用设计软件进行营销的理念尚未成熟，市场教育成本较高，所以公司决定利用软件技术，通过定制化方式进入家具制造行业。由此尚品宅配开启了家具产品定制化战略转型，从过去的软件销售摇身一变为家具生产与销售的 C2B 商业模式。为了配合战略的转型，公司率先推

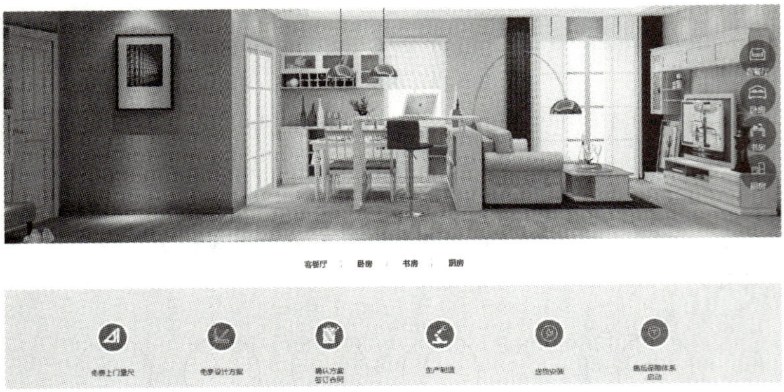

图 7–1　尚品宅配官网

出前期免费服务，即免费上门量尺、提供免费的设计方案，一方面，自己建厂，采用信息技术对传统生产线进行改造；另一方面，完善数据库资源，广泛收集数千个楼盘、数万种房型的数据建立“房型库”。进入快速发展期后，在 C2B 模式的基础上，公司利用互联网和信息技术，打通了线上和线下环节，拓展了 O2O 模式。至今，尚品宅配的个性化定制不断深化，迎来发展的黄金时期。

在尚品宅配的官方直销网——新居网上，消费者可以体验 DIY（自己动手做）家居的感受，看到设计出来的家具效果，再考虑是否购买。消费者也可以通过简单的网上申请或者拨打尚品宅配的 400 服务热线，免费获得设计师电话咨询、预约时间上门、免费上门量房，设计师还可以根据消费者的要求和家居类型免费设计方案。很多消费者通过新居网获得“线上虚拟体验”后，走进了尚品宅配的实体店，“上门量房 + 家具配套设计 + 全屋家私估价”全套免费服务让很多消费者最终选择了“线下购买”。通过网络平台与全国各地门店的线上线下结合，尚品宅配将“线上体验”与“线下购买”完美结合，提供了家具网购的新体验，实现了家具营销与电子商务在商业模式层面的成功结合。

资料来源：荆浩，刘垭．尚品宅配“互联网 +”的商业模式创新．企业管理，2016（2）：107–109.

第 1 节　市场导向下的企业战略制定

战略（strategy）是实现长期目标的方法，最初用于军事领域，随着商业经济的发展成为一个流行的商业词汇。1962 年，著名商业史学家小艾尔弗雷德 · D. 钱德勒（Alfred D. Chandler，Jr.）在其《战略与结构》中将战略定义为：“确定企业的长期根本目标并为实现目标而采取必需的一系列行动和资源配置。”后来，管理学大师亨利 · 明茨伯格（Henry Mintzberg）从不同的方面给出了定义，采用 5 个在英文中以 P 开头的单词作为战略的定义，即计划（Plan），整体规则与基本准则；计谋（Ploy），可操作性较强的谋略和计策；模式（Pattern），在决策中形成的某种共性；定位（Position），所处的位置选择；视角（Perspective），长期的思维方式。2005 年，小奥维尔 · C. 沃克（Orville C. Walker，Jr.）等在《营销战略：以决策为导向的方法》（第五版）中则将战略定义为：“现有的和计划中的目标、资源配置以及组织与市场、竞争者和其他环境因素之间相互作用的基础形态。”

一般而言，一个战略会详细说明以下三个基本问题：（1）是什么（企业需要完成的目标任务）；（2）在哪里（企业需确定的目标市场和客户群）；（3）怎么做（企业业务的具体开展，包括配置资源、分配活动等）。

具体到公司层面，**企业战略**（corporate strategy）是企业各种战略的统称，从横向上看，既包括竞争战略，也包括营销战略、发展战略、品牌战略、融资战略、技术人才开发战略等。从纵向上看，企业战略是一个自上而下的整体规划过程，分为公司战略、职能战略、业务战略等几个层面的内容。

企业战略制定过程始于对整体环境的评估，之后根据环境确定公司的使命和目标以指导整个公司的发展（见图 7–2）。然后，决定什么业务组合和产品最适合公司，给予每种业务或产品多少支持。相应地，每种业务和产品都要制定详细的市场营销计划，形成职能战略以支持公司层面的计划。

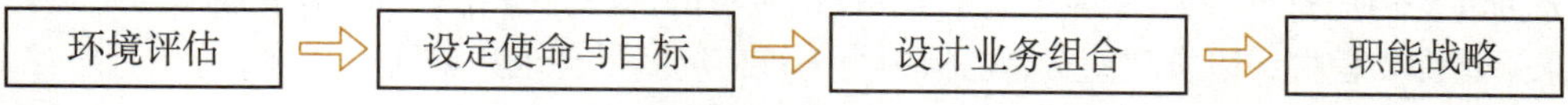

图 7–2　企业战略制定的环节

一　环境评估

完整的环境评估包括对外部环境的监测以及对企业内部环境的分析。通常情况下，理解企业内外部影响因素并有效预测未来将要发生的事件、趋势及状况，对建立并推行一个行之有效的战略至关重要。在互联网时代为制定战略进行的环境评估，除了传统上对政治、经济、文化的把握和分析，以及对行业竞争者的分析，更应该从消费者的角度出发，关注企业战略的营销元素，跟上网络时代的新趋势和潮流。

（一）传统环境分析

企业的产品、资源及其内部配置等受到环境的影响，公司在制定战略时必须进行相应的环境分析，把握市场趋势和消费者动向。环境的变化是企业面临的机遇与挑战，“站在台风口，猪都能飞”告诉我们要顺势而为，具备分析和预测环境的能力。

传统的环境分析一般分为宏观、微观两个层次（见表 7–1）。宏观环境指对企业营销活动造成影响的主要社会力量，包括经济环境、政治与法律环境、社会与文化环境、技术环境、人口和自然环境等。微观环境是直接制约和影响企业营销活动的力量和因素，包括企业的供应商、中间商、顾客、竞争者、社会公众以及企业内部各营销参与部门。

表 7–1　传统环境评估的内容

	分析模型	具体分析
宏观	PESTEL 分析	将宏观环境划分为政治（Political）、经济（Economic）、社会（Social）、技术（Technological）、环境（Environmental）、法律（Legal）六方面进行分析，评价这些因素对企业战略目标及其制定的影响。
微观	波特五力模型	迈克尔·波特认为行业中存在决定竞争规模和程度的五种力量，这五种力量综合起来影响产业的吸引力。这五种力量分别是新进入者的威胁、替代品的威胁、买方的议价能力、供应商的议价能力、同业竞争者的竞争程度。
	SWOT 分析	确定企业自身的优势、劣势、机会与威胁，从而将公司的战略与内部资源、外部环境有机结合起来。

（二）识别消费者偏好

随着互联网技术日新月异，消费者的消费方式和偏好也发生了潜移默化的变化，这一变化代表着企业的机会。营销机会往往来自实质性的趋势转型，如人们的生活方式、思想观念以及新技术。从“双十一”不断刷新纪录的淘宝电商到分享经济时代的滴滴与优步叫车，从传统企业转型运用网络营销方式到利用网络平台盈利的 P2P 借贷企业，消费者的偏好发生重大改变。在此形势下，企业更需要把握消费者的偏好，不仅仅是探寻消费者需要什么，更需要和消费者建立一种亲密持久的关系，建立消费者的忠诚度。在识别消费者偏好的过程中，一方面需要运用各种调研工具和方法来统计消费者的信息和喜好；另一方面需要对消费者的需求进行深入挖掘，以发现消费者需求中尚未被市场满足甚至察觉到的需求。

（三）消费者评价

企业战略的制定不仅需要管理者高瞻远瞩，更需要消费者参与。有效的营销战略应从消费者的关注开始，以消费者的评价为导向。所谓消费者的评价，是指消费者自觉地、理性地就是否能寻求特定利益、满足某种需要而对产品属性集进行评价。以市场为导向制定企业战略，更注重对消费者各类信息的搜集和预测。针对消费者群体，进行具有广泛性和归纳性的研究，识别消费者需求和偏好的趋势变化，在充分重视消费者评价的基础上制定和实施战略。

在互联网时代，这一环节显得尤其重要。伴随电子商务企业的兴起，如淘宝等线上交易平台、大众点评等消费点评网站，消费者对商品和服务的评价是其他消费者制定购买决策的重要依据。在虚拟的网络环境下，培养和维系消费者的信任是企业盈利和健康发展的关键，而消费者的评价是购买过程中最重要的一环。消费者对正面评价与负面评价的印象不同、反应强度不同。尤其是在做出购买决策的时候，相比正面评价而言，负面评价更容易引起消费者的注意。所以网购网站更应该注重消费者对体验过程的评价。

小贴士 7-1 “灌水”与“水军”：虚假的消费者评论

“灌水”原指向容器里面注水，进入互联网时代后，由于电子论坛（BBS）的出现，它又多了一个“向论坛发大量无意义的帖子”的意思。“水军”即受雇于网络公关公司在网络上“灌水”（频繁地发帖、回帖）的人员，以注水发帖来获取报酬。他们现在的行为已非单纯地“灌水”，除了利用网络进行炒作，还有部分“水军”使用诽谤、诬陷、抹黑等手段攻击竞争对手，编造轰动事件以混淆公众视听。近年来的网络大事，从网络红人到商场大战，多出自他们之手。目前，水军的江湖还处于“原生态”，既没有行业自律，也缺乏法律规章的约束，利益当前，涌动着低俗甚至是违法的暗流。

炒作的、虚假的消费者评论可控制商家产品的公众口碑。如果商家聘请到有足够实力的网络公关公司，则可以通过水军发表的评论来吸引网民的注意力，进一步影响他们的购买行为，制造出一种商家所期望的产品热销氛围。网络是各种观点的集中地，虽然过于严格的管制可能会导致言论不自由的后果，弱化舆论监督功能，但对商业利益驱动下的网络水军所引发的恶意竞争还是应当严厉打击，制定相应的法律法规，强化网络监督和审核制度，进行疏通引导，净化网络环境。

二 设定使命与目标

（一）以市场导向为使命

组织的存在是为了完成既定的使命和任务。在成立初期，使命是清晰的，但随着环境的变化、公司的自身发展，公司的使命往往会发生变化。管理者在经营管理中需要不断做出决策：我们的市场在哪里？我们的客户是谁？我们的业务应该怎样开展？这些问题看似简单，却是一个企业在市场竞争中能否立足的根本。成功的企业会不断提出问题，并谨慎、全面地回答它们。

企业使命（business mission）是企业生产经营的哲学定位，指企业在社会经济发展中所担当的角色或身份，不一定概括成文，但却像“看不见的手”影响着经营者的决策和思维。使命的陈述必须把企业经营看作一个满足顾客的过程，而不是一个产品生产过程，而满足顾客需求就必须以市场为导向。产品和技术最终会过时，而满足市场需求却是恒定的。

在定义企业使命时注意不要过于宽泛和狭隘。比如，涂料生产商将使命设定为给世界增添美好，就有点过于宽泛，让人不知所云。其次，使命的设定要以现实为基础。比如，一家名不见经传的小规模服装制造商将其使命定为成为世界最大的制造商，会让人觉得是自欺欺人。最后，使命并不是一成不变的，与市场环境的变化相适应。万宝路香烟一开始定位于提供女士香烟，后来经过调整将使命定位于男子汉香烟，结果销量大增。表 7–2 提供了几个产品导向和营销导向的实例。

表 7–2　产品导向与营销导向

公司	产品导向的定义	营销导向的定义
华为	我们提供 ICT 基础设施	提供有竞争力的通信解决方案和服务
联想电脑	我们提供电脑及其附属产品	为客户利益而努力创新
中国移动	我们提供通信服务	创无限通信世界，做信息社会栋梁
阿里巴巴	在网络平台上买卖商品	让天下没有难做的生意
沃尔玛	我们经营折扣商店	传递每日低价，使生活更美好
迪士尼	我们经营主题公园	我们创造梦想

（二）设定企业目标

确定使命后，企业需要制定具体可行的支持性目标。在企业使命和整体战略的指导下，企业应实施目标管理，建立完整的目标体系，包括业务目标和营销目标。业务目标和营销目标是对通过企业各种活动所要实现的目标的阐释，应符合 SMART 原则：具体的（Specific）、可衡量的（Measurable）、可以达到的（Attainable）、实际的（Realistic），并且要有规定的期限（Time-bound）。比如，某企业将研发目标阐述为成为本行业新产品开发的领头羊，这样的目标模糊不清，无法具体衡量，不妨将目标陈述清楚，概括为：企业的营销目标是将年收入的 10%用于研发产品，力争在一年内至少开发出 5 种新产品。这样的目标既简单可衡量，又能最大限度地鼓舞人心。

目标管理是使管理者的工作由被动变为主动的一个很好的管理手段。实施目标管理不仅是为了让员工更加明确高效地工作，更是为管理者将来对员工实施绩效考核提供考核目标和考核标准，使考核更加科学化、规范化，保证考核公正、公开与公平。

三　设计业务组合

在企业使命和目标的指导下，管理者需要设计业务组合。**业务组合**（business portfolio）

是企业业务和产品的集合。以市场为导向的企业需要充分考虑市场的动态、消费者的需求和企业自身的目标，依据自身优势，利用环境提供的具有吸引力的机会设计业务组合。

在战略制定中，必不可少的环节就是业务组合的分析。如何分配有限的资源会对企业的战略实施产生显著的影响。企业对各种业务进行综合分析，在盈利性强的业务上投入更多资源，而在盈利性弱的业务上减少投入甚至放弃。业务组合分析的第一步是识别企业的关键业务，这些业务是企业利润的主要来源或者是企业的核心竞争性业务，这些关键业务可以称为战略业务单元（SBU）。一个战略业务单元具有独立的使命和目标，可以独立于企业其他的部门，可以是企业的一个部门、品牌或者产品。

多数业务组合分析方法从两个维度评估战略业务单元——战略业务单元所在市场或行业的吸引力，以及该战略业务单元在市场或行业中的优势。最具代表性的是波士顿咨询公司所创立的波士顿矩阵（BCG）（见图 7–3）。波士顿矩阵将企业所有产品从市场增长率和相对市场份额两个维度进行组合。在坐标图上，纵轴表示市场增长率，横轴表示相对市场份额。该矩阵定义了四种类型的战略业务单元。

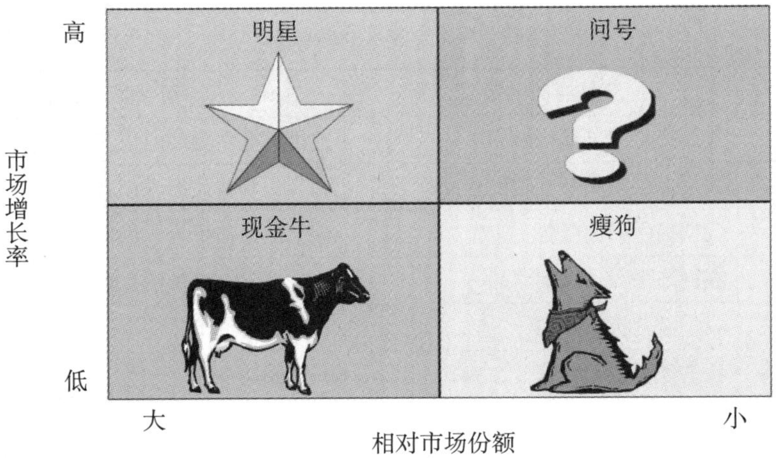

图 7–3　波士顿矩阵

（1）明星业务：处于高增长率、高市场份额象限内的产品群。通常需要大量投入来支撑其迅速增长，最终增长会减缓，明星业务转变为现金牛业务。采用的战略是：积极扩大经济规模和市场机会，提高市场占有率。

（2）现金牛业务：处于低增长率、高市场份额象限内的产品群。其特点是销售量大，产品利润率高，负债比率低，可以为企业贡献大量资金，用于支付各种费用和支持其他战略业务单元的投资。采取的战略是：争取在短时间内获取更多利润，为其他产品提供资金。

（3）问号业务：处于高增长率、低市场份额象限内的产品群。说明市场机会大、前景好，但在市场营销上存在问题。特点是利润率低，所需资金不足。采取的战略为选择性投资，管理者需要确定哪些产品应发展成为明星产品，哪些应该放弃。

（4）瘦狗业务：处于低增长率、低市场份额象限内的产品群。无法成为获取大量现金的来源。应采取撤退战略。

企业经营者的任务是通过四象限的分析，掌握产品结构的现状并预测未来市场的变化，进而合理地分配企业资源，及时调整企业的业务投资组合，加大在更有发展前景业务上的投资，缩减在没有发展前景业务上的投资。此种方法也存在局限，难以顾及两项或者多项业务的平衡，繁杂、耗时，且执行成本高昂。如今，很多企业将战略规划交给由密切接触市场的部门经理组成的跨职能团队。比如，迪士尼公司经过长年的发展，业务繁多，囊括了各种媒体和娱乐，所以迪士尼的首席执行官在审时度势后解散了高度集权的战略规划部门，将权力下放给公司的部门经理。

四　职能战略

企业战略制定的最后一步便是细分为职能战略。**职能战略**（function strategy）是按照总体战略或者业务战略对企业各方面职能活动进行的谋划。每个业务单元内的职能部门——市场营销、财务、生产、研究与开发、人力资源等，必须密切合作才能实现战略目标。

职能战略是为企业战略和业务战略服务的，必须与企业战略和业务战略相配合。比如，企业战略要培养创新的核心能力，企业的人力资源战略就必须体现对创新的鼓励，要重视培训、鼓励学习，把创新贡献纳入考核指标体系。在实施过程中，职能战略提供了具体的策略，是各部门行动的规划书。它规划了各部门应起到什么作用，如何发挥这些作用，更具体和专业，需要低层管理人员的参与。战略必须细化为职能层次上的战略才能具体实施，如市场营销、研究与开发、财务、人力资源、生产等。详细的分类如表 7–3 所示。

表 7–3　　职能战略分类

市场营销战略	涉及市场营销活动整体（市场调研，预测，分析市场需求，确定目标市场，制定营销战略，实施具体营销战略）的方案或谋划
财务战略	根据公司战略、竞争战略和其他职能战略的要求，对企业资金进行筹集、运用、分配以取得最大经济效益
生产战略	是企业在生产成本、质量流程等方面建立和发展相对竞争优势的基本途径，它规定了企业生产制造和采购部门的工作方向，为实现企业总体战略服务
研究与开发战略	包括科学技术基础研究和应用研究，以及新产品、新工艺的设计和开发
人力资源战略	根据企业总体战略的要求，为适应企业生存和发展的需要，对企业人力资源进行开发，提高员工队伍的整体素质，从中发现和培养一大批优秀人才

五　商业模式

（一）商业模式的定义

商业模式（business model）自 20 世纪 90 年代以来被广泛使用和传播，现已变成管理者、创业者和投资者挂在嘴边的热门名词。对于商业模式的定义，不同的学者有不同的解读。蒂默斯（Timmers）认为商业模式是“关于产品、服务和信息流的架构，包括对各种商业的参与者和他们的角色的描述，对各种参与者潜在收益的描述，以及对收入来源的描述”。玛格丽特（Magrett）认为商业模式是用于解释厂商运行方式的故事。我们认为，商业模式是对一个组织如何行使其功能的描述，是对其主要活动的提纲挈领的概括；

它定义了公司的客户、产品、服务以及业务流程，还提供了有关公司如何组织以及创收和盈利的信息。商业模式与企业战略一起主导公司的主要决策。

商业模式是一个动态系统，能够决定厂商跨边界互动的内容、管理和建设。从历史的发展角度看，最古老、最基本的商业模式就是店铺模式，具体点说，就是在具有潜在消费者群的地方开设店铺并展示产品或服务。随着时代的进步，商业模式变得越来越精巧。“饵与钩”模式或者“搭售”模式出现在20世纪早期。在这种模式下，基本产品的售价极低，通常处于亏损状态，而与之相关的消耗品或服务的价格则十分昂贵。比如，剃须刀（饵）和刀片（钩），手机（饵）和通话时间（钩），打印机（饵）和墨盒（钩）等。随着时代的发展，商业模式开始多样化，如硬件+软件模式、互联网免费模式等。每一次商业模式的革新都能给公司带来一定的竞争优势。但是随着时间的推移，公司必须不断地思考它的商业模式。随着消费者价值取向从一个行业转移到另一个行业，公司必须不断改变它们的商业模式。一个公司成败与否最终取决于它的商业模式是否符合消费者的需求。

（二）互联网时代的商业模式

随着科技的发展，互联网颠覆了以往的商业模式，传统意义上可依托的壁垒被打破，任何经验主义都显得苍白无力。黑莓、诺基亚、东芝、摩托罗拉等多家国外著名电子厂商被兼并或倒闭的消息接踵而至。而苹果公司一跃成为世界上市值最高的公司，BAT三巨头、华为等成为中国领军企业。正如2013年9月时任诺基亚公司CEO的约玛·奥利拉在记者招待会上同意微软收购时所说的一句话：“我们并没有做错什么，但不知为什么，我们输了。”无数的例子说明，互联网时代的商业模式需要让消费者参与生产和创造价值，让厂商与消费者连接，厂商与消费者共创价值、分享价值，这样才能既享有来自厂商供应面的规模经济与范围经济的好处，又享有来自消费者需求面的规模经济与范围经济的好处。

互联网时代商业模式的创新主要体现在以下几个方面。

1. 平台化运作

以前的平台指的是计算机的操作环境，随着淘宝、京东等第三方电子商务平台的出现，各式各样的平台纷纷涌现，如技术平台、产业平台、商业平台等。构建平台进行营销的模式称为**平台营销**（platform marketing）。

（1）把企业做成平台。平台是快速配置资源的架构，企业通过整合全球资源来完成自己的目标。例如，海尔过去是管控企业，现在将自身打造成一个供合作伙伴自由创业、供更多用户自由分享的开放平台。

（2）把产品做成平台。贯彻广义的产品经营理念，把“产品只是产品”转换成“产品不是产品”。“产品只是产品”是指产品的初始功能不变，“产品不是产品”是指围绕产品的初始功能边界进行开放，把更多的功能纳入到这个产品中来，围绕产品的核心功能进行体系化扩展，围绕用户需求不断升级产品，使产品成为更多功能的平台载体，苹果手机等智能手机就是典型的例子。

（3）把员工看成平台。充分发掘现代知识型员工的潜力，谷歌、3M等知识型企业让员工在工作时间内有一定的自由时间来完成自己想做的工作，很多新发明和新技术由此产生。

2. 通过免费赚钱

过去，要免费就不能赚钱，要赚钱就不能免费，免费与赚钱之间的关系是对立的；

现在，既免费又赚钱，通过免费赚钱，免费与赚钱的关系是统一的。也就是说，互联网时代的基本商业模式就是免费，免费成为常态。网络时代的实物商品以软件化、数字化形式展现，因此软件就是商品，数字就是产品。数字化产品生产的固定投入高，但是边际成本低，即产品初次生产成本高，再次生产成本低甚至为零，因为产品再次生产只需在电脑上复制粘贴即可，可见商品免费符合互联网经济的基本规律。现在通过免费赚钱有以下几种模式："交叉补贴"模式，通过免费赠送一种商品和服务，捆绑销售另一种商品和服务。"三方市场"模式，针对产品生产者和使用者之外的第三方收费，有个形象的比喻："羊毛出在狗身上，猪来买单。""版本划分"模式，比如初级功能免费、升级功能收费，前期服务免费、后期服务收费等。"数据服务"模式，数据服务是价值链上利润最高的领域。

3. 用户本位主义和员工化用户

在互联网条件下，商业模式从以企业为中心转向以用户为中心，由 B2C 转向 C2B。个人成为创造财富的主体，形成"用户本位主义"，设计、标准、生产、内容、推广、销售、体验、评价都来自用户，因此互联网时代需要重塑企业与用户之间的关系，要让用户从参与企业生产到融入企业生产，从融入企业生产到主导企业生产。员工化用户指让用户成为"准员工"，成为为企业服务的"社会资源"。

（1）把用户看作低报酬员工。企业逐渐将自己不具有技术、成本优势的环节放到全社会、全世界范围内进行业务众包，比如，海尔的创客实验室汇集了全球创客的智慧，支付低报酬就可以获得优质的研发成果。

（2）把用户看作零报酬员工。现在企业出设备，让用户自我服务，银行的 ATM 机（自助柜员机）、车站机场的自助取票机都是这种思维的实践。

（3）把用户看作负报酬员工。现在企业只是投资建立服务网络，比如银行用户网络服务系统、网上点餐系统，用户可以直接登录网站随时随地进行自我生产、消费与服务。用户不仅自我服务而且自带设备，成为企业的负报酬员工（见图 7-4）。

图 7-4　海尔的创客实验室官网

4. 跨界协作和无边界成为商业新常态

跨界协作指跨越行业、领域进行合作。虚拟经济和实体经济的融合，平台型生态系统的商业模式的发展，使更多的产业边界变得模糊。随着专业分工日益精细，虚拟组织大量出现，厂商跨越边界成为可能。企业通过跨界的方式纷纷进入非相关领域，例如阿里巴巴进入金融领域，小米进入电视领域。无边界是指企业利用互联网技术和思维，实现从跨界到无边界的突破。在经营上，产品实现从单一功能向产品平台的转变，产品的生产营销全过程从有限时间、有限空间到无限时间、无限空间的扩展；在管理上，打破企业内部的垂直边界，建立扁平化管理平台，员工实现自我管理，打破企业之间的边界，实现企业间物流、信息流和资金流的无缝对接，从竞争关系变成竞合关系；在操作上，在研发、制造、销售和物流环节实现虚拟运作，最大限度地整合社会资源。

（三）商业模式与战略的区别

1. 商业模式与战略的内容不同

商业模式的概念始于 Excel 软件的广泛应用，现在商业模式已超越技术层面，日益关注企业整体运作以及价值创造和获取。战略是包括一系列竞争性活动和业务方法的组合。战略理论是对战略制定方法及战略形成过程的研究，而商业模式理论是对具体的战略措施所具有的内在联系的研究。商业模式要回答的问题是：企业做什么？如何盈利？战略要解决的问题是：如何去做？如何取得竞争优势？

2. 商业模式与战略的关注点不同

商业模式从客户价值主张出发，围绕顾客价值创造和传递来构建企业系统，强调顾客价值创造及其持续性；战略从应对外部挑战出发，关注企业竞争优势的构建。商业模式在构建时考虑企业的收入结构、现金流与利润；而战略关注的是打败竞争对手和资源投入，对现金流与盈利考虑不多。

3. 商业模式与战略的特点不同

首先，商业模式具有系统性、逻辑性。商业模式是所有职能战略组成的体系，能完整地描述企业的价值创造体系，更强调内在逻辑。战略则具有目的性、动态性、过程性，有些企业可能商业模式不变，但战略常变。其次，战略具有普遍性，如低成本战略、差异化战略等都是普遍适用的。而商业模式很难一概而论，我们通常根据具体的案例来描述一个企业的商业模式，如国美模式、京东模式等。企业可以借鉴这些具体的模式来制定适合自己的战略措施。表 7–4 简要概括了商业模式与战略的区别。

表 7–4 商业模式与战略的区别

	商业模式	战略
内容	主要描述企业各部分怎样构成一个系统，是对具体的战略措施所具有的内在联系的研究	企业一系列竞争性活动和业务方法的组合，是对战略制定方法及战略形成过程的研究
关注点	企业内部经营与竞争基础和依据，关注企业本身是否有巨大的盈利能力	企业外部竞争与竞争策略，具有竞争性，通过建立并保持竞争优势获取优良绩效
特点	系统性、逻辑性	普遍性、动态性

（四）商业模式的整合模型

完整的商业模式除了具备结构性和逻辑性、模块性和系统性、静态性和动态性、客观性和主观性等特点外，作为一种模型化表达方式，还应该具有层次性。所谓的层次性是指把商业模式的不同要素按功能分配到不同层次，每一层次都有必不可少的特定功能。第 N 层的要素只能借助第 N–1 层要素所具备的功能来发挥自己的功能，因此第 N 层要素具有的功能不仅包括本身的功能，还包含第 N–1 层要素的功能。在计算机科学中，核心层、汇聚层、接入层共同构成一个完整的计算机层级网络，最终通过协调各层功能来完善网络的功能。我们借鉴计算机科学的三层级网络概念，将不同商业模式表达模型的纵向演进分析、横向比较分析和所提取的核心要素等内容整合在一个分级模型中，形成商业模式的整合模型（见图 7–5）。

这个商业模式的整合模型展示了企业如何以顾客为中心，围绕价值这个中心议题来洞察价值、创造价值、传递价值和获取价值。在商业模式的模型化表达中，顾客处于核心层的位置。商业模式强调以顾客为中心，围绕顾客来解决一般价值创造问题。从价值的角度看，商业模式应该围绕顾客这个中心来构建，强调企业要面向顾客，以顾客为出发点和落脚点。

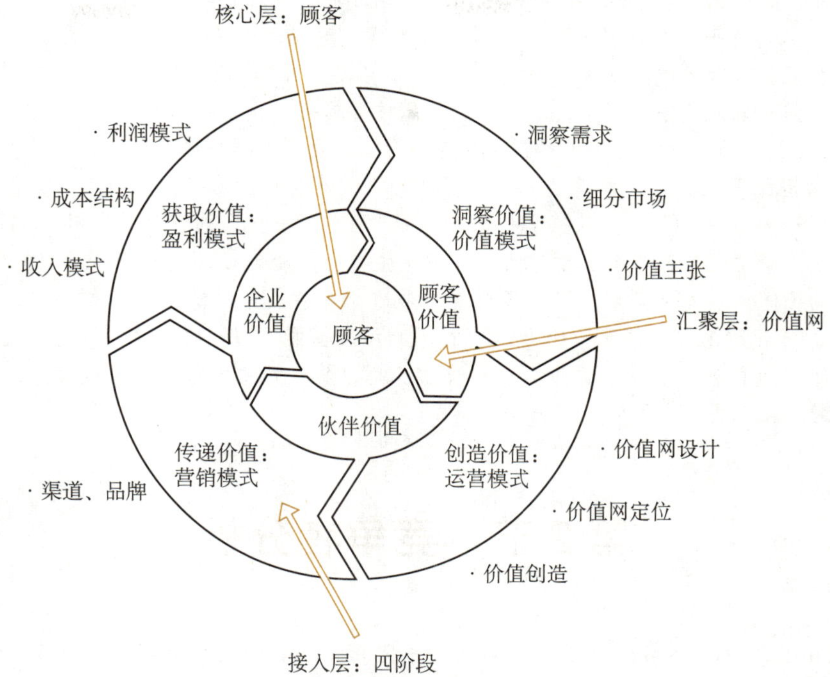

图 7–5 商业模式的整合模型

资料来源：王雪冬，董大海（2013）.

汇聚层是指与核心层有紧密联系、直接为核心层提供服务的层次，包括顾客价值、企业价值、伙伴价值三部分，其中顾客价值是商业模式价值体系的核心，代表顾客在价值网络中所能获得的利益；伙伴是指企业价值创造活动的利益相关者，伙伴价值表示这些利益相关者在商业模式价值网络中应得的利益；企业创造顾客价值和伙伴价值的最终目的在于获取企业价值，表现为收入、利润等财务绩效指标。

接入层按照价值发生的不同阶段可分为洞察价值（价值模式）、创造价值（运营模式）、传递价值（营销模式）、获取价值（盈利模式）四个部分。价值模式包括洞察需求、细分市场、价值主张三部分，企业可以通过洞察价值了解顾客的根本需求，找到合适的细分市场，为顾客提供价值。运营模式包括价值网设计、价值网定位、价值创造三部分，企业要确定价值网络的关键行为主体，明确企业在运营中的定位，最后确定实现价值创造的关键活动。营销模式是企业向顾客传递价值的不同手段，包括渠道、品牌等，互联网时代的商业模式创新主要体现为电子商务渠道创新。盈利模式的收入模式、成本结构和利润模式三个要素反映企业如何把自己提供的产品和服务变现。

小贴士 7-2 P2P 的互联网商业模式

近年来，P2P 互联网风暴强势来袭，改变了人们生活的方方面面，主要表现为物品 P2P、服务 P2P、金融 P2P 三方面。物品 P2P 主要是指在某网络平台上实现个人对闲置物品的分享。在实践上有多种类型，个人可以在平台上发布闲置物品，其他人可通过该平台直接实现物品交换，如以 58 同城、赶集网为代表的二手市场平台，以舍得网为代表的物物交换网站，以 Airbnb 为代表的房屋在线短租平台，以滴滴打车、优步为代表的私家车出租平台，以及其他各类实体交换、交易活动。服务 P2P 包括基于 P2P 模式的技能交换平台，比如以维基百科、百度百科、知乎为代表的以共享知识为目的的开源网站，以威客网为代表的分享时间、智慧的企业众包，以技能交换网、技能银行为代表的技能交换，以 Opentable 为代表的美食分享等。

金融 P2P 网贷平台在这股浪潮中发展最为迅猛，建立之初主要借鉴国外形式，但是由于我国经济制度、金融环境与发达国家存在一定的差异，为了适应国内大环境，企业在效仿 P2P 网贷模式的同时融入了中国元素，形成了以下几种模式：（1）无担保线上模式。这种模式中，P2P 网贷平台只负责制定交易规则和提供交易平台，不负责交易的成交以及贷后资金管理，不承担损失和担保责任。在这种模式下，网贷公司的风险控制能力弱，风险大、收益高。拍拍贷就是运用这一模式。（2）有担保线上模式。一方面，对出借人的资金提供担保；另一方面，重视贷后资金管理，风险控制力度较大。在我国主要有红岭创投、人人贷等。（3）线下模式。多由传统的民间借贷发展而来，网络只是宣传渠道，其特点是对借款人要求抵押，对出借人提供担保，贷款质量相对较好。（4）线上线下相结合模式。即：两万元以下的借款采用纯线上形式，借贷流程和风控完全通过互联网进行；超过两万元的借款注重实地考察，平衡风险与收益，避免在低贷款交易中付出更高的成本。

第 2 节　竞争者分析

知彼知己，百战不殆；不知彼而知己，一胜一负；不知彼，不知己，每战必败，说明了在军事中是否能够掌握敌情是生死攸关的，而商场如战场，在企业经营中，了解竞争者的目标、战略、战术、优劣势等也是至关重要的。比如在手机行业中，三星会密切关注苹果的动态，包括发布新产品、升级系统、更新外观等，国内手机企业也会搜集竞争者的信息来作为战略制定的基础。为了制定有效的营销战略，企业需要尽可能多地了解竞争者的情况，在市场力量、当前战略、营销组合等方面与竞争者进行比较。唯有这么做，企业才能发现自己具有潜在竞争优势和劣势的领域。如图 7–6 所示，进行竞争者分析要求判断竞争对手的目标和优劣势，在此基础上估计竞争对手的策略和反应模式。

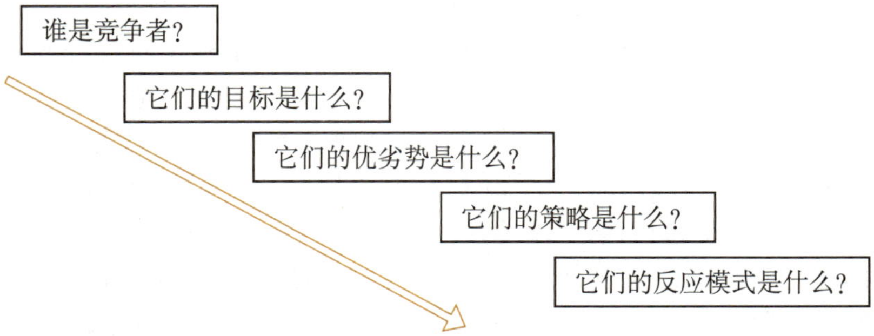

图 7–6　竞争者分析的环节

一　识别企业的竞争者

（一）从行业的角度识别竞争者

企业参与市场竞争，不仅要了解消费者的需求，更要了解竞争者。行业的定义为：一个提供一种产品或一类相互替代产品的公司群。在一个行业中存在着各种竞争力量，如现有厂商、潜在加入者、替代品厂商等。最具有代表性的分析方法是迈克尔·波特在 20 世纪 80 年代初提出的五力模型，认为行业中存在决定竞争规模和程度的五种力量，这五种力量综合起来影响着产业的吸引力以及现有企业的竞争战略。它们分别为同业竞争者的竞争程度、替代品的威胁、新进入者的威胁、供应商的议价能力、买方的议价能力（见图 7–7）。

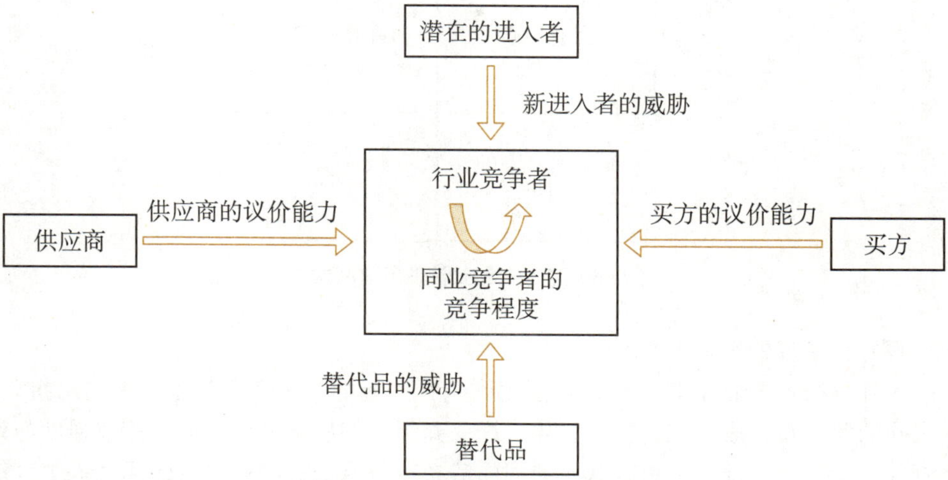

图 7–7　驱动行业竞争的力量

1. 供应商的议价能力

如果公司的供应商能够提价或者降低产品和服务的质量，或减少供应量，那么，该公司所在的细分市场就没有吸引力。如果供应商集中或有组织，或者替代产品少，或者供应的产品是重要的投入要素，或转换成本高，或者供应商可以向前实行联合，那么，供应商的议价能力就强。因此，与供应商建立良好关系和开拓多种供应渠道是防御上策。

2. 买方的议价能力

如果某个细分市场中买方的议价能力很强或正在加强，该细分市场就没有吸引力，买方便会设法压低价格，对产品质量和服务提出更高的要求，并使竞争者相互竞争，所有这些都会使销售商的利润受到损失。如果买方比较集中或者有组织，或者该产品在买方的成本中占较大比重，或者产品无法实行差别化，或者买方的转换成本较低，或者由于买方的利益较少而对价格敏感，或者买方能够向后实行联合，买方的议价能力就会加强。

3. 新进入者的威胁

一个细分市场的吸引力随着其进退难易的程度而有所区别。根据行业利润的观点，最有吸引力的细分市场应该是进入壁垒高、退出壁垒低（见图 7–8）。在这样的细分市场上，新的公司很难进入，但经营不善的公司可以安然撤退。如果细分市场进入壁垒高且经营不善的公司难以撤退，则必须坚持到底。如果细分市场进入和退出的壁垒都较低，公司便可以进退自如，获得的报酬虽然稳定但不高。最坏的情况是进入细分市场的壁垒较低，而退出的壁垒却很高。

4. 替代品的威胁

替代品是指在功能上能部分或全部代替某一产品的产品。如果某个细分市场存在替代品或者有潜在替代品，那么该细分市场就会失去吸引力。替代品会限制细分市场上产品价格和利润的增长。公司应该密切注意产品的价格走向。如果在这些替代品行业中技术有所发展，或者竞争日趋激烈，这个细分市场上的产品价格和利润就可能会下降。为了减少替代品对企业的威胁，企业应设法扩大产品的差异化程度，强调替代品不能发生作用的方面。

进入壁垒 \ 退出壁垒	高	低
高	高且有风险的回报	高且稳定的回报
低	低且有风险的回报	低且稳定的回报

图 7-8　进入 / 退出壁垒与盈利能力

5. 同业竞争者的竞争程度

在大部分行业中，企业的利益是紧密联系在一起的，必然会产生冲突与对抗现象。企业之间的竞争常常表现在价格、广告、产品介绍、售后服务等方面，竞争强度与许多因素有关。如果一个细分市场有众多强大的或者竞争意识强的竞争者，那么该细分市场就会失去吸引力。

行业分析可以识别出行业的潜在吸引力，尤其是行业的竞争程度和盈利能力以及行业内参与者的表现。通过分析行业中各种力量的影响因素和企业所处的竞争地位，能够更好地理解和预测行业的结构调整和竞争战略。

（二）从市场的角度识别竞争者

除了从行业角度，我们还可以从市场的角度来识别竞争者，即把竞争者看作一些力求满足相同顾客需求或服务同一顾客群体的公司。从这一角度来看，竞争者有以下几类。

1. 品牌竞争者

企业把同一行业中以相似的价格为相同的顾客提供类似产品或服务的其他企业称为品牌竞争者。如在国内手机市场中，华为、OPPO、vivo 等国内品牌在同一市场中相互替代性较强，竞争激烈，因此各大企业将培养顾客忠诚度作为重点。

2. 行业竞争者

企业把提供同种或同类产品，但产品规格、型号、款式不同的其他企业称为行业竞争者。所有同行业的企业之间存在彼此争夺市场的竞争关系，如笔记本和台式机之间的竞争、产品高低档市场之间的竞争。

3. 需要竞争者

提供不同种类的产品，但满足消费者同种需要的企业称为需要竞争者。比如阅读图书时可以选择纸质版和电子版，购物时可以选择线下商场和网购。

4. 消费竞争者

提供不同产品，满足消费者的不同需求，但目标消费者相同的企业称为消费竞争者。如消费者收入水平提高后，可以把钱用于旅游，也可用于购买汽车，或购置房产，不同的消费者具有不同的需求，但因企业的目标市场是相同的，所以存在争夺消费者购买力的竞争关系。

小贴士 7-3 跨界经营的互联网时代，谁是竞争对手？

有这样一句流行语："中国电信和中国移动竞争多年，才发现竞争对手是腾讯。"随着市场竞争日益加剧，行业与行业相互渗透、相互融合，"跨界"已成为互联网时代最流行的字眼，代表新锐的生活态度和审美方式的融合。跨界经营是基于用户体验的互补关系，在营销思维模式上实现由产品中心向用户中心的转移。跨界经营的实质是实现多个品牌、多个行业从不同角度诠释同一用户特征。在这样的跨界合作背景下，企业必须避免"竞争者近视症"，因为企业更可能葬送在潜在竞争者而不是现有竞争者的手下。例如，攻击柯达公司的并不是其直接竞争者富士，而是那些从未被柯达视作竞争者的索尼、佳能等数码相机制造商，以及许多数码影像开发商和网络图像共享服务商。因而，中国电信的最大竞争对手已经不是中国移动、中国联通，而是腾讯，因为腾讯麾下的 QQ、微信等满足了用户通信和社交的需求，打国际长途不仅可以视频，还免费。

最典型的例子是《不列颠百科全书》，一直以来都认为自己在和其他印刷参考书和昂贵的百科全书的出版商竞争。进入数字化时代后，随着基于网络的百科全书和参考资料的快速发展，《不列颠百科全书》的销量猛跌，损失惨重。终于，不列颠百科全书公司意识到真正的竞争者不是其他出版商，而是电脑、网络和数字内容，比如"任何人都可以编辑的"维基百科和售价低廉的微软电子百科全书。现在，不列颠百科全书公司仍然出版其顶级的百科全书系列和其他一些参考书，还提供 DVD 和网络版本的信息服务。

二 判断竞争者的目标和动机

竞争对手会如何行动和做出反应，在很大程度上取决于它们的战略目标以及它们从事某种业务的动机。因此，判断竞争者的目标和动机是竞争者分析的基础，这有助于更好地掌握竞争者的行动。每个竞争者都有一组目标。我们应该了解竞争者对盈利的可能性、市场占有率的增长、资金流动、技术服务和其他目标给予的重要性权重。要确定竞争者的目标和动机，应当获取并审查以下信息源：（1）产品或者新闻发布会等；（2）年度财务报告；（3）企业分析报告和重大新闻；（4）主管的报告和演说。了解了竞争者的目标，就能够知道竞争者对当前状况是否满意，以及对不同的竞争性行为作出的反应。例如，一个追求成本领先的企业对竞争者在削减成本的生产技术上取得的突破比广告费用的增加反应更强烈。

企业还必须关注竞争者在不同细分市场的目标。如果企业发现某些竞争者正在开拓一个新的细分市场，这可能就是一个机会。如果发现竞争者有意进军目前由本企业提供服务的细分市场，就必须警觉，提前做好战斗准备。图 7–9 显示了假定的空调行业产品 –

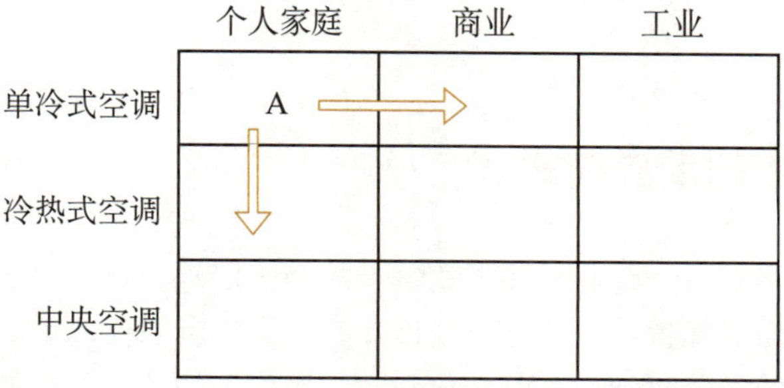

图 7–9 竞争者（A 公司）的扩展计划

市场竞争形势图。它表明主要向个人家庭销售单冷式空调的 A 公司计划增加冷热式空调、中央空调，同时向商业和工业进军。因此，其他企业应对 A 公司的扩展建立壁垒。

三 评估竞争者的优势和劣势

分析竞争者时，必不可少的一个环节就是评估竞争者的优势和劣势，做到知己知彼，实现企业营销目标。分析竞争者优势和劣势的关键在于收集竞争者的数据。企业一般通过二手数据、个人经历和口碑进行了解，或者是通过顾客、供应商和经销商进行原始数据的营销调研。

收集到数据后，应进行分析，该步骤分为四步：第一，列举出影响企业成功的因素；第二，给这些因素赋予权重，通常用量表来表示，100 分为满分，重要性越高，得分越高；第三，对竞争者和本企业按照每个因素进行评分；第四，将上述评分乘以重要性权重，重要性权重显示了优势与劣势。

表 7–5 反映了甲公司对自身和竞争对手进行分析的过程和结果。左侧第一列是影响企业成功的因素，第二列给出了各因素的权重，然后对企业和竞争者估算出总分。竞争者名声卓越，被认为能生产出高品质的产品，有强大的销售队伍，但在渠道、管理能力等方面有所欠缺。在总体评估中甲公司的分值不如竞争者，所以在竞争时正面进攻不可取，可集中优势力量攻击对手的弱点。

表 7–5　　表现的评估过程

因素	权重	表现					加权分值	
		1	2	3	4	5	甲公司	竞争者
产品	20				●	○	80	100
渠道	10		○	●			30	20
研发能力	10	●			○		10	40
资金实力	20		○			●	100	40
管理能力	10	○	●				20	10
市场营销	20		●		○		40	80
品牌形象	10			●		○	30	50
						总分	310	340

● 甲公司
○ 竞争者

四 判断竞争者的反应模式

完成上述三个步骤后，企业掌握了竞争者的初步信息，对竞争者的情况有了初步的分析，下一步企业需要知道：竞争者将要做什么？竞争者的反应可能受它的各种假设的影响，也可能受它的经营哲学、企业文化和起主导作用的信念的影响，还可能受其心理状态的影响。不同反应的竞争者主要分为以下四种。

1. 迟钝型竞争者

此类竞争者对市场竞争措施的反应不强烈，行动迟缓。究其原因，可能是竞争者受到资金、规模、技术等资源或能力的限制，无法及时作出适当的反应；也可能是竞争者对自身实力过于自信，不屑于采取行动；还可能是竞争者的竞争意识不强，对市场竞争措施重视不够，未能及时捕捉到市场变化的信息。昔日的手机行业的老大诺基亚面对竞争反应迟钝、过于自信、忽视了竞争者的包围是其失败的重要原因。

2. 选择型竞争者

某些企业对不同的市场竞争措施的反应是有区别的，对于某些措施反应强烈，而对有些行动表现迟钝。通常情况下，企业对竞争者的价格变动较为敏感，价格一旦出现变化，会立即做出反应，而对改善服务、增加广告、改进产品、强化促销等非价格竞争措施则不大在意，认为不对自己构成直接威胁。

3. 强烈反应型竞争者

某些企业对市场竞争因素的变化十分敏感，一旦受到挑战就会迅速作出反应，进行激烈的反击，往往不计后果地打压、报复其他竞争者。这些强烈反应型竞争者通常都是市场上的领先者，具有某些竞争优势。一般企业轻易不敢或不愿挑战其在市场上的权威，尽量避免与其正面交锋。许多快消品行业的小企业都避免与宝洁直接竞争，因为它们知道如果宝洁受到挑战，必定会猛烈还击。

4. 不规则型竞争者

这类企业对市场竞争作出的反应通常是随机的，往往不按规则出牌，使人感到不可捉摸。不规则型竞争者在某些时候可能会对市场竞争的变化作出反应，也可能不作出反应；它们既可能迅速作出反应，也可能反应迟缓；其反应可能是剧烈的，也可能是柔和的。此类竞争者较难判断，只能分析其以往在市场上的表现以作出估计。

第 3 节　竞争战略的类型

一　基本竞争战略

“竞争战略”是由全球管理领域的领军人物，被誉为“竞争战略之父”的美国学者迈克尔·波特提出的，他在其著作中提出竞争战略属于企业战略的一种，是指企业在竞争上采取进攻或防守的长期行为。在竞争日益激烈的今天，企业为了实现盈利目标，应该了解并制定相关战略，否则将在市场中处于不利地位，并导致市场占有率低下、缺乏资本投资，进而削弱自己的竞争优势。在制定战略时一定要因地制宜、因势利导地寻找最佳战略。迈克尔·波特在《竞争战略》一书中提出了三种基本的竞争战略，即成本领先战略、差异化战略和集中战略（见图 7-10）。

随着经济的发展，企业不仅注重自身，更重视外部的合作竞争，第四种竞争战略——竞合战略应运而生。本节将介绍这四种基本战略，它们可以单独使用，也可以综合使用，以巩固企业的地位，赶超竞争对手。

（一）成本领先战略

成本领先战略（cost leadership strategy）是指通过一系列措施在行业中实现成本领先，以此获得比竞争对手更高的市场占有率。在这种战略的指导下，企业应在原材料成本、研发与技术成本、管理运营成本、服务成本、营销成本等方面力争实现行业中的最低水平，尤其是要低于竞争对手的成本。

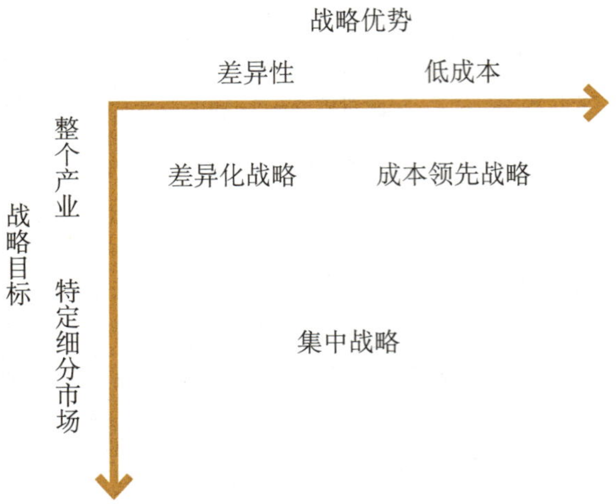

图 7–10　三种基本竞争战略

一方面，成本领先战略通常要求企业具有较高的市场份额；能够实现规模经济；有能力进行新产品和新技术的研究与开发；降低投入成本；减少行政等其他费用。另一方面，实施成本领先战略的企业通常能够获得高于行业平均水平的利润；保持领先地位；能够设置行业进入壁垒；有能力削弱替代品的威胁；增强与供应商及客户讨价还价的能力。

尽管成本领先战略能使企业获得高于行业平均水平的利润，但是保持成本领先地位会给企业造成沉重的负担，这意味着企业需要更新设备、引进新技术、实现规模经济等。因此，采取成本领先战略存在某种程度的风险，具体表现在以下四个方面：第一，新进入者和追随者的学习成本低，企业容易被模仿甚至超越；第二，新技术出现导致企业失去原有技术的投资及经验基础；第三，过度关注产品及其成本，势必忽视市场和竞争状况，从而陷入产品导向；第四，保持低成本和价格差通常很困难。

沃尔玛成功地运用成本领先战略，通过压低进货价格、降低经营成本、节省物流成本、压缩广告费用和鼓励员工勤俭等方法降低成本，增强市场竞争力，成为零售行业成本领先战略的典范。格兰仕微波炉更是将成本领先战略发挥到极致，仅用五年时间就打败所有竞争对手，成为世界第一。

我们可以把成本领先战略概括为以下几种类型：

（1）简化产品型成本领先战略。

（2）改进设计型成本领先战略。

（3）材料节约型成本领先战略。

（4）人工费用降低型成本领先战略。

（5）生产创新及自动化型成本领先战略。

要想获得成本领先的地位，企业可以从以上五个方面着手，制定各职能战略来实现控制成本的目标，比如，企业可以改进产品设计，设计出更精简、更先进、更有利于节约成本的产品，也可以减少各方面开支，避开次要客户，根据经验降低成本。采取成本领先战略要求企业进行较高的前期投资，购买一流的设备，实施激进的定价策略，并负担开始时的损失，这样才能获取较高的市场份额，之后取得规模效益、降低成本、获取利润。

成本领先战略的实施涉及企业的方方面面，因此不能寄希望于企业的某一个环节或某一个部门，而是要求全员参与成本控制，进而营造一种注重细节、精打细算、讲究节俭、严格管理、以成本领先战略为中心的企业文化，使一切行动措施都围绕这个核心开展。只有真正做到成本领先，才能对消费者实施"天天平价，薄利多销"，博得消费者的高度信任。

（二）差异化战略

差异化战略（differentiation strategy）是指将企业生产的产品或提供的服务明显区别于竞争对手，形成在全行业范围中具有独特性的产品或服务。该战略的重点是创造独特性，使顾客对企业品牌产生忠诚度，甚至愿意支付溢价，使企业能够获得超常收益。差异化战略的形式包括产品及品牌在形象、功能、外观、服务、技术优势、分销渠道等方面的差异。差异化战略的方法多种多样：（1）产品的差异化。实现独家所有，确保市场占有率小而投资回报率高，追求产品可靠性、标准化。如宜家家居注重产品设计，强调低价，在产品展区注重体验和产品搭配，为消费者提供舒适的展区，传达企业的理念是提供更美好的日常生活。（2）服务的差异化。追求产品周边服务的优异化，创造特性和附属功能。比如，海底捞在餐饮业中以其贴心周到的服务赢得了无数回头客。（3）形象的差异化。追求品牌的优异化，强调产品的品牌诉求。比如，唯品会的理念是"一家专门做特卖的网站"，以经营折扣品牌为主，在消费者心中树立了高端平价的形象，与其他的网购网站有了明显的认知差异。

实施差异化战略的企业具有以下三方面优势：首先，有利于形成顾客对品牌的忠诚，构筑进入壁垒；其次，差异化的产品或服务是其他竞争对手不能以同等价格提供的，因此削弱了顾客的议价能力；最后，差异化能使企业有效对抗替代品，使企业处于更有利的地位。

尽管差异化战略能够使企业获得超常收益，但该战略通常要求企业放弃获取更大的市场份额，同时存在一定程度的风险，具体表现在以下三个方面：第一，竞争者的模仿使得差异化程度降低；第二，消费者的需求差异化程度降低；第三，过度专注差异化易使成本提高，最终导致无法留住顾客。

推行差异化战略有时会与争取占有更大的市场份额的活动相矛盾。推行差异化战略往往要求公司对于这一战略的排他性有思想准备。这一战略与提高市场份额两者不可兼顾。在推行差异化战略的活动中总是伴随很高的成本，即便全行业范围的顾客都了解公司的优点，也不是所有顾客都愿意或有能力支付公司要求的高价格。

（三）集中战略

集中战略（concentration strategy）是集中于特定的买方群体、产品类别或者地域市场的战略，和差异化战略一样，集中战略有许多形式。虽然成本领先与差异化战略都要求在全行业范围内实现其目标，但集中战略却是围绕为某一特殊目标服务这一中心建立的，它所推行的每一项方针都要考虑这一中心。虽然从整个市场的角度看，集中战略不足以实现低成本或者差异化优势，但是对于相对狭窄的市场目标群体，低成本或者差异化有可能实现。

集中战略实现的前提是相比那些实施大布局战略的竞争对手，企业服务较小的、特定的对象，其能力更高，成效更好。企业实施集中战略的关键是选好战略目标，将主要力量集中于业务的某一个或几个方向，重点突破。一般原则是，企业要尽可能地选择竞争对手最薄弱的环节和最不易受替代品冲击的目标。当企业的资源或能力有限，不允许选定多个细分市场作为目标，企业凭其建立起来的商誉和企业服务来抵御细分市场的竞争者时，可采取集中战略。

例如，小米是一家专注于智能产品研发的移动互联网公司，小米手机是其主营业务。由于手机市场竞争激烈，苹果、三星等国外品牌占据着中高端市场，于是小米手机另辟蹊径，采取集中战略，将目标市场定位于低端用户市场，手机价格低廉，功能多样，性价比高。因此小米手机一经问世便大受追捧，获得了巨大的成功。小米公司的战略是满足特定市场的需求，有意避开竞争激烈区域，实现快速增长。

（四）竞合战略

随着经济的发展，人们对企业组织模式及经济效率等问题的研究更加深入，当再提起竞争战略时，不应只局限于单个企业内，还应考虑到企业与企业之间的关系。在日益重视供应链和价值链的今天，企业的战略应该突破单个企业的界限，实现供应链上下游企业的整合，追求企业联合经济效益最大化，于是第四种战略——竞合战略应运而生。“竞合战略”一词最早出现在 1996 年，博弈理论与实务专家布兰登博格（Adam M. Brandenburger）和奈勒波夫（Barry J. Nalebuff）出版《竞合战略》一书，立即在实业界和理论界掀起一股讨论的热潮。竞合战略的主要观点是增加互补者，运用互补者的战略可使公司产品和服务变得更有价值。

通俗一点讲，**竞合战略**（co-opetition strategy）泛指通过与其他企业合作来获得企业竞争优势或战略价值，以求得双赢、多赢的结果。竞合战略要求竞争中求合作，合作中有竞争。企业在合作中竞争，在竞争中合作，荣辱与共，这是企业竞争的最高境界。竞合的着眼点在于把产业蛋糕做大，在此基础上大家才有可能比以前得到的更多，从而使企业在一个风险较小、相对稳定、渐进变化的环境中获得较为稳定的利润。竞合的实质是实现企业优势互补，增强竞争双方的实力，并且作为竞争战略之一加以实施，从而促使双方建立和巩固各自的市场地位。

小贴士7-4 从供应链角度看企业合作

企业之间可以通过产业集群、战略联盟、企业集团、平台型企业等方式形成网络组织，实施竞合战略。正确恰当地实施竞合战略可获得以下优势：

（1）规模效应。实施竞合战略可以降低单位成本，提高企业的专业化和分工程度，通过对零部件生产、成品组装、研发和营销等各个环节进行优化组合，扩大规模效应。

（2）成本效益。企业通过相关契约建立起稳定的交易关系，降低因市场不确定和频繁交易而导致的较高交易费用。合作企业间进行的信息交流沟通缓解了信息不对称的问题，有助于降低内部管理成本，提高组织效率。

（3）协同效应。竞合战略扩大了企业的资源边界，可以充分利用对方的异质性资源提高企业资源的利用率。通过双方资源和能力的互补，产生 1+1>2 的协同效应。

（4）创新效应。竞合战略使企业可以近距离地相互学习，有利于合作企业间传播知识、创新知识和应用知识，同时也有利于企业将自身的能力与合作企业的能力相结合以创造出新能力。

二　根据市场地位划分的竞争战略

企业是市场经济中的微观个体，根据自身在市场上的地位，为实施竞争战略和适应竞争形势而采取具体行动。图 7–11 反映的是不同市场地位者的市场份额。40%的市场份额掌握在市场领导者手中，30%的市场份额掌握在市场挑战者手中，这些挑战者正在为增加自己的市场份额而努力。还有 20%的市场份额在市场追随者手中，他们试图在现有行业中维持自己的市场份额。剩下 10%的市场份额由市场补缺者占有，他们服务于那些不被其他企业重视的小型细分市场。因此，市场竞争战略亦可相应划分为市场领导者战略、市场挑战者战略、市场追随者战略、市场补缺者战略。

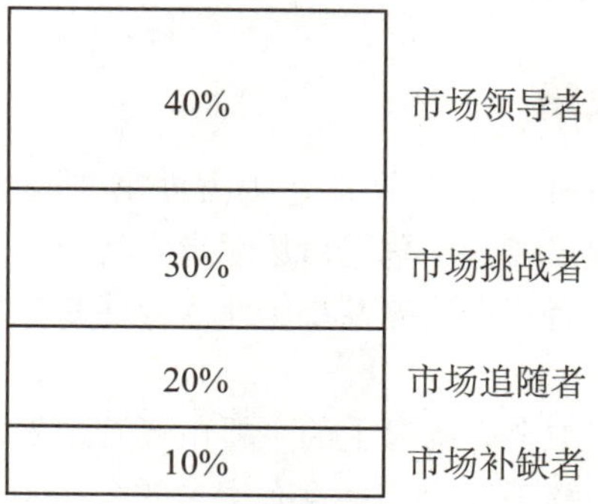

图 7–11　不同市场地位者的市场份额

（一）市场领导者战略

市场领导者（market leader）在整个市场中占有最大的市场份额，在价格变化、新产品开发、销售渠道、分销渠道、促销战略等方面起领导作用，比如国内的联想电脑、海尔，国外的通用汽车、英特尔、沃尔玛等。作为市场的领导者，其营销战略的核心就是保持原有的领导地位。国际快消行业龙头宝洁公司为了保持自己的市场领导者地位，采取了一系列措施，十分注重产品的创新，主动了解顾客并鼓励顾客进行创新。据统计，宝洁有一半产品的创新来源于顾客。宝洁还注重多品牌的发展，各大品牌主打不同的市场，相互竞争又有合作，实现良性健康的发展，此外，质量战略、营销策略等都是围绕保持市场领先地位来制定的。宝洁作为市场领导者的战略可分为三个方面，如表 7–6 所示。

表 7–6　市场领导者战略

扩大总需求	1. 开发新用户，包括吸引未使用者、进入新的细分市场、开发新的地理市场。
	2. 寻找新用途，例如凡士林最初是用来做机器润滑油的，之后才发现可以制作润肤霜、药膏等。
	3. 增加使用量，通过诱导顾客提高使用率、增加每次使用量、增加使用场所来实现。

保持市场份额——防御战略	1. 创新战略，可以进行原始创新或者改进创新。比如，由线下经营转为在电商平台销售。
	2. 筑垒战略，有阵地防御和侧翼防御两种形式。阵地防御是指围绕企业目前的主要产品和业务建立牢固的防线，而侧翼防御是在自己主阵地的侧翼建立辅阵地以保卫自己的周边和前沿，并在必要时作为反攻基地。比如，小米手机面临国内和国外手机品牌的激烈竞争，于是另辟蹊径推出红米手机，主打高性价比，受到市场的欢迎。
	3. 正面对抗战略：一是先发制人，指在竞争对手尚未构成严重威胁或向本企业进攻前抢先发起攻击以削弱或挫败竞争对手。二是反击防御，指市场领导者受到竞争者攻击后采取反击措施。
扩大市场份额	1. 加大宣传广告的投入，巩固和提高产品在顾客心目中的地位。
	2. 根据顾客的要求不断完善产品、改进服务。
	3. 根据顾客需求的变化和对顾客需求变化趋势的预测，不断推出新产品。

（二）市场挑战者战略

市场挑战者（market challenger）在行业中占据第二或是更后位次，有能力对市场领导者和其他竞争者进行攻击，希望取得市场领导者地位。可以攻击市场领导者，也可以攻击与自己实力相当者或者攻击地方性小企业。要注重分析竞争对手，正确制定竞争战略。

（1）正面进攻。是指集中全力向对手的主要市场阵地发动进攻，即进攻对手的强项而不是弱项，适合人、财、物等较为充足且有实力的公司。企业可以在产品、广告、价格等方面大大超过对手，也可大量投入研发经费，使产品成本降低。

（2）侧翼进攻。是指集中优势力量攻击对手的弱点，适合资源较少的攻击者。企业可分析各类细分市场，寻找领先企业尚未占据的市场，在这些市场上迅速填补空缺。

（3）包围进攻。是一种全方位、大规模的进攻战略。适合细分市场不易找到，与对方相比有绝对的资源优势，确信围堵计划足以打垮对手，可以向市场提供比竞争对手更加优质低廉的产品和服务或者进行大规模的促销等情形。

（4）迂回进攻。是最间接的进攻战略，完全避开对手的现有阵地而迂回进攻。具体办法有三种：一是发展无关的产品，实行产品多角化；二是以现有产品进入新地区的市场，实行市场多角化；三是发展新技术、新产品，取代现有产品。实现技术飞跃是最有效的迂回进攻战略。

（三）市场追随者战略

市场追随者（market follower）是指在行业中名列第二、第三等次要地位的企业，与市场挑战者的区别之处在于，市场追随者维持现状，不与市场领导者和其他竞争者发生争端。市场追随者的成功之处在于注重盈利性而非市场份额。市场追随者的主要特征是安于次要地位，在和平共处的状态下求得尽可能多的收益。在资本密集的同质产品行业中，如钢铁、原油和化工行业，市场追随者战略是大多数企业的选择，这主要是由行业和产品的特点所决定的。在这些行业往往产品和服务的同质程度高，消费者对价格比较敏感。通常有以下三种战略可供选择。

1. 紧密追随

战略突出“仿效”和“低调”。追随企业在各个细分市场尽可能效仿领先者，以至于有时会让人感到这种追随者像是挑战者，但是它从不冒犯领先者的领地，保持低调，避免与领先者发生直接冲突，有些追随者甚至被看成是靠拾取主导者的残余谋生的寄生者。

2. 距离追随

战略突出“合适地保持距离”。追随企业在目标市场、产品创新与开发、价格水平和分销渠道等方面都追随领先者，但仍与领先者保持若干差异，以形成明显的距离。对领先者既不构成威胁，又因追随者各自占有很小的市场份额而使领先者免受独占之指责。采取距离追随策略的企业，可以通过兼并同行业中的一些小企业来发展自己的实力。

3. 选择追随

战略突出“追随和创新并举”。追随者在某些方面紧跟领先者．在另一些方面又别出心裁。这类企业不是盲目追随，而是择优追随，在对自己有利时追随领先者，在追随的同时不断发挥自己的创造性，但一般不与领先者直接竞争。在采取这类战略的追随者中有些可能发展成为挑战者。

（四）市场补缺者战略

市场补缺者（market nicher）是指选择某一特定的较小市场为目标，提供专业化的服务，并以此为经营战略的企业。行业中的小企业关注被大企业忽略的某些细分市场，通过专业化经营来获得最大收益，这种有利的市场位置称为“利基”，占据这种位置的企业就是市场补缺者。市场补缺者虽然在整体市场上仅占很少的份额，但较之其他公司更充分地了解某一细分市场的需求，能够通过提供高附加值得到高利润和快速增长。

市场补缺的关键因素是专业化，通过专业化来体现集中化，可供市场补缺者选择的专业化定位有垂直专业化、顾客规模专业化、地理市场专业化、产品或产品线专业化等。比如，罗莱家纺从无到有，后来居上，就是采用了补缺战略的专业化定位。罗莱的定位是做专业的家纺，成为一个从消费者需求和感受出发的、追求生活艺术和时尚的家纺品牌。罗莱以专卖店的终端模式作为销售渠道，相比其他渠道，专卖店的优势在于能够根据消费者的不同喜好、个性来帮助其购买窗帘、毛巾、床上用品等一整套家纺产品，也可以根据不同的家居风格来引导消费。

实施市场补缺战略之所以能给企业带来巨大收益，根本原因在于进行市场补缺的企业已经充分了解目标顾客群，因而能够比其他公司更好地满足消费者的需求。而且，市场补缺者可以依据其提供的附加价值得到更多的利润。总之，市场补缺者获得的是高边际收益，而密集市场营销者获得的只是高总量收益。

小贴士7-5　以顾客为中心的营销竞争战略新分类

▶ 基本概念

战略（strategy）

企业使命（business mission）

职能战略（function strategy）

企业战略（corporate strategy）

业务组合（business portfolio）

商业模式（business model）

平台营销（platform marketing）
差异化战略（differentiation strategy）
竞合战略（co-opetition strategy）
市场挑战者（market challenger）
市场补缺者（market nicher）
成本领先战略（cost leadership strategy）
集中战略（concentration strategy）
市场领导者（market leader）
市场追随者（market follower）

▶ 应用与实战

1. “双十一”购物狂欢节的交易额频破纪录，快递行业也如火如荼地发展起来。购物网站如淘宝、京东、唯品会、当当、亚马逊等都提供商品在线购买，但它们在网站的定位和战略等方面还是有诸多不同。

（1）请您根据以市场为导向制定企业战略的过程，为购物网站制定战略。

（2）请对您选定的购物网站进行 SWOT 分析和竞争者分析。

2. 比起与现有竞争者正面交锋，许多企业都在搜寻那些尚未被开发的市场。它们试图提供不存在直接竞争者的产品和服务。这就是“蓝海战略”，其目标是避免竞争。请您用案例详细阐述一下蓝海战略。

▶ 案例

腾讯的战略调整之路

腾讯毫无疑问是中国影响力最大的互联网公司之一，也是服务用户最多的互联网企业，提供多种互联网和无线增值服务，为互联网用户带来丰富的网络互动体验（见图 7-12）。腾讯与百度和阿里巴巴一起，在中国互联网行业被人们赋予一个共同的、如雷贯耳的名字——BAT。腾讯可以说是伴随着 80 后、90 后长大的，可爱的小企鹅头像深入人心，微信开创了交流的新方式，QQ 空间、朋友圈等掀起社交的新浪潮。

一、模仿战略，开创产品

在中国提到腾讯，有一个词与它如影随形，那就是“抄袭”。腾讯诞生于 1998 年 11 月 11 日，那是中国互联网的蛮荒时代，很多互联网企业都以模仿起步，坊间有句话调侃腾讯的“模仿”战略：“一直在模仿，从未被超越”，也有人戏称是“走别人的路，让别人无路可走”。腾讯早期的快速发展离不开其核心产品——即时通信工具 QQ，这款产品是靠模仿 ICQ 这款国际即时聊天工具发展起来的，而 QQ 带来的大量的用户流量使腾讯稳坐中国互联网大佬的宝座。依靠这个战略，腾讯在网游、门户、邮箱等领域都取得了不俗的成绩。以海量的用户群为基础，加之长期以来的人才培养及储备，练就腾讯长久以来的复制产品能力以及超越能力。得益于其技术力量、平台优势、用户数量、运营优势等因素，腾讯选择了模仿的路子。此外，国内互联网行业产品趋同，互相竞争模仿，甚至在一段时间内抄袭风气盛行，这使得腾讯注重在产品

图 7-12 腾讯的主营业务图标

设计上的微创新，在已有的功能上根据新出现的需求进行微创新。

简单地用模仿战略来描述腾讯是不客观的。实际上腾讯在各个产品线上的发展战略不仅仅是“模仿”，而是遵循“模仿、跟随、赶超、垄断”四部曲。“模仿”是指产品基本克隆对手；“跟随”是指在商业策略上紧咬对方的商业演进路线，贴身追逐，即使自己不赚钱，也要钳制对手发展的速度；“赶超”是指充分结合自己在客户端的优势，在长期的市场角逐中慢慢蚕食对方的份额，或者在关键时期对相应的产品进行二次创新，通过和对方剧烈碰撞来占领市场；“垄断”是指完全主导市场，自己制定规则。

二、多元化投资发展战略，进军电商

在发展的中期，腾讯的目标是打造一个“在线生活”模式。就像日常生活中人们对水和电的依赖一样，腾讯要做成互联网上的水和电。腾讯选择了多元化的发展战略，提供了互联网上几乎所有的产品与服务，打造了一站式在线生活平台，就像沃尔玛打造的一站式购物平台一样。企业提供全领域的服务，这在传统经济视野下是几乎不可能的，但借助平台的可扩展能力和网络的无限链接可以让多种跨行业功能同时在一个企业内实现。经过多年的努力，腾讯构建起现在的业务体系。可以看出腾讯的多元化具备高度相关性，都是围绕互联网经济展开的，并且大多数业务与即时通信业务有密切的联系。

在依托 QQ 和微信取得巨大成功后，腾讯开始进军电商行业，面对行业老大阿里巴巴的强势，腾讯实行追随者战略运营自己的电子商务平台，先后自建或投资众多电商领域（见表 7–7）。从营业收入的构成来看，2014 年第二季度，网络游戏的收入依然是腾讯营业收入的主要来源，贡献当期总收入的 56%，社交网络的收入（主要包括 QQ 会员服务收入、QQ 手机版和微信智能游戏平台收入等）贡献 23%。这两块业务的收入占据了当期营业收入的近 80%，电子商务目前对营业收入的贡献仅为 7%。从电商所占的营业收入看，比重偏低，进展不大。腾讯之所以能把 QQ 和微信做起来，原因是适应了中国人的社交习惯和心理特点，但目前腾讯的电子商务业务还没有完成与即时通信业务的有效整合，因此，腾讯发展电子商务的关键是，如何将即时通信业务中的用户引导至自己的电子商务平台，如何打破内部各业务的藩篱，实现真正的合作。

表 7–7　　腾讯的电商布局

领域	平台	自有	投资	备注
C2C	拍拍网	√		中国第二大 C2C 电商平台
B2C	QQ 商城	√		类似“淘宝商城”
	柯蓝钻石		√	钻石类垂直 B2C
	好乐买		√	鞋类垂直 B2C 平台
	艺龙		√	旅游 OTA（在线旅行社）
	同程网		√	旅游 OTA
	易迅网		√	3C 类垂直 B2C
	广州妈妈网		√	本地化母婴社区
	QQ 返利	√		网购优惠起点网
团购	QQ 团购	√		团购导航，类似“团 800”
	搜搜团购	√		搜索引擎团购导航频道，类似“百度团购”
	拍拍团购	√		平台里面 C 或 B 提供的团购

续前表

领域	平台	自有	投资	备注
团购	QQ 商城团购	√		类似淘宝“聚划算”
	F 团		√	生活消费类团购网站
	高鹏		√	与美国 Groupon 公司合作网站
支付	财付通	√		第三方在线支付系统

三、通过战略联盟优化合作战略

早在 2006 年，腾讯与飞信就实现了互联互通，当时腾讯在电脑端没有明显优势，在手机端竞争力量薄弱，不得不通过与中国移动飞信合作来进入手机客户端。这是腾讯实施合作战略的开端。2011 年，腾讯在合作伙伴大会上提出开放战略，希望打造一个没有疆界、开放共享的互联网新生态，并提出“开放是一种能力”。目前，腾讯开放平台拥有的平台能力包括社交广告、腾讯罗盘、云支付、云服务等。一旦加入腾讯开放平台，腾讯海量的用户数据、完善的硬件支持、丰富的 SNS 运营经验等优秀的资源就能够在伙伴之间实现共享，所得的收入将在腾讯与合作伙伴间分成。腾讯开放平台帮助有能力、有梦想的人实现了创业梦，并且使整个网络获得长久持续的发展。此外，腾讯电脑管家发布了“安全云库”平台，坚持技术开发、平台共享策略，进一步推动互联网安全开放平台建设，为合作伙伴输出安全云库数据及技术服务。腾讯这一系列开放平台的建设不仅有利于自身的发展，更为互联网的发展营造了一个良好的环境。

自 2013 年以来，腾讯开放平台的优势显示出来，借助网络效应可以创造更多的价值和获得更多的收益。但合作方式的选择与合作机制的设计是腾讯必须考虑的关键问题。在合作方式的选择上，腾讯可以考虑将非核心活动或业务外包给合作企业以获取各种互补性资源并最大限度减少资产性投入，也可以通过虚拟运营实现合作网络内企业的协同运作。在合作机制的设计上，腾讯应当借力大数据的发展，通过信任机制与利益分配机制的再设计实现大数据的价值，为腾讯平台持续增加竞争的砝码。

思考题

1. 腾讯初期为什么会选择通过借鉴模仿实现产品设计和公司发展？

2. 电子商务板块为什么没有成为腾讯的主营业务来源？您认为腾讯应该如何发展电商？

3. 腾讯的合作战略取得了不俗的成绩，您认为腾讯还可以和哪些公司进行战略合作？为什么？

4. 现在朋友圈中的微商越来越多，您如何看待这种现象？

资料来源：刘凤 . 腾讯公司发展战略研究 . 石河子大学学位论文，2015.

▶ 参考文献

[1] 菲利普·科特勒，加里·阿姆斯特朗 . 市场营销：原理与实践：第 16 版 . 北京：中国人民大学出版社，2015.

[2] 迈克尔·波特 . 竞争战略 . 北京：华夏出版社，2005.

[3] 孟韬，毕克贵 . 营销策划：方法、技巧与文案 . 3 版 . 北京：机械工业出版社，2016.

[4] 张荣 . 市场营销案例集 . 杭州：浙江大学出版社，2014.

[5] 李海舰，田跃新，李文杰 . 互联网思维与传统企业再造 . 中国工业经济，2014（10）：135-146.

[6] 王雪冬，董大海 . 国外商业模式表达模型评介与整合表达模型构建 . 外国经济与

管理，2013，35（4）：49–61.

［7］冯雪飞，董大海，张瑞雪 . 互联网思维：中国传统企业实现商业模式创新的捷径 . 当代经济管理，2015，37（4）：20–23.

［8］王大勇 . 产业互联网时代下的商业模式变革 . 北京：电子工业出版社，2015.

［9］弗雷德·R.戴维.战略管理：概念与案例：第13版.北京：中国人民大学出版社，2012.

［10］孟韬 . 网络视角下的产业集群组织研究 . 北京：中国社会科学出版社，2009.

第 8 章

营销战略的制定

学习目标

- ▷ 掌握市场细分的主要方法。
- ▷ 理解评价细分市场的主要内容。
- ▷ 掌握如何选择目标市场。
- ▷ 了解企业如何通过差异化在市场上取得竞争优势。
- ▷ 了解企业如何进行定位并将定位准确地传递给消费者。

引例　唯品会：一家专门做特卖的网站

在 2016 年 11 月 22 日刚刚发布 Q3 财报的唯品会，其净营收突破 120 亿元，同比增长 38.4%，16 个季度连续盈利再刷电商行业纪录（见图 8-1）。其中，90 后在新客中的占比持续上升，第三季度超过 50%。众所周知，中国电商行业的竞争日益激烈，阿里巴巴、京东两大巨头遥遥领先，先行者要么成为先烈或者被收购，比如拍拍、好乐买、易迅，要么日益边缘化，比如当当、麦包包等。唯品会几乎是唯一的例外，不但活下来了，而且活得很好，唯品会一骑绝尘的秘密是什么？

从上线至今，唯品会始终坚持一项其他人可能看不懂的做法，就是不设置搜索，并且坚持每天两次上线新品，限时特卖，任何商品上线 2~3 天之后就按照承诺下线。可以说，中国网民的构成跟十几年前上网必须用 hao123 等网址导航的上一辈已经大不相同，他们可能更习惯搜索，向国外网民的习惯靠拢。特别是在电商购物时，搜索已经成为比首页更重要的入口。而唯品会坚持不做搜索，却能产生很高的流量以及顾客黏性，这是为什么？很多用户可能因为没有搜索而放弃了唯品会，但是，把他们都筛选掉之后剩下的那些人则是具有深度消费能力，同时又具有很高忠诚度的优质用户，这些用户所带来的价值比一般消费者高得多。这就导致唯品会移动端访问量超过 80% 以及女性用户超过 80%。这些有钱又有闲的中国女性将构成中国新中产阶层的主流。搜索是为了满足用户的刚性购物需求，目的更明确。但唯品会提供的是一种逛街式的购物体验，消费者登录唯品会，包括手机端，只能选择随意浏览，这最大限度地保证了唯品会复制在线下逛商店的体验，就是边逛边看，看到觉得好的就会购买。不仅如此，唯品会还继续加大对技术创新的投入，采取智能路由技术、3D 试衣间、千人千面等个性化技术，通过大数据分析为消费者提供个性化的逛街式购物体验和精准的营销服务。

在完善形式的同时，商品的选择和线下店铺有很高的相似性。唯品会的买手要对数据敏感，知道在什么区域什么品牌卖得好，如何铺货，哪些产品是吸引客流的品类等。唯品会的大部分买手都是时尚行业出身，比如有从海外回来的设计师，也有来自线下传统百货零售业的人员，不仅要有时尚感，还要能组织商品，打造能够刺激消费者购买的购物场景。唯品会对买手实行优胜劣汰的业绩考核，所以买手的竞争非常激烈。实际上，只有在形式上和内容上都尽可能模拟实体店铺，人们才能养成跟逛实体店铺时差不多的行为习惯，而这一习惯带来的最大优势就是重复购买。唯品会销售的 90% 来自老用户的重复购买，在不断吸引新客户的情况下，这个比例也没有下降。凭借这一特性，唯品会实现了过去三年连续 12 个季度盈利，全球没有其他特卖电商能够做到这一点。

唯品会在创业之初选择了一个不与电商巨头正面对抗的模式，以差异化的特卖模式成为全球最大的特卖电商，以及中国第一女性时尚电商，这背后体现了唯品会对女性消费者细致入微的把握。未来，随着消费结构的不断升级，唯品会逛街式的购物体验及发现需求的模式将迎来更大的发展空间。唯品会是如何找到“特卖”这一具有潜力的细分市场并通过制定相应的营销战略在众多网购平台中脱颖而出的？学完本章内容之后，你可以尝试回答这个问题。

图 8–1 唯品会宣传图

资料来源：女性化 + 场景化，唯品会特卖模式打造“网上逛街”体验.（2015-12-25）. http://www.vntourism.cn/7/347836.html.

第 1 节 市场细分

市场细分（market segmentation）是将消费者按照某种标准划分为需求和偏好相同的群体。企业通过市场细分更容易了解消费者的需求，确定自己的服务对象，即**目标市场**（target market），从而集中人、财、物及资源去争取局部市场上的优势，然后占领自己的目标市场。通过市场细分，企业可以对每一个细分市场的购买潜力、满足程度、竞争情况等进行分析对比，探索出有利于本企业的市场机会，及时做出销售决策或根据本企业的生产技术制定新产品开拓计划。

一 消费者市场细分

（一）地理细分

地理细分（geographic segmentation）是指把消费者市场按国家、地区、城市大小、人口密度、气候、地理特征等划分为不同的地理区域。地理细分的主要理论依据是：处在不同地理位置的消费者对产品有不同的需求和偏好，他们对企业采取的营销策略，对企业的产品、价格、分销渠道和广告宣传等有不同的反应。目前许多企业在努力加强本土化。快餐店会根据不同的国家进行市场细分，然后为不同国家的消费者提供符合其喜好的产品。比如，欧洲的许多麦当劳供应啤酒，中国的肯德基早餐供应豆浆、油条。

（二）人口细分

人口细分（demographic segmentation）是指把消费者按年龄、性别、收入、职业、教育程度、宗教、种族、国籍等划分为不同的群体。人口统计因素是市场细分的重要变量，因为人口变量比其他变量更容易测量，同时与消费者的需要、欲望和使用频率密切相关。即便企业采用其他的细分方式划分市场，也必须先了解市场的人口统计特征，这样才能评价目标市场的大小，从而做出有效的营销策划。

1. 年龄细分

不同年龄的消费者有不同的需求和欲望，同一个消费者在不同的年龄也会有不同的需求和欲望，因此企业针对不同年龄的消费者提供不同的产品或运用不同的营销手段。例如，狮王牙膏有针对儿童的“小狮王”牙膏，其形象设计可爱，主要功能是防蛀，强调让孩子爱上刷牙；而针对成年人的酵素洁净牙膏则强调美白牙齿和清新口气的功能，满足了成年人的形象需求。

2. 性别细分

服装、化妆品、杂志等企业经常采用性别这一细分变量对市场进行细分。例如，绫致时装在中国主要经营 ONLY、Vero Moda、Selected 和 Jack Jones 四个品牌。其中，ONLY 和 Vero Moda 定位于女性市场，企业认为女性是充满激情的，应让她们展示独特的个性，大胆地通过服饰表现自我；而 Selected 和 Jack Jones 则定位于男性市场，坚持“成就最好的男人”的品牌承诺，帮助现代精英男士展现从容睿智、时尚儒雅的风格。

3. 收入细分

旅游、汽车、理财等企业经常采用收入这一细分变量对市场进行细分。通过收入细分，企业可以为高收入消费者提供奢侈的商品和便利的服务，对中低收入的消费者采取低价战略，满足其追求物美价廉的需求。比如，宝马公司在华销售的产品系列分为华晨宝马、宝马进口。华晨宝马系列的定价较低，更适合那些事业刚刚进入上升期、收入不高的年轻一代，而宝马进口系列的目标客户则是高收入的成功人士，该系列是身份和地位的象征。

（三）心理细分

心理细分（psychographic segmentation）是指根据消费者的社会阶层、生活方式、个性特点、价值观念等将市场划分为不同的群体。具有不同心理特征的消费者会有不同的偏好，因此，虽然心理细分变量相较于地理细分变量和人口细分变量更难以测量，但却是一种行之有效的市场细分方法。比如，第三方社交化电子商务“什么值得买”网站通过使用生活方式和价值观念这两种细分变量对目标市场进行心理细分，找到了那些既熟悉网购流程又想买到高性价比的商品、愿意主动爆料优惠信息和购买经验、乐于晒单分享的人，为他们提供了一个分享和交流的平台。

1. 社会阶层细分

人们在社会中的职业、经济和社会地位各不相同，因此形成不同的社会阶层。人们对消费品的选择会受到所在阶层的约束。因此，企业可以根据社会阶层细分市场，为不同的阶层设计不同的产品，制定有针对性的营销方案。比如，奢侈品市场通常定位于经济、社会地位较高的人群，刻意营造一种遥不可及的感觉。与之相对的“快时尚”则为经济地位相对较低的人群提供更新频率快、款式众多、价格优惠的产品。

2. 生活方式细分

观念、兴趣和生活态度的不同会使每个人有不同的生活方式，不同的生活方式导致消费者有不同的需求。因此企业可以根据生活方式划分消费者市场，针对消费者的生活特征进行营销策划。企业进行生活方式细分时可以采用 AIO 模型，即活动（Activities），如消费者的工作、业余消遣、休假、购物、体育、交友等活动；兴趣（Interests），如消费者对家庭、服饰、食品、娱乐等的兴趣；意见（Opinions），如消费者对社会、政治、经济、产品、文化、教育、环境保护等问题的意见。

3. 个性细分

不同的人有不同的个性，这些个性特征会潜在地影响人们的购买行为。因此，企业采用个性来划分细分市场时，会赋予产品与某些消费者个性类似的品牌个性，这必然会吸引有类似个性的消费者购买。比如，宜家为了满足有 DIY 需求的顾客，准备在 2018 年出售一款名为“开源沙发”的新产品，鼓励人们在一个沙发坐垫的基础上，通过添加扶手、边桌、儿童摇椅甚至是落地灯的方式，来创造出更适合家里使用的沙发。为此，它向第三方设计师以及英国皇家艺术学院的学生征集有创意的改造方案。但在产品推向市场时，不会包含所有可以用来改造的部件，而是以平板包装的坐垫和铝制框架为核心，搭配销售一个可固定的边桌及阅读灯。

（四）行为细分

行为细分（behavioral segmentation）是指根据消费者的购买时机、追求的利益、使用状况和使用频率、品牌忠诚度、态度等将市场划分为不同的群体。许多市场营销者认为行为细分是进行市场细分的最佳起点。

1. 时机细分

企业可以根据消费者产生购买意图、实施购买行动或使用购买产品的时间来细分市场。比如，消费者一般习惯早晨喝豆浆，企业可以开展一些针对购买时机的促销活动，宣传在其他时间也可以饮用豆浆，促进消费者使用时机的多样化，从而增加销量。

2. 利益细分

消费者在购买同一种商品时可能追求不同的利益。企业需要找到消费者在产品消费过程中追求的主要利益，据此划分不同的利益群体，为不同利益群体设计不同的品牌。比如，宝洁公司就采用多品牌战略提供不同消费者追求的不同的利益，其旗下的洗发水品牌有海飞丝、飘柔、潘婷等。其中，海飞丝针对去头屑，飘柔强调头发的顺滑，潘婷则着重于头发的营养，三个品牌的不同定位满足了追求不同利益的消费者的需求。

3. 使用者情况细分

企业可以根据使用者情况将消费者划分为不同的群体。比如，企业可以将消费者划分为非使用者、曾经的使用者、潜在使用者、首次使用者和经常使用者。企业要努力留住经常使用者，吸引目标市场的非使用者，同时尽量与曾经使用者重建联系。比如，当你路过一家新开业的面包店时，店员邀请你试吃一款面包，这说明你是这家面包店的潜在使用者，店家在努力和你建立联系，希望把你变成使用者。此时店员可能会送给你一张优惠券，他想吸引你进店购买，把你发展成首次使用者，在这个过程中店员还可能会向你介绍会员卡，目的在于最终把你发展成为经常使用者。

4. 使用频率

企业还可以根据消费者对产品的使用频率将消费者市场划分为少量使用者、一般使用者和大量使用者。这种细分战略又叫做数量细分。虽然大量使用者消费的商品总量占总产品的比例较大，但是大量使用者的数量通常不多。企业可以根据大量使用者共同的人格、心理等特征为他们量身定制产品，设计营销方案。比如，中国移动就根据客户对于不同通话时长、上网流量的需求设计了不同种类的话费套餐业务，以满足顾客对产品的不同需求。

5. 忠诚度细分

企业还可以根据消费者对企业的忠诚度进行市场细分。有些消费者绝对忠诚，他们一直购买一个品牌并热衷于向其他人推荐此品牌。有些消费者忠诚于两三个品牌，或者有自己偏爱的品牌，有时也购买其他品牌，他们就是一般忠诚者。有的消费者只购买特价促销的产品，他们不忠诚于任何一个品牌。

小贴士8-1　搜狗地图的细分定位

表 8-1 列出了消费者市场细分的主要变量。

表 8-1　　消费者市场细分的主要变量

变量	典型的细分市场
1. 地理变量	
地区	华东；华南；西南；西北；东北；华中
城市或标准都市统计区大小	5 000 人以下；5 000~20 000 人；20 000~50 000 人；50 000~100 000 人；100 000~250 000 人；250 000~500 000 人；500 000~1 000 000 人；1 000 000~4 000 000 人；4 000 000 人及以上
密度	都市；市郊；农村
气候	北部气候；南部气候

续前表

变量	典型的细分市场
2. 人口统计变量	
年龄	6 岁以下；6~11 岁；12~19 岁；20~34 岁；35~49 岁；50~64 岁；65 岁及以上
性别	男；女
家庭人口	1~2 人；3~4 人；5 人及以上
家庭生命周期	年轻、未婚；年轻、已婚、未生育；年轻、已婚、小孩在 6 岁以下；年轻、已婚、小孩在 6 岁以上；年纪大、已婚、有小孩；年纪大、已婚、小孩在 18 岁以上；孤老；其他
收入（月）	300 元以下；300~1 000 元；1 000~2 000 元；2 000~5 000 元；5 000~10 000 元；10 000~50 000 元；50 000 元及以上
职业	专业技术人员、经理、职员、业主；办事员、售货员；工匠、领班、技工；退休人员；学生；家庭主妇；失业者
教育	小学以下；中学肄业；中学毕业；大学肄业；大学毕业
宗教	佛教、天主教、基督教、犹太教、其他
种族	白人、黑人、黄种人
国籍	中国、美国、英国、法国、德国、意大利、日本
3. 心理变量	
社会阶层	下层；中层；上层
生活方式	朴素型；时髦型；高雅型
个性	好强迫人的；爱交际的；独裁的；有权力欲的
4. 行为变量	
使用场合	一般场合；特殊场合
追求利益	质量；服务；经济
使用者状况	未使用者；以前使用者；潜在使用者；初次使用者；经常使用者
使用率	轻度使用；中度使用；重度使用
忠诚程度	无；中等；强烈；绝对
关注程度	不注意；注意；感兴趣；打算购买
对产品的态度	热情；肯定；漠不关心；否定；敌视

（五）互联网市场的细分

互联网市场同样可以通过地理、人口、心理和行为四类变量进行细分，不过在进行细分时要结合互联网的特点，选择合适的细分变量。

随着全球化进程的加快和互联网技术的快速发展，人们足不出户就可以了解到全球动态。企业的一举一动可能会成为全球媒体关注的焦点，这些信息又可以通过互联网等媒体快速传播到世界各地。因此对网络用户而言，开展网络经营的企业所处的位置并不重要，但对企业而言地理细分变量很重要，因为大多数企业瞄准的是它们提供产品或服务的具体城市、地区、州或国家，即使是大型的跨国公司通常也根据地理特征来制定多重细分市场策略。

在互联网发展初期，用户的人口细分特征比较明显，普通的网络用户具备一些共同的特点：年轻男性、大学毕业、拥有高收入。除了性别之外，这是一个典型的创新者的形象。这一现象在互联网普及率低的国家依然普遍存在。在我国和发达国家，互联网用户看起来更像是主流人群，年轻、高收入、受教育程度高等特征已经不是很明显。

采用行为变量对互联网市场进行细分，通常会考虑两个因素，即追逐的利益和产品使用习惯。营销人员往往根据消费者希望从产品中获得的利益来划分消费者群体，或依据消费者对产品使用的多少（少、一般、多）来细分。假设使用互联网“最多”的是那些每天用 PC 机或掌上设备上网的用户，使用情况“一般”的是每隔几天用 PC 机上一次网的用户，使用“少”的是每隔一两个星期才接入一次互联网的用户，那么企业必须通过调研判断这些用户的实际使用情况，才能决定如何按合适的用户类型来划分自己的目标市场。

心理变量是最重要的互联网市场细分变量，最能体现互联网市场的特殊性。企业可以通过用户心理特征对消费者进行细分，包括个性、价值观、生活方式、活动、兴趣以及观念。部落是拥有共同的情感、亚文化、生活愿望、意象和符号的微观社会群体，部落中的消费者会以联结价值而不是以实用或功能价值为导向选择和评价产品和服务。在这种情况下，营销变成为促进部落时代个体的共同在场（co-presence）和群聚（communal gathering）而设计产品和服务，并把它们推向市场的一种活动，即**部落营销**（tribal marketing）。

在互联网时代，消费者自组织正在成为创新活动的主要推动者，新一代企业的竞争力基于贴近消费者并高效分析其需求、深刻理解其需求，在这种竞争力下，所有传统的公司只会沦为用户平台的附庸。“底层的力量”是互联网的魅力所在。“消费者”这个词被重新定义，消费者不再是彼此隔离的孤岛，而是通过网络社区等技术手段彼此联结、相互影响。互联网生态下的消费者行为正在从个人行为转变为群体行为，消费者不再是单独的个人，而是一个有共同兴趣、爱好与价值的群体（部落）。公司最重要的使命就是与消费者共建文化“部落”，并成为这个文化部落的产品与服务的提供者。表 8–2 列出了八种重要的网络社区。

表 8–2　　八种重要的网络社区

社区类型	解释	国内相关网站
娱乐社区	人们加入这类社区的目的是玩多人在线游戏，或从事休闲娱乐活动等。	网络游戏《梦幻西游》的游戏社区，Bilibili、乐视等视频网站社区。
社交网络社区	用户加入和访问这类社区是为了交朋友、找工作、建立工作社交圈。	陌生人交友平台陌陌、熟人社交平台微信、兴趣社交平台豆瓣等。
交易社区	这类社区为用户交换产品或服务提供场所。	闲置物品交易平台闲鱼、二手书交易平台孔夫子旧书网、技能交易平台猪八戒网等。
教育社区	教育社区是汇聚了千万网友的专业性教育考试服务平台。通常设有校园、职场、留学、培训等几大板块，让处于不同年龄层以及人生阶段的人们找到自己需要的知识，让全社会共享知识。	专注中小学生教育的多多社区教育网、为出国留学提供交流平台的学岛网、为求职就业提供信息交流的应届生网站等。
品牌社区	品牌社区突破了传统意义上的地理区域界限，以消费者对品牌的情感利益为联系的纽带。	“为发烧友而生”的小米社区、乐视的乐迷社区等。

续前表

社区类型	解释	国内相关网站
消费者社区	消费者可以在网站讨论他们的产品使用经历或购买心得。消费者社区与客户关系管理社区的区别在于前者缺乏品牌赞助，因此基本上是一些未经编辑的评价。	第三方社交化电子商务网站什么值得买、折扣信息分享网站惠惠等。
员工社区	企业创办的为员工提供交流平台的职场社交网站。	华为心声社区、TCL 的员工论坛、富士康论坛等。
专题社区	为范围有限的用户聊天和电子公告牌而存在。	专门针对汽车爱好者的汽车论坛、针对电影爱好者的 BT 之家等。

二 组织市场细分

细分组织市场的变量中许多与细分消费者的变量是一致的。企业也可以通过地理、人口、心理、行为等变量对组织市场进行细分。但是，组织市场中会用到一些不同的变量，比如顾客的特征等。组织市场细分变量可以划分为两大类别：宏观变量与微观变量。宏观细分变量是外在的、易于识别的变量；微观细分变量是与经营者购买决策紧密相关的变量。表 8–3 是经营者市场细分的主要变量。

表 8–3　　经营者市场细分的主要变量

变量	具体内容
1. 宏观变量	
地理变量	东北、西北、华东、华中、华南
顾客类型	药品企业、保健品企业、普通饮料企业
顾客规模	大、中、小
产品用途与使用	主要原材料、辅助材料
采购量	大、中、小
顾客的资信	信用好、信用一般、信用差
2. 微观变量	
采购标准	质量、交货及时性、供应商声誉
采购策略	最优化决策、满意决策
采购的重要性	高、中、低
个人特征：	
· 具体特征	年龄、教育背景
· 决策风格	规范的、守旧的、混合的
· 风险态度	冒险者、保守者
· 自信心	高、中、低
· 职务	采购部、生产部、工程部

所有企业都或多或少为组织市场提供服务。例如，北京新东方集团既有为个人消费者提供的短期语言培训系统、职业教育系统、基础教育系统等业务，也有为组织市场提供的业务，例如，针对包括政府、企业在内的大客户的国际化培训项目等。许多企业为服务规

模较大的客户建立单独的系统。例如，中远集运对客户的层次、类型进行划分，并为大客户构建基于客户关系管理的客户档案管理信息系统，对大客户的需求进行分析，从而发现大客户需求的特点及其对服务的要求，包括货运周期、付款等，以便更好地满足大客户的需求。

三 国际市场细分

企业可以运用一个或几个变量对国际市场进行细分。首先，可以根据经济因素对国际市场进行细分。根据国家的总体经济发展水平或居民的收入水平可以将国际市场划分为不同的群组，不同群组的经济结构使其具有不同的产品和服务需求，企业可以从中发现机会。其次，可以依据地理区域将国际市场划分为不同的区域。其前提是地理位置相似的国家有许多共同的行为和特征。最后，可以根据政治和法律因素细分国际市场。比如，政治制度、体制、方针政策、法律法规等，这些因素常常制约、影响企业的经营行为，尤其是影响企业长期的投资行为。

基于地理、经济、政治因素对国际市场进行细分的前提是：认为国际市场是由一个个国家组成的。但是，随着互联网等技术的迅猛发展，消费者市场中的国家界限逐渐模糊，消费者更加紧密地联系在一起。处在不同国家的消费者可以形成相似的需求，此时可以采用跨市场细分。

长城汽车在开拓国际市场时，对目标国家进行“点菜式”生产，专门生产符合当地需求的汽车。即在国内开发产品和技术，然后转移到国外市场，再根据国外市场的需求对研发出的产品和技术进行调整。如由于中东地区常年高温，长城汽车专门为出口到中东地区的汽车安装大风扇和水箱，只有这样才能令客户满意，同时提供专门的售后服务，包括维修零部件等。长城汽车根据当地的需求对产品、技术和服务等进行了本土化调整。通过对国际市场进行细分并采用相应的策略，长城汽车扩大了国际市场，出口量得以增长，最终拉动了总销量的增长。

四 有效细分的标准

无论是消费者市场还是组织市场，并不是所有的细分都有效。有效的细分市场必须具备下列条件：

- 可测量性。细分市场的规模、购买能力和基本情况是可以测量的。
- 可接近性。企业可以有效地影响和服务细分市场。
- 可盈利性。细分市场足够大，或有利可图。细分市场有足够的需求量和发展潜力。
- 可区分性。细分市场在不同的子市场中容易区分。
- 可操作性。可以设计有效的营销方案来服务细分市场。

小贴士8-2 苹果手机在华的有效细分策略

第 2 节　目标市场选择

近年来，随着社会经济生活日益丰富，企业之间的竞争愈演愈烈。如何选择一个与企业宗旨吻合、增长潜力大、获利丰厚的目标市场成为企业在激烈的竞争中脱颖而出的关键。所谓目标市场，就是企业准备向其传递价值，满足其需要和欲望的细分市场。目标市场选择就是企业在诸多细分市场中选择最合适的细分市场作为目标市场的过程。本节主要讨论如何评价细分市场，根据评价结果选择目标市场。

一　评价细分市场

（一）市场规模

只有具备一定规模的细分市场才能保证企业进入后获得预期利润。因此，企业评价细分市场时首先要考虑细分市场是否具备适度规模。“适度规模”是一个相对概念，对于不同规模的企业含义不同。对于大企业而言，只有销售量足够大的细分市场才算适度；反之，对于小企业而言，只要细分市场能够使企业的既有资源充分发挥效用即为适度。例如，爱奇艺公布了爱奇艺网络大电影年度分账 20 强榜单。这是网络大电影市场建立以来，第一次公布年度分账票房。数据最直观反映出的是规模和价值井喷式的增长。爱奇艺声称，2015 年，网络大电影初具规模，整体市场达到 1 亿元。与市场规模同样增长的还有网络大电影挣钱的能力。根据网络大电影播放平台龙头老大爱奇艺发布的榜单来看，2016年票房最高的20部电影给爱奇艺带来了1.98亿元的分账，是2015年5 627.8万元的3.5倍。爱奇艺在 2016 年第一次收获了票房分账过千万元的电影——总共达到 6 部。

（二）市场增长潜力

市场的规模越大，企业的运作空间就越大，企业形成规模经济获得利润的可能性就越大；市场的成长性越好，提供给企业的未来获利和发展的空间就越大。因此，企业更加青睐那些具有恰当规模和增长速度的细分市场。例如，当年苹果公司是最早发现个人计算机（PC）细分市场的公司。当时，IBM 等电脑公司把精力投到大型计算机市场，甚至认为个人电脑只是年轻人的玩具，成不了大气候。但是，就连发现这一细分市场的苹果公司的 CEO 乔布斯也没有想到，苹果无意间闯入一片“蓝海”，个人电脑市场以爆炸般的速度增长，就连开始对这一事物持否定态度的计算机巨人 IBM 也加入这个细分市场的竞争。

（三）市场结构

具有恰当规模和增长速度的细分市场未必是最具有吸引力的市场，还需要考虑该市场是否具有长期盈利潜力。竞争战略专家迈克尔·波特认为，一个市场的长期盈利性是由五种力量决定的，分别是：市场中现有竞争者、潜在进入者、替代品、供方和买方。如果细分市场中存在很多竞争者，企业的产品价格和利润就会受到影响，这个细分市场的吸引力就不大。除了和现有竞争者竞争，企业还需考虑建立壁垒以阻止潜在进入者。低进入壁垒和高退出壁垒会加剧竞争。替代品不仅限制了市场的价格上限，其市场发展还可能会导致现有市场萎缩。供方和买方的议价能力高低直接决定了企业谈判时的地位，如果供方和买方的议价能力很强，就会挤压企业的利润空间。

二 选择目标市场的形式

对不同细分市场的评价完成之后，企业要决定进入哪几个细分市场，即**目标市场选择**（market targeting）。一般而言，企业有六种目标市场选择形式，图 8–2 概括了其中的五种。

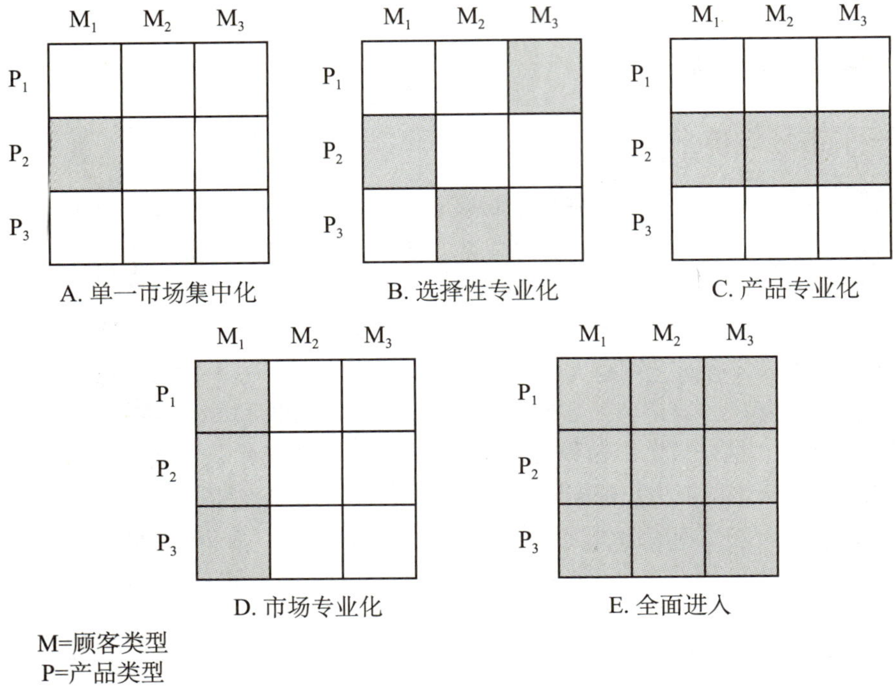

图 8–2 目标市场选择形式

（一）单一市场集中化

这是最简单的一种形式，企业只选择一个细分市场进行集中营销。这种形式的优点在于企业可以更清楚地了解细分市场的需求，从而在细分市场上树立良好信誉并巩固市场地位。同时，企业通过生产、销售和促销的专业化分工，可以大幅提高经济效益。但是，这种形式的风险比其他形式更大。

（二）选择性专业化

这是指企业有选择地进入几个不同细分市场的策略。这一形式的优点在于能够分散企业的风险，即便其中一个细分市场丧失了吸引力，企业在其他细分市场上还可以盈利。缺点是由于所选择的细分市场比较分散，相互之间的关联性不够，企业难以共享自身的某些资源优势，甚至可能造成资源过于分散，不但不能分散风险，反而会加大风险。

（三）产品专业化

这是指企业同时向几个细分市场销售同一产品的策略。例如，为民宅、办公楼、厂房、商业设施的屋顶、墙壁和地板提供防水服务的公司，根据不同的需要生产不同的防水产品。通过这种战略，企业可以在特定的产品领域树立良好信誉。但如果新的技术发明能生产出不会漏水或破裂的防水瓦、防水砖或防水混凝土，那么这家企业就会面临经营滑坡的危险。

（四）市场专业化

这是指企业向同一个细分市场销售多种产品的策略。比如，上海国际建材家居品牌中心就为大型建材商场、大型仓储中心、现代化物流中心、星级酒店、公寓式酒店、会展中心等有需求的客户提供展示、销售、采购、办公、仓储、物流、文化信息交流等一系列产品和服务。

（五）全面进入

这是指企业意图为所有顾客群提供所有产品的策略。显而易见，这种形式对企业的实力与能力要求相当高，所以，只适用于具有相当实力的大企业。例如饮料市场的娃哈哈集团，其产品线涵盖了饮用水、茶、果汁、乳饮料、碳酸饮料等几乎所有的饮料产品，针对儿童有 AD 钙奶、爽歪歪等，针对中年人市场有冰绿茶、冰红茶、茉莉绿茶、龙井绿茶等，针对老年人市场有青稞粥、营养八宝粥、无糖八宝粥、杏仁紫八宝粥、粗粮生活八宝粥等。

三　选择目标市场的策略

对目标市场做完评估之后，企业需要选定为哪几个市场提供产品和服务。目标市场是企业决定为之服务的、具有共同需求或特点的购买者群体。

（一）无差异营销

无差异营销（undifferentiated marketing）是指企业忽略不同细分市场的特性，用一种产品或服务去满足整个市场。这种策略注重市场的共性，力求满足尽量多的顾客的需求。虽然这种策略有利于标准化和大规模生产，有利于降低成本，但是在当今社会，企业不可能开发出一个产品满足所有消费者的需求，特别是当竞争对手也采用无差异市场营销策略时。但是一些垄断性较强的企业，比如中国石油、中国石化，采用的是无差异市场营销策略。

（二）差异化营销

差异化营销（differentiated marketing）是指企业选定为几个细分市场提供产品和服务，并且在渠道、促销和定价等方面结合不同细分市场的特点进行调整。例如，在奶源、物流配送半径、低温保质期等限制下，低温酸奶具有极强的区域特征，在全国酸奶消费需求逐渐增大的背景下，光明推出了第一款占领全国的常温酸奶莫斯利安。莫斯利安瞄准了那些不具有低温储存运输条件的客户，解决了低温酸奶运输不方便的问题，满足了消费者随机消费的需求，找到了企业新的增长点。然而，差异化营销必然会导致生产、经营成本（如产品改进成本、管理费用、促销成本等）的增加。因此，企业应当衡量销售额增长与成本增长的关系，从而决定是否采用差异化营销策略。

（三）集中营销

采用**集中营销**（concentrated marketing）策略的企业以一个或少数几个相似的小市场作为目标市场，试图在较少的细分市场中占有较大的市场占有率。例如，美国全食超市（Whole Foods）有 360 多家店和 130 亿美元销售额，与沃尔玛（近 1 万家店、4 690 亿美元销售额）之类的销售大鳄几乎不能相提并论。但是这家高端零售商却在过去几年里增长迅猛，盈利高于那些巨型竞争对手。这是因为全食超市向那些不满意沃尔玛的顾客提供了“有机、天然和美味的食品”。通过集中营销，全食超市在一个细分市场中更了解顾客的需求，精心调整其产品、价格和促销方式，赢得了顾客赞誉，获得了强有力的市场地位。虽然集中营销可以带来较高的投资收益，但是其风险也高于一般水平。因为采用集中营销的企业一般依赖于一个或几个细分市场，一旦这些市场情况变坏或者有大企业进入同一细分市场，企业可能会遭受重大损失。

（四）微观营销

采用差异化营销和集中营销的企业分别通过不同的细分市场和补缺市场的方式来调整自己的产品、服务和营销方案，但它们没有为消费者提供定制的产品或服务以满足顾客的个性化需求，**微观营销**（micro-marketing）恰好弥补了这个空缺。微观营销是指企业调整产品和营销策略以适合特定个人或区域的偏好。微观营销不是在人群中寻找顾客，而是在每位顾客身上发现他的个性。微观营销包括当地营销和个人营销。

1. 当地营销

当地营销（local marketing）是指根据消费者所在的城市、街道甚至是光顾的商店对品牌和促销策略进行调整。例如为配合当地饮食文化，迪拜的 7-11 便利店推出了独具当地特色的菜单，例如鹰嘴豆泥、鸡肉饭等。店内有香烟出售，但由于宗教原因，并不销售酒水。企业可以通过点评类软件推送当地的优惠信息，用就近的网点吸引顾客。

随着移动终端的发展，用户从互联网转向移动互联网，移动互联网的发展成为再一次改变人们生活的科技力量。此时，风险投资之王约翰·杜尔（John Doerr）提出针对移动互联网的 SOLOMO 理念，该模式是 social（社交）、local（本地位置）、mobile（手机）三项资源的结合，符合这三项资源的公司都有可能被视为下一个谷歌或者是脸书，因此 SOLOMO 营销也成为移动互联网领域研究的热点。SOLOMO 由 LBS 发展而来，LBS（location-based service）是指基于位置的服务，它将通信网络和定位系统结合起来，为用户提供相应的服务。随着我国移动互联网的快速发展和手机网民的增加，基于 LBS 的移动电子商务应用呈现出较快增长态势。但是 LBS 不涉及人与人之间的关系或者人与人之间处于弱互动，这使得信息本身缺少情感，属于信息流通本身的一种缺失，在互联网的发展过程中会被更新。SOLOMO 中的 social 恰好弥补了这个信息缺失。social 被译为社交，既包含现实生活中的交往，也包含网络交往。在 SOLOMO 模式下，信息将有效地服务于用户的现实生活，既可以通过信息流通

小贴士8-3　大众点评成立专门丽人事业部

带动用户行为发生，也可以通过用户行为发生，协助用户达到行为目的。最终信息不再是以平面信息作用于用户，而是能够帮助用户搭建立体三维信息，信息的使用能够和现实生活更好地交融。

但是，当地营销也存在一定的问题。首先是生产成本和制造成本，当地营销会造成规模不经济进而提高制造成本，当企业试图满足不同地区的需求时，会提高企业的营销成本。

2. 个人营销

个人营销（personal marketing）是极端的微观营销，即企业根据个体顾客的需求和偏好调整产品和营销策略。个人营销也称为大规模定制营销、一对一营销或者单人市场营销。高效的计算机技术、详尽的数据库、精湛的制造工艺以及诸如互联网等互动媒体的发展使大规模定制成为可能。企业与大量消费者进行单独交流，根据消费者的需要量身定制产品和服务。例如，耐克公司 2015 年推出定制服务 NIKEID，在其官网上有 200 多款鞋可供“专属定制”，比如 RosheOne 系列跑鞋、Jordan 系列篮球鞋、AirMax 系列运动鞋等（见图 8-3）。定制过程是，顾客相中了具体款式后，可以在鞋面、鞋尖、鞋跟、外底、中底、鞋带、内衬等不同部位选择自己喜欢的花色和材料，还可在鞋的后跟处绣上长度在 6 个字符以内的个性化签名，比如姓名缩写等。

图 8-3 耐克官网的定制页面

第 3 节 差异化与定位

企业不仅要决定进入哪个细分市场，还需要确定一种价值主张，即如何为目标市场创造差异化的价值和预期在目标市场中占据什么位置。菲利普·科特勒将定位定义为：“对企业的供应品和形象进行设计，使其在目标顾客心目中占据一个独特位置的行动。”**产品定位**（product position）使企业的形象、产品、品牌区别于竞争者，实际是企业及其产品对消费者心智的占领。

产品和服务的信息量是巨大的，消费者不可能在每次购买时都重新评价产品，所以，消费者会将产品、服务和对企业的认识组合起来进行分类以确定其在自己心中的位置。无论企业营销是否参与，消费者都会给产品定位，为此，企业必须找到能使其产品在目标市场上获得最大优势的定位，并且通过适当的营销方案实现这个定位。

一 定位地图

在制定定位战略时，企业通常可以采用市场定位地图来描绘消费者在两个重要的购买维度上对公司及其竞争者的品牌认知。图 8-4 展示了一张美国大型豪华 SUV 市场的定位地图。图中每个圆圈的位置表明从价格和导向（强调奢华还是性能）两个维度对品牌的认知定位。圆圈的大小表明该品牌的相对市场份额。

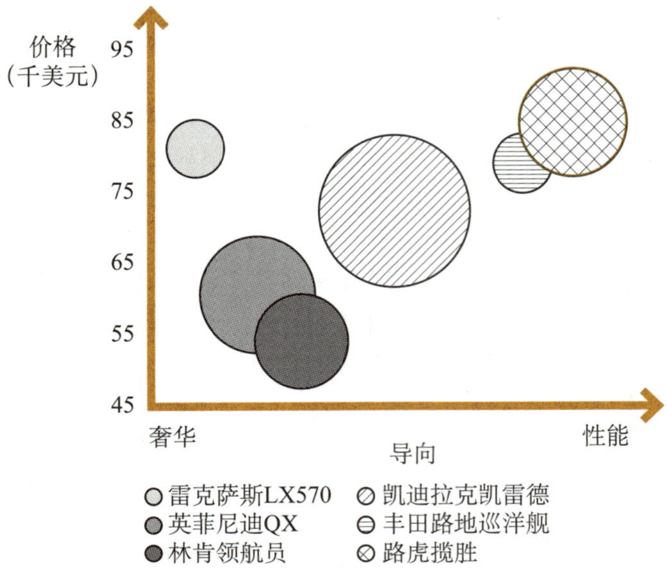

图 8-4 美国大型豪华 SUV 市场的定位地图

由此可见，顾客将市场领先者凯迪拉克凯雷德（Escalade）视为一款在豪华和性能两方面比较平衡的、价格适中的大型豪华 SUV。凯雷德被定位为城市中的豪华 SUV，因此，其高性能就意味着动力和安全表现。你会发现凯雷德的广告从未提及越野、探险。

相反，路虎揽胜（Range Rover）和陆地巡洋舰（Land Cruiser）被定位为具有极佳越野性能的豪华 SUV。例如，丰田在 1951 年推出的陆地巡洋舰，是专为征服世界上最苛刻的地带和气候而设计的四轮驱动日式汽车。陆地巡洋舰一直保持“冒险和性能”的定位，不过最近几年，它在此基础上增加了豪华性。公司网站宣传其具有“传奇式的越野能力”，凭借诸如声控感应系统等越野技术可以有效地操控最高转速，“使你翻山越岭如履平地”。公司提醒说，尽管其个性粗犷，但是“卓越的蓝牙免提技术、时尚的 DVD 娱乐设备以及奢华的内部装饰展示了它舒适的优势”。

二 选择差异点与定位战略

发现差异点并进行定位比较容易，但是通常在同一个细分市场中会存在两个或多个企业追求相同的定位，所以企业必须提供差异化的产品或者服务，以吸引细分市场中的消费者。差异化和定位包括三个步骤：确定可能的价值差异和竞争优势；选择恰当的竞争优势；制定整体的定位战略。然后，企业要采取行之有效的方式向目标市场传达所选择的定位。

（一）确定可能的价值差异和竞争优势

企业要比竞争对手更了解消费者的需求并为消费者提供更多的价值。企业只有进行有效的差异化定位才能为目标市场提供卓越的价值，获得竞争优势。市场竞争必须以竞争优势为基础，否则这种定位就失去了意义。企业可从以下四个方面构建自身的**竞争优势**（competitive advantage）。

1. 产品差异

通过产品差异化，企业可以采用不同的特征、效能、风格或设计使自己的产品与众不同。比如，恒大冰泉作为瓶装矿泉水市场上的一匹黑马，定位高端市场，在与同类矿泉水的竞争中，“我们搬运的不是地表水”这一广告语不仅是对事实的阐述，也是用最简单的语言表明身份、地位以及与竞争产品农夫山泉的差异，最终通过短短半年的时间，恒大冰泉就取得了非凡的成就。

2. 服务差异

除了在实体产品方面的差异化，服务差异化也成为企业赢得市场竞争的有力武器。企业可以在产品的服务方式上寻求差异化。比如，近年来移动打车软件如雨后春笋般涌现出来，除了低价的吸引力外，网约车优质的服务诸如在指定位置等待、不拒载、司机帮忙开门等都成为相较于传统出租车的优势。

3. 人员差异

产品差异和服务差异都是由人创造的，所以企业还可以通过人员差异化来获取竞争优势。海底捞是通过人员差异化赢得竞争优势的典范，它给员工充分授权，推崇员工成为企业的管理者和“当家人”；管理层努力营造“信任平等、相互支持、榜样示范、宽容犯错”的组织氛围，培育员工乐观的精神；企业定期或不定期地对员工进行培训，增强其韧性，使员工化压力为动力，在自己的工作岗位上积极主动地提升并创新服务。最终，海底捞从一个名不经传的小火锅店发展成为一家拥有近 2 万名员工的大型餐饮股份有限公司。

4. 形象差异

消费者在消费时会清楚地感受到不同企业的形象差异，这种差异最终可能会影响消费者的决策，所以企业应当向外界传达其产品独特的利益和定位，树立鲜明、独特的形象。例如，麦当劳的金色拱门、英特尔的“Intel Inside”、耐克的对钩等，都塑造了鲜明的企业或品牌形象。

表 8-4 列出了四种差异化类型的侧重点。

表 8-4　　四种差异化类型的侧重点

差异化类型	差异化的侧重点
产品差异化	产品差异化可以采用以下几种方式实现：通过产品价格差异定位中高低档产品、通过技术差异体现不同用途、通过功能差异增加产品的延伸功能、通过文化差异体现不同价值等。
服务差异化	服务差异化可以通过将无形服务转化成有形的产品、为顾客提供定制化的服务、定期对服务人员进行培训、提高管理水平等方式实现。
人员差异化	人员差异化可以通过聘用或者培养比竞争对手更优秀的人员、定期开展专业的知识培训、满足员工对知识的需求等方式来实现。
形象差异化	形象差异化可以通过设计易于记忆和传播的品牌形象或者品牌宣传语等方式来实现。

（二）选择适当的竞争优势

企业可能发现了几个潜在的差异点，但并不是每个差异点都能形成竞争优势，必须从中选择可以建立定位战略的差异点，即企业要决定宣传多少差异点，宣传哪些差异点。

1. 差异点的个数

企业需要考虑应该宣传一个差异点还是多个差异点，也就是以一种差异还是多种差异作为定位基础。有两种明显不同的观点：一种观点认为企业应该只向目标市场宣传一项利益，定位于一种差异；另一种观点认为企业应当向目标市场宣传多种利益，以多种差异作为定位基础。

只宣传一种差异的观点认为企业应当为每个品牌开发一个独特的卖点，并一再宣称自己是最好的，其理论根据是消费者趋向于记住“第一位”的品牌。比如，“怕上火就喝王老吉”，沃尔玛的宣传语“天天低价”，这些都是宣传一个卖点的成功案例。

另一种观点认为如果多家企业采用同一差异，就使得互相之间难以区分，不能影响消费者的购买决策。所以，企业应当基于多种差异进行定位。比如，华为就凭借“低成本、高质量、完善服务”成为世界通信领域的后起之秀。在这个大众市场碎片化为众多细分市场的时代，企业纷纷扩展自己的定位，以吸引更多的细分市场。但是如何说服消费者相信一个产品能承载这么多利益比较困难。

2. 推广哪些差异点

企业或许会发现许多差异点，但并不是每一个差异点都能形成竞争优势，一种差异在增加顾客利益的同时有可能会增加企业的成本。企业选择差异点的标准如下：

（1）重要性。对目标顾客而言，该差异非常有价值。比如，当企业推出一款手机时，会考虑手机的配置、通话质量、续航、信号强弱等基本功能，这些功能对于消费者而言是非常重要的，这类差异点就属于具有重要性的差异点。

（2）独特性。竞争者不能提供相应的产品，或者企业同竞争对手相比有明显优势。例如，厂家在设计一款手机时除了基本功能，还要考虑产品独有的特征，例如更强的续航能力、更好的自拍效果等，这类差异点就属于具有独特性的差异点。

（3）优越性。与为消费者提供相同利益的其他方法相比更加优越。比如，当选择一种出行工具时，火车与飞机同样能让你抵达目的地，但飞机却能提供更短的出行时间，这就是飞机的优越性。

（4）可沟通性。该差异点适合沟通，可以让消费者知道。同样是为一款手机做推广，企业还需要考虑一些差异点是否易于传递给消费者，像安全性、外观等差异点都比较容易传播，但配置、规格这类差异点就相对不易传播。

（5）专有性。竞争者难以复制该差异。企业选择的差异点应是不易快速模仿的，如果企业将压缩利润、降低价格作为差异点，就很容易被竞争对手模仿而无法实现差异化。

（6）经济性。消费者有能力支付差异的溢价。在选择差异点时，企业还应当考虑目标受众的购买力，如果一个快消品为了实现差异化而使其定价接近于奢侈品，那么这样的差异点肯定难以被消费者接受。

（7）盈利性。推广该差异能够给企业带来经济利益。企业实现差异化的最终目的是增加利润，如果实现差异化的成本大于差异化带来的收入，这些差异点就不应考虑。

（三）制定整体的定位战略

品牌的整体定位就是该品牌的价值主张，即该品牌差异化的基础和定位的利益组合。**价值主张**（value proposition）告诉消费者为什么要购买企业的产品。图 8-5 显示了企业定位的可能的价值主张，白色的方格代表成功的价值主张，也就是能够使企业获得竞争优势的差异化和定位，深灰色方格代表失败的主张，中间浅灰色的方格代表边缘性的价值主张。

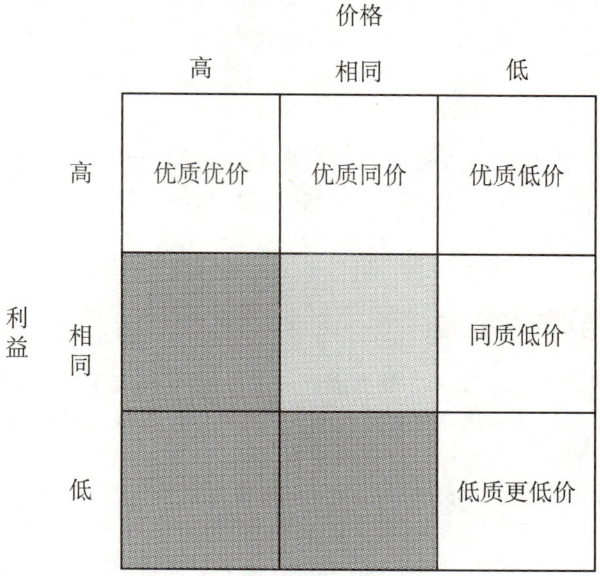

图 8-5　可能的价值主张

下面讨论企业可以用来成功定位的五种价值主张：优质优价、优质同价、同质低价、低质更低价、优质低价。

1. 优质优价

优质优价的定位是指提供最高档次的产品和服务，同时收取更高的价格来补偿较高的成本。采用优质优价定位的企业的产品不仅品质上乘，还是地位和高档生活方式的标志。劳力士手表、星巴克咖啡、LV 箱包等都因为其卓越的性能、优异的品质而收取高昂的溢价。但是优质优价的品牌会有许多模仿者，这些模仿者号称自己可以提供同等质量价格却更低的产品，当经济低迷时，优质优价的品牌更容易受到攻击。

2. 优质同价

企业可以通过引入质量相同但价格却更低的品牌来与优质优价品牌竞争。创立于 1983 年的雷克萨斯是日本丰田集团旗下的豪华汽车品牌，创立之初丰田针对奔驰和宝马的竞争采用了优质同价的策略。它的第一则广告的标语是："人们有史以来第一次认为用 72 000 美元的汽车同 36 000 美元的汽车交换是划算的。"丰田通过专业汽车杂志的评论来宣传雷克萨斯与生俱来的优秀品质，并且大量发布和奔驰、宝马汽车进行对比的测试视频。它公布的调查还显示雷克萨斯经销商可以为客户提供更优质的售前售后服务。在这些宣传的影响下，许多奔驰、宝马的潜在购买者转而购买雷克萨斯，并且雷克萨斯的重复购买率高达 60%，是行业平均水平的两倍以上。

3. 同质低价

每个人都喜欢物美价廉，所以同质低价是一种强大的价值主张。比如，沃尔玛从不标榜自己能够提供不同或更好的产品，但凭借卓越的采购能力和低成本的运营可以提供较大的价格优惠。

4. 低质更低价

低质更低价的定位是指以更低的价格满足消费者较低的性能或质量要求。市场上总是存在一些质量不太好但是价格也不太高的产品。在消费者没有能力购买“最好的产品”的情况下，他们愿意放弃一些最佳性能或非必需的特点而获得优惠的价格。比如，小米手机虽然使用体验不如苹果手机，但是其价格不及苹果手机的一半，所以吸引了大量的消费者。

5. 优质低价

采用优质低价定位的企业以较低的价格提供优质的产品，但从长期来看，企业很难同时实现优质和低价，当其力图在两方面都做好的时候可能会输给更加专注于其中一个方面的竞争对手。

小贴士 8-4 陌陌平台的定位

2016 年 11 月陌陌发布了第三季度财报，净营收为 1.57 亿美元，同比增长了 319%。其中净利润为 4 950 万美元，同比增长了 1 182%，这是公司上市以来连续 7 个季度实现盈利。其中，最大的营收贡献来自上线一年的直播业务。260 万直播付费用户为陌陌贡献了 1.087 亿美元营收，占整体收入的 69.17%，这相当于每个直播用户给陌陌贡献了 41.8 美元的收入。

直播功能上线以前，陌陌一直靠会员费、游戏和移动广告产生营收。对于超过 3 亿注册用户、7 000 万活跃用户来说，这一收入并不多。直到 2015 年年底，陌陌的主要收入还是来自会员费。陌陌通过提供查看访客记录、定向设置影响、提供专属表情和聊天气泡等功能，不断增加自己对用户的吸引力。由于游戏和会员订阅收入的增长没什么起色，陌陌找到了新的赚钱方式——直播。陌陌主要靠游戏获得收入，来自聊天等会员服务的收入不太多，更多人还是用它来消解寂寞。而直播这样的方式正好迎合了用户的需求，付费道具则提供了收入。差不多 1/30 的人在陌陌上为直播花过钱。

不过，第三季度陌陌的月活跃用户总数（MAU）只有 7 740 万，上年同期为 7 300 万。直播活跃用户虽然比上季度增长了 53%，但单个直播用户的付费却从上季度的 44.5 美元降到了 41.8 美元。找到新的赚钱方式后，陌陌依然可能遇到瓶颈，总活跃用户数上不来，付费直播用户的转化率再高，也有增长到头的一天。

对陌陌来说这些都是挑战。对于未来可能存在的天花板，在财报发布后的电话会议中，陌陌 CEO 唐岩是这么说的：“陌陌的用户增长路径是通过一系列的产品创新，不断拓展平台的核心功能，从而满足新的用户需求，这是我们未来努力的方向。我为陌陌设定的长期愿景是‘在中国的泛社交和泛娱乐行业扮演一个非常重要的角色’。但靠直播、娱乐赚钱的这条路也会很拥挤，一边是烧钱的创业公司映客、花椒，一边是有微博明星资源支持的一直播。”

资料来源：谢若含 . 靠直播赚到钱后，陌陌说自己要变成泛娱乐平台 .（2016-11-10）. http://www.qdaily.com/ articles/34303.html.

三 市场定位的策略

各个企业经营的产品不同，面对的顾客不同，所处的竞争环境不同，可选择的市场定位策略也就不同。总的来讲，市场定位可选择的策略有以下几种。

（一）根据具体的产品特色定位

构成产品内在特色的因素有很多，如所含成分、材料、质量、价格等。这些因素都可以作为市场定位可选择的策略。例如，七喜汽水的定位是“非可乐”，强调它是不含咖啡因的饮料，与可乐类饮料不同。一件仿皮衣与一件真正的水貂皮皮衣的市场定位自然不同。不锈钢餐具若与纯银餐具定位相同，则是难以令人置信的。

（二）根据特定使用场合及用途定位

为老产品找到一种新用途，是为该产品创造新的市场定位的好方法。小苏打一度被用作除臭剂和烘焙的配料，后来有公司把它当做除垢剂，有的公司还发现它可以作为冬季流行性感冒患者的饮料。我国一家生产曲奇饼干的厂家最初将其定位为家庭休闲食品，后来发现不少顾客购买是为了馈赠，又将之定位为礼品。

（三）根据顾客得到的利益定位

产品提供给顾客的利益是顾客最能切实体会到的，也可以作为定位的依据。1975 年，美国米勒（Miller）啤酒公司推出了一种低热量的“Lite”啤酒，将其定位为喝了不会发胖的啤酒，迎合了那些经常饮用啤酒而又担心发胖的人的需要。世界上各大汽车巨头的定位也各有特色，劳斯莱斯车豪华气派、丰田车物美价廉、沃尔沃车结实耐用。

（四）根据使用者类型定位

企业常常将其产品指向某一类特定的使用者，根据这些顾客的看法塑造恰当的形象。美国米勒啤酒公司曾将其一款啤酒定位于“啤酒中的香槟”，吸引了许多不常饮用啤酒的高收入女性。后来公司发现，30%的狂饮者大约消费了啤酒销量的 80%，于是，米勒在广告中展示石油工人钻井成功后狂欢的镜头，以及年轻人在沙滩上冲刺后开怀畅饮的镜头，塑造了一个精力充沛的形象，在广告中提出“有空就喝米勒”，从而成功占领啤酒市场达 10 年之久。

事实上，许多企业选择的市场定位策略往往不止一个，因为要体现企业及其产品的形象，所以市场定位必须是多维度、多侧面的。

（五）针对竞争对手定位

根据对竞争对手态度的不同，企业可选择对峙定位与回避定位两种策略。

对峙定位是指企业选择靠近现有竞争者或与现有竞争者重合的市场位置，争夺同样的顾客，彼此在产品、价格、分销及促销等方面差别不大。2001 年，在受人瞩目的新康泰克面世的第二天，以保健品起家的太太药业公司底气十足地宣布推出自己的感冒药“正源丹”，并且要在两三年内成为中药感冒药市场的第一名。这就是对峙定位的范例。太太药业公司之所以采用这种定位方法，主要是考虑到市场上没有一个真正纯中药的、针对特殊人群的全国性感冒药品牌。而正源丹源于宋代古方，针对的是老人、妇女、儿童、体质虚弱者这一特殊群体。

回避定位是指企业回避与目标市场上的竞争者直接对抗，将其位置定在市场空白点，开发并销售目前市场上还没有的某种特色产品，开拓新的市场领域。上海徐家汇广场有三家大商场：东方商厦面向中高收入顾客，突出品牌档次；太平洋百货以追求时尚的青少年为目标市场；第六百货则以实惠、价廉吸引顾客。同样是彩电产品，东方商厦主营大屏幕彩电，第六百货经营国产彩电，而太平洋百货则不经营彩电。回避定位的结果是三方均大获其利。

（六）重新定位

重新定位是指企业变动产品特色，改变目标顾客对其原有的印象，使目标顾客对其产品形象有一个重新认识的过程。

重新定位对于企业适应市场环境、调整市场营销战略是必不可少的。企业产品在市场上的定位即使很恰当，在出现下列情况时也需要考虑重新定位：一是竞争者的市场定位与本企业类似，侵占了本企业的部分市场，使本企业的市场占有率有所下降；二是消费者偏好发生变化，从喜爱本企业品牌转变为喜爱竞争对手的品牌。

企业在重新定位前需考虑两个主要因素：一是企业将自己的品牌定位从一个子市场转移到另一个子市场的全部费用；二是企业将自己的品牌定在新位置上的收入有多少，这些收入有多少又取决于该子市场上的购买者与竞争者情况，取决于在该子市场上销售价格能定多高等。

确定了市场定位以后，需要正确、有效地向目标市场传递该定位，企业所有的营销策略必须给予该定位战略有力的支持。定位的实现需要切实的行动，企业要围绕定位设计并执行协调一致的营销组合，有效地传递定位。执行战略定位往往比提出战略定位困难得多，建立或者改变定位通常要花费大量时间，多年树立的定位很有可能毁于一旦。所以，企业要小心维持定位，同时根据市场环境循序渐进地改善定位。

小贴士8-5　阿斯顿马丁重新定位，对标的是爱马仕，而不是法拉利

2016年7月，碧欧泉携手阳狮全球旗下奢侈品品牌营销代理推出活泉水光气垫CC霜，这也是碧欧泉推出的首款护肤级CC霜，它彻底颠覆了传统的化妆导致肌肤水分流失的认知。为了更好地宣传“碧欧泉LiveMore泉力活”的品牌精神以及产品卓越的补水功效，营销代理配合开展了水光女孩线上营销活动，在为期两个月的时间里，携手优质偶像彭于晏对话年轻、活力、自信、由内而外散发光芒的水光女孩，与18~25岁目标用户进行互动，从而将“泉力活！活得漂亮！”的品牌精神传递给目标消费者。

▶ 基本概念

市场细分（market segmentation）　目标市场（target market）
地理细分（geographic segmentation）　人口细分（demographic segmentation）
心理细分（psychographic segmentation）　行为细分（behavioral segmentation）
部落营销（tribal marketing）　目标市场选择（market targeting）
无差异营销（undifferentiated marketing）　差异化营销（differentiated marketing）
集中营销（concentrated marketing）　微观营销（micro-marketing）
当地营销（local marketing）　个人营销（personal marketing）

产品定位（product position） 竞争优势（competitive advantage）
价值主张（value proposition）

▶ 应用与实战

1. 面对微博、微信等新兴社交的“围剿”，传统 BBS 社区早已风光不再，纷纷没落，而移动互联网的兴起则加速了这个过程。甚至有业内人士称这代表 BBS 时代的终结，微博、微信已经彻底取代了论坛的作用。

近年来渐渐淡出人们视线的论坛，随着天涯的上市逐步回到人们的主流视野。从目前主流论坛的发展情况来看，论坛虽老未死，但随着互联网传播特性的发展，综合性大众化论坛朝精细化、专业化的方向发展，如汽车之家、威锋等汽车和手机论坛。请选择一个传统 BBS 社区，完成下列任务：

（1）分析该社区现有的目标市场以及定位。

（2）为该社区制定转型计划，找到新的定位并设计方案进行定位的沟通与传递。

2. 组成小组，选择一个产品，用本章提供的内容对这个产品进行定位。

（1）与同类其他产品相比，该产品的竞争优势有哪些？

（2）要宣传几个差异点？

（3）选择这些差异点的原因是什么？如何宣传这些差异点？

▶ 案例

安德玛的差异化成功之路

在运动鞋服市场，长期以来都是耐克和阿迪达斯两家独大，但最近几年，安德玛（Under Armour）以极其迅猛的姿态横空出世，其高速的发展、鲜明的专业性和科技化品牌个性吸引了大量专业选手和运动爱好者。它是怎样从一家小型企业通过差异化策略发展壮大，最终实现与行业巨头同台竞争的？

斯蒂芬·库里在 NBA（美国职业篮球联赛）赛场光芒闪耀，他脚下的安德玛也像他匪夷所思的三分球一样横空出世。提到服装产业，很多人都会不自觉地皱下眉头，这是一个巨头林立、竞争激烈、产品同质化严重的产业。正是在这样艰难的环境中，安德玛走过 20 年的发展道路，成为如今全球最炙手可热的鞋服品牌。

长期以来，安德玛的销售额保持快速增长。研究调查机构 FactSet 的数据显示，自 2005 年第四季度 IPO（首次公开募股）以来，安德玛仅仅有两个季度没有达到 10% 以上。整个 2015 财年，安德玛总收入达 39.633 亿美元，比前一年度上涨近三成。产品大受欢迎让其成为美国市场第二大运动鞋服企业，超越常年位居次席的阿迪达斯，仅次于耐克。2016 年第一季度，安德玛营收水平暴增，单季激增 30% 达到 10.5 亿美元。受益于当家球星斯蒂芬·库里的优异表现，其鞋类产品的收入比上年增长 64%，这个数据在如今的体育鞋服行业足以令人瞠目结舌。

相比耐克和阿迪达斯遍布全球的业务触角，安德玛完全依仗的市场截至目前只有美国本土，包括中国在内的国际市场尚未真正发力。这意味着其未来扩张盈利的机会仍然很多。目前华尔街给了其行业最高的 40 倍市盈率估值，远超耐克的 24 倍，阿迪达斯的 30 倍。这显示分析师对其未来成功进行市场扩张以及营收水平高速增长持乐观态度。

发家起源：细分 + 地推

这家企业的创始人凯文·普兰克（Kevin Plank）曾经是一名美式橄榄球运动员，在其运动生涯中没有取得耀眼的战绩。他发现对于运动员来说，传统的棉质服装容易吸汗，但极难干燥，这让很多人头疼不已，却不知道怎样解决。因此他把自己的一条透气短裤的成分标签撕了

图 8-6 安德玛紧身衣

下来，在一家面料店买了同样质地的布料，然后在纽约服装区找到一个生产商，花 460 美元缝制了 7 件样品送给队友，结果大受欢迎。一桩生意就这样开始了。最初几年，安德玛对产品非常专注，主要制作透气性好、排汗能力强的化纤运动紧身衣，这种产品非常适合肌肉发达、易出汗的运动员（见图 8-6）。对于初创企业来说，根本没有足够的营销预算去签约知名球星。因此普兰克采取的办法是积极开展“地推”营销。从炎热的地区开始，逐一攻占各地小有名气的职业球队，获取影响力，安德玛就这样在创业初期站稳了脚跟。

与耐克、阿迪达斯的差异化竞争

在体育产品市场上，所有企业都面临着貌似永远都翻不过去的大山：耐克、阿迪达斯。在安德玛之前，这两家企业已经很久没有遭遇过强劲的竞争对手。而安德玛对抗这两个巨人的初期手段就是“单品引爆 + 差异化竞争”。安德玛在 1996 年成立，但直到 2010 年前后才真正实现爆发式的增长。在这之前，它倾尽全力做了一件最重要的事：制作吸汗、透气的 T 恤。从企业成立的那一刻，它就专门为专业运动员制造装备而非“服装”，这让其天生拥有了专业性极强的产品与品牌定位。随后专注于透气紧身 T 恤的制作也很好地延续了这样的思路。

普兰克并不急于通过海量的营销手段将其产品推销给大众，而是选择深耕专业运动渠道，特别是美式足球和专业的健身领域。在这两大领域中，安德玛先后建立起强大的品牌认知度，以至于有网友评论说，只要进入健身房，能看到的运动服基本都是安德玛品牌的。橄榄球运动员和专业健身人士膨胀的肌肉、完美的体型和线条，让安德玛的 T 恤看起来有一种“魔力”，让穿着者拥有更专业的运动能力以及更棒的身材。而此时的耐克、阿迪达斯则更倾向于让运动产品变得更加时尚，各种印花 T 恤、细脚裤、篮球鞋、滑板鞋都自觉不自觉地与潮流、青春时尚乃至性感美女搭上关系。阿迪达斯甚至有时尚品牌三叶草和 Y-3，耐克也将旗下品牌匡威（Converse）从一个专业的篮球鞋服品牌转型成一个街头风格浓郁的时尚品牌。脱离运动的范畴虽然可以让耐克和阿迪达斯收获更多的市场空间和更广泛的目标客户，但也不可避免地削弱了自己的“运动基因”，这刚好给了安德玛乘虚而入的机会：总会有人渴求专业的运动产品和更专注的运动精神。

科技企业而非服装企业

差异化的实现手段不仅来自品牌专业性的塑造，更来自充满科技感的产品，以至于有人直接将安德玛定义为科技公司，而非单纯的运动产品企业。想要让 T 恤和鞋类获得更好的吸汗和透气能力，面料就必须以化纤材料为主。然而此前的面料产业中，化纤产品虽然轻便，但往往在厚度、柔软度、防静电等指标上难以形成优势。它们要么太厚，要么不够柔软，要么柔软却容易产生静电。安德玛通过长期、专注的研发合作，让化纤面料在穿着体验上有了极大改善，其产品透气、轻薄，同时没有静电产生，非常适合作为紧身衣紧贴皮肤表面。其经典的采用创新面料的产品包括“Heat Gear 热装备”以及“Cold Gear 冷装备”，它们的面料轻盈，能够迅速蒸发汗液，让运动者在酷热状态下运动，同时保持身体干爽轻盈。这些面料产品虽然并未由安德玛制造，但它通过关注使用者的需求，采取从消费需求反推原材料生产的经营理念，介入原材料的研发环节，满足了特定消费者的产品需求，进而获得了消费者的好感和对专业化、科技化的认知。科技化的产品定位以及真正从消费者需求出发，是未来 C2B 商业模式最清晰的写照。

在科技化的另一方面，安德玛自 2013 年开始进军运动科技领域。2013 年 11 月以 1.5 亿美元收购数字健身技术公司 MapMyFitness，2015 年年初，又斥资 5.6 亿美元收购了两家健身应用开发商 MyFitnessPal 和 Endomondo，从而进军食物、营养和健身追踪，以及欧洲健身 APP 应用市场。通过这几次收购，安德玛成功地超越耐克，成为世界上最大的数字化健身运动应用 + 社区企业。安德玛对用户在运动过程中上传的海量数据进行大数据分析，进一步明确用户在运动中的需求，从而进行与之相适应的研发和生产。同时，这些 APP 应用可以更好地指导用户进行更专业的运动训练。MapMyFitness 联合创始人凯文 · 卡拉汉（Kevin Callahan）称，“我们知道你何时锻炼，以及怎样锻炼。像安德玛这样的企业整合了我们的许多数据之后，可以更好地销售运动装备。它们也能利用这些信息来帮助用户更好地锻炼，成为一名更好的运动员”。在这个全球最大的科技运动社区平台上，还将引入包括专业运动饮食、运动旅游等大量个性化的服务产品，它们以产品强大的营收能力作为支撑，在未来逐级展开。

思考题

1. 请用细分变量描述安德玛是如何对其产品进行市场细分的。
2. 安德玛采用了哪种市场定位战略？请说明你的理由。
3. 试述面对如今的体育用品市场，安德玛如何更好地满足消费者需求。

资料来源：砺石商业评论微信公众号. 从一家小企业，到现在与阿迪和耐克同台竞技，它玩的是专注与科技.（2016-06-07）. http://www.itxinwen.com/news/news_11449.shtml.

▶ 参考文献

[1] clovey. 碧欧泉携手彭于晏寻找「水光女孩」，传递活力与自信.（2016-09-27）. http://socialbeta.com /t/case-biotherm-new-campaign-with-133SH-2016-09.

[2] 董大海 . 营销管理 . 北京：清华大学出版社，2010.

[3] 菲利普 · 科特勒，加里 · 阿姆斯特朗 . 市场营销：原理与实践：第 16 版 . 北京：中国人民大学出版社，2015.

[4] 姜海洋，曾剑秋 . 基于 LBS 的移动电子商务营销模式及趋势 . 北京邮电大学学报（社会科学版），2015，17（2）：34-39.

[5] 孟韬，毕克贵 . 营销策划：方法、技巧与文案 . 3 版 . 北京：机械工业出版社，2016.

[6] 吕一林，岳俊芳 . 市场营销学 . 2 版 . 北京：科学出版社，2010.

[7] 郭国庆 . 市场营销学通论 . 北京：中国人民大学出版社，2007.

[8] 黄海 . 中远集运大客户营销体系构建和实施保障 . 大连海事大学，2013.

[9] 黄佳嘉 . 以用户体验为中心 SOLOMO-O2O 电子商务模式研究及应用 . 华中科技大学，2013.

[10] 程子豪 . 浅析网络直播的传播方式——以“映客”直播为例 . 新闻研究导刊，2016，7（16）：373.

[11] 杨光明 . 常温酸奶：几家独大，几家紧跟 . 中国乳业，2016（8）：22-25.

[12] 李怀斌 . 市场营销学 . 北京：清华大学出版社，2007.

[13] 刘晓婷 . 长城汽车开拓国际市场战略研究 . 辽宁大学，2014.

[14] 朱迪 · 斯特劳斯，雷蒙德 · 弗罗斯特 . 网络营销：第 7 版 . 北京：中国人民大学出版社，2015.

第 4 篇 ▷ ▷ ▷

策略篇

第9章

产品策略

学习目标

- ▷ 理解产品的内涵、层次、分类，以及单产品、产品线与产品组合的决策。
- ▷ 认识品牌的重要性，掌握品牌管理的过程和内容。
- ▷ 理解服务的特点以及服务营销策略。
- ▷ 掌握如何开发新产品。
- ▷ 描述产品生命周期的各个阶段。
- ▷ 理解网络产品的特殊性、网络服务的类型与工具。

引例

腾讯推出黄金红包

继红红火火的微信红包之后，2017年情人节，腾讯微黄金红包正式开启公测，同时还很应景地推出了“1314毫克”黄金红包的活动（见图9-1）。这款产品从春节前曝出马化腾“试玩”的截图开始，就吸引了很多人的目光。

什么是黄金红包，怎么玩？

本次黄金红包基于腾讯财付通与工商银行联合推出的“腾讯微黄金”平台，工商银行负责黄金买卖交易和资产安全管理，财付通负责保障支付交易资金安全和提供客户咨询服务。黄金红包在春节期间就开启了内测，人群仅限于腾讯、工行员工和部分特邀用户，2月14日开启的是正式公测。腾讯黄金红包的数量最高可发100个，单个红包克数不超过1 000毫克，每人能领一个，克数也不超过1 000毫克（仅在2月14日当天开放1 314毫克上限）。一对多发送红包时，单人单次最多能发送30克红包，最多发送给100人。用户收到的红包会存进“腾讯微黄金”账户中，随着微黄金价格的波动，账户内微黄金的价值也会变化，微黄金报价随着上海黄金交易所的价格浮动。

想发黄金红包，账户里要先有黄金，有两种方法可以实现：第一种是买入黄金。门槛非

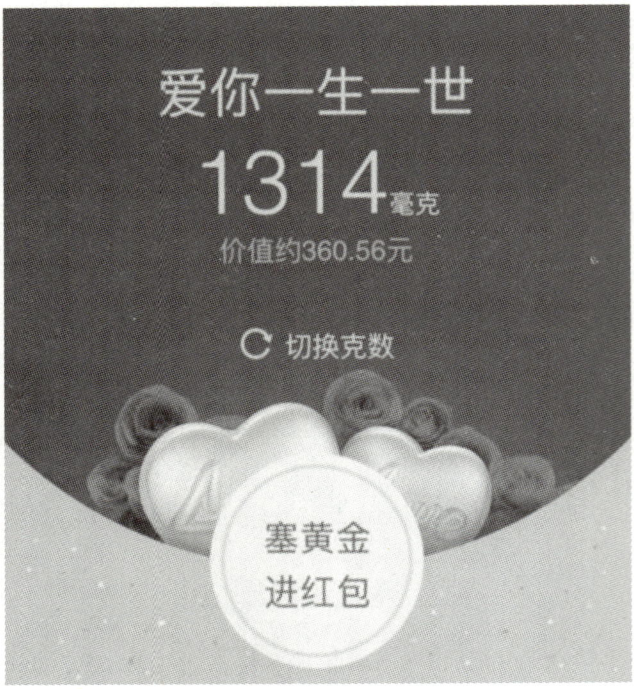

图 9–1　腾讯微信黄金红包

常低，0.001 克起就能买入和卖出，买入无须手续费，单笔金额上限为 10 万元，卖出需要收取 5‰ 的手续费，单笔上限为 20 万元。第二种是用户收到红包后，直接在领取页面点击“我也要发黄金红包”，进入发红包页面。

黄金红包的影响力如何?

它对一直不温不火的腾讯 FIT（金融应用线）来说很重要。得益于红包的形式，这是一款社交性很强的理财投资产品，对用户来说接受度更高，进入门槛更低。此前财付通还没有任何一款产品能得到与黄金红包相近的大众关注度。

市场上曾经有多款打着“黄金”旗号的理财投资产品，比如蚂蚁金服的存金宝、京东金融的“京东黄金”、黄金钱包等。京东和腾讯的黄金理财产品更类似，背后都是实体黄金。而蚂蚁金服的存金宝本质上是黄金基金产品，并非真正的实体黄金，所以不存在利用买入黄金进行二次投资的可行性。从目前来看，腾讯黄金红包是一款有趣的产品，几元钱就能买入，还能微信一键购买，黄金保存在工行内部，它克服了传统黄金投资重资产、低周期、高成本和长账期的种种不便。现货黄金数字化之后，借助于微信平台的高活跃用户数优势，能吸引更多消费者入场进行黄金买卖交易。

资料来源：崔鹏 . 腾讯黄金红包开始公测：它来自哪里，有多重要？.（2017–02–15）. http://it.sohu.com/20170215/n480728947.shtml.

第 1 节　产品的层次与决策

一　产品的层次

产品（product）是指向市场提供的，引起注意、获取、使用或消费，以满足人的欲望或需要的所有东西。在市场营销领域中，产品不仅包括一般意义上具有物质形态和具体用途的有形产品，还包括服务、事件、人员、地点、组织、观念等无形的和特殊的产品。

从营销学的角度出发，产品是一个整体概念。它由三个层次组成，如图 9–2 所示。最基础的一层是核心顾客价值，是指向顾客提供的产品的基本效用或利益，是构成产品最本质的核心部分。企业在设计产品时应当了解消费者所追求的能解决问题的核心利益或服务。比如，人们购买汽车不是为了获取汽车的零部件，而是为了满足快速、便利出行的需求。

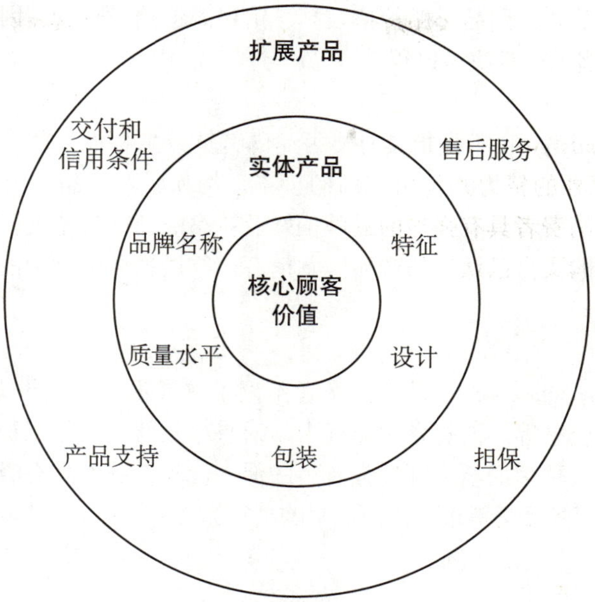

图 9-2 产品的三个层次

产品的第二个层次是实体产品，即核心顾客价值借以实现的形式或目标市场对某一需求的特定满足形式。实体产品由五个特征组成，包括质量水平、设计、特征、品牌名称和包装。企业应当设计合适的组合完善产品外在的形式以实现核心顾客价值。

产品的第三个层次是扩展产品，即顾客购买产品所能得到的附加服务和附加利益的总和。它为顾客提供的是完整的解决问题的方案。

此外，还有更细致的五个层次的分类，增加了期望产品和潜在产品，但一般还是采用以上三个层次。

二 产品的分类

根据产品使用者类型的不同可将产品划分为两大类：消费品和产业用品。

(一) 消费品

消费品（consumer goods）是指最终消费者使用的产品，消费者购买产品的目的是供自身使用。按消费者购买产品方式的不同，可将消费品分为四种类型：便利品、选购品、特殊品及非渴求品。

1. 便利品

便利品（convenience goods）是指消费者易于获得且经常购买的消费品。消费者在购买便利品时不会花大量时间进行比较、挑选，例如，口香糖、饮料、牙膏等。由于便利品的购买频率较高，消费者也不会花费大量精力挑选，因而其定价较低，营销者更重视渠道的开发及促销活动的推广，让产品有更多与消费者接触的机会。

2. 选购品

选购品（shopping goods）是指购买过程中需要花大量的时间和精力进行挑选的产品，其购买频率较低，消费者在购买时会搜集大量信息来仔细比较产品之间的差异，例如，手机、家电、房产等。选购品一般价格较高，销售渠道相对较少，因此营销者会增加销售支持以影响消费者的购买决策过程。

3. 特殊品

特殊品（specialty goods）是指具有显著品牌特征或独特设计的产品，消费者愿意在购买过程中花费额外的精力并付出较高的价格，例如，奢侈品、定制产品、限量款产品。购买特殊品的消费者具有强烈的品牌偏好及较高的品牌忠诚度，在购买时不会对特殊品进行比较，只购买自己认定的产品。营销者往往通过精准营销的方式进行有目标的促销。

4. 非渴求品

非渴求品（unsought goods）是指消费者不论了解或不了解都没有意愿购买的产品，例如，保险、百科全书等。消费者对非渴求品的兴趣较低，往往意识不到自身对产品的需求。营销者应投入更多的精力开展强有力的促销活动，制作具有吸引力的广告以刺激消费者认识到对非渴求品的需求，进而产生购买行为。

（二）产业用品

产业用品（industrial goods）指各种类型组织购买的用于生产或经营的产品，各种类型的组织包括：学校、医院、政府等非营利组织及企业。消费品和产业用品的区别在于购买者及购买目的不同，例如，一个消费者购买电脑用于自己办公，这台电脑就属于消费品，而一家企业购买电脑让雇员使用，这台电脑就属于产业用品。产业用品根据其成品形式的不同分为材料和部件、资本品、供应品和服务。

1. 材料和部件

材料和部件（materials and parts）指完全进入产品生产过程，转换为最终产品，以直接方式进入产成品的产业用品。材料和部件包括原材料、半成品和零部件。原材料包括农产品（如蔬菜、水果等）及天然产品（如煤、石油、木材、矿石等）。半成品和零部件包括构成材料（如水泥、钢材、电线等）和构成部件（如半导体、仪表、铸件等）。材料和部件产品具有同质性。供应商能否与买方成交，主要取决于产品价格、质量规格和供货时间等是否符合买方的要求。由于产品买卖双方交易量大且具有长期交易关系，因此营销者应注重提升与产品相关的服务水平，积极建立产品的品牌和声誉，以获得一定的竞争优势。

2. 资本品

资本品（capital items）指辅助产品生产过程，不转换为最终产品，以间接方式进入产成品的产业用品，包括主要设备和附属设备。主要设备包括建筑物（如厂房、办公大楼、仓库等）和固定设备（如发动机、升降机、机床等）。附属设备包括轻型设备（如小电机、模具等）及办公设备（如电脑、打印机、办公桌等）。资本品一般以摊销、折旧的方式计入最终产品的成本。

3. 供应品和服务

供应品和服务（supplies and services）指不形成最终成品，价值低、消耗快的产业用品，包括维修和维护用品（如清洁用品）及生产操作供应品（如链条、润滑油等）。供应品价值低，购买频率高，相当于产业用品领域的便利品。服务包括维护和维修服务（如清洁、机器修理等）及专业咨询服务（如会计、法律、人力资源等）。这些服务通常通过订立合同的方式提供。

小贴士 9-1　戴尔的两类产品

戴尔的成就（下图左）和灵越（下图右）两种系列笔记本是针对不同群体设计的笔记本，前者面向商业用户，适合各种类型的商业、教育及政府等组织大批采购，后者主要面向个人客户。两种系列的笔记本在同等价位下配置大致相仿，但前者更注重笔记本的稳定性和售后服务的连续性、持久性，属于产业用品，而后者在外形、色彩上更加凸显个性，是典型的消费品。

三　产品的决策

（一）单产品决策

产品决策的目的是创造核心顾客价值，在营销单个产品时，要从产品属性、品牌、包装、标签、产品支持服务这五个方面衡量。

1. 产品属性

产品属性（product attribute）包括产品质量、特征、风格和设计。产品质量是营销人员在定位时主要考虑的内容，对产品的属性有直接影响。美国质量协会将质量定义为：与满足现实或潜在顾客需要的能力相关的产品的特征。产品质量可用质量水平及质量一致性来衡量。质量水平指产品实现其功能的能力。营销者在产品开发阶段要依据目标市场及产品定位来确定产品的质量水平。质量一致性指产品能始终如一地保持既定的质量水平。产品特征指区别于其他产品的特质。企业可以通过增加产品的特征提高自身的竞争力。产品风格和设计可以改进产品的外观，给产品增加附加值。

在消费者追求健康的大趋势下，百事可乐也在改变产品的特征及属性。自 2011 年以来，百事主要致力于减少产品中的糖、卡路里、脂肪和钠，增加更多可作为替代品的原料。在碳酸饮料越来越不受欢迎的今天，百事还在想办法拯救它的百事可乐，在“超级碗”比赛中它推出了一种零糖分的可乐，加上之前以阿斯巴甜为甜味剂和去掉阿斯巴甜的版本，现在百事已经有三个版本的低热量百事可乐：Diet Pepsi，Classic Sweetener Blend 和 Pepsi Zero Sugar。2017 年 2 月 17 日，百事公布的最新财报显示，第四季度和全年的净营收分别增长 5% 和下降 0.4%。在第四季度中，食物 / 零食和饮料这两个部分在全球的销量有机增长（依靠现有资产和业务而非兼并收购实现的增长）分别为 3%和 1%，相比之下，可口可乐同期的饮料销量下降了 1%。百事将公司的增长归功于向更健康产品的转型，百事将含有谷物、水果、蔬菜、蛋白质的产品以及水、无糖的茶这一类产品归为“日常营养产品”，这类产品已经占到其 2016 年全年净营收的 1/4 以上。

2. 品牌

品牌（brand）指用来使产品区别于其他产品的名称、符号、图形设计等标志。品牌是一个产品最重要的组成部分之一，好的品牌不仅使企业的产品与竞争对手的产品区别开来，还能建立企业与消费者的长久关系，赋予产品极高的附加值并支持较高的价位（即获得溢价）。品牌和商标是有一定区别的，一般来说，品牌是一种泛指，凡是能够用以识别产品差异并被市场所认识的任何名称和符号都可称作品牌、如金华火腿、南翔小笼包、城隍庙五香豆等。但真正能成为商标的则必须是经过正式登记注册的、受到法律保护的品牌要素，包括特定的名称、图案、文字、标识等。没有经过注册的品牌不受法律保护，也就难以成为独有的识别标志——商标，甚至在被他人注册之后不得不放弃使用。在中国，注册的商标旁一般都有 ® 符号作为“已注册”的标志。

对于营销者而言，品牌是最有力的营销工具，产品所具有的品牌形象和品牌资产，能够吸引消费者持续购买，获得忠诚的顾客群体。2017 年 1 月，芬兰 HMD 公司在取得诺基亚手机品牌的使用权后，在中国推出第一款安卓手机 Nokia 6。虽然诺基亚阔别国内市场许久，但凭借之前积累的良好品牌形象和声誉，该手机一上市便引发消费者的抢购。

3. 包装

包装（package）是指为销售产品设计的容器或材料。包装的最初目的是容纳和保护产品以防止其在运输及销售过程中受损。现在，包装已经成为重要的营销工具之一。设计精美或独特的包装不仅能让消费者在购买过程中快速识别产品，还能增加产品的竞争优势，促进产品的销售。在苹果手机流行以前，手机的包装盒普遍笨重，造成了资源的极大浪费。苹果公司设计的手机包装从内到外非常简洁时尚，用户体验良好，并且令人印象深刻，极大地激发了消费者的购买欲望。

4. 标签

标签（label）指附在产品上的简易字条或附在包装上的图案。标签有助于产品及品牌的识别，同时可以提供关于产品的简要信息，如产品的生产地址、生产日期、使用说明等。另外，标签还有助于产品的推广，如利用附在产品包装上的二维码提供更多关于产品及企业的信息。

5. 产品支持服务

支持服务（supporting services）是指辅助产品销售、构成产品的一部分、与产品相关的服务。产品支持服务是消费者体验产品及品牌的重要途径。在提供产品支持服务的过程中，要注意服务成本与顾客价值的权衡。海尔公司一直以售后领先于同类企业而闻名，当客户有需求时，海尔会派专业技术人员上门，根据不同用户的实际情况与要求，提供适合用户的方案。为用户提供的这种个性化服务消除了用户在买产品时因缺乏相关知识而面临的困扰，是海尔销售量不断攀升的保证。

（二）产品线决策

1. 产品线的定义

产品线（product line）指一组密切相关的产品，这组产品在某些方面具有相似性：具有相同的目标顾客群体，通过同类渠道销售，或者价格同处在一定范围之内。产品线实际上是对企业业务的一种划分，产品线的产品之间在市场或生产技术上存在协同效应。

2. 产品线决策

产品线决策即产品线长度的决策。产品线长度指产品线上项目的数量。管理者应定期分析产品线上每一个产品项目的利润和销量及其相互影响，依据企业的目标和当前的资源状况来延长或缩短产品线的长度。

（1）产品线填补。产品线填补是指向已有的产品线添加更多的产品项目。企业填补现有产品线有助于获得更多的利润，充分利用生产能力，填补现有市场空白以阻止潜在竞争者进入。值得注意的是，产品线填补过度可能导致产品线内各产品项目的相互竞争。

（2）产品线扩展。产品线扩展指超出已有产品线范围延长产品线长度。产品线扩展分为向上产品线扩展和向下产品线扩展。向上产品线扩展指定位低端的企业向高端扩展其产品线。向下产品线扩展指定位高端的企业向低端扩展其产品线。定位中端的企业可以采用向两侧扩展产品线的策略。

（三）产品组合决策

1. 产品组合的概念

产品组合（product assortment）指企业为市场提供的全部产品线和产品项目的组合或搭配。企业的产品组合由产品线构成，产品线又由产品项目构成。产品项目是同一产品线中具有不同品种、质量、价格的产品。

2. 产品组合决策的要素

（1）产品组合的宽度。产品组合的宽度指企业拥有的产品线的数量。在图 9–3 中，宝洁公司产品组合的宽度是 5 条产品线，即洗发护发、身体护理、口腔护理、衣物清洁和母婴系列。

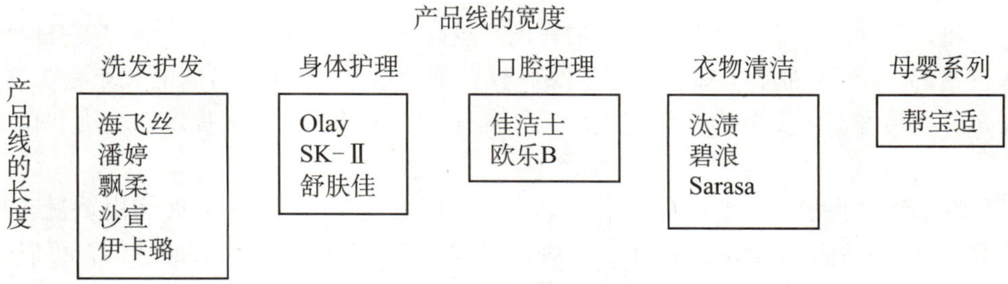

图 9–3　宝洁公司主要产品线的长度与宽度

（2）产品组合的长度。产品组合的长度指企业全部产品线所包含的产品项目总数，将所有产品线的长度加起来就得到产品组合的长度。在图 9–3 中，宝洁公司产品组合的长度是 14，即有 14 个产品项目。

（3）产品组合的深度。产品组合的深度指企业每条产品线中所包含的产品项目的数量。企业每条产品线可能包含不同的产品品牌，每个产品品牌可能包含不同种类、规格、包装的产品项目。在图 9–3 中，宝洁公司洗发护发产品线的深度为 5，即在洗发护发产品线中有 5 个产品项目。

（4）产品组合的黏度。产品组合的黏度指企业每条产品线在最终用途、生产方式、分销渠道等方面相互联系的程度。采取多元化经营战略的企业的经营业务涉及多个领域，因而其产品组合的黏度较低；采取专业化经营战略的企业的产品组合的黏度则较高。

企业长期处于一个动态变化的市场中，不断变化的消费者需求、竞争者的战略调整促使企业必须经常对自身的产品组合进行分析和调整，以最优的产品组合应对来自市场的挑战，增强企业的应变能力。

第 2 节　品牌的内涵与建立

一　品牌权益和品牌价值

（一）品牌权益

品牌权益（brand equity）又称品牌资产，与品牌、品牌名称和标识联系在一起，能够为企业和顾客提供超越产品和服务本身利益的价值。当与品牌紧密相连的文字、图形或其他标识发生改变时，附属于品牌之上的权益会全部或部分丧失。

品牌权益能给企业带来利润，是因为品牌对消费者具有吸引力和感召力，它在消费者群体中产生了深远的影响。从某种程度上看，品牌权益反映了品牌与顾客之间的某种联系，包括以下六个方面：品质认知、品牌美誉度、品牌知名度、品牌忠诚度、品牌联想和其他专有资产（如商标、专利）等。下面对其中四个方面做简要介绍。

品牌美誉度是指某品牌获得公众的信任和支持，反映了某个品牌在社会上影响的好与坏。品牌美誉度体现在口碑效应上，即一传十、十传百带来的经济效应。口碑效应越明显，品牌美誉度就越高。

品牌知名度是指品牌被公众知晓的程度，反映了社会影响的大小。品牌美誉度度量品牌权益的“质”，而品牌知名度度量品牌权益的“量”。品牌知名度的大小是相对的，一般来讲，品牌知名度分为四个层级：无知名度、提示知名度、未提示知名度和顶端知名度。

品牌忠诚度指消费者在品牌的选择上出现高度一致性，即在一段时间里重复选择一个品牌或几个品牌，并且重复购买。品牌忠诚度衡量的是顾客对品牌的感情，可以分为五个层级：无忠诚度、习惯购买者、满意购买者、情感购买者和忠诚购买者。品牌忠诚度是一项重要的品牌资产，提高顾客的品牌忠诚度可以减少营销成本，减弱竞争威胁。品牌忠诚度还可以通过重复购买的顾客促使其他消费者作出购买决策，吸引新顾客，是一项重要的战略性资产。

品牌联想是消费者看到品牌时能够想到的与品牌相联系的信息，如使用场合、品牌个性等。品牌联想可以分为三个层次：品牌属性联想、品牌利益联想和品牌态度。

（二）品牌价值

品牌价值（brand value）是指一个品牌拥有或评估的所有财务价值。一个拥有高权益的品牌有非常高的品牌价值，具有不同品牌权益的企业，其品牌价值也不同。如苹果的评估价值高达 1 850 亿美元，麦当劳的评估价值为 900 亿美元。

高权益的品牌拥有较高的知名度、正面的品牌联想和稳定的顾客忠诚度，与顾客建立了牢固的关系，为企业提供了强有力的竞争优势，通过各种方式为企业和顾客提供价值。因此强势品牌是企业在波涛汹涌的商业活动中的一个有力靠背。

一个 LV 的包为什么卖几万元？从不打折，却让消费者心向往之？奢侈品品牌是消费品品牌的标杆。通过整合的品牌建设、独特的品牌传播、严格的质量管理，奢侈品品牌积累了很高的品牌权益和品牌价值。它们是学习品牌建设方法最好的资料。在图 9–4 中，您认识所有这些奢侈品品牌吗？

图 9–4　主要奢侈品品牌标志

二　建立强势品牌

品牌具有的广泛内涵赋予品牌重要的战略意义。正如桂格燕麦公司的创始人之一约翰·斯图亚特（John Stuart）所述："如果公司被分拆，我愿意给你厂房、设备等有形资产，而我只需要品牌和商标，但我一定会比你经营得更好。"具体说，建立强势品牌的战略意义主要体现在以下几个方面：首先，强势品牌可以帮助企业赢得市场份额，获取超额利润；其次，强势品牌可以帮助企业建立较高的行业壁垒；最后，强势品牌可以帮助企业轻松打入新市场。图 9–5 列示了主要的品牌战略决策，包括品牌定位、品牌名称、品牌持有、品牌数量、品牌开发。

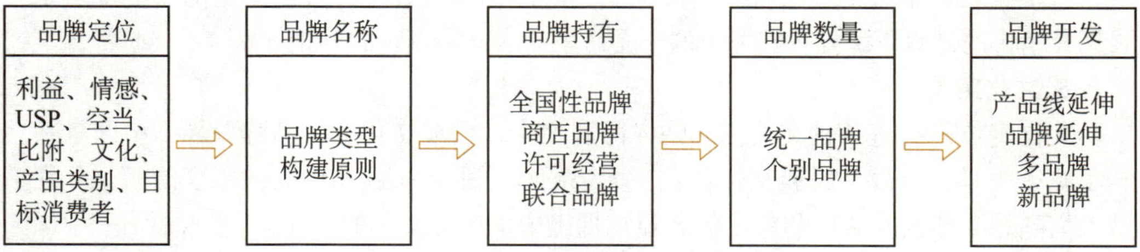

图 9–5　主要的品牌战略决策

（一）品牌定位

品牌定位（brand positioning）是指对品牌进行设计，构造品牌形象，以使其能在目标消费者心目中占据一个独特的、具有竞争优势的位置。品牌定位不是针对产品本身，而是力求在目标顾客的头脑中占据最有利的位置，塑造良好的品牌形象，借助品牌的力量使产品成为消费者的首选。品牌定位是市场营销发展的必然产物和客观要求，是品牌建设的基础，也是品牌成功的前提。在当今商品同质化日趋严重、信息爆炸的时代，品牌定位直接关系到品牌在市场竞争中的成败。因此，品牌定位具有不可估量的营销战略意义。常见的品牌定位策略有以下几种：

1. 利益定位

利益定位是指将产品的某些功能特点与消费者的利益联系起来，向消费者承诺产品能带来某种利益。利益定位可以突出品牌的个性，增强品牌的人文关怀，从而获得消费者的认可。创维公司就承诺买电视送会员，在为消费者提供观影设备的同时还赠送观影内容。

2. 情感定位

情感定位是利用品牌带给消费者的情感体验而实施的，它立足于激起消费者的联想和共鸣，促使其购买产品。情感定位要着重考虑品牌与消费者之间的情感沟通，让品牌和消费者产生联系。湾仔码头水饺的广告词就是“妈妈的味道”，使消费者将水饺与对母亲的思念联系到一起，产生了胃与心灵的共鸣。

3. USP 定位

USP（unique selling proposition）定位是指在对产品和目标消费者进行研究的基础上，从产品特点中寻找最符合消费者需要的、竞争对手欠缺的最为独特的部分，以此作为品牌的定位。五谷道场就针对方便面行业中油炸面饼导致产品热量偏高的问题推出了非油炸系列方便面，满足了消费者对健康和美味的需要。

4. 空当定位

所谓空当定位，指的是找出一些为消费者所重视而竞争者又未开发的空当作为品牌的定位。空当定位的关键在于发现具有商业价值的市场空当并及时占领。喜力在啤酒业、伦布兰特在牙膏业、依云在矿泉水业、劳力士在手表业、梅赛德斯－奔驰在汽车业，都是以填补高价位空当而成功的。低价位是消费者大脑里的另一个空当。沃尔玛和西南航空等品牌就在低端做得热火朝天。

5. 比附定位

比附定位是通过与竞争品牌的比较，借助竞争者之势衬托自身品牌形象的一种定位策略。比附定位的目的是通过品牌竞争提升品牌自身的知名度和价值。恒大冰泉在上市时，就根据农夫山泉的“大自然的搬运工”的广告语设计了“我们搬运的不是地表水”，强调其销售的是地下深处自然涌出的未受污染的水，是真正的健康好水。

6. 文化定位

文化定位是指将某种文化内涵注入品牌之中，形成文化上的品牌差异。中国景泰兰和法国人头马，承载了民族文化特色。无锡的红豆服装品牌和绍兴的咸亨酒店，分别借助人们熟悉和热爱的曹植和鲁迅的名篇挖掘出中华历史文化的沉淀。“金六福——中国人的福酒”将金六福的品牌文化提升为一种民族的“福”。

7. 产品类别定位

所谓产品类别定位，是把产品与某种特定的产品种类联系起来，以建立品牌联想。喜之郎的广告语是“果冻我要喜之郎”，使消费者想到果冻时第一个联想到的就是喜之郎。

8. 目标消费者定位

所谓目标消费者定位，是把产品和消费者联系起来，以某类消费群体为诉求对象，突出产品专为该类消费群体服务，从而树立独特的品牌形象。如今的啤酒消费者对长期饮用啤酒后身体发胖心有隐忧。在这种情况下，一种饮后不必担心发胖的啤酒便应运而生。这种啤酒的广告语“饮后无须担忧体重增加的啤酒”打消了消费者的后顾之忧。

（二）品牌名称

品牌名称（brand mark）指的是品牌中可以用语言描述的部分，可能与企业名称一致，也可能不一致。品牌名称是品牌的代表，体现了品牌的个性和特色。好的品牌名称既可以引起消费者的独特联想，也能反映产品的特点，有强烈的冲击力，增强消费者的购买欲望。按照不同的标准，可将品牌名称划分为不同的类型。

（1）按照品牌名称的文字类型划分。按照品牌名称的文字类型，可以将品牌名称划分为文字型品牌如七匹狼、海澜之家等，数字型品牌如 7-11。

（2）按照品牌名称的出处划分。按照这种划分标准，品牌名称分为人名品牌、动植物名品牌、地名品牌和独创品牌。其中，人名品牌以人物姓名作为品牌的名称，这些人物大多是企业的创业者、设计者或知名人物，如李宁、乔丹等。

（3）按照品牌的特性划分。按照品牌的特性可将品牌名称划分为功能性品牌、效果性品牌和情感性品牌三种类型。其中，功能性品牌是指产品以自身功能、效用、成分或用途等来命名；效果性品牌意在向消费者传递产品在某方面的价值的信息，以期在消费者心目中留下深刻的印象；情感性品牌则是通过情感增加产品与消费者的沟通，以期消费者对产品产生情感上的共鸣。

选择一个理想的品牌名称是非常艰难的工作，应遵循以下几个原则：

（1）易读易记。一个品牌名称要容易拼写、容易发音，这样才有助于公众和消费者记忆，并提高其对品牌的认知能力，便于品牌在消费者中流传。根据人们的记忆规律，品牌名称以两三个字为宜，超过五个字的品牌名称不易记忆，而且印象模糊。比如联想、360 等品牌名称就很简单易懂。

（2）独特新颖。选择一个易读易记的品牌名称有助于增强人们对品牌的记忆，而一个与众不同、独特的品牌名称则有利于品牌的识别和保护。独特的品牌便于记忆和识别，不容易被市场上众多的品牌所淹没。比如，锤子手机、小米手机和菜鸟物流，其形象生动，令人印象深刻。

（3）注重文化意蕴。富有文化意蕴的品牌既体现了企业的精神面貌，鼓舞了员工士气，又容易赢得消费者的好感、赞同和认可。拥有丰厚文化底蕴的品牌，无论对内还是对外，都会产生强大的感召力和激发力。比如，山西杏花村酿酒公司利用唐代诗人杜牧的名篇《清明》中“借问酒家何处有？牧童遥指杏花村”的著名诗句，把汾酒定位为中国悠久的酒文化的代表，使汾酒名扬四海。

（4）不触犯法律，不违反社会道德和风俗习惯。品牌名称作为一种符号，往往隐藏着许多鲜为人知的秘密，稍有不慎便可能触犯目标市场所在国家或地区的法律，违反当地社会道德准则或风俗习惯，使企业蒙受不必要的损失。比如，熊猫是我国的国宝，是友谊的象征，因而有许多产品的品牌以“熊猫”命名，但一旦这些产品出口到伊斯兰国家或信奉伊斯兰教的地区，销售就会因这个品牌名称而受影响，因为在这些地方，消费者很忌讳熊猫，认为它形似肥猪。

小贴士9-2　10个古怪的世界品牌命名

（三）品牌持有

品牌持有方式可以划分为全国性品牌、商店品牌、许可经营和联合品牌四种方式。全国性品牌多表现为制造商品牌，制造商将产品销售给零售商。由于强势品牌制造商在渠道中占据优势地位，零售商的利益往往受到挤压。然而近年来，部分零售商逐渐形成了自己的品牌即商店品牌，如沃尔玛、罗森等。许可经营是指拥有强势品牌的制造商将自己的品牌名称或符号通过收取许可费用的方式给其他企业使用。许可品牌的范围非常广泛，一些组织如美国马球协会，一些品牌如烟草品牌（万宝路、骆驼）、汽车品牌（吉普）、重工机械品牌（卡特彼勒）、迪士尼卡通人物（米奇老鼠、唐老鸭、怪物史莱克），以及像《星球大战》《变形金刚》等电影中的角色经常出现在衣服、文具、玩具等产品上。联合品牌是指不同企业将各自的品牌用在同一个产品上。联合品牌利用强强联合的优势，帮助企业将产品推广到新的市场上。这种品牌合作的方式有其弊端，要建立这种合作关系往往要经历一系列复杂的谈判和博弈，签署法律文件和合同文件，双方必须协调产品的开发和推广，如果一方名誉受损，另一方很可能也受到牵连。

（四）品牌数量

决定使用自己的品牌并且生产非单一产品的企业要对使用多少品牌做出决策。企业可以根据自身的具体情况选择以下几种策略。

1. 使用统一品牌

这种做法是企业的各种产品使用相同的品牌推向市场。大量产品共用一个品牌可以显示企业的实力，提高企业的声望；新产品可以借助已有品牌的影响力，更容易打入市场；在市场传播方面，企业可以集中力量突出品牌形象，同时也可以节约促销费用。在使用统一品牌时，要注意各种产品的质量水平应大体接近，如果质量水平参差不齐，势必影响品牌的声誉；同时，在统一品牌下，如果其中一种产品出现问题，其他的产品也会受到一定程度的负面影响。例如，2014 年吉利公布全新品牌战略，将帝豪、英伦、全球鹰整合为统一的吉利品牌。

2. 使用个别品牌

这种策略下，企业不同的产品使用不同的品牌。其主要优点在于可以避免企业的声誉过于紧密地与个别产品联系，同时可以为每种产品寻求最适当的品牌定位，有利于吸引顾客购买。但是这种做法需要企业投入大量的时间和费用，实力一般的企业无法承担多种品牌发展和市场传播所需的大量资源。

3. 使用个别的统一品牌

企业依据一定的标准将其产品分类，并分别使用不同的品牌。这种策略可以看作上述两种策略的折中，可以兼得统一品牌和个别品牌两种策略的优点。例如，健力宝集团的饮料类产品使用健力宝品牌，而运动服装类产品使用李宁品牌。

4. 使用统一的个别品牌

这是兼得统一品牌和个别品牌优点的又一种策略。通常是把企业的商号和商标作为统一品牌并与每一种产品的个别品牌联用。在产品的个别品牌前面冠以企业的统一品牌，可以使新产品正统化，分享企业已有的声誉；在企业的统一品牌后面跟上产品的个别品牌，能使新产品个性化。例如，日本的丰田汽车使用丰田凯美瑞和丰田皇冠等。

（五）品牌开发

在品牌开发方面，根据产品类别和品牌名称可以划分为以下四种策略（见图 9–6）。

品牌名称 \ 产品类别	现有的	新的
现有的	产品线延伸	品牌延伸
新的	多品牌	新品牌

图 9–6　品牌开发策略

1. 产品线延伸

产品线延伸又称产品线扩展，指企业现有的产品线使用同一品牌，该产品线的产品增加时，仍沿用原有的品牌。在这种情况下，现有产品的局部功能、包装、样式或风格发生改变，企业向具有不同需求的使用者推出不同规格、不同特色的产品。如宝洁旗下多数产品线都有十几样产品，以满足不同消费者的需求。产品线延伸的优点在于可以满足不同细分市场顾客的需求，进而抵御竞争者对市场的侵袭。其风险在于随着产品线的延长，原先品牌的定位可能被淡化模糊；由于原来的品牌过于强大，产品线延伸难以抵消其开发和销售的成本。

2. 品牌延伸

品牌延伸是指现有的品牌名称被用到一个新类别的产品上，即将成功的品牌用于新产品或修正过的产品。品牌延伸的好处如下：一是可以加快产品的定位，确保投资的准确；二是可以减少新产品进入市场的风险，缩短消费者接受新品牌的过程；三是有助于品牌资产的转移与强化，同时增强核心品牌的形象。其风险是由于消费者对原有品牌已经有较为深刻的印象，如果运用不当，不仅新产品的推广达不到期望，原有品牌的形象也会被破坏。海尔集团在成功推出海尔冰箱之后，利用这个品牌又成功推出洗衣机、电视机、电脑等新产品，使这些新产品很快进入市场。本田利用其公司名称推出了摩托车、助动车、滑雪车、割草机、雪地摩托车等。

3. 多品牌

在相同的产品中引进多个品牌的策略称为多品牌策略。多品牌提供了灵活施展的空间，有助于覆盖市场、降低营销成本，当需要保护核心品牌的形象时，多品牌具有重大意义。宝洁公司采取的就是多品牌策略，它的每一个品牌都有自己的名称和独特的利益点。拿洗发水来说，海飞丝主要是去头屑；飘柔集洗发和护发于一身；而潘婷则是增加秀发营养。其缺点是随着品牌的增加，边际效用会递减，并且品牌推广的成本较高。

4. 新品牌

新品牌策略即为新产品设计新的品牌。当企业发现原有品牌不合适或对新产品来说有更好的品牌名称时，可以考虑使用新品牌策略。例如，丰田在面向高端市场推出豪华车时，就采用了新品牌的方式。为了与其现有产品区分开，丰田公司一改以往使用公司品牌的命名方式，直接使用雷克萨斯这一品牌名称，刻意将豪华车与丰田公司生产中低端车的品牌形象区分开。

小贴士 9-3 从御泥坊看淘品牌的塑造

“淘品牌”这个概念最早出现在服装领域。最初，一些设计师因个人爱好而走上做网上品牌的道路，没想到在淘宝上大受追捧。后来，玩具、化妆品等一些自有品牌纷纷出现，这些在淘宝上建立起来的品牌称为“淘品牌”。中小型企业借助信息化的技术手段，在短期内塑造一个属于自己的淘品牌不再是一件可望而不可即的事情。御泥坊就是通过建立自己的淘品牌，从当初一个半年销售仅几百万元的小企业摇身一变，成了一家仅 2016 年“双十一”一天销售额就突破亿元的大公司。

御泥坊最初凭借一款以湘西边陲滩头古镇所特有的矿物泥浆（也称“御泥”）为主要成分的面膜进入消费者的视野。泥膜是御泥坊开创的面膜品类，御泥坊借此建立起品牌概念，开始品牌竞争。御泥坊没有把目光放在线下，转而抓住淘宝崛起的红利优势开始主攻网上零售市场，一口气推出了 8 款新品，通过试用积累口碑，提升品牌自身的渠道洞悉力，同时也培养了消费者的网购习惯。这让御泥坊在网购尚未被广泛接受的时候，便成功积累了一定的用户基数。正式开业 3 个月，御泥坊的销售额突破了 70 万元。一个“线上御泥坊”的销售模式初显雏形，品牌销售额当年实现同比增长 400%。

自 2012 年开始，淘宝的发展进入井喷期，产品矩阵愈发多元，线上流量红利式微，御泥坊品牌经营的目光放得更加长远。2015 年 6 月，御泥坊宣布全面布局线下渠道。为推进线下布局进程，2015 年，御泥坊在互联网渠道取得超过 10 亿元的营收，销售了 3 亿片面膜，纳税超 1 亿元，服务了 1 000 万名消费者。

未来的网络零售市场的规模巨大，甚至会超越传统渠道成为主流。这对于像御泥坊这样的淘品牌无疑是相当有利的。当然，与机遇并存的也有风险，目前整个淘品牌都非常年轻稚嫩，缺乏标杆和旗帜，因此在各自摸索前行的途中，偏离和差错总会存在。年轻的御泥坊能否快速完成转变，守住这来之不易的“江山”，可能是一场生死考验。

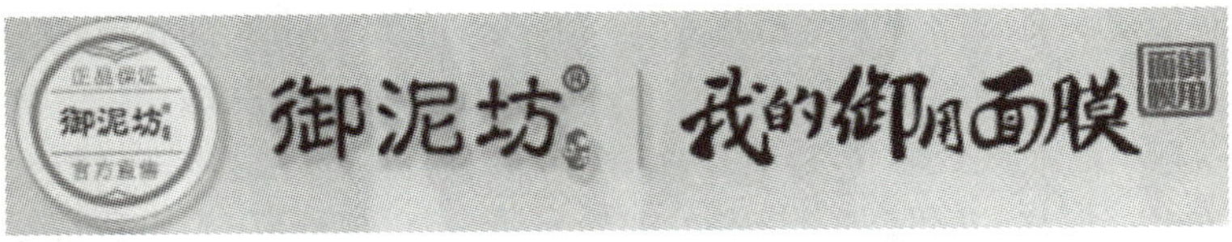

资料来源：陈浩然 . 御泥坊：从“网红”到“实力派”的进阶 .（2017-02-09）. http://www.jiemian.com/article/1104617.html.

三 品牌管理

为了能够更好地发挥品牌在营销过程中的作用，企业需要尤其注重对自身品牌进行有效管理，使品牌价值不断增加，同时也要避免品牌价值的流失。

首先，企业需要明确负责品牌管理工作的组织，通常采用产品经理负责制和品牌经理负责制。其次，品牌设计与注册管理需要符合国家法律的规定。再次，企业需要强化品牌经营的管理，包括品牌塑造、品牌运用和品牌资产管理三项内容。品牌塑造是指企业打造具有较高知名度和美誉度的品牌的活动。品牌运用是指企业运用自身优势开拓市场，吸引更多的新顾客，提高顾客忠诚度。品牌资产管理是指对品牌这一无形资产进行界定、评估，并不遗余力地开发品牌，最大限度地挖掘其价值和利润。最后是品牌保护。企业必须保护自己的品牌，防范来自企业内部和外部的各种侵权行为，确保自身利益得到维护。品牌保护主要包括设计保护、打击保护、自律保护和社会保护。设计保护是指企业在进行品牌相关图案、包装物等的设计过程中使用防伪水平较高的技术达到保护品牌的效果。打击保护是指打击假冒伪劣产品。自律保护是指企业需要对自身行为进行规范，避免出现由于内部人员行为不当造成品牌形象受损。社会保护是指在保护品牌的过程中积极运用政府部门、新闻媒体和社会舆论的力量，这不仅是保护企业的利益，也是保护消费者的合法权益。

小贴士 9-4　2017 年世界品牌 500 强排名（前 20 名）

2017年排名	2016年排名	品牌名称	2017年品牌价值（百万美元）	增长速度	2016年品牌价值（百万美元）
1	2	谷歌	109 470	24%	88 173
2	1	苹果	107 141	-27%	145 918
3	3	亚马逊	106 396	53%	69 642
4	6	AT&T	87 016	45%	59 904
5	4	微软	76 265	13%	67 258
6	7	三星	66 219	13%	58 619
7	5	威瑞森	65 875	4%	63 116
8	8	沃尔玛	62 211	16%	53 657
9	17	脸书	61 998	82%	34 002
10	13	中国工商银行	47 832	32%	36 334
11	9	中国移动	46 734	-6%	49 810
12	11	丰田	46 255	7%	43 064
13	10	富国银行	41 618	-6%	44 170
14	14	中国建设银行	41 377	17%	35 394
15	22	日本电信	40 542	28%	31 678
16	12	麦当劳	38 966	-9%	42 937
17	15	宝马	37 124	6%	34 968
18	23	壳牌	36 783	16%	31 665
19	18	德国电信	36 433	10%	33 194
20	21	IBM	36 112	14%	31 786

资料来源：英国 Brand Finance 公司 .

第 3 节　服务营销策略

一　服务的本质和特点

（一）服务的无形性

服务的无形性（service intangibility）是服务最基本的特征，可以从三个层面来理解。首先，服务是区别于有形实物的一种绩效或行动，是对无形需求的一种满足。其次，人们无法通过触摸和观看来感知服务，因此在购买服务之前，无从判断其质量。最后，顾客很难把握许多服务，比如一项诊断已经完成，但患者可能无法完全理解医生已提供的服务。

（二）服务的可变性

服务的可变性（service variability）是指服务的质量在很大程度上取决于提供服务的人员、提供服务的地点和时间、顾客参与服务的程度以及人们的相互作用。服务的无形性和参与性导致不存在两种完全一致的服务。服务产生于多种资源以及员工与顾客的互动，这些不可控因素使得服务经理无法确知服务是否按照原本的设计提供给顾客。此外，很多公司会把一些服务外包给第三方，这会加大服务的可变性。

（三）服务的易消失性

服务的易消失性（service perishability）是由服务的不可储存性导致的。服务无法像有形产品一样先生产出来，经过储存以备出售。因此，如果服务不能在有效时间内被消费，就会给服务提供者造成很大的损失。比如，飞机上的空座。服务的易消失性要求营销人员必须根据生产能力进行详细预测，制定周密计划，并针对失败的服务制定强有力的补救措施。比如，旅游景点在淡季以低价吸引更多游客，餐馆在用餐高峰期雇用兼职人员来增加服务能力。

（四）服务的不可分性

服务的不可分性（service inseparability）指服务与服务提供者是分不开的。与有形产品不同，由于服务的生产过程中顾客也在场，因此服务产生于顾客和服务提供者的互动。这种服务提供者与顾客互动的关系构成服务营销的独有特征，服务提供者和顾客都会影响服务的结果。

服务的以上四个特点见图 9-7。

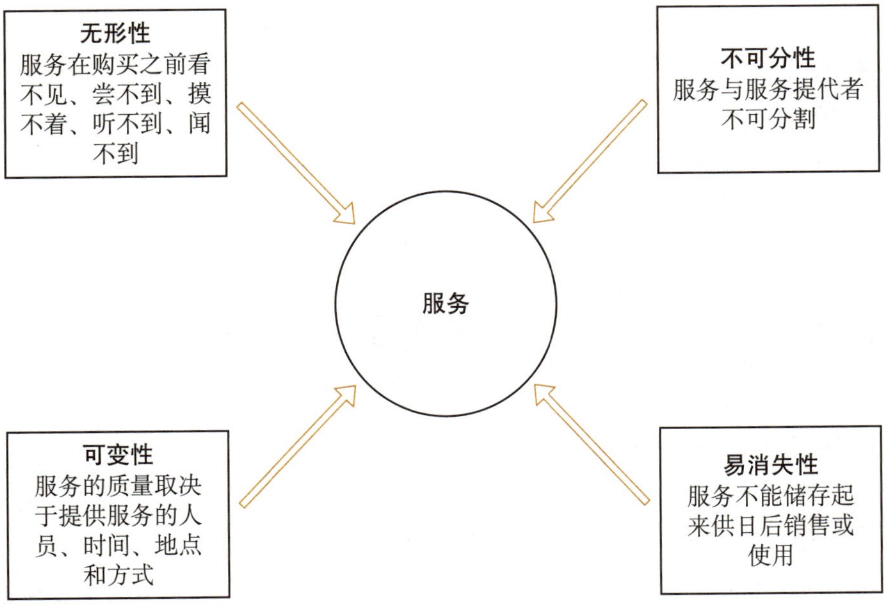

图 9-7 服务的四个特点

二 服务营销与管理

（一）服务营销的 3P 策略

与有形产品的营销一样，在确定了合适的目标市场后，服务营销工作的重点同样是采用正确的营销策略组合，满足目标市场顾客的需求，占领目标市场。但是，服务及服务市场具有若干特殊性，这决定了服务营销策略组合的特殊性。一般而言，在制定服务营销策略组合的过程中，企业除了传统的营销 4P 外还要考虑三个 P，即人（People）、过程（Process）及**有形展示**（Physical evidence）。

1. 人

尽管有些服务是由机器设备来提供的，如自动售货服务、自动提款服务等，但零售企业和银行的员工在这些服务的提供过程中仍起着十分重要的作用。一个高素质的员工能够减少物质条件不足使消费者产生的缺憾感，而素质较差的员工不仅不能充分发挥企业在物质设施上的优势，还可能导致顾客拒绝再次接受企业的服务。

2. 过程

在营销过程中，服务的提供者不仅要明确向哪些目标顾客提供服务，提供哪些服务，而且要明确怎样提供目标顾客所需要的服务，也即合理设计服务提供的过程。不同部门都在为更好地满足消费者的需要作出各自的贡献。企业应围绕着以尽可能低的成本向顾客提供尽可能大的价值这一基本宗旨，优化整个价值增值的过程，确立自身在市场竞争中的优势。

3. 有形展示

服务是无形的，消费者往往根据其能够感知的有形因素的状况来判断服务的质量，从而作出是否消费的决策。通过有形因素向消费者展示服务的特点、质量等，即有形展示。有形展示可以通过感官刺激，向消费者提供服务信息，让消费者感受到服务带来的利益，激发消费需求，引导消费者对服务质量的合理期望。例如，一位初次光顾某家餐馆的顾客在走进餐馆之前，餐馆的外观、门口的招牌等使他有了一个初步的印象。如果印象好的话，他会径直走进去，这时餐馆内部的装修、桌面的干净程度以及服务员的礼仪形象等将直接决定他是否会在此用餐。

（二）内部营销与互动营销

运用 4P 的传统营销不足以满足服务营销的要求。图 9–8 显示，服务营销还需要内部营销和互动营销。**内部营销**（internal marketing）意味着服务企业为获得顾客满意，必须引导和激励与顾客直接接触的一线员工和提供支持的员工开展团队合作。营销者必须使组织中的每个人都以顾客为中心。**互动营销**（interactive marketing）意味着服务质量在很大程度上取决于服务过程中买者与卖者之间的互动效果。在实体产品营销中，产品质量很少受到产品获得方式的影响，但是在服务营销中，服务的质量既取决于服务的提供者，也取决于服务传递过程的质量。

（三）服务 – 利润链

在服务生产和消费的过程中，顾客总要和员工打交道。提供一次让顾客满意的服务

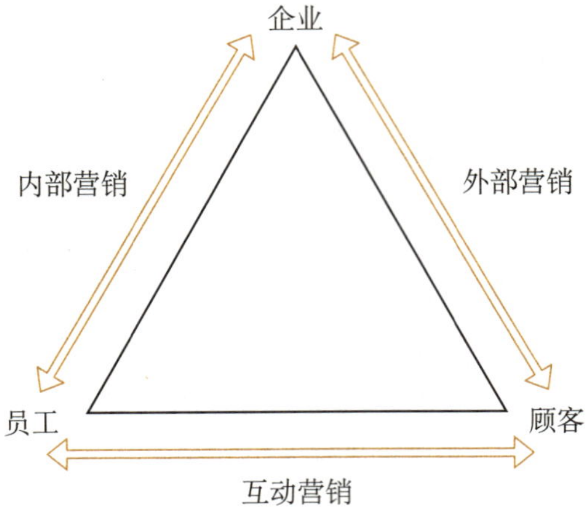

图 9-8 服务营销的三种类型

在一定程度上取决于直接与顾客接触的一线人员的专业素质和后台人员的支持性工作。因此，服务企业要想成功，对顾客和员工的双重关心是至关重要的。它们深谙企业的利润和顾客的满意联系在一起，也就是“服务 - 利润链”，这一链条包括五个链接：

1. 内部服务质量

严格的员工甄选、专业的员工培训、良好的工作环境、合理的薪酬制度、完善的管理体系等都会带来内部服务质量的提升。

2. 满意且高效的员工

像对待顾客那样对待员工，让员工感到满意，让员工感到他们有价值，他们的需求被人重视，不仅会激发员工的高效率，使他们更积极、更努力地为公司目标服务，而且会使公司形成一种良好的以人为本的氛围和企业文化。

3. 更高的服务价值

为顾客提供更高的服务价值，能够提高顾客的满意水平，这有利于增加顾客黏性，为公司带来巨大的利益。

4. 满意且忠诚的顾客

顾客满意就是消费者根据其需要或期望是否被满足而对产品或服务进行的评价。顾客满意会带来一定程度的顾客忠诚，而顾客忠诚会使企业获得长久的发展。

5. 卓越的业绩

对大多数企业而言，较高的业绩水平是其重要的财务目标，如何创造高绩效、如何保持高绩效是企业中每个员工都应该思考的问题。

（四）服务差异化管理

在当今的世界，竞争不断加剧，成本的提高以及生产率和质量的下降迫使服务营销需要向更高水平迈进，服务差异化管理无疑是重要的一环。然而，这对于众多营销人员来说都是一件颇具挑战性的事情。从某种程度上讲，服务的同质化使得顾客更多关注服务的价格而非服务的提供者。关于如何应对价格竞争，从服务本身及服务的提供方式和品牌形象中可以找到有效的方法。

1. 从服务本身入手

对于服务企业而言，服务本身可以包含更多的创新。产品的附加值可以使顾客感知到更高的服务质量，产生更高的满意度。例如，美发店在提供理发服务之后，可以与顾客保持联系，持续关注顾客的发型需求，根据时尚圈的流行趋势，为顾客提供持续的指导和发型推荐服务。

2. 从服务的提供方式入手

服务企业可以以更好的方式将服务提供给顾客，比如采用更专业的一线员工，这些员工直接与顾客接触，其良好的专业素质可以更好地满足顾客的需求。例如，一家电子产品企业的售后人员的专业化程度越高，顾客的疑问越可以得到有效、快速的解决，这样就会增加顾客的满意度。淘宝推出极速退货退款的功能，不用等到整个退货流程结束就能收到退款，这对顾客来说是非常方便的。

3. 从品牌形象入手

去哪儿网采用骆驼作为其品牌标志，形象生动、有趣且易于传播。耐克以对钩作为其品牌标志，使人印象深刻，便于流传。

（五）服务质量管理

格罗鲁斯最早提出顾客服务质量感知的概念，他认为顾客服务质量感知是顾客期望的服务质量与其实际接受的服务质量之间的差异。随后，帕拉苏拉曼等人认为顾客服务质量感知是顾客对服务提供商的服务的期望。泽丝曼尔进一步将顾客服务质量感知解释为顾客对某一实体整体优越性的评判，它是一种态度，来源于顾客期望和感知之间的比较。服务质量的概念是逐步发展和完善起来的，大体经历了三个阶段，其基本特征有如下几个：

（1）服务质量是一种主观质量。与有形产品不同，服务质量无法利用标准仪器进行测量和检查，它只是一种感知，这就造成了服务质量的主观性。不同的顾客对于同一种服务会有不同的感受和体会。比如，一家理发店，有的顾客可能会认为这家理发店很好，设计的发型自己非常满意，另一些顾客则不太满意，以后也不会光顾。

（2）服务质量是一种互动质量。有形产品是从工厂生产出来的，在没出厂之前产品的质量就已经形成，消费者无法对产品质量起到太大的影响。服务质量则不同，它是在服务提供者与顾客的互动过程中形成的，没有两者的互动，服务质量将是低下的。

（3）过程质量在服务质量的构成中占据极其重要的位置。在服务质量中，过程质量和结果质量同等重要，重视过程质量并不否认结果质量的重要性，而是强调相对于有形产品而言，服务质量中的过程质量非常重要，任何忽视过程或结果的行为都是错误的。

（4）服务质量的标准不同于制造业。服务质量的度量标准与制造业截然不同。与制造企业可以通过调整机器设备和各种生产要素来控制质量不同，一些顶尖的服务企业往往设立较高的服务质量标准，密切观察自己及竞争对手的服务表现，增加员工与顾客之间的有效互动。

（六）服务生产率管理

服务生产率是服务行业的重要内容，高质量的服务会带来较高的收益，从而提高服务生产率。生产率指的是生产过程中投入产出的比率，服务生产率的概念区别于传统的生产率，与服务质量是紧密相连、不可分割的。服务生产率包括服务的结果质量、服务的过程质量和服务中的互动质量。但有时，旨在提高服务质量的举措却降低了服务生产率，例如，移动公司的人工客服如果更加耐心地解答顾客的问题，就会减少接听电话的个数；有时，旨在提高服务生产率的举措可能会降低服务质量，例如，如果移动公司的人工客服接听更多电话，其耐心和服务水平就会受到影响。因此，如何同时提高服务质量和服务生产率是营销人员应关注的问题。

1. 提高服务生产率的方法

比如，改变顾客需求的时间安排，可以鼓励顾客将服务安排在高峰期以外的时间，这样不仅能为顾客提供高质量的服务，还会提高生产率。此外，可以鼓励顾客使用其他的服务渠道或者选择自助服务，如互联网和自助服务机，它们极大地方便了顾客，减少了柜台服务占用顾客的时间。

2. 同时提高服务生产率和服务质量的方式

服务质量影响顾客对服务的价值感知和满意度，服务生产率影响服务企业发生的成本，如果不进行恰当的整合，两者将产生冲突。如何在提高服务生产率的同时改善服务质量显得非常重要。首先，改善员工技能，提升员工的专业素质。服务质量在很大程度上取决于一线员工与顾客的互动过程，这些员工在互动过程中具备的技能非常重要。如果员工缺乏技能，服务质量就会受到较大的影响，顾客可能会被迫等待较长时间。其次，员工的态度和行为以服务为导向。员工的态度会极大影响互动的过程，一个冷冰冰的员工往往会导致服务互动过程的失败，进而带来服务质量和生产率的双重低下。最后，良好的系统和技术支持是必不可少的。如果运营系统和日常管理流程很复杂，难以控制或不易理解，可能会给员工和顾客双方带来问题。在这种情况下，完全的自动化装置可以较好地解决问题，服务质量和生产率由此都可以得到保障。

小贴士9-5　都说机器人可能和人类抢饭碗，这里有个反例

第 4 节　新产品开发与产品生命周期

一　新产品开发战略

新产品是指过去没有生产或经营而现在开发的产品。原产品总体概念中任何一部分的创新和改进都属于新产品。新产品可以分为四类：（1）全新产品，是指采用新原理、新结构、新材料、新技术制成，在本国或本地区从未有过的产品。（2）换代型新产品，是指采用新技术、新材料、新原件使原有产品结构性能有显著提升的产品。（3）改进型新产品，是指在质量、结构、功能、材料、花色、品种等方面对老产品做出改进的产品，主要谋求性能、结构、精度、样式方面的改进，提高材料的易获取性，降低成本和节约能源。（4）仿制型新产品，是指本企业初次生产的仿制市场上已有产品的产品。

企业获取新产品的途径有两种：第一种是购买专利或生产许可等；第二种是通过企业自身的努力进行的**新产品开发**（new product development）。新产品对于消费者和企业都很重要，因为可以给消费者提供新的解决方案和生活方式，同时又能成为企业增长的重要来源。然而新产品创新的风险很高，据估计，公司推出的新产品有66%在两年内以失败告终。所以，企业经常会陷入两难的境地，它们不得不开发新产品，但是新产品的高失败率又使其犹豫不定。总而言之，企业必须理解它的消费者、市场和竞争对手，并且

开发能够向消费者传递优异价值的新产品。

二 新产品开发过程

为了提高新产品开发的成功率，企业必须制定科学、有效的新产品开发计划，同时建立一个顾客导向的新产品开发流程。图 9-9 展示了新产品开发的主要阶段。

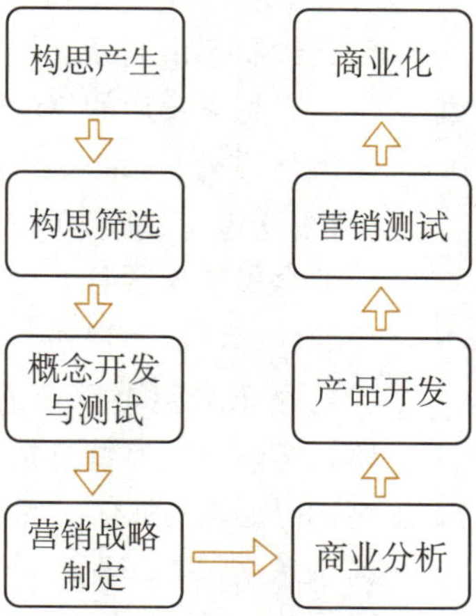

图 9-9 新产品开发的主要阶段

（一）构思产生

新产品的开发建立在新产品构思的基础之上。构思是指为满足一种新需求而提出的设想。企业通常会产生很多构思，通过分析比较形成最好的构思。新产品的构思可以来自企业内部，也可以来自企业外部，如顾客、竞争者、分销商和供应商等。

1. 构思的内部来源

企业可以通过研发部门的研发活动来发现新产品的构思。除此之外，企业还可以通过激发员工智慧的方式动员企业内部从高层到低层开发新产品的创意。比如“百度最高奖”是由百度 CEO 李彦宏于 2010 年 7 月提出的，这个百度公司最高级别的奖项主要针对公司总监级别以下对公司作出卓越贡献的基层员工，奖励对象为 10 人以下的小团队，鼓励“小团队做出大事业”的互联网基本精神。其高达百万美元的奖励是迄今为止国内互联网企业中给予普通员工的最高奖励。这个奖项催生了中文语音识别引擎等许多成功的产品。

2. 构思的外部来源

外部来源同样可以为企业提供许多优秀的新产品构思。例如，供应商与分销商可以提供新的构思。随着竞争环境的改变，供应商逐步从传统的产品提供者变成信息与知识的提供者。有研究表明，供应商的参与可以使企业融合新的信息与技术，有利于发现潜在的问题以及更好、更快的解决问题的方法。分销商更了解消费者的问题与需求，更懂得新产品的可行性。竞争者也是新产品构思的一个重要外部来源。企业可以通过观察竞争者的产品和广告来获取新产品构思。其他的构思来源包括网站、研讨会、杂志、政府机构、营销咨询公司、广告公司等。

3. 众包

互联网提供了一个大规模合作的生产平台，使得大众进行生产成为可能。现在许多公司制定了众包或者开放创新的新产品创意计划。众包指把传统上由内部员工或外部承包商所做的工作外包给一个大型的、没有清晰界限的群体。也就是说，企业邀请顾客、员工、研究者及广大公众参与新产品的创新过程。

许多公司现在都采用众包模式。例如，2015 年 7 月，“京东到家”的扩张加速（见图 9–10）。在其推出的特色为 3 公里范围内 2 小时送达的电商 O2O 模式中，考验的不仅仅是优质超市商品、外卖或其他产品和生活服务的提供，更是其背后的物流与配送体系。除了京东的自营物流体系外，“京东到家”最显著的创新在于引入了“京东众包”。京东众包是京东推出的一种全新、社会化的全民快递服务。每个人在空闲的时候，不论身处何地，都可以送快递、赚外快，这是一种新的生活体验。京东众包可以帮助人们在赚外快的同时锻炼身体，实现有闲有钱有精彩的生活状态。只要参与者年满 18 周岁，拥有一部智能手机和 3G 网络，就可成为京东众包兼职配送员。下载 APP，注册、培训后即可上岗，配送费每单 6 元，5 月 19 日至 8 月 31 日，完成首单配送可以得到 26 元（含 20 元首单激励）。京东众包的潜在参与者，可以是公司白领、大学生、互联网工作者，也可以是跳广场舞的大爷大妈，只要经过培训即可抢单，完成周边 3~5 公里范围内商品的 2 小时配送。透过京东众包的定义，我们发现，京东在建立强大的自营物流配送体系后，开始了新一轮的社会化扩张，京东众包是京东建立的第一个全社会化的物流体系。

图 9–10　京东到家

企业应当从员工、顾客以及由各种外部创新者组成的外部创新网络中获取各种可能的新产品构思，只有集思广益，企业才能真正具有创新力。

（二）构思筛选

构思产生阶段会产生大量的构思，接下来的任务就是逐步削减构思的数量。筛选构思就是对大量的新产品构思进行评价，研究其可行性，去掉不好的构思，尽可能留下好的构思。许多企业要求使用标准的形式描述新的构思以便新产品委员会审核。这个描述包括产品构思计划、顾客价值主张、目标市场以及竞争情况，同时要大致估计市场规模、产品价格、开发时间和成本、制造成本，以及收益率。之后，新产品委员会将根据这一套标准审核每个新产品构思。

有营销专家提出了“R–W–W”新产品筛选框架，具体包括以下几个方面：第一，它是否真实？即消费者是否真的需要这个产品？消费者是否会购买？是否存在一个清晰的产品概念？第二，我们能否获胜？即这一产品是否有持久的竞争优势？企业是否有资源成功开发和经营这个产品？第三，它是否值得做？即这个产品是否符合企业的长期发展战略？它是否能产生足够的潜在利润？企业必须对“R–W–W”筛选框架的以上问题都做出肯定回答才能进一步开发这个新产品构思。

（三）概念开发与测试

通过筛选的产品构思必须发展成为有效的产品概念。这里将对产品构思、产品概念和产品形象进行区分。产品构思是企业提供给市场的一个关于产品的设想。产品概念是企业从顾客角度对这种构思进行的详细描述。产品形象是消费者感知到的产品的特定形象。

任何一个产品的创意都能转化为几种产品概念，产品概念形成以后，企业要对新产品概念进行测试，征求顾客意见，以从众多新产品概念中选出最具竞争力的产品概念。企业可以考虑以下问题：产品概念的描述是否清楚？顾客在同类产品中是否偏爱该产品？产品的特点是否便于了解？对产品的特性是否有改进的意见？问卷调查可以帮助企业确立最具吸引力的产品概念。

（四）营销战略制定

在新产品概念形成和通过测试之后，企业必须制定一个能够把产品推向市场的初步营销战略。营销战略包括三个部分：第一部分描述目标市场，具体包括目标市场的规模和结构、购买行为的特征描述、预计的产品定位和销售量、市场份额和预期利润率等。第二部分描述产品的预计价格、分销渠道和营销预算。第三部分描述企业的长期销量、利润目标，以及营销策略组合。

（五）商业分析

在确定了产品概念和营销战略之后，企业应当评价新产品的商业吸引力。商业分析实际上是进一步分析新产品的销售量、利润及成本等，以明确新产品是否符合企业目标。产品概念经过商业分析之后就可以进入开发阶段了。

（六）产品开发

经过商业分析的产品将进入开发阶段，这是新产品开发的重要步骤。只有通过产品试制，投入资金、设备和劳动力，才能使产品概念转化为实体产品，发现不足与问题，改进设计，才能证明新产品的可行性。

（七）营销测试

在营销测试阶段，企业将新产品及其营销计划置于更加真实的市场环境中。企业应取得有关销售渠道、广告宣传、产品价格、质量等方面的信息资料，以便为以后的营销决策提供依据。

不同产品进行营销测试的规模不同。当推出一款需要大量资金投入且风险较高的产品或企业对其营销组合把握不足时，就需要做大量的营销测试。但是，如果营销测试的费用很高而且时间过长，容易导致竞争对手抢得先机。事实上，消费品企业近几年已经减少了营销测试以便抓住瞬息万变的市场机会。

（八）商业化

营销测试为企业提供了信息支持，用于判断是否推出新产品。如果企业决定将产品商业化，需要决定什么时候推出新产品，在什么地方推出新产品，如何推出新产品。

小贴士 9-6 顾客参与创新能提高顾客体验吗？

小米手机的完善和改进离不开用户的广泛参与，他们不仅是小米手机的消费者，在某种程度上也是小米手机的外部创新者和产品测评员。

传统手机厂商的手机系统发布周期为半年或三个月，小米手机的 MIUI 系统则是每周发布和迭代。小米每周都把产品更新发布到论坛上，用户可以使用更新的产品并提交使用体验报告，之后公司内部会据此进行进一步的迭代更新。整个过程中产品经理可以跟顾客沟通，公司的其他人员在论坛中与顾客对话，通过这样不断循环交互反馈的过程，一项项符合国人习惯的手机应用逐渐诞生，使得小米手机不断地完善。在开放的用户交流社区里，用户们可以自由表达出自己关于手机的使用偏好，充分感受到小米对他们的重视，这就是顾客心理和情感体验的提升。

此外，小米手机还借助多渠道的社会化网络媒体，例如微博、微信和米聊社区等与顾客直接取得联系，进行沟通交流，形成特殊的“粉丝文化”。身为小米科技创始人之一的黎万强曾表示，小米用户在互联网上高活跃的属性，需要全方位的渠道来保持和他们的交互。这一方面有利于小米了解顾客的个性化需求，准确获取顾客的反馈，从而生产出个性化的产品，以满足“米粉”们的需求；另一方面通过全方位持续不断的沟通形成“米粉”们与小米公司的情感联结，在顾客交互过程中促使双方关系更为紧密，使顾客的功能性体验、情感性体验和社会性体验都得到提升。

“顾客也是创新者”，顾客参与创新正在改变企业的创新模式。顾客参与创新在互联网交互技术迅速发展的形势下有了新变化。在社交媒体、移动互联等技术的支持下，顾客参与创新更加便利、有效，这为企业创造卓越的顾客体验提供了有利的环境。通过顾客参与创新，企业不仅能够获得新的创新源泉和创新模式，提高自身的创新效率和效果，还能够以自建和依托第三方平台的形式激发顾客与企业及其他顾客之间的交互，在顾客参与创新的过程中，使顾客的体验得到提升，进而实现顾客满意。

三 管理新产品开发

成功的新产品开发应当是以顾客为中心、以团队为基础的系统化的努力。以顾客为中心强调找出解决顾客问题的新方法，同时创造更多的顾客满意体验；以团队为基础要求企业各部门在跨职能团队中密切合作，在产品开发过程中，各步骤可以同时进行，从而节约时间、提高效率；系统化指新产品开发过程应该是系统化的，而不是局部分割和杂乱无章的，否则，很少有新产品构思产生。图 9–11 展示了产品生命周期的销售额和利润。

四 产品生命周期战略

企业在推出一款新产品之后希望这个产品能够经历一个顺利且较长的生命周期。产品生命周期（product life cycle）是指一种产品在市场上的销售情况及获利能力随着时间的推移而变化的过程。这种变化规律正如人和其他生物的生命一样，从诞生、成长到成熟，最终走向衰老死亡。这个过程在市场营销学中指从产品试制成功投入市场开始，直到产品被市场淘汰，最终退出市场。图 9–11 展示了一个典型的产品生命周期。

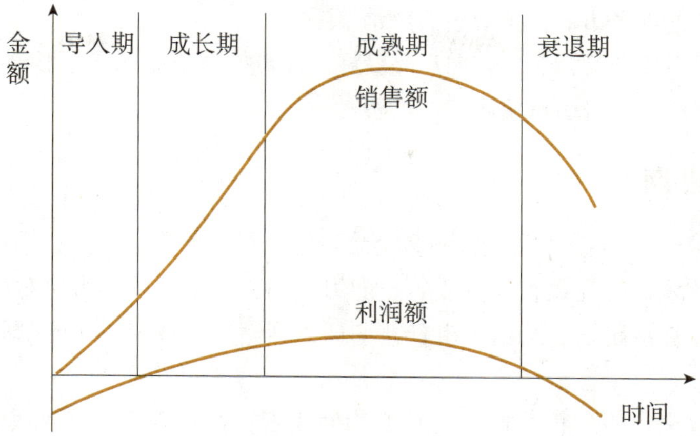

图 9–11 产品生命周期的销售额和利润

（一）导入期

导入期（introduction stage）是指新产品被引入市场、销售缓慢增长的时期。在这个时期，企业的销售收入较低，但是分销和促销的费用高昂，企业往往处于利润很低甚至是亏本的状态。企业，尤其是市场开拓者必须根据新产品的定位制定上市策略。如果企业一开始就采用正确的战略，就有可能抓住时机，占据并保持市场领先地位。如果只考虑营销变量中的价格、促销并设定为高、低两种水平，处在导入期的企业可采取以下战略：

（1）快速撇脂战略。即采取高价高促销手段推出新产品，迅速打开市场，实现较高的市场占有率。采用这一战略的假设条件为：市场需求潜力巨大；目标顾客渴望该产品并愿意支付溢价；企业面临潜在竞争威胁或希望树立品牌。

（2）缓慢撇脂战略。即采取高价低促销手段推出新产品。采用这一战略的假设条件为：市场规模有限；产品已被大多数人熟知；目标顾客愿意支付溢价；市场竞争并不激烈。

（3）快速渗透战略。即采取低价高促销手段推出新产品，使企业以最快的速度获得最大的市场份额。采用这一战略的假设条件为：市场容量大；产品不被人熟知；目标顾客对价格敏感；潜在竞争激烈；企业能获得规模效应。

（4）缓慢渗透战略。即采取低价低促销手段推出新产品。采用这一战略的假设条件为：市场容量大；产品知名度高；目标顾客对价格敏感；存在潜在竞争。

（二）成长期

成长期（growth stage）是指产品被市场接受、利润大幅增长的时期。在这个时期，早期购买者会重复购买该产品，其他消费者会追随购买。同时，新的竞争者也会进入市场，它们引入新的产品特性，市场随之扩大。此时，促销费用可能停留在原水平或略有增加，企业的目标依然是培育市场，同时还要面对竞争。企业可以通过在产品改进、促销和分销上进行投资来获得市场上的主导地位。在此阶段，通常采取以下战略来维持企业成长：

（1）改进产品质量，改变产品款式；同时，赋予产品更多的特色，并增加侧翼产品。

（2）进入新的细分市场，拓展新的分销渠道。

（3）宣传重点由产品知名度转向产品偏好，注重树立企业和产品形象。

（4）适时降价，以吸引价格敏感型消费者。

（三）成熟期

成熟期（maturity stage）是指大多数消费者已经接受并购买产品、销售增长放缓的时期。销售增长放缓将会导致整个行业生产能力过剩，竞争加剧。为应对市场竞争，保持市场地位，企业在该阶段的营销支出日益增加，利润逐渐减少。在此阶段企业通常采取以下战略：

（1）市场改进。通过将非使用者转变为使用者，增加现有顾客的使用量及使用率，争夺竞争者的顾客，进入新的细分市场以改变市场现状，来刺激销售。

（2）产品改进。通过提高产品质量、赋予产品新特色、增加产品款式等方法实现产品改进，从而刺激销售。

（3）营销组合改进。通过改进营销组合及其他要素来刺激销售。

（四）衰退期

衰退期（decline stage）是指销售和利润不断下滑的时期。在这个阶段，企业通常采取以下战略：

（1）加强战略。即增加投资，集中力量在最有价值的细分市场上，并使企业处于支配地位或强有力的竞争地位，以收割该市场的剩余利润。

（2）维持战略。即在现有市场中保持原有的投资水平和营销策略，将产品的销售维持在一个较低的水平上，直至该产品最终退出市场。如果竞争对手先退出市场，企业可能获得较高的利润。

（3）转移战略。即有选择地减少投资，并放弃原有市场；同时，加大对有利可图的新市场或产品的投资，力争在新市场或产品上获得成功。

（4）收缩战略。即迅速缩减产品生产，降低营销费用，尽可能地增加当前利润，以便快速获取现金收益。

（5）放弃战略。即迅速放弃衰退速度快、无利可图的产品。

表 9-1 总结了产品生命周期各个阶段的主要特征，同时列出了相应的营销目标和策略。

表 9-1　　产品生命周期各个阶段的特征、营销目标和策略

	导入期	成长期	成熟期	衰退期
销售	低销售额	销售剧增	销售高峰	销售衰退
成本	单位顾客成本高	单位顾客成本一般	单位顾客成本低	单位顾客成本低
利润	亏本	利润增长	利润高	利润下降
顾客	创新者	早期使用者	中期大众	落后者
竞争者	很少	增多	稳中有降	减少

续前表

	导入期	成长期	成熟期	衰退期
营销目标	建立产品知名度，提高产品使用率	市场份额最大化	保护市场份额，争取最大利润	压缩开支，榨取品牌价值
营销策略				
产品	提供基本产品	产品延伸，提供各种服务和维修保证	品牌和型号多样化	逐步退出衰退产品
价格	成本加成法	渗透市场定价法	与竞争对手抗衡或战胜它们	降价
分销	选择性分销	密集性分销	更密集性分销	有选择地淘汰无利润的分销渠道
广告	在早期使用者和分销商中建立知名度	在大众市场建立知名度并引发兴趣	强调品牌差异和利益	降低投入水平，仅维持对忠诚顾客的广告
促销	加强促销，吸引试用	减少促销，利用使用者的需求	加强促销，鼓励转换品牌	降至最低标准

资料来源：菲利普·科特勒（2015）.

第 5 节　网络产品与服务

网络环境催生出一些新的产品与服务，如搜索引擎、智能手机软件、社交网络等，这些在传统市场上是不可能出现的。其他一些传统产品，无论是服装、农产品等实体产品还是教育、音乐等服务，都将网络作为一种新的营销渠道和传递方式。在全新的网络环境中，网络产品与服务呈现出诸多不同于传统产品的特殊性，需要营销者给予关注。网络产品扩大了营销客体的范围，商业模式、营销策略等随之产生巨变。对营销者来说，这是千载难逢的机遇，机敏的营销者已经捕捉到了其中蕴涵的商机，基于网络产品与服务的创业成为创业的最大热潮。近年来迅猛发展的滴滴打车、饿了吗、58 同城、小猪短租无不营销的是网络产品与服务。

一　网络产品

伴随着网络技术的发展，涌现出许多新的价值形式。用户希望从网络上得到价值，他们通过联系、创造、学习、娱乐、交易、奉献等各种活动获得这些价值。针对这些价值，数以万计的**网络产品**（network product）诞生了，满足了客户需求。网络产品是一种具有跨时空、多媒体、交互式、拟人化、成长性、整合性、超前性、高效性、经济性和技术性等多种特点的产品。网络产品分为以下几层：

第一，互联网基础产品，如网线、服务器、网卡等；

第二，可数字化的平台产品，如软件、网站、APP 等；

第三，可数字化的终极产品，如音乐、电影、小说等；

第四，利用互联网进行营销的传统实物产品，如各类网购产品，其范围已从最初的图书、音像制品等扩大到衣食住行的方方面面以及各类工业品。

（一）网络产品的属性

网络在许多方面增加了客户的收益，使营销活动发生巨大的变化。最基本的变化就是从实体世界到虚拟世界的转变，这是网络的关键特征之一，这一转变给产品的营销带来新的属性。

首先，网络产品具有便捷性。网络产品大多具有数字化的特点，携带方便。顾客为得到传统产品，往往需要花大量时间去等待和奔波，而网络产品可以突破时空的限制，如远程医疗、远程教育、远程培训、远程订票等，消除消费者和供给者的空间分离所带来的不便。

其次，网络产品具有针对性，个性化强。网络产品突破了传统产品的限制，顾客可以通过互联网得到个性化的定制服务，他们不仅可以了解产品信息，还可以直接参与产品的设计、生产、营销过程，最大限度地满足自己的需求。

最后，网络产品的收益高。一方面，企业通过互联网实现远程服务，扩大了服务范围，创造了新的市场机会。另一方面，通过互联网提供服务可以加强企业与顾客之间的关系，提高顾客忠诚度，减少企业的营销费用。

2017 年 2 月，谷歌与女性时尚品牌 Ivyrevel 共同合作，开发了一个智能服装设计应用——Coded Couture，它能根据用户所处的位置、活动、当地天气等信息设计出最合适的衣服。通过搜集数据，该应用可以追踪用户每天的活动以及生活方式，包括去哪些地方旅行，通常在哪里吃饭或者与朋友见面，当地的气候如何。经过一周的数据收集，这款应用就可以为你推荐或定制服装。最后，你还可以通过 Coded Couture 和 Ivyrevel 在线交流，调整衣服的轮廓、材质、颜色和装饰品，价格最低只要 99 美元。确认设计之后，用户只要在应用中一键下单，就可以在家坐等收货了。

（二）网络产品的品牌

网络产品的品牌能够建立消费者信任，降低风险，帮助客户减少因选择商品而产生的压力。这种压力的减轻在网络环境中显得格外重要，因为消费者普遍担心网络安全和隐私保护，并且厂商和消费者之间有一定距离。像京东、苏宁易购、亚马逊、唯品会等知名品牌能够获得消费者的信任，让消费者感到自己的利益可以得到保证，这样商品定价就可以高一些。当然，也有一些品牌如微店、蘑菇街，上面的东西价格相对较低，给人的印象就是物美价廉，对于这类品牌，客户的价值诉求也会适当降低，因为产品提供给客户的收益较少，产品的质量和服务就没有那么好。

与传统产品的品牌不同，网络产品的品牌具有个性化、数字化和虚拟化的特点。网络产品的品牌的生存依靠在服务范围内表现出信息服务的个性化；它赖以生存的基础是互联网——与数字化基础共存；核心价值是信息，借助现代信息技术进行加工和生产都是在虚拟空间完成的。比如，滴滴出行就是依靠大数据、云计算等新型互联网技术，为用户提供不同的出行方式，满足用户的个性化需求。

小贴士 9-7 品牌建设与社交媒体

雅虎网站的用户自发地创办了雅虎博客。之后，雅虎将博客中的内容用在公司的广告中，同时为客户建立品牌社区，让他们在其中畅谈自己喜欢的品牌，这是为品牌开展营销活动的厂商梦寐以求的事情。哈雷摩托车车主，萨博汽车车主，苹果电脑爱好者，在 Craigslist、谷歌上搜索信息的用户等，都为厂商创立品牌出了力。亚马逊也从客户那里获益，许多用户都希望自己能成为网站的顶级书刊评论家。

一个品牌是如何从不知名发展到被大多数人接受的呢？美国著名营销学者邓肯提出了消费者与品牌关联程度的五个层次：(1) 品牌倡导。主动告知其他消费者品牌特色。(2) 品牌社区。消费者在脸书等网络社区谈论品牌。(3) 品牌联系。消费者在购买商品前后会主动与厂商联系。(4) 品牌认可。消费者会自豪地展示自己使用的产品品牌。(5) 品牌知晓。购买产品时，消费者知道有这一品牌存在。

安永会计师事务所 (Ernst & Young) 在 2012 年 9 月对娱乐企业和媒体的高管进行调查，有 63% 的企业使用社交媒体来创立品牌。Forrester 公司也持同样的观点，它的调查还显示 92% 的调查对象认为社交媒体从根本上改变了消费者与品牌之间的关系。该公司归纳了社交媒体在品牌建设方面发挥的作用：(1) 通过社交媒体在品牌与消费者之间建立信任；(2) 提升消费者与品牌的情感联系，在社交媒体上形成品牌的差异化优势；(3) 在社交媒体上建立消费者对品牌的忠诚。

二 网络服务

网络服务（network service）是以互联网为基础，利用数字化信息和网络媒体的交互性来辅助营销目标实现的一种新型市场服务方式。

（一）网络服务的类型

根据企业提供的产品和服务的比例、类型和内容，可将网络服务分为以下五类。

1. 纯有形货物的服务

这是企业在网上销售产品时对客户的免费服务，包括销售前的产品信息咨询、销售中的某些代办事务、销售后的技术支持等。在网络产品的销售过程中以及销售后，提供客户支持是价值诉求中十分关键的环节。例如，企业可以在其网站上为消费者提供诸如产品价格比较、分析工具、网络导购目录以及产品安装指导等支持，帮助消费者在网上选择商品、做出正确的购买决策和方便地使用产品。

2. 伴随有形货物的服务

这是一种以服务为主的网络销售形式。例如，异地网上购买蛋糕，然后由网上蛋糕店送达客户并代为问候指定的亲朋好友。

3. 伴随主要服务的小服务

这是一种以网上注册咨询为主，进而在服务过程中给客户提供具有馈赠性质的小礼品或额外的简单服务。例如，在网站上求医问药，然后得到该网站赠送的医药小册子或代为联系就医等服务；购买教育机构的网上授课内容，会收到赠送的教材、参考资料等。这样做一方面企业可以获得想要的目标客户信息，另一方面企业可以更有针对性地开展营销活动。

4. 纯无形货物的服务

这是一种纯粹的网上服务产品，不附带任何有形的商品。例如，中国知网的文献阅读与下载权限、艾瑞网的行业分析报告等。

5. 网络信息综合服务

这是随着电子商务的迅速发展而兴起的一种新的网络服务，带有一定的网络营销渠道推广的性质，不再是仅仅利用网络为客户提供售前、售中和售后的各种传统服务，而是注重为企业提供客户联络、产品推广、市场分析等网络营销信息综合服务，以及企业网站的建立、维护和代理等一揽子网络服务。例如，企业通过在线调研及时掌握客户的需求，通过在线投诉及时响应客户的问题，通过创建论坛来提供一个供顾客自由交流的空间，让顾客发表对产品的看法、使用体会等。

（二）网络服务的工具

1. FAQ 工具

面对众多能够提供的信息以及顾客可能需要的信息，企业最应该做的就是在网站上建立顾客常见问题解答（frequently asked questions，FAQ）网页。它既能引发那些随意浏览者的兴趣，也能帮助有目的的浏览者迅速找到所需要的信息。

2. 顾客电子邮件

电子邮件是用户或用户组之间通过互联网收发信息的服务，是网络用户之间快捷、简便、可靠且成本低廉的一种现代化通信手段，也是互联网上使用最多的服务之一。

3. 新闻组

新闻组可以使企业提供的产品或服务出现的问题得到及时解决，为客户排忧解难，客户在此交流会感到很愉快。

4. 呼叫中心

呼叫中心基于计算机电话集成技术，有效利用各种通信手段，为企业顾客提供高质量的服务。

5. 网络社区

网络社区有论坛、讨论组等形式。企业设计网络社区就是让客户在购买后既可以发表对产品的评论，也可以提出针对产品的一些建议，通过与使用该产品的其他客户交流提高产品的使用和维护水平。

6. 在线表单

在线表单一般是网站事先设计好的调查表格，可以用来调查顾客需求，也可以用来征求顾客意见等。顾客在线填写并提交表单，以帮助企业进一步了解顾客需求，提高服务质量。

7. 即时通信工具

以微信、QQ、阿里旺旺等聊天工具为媒介提供服务，已经成为最受消费者欢迎的在线顾客服务方式之一。

8. 推送技术

推送技术能够使企业向订阅客户推送信息而无须客户发出请求。对于在线市场营销来说，推送技术的好处是订阅了频道的用户可以定期获得最新的信息。

9. 网上客户服务中心

在企业营销站点开设客户服务中心栏，详细介绍企业的服务理念、组织结构。企业可以开通顾客登记、服务热线、产品咨询、在线报修等服务，为客户提供系统全面的服务。

▶ 基本概念

产品（product）
消费品（consumer goods）
便利品（convenience goods）
选购品（shopping goods）
特殊品（specialty goods）
非渴求品（unsought goods）
产业用品（industrial goods）
材料和部件（materials and parts）
资本品（capital items）
供应品和服务（supplies and services）
产品属性（product attribute）
品牌（brand）
包装（package）
标签（label）
支持服务（supporting services）
产品线（product line）
产品组合（product assortment）
品牌权益（brand equity）
品牌价值（brand value）
品牌定位（brand positioning）
品牌名称（brand mark）
服务的无形性（service intangibility）
服务的可变性（service variability）
服务的易消失性（service perishability）
服务的不可分性（service inseparability）
有形展示（physical evidence）
内部营销（internal marketing）
互动营销（interactive marketing）
新产品开发（new product development）
导入期（introduction stage）
成长期（growth stage）
成熟期（maturity stage）
衰退期（decline stage）
网络产品（network product）
网络服务（network service）

▶ 应用与实战

1. 在中国香港上市的达芙妮公司发出了盈利预警。据初步评估，截至 2016 年年底，达芙妮净亏损将比上年同期增加 50%。2015 年达芙妮的亏损达 3.79 亿港元，按照这个数字计算，2016 年它的亏损将达到 5.68 亿港元左右。达芙妮的衰退和鞋履市场竞争激烈有关，消费者对鞋的选择越来越多。不管是产品设计还是品牌形象和定位，达芙妮都没有与时俱进，生产滞销带来的收入下降和库存问题就是必然的了。结合本章所学知识，查阅相关资料，回答以下问题：

（1）达芙妮的品牌管理出现了什么问题？

（2）达芙妮如何制定摆脱困境的策略？

2. 组成小组，选择生活中的一个产品，结合本章所学知识，回答以下问题：

（1）该产品现阶段处在什么生命周期？

（2）处在此生命周期阶段的产品应当采取什么营销策略？

（3）该产品能否与网络结合以提供更好的顾客体验？

▶ 案例

农夫山泉的产品策略

喝茶健康，喝茶饮料也健康？面对市场上的种种议论，农夫山泉茶饮料研发部经理韩正春给出了这样的解答：未来茶饮料一定会朝着天然、健康的理念稳步发展。尤其在我国实施大健康中国战略的背景下，任何食品饮料的开发都要顺应这个时代的发展。“做茶饮料时，农夫山泉坚持不使用茶粉，选用上好的茶叶，模仿真正泡茶的工艺，进行茶叶萃取，以得到真正的茶汁，还原茶叶本身真正的味道。”以红茶为例，东方树叶选用中国传统的工夫红茶“川红”为原料，先手工采摘6—8月的春夏茶鲜叶，经摊凉、萎凋、初捻、复揉、发酵等初制工艺得到毛茶，再经筛分、静电、风选、色选、提香、干燥等精制工艺得到东方树叶红茶的最终原料。为了顺利攻占茶饮料市场，农夫山泉邀请了Pearlfisher（英国设计公司）为其新产品乌龙茶、茉莉花茶、红茶、绿茶四款东方树叶进行包装设计。为实现差异化营销，突出东方树叶健康、天然的理念，区分市场上的含糖茶饮料，其营养成分表上糖、脂肪、蛋白质等成分全部显示为零。

尽管瞄准了未来的发展方向，在包装、营销、广告风格上都做足了准备，但销售结果并不理想。2013年农夫山泉又推出打奶茶，但却被2014年《新京报》的《新食品》周刊列入十大“失望之食”榜单。对于市场的再次败北，农夫山泉显得有点无奈，“这款产品延续了东方树叶天然、健康的理念，并且进一步得到升华，融入了中国的传统饮茶之道，真正的奶和真正的茶完美融合”。由于市场不理解，农夫山泉两次精心准备两次铩羽而归。与此同时，国内茶饮料市场的混战愈发激烈，市场品牌集中化程度高，销售排名前10的茶饮料品牌如统一、康师傅、王老吉、三得利、雀巢的市场份额超过96%。此外，不少茶叶企业早已瞄准茶饮料市场，只是受推广和营销队伍的限制，未能形成气候。传统的茶饮料市场已经相当成熟，竞争加剧。为适应新时代的经济形势和消费需求，生产企业不断推陈出新，不遗余力地谋求产品升级。2015年统一大力推广“小茗同学”，此后果茶新品“缇拉图”、康师傅升级冰红茶、立顿英式果茶等应运而生。总结近两年推出的新品的特点，农夫山泉发现，果味茶成为即饮茶市场一大流行趋势。在原有产品东方树叶的基础上，2016年公司专为90后、00后这一年轻消费群体设计了一款轻茶饮料。

2016年3月，农夫山泉正式推出茶π（见图9-12）。所谓茶π是指无限不循环的π，就像无限不循环的青春，拒绝重复，绝不雷同。蜜桃乌龙茶、柚子绿茶、西柚茉莉花茶以及柠檬红茶四种果味茶一上市，就反响不俗。漫画涂鸦风包装深得年轻人的喜爱。与非茶饮料和其他茶饮料相比，在充满了糖、香精及各种添加剂的饮料市场中，健康天然的茶饮自成一派。为了把迎合做到极致，农夫山泉还请韩国知名的偶像组合BIGBANG代言。茶π也成为BIGBANG以全员形式代言的首个中国品牌。“茶π中的茶依然采用东方树叶的制茶工艺，绝不使用茶粉，额外添加一些果汁，让茶汁更加灵动。而年轻人之前喝的所谓的茶饮料多数采用茶粉制作，他们没有喝到真正的茶，也不知道真正的茶在果茶饮料中的味道。”韩正春说道。为了让茶饮料更加健康，茶π采用甜菊糖苷代替部分白砂糖，尽可能减少糖的摄入，而甜菊糖苷又来自天然的甜叶菊，不仅比白砂糖更甜，而且不产生热量，所以更加健康。由于茶的健康理念，衍生出来的茶饮料近些年在全世界范围内广受欢迎。根据AC尼尔森的调查，早在2009年，中国茶饮料消费量已接近900万吨，占饮料市场10%，成为仅次于碳酸饮料和纯净水的第三大饮品。尽管中国茶饮料市场已经相对成熟，竞争激烈，但农夫山泉始终坚信越健康才能越持久。“我们的所有茶系饮料和其他厂商最重要的区别是，我们坚持天然、健康的理念。正因为这样的产品理念，茶叶货真价实，茶π持续热销。”

图9-12　农夫山泉的茶π宣传海报

从2011年初出茅庐到2016年茶π持续热销，农夫山泉在健康茶饮上做足功夫，铆足干劲。它始终相信：天然、健康永远是最核心的竞争力。

思考题

1. 生活中你一定喝过很多农夫山泉公司的产品，如农夫山泉、农夫果园、尖叫、水溶C100、维他命水、茶π等，你能根据本章所学知识说明农夫山泉公司的产品线吗？

2. 描述农夫山泉公司推出茶 π 的过程。

3. 你购买过茶 π 系列产品吗？购买这个产品满足了你的哪些需求？你能结合自己的体验分析一下茶 π 的产品层次吗？

4. 农夫山泉是一个人们耳熟能详的品牌，你能根据本章所学内容分析其品牌定位与品牌价值吗？

资料来源：叶超 . 农夫山泉茶饮产品营销策略分析 . 中国商论，2016（20）：13-14.

▶ 参考文献

［1］京东众包　一场社会化的电商革命 .（2015-07-23）. http://column.iresearch.cn/b/201507/736503.shtml.

［2］董大海 . 营销管理 . 北京：清华大学出版社，2010.

［3］郭国庆 . 市场营销学通论 . 北京：中国人民大学出版社，2007.

［4］李怀斌 . 市场营销学 . 北京：清华大学出版社，2007.

［5］孟韬，毕克贵 . 营销策划：方法、技巧与文案 . 3 版 . 北京：机械工业出版社，2016.

［6］孟韬，刘敏 . 互联网环境下顾客创新、互动机制与顾客体验的关系研究——基于顾客参与创新的动态视角 . 商业研究，2015，61（12）：4-10.

［7］孟韬，张媛，董大海 . 基于威客模式的众包参与行为影响因素研究 . 中国软科学，2014（12）：112-123.

［8］菲利普・科特勒，加里・阿姆斯特朗 . 市场营销：原理与实践：第 16 版 . 北京：中国人民大学出版社，2015.

［9］霜叶 . 谷歌品牌价值升至 7510 亿元　超越苹果成全球第一 .（2017-02-02）. http://news.iresearch.cn /content/2017/02/266757.shtml.

［10］腾讯科技微博 . 李彦宏颁发百度最高奖百万美金奖励基层员工 .（2011-08-10）. http://tech.qq.com/a/20110810/000469.htm.

［11］王玮，梁新弘 . 网络营销 . 北京：中国人民大学出版社，2016.

［12］韦福祥 . 服务营销 . 北京：人民邮电出版社，2015.

［13］瓦拉瑞尔・泽丝曼尔，玛丽・乔・比特纳 . 服务营销 . 北京：机械工业出版社，2008.

［14］谢若含 . Google 与 H&M 合作，做了一款为你定制服装的应用 . http://www.qdaily.com/articles/37538.html.

［15］张甲华 . 产品战略规划 . 北京：清华大学出版社，2014.

［16］朱迪・斯特劳斯，雷蒙德・弗罗斯特 . 网络营销：第 7 版 . 北京：中国人民大学出版社，2015.

第 10 章

定价策略

学习目标

- ▷ 了解和掌握影响公司定价的内外部因素。
- ▷ 清楚企业对产品进行定价的程序。
- ▷ 描述主要的新产品定价策略。
- ▷ 说明公司如何定价才能使产品组合利润最大化。
- ▷ 讨论公司如何调整价格以适应不同的顾客和环境。
- ▷ 掌握网络价格促销策略。

引例 “双十一”购物狂欢节：2016 年交易额超 1 207 亿元

自 2009 年阿里巴巴首创淘宝“双十一”购物狂欢节以来，在国内各大电商企业的疯狂“血拼”下，每年的“双十一”已经成为名副其实的全民购物的盛大节日。正是阿里巴巴开启了“双十一”电商节的神话。

2009 年是光棍节的“被购物”元年，有 27 个品牌参加，销售额 5 200 万元。2012 年，天猫和淘宝一天的销售总额高达 191 亿元，参与用户 2.13 亿人次。2014 年，天猫“双十一”交易额突破 571 亿元。2016 年，阿里巴巴再创辉煌，最终成交额 1 207 亿元，无线交易额占比 81.87%，覆盖 235 个国家和地区。2016 年“双十一”当天 6 时 54 分，交易额超越 2014 年“双十一”全天；15 时 19 分，超越 2015 年全天 912 亿元交易额；18 时 55 分 36 秒，交易额 1 000 亿元；22 时 12 分 03 秒，交易额首次到达 1 111 亿元；截至 24 时，2016 年天猫“双十一”全球狂欢节总交易额超 1 207 亿元。在阿里巴巴西溪园区的大屏幕上，天猫“双十一”交易额不断刷新纪录，让人惊叹于网民购物的巨大热情，同时也惊叹于阿里巴巴卓越的营销策略。

与往年相比，2016 年，淘宝“双十一”除了对全球业务和无线端进行拓展，还加入了大量娱乐元素，实现了商家和消费者的互动以及消费者之间的互动，利用直播、VR 等新技术提供了全新的娱乐体验（见图 10-1）。与此同时，阿里巴巴将电商平台、物流、互联网金融进一步整合，以提供更好的购物体验。

图 10-1　天猫 2016 年“双十一”晚会

随着京东、苏宁两大电商巨头大量投入，如今的“双十一”远不止一次购物狂欢，而是一种电商集体的定价策略及价格促销策略；电商之间拼技巧、拼品牌、拼战略，推动“双十一”变成一种商业奇迹，持续地推动中国电子商务不断变革和创新。电商们不再仅仅拿出更低的折扣来打“价格战”，而是更注重用户体验、品牌价值、支付方式、物流仓储等。表 10-1 总结了 2016 年“双十一”期间三大电商的促销主题与活动。

资料来源：2016 淘宝双十一活动 . http：//2014taobao1111.lofter.com/.

表 10-1　　2016 年“双十一”购物狂欢节上三大电商的促销主题与活动

品牌	主题与活动
天猫	主题：“买全球”走向“卖全球”；消费娱乐化将进行到底 活动：天猫“双十一”晚会、映客直播、天猫红包、聚划算、“11・11”购物券
京东	主题：“好物低价”“极致服务”“智能体验”引导消费者理性购物；沃尔玛强势入驻 活动：“超级秒杀”“王牌争霸”“全明星直播秀”“社交红包”
苏宁易购	主题：场景消费、线上线下融合、产业布局、年轻化；“穿越双十一：城・惠・玩” 活动：打造“笑倾城”、111 名网红直播、“比京东低 20%”

第 1 节　影响定价的因素

狭义来说，**价格**（price）是为产品或服务收取的货币总额；广义来讲，价格是顾客为获得、拥有或使用某种产品或服务而支付的价值。价格是营销组合中唯一与收益直接相关的要素。聪明的管理者常常将定价视为创造和获得顾客价值的重要工具，因此明智的市场营销者善于利用定价，使其在建立顾客关系中发挥重要作用。然而，影响公司定价的因素有很多，我们将从公司的内部和外部两个方面进行分析。

一　公司内部因素对定价的影响

（一）公司的整体营销战略与策略

市场营销者在从事市场营销活动的过程中，必须考虑整体的市场营销战略与营销策略组合。各项市场营销决策之间需要协调配合，形成一个有机的整体，构成一个营销决策体系。顾客不仅仅根据价格进行购买，还希望得到提供最高价值的产品。因而定价既要服从市场营销战略目标的实现，又要配合诸如产品策略、销售渠道策略等各项决策的制定与实施。通常，一个公司会围绕"价格-价值"来制定自己的整体战略，如零售业的沃尔玛，低价格、高价值的定位使之成为世界零售巨头。

公司常常根据价格给产品定位，然后设计营销策略组合。许多公司运用一种非常有效的方法——**目标成本法**（target costing）来支持这种价格定位战略。它先确定一个以顾客感知价值为基础的理想售价，然后以与价格相匹配为目标确定成本。现在许多淘宝店家通过预售方式了解客户需求，它们将设计理念和预售价格提前告知顾客，让顾客下单，再根据成本进行生产。

（二）产品特征

产品特征是产品自身构造所形成的特色，一般指产品的外形、质量、功能、服务、商标和包装等，反映产品对顾客的吸引力。产品特征好，该产品就有可能成为名牌产品、时尚产品、高档产品，就会对顾客产生极大的吸引力。如苹果手机，许多顾客在 iPhone 7 发售前在官网上进行预订，希望第一时间拿到心仪已久的手机。他们不仅被其新兴科技所吸引，还希望通过使用 iPhone 7 来显示自己在经济上的富有或地位上的优越，以获得精神上的满足。像购买 iPhone7 的这类顾客更注重名牌效应，因此对价格不太敏感，使得公司定价的自由度较大。

（三）产品成本

成本是影响产品价格的主要因素。产品成本包括生产成本、促销成本和分销成本。生产成本是指公司在生产过程中所支出的全部生产费用，具体指物化在产品中的直接材料、直接人工、制造费用和管理费用等。促销成本包括广告费用和在促销宣传过程中花费的支出。分销成本包括人员推销的费用、营销渠道建设的费用，以及必需的运输和储存的费用。这些成本构成价格的主体部分。公司为了保证市场营销活动持续进行，必须通过市场销售收回成本，并产生一定的利润。在市场竞争中，产品成本低的公司对价格制定有较大的灵活性，在市场竞争中具有优势地位，能获得较好的经济效益；反之，则会处于被动地位。

（四）组织因素

管理者必须确定组织内部由谁来决定价格。在规模较小的公司里，价格往往由最高管理层而非专门的营销部门决定；在大公司里，定价通常由产品经理或部门经理负责；在组织市场中，高层管理者确定定价目标和政策，由下级或销售人员提出价格方案，销售人员有权在一定范围内与顾客协商价格。例如，在淘宝某店铺买衣服，如果达到一定额度，客服人员有权给顾客减免部分费用或免运费。

二 公司外部因素对定价的影响

（一）市场和需求

消费者通常根据所得的利益来判断某种产品或服务的价格。因此，市场营销者必须在制定价格前理解产品价格与顾客需求之间的关系。

1. 不同市场类型中的定价

市场类型决定了卖者的定价自由度。根据市场的竞争程度，市场结构可分为四种：完全竞争市场、完全垄断市场、垄断竞争市场和寡头垄断市场。不同类型的市场有不同的运行机制和特点，对公司行为有不同的约束力，因而在定价方面有一定的差异性。

在完全竞争市场上，卖方不会在市场营销战略上花费很多的时间。因为在市场中有众多的买方和卖方，单个买方或卖方都不能对市场价格产生重要影响，所以市场营销研究、产品开发、定价、广告和促销几乎不起作用。

在垄断竞争的情况下，市场是由存在多种价格交易的买方和卖方构成的。由于存在众多的竞争者，卖方努力为不同的细分市场提供差异化的产品和服务，利用品牌化、广告来使自己的产品区别于竞争对手。

在寡头垄断的情况下，市场上只有少数大型卖方，如中国仅有三家大型通信公司——联通、移动和电信。由于市场上卖方较少，每个卖方都要对竞争者的定价策略有高度警觉和快速反应。

在完全垄断的情况下，市场上只有一个卖方，可能是政府垄断、私有限制性垄断或私有非限制性垄断，情况不同，定价也有所不同。

2. 价格–需求关系

公司的每一种定价都可能导致不同水平的需求。公司制定的价格与其导致的消费者需求之间的关系可以用**需求曲线**（demand curve）来表示（见图 10–2）。它显示了一定时间内，不同价格水平下的市场购买量。一般情况下，产品价格与市场需求成反向变动，与市场供给成正向变动；也就是说，价格越高，需求量就越低。如果公司将售价从 P_1 提高到 P_2，销售量就会下降。市场营销者还应该了解需求的**价格弹性**（price elasticity），即需求对价格变化的反应。如果价格小幅变化未引起需求变动，需求就是缺乏弹性的；反之，需求富有弹性。

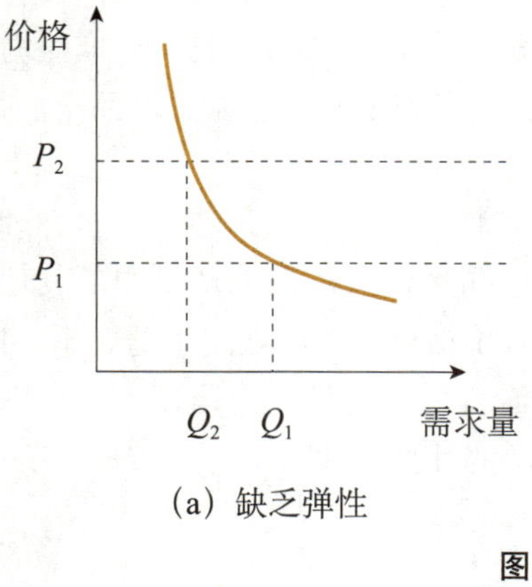

(a) 缺乏弹性

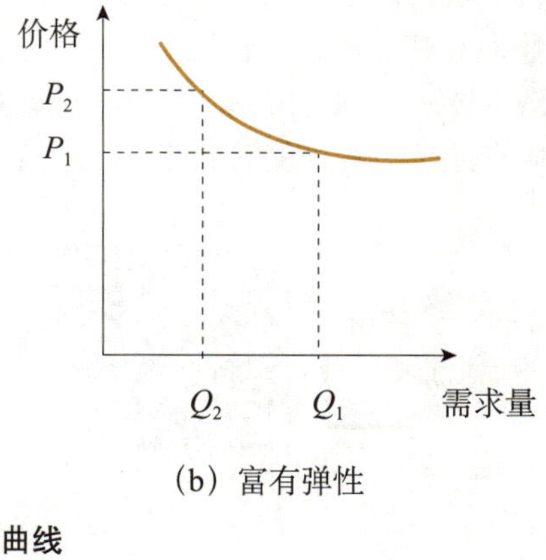

(b) 富有弹性

图 10–2　需求曲线

（二）经济条件

经济条件对公司的定价策略有强烈的影响。经济周期性的变化直接影响市场的繁荣和疲软。这些因素既影响消费者对产品价格和价值的感知，也影响产品的制造成本。继中国经济步入新常态以及中国股市陷入萎靡，许多消费者紧缩开支，价值意识变得更强烈。然而，即使在严峻的经济条件下，消费者也不会仅仅根据价格购买商品，他们会衡量付出的价格与得到的价值。

（三）顾客心理

顾客的消费心理是公司定价必须考虑的重要因素之一。顾客在购买前一般对商品有一定的心理期望值，如果商品价格高于顾客的心理期望值，就很难被顾客接受；反之，低于心理期望值，又会使顾客对商品的品质产生误解，甚至拒绝购买。

图 10–3　中国消费者在海外排队购买奢侈品

（1）“便宜无好货，好货不便宜”是顾客最常见的心理。

（2）“物美价廉”使顾客追求所购买的商品利益最大化。当商品的品质难以直观判断时，消费者通常以价格高低来评判商品的品质。

（3）炫耀性消费心理也是公司定价必须考虑到的。在炫耀性消费心理的驱使下，一些消费者为获得精神上的满足而不介意价格的高低，比如很多中国消费者去国外排队购买奢侈品来炫耀自己的身份和能力（见图 10–3）。

（四）政府干预

政府是影响公司定价决策的另一个重要的外部因素。政府通常会制定一系列的政策和法规来对市场价格进行管理，同时对价格管理体制进行改革，从而更好地维护国家、顾客的利益与正常的市场秩序。比如，2016 年 10 月，国家旅游局在全国范围内对“不合理低价”进行专项整治。国家旅游局约谈了阿里旅行、去哪儿网、欣欣旅游网等在线旅游企业，对其经营“不合理低价游”的行为发出警告，并责令立即整改。三家旅游企业根据约谈要求立即对网站、媒体上的宣传广告开展核查，对所有线上旅游产品全面排查，下架所有涉嫌“不合理低价游”的产品。

小贴士10-1　“钻石恒久远，一锅永流传”

除了市场和需求、经济条件、顾客心理和政府干预外，公司还需考虑外部环境中的其他影响因素，了解其价格对其他因素产生的影响。比如，中间商怎样看待公司价格？公司还需要考虑社会舆论等更广泛的社会因素。

第 2 节　定价的程序

在市场上，所有的公司都面临给它们的产品或者服务制定价格的任务。由于价格的制定要考虑多方面因素，因此公司必须按照确定的程序为产品或服务定价：选择定价目标、分析需求、估算成本、分析竞争者状况、选择定价方法、确定最终价格（见图 10–5）。

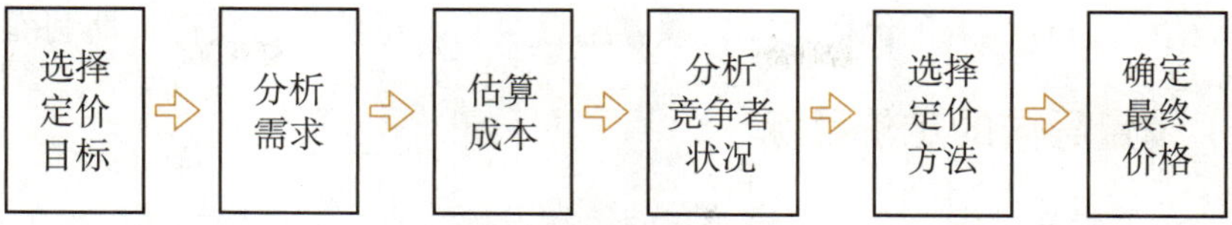

图 10-5　定价程序

一　选择定价目标

公司的营销目标不同，定价目标也不同。公司首先要明确目标，这样制定的价格更有针对性。科学地确定定价目标是选择定价方法和制定价格策略的前提和依据。

（一）生存导向的定价目标

生存导向的定价目标是指当公司遇到严重的经营问题或激烈的竞争，致使产品销售困难、大量积压、危及生存时，需要把维持生存作为公司的基本目标。此时生存比利润更为重要，为了能够继续开工，或使大量的库存产品尽快脱手，公司必须制定一个尽量低的销售价格，并希望市场是对价格敏感的。所谓“尽量低”，是指价格只能弥补变动成本或一小部分固定成本。许多公司通过大规模的价格折扣来保持公司的活力。生存导向的定价目标只能作为公司面临困难时的短期应对措施，否则公司最终会面临破产倒闭。

（二）利润导向的定价目标

利润是公司生存和发展的必要条件，是公司营销的直接动力和追求的基本目标之一。因此，许多公司都把利润作为重要的定价目标。

1. 利润最大化目标

以利润最大化为定价目标的公司期望在市场上获取最大限度的销售利润。这时公司就需要选择前景良好、容量大以及产品有绝对优势的市场，从而获取最大的销售利润和投资收益。但是，最大利润一般代表着高价策略，那么知道价格高到什么程度才能既保证公司利润的最大化，又使购买者能够承受，是定价的关键。追求最大利润并不等于追求最高价格，即使一个产品在市场上处于某种绝对优势甚至垄断，公司仍要控制高价，因为价格过高会产生一系列负面影响，如抑制消费者购买、产生更多的替代品，甚至导致政府干预。

2. 预期利润目标

投资的回收与报酬是公司定价时必然要考虑的因素。产品定价是在成本的基础上附加适当的目标利润，公司要事先估算产品按何种价格销售，销售多少，多长时间才能回收投资并达到预期的利润目标。以预期利润作为定价目标应具备两个条件：（1）公司具有较高的实力，竞争力比较强，在行业中处于领导者地位；（2）采用这种定价目标的多为新产品、独家产品以及低价、高质量的标准化产品。

3. 适当利润目标

一些实力不足的公司为了在激烈的市场竞争中保全自己，把取得适当利润作为定价目标。这种情况多见于处于市场追随者地位的公司。适当利润目标可以使公司避免不必要的竞争，同时，由于价格适中，顾客愿意接受，可使公司获得长期利润。

（三）销量导向的定价目标

美日公司更崇尚市场占有率理论，它们通常先打入或占领市场，然后尽力扩大市场范围，最后再巩固已有的市场份额。因此，增加销售额或扩大市场份额就成为公司常用的定价目标。

1. 保持或扩大市场份额

市场份额反映公司的经营状况和公司产品在市场上的竞争力，关系到公司的生存和发展。作为定价目标，市场份额与利润有很大的相关性，从长期来看，较高的市场份额必然带来较高的利润。因此，许多资金雄厚的大企业喜欢以低价渗透的方式进入目标市场，力争较大的市场占有率。如全球网约车鼻祖优步从 2014 年进入中国市场以来，常以“本周 3 折坐优步”等低价渗透的方式扩大在中国的市场占有率，短短一年半的时间，就成为中国客户使用量第二的网约车平台。值得注意的是，市场份额的扩大并不总是会导致利润的增加。最终，优步被滴滴打车并购。

2. 增加销售额

销售额的增长与利润的变化有一定的关系。销售额的扩大不仅可以让公司形成强大的声势，还可以提高公司的市场知名度，有效地降低成本。因此，许多公司采取薄利多销的策略，在盈利的情况下尽量降低价格，促进销售。但是，销售的增长不一定会导致利润的增加。当公司成本的增加速度超过销售额的增长速度时，会引起总利润的减少。因此，企业以增加销售额为定价目标时，要认真考虑销售额与利润的关系，确保企业盈利。

（四）竞争导向的定价目标

生产同类产品的公司更倾向于竞争导向的定价目标，关注竞争对手的定价政策和价格策略。大多数公司对其竞争对手的价格很敏感，在定价以前，一般要广泛搜集资料，把本企业产品的质量、特点和成本与竞争对手的产品进行比较，然后再制定产品价格。许多公司为了避免市场竞争，会选择追随市场领导者的价格。只有具备特殊优越条件的公司，诸如资金雄厚、拥有专有技术、产品质量优良、服务水平高等，才可能把价格定得高于竞争对手。

二 分析需求

需求曲线反映了价格和市场需求之间的关系。科学的定价必须研究市场需求，分析的内容包括价格敏感度和需求的价格弹性。

（一）价格敏感度

需求曲线基于顾客对产品不同价格的反应。如果顾客对于价格敏感的话，那么价格对需求的影响就很大；反之，则没太大影响。影响价格敏感度的因素有很多，如产品的独特价值、替代品的知名度、产品质量等。

（二）需求的价格弹性

1. 分析需求的价格弹性

所谓需求的价格弹性，是指影响需求的价格发生变化时，需求量做出反应的程度。就需求函数 $Qd=f(P)$ 来说，需求弹性系数是需求量变化的百分比与价格变化的百分比的比值，用公式表示为：

$$E=\frac{\triangle Q/Q}{\triangle P/P}=(\triangle Q\triangle P)\cdot(P/Q)$$

式中，E 是需求弹性系数；$\triangle Q$ 表示需求的变动量；Q 表示原有（变动前）的需求；$\triangle P$ 表示价格的变动量；P 表示原有（变动前）的价格。用文字表示即：

$$\text{需求弹性系数}=\frac{\text{需求变化百分比}}{\text{价格变化百分比}}$$

E 的特点在于：第一，E 的数值可正或负，取决于有关变量是同方向变化（正数）还是反方向变化（负数），即 E 表示两个变量变化方向的关系，而 $|E|$ 则表示变动程度的大小。第二，$|E|$ 不仅随产品的不同而异，而且一条给定的需求曲线上每一点的 $|E|$ 值都是不同的。

一般来说，如果一种产品可以完全被替代品替代，那么这种产品的需求弹性就大。人们日常使用的生活必需品的需求弹性较小，如调料、食品、药品等。

2. 分析需求弹性的影响

不同产品的需求弹性不同，企业的定价也应该不同。要注意以下几个方面：

（1）需求弹性系数大于 1。表示需求富有弹性，这种情况下需求降低的幅度大于价格上涨的幅度。即产品小幅降价，销售量就会显著增加，公司的销售收入也会增加；反之，产品小幅提价，销售量就会明显下降，公司的销售收入也会减少。公司应通过降低价格、薄利多销来增加盈利。

（2）需求弹性系数等于 1。表明需求降低的幅度与价格上涨的幅度相同。即价格变化对销售收入的影响不大。对于这类产品，公司不宜采用价格手段进行竞争。

（3）需求弹性系数小于 1。表明需求缺乏弹性，这种情况下需求降低的幅度小于价格上涨的幅度。即使产品的价格下降很多，销售量也只有较少的增加；反之，价格提高很多，销售量也只有较少的减少。因此定价时，较高的价格往往会增加盈利。

三 估算成本

在价格构成中，成本是其中的主要部分。从长远看，任何产品的价格都必须高于成本，企业才能盈利。因此，企业定价时需要对产品的成本及其相应的变动进行分析和估计。

企业的总成本包括两种：一种是**固定成本**（fixed cost），是指在一定时期内不随企业产量变化而变化的成本。例如，固定资产（主要指厂房、机器设备等）的折旧费、产品设计费、租金、利息、管理费用等。另一种是**变动成本**（variable cost），或称直接成本，是指随着企业产量而变化的成本，如原材料、辅助材料、生产用燃料、动力、销售费用、工资等。产量越大，变动成本就越大（见图 10–6）。

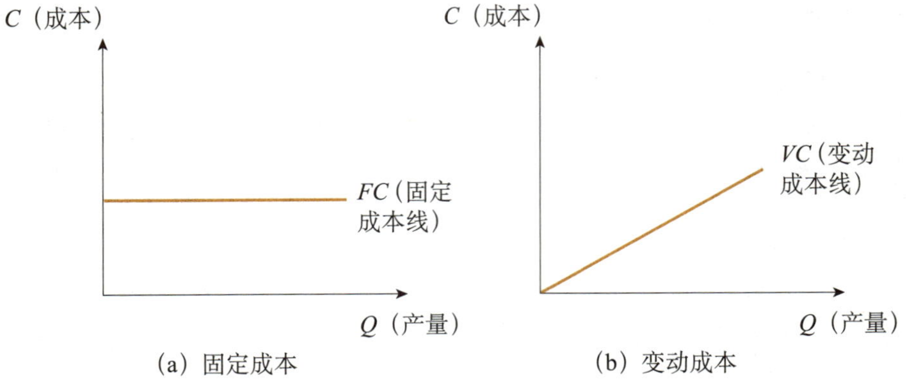

图 10-6 固定成本和变动成本

小贴士 10-2 经验曲线

经验曲线（experience curve），也称学习曲线，表示由于积累生产经验而带来的平均成本降低的情况。经验曲线理论用来概括成本的变动模式。

在定价的成本分析中，经验曲线对价格的确定以及市场格局的稳定等市场趋势分析具有指导意义。如果经验曲线向下倾斜，则对公司定价的指导意义很大。公司可以不断地降低产品价格，产品的销量便会增加。同时通过经验的积累，成本不断降低，这样公司就可以进一步降低价格，不断扩大市场占有率，取得市场竞争优势。但是，运用经验曲线进行定价仍存在重大风险，比如，容易使人对产品产生“便宜无好货”的感觉。

四 分析竞争者状况

通过分析市场需求和估计成本，公司可以了解产品价格水平的上限和下限。在最高和最低价格的幅度内，公司能把价格水平定得多高，取决于竞争对手同种产品的价格和可能的价格水平。公司必须了解竞争对手的产品质量和价格策略，根据掌握的竞争者的信息来比质比价。由此可见，分析竞争者状况包括以下三个方面：分析公司的竞争地位（服务质量、渠道状况等）、协调公司的定价方向、估计竞争对手的反应。在“双十一”的电商较量中，无论京东、苏宁易购还是天猫都意识到纯价格竞争已经满足不了消费者，因此它们在了解彼此的产品质量和价格后，逐渐扩展到话题产品竞争、服务竞争等，通过竞争传达品牌理念，形成品牌好感。如与苏宁易购相比，京东的弱势是跨境电商，而沃尔玛的加入强化了京东的供应链，实现了线上线下的价值互补；苏宁易购则与天猫进行了强强联合。

现在换一个角度，看看公司应该如何应对竞争者的价格变动。图 10-7 展示了公司评估和应对竞争者的价格变动的方法。

五 选择定价方法

经过前四个步骤，接下来应选择适当的定价方法。常用的定价方法有成本导向、顾客价值导向和竞争导向三种。具体内容在下一节介绍。

六 确定最终价格

经过前述五个步骤，企业已经制定出产品的基本价格，但是，这并不是最终面向顾

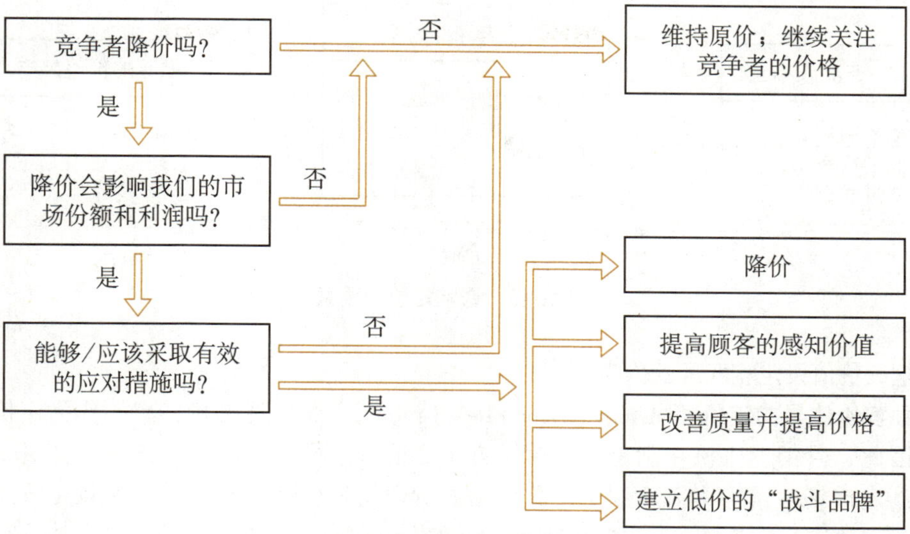

图 10–7 评估和应对竞争者的价格变动

客的价格。在复杂多变的市场上，企业在确定最终价格时，还需考虑其他方面的要求并制定相关的定价策略，力争使最终价格更加科学合理。

然而，在现实生活中，有的企业常常忽略了这六个步骤，给自己带来声誉或经济上的损失。比如，小米最初对智能手机定价时并未过多考虑产品经营成本和竞争者的情况，直接将其定价为 1 999 元，远低于市场其他竞争者的价格。这使它在获取价格竞争力的同时面临着巨大风险，表现为过低的利润率无法支撑市场运作、渠道销售及售后维修服务；过于富有竞争力的价格将导致整个手机市场的动荡，并将小米摆在大多数手机厂商的对立面；过低的门槛将吸引大批对智能手机不了解甚至从未用过智能手机的用户，这样的用户如果占据主体，很多智能手机相对传统手机所共有的问题——系统不稳定、后台占据内存过大、安全问题等，都会被他们归结为小米的服务不到位，这将使小米承担整个市场教育者的负担。2014 年，小米手机总销量达 6 080 万台，市场排名第一，市场份额占 14.97%；到 2016 年，小米手机跌出中国手机市场前十，位列第 11 名。定价策略的失误是其经营下滑的一个重要原因。

第 3 节 定价的方法

公司产品的价格介于两种价格水平——太低（没利润）和太高（没需求）之间。图 10–8 总结了定价需要考虑的要素，暗示了三种主要的定价策略：顾客价值导向定价、成本导向定价和竞争导向定价。

一 顾客价值导向定价

产品价格是否合适、销量能否提高，最终是由顾客决定的。定价和营销组合中的其他要素一样，必须以顾客价值为基础。有效的顾客价值导向定价应了解顾客感知价值，

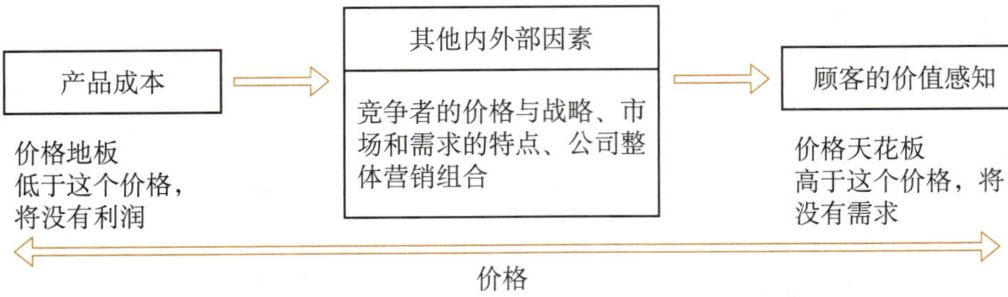

图 10–8　影响定价的要素

并对这一价值设定相匹配的价格。

顾客价值导向定价（customer valued-based pricing）将顾客的价值感知作为定价的关键。因此，营销者应该在制定市场营销方案之前，全面考虑所有营销组合变量，而不能先制定市场营销方案而后制定产品价格。御泥坊、生活向左等淘品牌就是按照顾客价值导向法进行定价的。图 10–9 比较了顾客价值导向和成本导向的定价方法。尽管成本是企业制定价格时必须考虑的重要因素，但以成本为导向的定价一般是产品导向的。从图中我们清楚地看到，顾客价值导向定价与成本导向定价的过程完全相反，它始于对消费者需求和价值感知的分析，制定的价格需要符合消费者的价值感知。

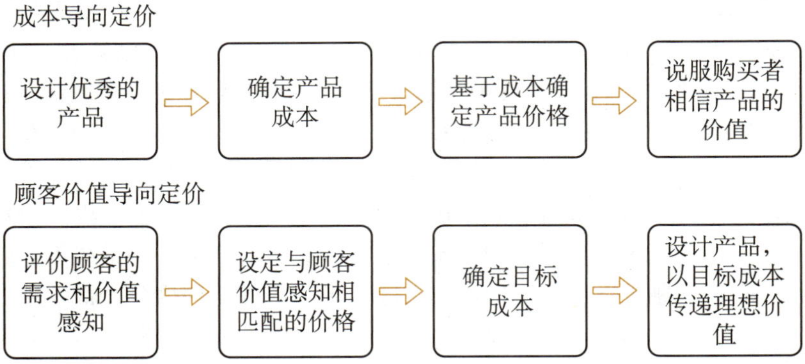

图 10–9　定价方法的比较

企业往往发现要衡量顾客对一个产品的感知价值很困难。例如，在淘宝网上购物，淘宝商家计算产品成本、快递费用等相对容易，但是对服务质量、实物与图片的差异等其他因素的衡量就比较困难。这些因素都很主观，因不同的消费者和不同的环境条件而变化。然而，顾客常常运用这些感知价值来衡量产品的价格，所以公司要想办法去测量它们。目前常见的基于价值的定价方法有两种：高价值定价和价值增值定价。

（一）高价值定价

高价值定价（good-value pricing）是指以合适的价格提供优质产品和良好的服务。在我国手机市场中，除了苹果，OPPO、vivo、小米、华为等国产手机也深受消费者的喜爱。它们物美价廉、功能齐全，消费者可以用较低的价格来购买高性能、高质量的手机。如 OPPO 手机在 2016 年国内销量第一，超过了苹果，两者的价格对比如图 10–10 所示。

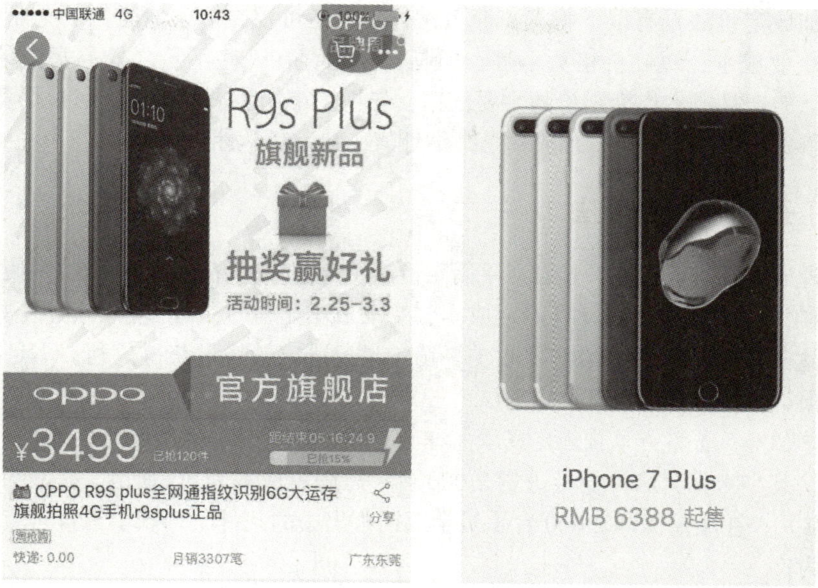

图 10–10　手机价格对比

（二）价值增值定价

顾客价值导向定价方法并不意味着顾客希望支付多少，公司就制定什么价格或是单纯以低价的形式进行竞争。相反，许多公司采用**价值增值定价**（value-added pricing），通过提高产品价值和服务使其产品差异化，从而使定价高于市场平均水平。比如，在每年的“双十一”，以淘宝为首的许多电商平台纷纷以折扣、低价等方式进行大型促销，而聚美优品却保持原有商品价格，对一些热销商品实行预订来保证服务质量。

二　成本导向定价

顾客的价值感知确定了价格的上限，而成本则确定了价格的下限。**成本导向定价**（cost-based pricing）是指在生产、分销和销售成本的基础上，根据目标收益率来制定价格。成本导向定价法是公司定价策略中的重要方法之一。

（一）成本加成定价法

成本加成定价法（cost-plus pricing）是最简单的定价方法，指在单位产品成本的基础上，加上一定比例的预期利润来制定产品的销售价格。利润的多少是按一定的比例确定的，习惯上用“几成”来表示，加成幅度通常用百分比来表示。其计算公式为：

$$单位产品价格 = 单位产品成本 \times (1+ 加成率)$$

式中，加成率为预期利润占产品成本的百分比。

例如，某服装厂生产某种服装的单位成本是 600 元，加成率是 10%，该服装的销售价格为：

$$600 \times (1+10\%) = 660（元）$$

采用成本加成定价法，确定合理的加成率是问题的关键。不同的产品应根据其不同的性质、特点、行业情况、市场环境和流通环节等确定不同的加成率。

成本加成定价法具有以下特点：简单易行、灵活可控，极大地简化了企业的定价程序；补偿企业成本；缓和价格竞争等。但是，它也存在一些不足之处：卖方导向定价，企业以自己的产品成本作为定价的主要依据，忽视了市场需求；没有考虑市场竞争因素，不能对竞争做出灵敏的反应；加成率是个估计值，缺乏科学性；等等。

（二）盈亏平衡定价法

另一种成本导向定价方法是**盈亏平衡定价法**（break-even pricing），即找到使盈亏平衡的价格。科学地预测销量和计算固定成本、变动成本是盈亏平衡定价的前提。企业产品的销售量达到既定销售量，可实现收支平衡；超过既定销售量获得盈利；不足既定销售量出现亏损。产品价格的计算公式为：

单位产品价格＝单位固定成本＋单位变动成本

例如，某小米直营店计划月进货 2 000 台，总固定成本为 40 万元，单位产品变动成本为 1 000 元，在尽量保证 2 000 台手机全部销售出去的条件下，该小米直营店的盈亏平衡点价格为：

$$400\ 000 \div 2\ 000 + 1\ 000 = 1\ 200(\text{元})$$

以盈亏平衡点确定的价格只能使企业的生产耗费得以补偿，而无法得到收益。因而这种定价方法是企业的产品销售遇到危机，或市场竞争激烈，企业为避免更大损失时的保本定价方法。

（三）目标收益定价法

目标收益定价法（target return pricing），也称为投资收益率定价法，是盈亏平衡定价法的一种变化形式。它是在企业投资总额的基础上，按照目标收益率的高低计算价格的方法。其基本步骤如下：

（1）确定目标收益率。

目标收益率＝1÷投资回收期×100%

（2）确定单位产品的目标利润额。

单位产品的目标利润额＝投资总额×目标收益率÷预期销售量

（3）计算单位产品的价格。

单位产品的价格＝单位产品成本＋单位产品目标利润

例如，假设乐视公司总投资额为800万元，投资回收期为5年，固定成本为400万元，每台乐视电视的变动成本为 1 500 元。当乐视电视的销售量为 2 000 台时，按目标收益定价法制定价格，每台乐视电视的价格为：

$$\text{目标收益率} = 1 \div 5 \times 100\% = 20\%$$

$$\text{单位产品的目标利润额} = 8\ 000\ 000 \times 20\% \div 2\ 000 = 800(\text{元})$$

$$\text{单位产品的价格} = 4\ 000\ 000 \div 2\ 000 + 1\ 500 + 800 = 4\ 300(\text{元})$$

即乐视公司只有在每台乐视电视的价格为 4 300 元时，才能获得预期的收益。

目标收益定价法有一个较大的缺点，即以估计的销售量来计算应制定的价格，颠倒了价格与销售量的因果关系，把销售量看成是价格的决定因素，忽略了市场需求及市场竞争。但是，对于需求比较稳定、需求价格弹性较小的产品，目标收益定价法仍是一种有效的定价方法。

三　竞争导向定价

竞争导向定价（competition-based pricing）根据竞争者的战略、成本、价格以及产品和服务来制定价格。消费者通常根据竞争产品的价格来判断一种产品的价值。竞争导向定价的主要特点是：产品的价格不与产品成本或需求发生直接关系，而是随竞争者的价格变动而改变。竞争导向定价法主要包括以下几种方法。

（一）随行就市定价法

随行就市定价法，又称通行价格定价法，是指企业参照行业的平均价格水平（主要是竞争者价格）来定价。

在完全竞争市场上，销售同类产品的各个企业只能按照行业的现行价格来定价。如果哪个企业把价格定得过高，产品就会卖不出去，就会失去部分顾客；反之，若把价格定得较低，就会遭到其他企业的削价竞销。在垄断性较强的市场上，企业间也倾向于制定相近的价格。因为市场上只有几家大企业，价格相对透明，购买者对市场行情也比较熟悉。

随行就市定价法的优点比较突出：简单易行，无须进行详细的分析；避免行业内的价格战；反映了行业的公平报酬水平，符合所有企业追求合理利润的要求；行业平均价格水平常被认为是“合理价格”，容易被消费者接受。缺点是：容易形成行业中的垄断行为；当市场领导者率先变动价格时，使用此种方法的中小企业很难应对。

（二）密封投标定价法

密封投标定价法是指买方通过引导卖方之间的竞争以取得同类产品的最低价格。它普遍应用于政府和公用事业的大宗采购，建筑工程项目、大型工业设备的招标采购。招投标过程一般是买方公开招标，公布所要购买的标的物及相关要求，并密封递价（也称标的），卖方则投标竞争。

招标价格是企业能否中标的关键因素。从理论上讲，报价最低的企业最易中标。但是，报价的企业不会将价格水平定得低于边际成本。虽然报价最低，中标率最高，但若低于边际成本，将导致企业亏损；而报价越高，企业的利润越高，但中标的可能性越小。

第 4 节　新产品定价与价格调整

通过前几节的梳理，我们清楚地了解到，在公司通过为顾客创造价值而获得盈利的过程中，价格是一种非常重要的营销组合工具。本节将考察其他三种定价策略：新产品定价策略、产品组合定价策略以及价格调整策略。

让我们从网上零售商定价的重要性开始，中国最大的两家网络零售商淘宝与京东每年在“双十一”都会进行一场激烈的商战，目前主要拼价格。但从长期来看，无论淘宝还是京东，谁若想赢得这场战争，就要以特定的价格给顾客提供最优质的网上体验和价值。因此，了解特殊环境下的定价方法以及为适应变化中的环境而采取价格调整策略显得为重要。

一 新产品定价策略

定价策略往往随着产品生命周期的变化而变化，尤其是在导入阶段更具挑战性。公司推出新产品、首次定价时，可以采用市场撇脂定价和市场渗透定价。

（一）市场撇脂定价

所谓“撇脂”，是指公司将新产品推向市场时，制定尽可能高的初始价格，以撇取到市场上最高支付能力可以出得起的价格，使单位产品的获利最大。苹果公司经常运用这种称为市场撇脂定价（marketing-skimming pricing）的策略。如 iPhone 7 刚进入市场时就采用这种定价策略，其中亮黑色因货少最高炒到 1 万元左右，而随着进入的时间延长，亮黑色 iPhone 7 会降到标准价格。

只有在特定的条件下才可以使用市场撇脂定价方法。首先，顾客的人数足以形成当前的需要，并且产品的质量和形象与其高昂的价格相匹配；其次，小批量生产的单位成本不高于其带来的收益；最后，竞争对手不能轻易地进入市场或降低价格。

（二）市场渗透定价

有些公司选择市场渗透定价（market-penetration pricing）来制定价格。它们会在最开始制定一个较低的价格，旨在短时间内吸引大量购买者，迅速渗透市场以赢得较高的市场份额。高销售量可以降低产品成本，从而支持公司进一步降低产品的价格。例如，优步利用市场渗透定价很快在中国这个新兴市场上获得成功。

二 产品组合定价策略

大多数企业生产或营销多种产品，这些产品构成了该企业的产品组合。在这种情况下，企业要了解各种产品需求和成本之间存在的内在联系，从而寻求能够使产品组合整体利润最大化的价格。表 10-2 归纳出了五种常见的产品组合定价策略。

表 10-2 产品组合定价策略

定价策略	描述
产品线定价	对同一产品线内的不同产品进行差别定价
备选品定价	为与主要产品一起出售的选择性产品或附加产品定价
附属产品定价	为必须与主要产品一起使用的产品定价
副产品定价	为价值低的副产品定价，以弥补处理它们所花的成本或赚钱
一揽子定价	为共同出售的产品组合定价

资料来源：菲利普・科特勒，加里・阿姆斯特朗. 市场营销：原理与实践：第 16 版. 北京：中国人民大学出版社，2015.

（一）产品线定价

公司经常会开发产品线，而不单单是一种产品。产品线是一组相互关联的产品，在

产品线定价（product line pricing）中，管理者必须适当安排产品线内各个产品之间的价格梯级，考虑不同产品间的成本差异。若产品线中两个产品之间价格差额小，顾客就会购买先进的产品，当这两个产品的成本差额小于价格差额时，企业的利润就会增加；反之，价格差额大，顾客就会更多购买便宜的产品。

（二）备选品定价

备选品是指那些与主要产品密切相关的可任意选择的产品。许多企业在销售与主要产品配套的备选品时，会使用**备选品定价**（optional-product pricing）。最常见的例子是，顾客如果购买平板电脑，往往还会选择鼠标、电脑包等其他产品。

企业通常使用两种备选品定价策略：把备选品价格定得较高，靠它多赚钱；把备选品价格定得低一些，以此招徕顾客。

（三）附属产品定价

附属产品定价（captive-product pricing）又称连带品定价，是指必须与主要产品一同使用的产品。例如，墨盒是打印机的连带品；刀片是剃须刀的连带品。许多企业往往对其主要产品（拍立得相机）定价较低，但对连带品（相纸）设定较高的价格，通过高价的连带品获取利润来补偿主要产品低价所造成的损失。

在服务行业，这种附属产品定价法又称为“二分定价”（two-part pricing）。服务的价格分为固定费用和变动费用两个部分。因此，在迪士尼或其他主题公园的票价中，并不包含公园内购买食物等费用。

（四）副产品定价

产品和服务的生产常常会产生副产品。公司会采用**副产品定价**（by-product pricing）方法帮助副产品找到一个市场，从而弥补储存和运输成本，使得主产品的价格更有竞争力。例如，可口可乐公司将生产橙汁剩下的橙子皮充分利用，制作成家具香精或洗涤用品。

（五）一揽子定价

一揽子定价（product bundle pricing）是指公司通常将几种产品组合在一起，以低于各项单品价格之和的价格出售。我们经常在网络购物平台上看见，许多化妆品、日用品以套装的形式出现，其价格远低于原价格之和（见图 10-11）。

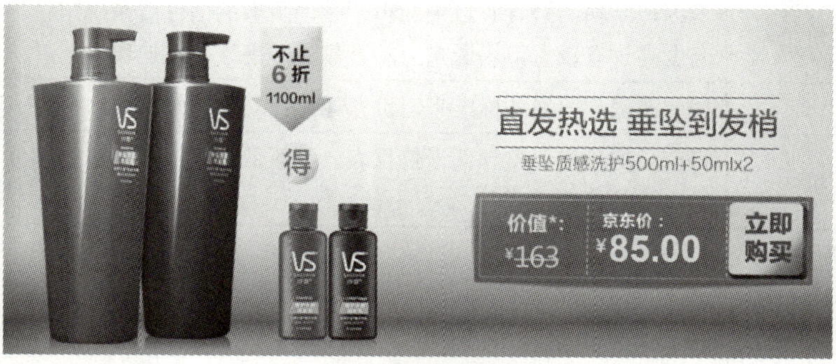

图 10-11 洗护用品套装

三 价格调整策略

表 10–3 列出了常见的六种价格调整策略。

表 10–3 价格调整策略

定价策略	描述
心理定价	根据顾客心理因素调整价格。
地理定价	针对顾客的地理位置调整价格。
折扣定价	为回报顾客大量购买等行为而降低价格。
促销定价	暂时降低产品价格，以促进短期销售。
动态定价	持续地调整价格以满足个体顾客的需求。
国际定价	为国际市场调整价格。

资料来源：科特勒（2015）.

（一）心理定价

心理定价（psychological pricing）就是根据消费者的购买心理来制定价格。采用心理定价的公司认为，价格不仅具有经济意义，而且具有心理作用。比如，消费者通常认为价格较高的产品拥有更好的质量。因此，在消费者无法准确判断时，大多数人会根据价格来判断。

心理定价的另一方面是**参考价格**（reference price），指的是消费者在考察某种商品时心里会想到的价格，它有可能是过去看到或购买的价格。表 10–4 整理了公司常用的五种心理定价策略。

表 10–4 心理定价策略

定价策略	描述
整数定价	对产品价格采取合零凑整的办法，使顾客产生“一分钱一分货”的感觉，如将 998 元定成 1 000 元。
尾数带零头定价	保留价格尾数的定价，给顾客以便宜的暗示，又因标价精准给人以信赖感，如 39.9 元。
声望定价	根据产品在消费者心目中的声望、消费者的信任度来确定价格，适用于知名度高、有较大市场影响力的产品，如香奈儿、迪奥。
习惯定价	按照消费者习惯的标准来定价，通常针对日常消费品。
招徕定价	将产品的价格调整到低于价目表，甚至低于其成本，以招徕顾客并促进其他产品的消费。

（二）地理定价

公司需要将产品运往不同的地区进行销售，距离的远近会导致运输费用不同，从而对产品的价格产生显著的影响。企业使用**地理定价**（geographical pricing）策略就是为了考虑商品交易时的地理位置差异。表 10–5 归纳了企业常用的五种地理定价策略。

表 10–5 地理定价策略

定价策略	描述
FOB 原产地定价	产品被免费装上运输工具，从那一刻起，产品及相关责任就转移给了购买者，由其支付从工厂到目的地的费用。
统一交货定价	与 FOB 相反，企业对于卖给不同地区的顾客的某种产品，不论远近，都实行一个价格水平。
地区定价	公司把市场划分为若干个区域，对同一地区的所有顾客收取统一的运费，而不同的地区制定不同水平的价格。
基点定价	公司会选定某些城市作为基点，然后按一定的出厂价加上基点城市到买方所在地的运费来定价，而不管货物实际是从哪个城市起运的。
运费免收定价	卖方承担部分或全部运费，以招揽生意。卖家为了进入一个新市场时常会采用这种策略，以加强市场渗透。

资料来源：菲利普 · 科特勒，加里 · 阿姆斯特朗 . 市场营销：原理与实践：第 16 版 . 北京：中国人民大学出版社，2015.

（三）折扣定价

产品价格有目录价格与成交价格之分。目录价格是指产品标签所标明的价格。成交价格是指企业为了鼓励顾客及早付款、大量购买、在淡季购买等，在目录价格的基础上酌情降低的价格，这种价格调整叫做价格**折扣**（discount）。

折扣定价策略实质上是一种优惠策略，通过直接或间接地降低价格以争取顾客，扩大销量。表 10–6 列举了企业常用的五种折扣定价策略。

表 10–6 折扣定价策略

定价策略	描述
数量折扣	数量折扣是生产企业为鼓励顾客集中购买或大量购买所采取的一种策略。它按照购买数量或金额分别给予不同的折扣。购买数量越多，折扣越大。其目的在于鼓励顾客经常向本企业购买，与可信赖的老客户建立长期购销关系。
功能折扣	功能折扣又称交易折扣，是指卖方提供给执行特定职能的渠道促销员的价格折扣。功能折扣可以对中间商经营的相关产品的成本和费用进行补偿，并让其有一定的盈利。
现金折扣	现金折扣是企业对顾客在规定时间内及时付清货款的一种优惠，其目的是鼓励顾客尽早付款，以加速资金周转，降低销售费用，减少财务风险。
季节折扣	季节折扣是企业为购买过季商品的顾客提供的一种价格折让。如羽绒服在夏季有较大的折扣，而在冬季恢复原价。
津贴	津贴是企业为特殊目的，以特定形式给予特殊顾客的价格补贴或其他补贴。如以旧换新津贴、促销津贴等。

（四）促销定价

促销定价（promotional pricing）是指公司制定暂时低于正常价格甚至低于成本的价格，以促使购买者产生兴奋和急切购买的心情。促销定价的形式有很多，如在正常价格基础上提供简单的折扣，来增加销量、减少库存；在特定的季节运用特殊事件定价（special-event pricing）来吸引更多的顾客，每年“双十一”，淘宝网都举行大型促销活动；网上秒杀等限时促销活动（limited-time offer）不仅为购买者制造了时间紧迫感，还让顾客感到幸运；采取现金返还（cash rebates），比如每逢“五一”或“十一”假期，在艺龙网订酒店都会有住酒店返现活动。

（五）动态定价

动态定价（dynamic pricing）指的是公司持续调整价格，以适应个体消费者的需要和购买情况。动态定价在网上使用得非常普遍，尤其体现在提供机票、酒店的旅游在线服务商身上。如，经常使用去哪儿网订机票的顾客会发现，在一天内即使订同一个航班的机票，在不同时间甚至每一分钟都可能产生价格的变化。

（六）国际定价

从事国际市场营销的公司必须在不同的国家制定不同的价格，以使产品价格适应当地市场条件。消费者惊讶地发现，母国本土的产品价格往往低于该产品在其他国家的价格，尤其是高档商品。例如，一个寇驰的手袋在美国只要 340 美元，而到中国就要至少 3 400 元人民币，远高于按货币汇率折算的美国售价。又如，在中国卖 4 元的红牛，在美国却要卖到 4 美元（接近 26 元人民币）的价格。

四 网络价格促销策略

网上促销是网络营销的常用手段，情景不同，促销策略也不相同。目前，常见的网络价格促销策略有折价、秒杀、团购以及消费者定价等。

（一）折价

折价又称打折、折扣，是目前网上最常用的一种促销方式。由于网上销售的商品不能给消费者全面直观的印象，也不能试用，因此幅度大的折扣可以促使消费者做出购买决定。

（二）秒杀

秒杀即**限时抢购**（flash sale），是目前网络上流行的一种促销方式，由于成交速度快，甚至得失以秒为间隔，因此被戏称为“秒杀”。一些淘宝、京东的卖家为了在众多卖家中脱颖而出，吸引买家的眼球，不惜成本将个别产品以极低的价格推出以招揽顾客（见图 10–12）。

（三）团购

团购（group buying）是一种基于网络的商业模式，通过团购网站集合足够人数，便可以优惠价格购买或使用第三方公司的产品或服务，卖家薄利多销，买家得到优惠，节省金钱，运行团购网站的公司则从卖方处收取佣金。美团、糯米、大众点评等都是目前国内知名的团购网站。

图 10-12 京东年终秒杀广告

（四）消费者定价

消费者定价（customer-driven pricing）即买方定价，是指在供给大于需求、商品价格有下降趋势的条件下，买方在交易上处于主动地位，可以货比三家，购得物美价廉的商品，获得更大的满足感。

小贴士 10-3 逛展厅行为

逛展厅行为（showrooming behavior）指消费者在逛实体店时使用智能手机进行网上比价，然后以更低的价格在网上购买。有关调查显示，一半以上的网上购物者都会在购买之前先到传统的实体店里考察自己想买的商品，并使用淘宝、京东和唯品会等手机购物 APP 来搜索更优惠的价格，有的消费者甚至直接在店里完成网上订购。这一现象在国内各大商场都很常见，实体店零售商采用怎样的战略去应对逛展厅行为呢？

一些实体店零售商将其产品分为线上官网款和实体店款，顾客在特定的渠道购买自己喜欢的产品。如中国一线时尚女装品牌伊芙丽、茵曼都采取这一策略来应对逛展厅行为，它们邀请不同的设计师使用不同的材料为线上与线下两个渠道分别设计服装，虽然线上的产品价格有一定优势，但由于喜欢实体店内产品的顾客无法在网上搜到该产品，只好在实体店直接购买。

一些实体店零售商发现那些在网购前有逛展厅行为的消费者有时也会有反逛展厅行为，即在网上考察商品后，到实体店直接购买。有些实体店零售商认为消费者逛展厅这一行为给店铺带来的收益远高于损失，因此它们在经营实体店的同时，利用逛展厅的趋势发展自己的网店，即品牌官网。如国际化妆品零售商丝芙兰一直认为逛展厅有利于顾客购买和忠诚——不仅可以帮助购物者更加了解品牌，还可以给顾客更好的体验。丝芙兰在建立和发展品牌官网、手机客户端时，着重将线上网店的优势（如选择范围广、价格优惠以及送货上门）与线下实体店的优势（销售人员贴心的服务、即刻购买的喜悦感以及退货便利）相结合，使其收益最大化。优衣库最近特别重视推广网上订购店内取货。顾客可以在网上订购商品时选择可自提的附近门店，这样不仅当天可以到店取货，免去送货费用，还可以很方便地进行退换货。

尽管实体店零售商做出了种种努力，逛展厅行为和网上购物仍然给它们带来了严峻的挑战。真正的挑战并非店内购物与网上购物的对抗，而是如何利用它们。两者给顾客提供最佳的购物体验和价值才是关键。尽管网上零售商本身具有成本、价格、品种和便利等优势，但实体店零售商可以提供独特的服务，具有多渠道的优势以及结合线上线下的能力，这些都是单纯的网上店铺不能具备的。因此，实体店零售商的最佳战略并不是与逛展厅行为对抗，而是利用它来更好地展示自己的产品和吸引消费者的关注。

▶ 基本概念

价格（price）

需求曲线（demand curve）

目标成本法（target costing）

价格弹性（price elasticity）

固定成本（fixed cost）
经验曲线（experience curve）
高价值定价（good-value pricing）
成本导向定价（cost-based pricing）
盈亏平衡定价法（break-even pricing）
竞争导向定价（competition-based pricing）
备选品定价（optional-product pricing）
副产品定价（by-product pricing）
心理定价（psychological pricing）
地理定价（geographical pricing）
促销定价（promotional pricing）
限时抢购（flash sale）
消费者定价（customer-driven pricing）
变动成本（variable cost）
顾客价值导向定价（customer value-based pricing）
价值增值定价（value-added pricing）
成本加成定价法（cost-plus pricing）
目标收益定价法（target return pricing）
产品线定价（product line pricing）
附属产品定价（captive-product pricing）
一揽子定价（product bundle pricing）
参考价格（reference price）
折扣（discount）
动态定价（dynamic pricing）
团购（group buying）
逛展厅行为（showrooming behavior）

▶ 应用与实战

1. 小米公司给小米电视总投资 6 000 万元，投资回收期为 5 年，固定成本为 3 000 万元，每台小米电视的变动成本为 1 500 元。当小米电视的销售量为 20 000 台时，按目标收益定价法制定价格，每台小米电视的价格是多少？

2. 美团、大众点评等团购平台近些年在吃喝玩乐消费上给消费者省去不少钱。以餐饮为例，有的商家会提供百元代金券，有的商家提供超值套餐，有的商家联合支付宝等支付平台实行优惠买单等，请分别指出这些商家使用了哪些定价方法和策略并进行说明。

3. 请去一家实体商店，找出该店铺对商品采取的所有定价方法，并撰写一份书面分析报告。

▶ 案例

滴滴优步合并　乘车“价格上涨”

不论是滴滴还是优步，补贴都是推销手段，目的是吸引消费者“看过来”，然后成为用户。平台一直在等待时机成熟，以结束长久的“烧钱大战”。滴滴、优步合并便是一个时机，因此补贴迟早会减少乃至取消。

合并 = 垄断？

滴滴和优步中国合并后，其份额占整个网约车市场的 90%。不可否认，合并后的滴滴成为市场垄断者，拥有整个市场的定价权。因此，网约车的定价开始被乘客和司机所关注——乘客会担心合并后网约车价格提高、优惠变少；网约车司机害怕平台对司机端的奖励越来越少，条件越来越苛刻。通过调查，优步和滴滴针对乘客的定价并没有变化，但是相应的优惠和针对司机的奖励补贴的确有所减少。图 10-13 是滴滴优步的合并概念图。

图 10-13　滴滴、优步合并概念图

乘客：没涨价为啥车费比以前高了？

有网友在微博上晒出了“同样的

路程，滴滴涨价全记录”的截图。该支付截图显示，7 月 27 日及之前一笔订单“阿童木脑袋”仅支付 2 元，7 月 30 日和 8 月 2 日支付 5 元，8 月 3 日支付 7.6 元。同时，微博上还有许多乘客讨论滴滴价格上涨的问题。事实上，在滴滴、优步合并后，滴滴、优步的单价并未提高。目前，人民优步的收费标准为 1.5 元 / 公里 +0.25 元 / 分钟；滴滴快车的收费标准为 1.8 元 / 公里 +0.5 元 / 分钟。

那么为什么乘客会感觉滴滴、优步的价格有所上涨呢？首先，滴滴、优步针对乘客端的补贴有所减少。目前，滴滴只有打折券的补贴，该打折券仅针对固定车型，且折扣力度在“9 折最高顶 4 元”左右，可以说打车的价格几乎没有变化。然而，这与优步之前经常推出的“每天 2 单，3.5 折起”，或在某个区域内上车 / 下车享受 5 折优惠等活动相去甚远。

此外，滴滴和优步都有相应的“溢价系统”，在滴滴、优步降低对私家车的奖励后，乘客在打车时会遇到更高的溢价。也就是说，滴滴、优步的计费标准只是正常状况下的，一旦遇到打车难、等待时间久、路线不好等状况，滴滴、优步就会在上述价格标准的基础上增加一定的倍率，这时的价格就不能按照标准的计价方式计算了，而要乘以一个系数，该系数最高超过 4。如果在高峰时刻（比如早晚上下班高峰）、打车紧张地段，滴滴的溢价系数为 2 倍的话，其价格会高出当地出租车很多。然而，滴滴、优步合并后其动态溢价特别频繁，1.5 倍、2 倍很常见。虽然滴滴会在开始行程之前估算价格，但是“溢价倍数”字样特别小，可能会被一些乘客所忽略。

滴滴、优步的奖励要没了？

滴滴、优步合并后，不少司机反映滴滴的奖励不仅大幅缩水，还设置了不可逾越的门槛，条件苛刻，这使得司机不仅要用自己的车、自己的油、自己的保险，得到的奖励与实惠还锐减。“条件苛刻”是指，除了单量，滴滴、优步也对成单率（指最终完成单数占派单数的百分比）和服务星级有所要求。事实上，针对司机的奖励，滴滴和优步一直在收紧。2016 年之前，滴滴的补贴政策是：一天跑够 10 单奖励 100 元，20 单奖励 200 元，且对前一日的交易单量有一定要求。年后，奖励一下子缩水，降为一天满 10 单给予 40 元奖励，满 20 单奖励 90 元。此外，加盟平台的“新人奖”也在逐步下降。

滴滴、优步合并后，平台针对司机的补贴大幅下降，一些兼职司机陆续退出平台，再加上政策对司机身份的要求，部分专职司机在权衡利弊后离开该平台。这样的局面造成乘客端溢价的提高和司机端奖励的锐减。

成本转嫁给消费者

折扣取消并不令人意外，合并标志着这两个主宰中国新兴打车行业的巨头结束了竞争。一年多来，优步和滴滴向司机提供高额补贴，有时高达车费的数倍，旨在用低价吸引用户。滴滴和优步一年多巨额补贴的背后是投资者一再的“烧钱”。公开资料显示，滴滴和快的在合并后进行了 E、F 两轮融资，共融得 86.42 亿元人民币，仅半年后又发起新一轮融资。优步也是如此，在中国独立注册公司后同样进行了两轮融资，融资金额超过 21 亿美元。大量的融资用于对司机和乘客的补贴。优步 CEO 卡拉尼克曾表示，优步在中国一年的损失超过 10 亿美元。与此同时，据业内人士分析，滴滴一年的补贴费用至少是优步的 2 倍，也就是 20 亿美元左右。由于滴滴和优步中国合并后的公司占据了网约车市场绝大多数的份额，不论是否构成垄断，这样庞大的市场份额都影响着滴滴和优步的定价权。

在业内人士看来，涨价是必然趋势。有交通系统专家表示：“滴滴、优步为什么要补贴、烧钱？它们砸 100 亿元，会从消费者身上拿 200 亿元回来。一旦垄断成真，成本肯定会转嫁到消费者身上。”

思考题

1. 请仔细阅读案例并从中找出定价策略所包含的主要知识点。
2. 请辩证地评价溢价政策、补贴减少、价格上涨对消费者、司机以及滴滴本身的影响。
3. 结合所学知识和自身经历，请你谈一谈优步和滴滴合并后其未来发展中的机遇和挑战。

资料来源：1. 滴滴和优步中国合并后：补贴减少但不会取消 .（2016-08-11）. 艾瑞网 . http://news.iresearch.cn/content/2016/08/263011.shtml.

2. 滴滴优步合并后司机奖励全面缩水　乘客感觉价格上涨 .（2016-08-08）. 北京青年报 . http://news.iresearch.cn/content/2016/08/262940.shtml.

▶ 参考文献

[1] 魏欣宁 . 阿里旅行、去哪儿网等被约谈因经营不合理低价产品 .（2016-10-28）. http://news.iresearch.cn/content/2016/10/264831.shtml.

[2] 李怀斌 . 市场营销学 . 北京：清华大学出版社，2007.

[3] 菲利普・科特勒，加里・阿姆斯特朗 . 市场营销：原理与实践：第 16 版 . 北京：中国人民大学出版社，2015.

[4] 格雷格・W. 马歇尔，马克・W. 约翰斯顿 . 营销管理精要 . 北京：北京大学出版社，2015.

[5] Consumers Visit Retailers，Then Go Online for Cheaper Sources. Adweek. multibriefs. com.

[6] Sephora Supports Showrooming.（2014-01-20）. WARC. http://www.warc.com/NewsAndOpinion/News/32475?.

[7] E. Adler. “Reverse Showrooming”: Bricks-and-Mortar Retailers are Fighting Back against Amazon and Others. multibriefs. com.

第11章
渠道策略

学习目标

- ▷ 理解营销渠道的功能与基本模式。
- ▷ 解释并描述分销渠道中零售商和批发商的主要类型。
- ▷ 掌握企业如何设计和管理营销渠道。
- ▷ 讨论渠道成员如何相互影响和组织起来发挥渠道作用。
- ▷ 了解物流和供应链管理的主要职能。

引例　京东自建仓储物流

京东商城是中国最大的综合网络零售商，目前在全国拥有超过6 000万注册用户，在线销售家居百货、服饰、图书、食品、旅游等12大类数万个品牌百万种优质商品，日订单处理量超过50万单。

为提高配送效率、改进消费者购物体验，京东建立了灵活多样的物流配送模式。总体来讲，京东商城的配送模式可以概括为“自建物流 + 第三方物流”相结合的模式：京东自建了一套完善、庞大的物流配送体系，目前已经在全国建立了六大物流中心和多个二级城市配送中心，并推出了“211限时达”配送服务、GIS包裹实时跟踪系统、上门自提以及自助式提货点等；在京东自营物流无法抵达的地区，则转发第三方快递，在节约成本的前提下，相对提高了配送效率（见图11-1）。

图11-1　京东物流仓储中心

京东商城和天猫商城都是国内屈指可数的电商企业的龙头，京东商城是我国首家规模超过百亿元的网络零售商，而采用垂直化经营战略的天猫商城并不直接参加商品销售和物流管理，而是提供一个经营平台给买方和卖方，通过赚取保证金、实时划扣技术年费等来实现盈利。表 11-1 为自建物流和第三方物流的优劣势比较。

表 11-1　　自建物流与第三方物流的优劣势比较

	自建物流	第三方物流
优势	配送效率高 增值服务 企业核心数据安全	降低成本 服务范围广 专业化程度高
劣势	成本高 服务范围有限 专业化程度低	物流服务差 保密性差 发展受局限

资料来源：戚丽梅，陈国（2015）；巨科帅，王海元（2015）.

自建仓储物流配送是京东的核心资产之一，最后的快递配送是连接消费者的重要一环。在 2016 年“双十一”电商大战中，京东在仓储物流配置、快递员配送及全程物流服务方面都下足了功夫，并在顾客消费体验上取得了一定的优势：在原有线路上临时开通 40 余条干线，加快货物流转；开通夜间上门接货服务；首次引进人工智能技术在供应链、仓储配送等方面的应用。自建物流日益成为京东物流配送的主流，承担着物流配送的主要任务，对降低成本、提高运营效率、给用户提供全流程的最佳购物体验起到至关重要的作用。然而，自建物流也会给京东带来一些风险和隐患：投资风险较大，在建立大型物流中心以及下属仓库的同时，如何保证资金供给充裕和有效运转是决定企业生存的关键；员工队伍管理难度大；无法专注于核心业务，使得产品在市场上缺乏竞争力。

资料来源：1. 戚丽梅，陈国 . 京东商城自建物流配送体系研究 . 山东商业职业技术学院学报，2015，15（2）：6–9.

2. 巨科帅，王海元 . 基于电商京东自建物流研究 . 河南科技，2015（21）：223–224.

第 1 节　营销渠道的功能与模式

一　营销渠道的含义与功能

（一）营销渠道的含义

营销渠道（marketing channel）策略，又称**分销渠道**（distribution channel），是企业营销策略组合中的一个重要策略。企业生产的产品或服务只有通过一定的营销渠道，才能在适当的时间、地点提供给顾客，从而满足市场需求，实现企业的营销目标。科特勒认为：营销渠道是为使产品或服务能被使用或消费而形成的一系列独立组织的集合。因此，营销渠道是产品由企业（生产者）向消费者转移过程中所经过的一系列环节，或产品通过中间商（转卖者）到达最终顾客的中间环节。在这个过程中，企业销售的产品或服务是营销渠道的起点，顾客购买产品是营销渠道的终点。处在企业与最终顾客之间，参与产品的销售活动，或者帮助这种销售活动的一切组织和个人称为**中间商**（intermediaries）。

（二）营销渠道的功能

1. 中间商的经济效果

中间商是处于营销渠道各个环节上密切联系的中介机构，在关系视角下，营销渠道是一系列中间商组成的营销关系。正是有中间商的存在，制造商的营销渠道才能建立起来。制造商之所以使用中间商，是因为中间商凭借其拥有的关系、经验、专业知识和经营规模可以完成许多制造商无法独自完成的任务，使为目标市场提供产品具有更高的效率。

图 11-2 表明了如何通过使用中间商获得经济利益，其中（a）表示有 3 家制造商，在不使用中间商的情况下，分别采取直销方式与 3 个消费者开展交易，这一系统共需要完成 9 次不同的交易。（b）表示 3 家制造商使用一家中间商后，整个系统只需完成 6 次不同的交易，其中制造商和消费者都与中间商开展交易。由此可见，中间商减少了市场中原本必须进行的交易次数，提高了市场的经济效率。

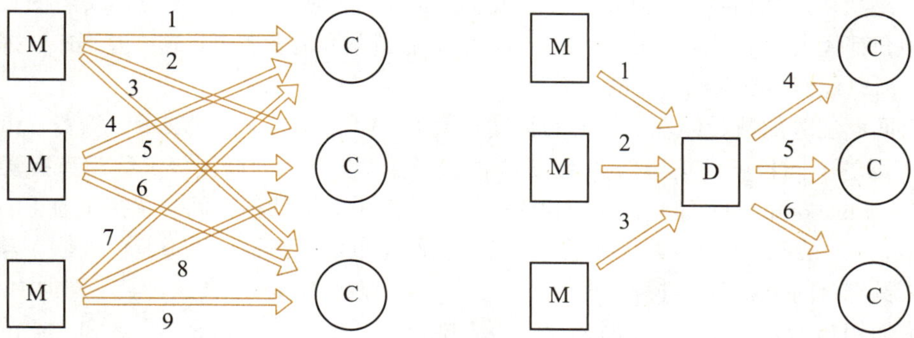

(a) 交易次数=M×C=3×3=9　　(b) 交易次数=M+C=3+3=6

M=制造商　C=消费者　D=分销商

图 11-2　中间商的经济效果

2. 营销渠道的功能

营销渠道的基本功能是，在将产品和服务从生产者转移到消费者的过程中，消除存在的时间、空间和所有权上的差距。表 11-2 归纳了营销渠道的八种主要功能。

表 11-2　营销渠道的主要功能

主要功能	描述
信息	通过调研和收集营销环境中潜在和现有顾客群、竞争者及其他参与者的信息，及时地对各自的营销策略进行调整，并在渠道成员之间传递。
促销	开发和传播具有说服力的沟通信息。 分销渠道的成员，无论中间商还是代理商或辅助机构，都要开展促销活动，保证商品顺利地转移到消费者手中。
联系	寻找潜在的消费者，并与其沟通联络。
匹配	根据购买者需求形成提供物，包括生产、分类、组装和包装等活动。

续前表

主要功能	描述
谈判	就价格等一系列条件达成协议，以便所有权或使用权的转移。
实体分销	运输和储存货物。
融资	获得和使用资金，补偿渠道工作的成本。
风险承担	在分销过程中，往往会遇到周转资金不足、商品毁损或商品供求变化、自然灾害等不可抗力。一旦发生这类问题，渠道成员需要承担一定的风险。

资料来源：科特勒（2015）.

二 营销渠道的基本模式及系统

（一）营销渠道的基本模式

企业需要根据所面临的市场环境和经营战略来设计不同形式的分销渠道，使得消费者更容易获得产品和服务。凡是可以完成某些工作从而使得产品更贴近消费者的每一层营销中介都代表一个**渠道层级**（channel level）。制造商和消费者也在这一过程中发挥重要作用，所以他们也是营销渠道的一部分。

中间商层级的数量体现了渠道的长度。图 11–3 和图 11–4 分别展示了消费者市场和产业市场中不同长度的渠道。图 11–3 中的渠道 1（没有中间商层级）称为**直接营销渠道**（direct marketing channel），其余包含一家或多家中间商的称为**间接营销渠道**（indirect marketing channel）。图 11–4 显示了三种常见的产业市场营销渠道。企业可以依靠自己的销售人员直接向企业客户进行销售（渠道 1），也可以将产品与服务销售给不同的中间商，再由它们销售给企业客户。有时还会有更多层级、更为复杂的消费者市场和产业市场的营销渠道，但并不常见。从制造商的角度来看，更多的渠道层级意味着更弱的渠道控制力和更复杂的渠道结构。

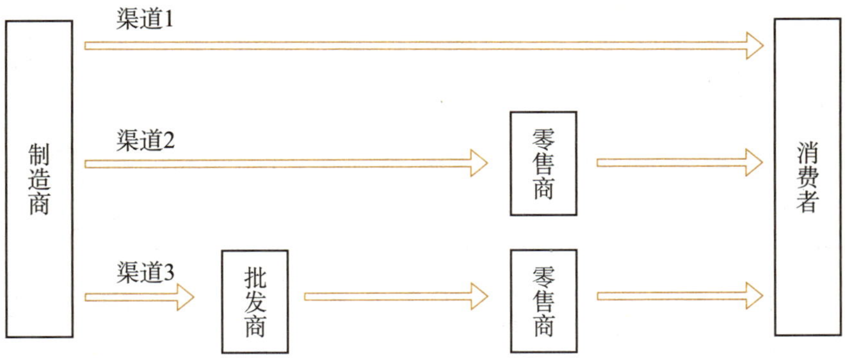

图 11–3 消费者市场营销渠道

（二）营销渠道的系统

营销渠道的系统是指突破传统的营销系统，由一个或一组生产者、批发商、零售商和消费者组成营销渠道，形成多个中间商密切联系的更具分销能力和拥有更多资源的系统。营销渠道的系统主要分为三大类型：垂直营销系统、水平营销系统和混合营销系统。

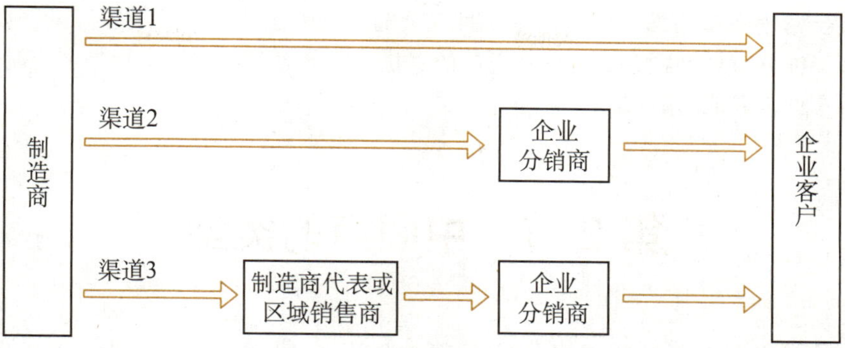

图 11-4 产业市场营销渠道

1. 垂直营销系统

垂直营销系统（vertical marketing system，VMS）是由生产者、批发商和零售商所组成的统一联合体。其中一个渠道成员通过订立合同的方式控制其他成员，或拥有一定的权力以至于其他成员必须配合。垂直营销系统有专业化管理、集中计划的特点，主要有三种形式：公司型、管理型和契约型。

（1）公司型垂直营销系统（corporate VMS），是指单一所有权下通过常规的组织渠道来整合从生产到分销的一系列步骤。即一家企业拥有和统一管理相关的生产部门和营销部门。这种营销系统大大加强了对渠道的控制。

（2）管理型垂直营销系统（administered VMS），是指制造商和零售商共同协商和管理营销业务，或由一家占统治地位的渠道成员出面组织生产和营销活动。管理型垂直营销系统的业务涉及销售促进、库存、定价、商品陈列等活动。一个拥有顶级品牌的制造商可以获得中间商强有力的促销协助与支持。比如，宝洁公司与其零售商一同商定商品陈列、货架位置、促销和定价等内容。

（3）契约型垂直营销系统（contractual VMS），是由各自独立的、不同层次的制造商和经销商组成的，它们通过订立合同联系在一起，以使各方获得单独经营达不到的经济利益。

特许权组织（franchise organization）是近年来发展最快和最令人感兴趣的零售形式。最传统的特许权组织类型是制造商主导的零售特许权系统，如奔驰汽车与其独立专营经销商。第二种是制造商倡办的批发商特许经营系统。这种特许经营系统大多出现在饮食业，比如可口可乐和百事可乐。第三种是服务公司倡办的零售商特许经营系统。这种特许经营系统多出现于快餐业，比如汉堡王、麦当劳。

2. 水平营销系统

水平营销系统（horizontal marketing system）是指处在同一层次的两家或多家公司为抓住新的营销机会联合起来开发一个市场。通过合作，这些企业可以将财务、产能和营销资源优势结合起来，以达到单个企业无法实现的目标。企业可以与竞争者或非竞争者联合，进行短暂或长期的合作，甚至成立一家新的公司。比如，2016 年 8 月滴滴收购中国优步，优步占 20%的股权，以为中国提供更好的可持续服务。

3. 混合营销系统

随着消费者细分市场多样化和渠道形式不断增加，越来越多的企业开始使用**混合营销系统**（multichannel distribution systems）。混合营销系统主要分为两种形式：一种是生产者通过多种渠道销售同一品牌的产品；另一种是生产者通过多种渠道销售不同品牌的产品。混合营销系统为那些面对大规模且复杂的市场的企业带来了很多好处，如市场覆盖面扩大，细分市场的顾客需求得到更好的满足；降低渠道成本；实行顾客定制化销售，选择更适合顾客需求的渠道。

第 2 节　中间商的类型

中间商是指介于生产者与顾客之间，参与商品交易业务，促使买卖行为发生的经济组织或个人，是生产者向顾客出售产品时的中间环节。中间商按其在流通过程中所起的作用主要分为两种：零售商和批发商。

一　零售商的类型

什么是零售商？除了我们常见的传统的百货公司、杂货铺是零售商，现在兴起的网络购物平台如淘宝、京东甚至朋友圈随处可见的微商也是零售商。**零售**（retailing）包括直接向最终消费者销售产品或服务，以供其作个人或非商业用途的所有活动。虽然许多机构都从事零售活动，但主要还是由零售商（retailer）——那些销售额主要来源于零售业务的企业来完成的。零售商的类型不断变化，新组织层出不穷。我们从三个角度来分析零售商的类型：店铺零售商、无店铺零售商和零售组织。

（一）店铺零售商

表 11–3 概括总结了七种常见的店铺零售商类型，这些零售商也可以按提供服务的数量、产品线的宽度和深度、产品的价格和如何组织管理等特征进行分类。

表 11–3　主要的店铺零售商类型

类型	描述	举例
专卖店	专卖店专门经营某一类或几类产品，其经营的产品线较窄，但经营产品的规格、品种较为齐全。例如，服装店、体育用品商店、家具店、花店和书店等。	Sunglass Hut 丝芙兰
百货商店	百货商店的特点是：经营产品的范围广泛、种类繁多、规格齐全，一般经营数条产品线，每条产品线都作为独立的部门，由专业的采购人员或经销商进行管理。	梅西百货 万达百货
超级市场	超级市场是一种规模相当大、成本低、毛利低、薄利多销、自动售货、自助服务的经营机构。	华联超市
便利店	便利店是设在居民区附近的小型商店，主要销售家庭日常用品，诸如香烟、小百货等，营业时间长，但经营的品种范围有限。	7–11 罗森
超级商店	比传统的超级市场更大，主要销售各种食品和非仪器类日用品，提供各项服务，旨在满足消费者对日常食品和非食品商品采购的需求。包括由超市、折扣商店等构成的超级购物中心。	万达广场 （见图 11–5） 恒隆广场

续前表

类型	描述	举例
折扣店	折扣店的毛利低、销售量大，商品以家庭生活用品为主。其特点是：同一商品标有两种价格，一是原价，二是折扣价，顾客按折扣价购买商品，售价比一般商店低；折扣店销售各种品牌的商品，价格低廉但保证品质；商店不在闹市区和租金高的地段，能吸引较远处的顾客。值得注意的是，偶尔打折和特卖的一般商店不能算是折扣店。折扣店已经从经营普通商品发展到经营专门产品。	奥特莱斯
廉价零售商	以大批量、低成本、低售价和微利促销、服务有限为特点的零售形式。以工薪阶层和机关团体为主要服务对象，通过从厂家直接进货，减少中间环节，来降低成本，致使价格低廉。运用各种手段降低经营成本，如以仓库式货架陈设商品，选址在非商业区或居民住宅区，商品以大包装形式供货和销售，不做一般商业广告。	麦德龙 山姆会员店

1. 提供服务的数量

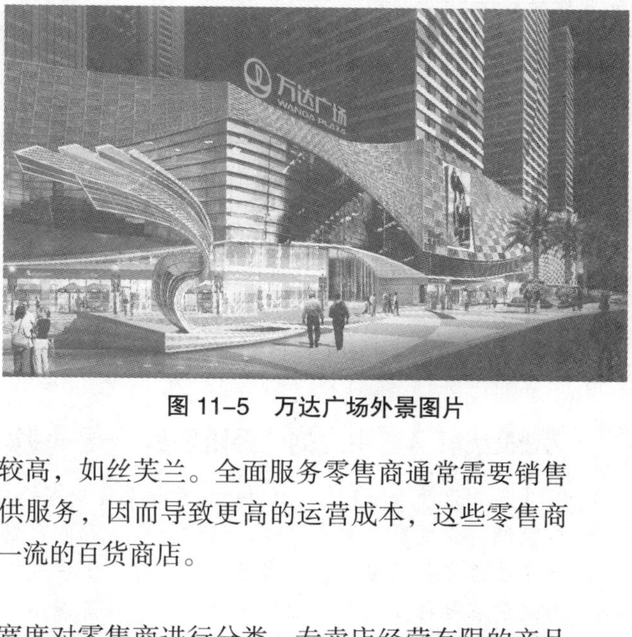

图 11–5　万达广场外景图片

不同类型的消费者需要的服务数量各异，为了满足不同的服务需求，零售商可以提供以下三种服务水平：自助服务、有限服务和全面服务。

自助服务零售商服务于那些为了节省时间和金钱而自己完成购买的消费者。自助服务是所有折扣零售商的运营基础，一般由超级市场、廉价零售商等零售商采用。有限服务零售商需要更多地让消费者了解商品信息，从而提供更多的销售支持，运营成本比较高，如丝芙兰。全面服务零售商通常需要销售人员在购物流程的各个环节为消费者提供服务，因而导致更高的运营成本，这些零售商多数是高端专卖店（LV、GUCCI 等）或一流的百货商店。

2. 产品线

我们也可以根据产品组合的长度和宽度对零售商进行分类。专卖店经营有限的产品线，但产品线的品种多样；百货商店经营更宽泛的产品线；便利店是那些经营周转速度快的便利品、产品线较少的小商店，近些年，许多便利店进行重新设计，营造出提供新鲜精致食品的高档购物环境。还有一些零售商经营的产品线实际上是一种服务，**服务零售商**（service retailers）包括酒店、大学、医院、餐厅等。

3. 相对价格

零售商也可以根据其制定的价格进行分类，绝大多数零售商都收取常规价格，提供标准的产品和服务。高端的专卖店和百货商场会以更高的价格提供更优质的产品与服务，相反，折扣店和廉价零售商主打低价。

折扣店通过薄利多销的方式，以更低的价格出售标准化的产品，如沃尔玛的“天天低价”。廉价零售商则以低于常规批发价的价格采购商品，从而收取比其他零售商更低的价格，通常有三种类型：独立廉价零售商（如 T. J. Max）、工厂直销店（如耐克工厂店）

和仓储会员店（如山姆会员店）。

（二）无店铺零售商

虽然大多数产品和服务是由商店销售的，但是无店铺零售却比店铺零售发展得更快。无店铺零售主要有直复营销、直接销售、自动售货以及购物服务四种（见表 11–4）。直复营销包括当前热门的网络营销，将在第 13 章作专门介绍。**直复营销**（direct marketing）和**直接销售**（direct selling）在字面上十分相近，人们容易混淆。二者的区别在于推销员介入与否，直复营销是以非个人方式向消费者推销产品，诸如电话、电视、目录、信函等，公司与消费者之间没有推销员介入；而直接销售以个人方式向顾客推销商品，家庭销售会也罢，推销员上门推销也罢，公司与消费者之间必须有推销员介入。备受关注的传销（multiple level marketing）也是直销的一种（见小贴士 11–1）。

表 11–4 无店铺零售的类型

类型	描述
直复营销	利用广告或电子媒介介绍产品，顾客可通过网络或电话订货，订购的货物一般通过邮寄交付。
直接销售	直接销售也叫直销，主要有挨门挨户推销或举办家庭销售会等形式。推销人员可以直接到顾客家中或办公室进行销售，也可以邀请几位朋友和邻居到某人家中聚会，在那里展示并销售公司的产品。
自动售货	使用硬币控制的机器来自动售货。自动售货机被广泛安放在办公室、大型零售商店、加油站、街道等随处可见的地方。
购物服务	专门为某些特定顾客，如学校、医院、工会和政府机关等大型组织的员工提供的服务。

小贴士 11-1 中国的“经济邪教”——传销的发展

传销产生于 20 世纪 50 年代 产生后不到半个世纪已风靡全球，被称为营销方式的革命。传销利用企业层级制的原理，通过逐级晋升的奖励制度、契约式协调使消费者在利益驱动下与企业建立长期联系，消费者之间也建立等级式的联系，由此构造金字塔形的组织。组织内的消费者要接受传销企业的契约安排，其身份不再是纯粹的消费者，而兼为传销企业的经营者。具有双重身份的消费者为使自己的级别晋升、佣金提高，代表公司与他人交易，推荐他人入会。传销企业因此具有规模不断扩大的内在逻辑，在消费者利益得到满足的同时实现传销企业的利益。许多外国企业靠传销的方式获得巨大的利润，但是传销的本质是“庞氏骗局”，即用后来者的钱支付前面人的收益，传销行为会扰乱经济秩序，影响社会稳定。

20 世纪 90 年代中期，传销进入我国。许多传销组织通过设骗局引消费者上钩并索取高额的入会费，通过洗脑使他们相信产品的功效并将身边人作为发展下线的目标。中国式传销建立在精神控制的基础上，通过传销培训洗脑后，让参加人进行传销，甚至控制参加人的人身自由，没收所有物品，通过暴力迫使参加人认可这些谎言。

因此，我国对传销进行了立法规范。1998 年 4 月 18 日，国务院颁布《关于禁止传销经营活动的通知》，全面禁止传销活动；2005 年 11 月 1 日起《禁止传销条例》施行；2005 年 12 月 1 日起《直销管理条例》施行。安利、雅芳、天狮等国内外传销企业已经转型为规范的直销企业。近年来，仍有一些地下的非法传销活动和利用互联网的传销活动，消费者对此需要保持警惕。

（三）零售组织

虽然零售店大多是独立经营的，但也有以某种形式联合组织的。表 11-5 总结了四种零售组织的主要形式：公司制连锁店、自愿连锁店、零售商合作组织、特许经营组织。

表 11-5　零售组织的主要类型

类型	描述	举例
公司制连锁店	共同所有和控制的两家或多家零售店。较大的规模使它们可以获得更低的价格，也有能力雇用专家来处理定价、促销等事宜。	CVS（药店） 万达百货
自愿连锁店	由一家批发商发起的独立零售商联盟，进行集团采购和共同推销。	加州自愿连锁食品配送中心 地下铁饮品公司
零售商合作组织	独立零售商群体通过确立共同所有、集中采购的公司，进行联合推销和促销活动。	联合百货 北京华联
特许经营组织	特许经营组织建立在某种独特的产品或服务、商业模式、商标或名称、商誉或专利的基础上，是由授权方和被特许经营人组成的契约型组织。	汉堡王 喜家德

二　批发商的类型

批发（wholesaling）涉及将产品和服务出售给以转售或商业用途为目的的购买者的全部活动，从事这些批发活动的企业称为**批发商**（wholesalers）。批发商大多从生产商处进货，然后销售给零售商、产业消费者或者其他批发商，因此很多大型批发商很少被消费者知晓。

批发商主要分为三个类型：独立批发商，代理商和经纪人，以及制造商的销售分支和办事处。

（一）独立批发商

独立批发商（merchant wholesalers）是批发商中最大的群体，是指自己进货再批发出售的商业企业，对其经营的产品拥有所有权。独立批发商可以分为两种类型：全面服务批发商和有限服务批发商。

1. 全面服务批发商

全面服务批发商提供全套服务，它们提供的服务主要有：保持存货、雇用固定的销售人员、提供信贷、送货和协助管理等。全面服务批发商按其服务范围可以分为三种（见表 11-6）。

表 11-6　全面服务批发商的类型

类型	描述
综合批发商	经营不同行业不相关的产品，服务范围很广，并为零售商提供综合服务。
专业批发商	经销的产品是专业化的，属于某一行业大类。例如，五金批发商经营五金零售商所需的所有产品。
专用品批发商	专门经营某条产品线的部分产品。例如，家具行业中的地板批发商。

2. 有限服务批发商

有限服务批发商为了减少成本费用，降低批发价格，只提供一部分服务，可以分为六大类（见表 11-7）。

表 11-7　有限服务批发商的类型

类型	描述
现购自运批发商	只经营有限的几条产品线，以现金支付的方式卖给小型零售商，当面结清货款，不赊销，也不送货。顾客要自备货车去批发商的仓库选购并运输货物。批发商很少使用广告。
承销批发商	不持有存货，不负责产品的运输。它们拿到顾客（包括其他批发商、零售商等）的订单，就与生产者联系，并通知生产者将货物直接运送给顾客。所以，承销批发商不需要有仓库和商品库存。
货车批发商	主要履行销售和运输的职能，主要经营一些易腐和半易腐产品（牛奶、面包）。它们从生产者那里把货物装上货车，立即运送给零售商的顾客。因此，货车批发商不需要有仓库和商品库存。
托售批发商	在超级市场和其他食品杂货商店设置柜台展销其经营的商品。商品卖出后，零售商才付款。这种批发商的经营费用较高，主要经营家居用品、化妆品、玩具等。
邮购批发商	向零售客户、产业客户和机构客户寄送产品目录，出售食品、杂货、小五金等商品，其顾客是边远地区的小零售商。全部批发业务采取邮购方式，接到订单后通过邮寄送货。
生产合作社	主要由农民组建的批发商，负责组织农民到当地市场上销售。合作社的利润在年终时分配给各农民。

（二）代理商和经纪人

代理商和经纪人并不像独立批发商那样拥有产品的所有权，它们只是履行几种职能。**经纪人**（broker）主要的职能是将买方和卖方撮合在一起，并协助洽谈交易，由雇用它们的一方支付佣金，如链家地产。**代理商**（agent）则是更长久地代表买方或者卖方，常见的代理商有以下四种（见表 11-8）。

表 11-8　代理商的类型

类型	描述
制造代理商	和每个制造商签订涉及定价政策、销售区域、订单处理、送货服务、各种保证以及佣金比例等内容的正式书面合同。它们了解每个制造商的产品线，并利用其广泛关系来销售制造商的产品。
销售代理商	是在签订合同的基础上，为委托人销售商品的代理商，对价格、合同条款及其他交易条件可全权处理。多出现在食品、服装等行业。
采购代理商	一般与顾客保持长期关系，代他们进行采购，往往负责收货、验货、储运并将货物送交买主。它们向客户提供有用的市场信息并能以最低价格买到最优质的商品。
佣金商	是对商品具有控制力并参与商品销售的代理商。通常备有仓库，替委托人储存、保管货物。佣金商卖出货物后，扣除佣金和其他费用，将余款汇给委托人。

（三）制造商的销售分支和办事处

制造商的销售分支和办事处处理企业自营批发业务，而不通过独立的批发商进行。这种批发业务可分为以下两种：

（1）销售办事处：生产企业往往设立自己的销售分公司或销售办事处，以改进其存货控制、销售和促销业务。

（2）采购办事处：零售企业在大城市设立采购办事处。这些采购办事处的作用与经纪人或代理商相似，但却隶属于企业。

三 零售业和批发业的挑战与趋势

在电子商务的巨大冲击下，零售业和批发业，尤其是实体店铺的经营每况愈下。2016 年初，沃尔玛宣布全球关闭 269 家店；Tesco 2015 年在英国关闭了 43 家店，2016 年彻底退出了中国，把目前经营的 135 家店卖给了华润；成立于 1893 年的西尔斯百货曾经是美国最好的百货商店之一，却在 2015 年关了 235 家店；国内的万达百货近几年也在陆续关店，2015 年关了 46 家，关闭了济南、唐山、江门、温州、荆州等多个地区严重亏损的门店。这些零售商关店是为了减少亏损，或者将关店节省下来的资金用于大力拓展电商业务。零售业和批发业的挑战和发展趋势具体如下。

（一）零售业的挑战与趋势

1. 越来越重要的零售技术

先进的零售技术可以使零售商与消费者之间更好地联系。如今的消费者已经习惯于快捷便利的在线购买，以及互联网赋予他们的对购买过程的控制力。互联网使消费者可以在他们喜欢的任何时间、地点购物，随时对比竞争性产品及其价格，这是实体零售店无法做到的。

零售技术作为竞争工具变得极为重要。勇于革新的零售商使用先进的信息技术和软件系统来提高预测水平、控制存货成本、与供应商实现电子化互动、实现店铺间的信息传递，以及完成店内商品销售。

越来越多的零售商尝试给实体店引入数字技术来满足消费者的新期望。零售技术的未来在于整合线上线下的购物体验，比如，沃尔玛的目标是将实体店与网络、社交媒体、移动创新融合起来，为顾客提供“随时随地”的购物体验。

2. 绿色零售

现在的零售商越来越注重环保问题。它们不断地“绿化”自己的商店和运营，推广更加环保的产品，开展帮助消费者提高环境责任感的项目，与渠道商合作以减少它们对环境的影响。

许多大型零售商与供应商和分销商合作创建更加可持续的包装和分销系统。绿色零售有助于企业提高收益和降低成本，可持续的实践能吸引支持环保企业和产品的消费者，进而提高零售商的收益。比如，亚马逊与所售产品的生产商紧密合作简化包装，这不仅给消费者增加了便利，而且减少了企业运营成本。

3. 全球扩张的零售商

很多拥有独特风格和强势品牌定位的零售商从本国成熟、饱和的市场抽身，转而向全球扩张。沃尔玛、家乐福等都是极具代表性的国际零售商。

国际零售充满挑战，但也蕴藏着机会。零售商在跨越国家、地区和文化时，不得不面对差异巨大的零售环境。因此，在全球市场上，零售商必须充分理解和满足当地市场的需求。

（二）批发业的挑战与趋势

现在的批发业面临着极其严峻的挑战——更高的效率。近几年的经济环境迫使企业进一步降低价格，剔除不能增加价值的供应商。积极进取的批发商总是在寻求更好的方法来满足供应商和目标顾客不断变化的需求，它们通过提高整个营销渠道的效率和有效性来实现增值。

大型零售商和大型批发商的界限越来越模糊，很多零售商，如批发会员店和超级购物中心，都行使了批发商的职能。反过来，很多批发商正在着手建立自己的零售业务。

批发商会继续增加为零售商提供的服务——零售定价、联合广告、营销和管理信息报告、会计服务、在线交易等。但是，近几年糟糕的经济状况和服务需求的增加，一再挤压批发商的利润空间，使得一些批发商迅速被淘汰。幸运的是，计算机、自动化技术和互联网日益普遍的使用，有助于批发商控制订货、运输和存货保管成本，提高效率。

第 3 节　电子商务渠道

一　电子商务渠道的含义与类型

（一）电子商务渠道的含义

以电子商务平台为支撑的网络营销渠道也具备传统营销渠道的功能。**电子商务（e-business）渠道**就是借助互联网将产品从生产者转移给顾客的中间环节。

电子商务网络营销渠道是指以互联网为基础，以电子商务平台为支撑，将产品从生产者转移给顾客的中间环节，涉及信息沟通、资金转移和产品转移等。一方面，它要为顾客提供产品信息，方便顾客进行选择；另一方面，在顾客选择产品后要能完成一手交钱一手交货的交易手续，即使交钱和交货不一定同时进行。

（二）电子商务渠道的特点

（1）电子商务渠道同传统的营销渠道一样，起点是制造商，终点是最后的顾客或企业。

（2）电子商务渠道的中介模式为电子交易市场，即在线中间商，它们为买卖双方收集信息，同时利用其在各地的分支机构发挥批发商和零售商的作用。

（3）电子商务渠道既可能是在线中间商，也可能是企业的直销平台。使“时尚、轻奢”概念席卷全球的著名珠宝品牌潘多拉在正式进入中国市场前，不仅有企业概念介绍和产品销售的官网，还通过天猫、聚美优品等其他电子商务平台进行营销。

二 电子商务渠道的功能与类型

（一）电子商务渠道的功能

一个完善的电子商务渠道应具有网上谈判、订货、结算和物流配送这四个功能。

1. 网上谈判功能

网上商务谈判系统要能够实现供需双方的在线洽谈和咨询，以及订货前的商务谈判。谈判的内容大致包括产品的价格、规格与质量要求、付款结算方式、供货方式与时间、售后服务等。

2. 订货功能

企业在网上订货与传统方式订货有相同之处，即都要下订单。不同之处在于网上的订单具有网络的特征。订货系统要能够为顾客提供产品信息，与此同时，让商家了解顾客的需求信息，以求达到供需平衡。一个完善的订货系统可以最大限度地减少库存，降低销售费用。

3. 结算功能

顾客购买商品后，可以运用多种方式进行付款，商家也应有多种结算方式。图 11-6 为电商平台美团网的一个订单支付页面，包含微信、银行卡及 Apple Pay 三种主要支付方式。

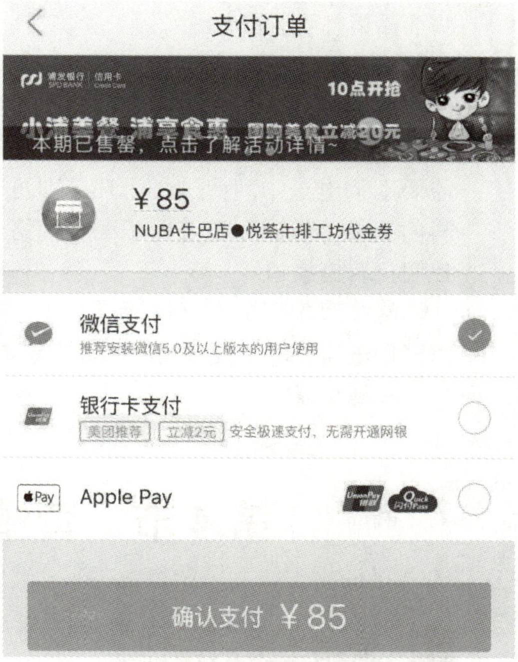

图 11-6 美团网的支付页面

4. 物流配送功能

物流是指计划、执行与控制原材料和最终产品从产地到使用地点的实际流程，并在盈利的基础上满足顾客需求。产品一般分为有形产品和无形产品。无形产品如服务、软件和音乐等可以直接通过网络进行配送。现在许多软件都可以直接从网络上购买和下载，如 QQ 音乐。配送系统则主要解决有形产品的配送问题，正如本章引例所提到的，京东通过自建物流来解决配送问题。

（二）电子商务渠道的类型

电子商务的发展改变了营销渠道的结构。电子商务渠道既可能是中间商，即第三方商务平台，也可能不是，而是企业的直销平台。因此，从总体上可以将电子商务渠道分为网络直接营销渠道和网络间接营销渠道两种（见图 11-7）。

1. 网络直接营销渠道

网络直接营销渠道与传统的直接分销一样，都没有营销中间商，商品直接从生产者转移给顾客或用户。网络直接营销渠道也有订货、支付和配送功能。在网络直接营销中，生产者可以通过建设网络营销站点，让顾客直接从网上订货；可以通过与一些电子商务服务机构的合作，如支付宝等，直接提供支付结算功能，解决资金流转问题；还可以跟

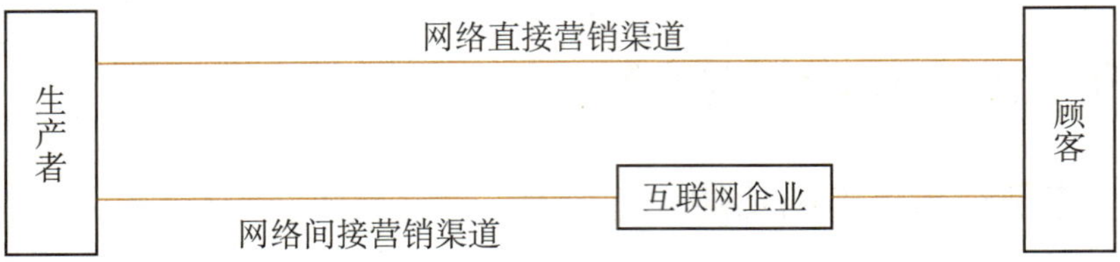

图 11-7　电子商务渠道的类型

一些专业的物流公司进行合作，借助互联网建立有效的物流体系。网络直接营销渠道一般适用于大型商品和生产材料的交易。

品牌官网是网络直接营销渠道最具代表性的体现：兰蔻（化妆品）、苹果（电子产品）、三只松鼠（食品）、优衣库（服饰）等国内外知名品牌都通过自己的品牌官网直接将商品销售给消费者。

2. 网络间接营销渠道

企业一般通过采用互联网技术的中间商提供网络间接营销渠道，由中间商把商品销售给顾客或用户。传统间接营销渠道可能有多个中间环节，而网络间接营销渠道只需要新型电子中间商这一个环节即可。间接营销渠道一般适用于小批量商品和生活资料的交易。然而，随着电子商务网络营销的发展，将来直接营销渠道很可能会完全替代间接营销渠道。

网络间接营销渠道包括：以日常消费品（如化妆品）为主的聚美优品、唯品会等；以家用电器、电子设备为主的苏宁易购、国美在线等；以旅游休闲服务为主的途牛、携程、去哪儿等。

第 4 节　营销渠道的设计与管理

一　营销渠道的设计

营销渠道策略是指制造商通过分析多种影响因素，制定出的有利于将其产品以最有效的方式传递给消费者的分销渠道计划和方案。制造商要使其营销渠道发挥应有的作用，必须制定完善合理的营销渠道策略。针对不同的情况，制造商的营销渠道策略是不同的，营销渠道策略的设计取决于多种复杂的因素（见表 11-9）。

表 11-9　影响营销渠道设计的因素

市场因素	产品因素	企业因素	中间商因素	竞争因素	环境因素
顾客分布 顾客需求	产品价格 产品体积和重量 技术复杂程度 产品品质 产品储藏性和保质性	企业实力 企业销售能力 企业服务能力 企业控制能力	资源和能力 经营范围 营销经验 信誉 财务状况	销售地点 渠道类型 营销渠道密度 产品属性 渠道成员构成	经济环境 政治环境 法律环境

（一）影响营销渠道设计的因素

1. 市场因素

（1）顾客分布。顾客的人数和地理分布对营销渠道策略的制定有重要影响。如果顾客数量较大，并且地理分布范围较广，就适用长而宽的营销渠道，通过多层级的中间环节和众多同级中间商来达到广泛分销和满足市场需求的目的；如果顾客集中在一定地理区域内，就适用短而宽的营销渠道；如果顾客数量较少，需求固定，并且在地理上较为分散，就适用直接营销渠道。

（2）顾客需求。根据顾客对不同产品的差异化需求，选择可以满足他们需求的营销渠道，是制定营销渠道策略必须考虑的根本因素。比如，有些顾客对商品的价格较敏感，企业就应该采用较短的营销渠道供货，以降低渠道运营成本，从而达到降低商品价格的目的。另外，顾客的购买习惯和购买量也存在差异，对于购买量较多、购买频率较低的产品，应该选择较短、较窄的营销渠道。

2. 产品因素

（1）产品价格。一般来说，产品价格昂贵，其销售渠道大多较短、较窄；产品价格较低，其销售渠道大多较长、较宽。例如，日用百货品的生产企业经常把自己的产品卖给批发商，由批发商转卖给零售商，再经零售商卖给最终顾客；而高级服装的生产企业，则愿意把自己的产品直接交给大型百货公司或高级服装商店，由其出售给顾客。

（2）产品体积和重量。在选择销售渠道时，必须考虑运输和储存的费用。一般来说，较轻、较小的产品，由于运输和储存比较便利，费用也比较少，可选择较长、较宽的销售渠道。笨重和大件的产品，如重型机器、水泥及其他建筑材料，由于运输和储存困难，费用又比较高，应选择较短的销售渠道。

（3）技术复杂程度。有些产品涉及专业技术的保护和转移，需要特殊的服务支持，这类产品就适用于短而窄的营销渠道。比如飞机、精密仪器、大型通信交换设备等。

（4）产品品质。对于那些具有较高的品牌知名度、质量好和收藏价值高的产品，其顾客群体较小且较为固定，为了保持产品在市场中的形象和知名度，应采用短而窄的营销渠道加以严格控制；而对于一般产品，则可以采用宽而长的营销渠道。

（5）产品储藏性和保质性。在短期内容易腐烂、变质、损坏的产品，必须采用短营销渠道，避免因为多次转手、反复搬运而造成严重损失；相反，对于易于储藏和保质期长的产品，可以采用长营销渠道。

3. 企业因素

（1）企业实力。企业实力是指企业的声誉、人力、财力和物力。若企业的实力较强，可选择较短的销售渠道，企业可自由选择各类中间商，甚至可以建立自己的销售系统直接销售。若企业的实力较弱，则需要选择较长的销售渠道。比如一些不出名和资金短缺的中小企业，必须依赖中间商进行产品的销售。

（2）企业销售能力。若企业有足够的销售力量，或者有丰富的产品销售经验，就可以选择较短的销售渠道，少用或不用中间商；若企业自身销售力量不足，或者缺乏产品销售经验，就应选择较长的销售渠道，依靠批发商或零售商来销售产品。

（3）企业服务能力。企业有较强的服务能力，能为最终顾客提供较多的服务，则可选择较短的销售渠道，甚至直接对顾客进行销售；反之亦然。

（4）企业控制能力。若企业希望有效地控制销售渠道，则应选择较短的销售渠道；

反之，若企业不希望控制销售渠道，则可选择较长的销售渠道。

4. 中间商因素

中间商的资源和能力以及不同中间商的优、劣势，在进行营销销渠道的设计时也需要认真考虑。中间商在执行运输、广告、储存、接洽顾客等功能，及要求信用条件、退货权利、训练人员、送货频率等方面，有不同的倾向。除这些行为上的差异外，中间商的数目、地点、规模大小等的不同也会影响营销渠道策略的设计。一般来说，具有有利的地理位置、较广的经营范围和丰富的分销经验、良好的信誉和财务状况的中间商，会受到制造商的青睐。

小贴士11-2　拉夏贝尔：渠道网络规模的底线在哪儿?

5. 竞争因素

营销渠道设计还要考虑竞争者的渠道策略。市场中竞争对手的销售地点、产品和服务的特点、市场规模、顾客特性，以及竞争对手分销渠道的密度、性质、类型、成员及结构等因素，都要进行详细的分析。这有助于制造商充分了解竞争者的渠道情况，从而设计渠道竞争策略。

6. 环境因素

在开展营销时要避免与政府的法规和政策相冲突，避免出现价格歧视、非法回扣等。

（二）营销渠道设计的过程

企业可以通过多种营销渠道方式将产品送到消费者手中。如丝芙兰，它拥有自己的线下专卖店，也有自己的官网和微店，还可以授权天猫商城销售；又如苹果公司，在线下有直营店、特许经销商，还与通信公司合作，也有官网等。为了达到最佳效果，企业应当有目的地进行渠道研究和决策制定。**营销渠道设计**（marketing channel design）要求企业分析消费者需求、制定渠道目标、确定主要的渠道备选方案并对这些方案进行评估。

1. 分析消费者需求

营销渠道是顾客价值传递系统的一部分，每个渠道成员和渠道层级都为顾客增加价值。因此设计渠道的第一步就是找出目标顾客希望从渠道中获得什么。一般来说，送货速度快，产品类型丰富，提供的服务全面，渠道服务水平就高。可以从下几个方面衡量渠道服务水平：

（1）可购买批量。批量是指在一次购买中分销渠道能够提供给消费者的产品单位数量。比如在购买服装时，淘宝商家偏好能够大批量购买的渠道（厂家）；而买家只需要至少能买到一件衣服的渠道（店铺）。

（2）等待时间。营销渠道的快捷性非常重要，大多数消费者喜欢快捷的营销渠道。

（3）便利性。便利性是指在空间上分销渠道为消费者提供产品的方便程度。比如，可口可乐公司分销渠道的长度、宽度、密度都达到了非常高的水平，因此消费者可以很方便地买到可口可乐的产品。

（4）选择性。营销渠道应提供更多的产品品种，即更大的产品组合宽度，这样消费者的选择空间更大，有利于消费者留在该渠道内进行购买。

（5）服务支持。是指分销渠道能够提供的配套服务或附加服务，比如信贷、送货、安装、保修等。当然，营销渠道提供的服务支持越多，渠道运营成本越高。

2. 制定营销渠道的目标

企业应该根据确定的目标顾客服务水平来制定渠道目标。营销渠道目标是渠道设计的基础。营销渠道是为一定的细分市场服务的，因而营销渠道的目标应表现为一定的目标服务产出水平。企业的渠道目标常常受到企业的性质、产品、营销中介、竞争者以及环境的影响。在竞争条件下，营销渠道的有效性取决于在其实现预定功能与服务的同时整个渠道的运营成本是否最小。因此，设定渠道目标时应考虑下列三点：营销渠道的效率、营销渠道的控制程度、财务开支。最后，经济形势、法律约束等环境因素也可能会影响营销渠道目标的设计。

3. 确定备选的渠道方案

渠道方案由以下三个方面确定：一是中间商的类型；二是营销中介的数量；三是渠道成员的责任。

（1）中间商的类型。中间商的类型主要包括零售商、批发商和后勤组织三种。公司应该清楚地知道能够承担其营销渠道工作的中间商的类型。一般来说，一定的企业类型或产品类型决定了中间商类型，很多传统类别的产品是通过约定俗成的营销渠道进行营销的。有些公司尝试通过新的中间商对自己的产品进行营销，比如通常放在乐器店里出售的风琴被摆在百货店里销售，反而带来较好的关注度。由于成本或者其他原因，有些公司往往无法利用正规的主渠道营销其产品，在被迫选择非常规渠道时，反而因为没有较强的竞争者而使产品存活并发展起来。

（2）营销中介的数量。企业还必须确定营销渠道的每一个层次使用中间机构的数量。有三种营销策略可以选择：

1）**独家分销**（exclusive distribution）。这种形式的营销策略也可称为排他性营销，是指严格地限制经营产品或服务的中间商数目。采取这种方式的制造商将专卖权只授予少量的经销商，限定它们不得经营竞争者的产品，以便控制经销商的业务，调动其经营积极性，占领市场。由于独家分销能够提高制造商的产品形象，因此获得专营权的中间商被允许制定较高的售价。独家分销常常用于奢侈品品牌的销售。

2）**选择性分销**（selective distribution）。选择性分销介于独家分销和密集性分销之间，是指在给定的地区内，制造商采用多于一家但又非全部愿意经销产品的经销商进行销售。制造商一般要将中间商的选择与产品的特点结合起来。相比于独家分销和密集性分销，选择性分销既有较广的市场覆盖面，又对渠道有较好的控制，成本较低。

3）**密集性分销**（intensive distribution）。密集性分销也可称为广泛性营销，是指制造商尽可能通过零售商店来销售产品或服务，以便让其产品有更多的展露度。消费品中的便利品和工业用品中的供应品通常采取密集性分销，以使广大消费者和用户能随时随地购买。比如，可口可乐、金佰利等企业通常会采用密集性分销。

（3）渠道成员的责任。制造商和中间商需要就合作条款和每个渠道成员的责任达成一致，包括各方遵守的价格政策、销售条件、区域特权和具体服务等。制造商需要为中间商提供价格清单和折扣政策，并规划渠道成员的经营区域。渠道成员所有的责任与义务都应以书面的方式明确，尤其是特许经营和独家分销，以保证产品和服务的质量。

4. 对营销渠道的方案进行评估

企业明确几个可行的渠道方案后，希望从中挑选一个能最好满足其目标的方案时，应该对营销渠道的方案进行评估。评估标准有三个：经济性标准、可控性标准和适应性标准。

（1）经济性标准。营销渠道评估的经济性标准主要是指每个营销渠道方案可能达到的销售量及销售成本水平，从而确定在特定的销售量水平上选择何种营销渠道方案的成本更低，即更具经济性。

（2）可控性标准。可控性是制造商对营销渠道的控制能力。一般来说，只用中间商就意味着制造商对营销渠道失去了部分或全部控制。中间商的数量越多，制造商对营销渠道的可控性就越小。因此，制造商对直接营销渠道、短营销渠道和窄营销渠道的可控性较大，而对间接营销渠道、长营销渠道和宽营销渠道的可控性较小。企业必须进行全面比较、权衡，选择最优营销渠道方案。

（3）适应性标准。在一个特定的时期内，营销渠道成员之间会允诺在某种程度上维持合作关系和履行营销义务。但是，如果制造商与所选择的中间商签订的合约时间较长，而在此期间其他营销方法更有效，制造商又不能随便解除合同，这时制造商在选择营销渠道上便缺乏适应性和灵活性。因此，在迅速变化和充满不确定性的市场上，制造商要建立适应性更强的营销渠道结构和策略。

二 营销渠道的管理

一旦企业经过仔细评估选择了最合适的渠道设计方案，就要进行有效的管理。内容主要包括三个方面：确定渠道成员的条件和责任；选择、激励和评价渠道成员；管理渠道冲突。

（一）确定渠道成员的条件和责任

制造商必须确定每一个渠道成员的条件和责任，并提供给渠道成员足够的盈利机会，有差别地对待每个渠道成员。渠道成员的条件与责任主要包括如下几个方面。

1. 价格政策

制造商要制定明确的价目表和折扣明细单，并保证中间商有利可图，从而将产品快速转移到消费者手中。

2. 销售条件

销售条件是指制造商对中间商制定的付款条件，以及制造商对产品价格水平变化的担保。一般来说，大多数制造商对于付款较快的中间商会给予现金折扣，有的制造商还提供产品价格下跌时的担保，使得中间商可以放心地增加产品的购买量。

3. 地区权限

制造商应该明确在特定地区使用哪些中间商，或者是中间商分销其产品的地区权限。中间商要清楚自己所获得的分销地区权限，以及制造商给予其他中间商的特许条件。

4. 服务和责任

制造商和中间商双方的服务和责任也要十分谨慎地予以确定。尤其是在采用特许经营和独家代理等分销渠道形式的时候，要求双方对服务和相关责任有明确规定，并且在运营过程中严格按照服务标准、产品质量、设备技术水平等执行。若制造商采用密集性分销渠道，偶尔提供给经销商一些推广资料与技术上的服务，经销商就不太愿意提供经营资料以及对顾客购买行为差异的分析报告，或在促销资料分发上不合作。

（二）选择、激励和评价渠道成员

1. 渠道成员的选择

不同的制造商在吸引合格的营销中介的能力上存在差异。在选择中间商的时候，企业应该明确具有哪些特质才是好的中间商，评估和分析中间商的因素包括：从业年限、经营产品的状况、企业增长和盈利的记录、财务状况、合作意愿以及声誉。如果中间商是销售代理商，制造商还要评价其销售产品的数量及其推销队伍的规模和素质。

2. 渠道成员的激励

为了更好地实现营销目标，制造商还必须采取各种措施不断给予中间商激励，以此调动中间商销售其产品的积极性，并通过这种方式与中间商建立一种良好的关系。激励渠道成员的工作可从以下几个方面展开。

（1）了解中间商的需求。要达到较好的激励效果，制造商必须了解：各个中间商的心理状态与行为特征；中间商对顾客及制造商的看法和理念；中间商的兴趣和工作程序；中间商对各种激励的态度；中间商对制造商的产品、价格、促销计划的评价；中间商的实力、问题和弱点等。

（2）选择激励方式。激励中间商的方法很多，不同企业、不同地区、不同产品所采取的激励方法会不同。制造商可以采用正面的激励，如较高的毛利、特殊优惠、各种奖金、合作性广告补助、提供培训、陈列津贴及推销竞赛等；有时也可采取负面的激励，比如，威胁要降低毛利、放慢交货、终止关系等。总结起来，制造商可以通过强制力量、报酬力量、法律力量、专业技术等方式对中间商进行激励。

（3）建立伙伴关系。制造商在处理与中间商的关系时，常依据不同的情况采取三种方式：合作、合伙或分销计划。制造商应有选择地与中间商结成长期的合伙关系。这超越了把中间商当作顾客看待的观念，有利于建立更高水准的合作关系。很多企业都安装了高科技的渠道伙伴关系管理系统（PRM），以协调整个渠道的营销努力，同时，它们也会利用客户关系管理（CRM）软件系统来协助进行重要客户关系管理。

3. 渠道成员的评价

企业必须定期按一定标准衡量中间商的表现，包括：销售指标的完成情况、营销的热情及态度、客户服务水平；平均存货水平、交货时间、损毁和丢失物的处理、促销和培训计划的配合度等。企业应当认可和奖励有卓越表现、为顾客增加价值的中间商；对于表现欠佳的中间商则应给予协助并在必要时进行替换。

（三）管理渠道冲突

制造商希望分销渠道成员之间展开合作，以获得更好的协同效应。然而在渠道成员合作的过程中不能达到意见一致，或者关系变得紧张甚至濒临破裂时，**渠道冲突**（channel conflict）就产生了。表 11-10 总结了三种渠道冲突：垂直渠道冲突、水平渠道冲突和多渠道冲突。

1. 渠道冲突产生的原因

在分销渠道系统中，制造商、批发商、零售商和消费者构成一个复杂的行动整体。由于渠道成员的所有权差别，以及在社会再生产过程中所处的地位不同，渠道冲突产生的原因是多样的：

（1）目标差异。分销渠道冲突产生的一个主要原因是制造商与中间商的目标不一致。

比如，制造商希望通过低价策略迅速占领市场，中间商为了获取更高利润希望实行高价政策。

表 11-10　　渠道冲突的类型

类型	描述
垂直渠道冲突	垂直渠道冲突是同一分销渠道内不同层次的中介机构之间的冲突。比如，零售商抱怨制造商产品品质不良，或者批发商不遵守制造商制定的价格政策等。
水平渠道冲突	水平渠道冲突是同一分销渠道内同一层次的中介机构之间的冲突。比如，制造商的一些批发商可能投诉同地区的另一些批发商随意降低价格，扰乱市场。
多渠道冲突	多渠道冲突是指一个制造商建立了两个或两个以上的分销渠道，这些分销渠道在向同一市场销售产品时产生的冲突。比如，某制造商决定通过大型综合商店出售产品，这会招致该制造商原有的独立专卖店的不满。

（2）知觉差异。制造商可能认为未来一段时间内的经济前景比较好，因而要求中间商多准备存货，而中间商却对经济前景并不看好。

（3）依赖性差异。这种差异是指制造商和中间商互相依赖的程度存在差别。比如，采用独家分销的汽车经销商对汽车制造商的依赖性很大，不得不受制造商产品设计和定价决策的影响。

2. 渠道冲突的解决方法

应该在分析冲突原因的基础上，找到合适的解决方法。分销渠道冲突的解决方法主要有如下五种：

（1）激励手段。对渠道成员的激励可以在一定程度上解决渠道冲突。企业可以对较懒散的渠道成员采用提高利润、补贴、津贴，组织销售竞赛，给予销售奖励等方法达到缓和与解决渠道冲突的目的。

（2）说服协商。让分销渠道成员将问题找出来，共同协商和沟通意见，寻求大家普遍接受的冲突解决方案。

（3）适当惩罚。在激励和协商不起作用的情况下，可利用团体规范，通过警告、减少服务和帮助，甚至取消合作等方法，迫使冲突一方放弃不合作行为。

（4）分享管理权。通过建立合同式垂直分销渠道系统，使制造商、批发商和零售商以契约的形式联合起来，实行有计划的管理，以减少成员内部的冲突；或成立分销渠道的管理委员会，定期商议并决定分销渠道内部的管理事项，以增进相互理解和减少冲突。

小贴士 11-3　七匹狼招安“五虎上将”：解决渠道冲突、培养网络经销商

（5）积极寻求合作。在解决分销渠道冲突时，制造商要主动争取与中间商的合作。制造商可采用提供适销对路的产品、加强广告宣传、支持中间商的促销活动、协助中间商进行市场调查、延长付款期限、协助经营管理等方法。同时，中间商要认真搞好市场调查与预测，采取有效的促销方式，积极推销产品，及时将市场信息反馈给制造商。

第 5 节 物流与供应链的管理

在如今的市场中，销售一件产品有时比将产品送到消费者手里容易得多。企业必须决定仓储、装卸和运送商品的最佳方法，在正确的时间和地点为消费者送上他们想要的产品。物流的效率对顾客满意度和企业成本起着重要作用。本节将对物流的特征和重要性、物流系统的目标与职能以及整合物流管理加以论述。

一 物流的特征和重要性

对于现代物流来说，营销物流远远不止于卡车和仓库。**营销物流**（marketing logistics），也称为**实体分销**（physical distribution），涉及计划、实施和控制产品、服务以及其他相关信息从起运点到达消费地的实体流动，以满足消费者的需求并从中获得利润。简言之，就是将恰当的产品在合适的时间和地点送到正确的消费者手中。

（一）供应链管理

如今的企业更倾向于以顾客为中心的物流思路，它始于市场并反向延伸至供应源。营销物流不仅是输出物流（outbound logistics），还包括输入物流（inbound logistics）以及反向物流（reverse logistics）。这一思路涉及整个**供应链管理**（supply chain management），即管理那些在供应商、企业、中间商和消费者之间流动的，涉及渠道增值的原材料、最终产品和相关信息（见图 11–9）。

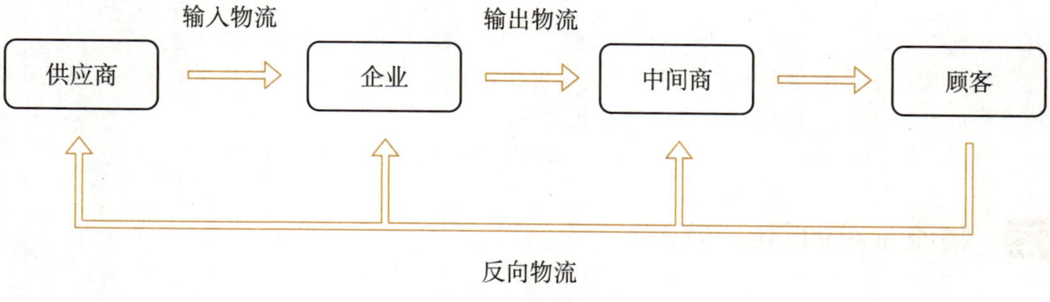

图 11–9 供应链管理

（二）物流的重要性

如今，企业越来越重视物流，主要有以下三个原因：第一，通过改进物流，可以为消费者提供更好的服务和更低的价格，从而获得强大的竞争优势。第二，物流水平的提高可以极大地节约成本。据统计，平均 20% 的成本为运输成本，因此物流成本只要削减一小部分，则意味着产品成本有较大的节约。第三，产品种类和数量的激增从客观上要求物流管理必须改进。订购、运输、储存和控制种类繁多的产品，对物流来说是相当大的挑战。

物流管理对近些年兴起的电商企业显得尤为重要。无论是网络零售商的老大淘宝，还是美妆团购网的聚美优品，它们在网络营销、促销活动中最应注意又最难把关的便是物流。如每年的“双十一”淘宝都要爆仓从而导致整个快递行业瘫痪，又如2013年聚美优品的3周年庆活动力度超前，却使顾客因长达半个月未收到货品而产生强烈不满，迫不得已进行公关。

小贴士 11-4 菜鸟物流

2013年5月28日，阿里巴巴集团、银泰集团联合复星集团、富春集团、顺丰集团、三通一达（申通、圆通、中通、韵达），以及相关金融机构共同宣布：“中国智能物流骨干网”（简称CSN）项目正式启动，合作各方共同组建的菜鸟网络科技有限公司正式成立。“菜鸟”名字小志向大，其目标是通过5～8年的努力打造一个开放的社会化物流大平台，在全国任意一个地区做到24小时送达（见图11-10）。

图 11-10 菜鸟物流

菜鸟网络专注打造的中国智能物流骨干网将通过自建、共建、合作、改造等多种模式，在全国范围内形成一套开放的社会化仓储设施网络。同时，利用先进的互联网技术，建立开放、透明、共享的数据应用平台，为电子商务企业、物流公司、仓储企业、第三方物流服务商、供应链服务商等各类企业提供优质服务，支持物流行业向高附加值领域发展和升级。最终推动建立社会化资源高效协同机制，提升中国社会化物流服务品质。菜鸟通过打造智能物流骨干网，对生产流通的数据进行整合运作，实现信息的高速流转，而生产资料、货物则尽量减少流动，以提升效率。有人认为这种运作模式将颠覆传统物流模式。

菜鸟实质上是淘宝大物流计划，不过这次是阿里巴巴借助第三方物流来实现。阿里巴巴再次搅动电商物流，将引发新一轮电商物流竞赛。

资料来源：搜狗百科 . http://baike.sogou.com/v60608425.htm?fromTitle= 菜鸟网络 .

二 物流系统的目标与职能

一些企业认为物流的目标是以最低成本最大化地提供顾客服务。但几乎所有的物流系统都无法同时做到这两点。顾客服务最大化意味着迅速交付、大量存货、灵活地搭配产品种类、自由退货政策等，所有这些都会提高成本。相反，最低成本往往与前者的要求背道而驰。

营销物流的目标应该是以最低的成本提供既定水平的顾客服务。企业必须了解和分析各种分销服务对消费者的重要性，然后为每个部门制定既定的顾客服务水平。对于企业来说，正确的目标是利润最大化，因此企业要权衡更高水平服务所带来的收益和导致的成本以及竞争者的策略。

确定了物流目标，企业就该着手设计物流系统，这一系统应当以最小成本实现目标，主要包括四种渠道职能：仓储、存货管理、运输和物流信息管理。

（一）仓储

大多数企业必须将待售的产品储存起来，以消除生产和需求在数量和时间上的差异。仓储功能有效地保证了消费者在购买产品时企业能够及时提供产品。因此，企业必须决定仓库的数量、类型以及地理位置。有的企业会采用**储备仓库**（storage warehouse）或**配送中心**（distribution centers）以便更有效地将产品递送到顾客手中。储备仓库适用于企业中长期的货物储存。配送中心则用于配送货物而非仓储。配送中心是高度自动化的大型仓库，它们接收各个工厂和供应商的货物，接受订单并高效地供应相应的货物，从而尽快将货物交付给顾客。

（二）存货管理

存货管理会影响顾客的满意度。具体来说，若存货不足，企业就会面临在顾客需要产品时却出现断货的危险；若存货过量，则会加大存货成本。为了避免这一现象的发生，企业在进行渠道管理时必须在持有大量存货的成本与销售利润之间进行权衡。

准时制（just in time，JIT）物流系统大大降低了存货水平及相关成本。在这个系统中，制造商和零售商只需储存少量的可维持几天的商品，新的存货会在需要时准时到达而不是一直储存在仓库中。此系统要求进行精确的预测以及迅速、频繁和灵活的货物递送，可以大幅降低存货水平和经营成本。

一些大型企业，如沃尔玛、宝洁开始使用射频识别技术（RFID）来管理物流，它能够随时精确地跟踪产品在供应链上的位置。不仅如此，它还可以让企业知晓什么时候需要下单或直接自动向供应商下单。

（三）运输

在将产品运送至仓库、经销商和顾客的时候，企业通常选择的运输模式有五种：卡车、铁路、水运、管道和空运，还有一种数字产品的递送模式——网络。运输公司的选择会影响到产品的定价、递送效率和到达时货物的状况，这些因素对消费者的满意度有重要影响。因此，许多企业开始选择**联合运输**（multimodal transportation）的方式，将两种或两种以上的运输方式相结合来获得单一方式无法实现的优势。

（四）物流信息管理

企业利用信息管理其供应链。渠道伙伴之间通常需要共享信息以便更好地做出物流决策，这时，一个简单、易操作、迅速、精准地获取、处理和分享渠道信息的流程必不可少，而互联网企业更为需要。一些像淘宝这样的大型互联网零售商通常会与宝洁这样的主要供应商保持密切的联系，它们会建立供应商库存管理（VMI）系统或连续更新系统，从而了解销售和存货水平的实时数据。

三 整合物流管理

整合物流管理（integrated logistics management）是指要提供更好的客户服务并降低分销成本，需要企业内部及所有营销渠道之间的团队合作。对于企业内部而言，不同部门必须紧密合作以使企业自身的物流绩效最大化；就企业外部而言，企业必须整合自身的分销网络以使绩效最大化。

（一）企业内部跨职能的团队协作

大多数企业会将物流活动的不同职能分派给不同部门，如营销、运营、采购等。很多情况下，各个部门会努力使自身的物流绩效达到最优而忽视与其他部门的配合。整合物流管理的目标则是协调企业所有的物流决策，因此部门间可以通过组成永久性物流委员会或者设立供应链管理职位来衔接所有的物流活动。

（二）建立物流伙伴关系

企业不能仅仅满足于自身的物流系统，还需要与其他渠道成员共同改进整个渠道系统。很多企业已经建立起跨职能、跨企业的团队来协调物流战略，与供应商和顾客建立紧密的联系；也有企业通过共同的项目进行合作，时刻秉承着以顾客为中心的高效运作的理念。

（三）第三方物流

有些公司会对物流相关工作感到厌烦，因此将其交给**第三方物流提供商**（third-party logistics（3PL）providers）。第三方物流服务不仅可以更加有效且低成本地让产品抵达市场，还可以让企业从枯燥的物流工作中解放出来，更加专注于核心业务。

▶ 基本概念

营销渠道（marketing channel）
分销渠道（distribution channel）
中间商（intermediaries）
渠道层级（channel level）
直接营销渠道（direct marketing channel）
间接营销渠道（indirect marketing channel）
垂直营销系统（vertical marketing system，VMS）
特许权组织（franchise organization）
水平营销系统（horizontal marketing system）
混合营销系统（multichannel distribution systems)
零售（retailing）
服务零售商（service retailers）
直复营销（direct marketing）
直接销售（direct selling）
批发（wholesaling）
批发商（wholesalers）
独立批发商（merchant wholesalers）
经纪人（broker）
代理商（agent）
电子商务（e-business）
营销渠道设计（marketing channel design）
独家分销（exclusive distribution）
选择性分销（selective distribution）
密集性分销（intensive distribution）
渠道冲突（channel conflict）
营销物流（marketing logistics）
实体分销（physical distribution）
供应链管理（supply chain management）
储备仓库（storage warehouse）
配送中心（distribution centers）
联合运输（multimodal transportation）
整合物流管理（integrated logistics management）
第三方物流提供商（third-party logistics（3PL）providers）

▶ 应用与实战

1. 请从线下和线上各选出一个企业，并进行对比分析和评价。这两家企业分别都是什么类型的零售商？它们的目标市场是谁？是如何定位的？每家企业的零售策略能否有效地强化其定位并让顾客满意？

2. 特许经营组织是契约型垂直营销系统中最常见的类型。请上网搜索资料，找到一个你感兴趣的特许经营企业。分析它代表何种类型的特许经营，其营销策略是什么，市场前景如何。假设你有意向投资一家特许加盟店，就它是否具有投资价值写一份分析报告。

3. 请以小组为单位参观本地的一家大型零售企业如宜家、沃尔玛等，并根据本章所涵盖的内容写一份营销渠道分析报告。

▶ 案例

苏宁到苏宁易购的转型

一、苏宁易购

苏宁易购是苏宁电器旗下新一代 B2C 网上购物平台（www.suning.com）。它建立了一个集购买、学习、交流于一体的社区，全面打造出一个专业的家电购物与咨询网站，旨在成为中国 B2C 市场最大的专业销售 3C（计算机、通信产品、消费类电子产品）、空调、彩电、冰洗、生活电器、家居用品的网购平台。苏宁易购于 2009 年 8 月 18 日上线试运营。2010 年 1 月 25 日，苏宁电器在南京总部宣布，公司的 B2C 网购平台“苏宁易购”于 2 月 1 日正式上线，并自主采购、独立运营，苏宁电器由此正式涉足电子商务 B2C 领域。2014 年，拥有自建物流优势的苏宁易购在春节期间“不打烊”，继续向全国消费者提供免运费配送服务。

苏宁易购是建立在苏宁电器采购、物流、售后服务等综合性平台上的新型网站平台。苏宁易购具有苏宁品牌优势、上千亿元的采购规模优势、遍及全国 30 多个省区市 1 000 个配送点 3 000 多个售后服务网点的服务优势、持续创新优势等。苏宁将苏宁易购建成符合互联网经济特色的独立运营体系，组建 1 000 人的 B2C 专业运营团队，形成以自主采购、独立销售、共享物流服务为特点的运营机制，以商品销售和为消费者服务为主，同时在与实体店面协同上定位于服务店面、辅助店面，虚实互动，为消费者提供产品资讯、服务状态查询服务，作为新产品实验基地，将消费者购物习惯、喜好等信息反馈给供应商，以提升整个供应链的柔性生产能力和大规模定制能力。

二、苏宁易购的 B2B2C 模式

苏宁易购的百货渠道采用了 B2B2C 的模式，它包含 B2C 和 B2B 两种电子商务模式。从表面看是苏宁电子网站对消费者，属于 B2C 的电子商务模式。实际上在苏宁易购内部又整合了一个百货业的企业平台，即百货商品的供应商在苏宁的后台开店，但不面向顾客，属于 B2B 的电子商务模式。消费者在苏宁易购下单后，一些百货类的单子直接转到后台对应的某家企业，由这家企业为苏宁易购提供货物，再由苏宁易购的物流配送到消费者手中（见图 11-11）。

图 11-11 苏宁易购网页

所谓 B2B2C 就是半开放平台（淘宝则是全开放平台），供应商的优势是整合产品，而苏宁易购的优势是这个平台，即整合营销和服务。苏宁易购负责监督产品质量，保证所卖的产品都是行货正品，同时为供应商提供物流和客户服务。这样做的好处是：苏宁易购整合了供应商，节省了采购成本；而后台的供应商无须为自建店面而耗费广告投入和仓储物流成本。苏宁集团在传统家电卖场方面具有良好的厂商供应链和销售人才队伍，可以为苏宁易购的供货和销售服务提供宝贵的支持，并且由于苏宁传统卖场的采购量巨大，因此可以以更低的价格拿到商品。

三、物流与服务

物流是苏宁的核心竞争力之一。苏宁先后在全国建立了三级物流配送网络，在北京、南京、杭州、上海、天津等城市建设了现代化的物流基地。通过先进的物流信息系统建设，苏宁实现了平均配送半径80~300千米、日最大配送量 17万台的配送能力，24小时送货到户。通过专业化、机械化、信息化的运作，苏宁形成了长途配送、短途调拨与零售配送到户一体化运作。

苏宁集团在传统家电卖场的经营过程中建设了大量的仓储和物流系统，提高了苏宁易购建设和投入使用的速度。苏宁的仓储和物流建设正在从一线城市向二三线城市布局。依托苏宁多年来积累的供应链采购平台，及其与国内外众多品牌厂商多年的合作，苏宁易购在与商场进行采购谈判时具有价格方面的优势。此外，在产品的种类、型号以及品牌等方面，苏宁易购比其他电子商务网站更加丰富，价格上有一定差异。

苏宁易购与苏宁电器共享信息系统、仓储物流、采购供应链以及培训管理等系统，这大大降低了苏宁易购的运营成本。苏宁易购依靠苏宁已有的供应链体系，将上下游资源有效整合。苏宁易购正式上线第一年收入20亿元，同比增长400%，有较少盈利。由于不同于普通的纯互联网公司，而是依托实体店的物流建设，苏宁易购避免了初创期的巨大投入，目前实现盈利。

2013年5月13日，苏宁易购推出“苏宁门店付款”支付方式，消费者在苏宁易购上购买商品，可以选择在苏宁的任意门店进行支付。这项服务是为了支持苏宁易购“顾客自提”与“苏宁配送”两种配送方式而衍生出来的新型支付方式。此前，苏宁易购有“易付宝支付”“网上银行”“银联在线支付”“快捷支付”“分期付款”“货到付款”等六大支付方式。

四、京东等电商的冲击

电商的崛起正在挤压苏宁和国美这样的传统家电连锁巨头的生存空间。近年来，3C家电类网上商城的迅猛发展培养了一大批网购群体，同时也对苏宁线下实体店的销售额产生了冲击。

自建物流服务体系的京东商城，如今在实体零售商沃尔玛的加盟下，有效地将线上线下资源有效整合，方便消费者购物。京东的成功使得众多电子商务企业开始重视自建物流，纷纷加大资金投入物流服务体系的开发。

然而，苏宁易购能够依托苏宁集团建立的连锁店、物流中心和售后服务网点，完善的物流体系是其与京东竞争的一大砝码。线下消费者对苏宁品牌的认可会帮助苏宁易购提升品牌认知度。因此，如何完善物流服务、提升顾客体验来迎接电商的挑战，是苏宁易购应解决的一个难题。

思考题

1. 从营销渠道角度分析，苏宁易购在发展中有哪些机遇与挑战？

2. 请简述苏宁创建苏宁易购在渠道策略上的重要意义。

3. 请辩证论述苏宁实体店对苏宁易购商城的重要作用。

4. 请查询相关资料并从物流和供应链管理的角度分析天猫、京东、苏宁三大电商巨头的优劣势，并为苏宁易购的发展提供具有参考性的建议。

资料来源：1. 李琼 . 苏宁易购网络营销策略研究 . 现代营销：学苑版，2016（8）：50–51.

2. 郭永芹 . 苏宁易购 SWOT 分析 . 合作经济与科技，2015（17）：62–64.

3. 王乐鹏，谭峥嵘 . 电商新兵苏宁易购的竞争策略研究 . 市场论坛，2013（7）：76–77.

4. 靳伟国，胡健，李也白 . 浅析电子商务新贵苏宁易购的发展与未来 . 微型机与应用，2011，30（17）：1–3.

▶ 参考文献

［1］蒋佩芳，夏冰，张斯．双十一未到战火先燃：天猫京东苏宁各打各的牌．（2016-10-25）．中国经济网．

［2］搜狗百科．http://baike.sogou.com/v305794.htm?fromTitle= 京东商城．

［3］双十一电商大战提前上演“三国杀”．（2016-10-23）．搜狐财经．

［4］李怀斌．市场营销学．北京：清华大学出版社，2007.

［5］董大海．营销管理．北京：清华大学出版社，2010.

［6］菲利普·科特勒，加里·阿姆斯特朗．市场营销：原理与实践：第 16 版．北京：中国人民大学出版社，2015.

［7］格雷格·W. 马歇尔，马克·W. 约翰斯顿．营销管理精要．北京：北京大学出版社，2015.

［8］孟韬，张东伟．企业与消费者的联盟：营销组织的新视角．中国流通经济，2001（2）：54-56.

第 12 章

大众传播策略

学习目标

- ▷ 理解营销传播过程，以及整合营销传播的步骤。
- ▷ 了解广告在整合营销传播中的作用以及广告传播管理的基本内容。
- ▷ 了解公共关系在整合营销传播中的作用及其主要工具。
- ▷ 了解销售促进在整合营销传播中的作用以及不同市场的销售促进工具。
- ▷ 了解人员推销实施的过程、技巧以及销售人员管理的步骤。

引例 飞跃冰河

2014 年 1 月 12 日上午 11 点，数千万中国的 NBA 球迷像往常一样，打开电视准备收看央视体育频道每周雷打不动的 NBA 直播。出乎意料的是，这一次，他们没有看到熟悉的美国篮球赛场，画面上出现的是万里之外的中俄边境城市——黑河，眼前是一幅冰天雪地的场景：在高 7 米、长数百米的跑道上，一辆车身涂有醒目的“LOPAL”标志的赛车在阳光的照耀下闪闪发亮。几分钟之后，这辆疾速飞驰的赛车冲上跑道，在空中飞越江面之后，以一个惊险的侧翻姿势安然无恙地落在预定的区域之内，现场一片欢呼。随后，认证机构现场公布了这次飞越的成绩：冰面温度零下 41.2 度，飞越距离 64.3 米——一项新的世界纪录诞生了（见图 12-1）。

许多不甘寂寞的 NBA 球迷立刻开始了“人肉搜索”——到底是何方神圣能够使央视的 NBA 直播让路？这在央视体育频道的历史上还是破天荒头一回。同时，零下 40 度的户外现场直播也创造了央视的一个纪录。这么大的一场活动到底是谁干的呢？

很快，他们根据车身上的“LOPAL”字样找到了答案，这是国内最大的民营润滑油品牌“龙蟠润滑油”的英文商标。飞越的赛车以及车手头盔、赛车服上面的“龙蟠至尊”“净威”“喜压”等名字，都是龙蟠旗下润滑油产品的品牌名称。这次大型活动其实是龙蟠润滑油这一品牌进行的一次事件营销。而这次飞越黑龙江的“亚洲新飞人”则是龙蟠润滑油的品牌代言人——昔日“飞黄”名人柯受良在内地的关门弟子谢雨均。

图 12-1 飞越冰河

在央视直播的同时，手机上的搜狐新闻客户端也对这次飞越进行了全程直播，紧接着，在飞越结束之后短短十几个小时之内，新浪、搜狐、网易、腾讯、凤凰、优酷等各大门户网站及其手机 APP 纷纷在首页、首屏对这一新闻进行了报道。QQ 在 PC 端的迷你官网新闻区免费给了一个首页焦点图，连号称“从不出售”广告位的微信也无偿进行了新闻推送。要知道，QQ 的用户是 8 亿，微信的用户是 6 亿。

龙蟠采用了这样一种本质是公共关系活动的传播方式之后，大大提高了其在消费者心目中的地位。一个看似默默无闻的润滑油品牌，加上一个几乎无人知晓的车手，创造出 2014 年开年影响力第一的营销传播传奇。

资料来源：飞越冰河：2014 年中国企业品牌传播的经典案例 .（2014-02-27）. 美通社 .http://www.prnasia.com/story/archive/prna_086_1401077-1.

第 1 节 整合营销传播与促销组合

一 营销传播

营销传播（marketing communication）是企业直接或间接地告知和提醒消费者其销售的产品和品牌信息的方法。对企业而言，生产出来的产品只有最终到达顾客的手里才能实现企业的战略和财务目标等。因此，企业的市场营销活动必须考虑如何把产品、服务、品牌的信息传递给顾客。另外，现有市场上存在不少与企业争夺客户资源的竞争者，企业要想准确地让顾客得到自己产品或服务的相关信息，就必须设计独有的传播策略来减少噪音以实现信息的传播。

传播（communication）是传递、接收和加工信息的过程。当个体、群体或组织想要传递一个观点或信息，并且接收者（其他个体或组织）理解这些信息时，传播就发生了。图 12-2 所示的传播模型展示了信息传播的过程。

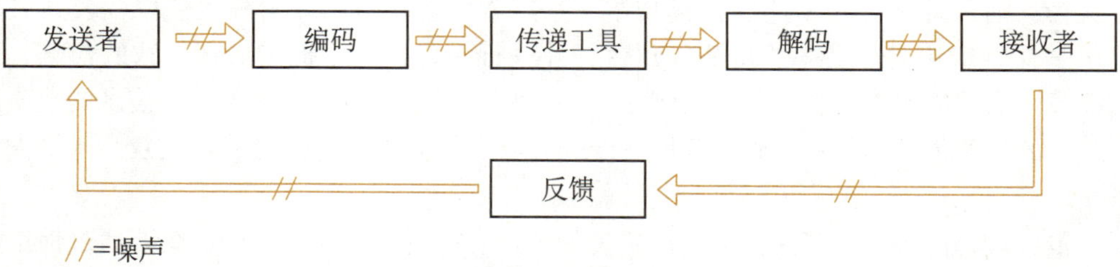

图 12-2 传播的基本过程

传播在广告和市场营销过程中发挥着重要作用。假设一个消费者计划到快餐店就餐，而肯德基想通过营销传播来吸引这位顾客。根据传播模型，肯德基首先要求自己的营销部门或者外包的广告团队将所要传播的信息制作成完整的产品广告，然后通过电视、广告牌、车体广告、优惠券、传单、微信公众号推送等方式将产品广告发布出来。当看到这些广告时，消费者会对广告上的信息进行解读，可能会解读到食物的香味，也可能会解读到大幅优惠。当消费者了解相关的信息之后，会决定光顾肯德基。这样就形成一个完整的传播过程。但是在这个过程中，消费者也看到了麦当劳的广告，如果通过比较会为之心动，说明这个传播过程受到了影响。

上述例子说明了营销传播过程的七个要素：

（1）发送者（senders），是指产生营销信息的主体。在营销传播过程中，发送者一般指相关的企业，在上述例子中就是想要吸引顾客就餐的肯德基。

（2）编码（encoding），是指形成语言和非语言线索。在市场营销过程中，广告创意人员产生点子，并将这些点子转换成能吸引客户注意的信息。

（3）传递工具（transmission devices），是指将营销传播信息传递给客户的各种媒介。媒介渠道可能是电视报纸等传统媒体，也有可能是互联网、手机短信、微信公众号等新媒体。

（4）解码（decoding），是指将营销传播信息传递给客户后客户对信息的解读。解码的途径多种多样，消费者不仅可以看到、听到相关的产品信息，也可以闻到、摸到产品的信息，比如一些公司提供的产品展示。

（5）接收者（receivers），是指营销传播信息的接收者。只有当接收者能够解码或者理解发送者传达的信息时，这个传播过程才是有质量的。

（6）反馈（feedback），是指接收者对发送者发送信息的反应。在营销传播过程中，反馈包括咨询、购买、投诉、访问网站等。

（7）噪声（noise），是指任何对信息造成扭曲和干扰的东西。噪声可以发生在传播过程的任何一个阶段。影响营销传播的最常见的噪声形式是广告的信息超载（clutter）。

图 12-2 的传播模型表明，在营销传播过程中，市场营销人员要关注沟通模型中的每个元素，善于按照目标受众的需求与偏好进行信息的编码，并引导目标受众进行解码，避开各种噪声，确保所有受众能接收到连续一致的信息。向消费者或其他相关人员的传播绝不仅仅是做一些有吸引力的广告，真正有效的整合营销传播需要将各种活动整合成完整的计划，并能有效地接触到目标受众。

二 整合营销传播

整合营销传播（integrated marketing communication，IMC）被美国广告同业协会定义为：通过评估各种不同的传播技术——广告、直复营销、销售促进以及公共关系等——在特定传播计划中所扮演的角色，并进行整合，使之提供清晰一致的信息，以发挥最大的传播效果。整合传播营销是一种向目标消费者传达品牌和公司信息的战略手段，目的是使传递的信息清晰、简明、统一且具有针对性，以便对特定受众产生最大的影响。

整合营销传播强调产品信息向消费者的传递。在营销传播过程中，企业通过促销组合的方式来使消费者了解、知晓企业的产品或服务。**促销组合**（promotion mix）也称**营销**

传播组合（marketing communication mix），包括广告、销售促进、公共关系、人员推销、直复营销等方式。表 12-1 阐释了各种促销手段的含义和常用工具。促销组合决策强调分别评估这些方式，进而决定是否对促销组合中的一个或多个元素进行投资，以促进产品或服务的销售。整合营销传播是使用这些促销组合进行的传播，但与传统的促销组合不同，它强调传播是一个整体，是一个相互关联的决策过程，与总体品牌信息相关，并且信息传播针对不同的消费群体具有"量体裁衣"的特征（见图 12-3）。

表 12-1　各种促销手段及常用工具

促销手段	定义	常用工具
广告	以付费方式进行的有关商品、服务和创意的非人员的展示和促销活动。	四大传统媒体（报纸、杂志、电台、电视）广告、印刷广告、外包装广告、包装中插入物、电影画面、招贴和传单、工商名录、广告牌、陈列广告、销售点陈列等。
销售促进	各种鼓励购买商品和服务的短期刺激。	竞赛游戏、兑奖、彩票、赠品、样品、交易会和展销会、示范表演、赠券、回扣、低息融资、款待、折扣等。
公共关系	一系列用来与公司的各种公众建立良好关系的活动。	报刊文章、演讲、研讨会、年度报告、慈善捐款、捐赠、出版物、游说、公司杂志、事件等。
人员推销	与一个或多个可能的买主进行面对面接触，以介绍、解答和促进产品销售，获取订单。	推销展示、销售会议、奖励节目、样品、交易会和展销会等。
直复营销	使用邮寄、电话、传真、电子邮箱和其他非人员接触工具进行沟通或征求特定顾客与潜在客户的直接回复。	产品目录、网络、电视、电子邮箱、电话、手机等。

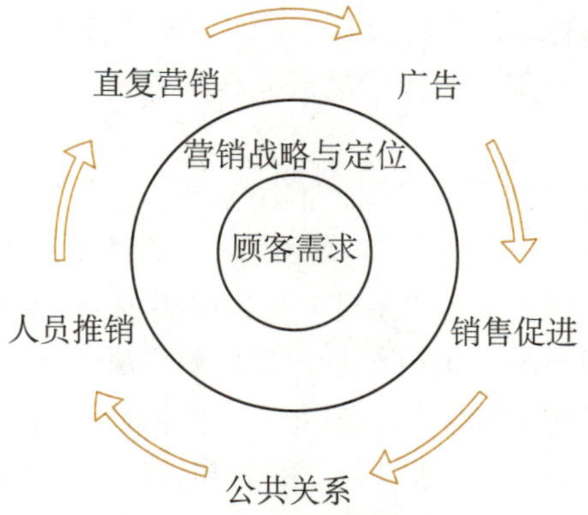

图 12-3　整合营销传播

三　整合营销传播的步骤

营销人员在设计和管理营销传播时，通常要采用以下步骤：确定传播对象、决定传播目标、设计传播信息、选择传播渠道、编制促销预算、决定促销组合、管理和协调营销传播、评价传播与促销效果。这些步骤也适用于广告、销售促进等促销手段的设计与管理过程。

（一）确定传播对象

企业的传播对象首先是目标市场顾客，包括现有和潜在顾客。其次，包括那些对目标市场顾客作出是否买、何时买、怎样买和买多少等决定具有一定影响力的个人、组织和公众等。如第 8 章关于市场细分的内容所述，企业可以通过消费者细分的方式来确定目标市场顾客，常见的消费者细分方式包括人口统计细分、心理细分、地理区域细分、地理人口细分等。

小贴士 12-1　你的传播对象是几零后?

除了几种主流的世代细分方式外，也可以根据消费者所属年代进行世代细分。相同世代的人有一些共同的经历、共同的爱好，不同世代的人的消费观念、消费特征和消费欲望大不相同。在我国比较盛行的几零后分类中，70 后承上启下，保留了上一辈吃苦耐劳、节俭勤勉的习惯，而 80 后、90 后充当了消费的主力军，成为商家竞相争夺、重点营销的消费者群体。

80 后成长在改革开放之后，看过日本动漫、各类美剧，读过韩寒、郭敬明等作家的作品，玩过魔兽，热衷网购。在消费行为上，有人给他们冠以“ATM 世代”的称号，即缺乏积累（Accumulation shorten），乐于消费（Tingled on consumption），不做计划（Making no plan）。90 后成长在 QQ、追星、网游、日漫盛行的年代，他们从小就有名牌意识，比 80 后更加追求个性化消费，标榜自我，紧跟潮流，追求个性的“酷”。

抓住各个年代消费者的特点，能够有效地指导企业进行营销传播。比如华夏电影公司和北京聚合影联文化传媒有限公司引进发行的《名侦探柯南：纯黑的噩梦》以及北京光线影业有限公司等引进发行的《你的名字。》等影片，其主要的传播对象就是我国的 80 后、90 后消费者。

（二）决定传播目标

传播目标是传播活动要求达到的预期结果。信息传播者需要在了解传播对象的需求、偏好、接触媒体的习惯，及其对企业产品或品牌的识别、认知和倾向性的基础上，确定一系列具体的传播目标。

营销传播目标与市场营销目标不同。市场营销目标是针对整个公司制定的，一般比较概括。相反，营销传播目标是非常具体的内容，常见的营销传播目标有建立品牌知名度、提高品类需求、改变顾客信念或态度、促进购买行为、鼓励重复购买、增加客流量、提高公司形象、提高市场份额、提高销量、强化购买决策等。大型公司可能会为其产品组合中的各个品牌分别设定传播目标。另外，一些传播计划可能会一次性完成一个以上的传播目标。比如，同一个广告可以既建立品牌知名度，又塑造品牌形象。

（三）设计传播信息

在确认传播对象和传播目标后，接下来就要为传播对象设计有效的信息，包括设计信息内容、信息结构、信息形式和信息源。

1. 信息内容

信息内容主要是为传播对象提供的诉求。诉求主要有三种类型：

（1）**理性诉求**（rational appeals），即以购买者可以感知的主要利益作为说服理由。与理性诉求相联系的信息包括产品的功能、质量、性能、价值、价格或顾客可感知的其他利益等。消费者在购买大件或贵重物品时，通常会收集大量信息，并仔细地进行比较和选择。此时，理性诉求最为有效。比如，在大街小巷都会听到的 58 同城的广告，它充分展示了 58 同城能够为消费者带来的实际利益。

（2）**感性诉求**（emotional appeals），即通过诱发否定、肯定或喜好等情感类因素以促使顾客确信或购买。对于许多商品，如床上用品、起居用品、日常用品（如时装、牙膏、饮料、烟酒）等，感情诉求的效果更明显。当产品没有明显差别，或购买者不易把握其质量或差异时，感情诉求常常是比较好的选择。比如在 2016 年初，百事可乐邀请六小龄童出演的微电影《把乐带回家之猴王世家》唤起了消费者关于《西游记》的记忆，引发了消费者的情感共鸣。

感性诉求还包括恐惧性诉求和肯定性诉求。前者指传播引发恐惧、羞愧等的信息，促使人们去做该做的事情（如刷牙）或停止不该做的事情（如吸烟）。适当强度的恐惧性诉求在短期内可能有显著效果。肯定性诉求指传播包含幽默、喜爱、愉快、欢乐等内容的信息。幽默的信息可以吸引更多的关注，产生较多好感。

（3）**道义诉求**（moral appeals），主要用来引导受众对正义或错误、公益或公害等事物或行为的正确态度。道义诉求在公益广告或者企业希望淡化商业广告气息的传播活动中较多采用。比如央视播出的讲文明树新风公益广告，呼吁广大公民建设精神文明；曾经备受争议的新广告“标王”哈药六厂制作了倡导孝敬父母的小孩为妈妈洗脚的电视广告。

小贴士 12-2 中国十大经典营销传播诉求

从 20 世纪 90 年代到 21 世纪，中国的营销快速发展，诞生了很多经典的营销传播概念，它们各自在广告语中创造了很好的传播诉求：

- 白加黑传递了“白天服白片，不瞌睡；晚上服黑片，睡得香”的理性诉求；
- “有效除菌护全家”让舒肤佳传递杀菌清洁的理性诉求；
- “今年过节不收礼，收礼只收脑白金”让脑白金向消费者传递送礼首选的感性诉求；
- 乐百氏传递了“27 层净化”的理性诉求；
- “农夫山泉有点甜”传递了甘甜天然水的理性诉求；
- 借助滑稽的父子俩形象，农夫果园传递了果汁含量高、“喝前摇一摇”的兼顾差异化的理性诉求和有趣的感性诉求；
- 金龙鱼 1 ∶ 1 ∶ 1 传递了“最佳营养配方”的理性诉求；
- 采乐洗发水传递了杀菌止屑的理性诉求；
- 海尔氧吧空调传递了保证室内氧气充足的理性诉求；
- 汇源果汁冷灌装传递了新鲜、营养成分不变的感性诉求。

2. 信息结构

传递信息的目的在于说服。说服的方式有单面论证、双面论证、提出结论和提出问题等。

（1）单面论证。指仅展示产品优点或结论的单面信息，强调先入为主。在产品具有明显的优势特征，或传递与受众已有倾向较为一致的信息时采用。

（2）双面论证。指同时传递包含优点和缺点的双面信息，强调信息的真实性和可信性。在受众受教育程度较高，或受反面宣传影响较多时，双面论证往往更有效。

（3）提出结论。即先提出结论，后陈述问题或解决问题的办法。在单面论证中，一开始就提出强有力的论点有助于吸引注意力和引起兴趣，但是有忽视受众智商或认知之嫌，在竞争性市场或行业，或面对主动性受众以及知识差别较大的受众时，往往难以取得理想的效果。一个成功的提出结论式营销传播的例子是 2016 年上映的周星驰导演的作品《美人鱼》，在网络上“欠星爷的电影票该还了”的句子不断出现，吸引消费者的注意，这种提出结论式的营销传播策略使该电影最终斩获 33.89 亿元的高额票房。

（4）提出问题。即先提出问题，后提供有关数据或分析，通过启发让受众自己得出结论。该方法主张尊重消费者，启发积极思考，在竞争性市场或行业，或面对主动性受众时更为适用，缺陷是吸引受众注意的作用较弱，应与吸引注意力的辅助手段结合使用。一个比较典型的案例是英特尔的提问式广告，通过“一家不生产计算机的公司能否改变计算机行业的发展进程？”“微处理器是否能够帮助企业解决技术难题”？“一个细微的技术（CPU 技术）能否解决企业的大问题？”这三个问题，英特尔塑造了一个近乎完美的品牌形象。

3. 信息形式

传播者必须为信息设计有吸引力的形式。有吸引力的信息形式应当在遵循受众接受规律或习惯的基础上，在具有不同刺激强度的信息，布局和配置，以及主信息和辅助信息之间进行合理的设计与安排。例如，在印刷广告中，标题、文稿、插图和颜色的配置与布局就很重要。有吸引力的图片、颜色和大字标题，独特的版面设计，信息长短和位置排列，以及浏览顺序的安排等，都会影响传播效果。如图 12–4 所示，阿里集团出品的专门为企业设计的免费移动办公平台钉钉的印刷广告明确地指出使用竞争对手产品的缺点，从而突出了自身产品的独特定位。故意使用大字号、黑体的“X 信”，以及大块绿色、蓝色色块，视觉冲击力极强。

图 12–4 阿里钉钉印刷广告

4. 信息源

信息源指营销传播中信息的发布者或直接传播者。在人际和非人际沟通中，受众对沟通者的看法也会影响其对信息的接受程度。有吸引力的信息源常常能将吸引力恰到好处地转移到产品或品牌上。来源可靠的信息往往更具有吸引力。例如，舒适达在其牙膏广告中通过牙医专家来发布信息，增强了该广告的可靠性与吸引力。此外，使用名人等代言也能增强营销信息的吸引力，因此不少企业会通过名人代言来进行产品的宣传。比如，瓜子二手车请孙红雷为其做宣传。在实际的广告中，我们也会看到使用普通平民作为传播信息源，企业采用这类信息源的目的是通过目标受众的共鸣来增强传播信息的吸引力。

小贴士12–3 标题党：可恶还是有效的传播？

（四）选择传播渠道

传播渠道主要有两大类，即人员传播和非人员传播。每类渠道又由若干子渠道组成。企业要就两类渠道进行配置。

1. 人员传播

人员传播指在两人或多人之间直接进行的信息传播，即销售人员与潜在顾客进行的面对面沟通。这在屈臣氏等超市和百货商店以及工业品营销中非常普遍。主要优点包括：可直接获得信息反馈，特别适用于根据用户特性进行的个性化传播，对于特殊用户或大用户，往往非它莫属。主要缺陷是传播范围较小，按用户计算的单位传播成本相对较高等。

2. 非人员传播

非人员传播指通过传播媒体，即非人员传播方式进行的信息传播，主要有媒体传播、气氛传播和事件传播。媒体传播包括通过印刷媒体（报纸、杂志、直邮）、广播媒体（收音机、电视）等进行的传播，是非人员传播的主要形式。气氛传播指借助某种氛围进行的信息传播。例如，新年和春节时，商场通过张灯结彩、播放喜庆的歌曲来营造节日的氛围，以促使消费者购买。事件传播是借助随机或人为事件，向特定目标受众群体进行的信息传播。例如，公共关系部门可能将一次产品事故变成企业改进产品品质的宣传活动等。

人员传播通常是工业品企业的主要信息传播渠道，而对大多数消费品企业来说，非人员传播可能是更重要的传播渠道。

（五）编制促销预算

公司面临的最艰难的营销决策之一就是应该在促销上花多少钱。百货业巨头纳梅克曾经说过："我知道我的广告费有一半被浪费了，但不知道是哪一半。我花 200 万美元做广告，但我不知道这笔钱是只够一半还是多花了一倍。"因此，不同行业和公司在促销支出上存在很大差别就不足为奇了，消费品的促销费用可能占销售总额的 10%~12%，化妆品大约为 14%，工业品只有 1%。在特定的行业中，既有促销费用很低的公司，也有在促销上投入大笔金钱的公司。尽管如此，促销预算的制定对企业来说仍是十分重要的。促销预算一方面可以为营销传播提供强有力的支持；另一方面是检验营销传播活动合理性、促使降低成本和提高效率的重要管理方法之一。常用的促销预算制定方法有量力支出法、销售额百分比法、竞争对抗法和目标达成法等。从上述方法的名称中大体可以看出各自的特点和差异。

（六）决定促销组合

企业全部促销组合的运用应当是一种整体行为，目标和衡量标准应当是整体促销活动的高效率和低成本。企业通常会采用增加高效率促销工具的投入和减少低效率促销工具的支出的方法，来改善促销组合的效率。当促销活动的总体效果最好而费用较少时，促销组合就达到了最佳状态。选择先进的决策技术有助于这种最佳状态的实现。

营销人员在设计和管理一个全新的促销组合，或者对一个低效率的促销组合进行大幅调整时，需要了解影响促销组合的主要因素并掌握必要的行业经验。这些因素主要有：产品市场类型；推式和拉式战略；消费者购买行为阶段；产品生命周期；企业产品的市场地位等。

1. 产品市场类型

促销工具的有效性在消费品市场和工业品市场有很大差异（见图 12-5）。经营消费品的企业一般会把大部分资金用于广告，接下来是销售促进、人员推销、直复营销和公共关系等。而工业品企业通常会把大部分资金用于人员推销，其次是销售促进、直复营销、广告和公共关系等。

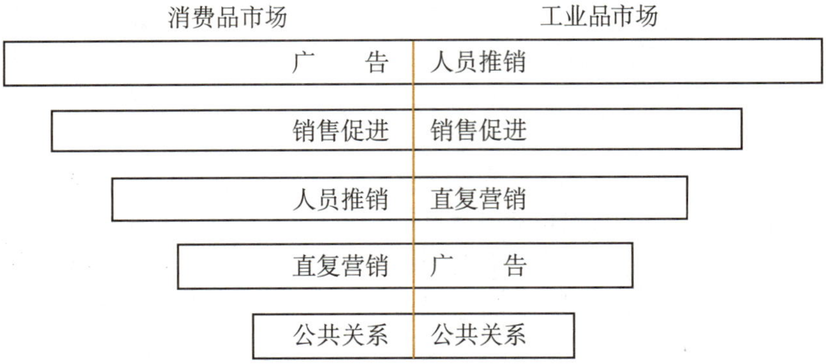

图 12-5　促销工具在消费品市场和工业品市场的差异

一般来说，人员推销多用于销售昂贵的、有风险的商品以及少数大买主市场。在工业品市场上，尽管广告的作用次要一些，但它在提高企业及品牌知名度、克服销售人员与用户接触的障碍上仍然起着重要作用。

2. 推式和拉式战略

推式战略一般要求更多地使用人员推销和面向分销商的促销，即通过向各级分销渠道积极推销产品，使终端顾客通过接触终端陈列的产品而选择购买。推式战略中用于人员推销和销售促进的费用要多于广告支出。拉式战略与推式战略相反，通常要求在针对最终用户的广告和销售促进上分配更多的资金，即通过刺激最终顾客的购买需求，来推动各级分销商的订货需求。拉式战略往往更加注重和利用品牌效应。在拉式战略中，广告与销售促进的适当配合更为重要（见图 12-6）。

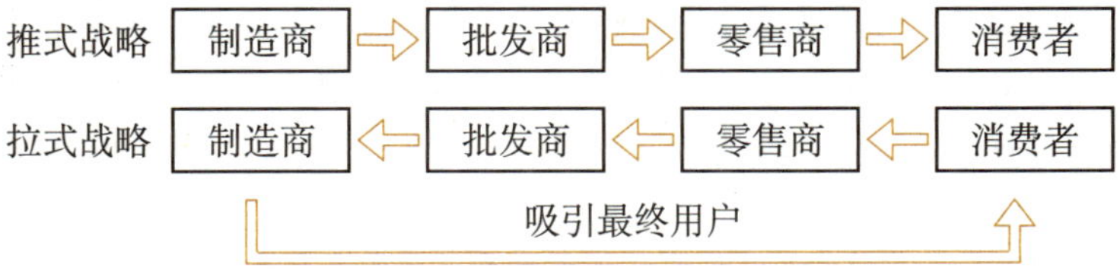

图 12-6　营销传播中的推式和拉式战略

3. 消费者购买行为阶段

新产品的消费者采用和购买过程大致包括知晓、兴趣、评价、试用和采用五个阶段。在前两个阶段，即知晓和兴趣阶段，广告的效应常常是主要的和不可替代的。在评价和试用阶段，广告的效应减弱，人员推销和销售促进的效应变得更大。在正式采用或重复购买阶段，广告的提醒效应和与之密切相关的品牌效应会变得相对重要。

4. 产品生命周期

在产品生命周期的不同阶段，用户对产品的认知和态度有很大差别，因而各种促销工具的成本效应也有较大差异。如图 12–7 所示，在产品生命周期的不同阶段，各种促销工具在促销组合结构中会产生规律性的变化。一般说来，在导入期初期，广告的成本效应通常最高。在整个导入期和成长期，广告的成本效应逐渐降低，但作用仍很重要。而在成长期向成熟期过渡中及整个成熟期，销售促进的作用开始增大，广告和人员推销的成本效应明显加强。在衰退期，除了销售促进的成本效应达到最高点外，其他促销工具的作用都明显降低。

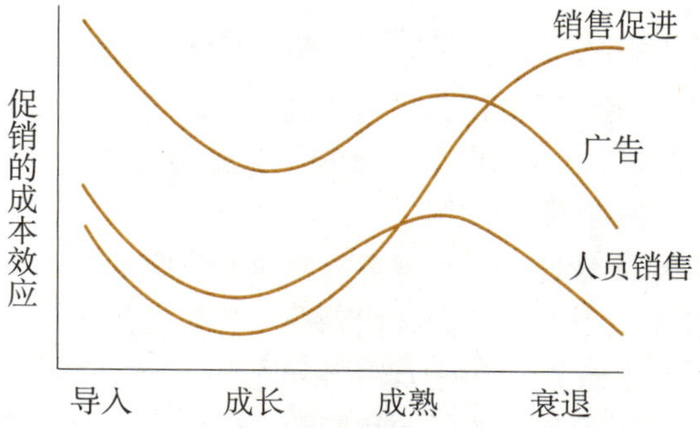

图 12–7 产品生命周期不同阶段促销的成本效应

5. 企业产品的市场地位

企业产品的市场地位越高，品牌效应越强。随着市场地位的下降，品牌效应也随之下降。因此，对于强势品牌，广告支出的比重要大一些；而市场地位处于中间或稍后的品牌，销售促进的支出比重通常会高一些。

（七）管理和协调营销传播

20 世纪 90 年代以来，越来越多的企业应用了整合营销传播理论。但制定和实施一项整合营销传播计划通常是复杂而琐碎的，需要很多人共同努力。企业可以通过自身营销部门的创意形成整合营销传播策略，也可以将其外包给广告代理公司（advertising agency）。广告代理公司是专门致力于创意、生产和投放传播信息以及提供推进营销和促销过程的服务的外部公司。不少企业都选择使用广告代理公司来制定营销方案。例如，卡夫食品有八家代理公司为其不同品牌服务；宝洁使用八家主要代理公司以及两家大型媒介购买公司。这种通过外部代理公司制定营销传播计划的企业一般会面临沟通问题。企业若想有效地管理这种形式的营销传播，需要设计合理的内外部沟通协调机制。另外，部分大型企业会单独设立公共关系部门，在实施整合营销方案时，除了部门间协调外，还需要协调好营销部门和公共关系部门的关系。

（八）评价传播与促销效果

企业需要经常评估其经营的好坏，传播和促销也不例外。企业在评估传播和促销时，应当定期关注两类结果：沟通效果、销售和利润效果。沟通效果评估是判断企业信息传播是否有效的一种方式，一般可以通过传播测试进行。在所传播的信息推出前，企业可以向受众展示相关信息，询问他们的感觉，并且测量信息的回忆程度或态度的前后变化。在信息发布后，企业可以测试这些信息如何影响消费者回忆或产品认知，也可以对整个信息传播进行沟通效果的事前评估和事后评估。销售和利润效果评估是与过去的广告费用和销售、利润额做比较的一种方法，这种方法能够直观地比较，判断企业所采用的传播和促销方案是否使企业获利。

尽管以上两种方法为评估传播和促销效果提供了一种参考，但是由于企业的传播与促销活动往往还会受到一些不可控因素的影响，所以精确测量和评估其效果非常困难。

四 整合营销传播的新趋势

很多因素都对营销传播领域产生了影响。经济压力让那些聘请广告代理机构的公司管理者意识到，不能无限制地将钱花在营销活动上。逐渐兴起的社会趋势对营销信息及其传播手段产生了影响。新技术的产生也影响了营销传播领域。在上述因素的作用下，营销传播领域出现了以下三个新的趋势：

第一，强调结果的可测量性。越来越多的企业要求广告公司拿出有形的结果，以此来降低企业在营销传播上的费用。例如，优惠券、折扣或其他一些广告活动必须能够引起销售额、市场份额、品牌知名度等可观测指标的变化，才会被认为是成功的。

第二，企业营销的关键参与者的任务和职责发生变化。营销计划参与者的任务和职责发生了变化，其中包括广告代理公司的客户主管、品牌经理、创意人员。不断增长的对结果可测性的要求促使广告代理公司的客户主管必须仔细审查每个市场活动，并且提供活动成功的证据。随着传播渠道越来越多，品牌经理不得不花时间和精力整合、协调各个品牌传播沟通活动中的个体或机构，以确保消费者接收到一致的信息。随着传播渠道增多，消费者接收到的信息量也大幅增加，其注意力越来越难以被吸引，因此创意人员除了要能设计出吸引消费者的完美方案，还需要帮助企业制定能够最有效接触到目标受众的营销传播计划。

第三，新媒体、小众媒体的出现及其与传统媒体的整合使用。新媒体利用信息技术与数字技术（包括微博、微信、视频网站等）为受众提供个性化交流。借助这类新媒体，企业可以高效迅速地与顾客建立个性化的联系。小众媒体由于能够针对特定目标人群进行精准传播而受到企业的重视，例如楼宇电视、电脑桌面媒体、卫生间媒体（见图 12-8）等。随着这些新媒体与另类媒体的出现，企业在选择促销组合时有了更大的空间。

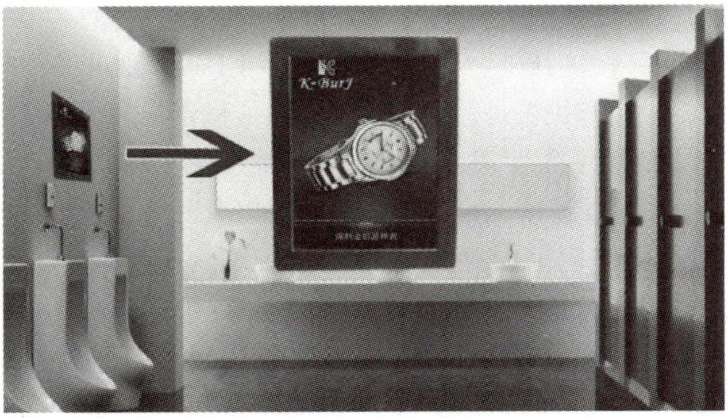

图 12-8　卫生间媒体

第 2 节　广告策略

广告是企业营销活动中使用最多、花费最多的促销工具之一。**广告**（advertising）是广告主通过大众传播媒体，采用付费方式以盈利为目的进行的有关商品、服务、观念等的说服性信息传播活动。广告是传统的促销组合的一部分，在企业的营销传播中，广告也是十分重要的一部分。Wind 资讯的数据显示，仅 2016 年上半年，我国 1 903 家上市公司披露了其广告宣传推广费用，达到 686.84 亿元，在所有上市公司中，上汽集团的广告费用最多，高达 47.43 亿元，排在第二的是伊利股份，也超过 40 亿元。由企业对广告的大量支出可见广告策略的重要性。那么，企业是如何进行广告策略的选择与管理的呢？常见的管理广告传播的步骤包括：确定广告目标、编制广告预算、制定广告创意和选择媒体。

一　确定广告目标

广告目标（advertising objective）是在一定期限内针对特定目标对象设定的一项具体的沟通任务。广告目标需要根据当前企业的目标市场、定位和营销组合决策来确定，广告目标明确了广告在整个营销计划中的地位和作用。广告目标可以分为告知、劝说和提醒这三类。表 12–2 给出了每种广告目标的例子。

表 12–2　　广告目标及其内容

目标类型	广告内容	
告知性广告	沟通顾客价值	介绍产品的新用途
	建立品牌和企业形象	告知市场价格变化
	告知市场有新产品出现	描述所能提供的服务
	介绍产品功能	更正错误的印象
劝说性广告	树立品牌偏好	劝说顾客立即购买
	鼓励顾客改用本公司品牌	劝说顾客接受推销访问
	改变顾客对产品价值的感知	说服顾客向他人介绍本公司品牌
提醒性广告	维持顾客关系	提醒顾客购买的地点
	提醒顾客可能会用到此产品	在产品的淡季使顾客仍记得该品牌

（1）**告知性广告**（informative advertising）主要用于新产品导入期，目标是建立基本需求，提升品牌知名度。广告的主要内容是介绍产品的功能、用途以及其他一些企业情况。例如，“恒源祥，羊羊羊”在电视台的来回播放让消费者了解到恒源祥这个品牌。但是，随着产品生命周期的推移，市场上相似的产品越来越多，告知性广告给企业带来的收益就会变得不足，此时，大多数企业会采取第二种类型的广告，即劝说性广告。

（2）**劝说性广告**（persuasive advertising）主要用于产品成长期和成熟期，目标是建立消费者的选择性需求，诱发消费者的消费欲望和购买行为，建立品牌形象，促进销售等。内容一般以产品的特殊品质、特色用途或用户利益为主。比如，江中集团的“家中常备江中牌健胃消食片”以及脑白金的“今年过节不收礼，收礼只收脑白金”都是劝说性广告的典型。由于劝说性广告旨在创造不一样的需求点，所以在实际操作中可能会演化成比较性广告（comparative advertising）或者进攻性广告（attack advertising），例如郭冬临与汰渍合作的与一般洗衣粉的对比广告。需要注意的是：我国《广告法》第十三条规定，广告不得贬低其他生产经营者的商品或者服务，因此，采取劝说性广告时企业应该注意

图 12-9 加多宝广告

相关内容的合法性。

（3）**提醒性广告**（reminder advertising）作为第三种广告形式，主要用于产品的成熟期和衰退期，目标是帮助企业维持顾客关系，让消费者一直记住该产品并继续购买。广告内容以企业或产品品牌形象或消费者提示为主。比较典型的一个例子是加多宝广告语中的“全国销量领先的红罐凉茶改名加多宝”，加多宝通过这种方式使消费者加深对加多宝的印象（见图 12–9）。

二 编制广告预算

广告预算（advertising budget）是企业在制定广告方案时预先安排的广告预期支出的金额，是广告管理的一项重要内容。最常见的影响广告预算编制的因素有如下三个：

第一，产品生命周期阶段。新产品通常需要较高的广告预算，以建立品牌知名度并争取消费者的试用。而成熟的品牌通常需要较低的广告预算。

第二，市场份额。低市场份额的品牌通常会使用更高的广告预算，因为企业需要通过较大的广告投入来增加其产品的市场份额。

第三，竞争环境。在竞争者众多并且市场广告比较混乱的情况下，企业需要做大量广告才能吸引消费者的注意。尤其对于一些差异性较小的产品，企业要通过更大的广告投入使其与其他品牌产品与众不同。

在企业确定广告预算之后，要选择合适的媒体来实现广告目标。常见的分配广告费用的策略有三种，分别是脉冲式排期、间歇式排期、连续性排期，如表 12–3 所示。

表 12–3 三种分配广告费用的策略

广告分配策略	相关内容
脉冲式排期	在一年中持续投放广告，在其中某些特定的时间段更密集地投放广告。
间歇式排期	仅在销售高峰期投放广告，而在其他时间不投放广告。
连续性排期	一直保持一定量的广告。

三 制定广告创意

在企业选择**广告创意**（advertising originality）时，首先关注的是自己的广告是否能够突破重围。广告的目的是获得消费者的注意，在广告数量庞大的现实环境下，企业要想吸引消费者的注意力，广告创意必须有更完善的规划、更丰富的想象力，对消费者而言更具娱乐性和情感联系。因此，许多品牌将产品与娱乐融合。这种融合通常有两种形式：**广告娱乐**（advertainment）和**品牌化的娱乐**（branded entertainment）。广告娱乐的目的是使广告本身具有娱乐性，让人们想要观看它。比如益达口香糖做的微电影广告、梁朝伟与丸美呈献的“眼”戏。这些广告可能都不是某些广告主强迫你观看的，可能大部分是你自己主动观看的。品牌化的娱乐，或称品牌整合，是使品牌成为其他形式的娱乐活动的不可分割的一部分。品牌化的娱乐最典型的形式是植入式广告或称为**产品植入**（product placements）——将品牌作为道具嵌入其他节目。比如你在看《变形金刚4》的时候看到了伊利舒化奶，在观看美剧《绿箭侠》的时候看到了联想电脑，在观看《美国队长：冬日战士》时看到了新款的哈雷摩托。另外，也有一些为了售卖产品而拍摄的电视、电影，比如乐高出品的《乐高大电影》（见图 12–10）以及孩之宝为了销售玩具拍摄的《变形金刚》系列动画。

图 12–10 《变形金刚 4》与《乐高大电影》的产品植入

企业经常使用的广告创意策略如表 12–4 所示，在企业有了好的创意之后，必须将其转换为真正的广告才能使用。创意人员必须在形成广告的过程中找到最好的方法、风格、格调、文字和形式来执行创意。

表 12–4 常见的广告创意策略

创意策略	含义	举例
生活片段	描述日常生活环境中的普通人。	肯德基手机 APP 的“我要炸鸡”广告。
幽默广告	通过幽默的描绘或场景获得关注和兴趣。	港荣蒸蛋糕的“我对你是蒸的”广告。
产品基调	围绕产品或服务建立一种情调或形象。	德芙营造浪漫基调的广告。
科学依据	提出该品牌优于其他产品的调研结果或科学依据。	汰渍和其他洗衣液的对比广告。
产品示范	呈现产品产生效果的机理。	林心如代言的黛莱美裸 BB 霜广告。
音乐联系	将音乐或歌曲与品牌或产品直接联系起来。	Coldplay 为苹果制作的电视广告。
明星代言	请名人、演员、公司职员或者日常消费者推荐产品。	梁朝伟为小米 Note 2 的代言。
生活方式	描述产品如何与目标消费者的生活方式联系。	哈尔滨啤酒的“一起哈啤”广告。
奇妙幻境	围绕产品及其使用者创造一种奇妙的情景。	多喜爱床上用品的一位女性躺在床上幻想的广告。
非人代言	在广告中卡通人物或者动物是主角，有时候作为品牌代言人。	使用喜羊羊代言儿童产品的广告。

四 选择媒体

产生好的广告创意之后，**媒体决策**（media decision）就成为企业所要考虑的内容。选择**广告媒体**（advertising media）的主要步骤包括：确定广告范围、频率和效果；选择主要的媒体类型；选择特定媒体载体；确定媒体时段。

1. 确定广告范围、频率和效果

为选择媒体，企业必须先确定达到广告目标所需要的广告范围和频率。范围是在给定时间内，目标市场中接触到广告活动的人数所占的比例。频率衡量的是目标市场中一般人接触到广告的次数。企业不仅要以一定的频率接触到消费者，还必须确定期望的媒体效果，即通过某一特定媒体展示的信息的价值。在确定了这些内容之后，企业再去决定选择什么样的媒体进行传播。

2. 选择主要的媒体类型

主要的媒体类型有电视、互联网、报纸、直邮、杂志、广播、户外广告、网络视频、另类媒体等。这些媒体各有优点和缺点（见表 12-5），企业需要综合考虑各种媒体的效果、信息传递的有效性和成本来选择媒体。

表 12-5　　主要媒体类型简介

媒体	优点	缺点
电视	广泛覆盖大众市场；每次展露成本低；结合画面、声音和动作；吸引力大	绝对成本高；易受干扰；展露时间短暂；很难选择受众
广播	本地接受度高；很好的人口和地理选择性；成本低	只有听觉效果；展露时间短暂；注意力差（收听时心不在焉）；听众分散
报纸	灵活；及时；很好地覆盖当地市场；普及；可信度高	有效期短；印刷质量差；传阅性差
杂志	很好的人口和地理选择性；可信、有威望；印刷质量好；时效长、传阅性好	购买广告前置时间长；成本高；不能保证刊登位置
互联网	覆盖范围广；可采用多媒体方式；信息量巨大	信息量过大，消费者选择性忽略；针对性广告成本较高
直邮	可以选择受众；灵活；在同一媒体中没有广告竞争者；个性化	每次展露成本相对较高；有“垃圾邮件”印象
户外广告	灵活；高重复展露；成本低；信息竞争少；位置选择好	受众选择性小；创意受限
网络视频	感官性强；交互性强；有网络病毒营销的可能性	依赖于消费者的兴趣；内容上难以把握分寸
另类媒体	吸引眼球；成本低	传播时间较短；出现在一些不受欢迎的地方可能会引起消费者的反感

3. 选择特定媒体载体

根据表 12-5 所示，各类媒体有各自的特点，因此，企业在选择媒体载体时需要考虑媒体各自的特点。企业需要评估媒体载体的受众质量（受众是不是产品的目标受众）、受众的涉入度（受众是否会认真阅读观看）、载体的编辑质量（媒体载体是否可信赖、有权威性）以进行媒体选择。此外，在企业实际选择媒体载体时，可以通过计算广告千人成本（1 000× 广告媒体绝对费用 ÷ 预计传播对象人数）等方式来评估各类媒体。

4. 确定媒体时段

企业在制定广告策略时还需要考虑其投放广告的时间。原因有二：一是不同时间的广告受众不同，例如周一到周五电视的受众以老年消费者居多，因此是保健品广告投放的主选时间。二是产品消费或使用的时间有所差异，比如生产冰淇淋的企业可能会根据季节来进行广告的投放；生产床上用品的企业可能会选择在傍晚投放广告。

过去，广告创意被认为是广告策略中最重要的内容，制定广告创意与媒体选择决策是互相独立的。但媒体成本的暴涨、企业目标市场和营销策略的进一步聚焦，以及新媒体的发展，都提升了媒体选择决策的重要性。越来越多的广告主关注广告创意和媒体选择的相互协同，以达到最好的传播效果。

第 3 节　公共关系

公共关系（public relations）是一系列用来与公司的各种公众建立良好关系的活动。公共关系作为营销传播的一种工具，能够以比广告低得多的成本对公众的认知产生强烈影响。但是，由于公共关系有限和分散的使用，常常不太受到重视。公共关系部门一般设在总部或者采用第三方公关公司，其员工主要忙于应对各类工作，而经常忽视那些支持产品营销目标的内容。

一　公共关系的职能与任务

公共关系旨在与公司的各种公众建立良好关系，因此，公共关系部门主要关注内部和外部利益相关者，包括雇员、股东、公共利益团体、政府和整个社会。其职能是识别利益相关者以及进行一些与利益相关者相关的活动，具体包括识别内外部利益相关者、评估企业声誉、审计企业社会责任、传播正面的形象塑造活动、减少形象损害。

第一，识别内外部利益相关者。利益相关者是指在机构活动中拥有既得利益的个人或团体，包括内部和外部利益相关者。内部利益相关者一般包括雇员、工会、股东等。这部分人群由于能够与企业直接接触，了解企业的相关信息，所以他们传播的信息具有更高的可信度。这些人员的口碑传播甚至是随口一说，都可能影响购买决策和投资决策。外部利益相关者包括媒体、社区、金融界、政府等。企业没有办法控制它们所传播的信息或者它们解读的公司信息。

第二，评估企业声誉。企业声誉是使企业行为得到社会认可，从而取得资源、机会和支持，进而完成价值创造的能力的总和。企业声誉作为企业和内外部公众联系的第一印象，是公共关系所重视的内容。良好的声誉是企业所拥有的独特资源，它能在企业经营的各个方面提升企业的竞争力。比如，声誉会影响消费决策，消费者更愿意购买声誉好的企业的产品。此外，声誉也会影响人们的投资决策以及应聘决策。

第三，审计企业社会责任。企业社会责任是指企业要讲道德、有责任心并且对社会的需求做出回应。公共关系最重要的内容就是传递企业的相关信息，而企业在社会责任方面的努力能够加强企业在内外部公众心目中的良好形象，因此，企业需要审计自己的社会责任，发现不足之处，解决相应的问题。

第四，传播正面的形象塑造活动。在企业塑造正面形象时，最常用的方式是公益营销和绿色营销。企业通过这些活动赢得公众积极正面的关注，让企业成为一个致力于社会责任的、可靠的企业公民。这时，公共关系作为企业信息的传播方式，可以将这些正面的形象塑造活动传播出去，塑造企业形象。

第五，减少形象损害。公共关系最重要的职能是对形象损害的控制，即对由于公司过错、消费者不满或者负面夸张的报道而引发的消极事件的相关回应。常见的方式有主动预防和反应型控制。主动预防包括企业的冠名行为和强化行为。冠名行为是指企业通过对正面活动的冠名加强企业的正面形象。强化行为是指采取一些看起来渺小但对公众而言很重要的措施，比如奶制品企业对脱脂的强调。反应型控制包括网络干预、危机项目管理、致歉策略以及印象管理。网络干预指通过网页新闻或者聊天室、博客以及社交网络，抑制负面消息的传播。危机项目管理指在企业出现危机时制定的相关策略。致歉策略指企业出现差错时，需要做出足够有诚意的道歉。印象管理是指企业尝试控制在社会交往中所建立的形象。

基于以上职能，企业的公共关系部门一般会从事新闻关系、产品宣传、公共事务、游说、投资关系、开拓渠道等具体任务。新闻关系指在新闻媒体上刊登有新闻价值的信息，以吸引大众对某些人物、产品或服务的注意；产品宣传指宣传某些特定产品；公共事务指建立并维持与全国和当地社区的关系；游说指建立并维持与立法者和政府官员的良好关系，以影响相关立法和监督；投资关系指维持与股东和其他金融界人士的关系；开拓渠道指维持与捐赠者或非营利机构成员的关系，以获得资金或人员的支持。

二 主要的公共关系工具

公共关系最常用的工具包括新闻和特殊事件。公关人员通常会找出或创造对公司及其产品和人员有利的新闻，这些新闻有时是自然发生的，有时则是公关人员策划的事件或活动，包括新闻稿、独家报道、采访等。另一种常见的工具是特殊事件，包括新闻发布会、品牌巡回展、赞助、社区参与等。网络媒体以及社交网站等给公共关系提供了新的工具。主要公共关系工具的含义和例子如表 12–6 所示。

表 12–6 公共关系的主要工具

类型	含义	举例
新闻稿	通过各种渠道发布的有新闻价值的消息	“华为击败高通，获选 5G 编码标准”的新闻稿
独家报道	授予某一特定媒体独家报道的权利	第一财经独家报道“银天下”公司，称该公司为互联网科技型企业
采访	对代表企业的个人进行的采访	凤凰网总裁专访格力集团董事长董明珠
新闻发布会	正式向新闻界公布信息的活动	小米 Note 2 发布会
品牌巡回展	进行品牌宣传的展览会	汽车、房地产、教育、工业品等各类展览会
赞助	企业无偿提供人力、物力、财力资助某一项事业	加多宝在汶川地震时捐款 1 亿元、玉树地震时捐款 1.1 亿元

续前表

类型	含义	举例
社区参与	直接或间接参与当地社区事务	浦尔电器有限公司、上海申威塑料有限公司、三齐蔬菜种植专业合作社等 8 家企业走进浦江镇活动
互联网	利用联网手段进行信息发布	各类企业的网站、官方微博、微信公众号
社交网站和博客	企业利用社交网站或博客向利益相关者传播信息	上海迪士尼旅游度假区博客的官方发布

1. 新闻稿

新闻媒体是最重要的公众之一。信息要想被媒体采用，就必须实事求是、真实可靠，并且符合媒体和受众的兴趣。如果新闻稿中的信息来源不可靠，看到新闻稿的受众就不会进一步传播，新闻稿的作用就会大大减弱。另外，新闻稿内容如果不能让受众产生兴趣，受众也不会进一步转发。

2. 独家报道

尽管大多数公共关系活动都会寻求多种信息发送渠道，但是企业也可以选择独家报道的策略，选择独家媒体报道能够提高媒体接受信息的可能性。

3. 采访

很多时候我们会在网络或者电视上看到对某些企业人员的特定专访，这种公关方式能够以对话的形式传播企业的相关信息。

4. 新闻发布会

与政治活动的新闻发布会类似。企业主要通过新闻发布会来处理一些重要问题或发布一些重要信息，在企业的危机公关活动中使用得比较多。

5. 品牌巡回展

企业可以通过参加品牌巡回展让前来参展的利益相关者了解企业的相关信息。

6. 赞助

赞助也称为捐赠或资助，即企业无偿提供人力、物力、财力资助某一项事业。赞助有利于树立企业良好的形象、扩大社会影响、赢得公众支持，是一种效果更佳的"悄悄的广告"。常见的有公益活动赞助、文艺节目赞助和体育赛事及球队赞助。

7. 社区参与

许多企业通过参与当地的社区事务来提高它们的公众形象。这种形式的活动包括捐款或直接参与等。

8. 互联网

企业会通过建立自己的网站、微博、微信发布产品或服务的相关信息，或者通过网站发布企业的新闻稿等。

9. 社交网站和博客

企业可以通过注册社交网站或博客，参与利益相关者的生活圈，并通过社交网站或博客发布自己的一些信息（见图 12-11）。

图 12-11　微博公共关系示例

第 4 节　销售促进

销售促进（sales promotion）是鼓励对某一产品或服务的购买的短期激励活动。销售促进根据企业所服务的不同市场有不同的目标。在消费者市场，销售促进用来增加短期购买或品牌参与。在交易商市场，销售促进的目标包括让零售商接受新产品和更多库存并提前购买，宣传本公司产品并获得更多的货架空间。在产业组织市场，销售促进主要用来使客户产生兴趣，刺激购买，回报顾客和激励销售人员。在经济低迷和销售不景气时，企业一般会提供大幅折扣以刺激消费者购买，以此创造短期销售额或实现暂时的品牌转换，并且强化企业的产业定位、建立长期的顾客关系。

一　销售促进的工具

企业有不同的服务市场，因此有不同的销售促进的工具。下面介绍一些针对消费者、交易商、产业用户的主要促销手段。

（一）针对消费者

针对消费者的促销包括样品、折扣券、现金返还、实物奖品、销售点陈列，以及竞赛、抽奖、游戏和事件营销等各种工具。

样品（samples）指某产品一定量的试用品。赠送样品是介绍新产品或为已有产品创造新的兴趣点最有效也最昂贵的办法。样品可以挨家挨户地派送、邮寄、在商店或摊位上分发、随同另一产品附赠等。例如，屈臣氏提供的化妆品小样，糕点店里提供的免费试吃样品。

折扣券（coupons）是消费者购买特定商品时可以享受一定优惠的凭证。多数消费者喜欢折扣券。在智能手机越来越普及的情况下，越来越多的企业通过手机网络发放折扣券。比如，京东给消费者提供的代金券，或者在促销节日里，消费者收到的天猫商家的优惠券。

现金返还（cash refunds）与折扣券类似，指享受到的价格优惠，但这个优惠发生在购买行为之后。比如，携程网提供的消费后返现。再如，受到争议、有购买 5 星评价之嫌的淘宝与天猫商家的好评返现（见图 12–12）。此外，还有一些专门提供返现促销的网站，例如返利网。

图 12–12　天猫商家的好评返现

实物奖品（premiums）是指为激励购买产品，以免费或者很低的价格提供的商品。实物奖品可以附在包装内外赠送给消费者。例如，麦当劳提供的开心乐园餐里包含卡通玩具；在一些超市的促销活动中，消费满一定的额度可以获得粮油等奖品。

销售点陈列（point-of-purchase

promotions）指产品在销售点的陈列与展示。企业会在销售产品的地方贴出“促销”等字样以提醒消费者。消费者在沃尔玛购物的时候，经常看到一些特意放在过道位置的促销信息，这些信息能引起消费者的注意。

竞赛（contests）、抽奖（sweepstakes）、游戏（games）为消费者提供赢得一些奖项的机会。竞赛是指消费者根据企业所出示的问题提交相应答案或作品，经过企业的筛选，获胜的参与者获得奖励。例如，海尔集团为了宣传抗菌冰箱，在报纸上刊登了“海尔冰箱开创抗菌新时代”“海尔抗菌冰箱从里到外的革命”等八条广告语，让消费者投票排列优先顺序，若消费者列在第一条的广告语与最终结果相符，就可参加幸运大抽奖。消费者也可以报名参加抽奖，前提条件是消费满一定的额度，例如各种节日里大型商超购满一定额度的抽奖活动。消费者参与商家开展的某些活动，表现突出的会获得商家的奖品，比如北京某建材市场就推出过拼图游戏促销活动，消费者如果能够按照商家规定的条件将拼图完成，就可以得到商家的价格优惠。

事件营销（event marketing）是指企业通过赞助某些活动或制造自己的品牌营销事件进行促销。

小贴士12-4　支付宝的事件营销

（二）针对交易商

针对交易商的促销能够帮助企业获得零售商和批发商的货架空间。在货架空间如此紧缺的今天，企业必须经常给零售商和批发商提供降价、补贴、退货保证或免费商品，才能为自己的产品争得“一席之地”，并且持续保有足够的货架空间。

小贴士 12-5　进场费

供货商除了对交易商使用一些促销手段之外，还要向交易商缴纳数额不菲的进场费。进场费，也叫进店费，是商场和超市等零售商和批发商利用其在市场交易中的优势地位向供货商收取的一种费用。

我国各超市（含大卖场）向供货商收取的进场费有合同内和合同外两种。合同内收费主要为上架费、月返费、广告费、促销费、年节费、毛利补差等，通过合同形式表现出来。而合同外收费往往由合同内的收费项目衍生出来，如所谓的条码费、端头费，促销活动中的条幅、花篮、空飘、地贴、墙贴、灯箱、DM 特别广告、人员管理等费用。一方面，对于国内的生产厂家来说，这种进场费及其衍生费用的存在大大降低了自身的盈利能力，但是由于超市作为售卖终端有着强大的客户接触能力，厂商不得不接受各类进场费。用国内营销人员流传的一句话来说，就是“不进大卖场等死，进了大卖场找死”。另一方面，这种厂商进行分销活动所产生的高额费用促进了厂商向电商平台的转移，客观上推动了国内电商的发展。

针对交易商，企业可以使用多种促销手段。许多消费者市场的促销手段也适用于交易商市场，如竞赛、实物奖品、陈列等。在交易商市场中，企业常采用的策略有直接折扣、津贴、免费商品、推广金、特殊广告制品等。直接折扣是指在一定时期内每次购买时都给予零售商或批发商降价优惠。津贴包括广告津贴和陈列津贴，用来支持零售商或批发商进行的相关活动。免费商品指中间商购买一定数量的商品会免费得到额外的商品。推广金是企业给经销商或其销售人员的现金或礼物，以激励他们积极推销其产品。特殊广告制品是指印有公司名称的特制品，如钢笔、日历、手提袋等。

（三）针对产业用户

针对产业用户的促销活动有利于开发潜在的客户，刺激购买并激励销售人员。针对产业用户的促销有很多与针对消费者或交易商的促销相同。这里介绍两种特有的促销手段：产业会议和展销，以及销售竞赛。

产业会议和展销一般由一批公司或行业协会组织向该产业的用户进行产品展示。企业参加产业会议或展销有很多好处，如创造新的销售机会，联络客户，介绍新产品，会见新客户，接触销售人员没接触到的潜在客户，了解竞争者产品等。比如中国国际工程机械、建材机械、工程车辆及设备博览会以及中国国际塑料橡胶工业展览会。

销售竞赛是在企业内部以及经销商之间举办的一种竞赛，旨在激励销售人员或经销商在某一时期内提高销售业绩。销售竞赛激励并认可业绩好的员工，给予他们免费旅行或现金奖励等作为奖励。

二 销售促进方案的设计

选择了促销类型之后，销售人员还需要设计完整的促销方案。在设计促销方案时，销售人员应该考虑以下几方面内容。

1. 激励规模和参与条件

较高水平的激励会产生更多的销售额，同时也会增加企业的成本。激励措施可以针对所有消费者或零售商，也可以针对某些特定的消费者或零售商。在制定促销方案时，还应该考虑促销的参与条件。

2. 促销的宣传和实施

不同的宣传和实施手段接触到的消费者以及所耗费的成本是不一样的。促销时间的长短也会影响促销的效果，过短的促销时间可能会使很多潜在顾客错过促销，过长的促销时间可能降低消费者的购买动机。因此，在制定促销方案的时候应该考虑促销的宣传和实施方式。

3. 促销效果的评估

企业活动最终是成本导向的，促销方案也是。在制定促销方案时，应当考虑促销投入的回报。最常见的评估手段是比较促销活动前后以及过程中销售额的变化。

第 5 节　人员推销

人员推销（personal selling）是指销售人员通过与顾客面对面或以电子方式交流来进行产品促销的行为。人员推销作为世界上最古老的职业之一，在企业的促销活动中起到很大的作用。销售人员通过耐心沟通与顾客建立长久的合作关系，管理顾客的相关信息，并且负责产品的销售。

一 人员推销的基本活动

人员推销是企业使用人力进行产品信息传播的一种方式。一般的人员推销包括管理顾客的规范化的技术性活动以及需要灵活处理的非技术性活动两大类，每类中均包括沟通、销售、建立顾客关系和信息管理这四个基本的销售活动。具体的人员推销基本活动如表 12–7 所示。

表 12–7　　人员推销的四个基本活动

	沟通	销售	建立顾客关系	信息管理
技术性活动	电子邮件；打电话 / 语音信息	创建销售对话脚本；创建具体客户的目录；向顾客提供相关技术	创建实用的公司网页目录；在公司内部发展团队技巧	完善数据库管理技术以便管理顾客资料库
非技术性活动	加强沟通技巧；完善展示技巧	学习关系销售的技巧；进行顾客业务的研究；定义并向顾客销售有附加值的服务；在联系顾客之后要有后续联系；确认主要顾客的账目；有效地倾听	发展强大的供应商联盟；与客户购买中心的所有成员关系融洽；联系网络贯穿公司内部与顾客业务；建立信任；在公司内部协调顾客关系	完善管理时间的技巧；组织信息流以最大化有效性和减少不必要的信息

二　人员推销过程

人员推销过程包括一系列步骤。图 12–13 展示了一般人员推销包括的七个步骤，分别是发掘潜在顾客和核查资格、销售准备、接近顾客、介绍和示范、处理异议、成交、跟进和维持。

图 12–13　人员推销的步骤

（一）发掘潜在顾客和核查资格

人员推销过程的第一步是发掘，即找出合适的潜在顾客。接近正确的潜在顾客对于成功的推销至关重要。销售人员需要找到那些最可能欣赏和响应企业价值主张的人，因为他们能够给企业带来收益。在销售人员发掘潜在顾客的时候，可以通过公司线索、熟人推荐、供应商网络、工商企业名录等获得相关信息。另外，销售人员在进行下一步行动之前需要核查顾客。核查顾客的目的是识别好的并过滤差的潜在顾客。销售人员可以通过查看潜在顾客的财力、营业额、特殊要求、所在位置以及增长潜力等来判断其是否合格。

（二）销售准备

在拜访潜在顾客之前，销售人员应该尽可能多地了解顾客及其采购人员。销售人员通过企业网站、熟人、社交媒体等了解这些潜在顾客。在销售人员正式拜访潜在顾客之前，应该设定好自己的目标，可以是核查顾客、收集信息或者马上达成交易。此外，销售人员还需考虑拜访顾客的最佳时间，并为该目标顾客制定一个总体的销售策略。

（三）接近顾客

在接近顾客阶段，销售人员要知道如何会见顾客，并使彼此的关系有个良好的开端。这一步涉及销售人员的仪表、开场白以及随后的谈话。开场白应该积极，力求在关系的开始阶段就建立好感。开场白之后，可以接着询问几个关键问题以了解顾客需求，或者展示样品以吸引顾客的注意力和好奇心。在销售的全过程中，倾听顾客的想法非常重要。

（四）介绍和示范

在销售人员向顾客展示公司产品或服务的时候，应该展现公司的产品和服务怎样满足顾客的需求，而不是进行吹嘘。产品购买者希望销售人员能够真正了解他们所关心的事情，理解他们的需求，并且以正确的产品和服务解决他们的问题。因此，在介绍产品阶段，销售人员应表现出良好的倾听和问题解决技巧。销售人员可以根据事先对顾客的了解制定产品介绍计划，并准备进行介绍的工具，以更具吸引力和简洁有力的方式传递他们想要传达的信息。

小贴士 12-6 十种成功推销术

- 步步为营法。牢牢掌握顾客说过的话来促使洽谈成功。在与顾客交谈中，抓住顾客所说的话大做文章，提供一个符合条件的地方，由于事先说好，顾客一般都不会反悔。
- 保证赔偿法。告知顾客购买此产品后，在一定期限内，对由于非人为因素造成的产品损坏，企业可以免费维修。这样可以减少顾客的怀疑，促进交易成功。
- 激将成交法。推销员通过一定的语言技巧刺激顾客的自尊心，促使顾客在逆反心理的作用下完成交易行为。激将成交法适用于那些高傲孤僻、严肃拘谨、自以为是、自尊心强的顾客。
- 施加压力法。推销员在进行商品推销时，要想方设法先使顾客感到慌张，乱了阵脚，然后再进行推销，给顾客营造一种压力。
- 诱导方式成交法。为了引起顾客的兴趣，激发顾客的购买欲望，从谈论顾客的需要与欲望出发，巧妙地把顾客的需要与欲望同推销产品紧密地结合起来，让顾客明确自己对推销产品的需求，最终说服其购买。
- 抓住习惯成交法。对于签字类成交，当顾客的购买意愿达到一定程度时，让顾客产生信任感，促使交易达成。对于口头约定，当顾客有一定的购买意愿时，可以充满自信地对他们说："您是不是买一些试试看？"与顾客主动握手，利用人的本能促使交易成功。
- 变换语气成交法。当用同一种方式和顾客进行交谈而毫无结果时，就要考虑怎样才能打破僵局，即改变自己说话的语气和方式。
- 为他着想成交法。在和顾客洽谈时，尽量让他们知道你是诚心诚意为他们着想，而不是为自己着想。
- "假败方式"成交法。在顾客没有防备的情况下，可快速向他们"请教"。一般来说，他们都会告诉你怎样才行。
- "对抗方式"成交法。对于两句话不对头就对你大动肝火的顾客，要以强硬对强硬，从气势上压住他。

（五）处理异议

通常，在倾听销售人员讲解产品或被要求下订单时，绝大多数顾客会表示有异议。

这些异议有些是合理的，有些完全是心理上的，还有很多异议没有直接说出来。在处理异议的时候，销售人员应该采取积极的态度，寻找隐含的异议，要求顾客陈述他们的异议，并把这些异议作为提供更多信息的机会，最终把这些异议变成购买的理由。总之，销售人员在处理异议时，要尽可能地倾听顾客传达的信息，并尽力去解决顾客所担心的问题。

（六）成交

在处理完顾客异议之后，销售人员应该设法达成交易。进入成交阶段之前，有些销售人员可能因为自己缺乏信息，或是对要求顾客下单有愧疚感，或是没有掌握好适当的成交时机而不能达成交易。这个时候，销售人员应该尝试从购买者的肢体语言中找到相应的暗示，比如顾客不断点头赞许或者在座位上身体前倾等。此外，销售人员也可以通过各种技巧促成交易，比如提议重新商议双方协议的要点，帮助顾客填写有关交易的表格，或者提供一些有利于成交的优惠条件等。

（七）跟进和维持

销售过程的最后一步是顾客跟进和维持。如果销售人员希望顾客满意并能再次购买企业产品，就应该重视这一步骤。在交易完成后，销售人员应该确认交易达成后的送货时间、售后条款等一切细节问题。货物送达后，销售人员应尽可能安排一次跟进拜访，确保产品的安装、指导和服务都正常。后续的拜访能让顾客感受到销售人员对自己的关心，甚至能够帮助销售人员发现顾客新的需求。

三　销售人员管理

人员推销是通过销售人员与顾客之间的互动进行促销的一种方式，因此，销售人员在人员推销中起到很大的作用。企业如何管理自己的销售人员也就成了人员推销成功与否的关键。企业需要了解并重视对销售人员的管理，图 12-14 展示了销售人员管理的主要步骤。

图 12-14　销售人员管理的主要步骤

（一）设计销售团队策略和结构

1. 销售团队结构

常见的销售团队结构包括区域销售团队结构、产品销售团队结构、顾客（市场）销售团队结构。在区域销售团队结构中，每个销售人员都被分配到一个专职服务的地区，并在区域内向顾客推销公司的产品或服务。这种结构清晰定义了每个销售人员的工作，增加了销售人员与当地顾客建立关系的愿望，使销售更为有效。另外，销售人员工作区域的限定减少了相关差旅费用。在产品销售团队结构中，销售人员根据产品线来划分团队，在销售团队中，成员对相关产品的性能有较好的了解，每个成员都是各自所在领域的专家。在顾客（市场）销售团队结构中，销售人员是根据顾客或行业来组织的。这种组织模式下企业会按照新老顾客、大客户 / 一般客户来划分销售团队。这种围绕顾客的组织模式能够帮助企业与顾客建立更紧密的关系。

2. 销售团队的规模

在确定销售团队结构后，企业会根据不同情况确定销售团队的规模。许多公司都会采用工作负荷法来确定销售团队的规模。采用工作负荷法的企业先将顾客根据其规模、交易数量以及其他因素分成不同的等级，然后再确定拜访这些顾客的理想次数，最终得到所需的销售人员数量。

3. 其他销售团队策略和结构问题

在信息技术不断发展的今天，一个企业可能会有外部销售人员和内部销售人员两大销售团队。外部人员外出拜访顾客，内部销售人员在公司通过电话、互联网、社交媒体互动或接待来访的潜在顾客等方式开展业务。现阶段有采取单一销售团队形式的企业，也有采用复合团队形式的企业，对于同时采用这两种形式的企业而言，需要协调好两个功能替代性部门之间的关系以创造最大利润。企业遇到的另一个问题是团队销售。对于一些复杂产品，尤其是复杂的工业品而言，单个销售人员可能无法满足一个大客户的所有需求。因此，不少企业采用团队销售模式为需求复杂的大客户提供帮助。这种销售团队可能包含公司各个领域（比如销售、营销、技术和支持服务、研发、工程、运营、财务等）或者各个层次的专家。

（二）招募和选拔销售人员

人员推销成功的关键是招募并选拔优秀的销售人员。那么优秀的销售人员应具备哪些特征呢？著名的调查公司盖洛普管理咨询公司采访了成千上万的销售人员，认为最好的销售人员应当具备四种特征：内在驱动、严谨的工作作风、达成交易的能力、和顾客建立关系的能力。企业可以参考这四项能力进行销售人员的招募和选拔。

（三）培训销售人员

企业招聘到销售人员后会对他们进行为期数周或数月，甚至一年或更长时间的培训。首先要让销售人员了解企业顾客以及如何与顾客建立关系。所以，在培训内容的设计上包括不同类型的顾客及其需求、购买动机和购买习惯。其次，培训要教导销售人员如何有效地推销，让他们掌握有关销售流程的基本知识。最后，销售人员还应了解企业和产品以及相关竞争者。

（四）激励销售人员

为了吸引优秀的销售人员，企业必须制定吸引人的薪酬计划。薪酬由几个要素组成——固定报酬、浮动报酬、费用津贴和附加福利。固定报酬一般是工资，是销售人员的固定收入。浮动报酬可能是佣金或奖金，根据销售业绩而定，旨在激励销售人员更努力工作并取得更好的业绩。除了基本的薪酬激励外，企业还可以通过组织气氛、销售配额和其他非物质激励来奖励销售人员。组织气氛是指销售人员对自己有机会获得好业绩、提升自身价值并得到回报的感受。企业需要营造正面的组织气氛来激励销售人员。销售配额规定销售人员的最低销售量以及销售额在公司各产品间的分配比例，销售人员的薪酬可以直接与他们的销售配额挂钩。其他非物质激励包括荣誉称号、度假等奖励。

（五）监督和评价销售人员

除了激励机制外，监督机制也是保障销售人员顺利完成销售目标的一种方式。常见的销售人员监督方法包括制定现有和潜在顾客的访问规范、指导销售人员有效支配时间、制定有效的内勤与外勤人员的责任和协调规范等。

对销售人员的评价建立在对其任务的控制基础之上。企业可以从销售报告、销售管理者观察、顾客调查以及与其他销售人员的谈话中了解销售人员的绩效。在评估销售人员的过程中，企业应当从销售人员规划工作的能力和完成计划的能力这两方面进行评估。评估的过程要求相关部门有明确的业绩评估标准并做到及时沟通，评估的目的是为销售人员提供建设性的反馈并激励他们更努力地工作。

▶ 基本概念

营销传播（marketing communication）
促销组合（promotion mix）
理性诉求（rational appeals）
道义诉求（moral appeals）
广告目标（advertising objective）
劝说性广告（persuasive advertising）
广告预算（advertising budget）
广告娱乐（advertainment）
产品植入（product placements）
广告媒体（advertising media）
销售促进（sales promotion）
人员推销（personal selling）
整合营销传播（integrated marketing communication，IMC）
营销传播组合（marketing communication mix）
感性诉求（emotional appeals）
广告（advertising）
告知性广告（informative advertising）
提醒性广告（reminder advertising）
广告创意（advertising originality）
品牌化的娱乐（branded entertainment）
媒体决策（media decision）
公共关系（public relations）
事件营销（event marketing）

▶ 应用与实战

1. 组成 3~5 人的小组，选择一家公司，研究其过去三年的整合营销传播活动。按照整合营销传播的八个步骤，分析该公司的整合营销传播对象是谁，传播目标是什么，促销组合是什么，在信息设计和媒体选择方面有什么特殊之处，传播效果如何。向同学们展示你们小组的发现。

2. 组成 3~5 人的小组，选择一个消费品品牌，应用广告制作的知识和方法，尝试使用 Photoshop、暴风影音等图片和视频制作软件，设计一份海报广告和一个视频广告。展示你们的广告，并说明广告目标是什么，采用了什么诉求方式和广告创意策略，计划使用哪些媒体，预算有多少。

3. 找一个经典公共关系案例，对该案例进行深入分析，了解该公司的公共关系活动是如何实施的，在公共关系领域重视的内容是什么，并向其他同学展示你们的报告。

4. 分小组寻找三个不同市场的销售促进示例，解释、分析三个不同市场的销售促进的相同点与不同点，并与小组成员讨论。

5. 选择一种产品或服务，与另一名同学模拟面对面人员推销，从接触顾客到达成交易。选择另一种产品或服务，交换角色后再做一次以上练习。

▶ 案例

跑男 4 收官，看安慕希如何把娱乐营销玩出花！

2016 年 7 月 1 日《奔跑吧兄弟》第四季最后一期如期上映，在伊利大本营呼和浩特拍摄的该期节目一经播出就受到了观众的热捧。区别于以往冠名、赞助为主的合作模式，伊利安慕希与跑男的合作采用品牌价值融合、企业精神展示等更为新颖的营销方式（见图 12-15）。

图 12-15 安慕希赞助跑男

作为跑男的长期合作伙伴，伊利安慕希从 2013 年上市起就展现出广阔的发展前景。安慕希独特的希腊风味与浓醇口感一举填补了国内市场上该品类的空白，市场增长势如破竹，到 2014 年底销售额近 10 亿元。2015 年，安慕希成为跑男第二季、第三季赞助商，拉开了企业与真人秀综艺节目全方位、立体化、综合性合作营销的序幕。

此次跑男收官之作，伊利的娱乐化营销更深入企业内部，将工作场所、员工等场景植入到节目情节中，实现产品到企业精神与文化的同步营销，既丰富了娱乐综艺节目的内容，又提升了企业产品的品牌价值，实现了双赢。

随着真人秀节目的热播，企业纷纷将目光转向真人秀综艺节目的赞助、冠名、产品植入等。安慕希审时度势、深刻洞察市场变化，于 2015 年率先尝试结合一年两季的热门综艺节目——《奔跑吧兄弟》，大玩了一把综艺跨界营销。

回头看安慕希的营销策略，其从赞助跑男第二季开始，就先后亮出产品植入、借势传播、签约跑男团中人气见涨的 Angelababy 作为品牌形象代言人、线下活动等营销大招，环环相扣，让安慕希获得了大量曝光，在消费者心中建立起广泛的品牌认知，与跑男建立了深入的合作关系。

待到跑男第三季，安慕希进一步升级了娱乐营销策略，不断探索更新颖、深入、全面的营销模式。如在继续签约 Angelababy 担任品牌形象代言人的基础上，将跑男团核心人物李晨也招致麾下，开启双代言人模式，成倍放大了营销效果。在线下，商超组织了上百场跑男主题活动，不断增加陈列展示的视觉元素，使线下路演实现与跑男元素的多维结合，并让消费者有机会和安慕希男神女神一起互动。这一系列营销策略让安慕希逐步探索出一个创新的跨界营销模式。

正是因为安慕希多种营销策略齐上阵，截至跑男第四季开播前，安慕希 2015 年全年销售同比增长 465%，跃居国内常温酸奶市场龙头地位，其“浓浓的，超好喝”品牌核心已经深入人心，其与跑男的娱乐化形象融为一体，引得消费者争相饮用。这几年国内高端常温酸奶市场的竞争非常激烈，安慕希能够保持稳定的市场地位和惊人的销量翻番，与其步步为营的营销策略分不开。除了在跑男节目中不断植入“浓浓的，超好喝”的产品特性，安慕希还不断升级产品的品牌形象。

第一步，让“浓浓的，超好喝”品牌形象升级为“安慕希美食”。无论是在跑男节目中不断作为能量源泉的安慕希美食，还是代言人 Angelababy 和李晨在路演中亲手制作的“明星同款”，抑或由米其林大厨制作的星级美食等，这一系列行为都让安慕希的品牌形象不断升级，使消费者对其高端常温酸奶定位的认可度越来越高。

第二步，借势奥运年，大打奥运牌。2016 年是奥运年，安慕希抢先签约“小鲜肉”宁泽涛，借助奥运形象为安慕希品牌形象背书，发布全新奥运特别版安慕希，使得高端品牌形象呼之欲出。另外，安慕希还联合跑男，推出买安慕希赠 R 金牌活动，将跑男与奥运进行整合营销，赢得了极佳的市场口碑。

第三步，创新产品，满足消费者不断变化的口味。2016 年，安慕希在销量和知名度占据市场领先地位的情况下，毅然于 5 月推出香草味安慕希新品，极大地丰富了消费者的选择，满足了消费者的需求。

喜人的成绩并没有让安慕希止步，2016 年安慕希重磅回归跑男总冠名，不仅延续既有的产品形象植入、视觉元素植入、跑男男神女神代言等营销策略，更是努力将娱乐营销推向新高度。

例如在呼和浩特的节目上，伊利就将其厂房、员工等场景植入其中，使得伊利品牌形象与跑男节目完美地融为一体。虽然之前已有其他品牌进行过类似尝试，但像伊利安慕希这样由内部员工参与节目录制的情况还极为少见。自此以后，安慕希为其他企业与综艺节目合作树立了标杆。只有与合作方融为一体，互利共生，才能让企业品牌价值深入人心，实现共赢。

在现有的合作中，跑男节目因为安慕希的参与更具人气，安慕希也因为跑男的热播实现了销量和市场地位的双增长，形成双赢局面，这样的合作是企业和综艺节目主办方所乐见的。

思考题

1. 伊利安慕希运用的是哪种促销组合元素？
2. 如何评价伊利安慕希的整合营销传播策略？
3. 为了达到更好的传播效果，你对伊利安慕希的促销组合策略有何建议？

资料来源：跑男 4 收官，看安慕希如何把娱乐营销玩出花！.（2016-07-06）. http://www.toutiao.com/i6304193799300055553/.

▶ 参考文献

［1］菲利普·科特勒，加里·阿姆斯特朗 . 市场营销：原理与实践：第 16 版 . 北京：中国人民大学出版社，2015.

［2］肯尼思·E.克洛，唐纳德·巴克.整合营销传播：广告、媒介与促销：第5版.上海：上海人民出版社，2015.

［3］乔治·贝尔奇，迈克尔·贝尔奇 . 广告与促销：整合营销传播视角：第 9 版 . 北京：中国人民大学出版社，2014.

［4］格雷格·W. 马歇尔，马克·W. 约翰斯顿 . 营销管理精要 . 北京：北京大学出版社，2015.

［5］李怀斌 . 市场营销学 . 北京：清华大学出版社，2007.

［6］王凤彬，李东红，刘月宁，等 . “竞争”还是“合作”：组织中局部功能替代性部门间冲突的动态演进——基于研华大陆区线上业务的纵向案例研究 . 管理世界，2015（12）：146-171.

［7］2016 上半年度广告投入排行榜 . 中国广告网 . http://www.cnad.com/show/12/27449.html.

［8］省时又讨好的众包广告，到了国内却没有了发展的基础 .（2016-09-10）. http://www.tmtpost.com/2459434.html.

［9］P. J. Gough. Study：Marketers Struggle To Measure Effectiveness. Shoot，2004（29）：7-8.

第 13 章

网络传播策略

学习目标

▷ 理解直复营销的基本内容和形式。
▷ 理解网络传播的定义和具体内容。
▷ 了解社交媒体的特点以及企业如何运用社交媒体营销吸引消费者。
▷ 了解移动营销和微信营销的特点、类型和策略。

引例 天猫创新营销“T2O”《何以笙箫默》服装边看边买

中国知名网络作家顾漫十年前创作的言情小说《何以笙箫默》，在 2015 年 1 月 10 日晚被搬上屏幕，选择将这部小说改编的电视剧作为开年大剧的是东方卫视。与以往的电视剧不同，东方卫视并非仅仅将这部剧视为又一次笼络观众、收割怀旧情感的青春物语，而是打算通过一次主动的营销创新走在所有电视台的前面。

在这部剧中，SMG（上海东方传媒集团）负责编播及营销的影视剧中心与阿里巴巴旗下的电商平台天猫合作，为《何以笙箫默》提供互动购物体验。对于天猫来说，这是其“摘星计划”的一部分，该计划旨在与各地电视台合作推动新式互动购物，而东方卫视成为阿里巴巴摘下的第一颗星。

其具体内容为：在《何以笙箫默》播出期间，手机上装有天猫客户端的观众只需用手机扫描东方卫视台标，就会跳转进入电视剧互动页面，在互动页面上观众能够看到与电视剧同步上新的主角钟汉良、唐嫣等明星的同款服装，网页还提供互动购买优惠，实现“边买边看”。

这一模式也被称为 T2O 模式（TV to online），这次在《何以笙箫默》中试水是其首次应用于电视剧中（见图 13-1）。此前天猫在与央视《舌尖上的中国》的合作中推出了这一模式，当节目播出各地美食时，观众们可以在天猫同步下单购买产品。2014 年天猫又相继与湖南卫视《爸爸去哪儿 2》、东方卫视《女神的新衣》合作采用该模式。但是，在这次 T20 模式合作中，能够“边买边看”的商品内容比《女神的新衣》更为丰富，且不局限于服装商品。东方卫视主要合作的品牌有美妆品牌“草木之心”、家纺品牌“富安娜”、女装品牌“H: CONNECT”、饰品品牌“佐卡伊”、家装品牌“设计师的灯”，还有和一些男装、摆件品牌的合作。

除了与天猫合作“边看边买”外，东方卫视的黄金剧场也和微信摇一摇、美拍等互联网产品达成了合作。这种互联网环境下的新营销方式不断出现在我们的身边。用互联网、手机等移动终端进行网络传播，已经成为现代企业营销传播的不二选择。

图 13-1 《何以笙箫默》T2O

资料来源：天猫创新营销“T2O”《何以笙箫默》服装边看边买 .（2015-01-13）. http://js.winshang. com/news-435233.html.

第 1 节　直复营销与网络传播

一　直复营销

直复营销（direct marketing），即直接回应的营销，是指使用邮寄、电话、传真、网络、电子邮件和其他非人员接触工具进行沟通或征求特定顾客与潜在客户的直接回复的一种营销方式。直复营销起源于 20 世纪 80 年代后期，由于它强调通过媒体手段与大量顾客直接沟通，企业在实际操作时能够以较低成本覆盖顾客，因此得到快速发展。

传统直复营销形式是在互联网发展之前出现的，主要包括直接邮寄营销、购物目录营销、电话营销、电视直销、自动售货等。网络传播和营销是现代直复营销的主要形式。

（一）直接邮寄营销

直接邮寄营销（direct-mail marketing）是将产品、宣传单、纪念品或其他东西寄给某个特定地址的人。直接邮寄这种方式非常适合直接、一对一的沟通，它可以使高度细分的目标市场实现个性化。虽然直接邮寄的每千人成本高于大众媒体，如电视或杂志，但是直接邮寄能够更好地锁定产品的潜在顾客。另外，在互联网发展的背景下，一些学者预计在未来几年里，随着营销人员转而使用电子邮件或移动营销等更新的营销形式，传统的直邮营销会呈下降趋势。尽管如此，传统的直邮营销还是广泛存在的。比如每天给你家里送来的报纸里，有时候会加入一些超市或店铺的传单和海报。

（二）购物目录营销

购物目录营销（catalog marketing）是指企业编制商品目录，并通过一定的途径将其分发到顾客手中，由此接受订单并发货的销售行为。图 13-2 展示了一个典型的购物目录。购物目录一般会向顾客直接邮寄或者放在客流量较多的商店里供顾客随时索取。在互联网发展的背景下，越来越多的购物目录向数字化发展，数字化的购物目录能够提供更多产品或产品内容的展示。这对传统的线下目录营销造成了一定的冲击。但是，研究表明，还是有不少网购者会浏览传统印刷目录。另外，使用传统印刷目录的顾客浏览相应网站的时间也较长。

图 13-2 购物目录示例

（三）电话营销

电话营销（telemarketing）是指使用电话对消费者或商业顾客直接销售。电话营销在企业间营销、消费者市场营销中都有使用。设计合理且定位准确的电话营销有很多好处，包括便利的购买及更多的产品和服务信息。但不请自来的营销电话常常让消费者恼火，因此企业需要确定真正有需求的潜在消费者以减少这种“骚扰”电话的产生。

（四）电视直销

电视直销（direct-response television marketing）指利用电视广告直接向顾客销售或取得订单的活动，具体方式有直复广告和家庭购物频道两种。直复广告指营销人员通过电视广告来展示和介绍企业的产品，同时告知订购电话，顾客只需要打个电话即可完成交易。与电视广告不同，直复广告提供的是订购电话，顾客只需提供送货地址并按时收货、付款。家庭购物频道主要是通过有线或无线电视频道播放系列产品广告信息，如图 13-3 所示的购物频道，观众可以 24 小时收看，并可随时拨打电话订购。

图 13-3 电视购物示例

（五）自动售货

自动售货（automatic selling）是指通过自动售货机（vending machine）向顾客销售商品的方式。自动售货机是自动售货的常用设备，它不受时间、地点的限制，能节省人力、方便交易，又被称为 24 小时营业的微型超市（见图 13-4）。自动售货根据其销售产品的类型分为三种：饮料类自动售货、食品类自动售货、综合类自动售货。另外，随着移动支付的流行，自动售货也增加了相应的移动支付功能，更加方便顾客购买。

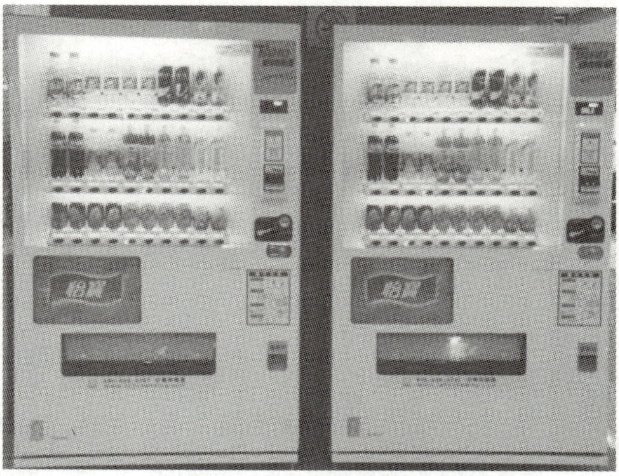

图 13-4 自动售货机

二 网络传播

网络传播（network communication）有两层含义：一是基于互联网的传播；二是网络化的传播。

（一）基于互联网的传播

基于互联网的传播，指的是以计算机通信网络为基础，进行信息传递、交流和利用，从而达到社会文化传播目的的传播形式。随着新型数字化媒体的不断出现，消费者与企业的注意力都向网络集中，越来越多的企业通过网站、邮件、社交媒体、网上视频等方式进行信息的传播。这些新兴的传播方式成为互联网背景下的新直复营销方式。

在互联网时代，企业可以把传统的传播方式转移至网上，比如用电子邮件进行邮寄营销，在企业网站上设置目录，通过各种社交媒体软件实现与顾客的直接沟通。除此之外，企业还可以利用品牌网站或者社交媒体吸引顾客参与多种品牌的社群活动，在社群活动中传递企业信息。

对于顾客来说，网络传播的兴起使其能够随时随地、简单私密地进行网上购物，获得大量相关信息。在互联网环境下，顾客能够借助卖方网站、微信或阿里旺旺等软件与卖方直接互动，了解他们希望得到的产品或服务，然后当场订购。另外，企业提供的在线社区能够让顾客间或顾客与企业相互交流，让顾客更好地了解企业及其产品，增强顾客体验。

对于企业来说，网络传播给其提供了低成本、高效率和快速有效影响顾客的方法。伴随着顾客管理系统的精细化，企业能够有效地锁定小群或者个别顾客，有效地传播其信息和价值，更好地了解顾客的需求，针对顾客的偏好定制产品或服务，也可以及时处理顾客的询问与投诉。

（二）网络化的传播

网络化的传播指融合了大众传播（单向）和人际传播（双向）的信息传播特征，在总体上形成的一种散布型网状传播结构。在这种传播结构中，任何一个网络都能够生产、发布信息，所有网络生产、发布的信息都能够以非线性方式流入网络中。企业的顾客会通过一定的方式（比如加入虚拟社区、线下联合等）聚集形成一个信息传播的网络，在这个网络中传播、交流与企业有关的信息（见图 13-5）。

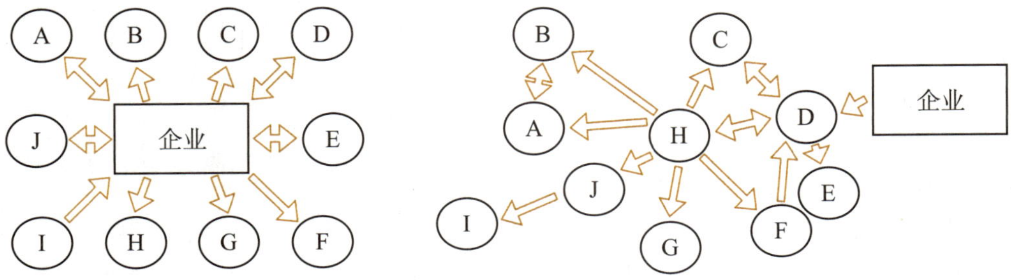

(a) 传统传播　　　　(b) 网络化的传播

图 13–5　传统传播和网络化的传播

在传统传播中，消费者与自己的熟人、朋友相互作用形成网络。在相关网络中，消费者会向朋友传播正面、负面的产品口碑信息。这种“人传人”的信息传播机制能够帮助企业信息快速在消费者群体中蔓延。但消费者对传播信息的选取是十分挑剔的，因此，企业需要设计能够打动消费者的企业信息来实现在消费者网络中的传播。

在现代传播网络中，互联网连接了身处各地的消费者，企业的虚拟社区、百度贴吧等各类第三方社区论坛、微博、QQ 给消费者提供了了解信息、传播信息的渠道。这种在网络上形成的消费者网络也能促进企业信息的传播。例如，百度搜索造成的“魏则西事件”就通过微博、论坛等各种各样的方式迅速传播，大大降低了消费者对百度的好感。在这样一个消费者传播信息网络化、迅速化的时代，不但企业的良好声誉能够传播，企业的不良声誉也能迅速被消费者了解。因此，企业需要管理好自身在网络媒介中的信息发布。另外，在现代传播网络中，部分消费者、个体能够起到意见领袖（见图 13–5（b）中的 H）的作用，这些人对于信息的传播作用巨大，企业应当根据情况利用意见领袖传播自己的正面信息（比如图 13–6 中宝洁信息的传播），避免自己的负面信息被意见领袖快速传播。

图 13–6　意见领袖的转发

小贴士 13-1　社会网络理论

社会网络是一种基于“网络”（节点之间的相互连接）而非“群体”（有明确的边界和秩序）的社会组织形式，也是西方社会学从 20 世纪 60 年代兴起的一种分析视角。个体与其认识的人或互动的人之间的关系能够聚合成为一种网络化的结构，这种网络化的结构即为个体的社会网络（图 13–5 中的网络化的传播）。社会网络理论主要包括弱连带理论、社会资本理论和结构洞理论。弱连带理论通过互动的频率、感情力量、亲密程度和互惠交换四个维度将强弱关系分为强连带和弱连带，强连带主要发生在群体内部，给个体带来同质化的信息，而弱连带主要发生在群体间，能够给个体带来无冗余的新知识。社会资本理论强调个人通过自己所在的关系网络获得由这些社会关系带来的资源。结构洞理论主要关注关系网络中由于无直接联系或关系中断而形成的网络空洞，处于该空洞位置的个体往往有多个群体相关的资源，即社会资本。

在互联网环境下，个体在微博、微信以及各类消费者社区中的关系也能够形成一个社会网络。在这些网络中会有处于不同位置的个体，比如位于中心位置的个体即为这个网络中的意见领袖（例如某些名人的微博就位于网络的中心）。对于企业而言，识别和利用社会网络能够帮助其更好、更快速地传播营销信息。

第 2 节 网络传播工具

网络传播是企业在互联网上进行信息传播活动的过程，企业可以借助公司主页、线上广告和促销、电子邮件、在线视频和博客等方式进行传播。社交媒体营销和移动营销也发生在网上，但由于其特性突出，因此后面会单独讨论，在这一部分，主要讨论网络传播工具中的网站和品牌社区、网络广告、电子邮件、网络视频、博客和网络论坛。

一 网站和品牌社区

对大多数公司而言，开展网络营销的第一步是建立一个网站。网站一般分为两种类型：营销网站和品牌社区网站。营销网站是专门吸引顾客，推动他们直接购买或实现其他营销目的的网站。比如，苹果官方网站就提供醒目的标题介绍产品，并提供详尽的信息和工具，以及相关产品对比来帮助顾客比较产品进而购买。另一种网站是品牌社区网站，这类网站不销售任何东西，其主要目的是展现品牌内容、吸引消费者和建设顾客–品牌社区。这类网站通常提供种类丰富的品牌信息、视频、博客、活动以及其他有利于建立紧密的顾客联系和促进顾客与品牌互动的特色内容。例如，在小米社区（见图 13–7）中，顾客可以接触到大量的产品信息，参与各种讨论。顾客在社区中能够与小米公司直接互动，也能够和其他顾客互动。这为小米的顾客提供了一个方便参与并了解彼此的虚拟品牌社区，为顾客带来难忘的体验。

创建网站之后，企业还需要考虑如何吸引顾客访问。企业一般通过印刷品和广播广告，以及其他网站的广告和链接大力推广自己的网站。但今天的网络使用者很容易抛弃那些不合格的网站，因此，带来高价值和良好的体验是使顾客停留并再次访问网站的关键。一个有效的网站不仅应当便于使用、外观设计专业且内容具有吸引力，还应该包含更多深入和有用的信息、帮助购买者发现和评估感兴趣的产品的互动工具、与其他相关网站的链接、不断更新的促销优惠，具有一定的娱乐性。

图 13–7 小米社区

二 网络广告

由于消费者上网的时间越来越多，许多企业将更多的营销支出投向网络广告，以期提高品牌销售量或吸引顾客访问其网站。网络展示广告可能出现在顾客屏幕的任何位置，并与其正在浏览的网站内容相关。比如，当你登录网易浏览新闻时，你会看到一些企业或产品的广告；或者你在爱奇艺观看某部剧的时候，你的屏幕上会跳出一个与此剧相关的小广告；或是在你看剧前播放的广告里，会有你所看剧集演员代言的广告。这种内容丰富有趣的广告可能只有短短的十几秒，或者只是出现在你屏幕的一个小方块里，但却能产生很大的影响。网络广告按照其表现形式可分为静态广告、动态广告两类。图 13-8 所示的网易首页的广告中，位于界面上端以及界面中央的 vivo、网易考拉海购就是一种常见的静态广告，两侧的京东广告是常见的动态广告。从具体形式来看，网络广告可分为横幅式、漂移式、对联式、弹出窗口式、全屏式、拉链 / 撕页式等几种形式，由其名称即可看出各自的特点。

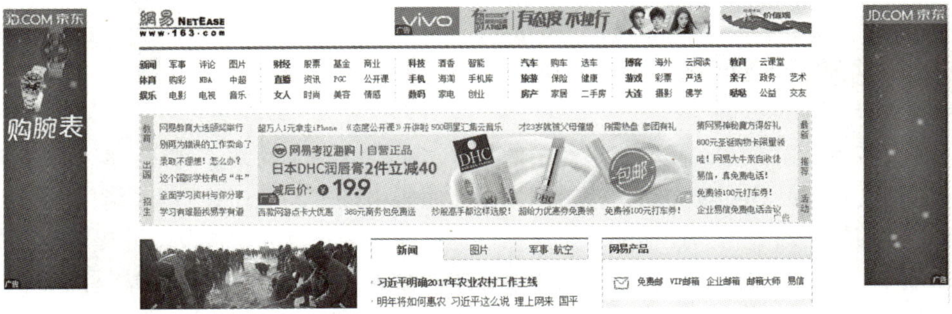

图 13-8 网易首页广告

在网络广告中，还有一种重要的形式是搜索内容关联广告（或与上下文有关的广告）。这类与内容和图片相关的广告及其链接，会出现在百度和必应等搜索引擎的搜索结果列表旁边。比如用百度搜索纸巾的时候，在屏幕的上侧和右侧会出现相关广告或相关企业。排名在前的广告信息能够让企业实现快速、高度相关的企业信息传递，消费者也更容易锁定自己想要的商业信息。

小贴士13-2 搜索引擎营销与竞价排名

三 电子邮件

虽然互联网的发展带来多种多样的网络传播方式，但电子邮件营销依旧是一种重要的、逐步发展的网络营销工具（见图 13-9）。根据美国直复营销协会（DMA）的报告，营销者在电子邮件上每花 1 美元，就可以获得 44.25 美元的回报。你可能经常会忽略那些给你发来的垃圾邮件，所以对这个数字会觉得不可思议。但是，由于发送电子邮件的成本非常低，所以，这种成本收益的比例是完全合理的。电子邮件依旧是具有最高投资回报率的营销方式之一。要想充分地利用电子邮件的好处，企业需要将具有高度针对性、个性化和有利于建立关系的信息传递给顾客。另外，在电子邮件形式上，企业应该选择多彩多样、引人入胜、个性化的邮件信息来吸引顾客。企业在实际操作电子邮件的时候，可以增加更多关系导向的内容，这可以帮助企业提升顾客忠诚度。

图 13–9 电子邮件营销

不过，随着电子邮件营销的广泛使用，垃圾邮件日益泛滥，不请自来的广告邮件将顾客的邮箱塞得满满的，激起了顾客的不满和愤怒。使用电子邮件营销的企业必须在为顾客增加价值和成为令人讨厌的入侵者之间寻求平衡。不少企业采取一些措施来避免这些不受欢迎的打扰，比如，亚马逊通过让顾客选择营销资料目录，基于顾客的偏好和以往的购买经历，向那些选择加入的消费者发送少量有用的"我们认为你想知道"的信息。这样的信息很少遭到顾客的反对，相反，不少顾客欢迎这样的信息。

四 网络视频

线上营销的另一种形式是在品牌网站主页或者诸如微信、微博等社交媒体上发布视频。一些视频是专门为网站和社交媒体制作的，包括指导操作的视频和公共关系视频，旨在进行品牌促销和与品牌相关的娱乐活动。其他的多是公司为电视和其他媒体制作的在广告活动前后上传到网络的视频，以提高广告活动的到达率和影响。企业希望自己的视频能够像病毒一样迅速传播。你一定还记得益达在 2012 年发布的酸甜苦辣微电影广告，连续的剧情增加了顾客对这些广告的搜索、观看和转发，起到了很好的传播作用。这种形式的网络视频广告十分盛行，甚至在美国总统竞选时，特朗普的团队在 SnapChat，Instagram，Vine，Periscope 等社交媒体上也投入不少短视频广告，引发美国民众的广泛观看与转发。

但是，企业通常无法控制它们发布的视频的最终效果。企业可以在网上撒下视频内容的种子，但是除非内容能够在顾客间产生共鸣，否则这个种子的作用不大。因此，在企业制作网络视频的时候，需要对内容进行合理的设计，以求达到传播企业信息的目的。

五 博客和网络论坛

品牌还可以通过各种吸引具有特殊兴趣爱好的人群的网络论坛开展网络营销。博客是在线日志，在这里，个人或企业可以写下他们的想法和其他内容。博客的主体可以是

图 13-10　美即面膜与 Papi 酱的跨界合作

任何内容，从政治、NBA、日本料理、汽车修理、品牌到最近的电视剧。大多数企业会通过一些与品牌相关的博客来接触顾客群。比如上海迪士尼度假区的微博时常会介绍园区内的一些活动与美景以吸引顾客游玩。此外，企业会选择和一些网络红人或明星等第三方博客合作来传播营销信息。比如，美即面膜与网络红人 Papi 酱合作推广自己的产品（见图 13-10）。

小贴士 13-3　粉丝经济与网红经济

粉丝经济泛指架构在粉丝和被关注者关系之上的经营性创收行为，是一种通过提升用户黏性并以口碑营销形式获取经济效益与社会效益的商业运作模式。以前，被关注者多为明星、偶像和行业名人等，比如，粉丝购买歌星的专辑、演唱会门票，以及明星所喜欢或代言的商品等。现在，互联网突破了时间、空间的限制，粉丝经济被广泛地应用于文化娱乐、销售商品、提供服务等领域。此外，商家会借助一定的平台打造网络红人，通过网红聚集消费者、粉丝，以此来推动产品和服务的销售，形成基于网红的粉丝经济，即网红经济。

《仙剑奇侠传》作为传统粉丝经济的经典案例，靠其感人的剧情和对中国文化的认同感，吸引了一大批消费者。庞大的粉丝群创造了游戏衍生的电视剧的收视狂潮。网红经济的一个典型是"6·18"电商大战中苏宁易购雇用冯提莫等进行网红直播，通过这些网红在网购直播间里卖萌自拍、深情演唱，进行相关营销活动，在 1 小时的直播时间内，联想 ZUK Z2 手机的预约量达到 10 万部。

作为一种营销工具，博客具有许多独特的优势。它为企业加入消费者的网络和社交媒体对话提供了一种新的、原创的、个性化的、低成本的方法。但博客空间是杂乱和难以控制的。尽管企业有时可以利用博客来吸引顾客，建立有意义的关系，但博客仍是一种由消费者主导的媒介。无论是否积极参与博客，企业都应该监督和倾听。企业营销人员可以通过对消费者网上对话内容的洞察改进自己的营销计划。

第 3 节　社交媒体营销

一　社交媒体营销概述

社交媒体营销（social media marketing）是指企业利用社交网络、在线社区、博客、论坛、微博等进行的一种营销。在数字技术和设备的迅猛发展下，社交媒体和数字社区产生并不断壮大。这些数字化媒体为顾客提供了一个可以聚集、社交并交换想法和信息的网络虚拟空间。中国互联网络信息中心（CNNIC）发布的《2016 年中国社交应用用户行为研究报告》显示，即时通信应用目前是我国第一大移动应用，使用率高达 90.7%，QQ、微信、陌陌的常用率位列前三。此外，还有各种各样的用户群关注相同的微博，加入相同的论坛。社交媒体聚集了大量的顾客，成为企业进行营销的理想途径。

小贴士 13-4 麦当劳的社交媒体营销

自 1990 年 10 月 8 日至今，麦当劳已经进入中国市场 25 个年头。眼下麦当劳正面临“互联网 + 餐饮”的挑战，在家庭烹饪、中式快餐、第三方送餐平台等餐饮 O2O 新秀的瓜分下，麦当劳也热情拥抱互联网，利用社交媒体进行强势的反击。

首先，麦当劳在调研中发现，与美国消费者相比，中国消费者群体承载着更多的社会化属性。他们会将麦当劳作为社交而不是快餐场所。因此，麦当劳创建了微信公众号，现有 860 万粉丝，参与互动的频率非常高。同时，随着电子商务和数字化营销的兴起，麦当劳的营销重拳开始向数字化营销转移。

其次，麦当劳深入挖掘社交媒体的潜力，推出了面向理工科用户的圆周率日（πDay）3.14 元特惠价买派、面向游戏玩家的《魔兽世界》的角色扮演、“我创我味来”（Create Your Taste）项目等，麦当劳中国差不多每个月都会面向年轻人开展互联网营销。

再次，麦当劳的限时樱花甜筒也为其营销传播添光加彩。樱花甜筒新品上市后，百度地图会向跑步者随机推送信息：“你有一个樱花甜筒，要领取吗？”在导航的帮助下，如果 15 分钟内到达麦当劳甜品站，用户就可以免费领取 1 个樱花甜筒。随着消费者的参与，限时樱花甜筒成为社交媒体中的一个传播事件，促进了麦当劳营销信息的传播。

最后，麦当劳积极推广网络点餐服务，顾客可以通过微信、支付宝等社交媒体直接下单、支付，到店取餐。这为消费者营造了良好的消费体验。

资料来源：麦当劳如何步步为营、玩转互联网 .（2016-05-10）. http://www.shichangbu.com/article-26989-1.html.

二 社交媒体的分类

社交媒体作为企业和顾客或顾客与顾客之间互相沟通的场所，便于企业或顾客在其中传递、发布、管理自己的相关信息。根据功能，社交媒体可以分为社会化社区、社会化发布、社会化娱乐、社会化商务四个类型。

（一）社会化社区

社会化社区（social communities）是指那些聚焦于关系以及具有相同兴趣或身份的人共同参与活动的社交媒体渠道。因此，社会化社区具备双向沟通、交流、合作以及经验和资源分享的特点。所有的社交媒体渠道都是围绕社会关系建立的，但是对于社会化社区来说，为了建立和维持关系而进行互动和合作是人们参与活动的主要原因。这种类型的社交媒体包括社交网络、论坛、百科网站等，它们都强调在社区背景下的个体贡献、沟通、交流和合作。比如，社交网络可以让个体识别网络所连接的成员并与之沟通交流；论坛作为最古老的社交媒体，完全聚焦于成员的讨论；百科网站（如国内的百度百科）作为一种线上协作空间，使社区成员共同创造有用的、可分享的资源。

（二）社会化发布

社会化发布（social publishing）旨在将内容向受众传播。社会化发布的形式包括博客、微分享网站、媒体分享网站等。博客是指博主定期更新线上内容的网站，这些内容包括文本、图片和视频。博客可以由个人、记者、传统媒体或组织来撰写和更新，可能涵盖很多不同的话题。同时，博客是社会化的，因为它可以分享，允许读者留下评论从而引发对特定帖子的讨论。微分享网站也称为微博，它和博客很相似，只是对博文的长度有所限制。一条微博可能包括一个句子、一段视频或其他网站内容的链接。媒体分享网站也像博客一样，内容主要包括视频、音频、照片、报告和文件而不是文本，比如国内的优酷、爱奇艺、Bilibili 等各种视频网站。图 13–11 就是一种受年轻人喜爱的媒体分享类的社会化发布网站 Bilibili，用户可以在该网站上发布自己制作的视频，也可以进行评论、发弹幕等。

图 13–11　Bilibili 网站

（三）社会化娱乐

社会化娱乐（social entertainment）指一些提供游戏和娱乐机会的渠道和工具，主要包括社会化游戏、虚拟世界、娱乐社区等。社会化游戏是一种在线游戏，游戏者可以和其他游戏成员交流，在线上更新自己的活动内容以及游戏成绩。比如网易公司的《梦幻西游》、暴雪公司的《魔兽世界》。虚拟世界是一种人们能够用化身参与的三维社区，这种化身是他们的数字化身份，可以根据人们的意愿进行美化。另一个社会化娱乐的例子是娱乐社区，它是根据某些娱乐功能所形成的社区，比如网易云音乐的用户社区、看直播的用户所形成的社区。

（四）社会化商务

第四个方面的社交媒体是**社会化商务**（social commerce），社会化商务指的是使用社交媒体来辅助在线购买及销售产品和服务。当购买者在购物过程中进行互动时，社会化商务对社会购物行为起到杠杆作用。社会化商务渠道包括评论网站或品牌电子商务网站的评论和评分、折扣网站和折扣聚合器（将折扣信息聚合为个性化的折扣推送）、社会化购物市场（拥有消费者推荐商品、品牌和在购买时与朋友沟通等功能的在线商城，比如淘宝提供的提问购买者业务）和社会化商店（在社交媒体上经营的零售商店，比如微商，如图 13–12 所示）。

图 13–12　微信中的微商

小贴士 13-5　微商

微商（wechat business）是基于微信生态，集移动与社交为一体的新型电商模式，是一种社会化分销模式。

它是企业或者个人基于社交媒体开店的新型电商，从模式上来说主要分为两种：基于微信公众号的微商称为 B2C 微商，基于朋友圈开店的称为 C2C 微商。微商和淘宝一样，有天猫平台（B2C 微商）也有淘宝集市（C2C 微商）。所不同的是微商基于微信“连接一切”的能力，实现商品的社交分享、熟人推荐与朋友圈展示。微商已从一件代发逐渐发展成自己存货自己发，有等级的区分，等级越高利润越大。

三　社交媒体的特点、优势与挑战

（一）社交媒体的特点

社交媒体作为个体交流的网上渠道，具有公开、参与、交流、对话、社区化与连通性六大特征。

1. 公开

绝大多数的社交媒体都允许用户免费参与其中，鼓励人们评论、反馈和分享信息。任何人都能在社交媒体上进行创作、编辑、传播、消费和评论。比如，个人可以在 QQ 空间里创建自己的日志，在微博上分享自己的照片等，这一切都是免费参与的，在用户自己的圈子里这些内容是公开的。

2. 参与

社交媒体和受众之间的界限非常模糊，用户创造内容，通过分享进行传播的方式激发感兴趣的人主动给予反馈。任何人都可以以创造者、传播者、读者、消费者的身份参与进来，这种身份随时都可以因分享信息而发生转变。比如在微信上，你可以以读者的身份阅读别人发表或转发的东西，你自己也可以发布一些内容。

3. 交流

传统媒体使用的是告知式的由上至下的广播模式。而社交媒体提供的是一种双向沟通模式。在一些网络社区中，你可以就一个问题与其他用户进行交流探讨。社交媒体提供了用户交流的平台。

4. 对话

传统的媒体以广播的形式，将内容单向传递给受众。而社交媒体则多被认为具有双向对话的特质。很多社交媒体被称作即时通信软件，你可以在其中与你的好友进行对话与互动。

5. 社区化

在社交媒体中，人们可以很快形成一个社区，并以摄影、电视剧等共同感兴趣的内容为话题，进行充分的交流。比如，由小米用户形成的小米社区，微信或 QQ 群中的旅游群组等。

6. 连通性

大部分的社交媒体都具有强大的连通性，通过链接将多种媒体融合在一起。当你在微博上看到一些感兴趣的信息时，你可以轻易地将其内容直接发布到你的朋友圈，这种社交媒体之间的连通性方便了信息的交流与共享。

（二）社交媒体的优势

首先，社交媒体具有较强的针对性、较高程度的个性化以及较强的互动性。企业可以通过社交媒体为顾客提供个性化的、有针对性的营销活动。另外，社交媒体作为企业与顾客互动的平台，方便企业发起与顾客的对话或者倾听顾客的反馈意见。不少企业通过社交媒体开展网络焦点小组调查，通过社交媒体直接回复顾客的问题，解答顾客的疑问。

其次，社交媒体具有即时性。企业可以根据品牌突发事件和活动创造即时、重要的营销内容，随时随地接近和影响顾客。随着社交媒体的飞速发展，企业引发、加入消费者对话，讨论当下发生的事件，已经成为企业与消费者建立联系的重要手段。基于此，企业可以密切关注实时发生的动态信息，创造相应的内容来吸引顾客参与互动。

再次，社交媒体具有较高的成本效益。尽管创造和管理社交媒体内容可能价格不菲，但大多数社交媒体都是免费或低价的。因此，相对于电视和平面广告等昂贵的传统营销媒体而言，社交媒体的投资回报率很高。无法承担高预算营销活动的小型企业和品牌可以使用社交媒体。

最后，社交媒体具有很强的参与活动与社交分享的能力，是企业创造品牌社群的极佳方式。社交媒体特别适用于建立顾客互动和社区——用于吸引顾客与品牌或其他顾客进行互动。社交媒体能够比其他任何一种营销沟通渠道更有效地吸引顾客分享品牌内容和体验。企业也可以根据社交媒体的这个特性来创建品牌社区，为顾客交流提供有效的场所。

（三）社交媒体的挑战

社交媒体也面临诸多挑战。首先，许多企业仍然在探索如何才能有效地利用社交媒体，成果很难度量。其次，社交网络在很大程度上由用户掌控。企业使用社交媒体的目的是使品牌成为顾客谈话及生活的一部分。然而，企业不能简单生硬地进入消费者的数字化互动，而需要自然地融入。企业必须通过开发具有持久吸引力的内容，使其成为消费者网上体验中有价值的部分。另外，由于消费者对社交媒体内容有更大的控制权，即使看起来无害的社交媒体活动也可能会事与愿违。

四 社交媒体营销决策的制定

在社交媒体进入我们生活的方方面面的情况下，社交媒体上的营销内容越来越多。常见的社交媒体营销方式包括建立企业或产品的博客或微博、进行病毒或口碑营销、创建在线社区进行营销传播等。在社交媒体营销决策中，常见的步骤如下所示。

（一）环境分析

一个好的社交媒体营销策略始于对行业和竞争对手、产品类别以及消费者市场的研究。与传统决策制定过程中的营销环境分析类似，社交媒体营销策略也可以通过 SWOT 分析来制定。

（二）确定社交媒体营销目标并制定预算

在这个阶段，企业要仔细考虑社交媒体活动能够完成哪些任务，企业有哪些财务和人力资源可以用于完成这些目标。在社交媒体营销目标的设定过程中，一些比较重要的目标包括提高品牌知晓度、提高品牌或产品的声誉、增加网站访问量、扩大公关活动的影响力、提高在搜索引擎中的排名、提高对客户服务的感知、产生销售机会、降低客户获取和服务成本、增加销售收入。在设置相关目标的时候，企业可以遵从 SMART 原则。在制定社交媒体营销预算的时候，企业可以采取广告支出比例法、竞争看齐法、目标任务法等。广告支出比例法是将企业总体广告预算的一定比例用于社交媒体营销活动。竞争看齐法是将竞争对手的预算作为基准，根据竞争对手的相关投入制定自己的预算。目标任务法是通过考虑营销活动所设置的目标，确定完成每个目标的成本。

（三）描述目标受众

和所有营销计划一样，社交媒体营销计划也需要用一种有意义且恰当的方式来吸引目标受众。这就需要企业描述目标受众的社交媒体特征。目标受众的社交媒体特征包括目标市场的社会化活动和方式，如参与社交媒体的程度、使用的渠道、活动的社会化社区以及在社会化社区中的行为等。除了目标受众的基本信息之外，企业还需要了解它们的顾客在社交网络中行动的时间与方式。在了解目标受众这类特征时，企业可能会描述社交媒体用户典型一天的活动，也可能收集受众的互联网活动信息。

（四）选择社交媒体渠道和工具

一旦确定了自己的目标受众，企业接下来就应该选择最合适的社交媒体组合来接触他们。社交媒体的四种类型提供了可供社交媒体组合选择的渠道和工具。与传统营销组合类似，社交媒体组合描述了营销活动中完成组织目标所使用的工具组合。例如，一个学生社团要宣传自己的社团活动，也许会将微博、微信公众号、校园 BBS 等作为其社交媒体组合。在社交媒体的四个类型中，有许多适合接触某一特定受众的工具。例如，为了针对大学生受众并符合其社交媒体习惯，企业也许会选择社交网络、社会化发布和社会化游戏来进行社交媒体营销活动，采用微信、微博或者网络游戏（比如《梦幻西游》与李宁的合作，如图 13-13 所示）来发布自己的信息。

图 13-13 《梦幻西游》与李宁的跨界合作

（五）制定信息策略

确定了社交媒体渠道和工具之后，企业接下来要做的就是制定有创意的信息策略。信息策略是指在活动中用到的创新方法。信息策略一般从创意大纲中发展而来。对于社交媒体营销，创意大纲也被称为体验大纲或者传播大纲。企业在制定传播大纲时，需要考虑如表 13-1 所示的相关问题。确定上述大纲之后，接下来进入概念发展的过程。在企业人员进行创意的设计和提炼之后，会生成社交媒体营销传播内容的原型。这些原型会进一步被审查，进行可用性测试和其他测试。在企业进行社会化互动过程中，一个要考虑的重要因素是企业或品牌的社会化形象。企业在选择社交网络营销时，需要确认其在社交网站中的行为、声誉，甚至是品牌与顾客互动的程度，它们都要符合企业或品牌在市场中的定位。

表 13–1 创意大纲的相关问题

1. 活动的目标和沟通任务是什么？
2. 品牌如何定位？在市场中，这个定位的独特性是什么？
3. 目标受众是谁？
4. 是否存在其他群体能够说服目标受众来效仿他们？
5. 现有的创意资产是什么？
6. 如何与企业使用的其他媒体进行整合？整合需要多少时间？
7. 在给定目标市场需求和动机、可用渠道及创意资产的条件下，什么样的体验是可行的？
8. 需要什么样的内容？什么内容与该活动有关？这些内容从哪里来？
9. 体验如何在社交媒体渠道中扩展和分享？

（六）与其他促销活动结合并建立活动时间轴

传统的媒体活动通常会有一个设定的期限，并且会为每个具体目标的完成制定时间计划。而对社交媒体来说，营销活动不一定要有确定的开始和结束时间。社区中的交流会持续很长时间，品牌的社交媒体营销也要持续进行，对那些依赖社交媒体来进行客户服务和客户关系管理的品牌来说，更是如此。一些有名的品牌（比如戴尔）一直在进行社交媒体营销活动，它们的目的是在其参与的网络社区中维持一定的曝光度。还有一些企业会将短期和持续的社交媒体营销结合起来。比如，一些企业长期使用社交媒体来进行宣传，但在短期内主要宣传企业产品的某些特性。另外，企业在选择社交媒体活动时会选择一个特定的时间段。比如在电影上映前，电影公司会和某些社交媒体公众人物进行合作以宣传电影。又如，哈尔滨冰雪大世界每年在开业前的那段时间里，都会通过社交媒体加大宣传。

（七）执行计划并测量结果

在社交媒体营销决策的最后阶段，将执行计划并测量结果。但企业进行社交媒体营销的时候，难免会犯错。因此，企业需要重视可能会犯的错误以在计划执行阶段使错误后果最小化。可能犯错的方面有缺乏人员配置、内容过于陈旧、急于看到结果、过于关注行动步骤、缺少高质量的信息、缺乏合理的绩效测量内容等。下面介绍企业在进行社交媒体营销中常见的问题以及注意事项。

第一，企业在建立社区时，需要保证社区的活跃度，因此，企业需要安排特定人员来发帖、回复和创造内容来避免社区缺乏活力，而不是什么都不做等待用户的到来。

第二，企业应该避免展示过于陈旧、过期的内容。用户是紧跟潮流的，在网络技术高度发达的今天，只有新内容、新现象才能引起用户的注意。

第三，社交媒体的广告投入需要较长的时间才能看到结果，因此企业在衡量社交媒体营销结果的时候需要有耐心。

第四，在执行社交媒体营销计划时，企业可能更多关注行动步骤，制定量化的传播任务。但是，在社交媒体营销上，吸引用户的注意力是关键，因此，企业应该更多关注行动产生的结果而不是行动步骤，也就是说，企业应当提供更高质量的信息来吸引用户的注意力。

最后一种常见的错误是企业缺乏合理的绩效测量内容。随着社交媒体营销的发展，越来越多的人开始相信社交媒体的作用，通过社交媒体来增加曝光度，但是光以曝光度作为企业社交媒体营销测量的依据是不够的，企业需要有合理的绩效测量工具来比较传统媒体和社交媒体带来的收益。

五 社交媒体营销的策略

社交媒体营销作为新兴的营销传播方式，目前并没有特别规范的营销策略，但是，营销界内有一些公认的能够提高社交媒体营销绩效的参考原则，即 4I 原则，同时，也有几种常见的社交媒体营销策略——病毒营销、内容营销、视频营销、游击营销等。

（一）4I 原则

与传统的营销不同，互联网环境下的营销具有“集市”的特征，信息多向传播，顾客之间或顾客与企业间进行互动式交流。在这种信息多元、嘈杂的情况下，社交媒体能够传播更多草根消费者的信息与意见。因此，企业要实现信息的有效传播，需要激发消费者的兴趣、满足消费者的需求，遵从趣味（Interesting）、利益（Interests）、互动（Interaction）、个性（Individuality）四个原则（简称 4I 原则）。

1. 趣味原则

中国互联网的本质是娱乐性的，在互联网这个“娱乐圈”中混，广告、营销也必须是娱乐化、趣味性的。互联网为消费者提供了无数可供选择的信息，因此，消费者的注意力就成为互联网时代的稀缺资源。当企业无法向消费者说“这是我给你的讯息，快去看看”的时候，企业就必须通过一些趣味性的、娱乐化的方式让消费者观看或阅读其传播的信息。

2. 利益原则

营销的本质就是向消费者传递价值，在互联网时代更是如此。企业能否向消费者传递有效的信息，往往依赖于这条信息能否为消费者创造利益。在社交媒体为消费者创造的利益中，消费者不仅关注实际创造的物质或金钱利益，还会关注该信息能否给自己带来好处、能否为自己的生活提供便利、能否给自己带来心理上的满足。因此，在发布社交媒体信息的时候，企业应当遵从利益原则，考虑自己的信息能够为消费者带来什么。

3. 互动原则

互联网营销与传统营销的不同之处在于，网络传播缺乏传统媒体所具有的强制性，而在这种缺乏强制性的背景下，如果仅采取与传统媒体相同的单向传播策略，企业的信息传播对消费者而言就没有多大吸引力。因此，在互联网时代，企业可以利用社交媒体向消费者传递具有更强互动性的信息。消费者参与这种互动性强的传播过程，会留下更深刻的品牌印象。因此，互动原则也是社交媒体营销传播的策略之一。

4. 个性原则

互联网带给企业更强大的接触消费者的能力，同时也使消费者变得更加挑剔。在这样的环境下，能否满足消费者个性化的需求成为企业成功的必要因素。而社交媒体的盛行为企业提供了接触消费者、管理消费者、分类消费者的可能性。企业可以通过对用户在社交媒体上的资料以及消费者与企业社交媒体互动的资料的深度挖掘，将消费者分类，进行差异化营销，满足消费者的个性化需求。

（二）病毒营销

病毒营销（viral marketing）是指通过病毒式的传播过程，利用已有的社交网络去提升品牌知名度或者达到其他市场营销目的。病毒营销由信息源开始，依靠用户在社交媒体上的自发口碑宣传，形成滚雪球式的传播。由于这种传播方式像病毒一样，能够快速复制，将信息传向数以万计的受众，因此称为病毒营销。

病毒营销作为网络营销方式中性价比最高的方式之一，能够深入挖掘产品卖点，制造适合网络传播的舆论话题，达到很好的传播效果。病毒营销作为一种通过公众的人际网络传播信息的营销方式，有以下几个特点。

1. 有吸引力的病原体

病毒营销作为一种高效的营销传播方式，主要利用目标消费者的参与热情。目标消费者受到企业的信息刺激后自愿参与到后续的传播过程中，原本应由企业承担的广告成本转嫁到目标消费者身上。这一过程的关键是激发消费者的兴趣，即企业要创造有吸引力的病原体。

2. 几何倍数的传播速度

大众媒体发布广告的方式是一点对多点的辐射状传播，实际上无法确定广告信息是否真正到达目标受众。病毒营销是自发的、扩张性的信息推广，并非均衡、无差别地同时传达给社会上的每一个人，而是由消费者将产品和品牌信息传递给与他们有着某种联系的个体。例如，目标受众看到一个有趣的动画，他的第一反应或许是将这个动画转发给好友、同事，于是“转发大军”构成传播的主力。

3. 高效率的接收

采用大众媒体投放广告有一些难以克服的缺陷，如信息干扰强烈、接收环境复杂、受众抵触心理严重。以电视广告为例，同一时段的电视有各种各样的广告投放，其中不乏同类产品“撞车”现象，这大大降低了受众的接收效率。而那些“病毒”是受众从熟悉的人那里获得或是主动搜索而来的，在接收过程中自然会有积极的心态；接收渠道也比较私人化，如手机短信、电子邮件、论坛等。以上优势使得病毒营销克服了信息传播中噪声的影响，增强了传播的效果。

4. 更新速度快

网络产品有自己独特的生命周期，一般都是来得快去得也快。病毒营销的传播过程通常呈 S 形，即在开始时很慢，当扩大至受众的一半时速度加快，而接近最大饱和点时又慢下来。针对病毒营销传播力的衰减，只有在受众对信息产生免疫力之前，将传播力转化为购买力，才可达到最佳销售效果。

企业进行病毒营销通常会经历制造病毒、繁殖病毒、传播病毒三个阶段。

（1）制造病毒阶段。在制造病毒阶段，企业应当充分挖掘能够“感染”消费者的引爆点。通过制造有效引爆点，让更多的网民关注、讨论、评论。但引爆点的设置必须能够激发消费者的兴趣，这样才能让其自愿告诉身边的朋友，分享到社交媒体上。这种引爆点可以是一种情绪（比如愤怒 / 惊喜）、一种情感（比如同情 / 悲伤）、一种心态（比如娱乐 / 看客）、一种寄托（比如期望）等。比如，动画电影《大圣归来》就满足了网民对国产动画创新的期望以及对文化象征回归的期望。甜心摇滚沙拉的“斯巴达勇士”（见图 13-14）和黄太吉“开大奔送煎饼”等宣传方式满足了网民的看客心态。

图 13-14 甜心摇滚沙拉的“斯巴达勇士”

（2）繁殖病毒阶段。企业制造好病毒之后，就要开始繁殖自己的病毒，让病毒拥有更大的接触面。繁殖病毒是病毒营销信息在消费者群体中传播的前一个步骤，在繁殖病毒的过程中，企业可以与微博大 V 或者微信公众号等意见领袖合作，根据其所能够接触到的用户群与自己信息传播目标的一致性来寻找合适的合作者，比如，宝马中国就联合罗辑思维的官方微博传播其产品信息（见图 13-15）。在繁殖病毒阶段，企业也可以通过雇用网络“水军”实现产品信息的第一轮传播。

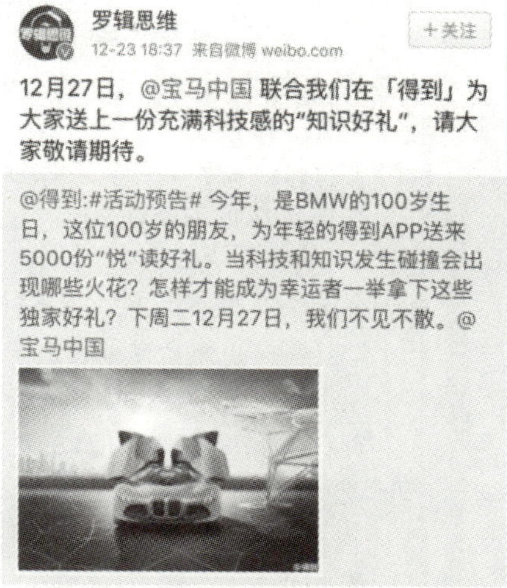

图 13-15 意见领袖引导传播举例

（3）传播病毒阶段。企业通过各种方式接触到目标消费者后，就开始了病毒营销传播的第三阶段——传播病毒。在这一阶段，病毒信息吸引消费者观看并促使消费者转发，实现广泛的信息传播。在这一阶段，除了信息本身有趣，企业还可以设置一些奖励（比如抽奖、赠送门票等）来促进消费者的传播（如图 13-16 所示）。

图 13-16 病毒营销中的奖励

（三）内容营销、视频营销与游击营销

内容营销（content marketing）指的是以图片、文字、影音等方式传达有关企业的内容，获得目标受众关注。在互联网环境下，内容所依附的载体是网页、微博、微信等。内容营销可以在动画、视频、音频等载体中呈现出来，对目标受众产生吸引力，并引发购买等行为。内容营销在“人人都是自媒体”的时代显得愈发重要。在网络上如果给客户的是些空洞的内容、雷同的内容，甚至是抄袭的内容，不但不能起到营销的效果，还会有相当大的反作用。在内容营销的基础上产生了场景营销，参见小贴士 13-6。

小贴士 13-6 场景营销

在互联网尤其是移动互联网的情境中，企业根据消费者的消费习惯，利用多媒体数字传播工具，构建特定的场景，增强消费者的画面感和临场感，促进企业与消费者的沟通，促使消费者获得更好的消费体验，从而有效地达到企业的营销目标，这就是场景营销（context marketing），也称为场景化营销。它是在移动营销环境中内容营销的升级版，也是体验营销发展的新阶段。

场景营销针对的是消费者在现实场景中所具有的心理状态或需求。当我们进行场景营销的时候，其实是一种营销理念的转变。传统营销通过年龄、性别、爱好、地域、收入等指标去把握消费者的需求时，营销者关注的是消费者群体的产品需求；而通过具体的场景去把握消费者的需求时，关注的是消费者个体的心理需求。由于网络信息技术具有精准、全面、深入的数据搜集和处理能力，尤其是移动互联技术能够定位消费者的位置和场景，因而只有在移动互联网时代，场景营销才会如此流行。通过构建相关的场景，企业可以实现更多的品牌曝光、定制化互动以及 O2O 营销方式。目前基于微信已经产生了不少场景化营销方式，比如微信红包场景营销、二维码场景营销、公众号平台场景营销等。微信红包构建了传统的线下红包的场景。二维码成为消费者从线下或线上获得信息的入口，扫描之后会跳转至一些属于特殊场景的网络页面。此外，企业的公众号平台推送着各种图片精美、内容引人入胜的信息或广告内容，也是一种信息告知的场景。

例如，神州专车曾经推送了一个“最长加班夜”的微信，描述一个女白领“深夜加班后，独自一人回家”的场景，并在场景中与“黑车”对话，从而引发白领的恐惧心理。最后，在路的尽头，神州专车出现，并配以“神州专车，始终在等你，护送加班夜归人，安全回家！”的文案，同时出现“即刻领取加班费”“给朋友发加班费”的口号，以加强消费者与消费者的互动，达到锁定目标消费者的目的。

资料来源：小弈 . 你真的理解什么是场景化营销吗 .（2016–05–15）. http://www.jianshu.com/p/9bf58b6a18cc.

视频营销（video marketing）即用视频来进行营销活动。在网络中，企业可以通过广告、视频、宣传片、微电影等各种方式进行营销信息的传播。受到受众喜爱的视频能够便捷地通过社交媒体进行转发、分享。网络视频营销具有更高的互动性、主动传播性，且传播速度快、成本低廉，目前已经成为企业网络传播中不可缺少的工具。例如，益达邀请彭于晏和桂纶镁拍摄的《酸甜苦辣》微电影视频广告，就做了很好的营销传播。

游击营销（guerrilla marketing）原本是指导中小企业如何用微薄的营销预算“以小搏大”以吸引消费者目光的方法。互联网的兴起给企业提供了更多游击的途径，企业可以通过一些另类的、有创意的、低成本的方式产生营销信息，例如通过偷拍、创意海报（例如图 13–17 中拔胡须的剃须刀广告）等方式创造传播内容，并通过互联网迅速传播。

图 13–17 Wilkinson Sword 剃须刀拔胡须海报

第 4 节　移动营销与微信营销

一　移动营销

移动营销（mobile marketing）指利用移动设备向消费者发送营销信息和其他内容。企业运用移动营销在购买和关系建立的过程中与顾客互动。移动设备的广泛采用和移动网络流量的迅猛增加使得移动营销成为大多数企业的不二选择。

（一）移动营销兴起的条件

移动营销的价值凸显和移动互联网的发展分不开。简单而言，移动互联网的迅猛发展使得人们的生活迅速转向移动化，移动营销则是这一生活方式下最有效的营销方式之一。移动营销的发展离不开以下两个条件。

1. 智能手机快速普及，高速网络不断发展

中国互联网络信息中心发布的《第 38 次中国互联网络发展状况统计报告》显示，截至 2016 年 6 月，我国手机网民规模达 6.56 亿人，网民中使用手机上网的人群占比由 2015 年底的 90.1%提升至 92.5%。随着移动通信网络环境的不断完善以及智能手机的进一步普及，移动互联网应用向用户各类生活需求深入渗透，促使手机上网使用率增长。在智能手机快速普及的同时，高速网络也在迅速发展。国内移动数据服务商北京贵士信息科技有限公司（QuestMobile）发布的《2015 年中国移动互联网研究报告》显示，随着 4G 网络的不断发展，2015 年底，4G 网络用户增长了 25 个百分点，2G、3G 分别下降了 10 个和 15 个百分点，甚至是 WiFi 也下降了 3 个百分点。越来越快速的 4G 网络服务逐渐走入人们的生活，这种高速网络的发展能够承载更多、更复杂的通信任务，为移动营销的开展提供了更大的可能性。

2. 移动化生活方式越来越流行

智能手机和移动互联网在人们的生活中扮演着非常重要的角色。新闻客户端、微信等移动应用的出现使人们从传统的电视、报纸转入互联网；微信、陌陌等即时通信工具则替代了传统的通话、短信业务；团购、地图 APP、线上支付、二维码、旅游 APP 的出现，更是使人们衣食住行的各个方面都开始移动化。有数据显示，在相关软件中，微信、QQ、手机淘宝、手机百度、腾讯视频、支付宝、酷狗音乐、QQ 浏览器、爱奇艺视频、UC 浏览器的用户数都突破了两亿大关。总而言之，消费者的生活越来越多地涉及网络，与此同时，他们手中的移动智能终端具有无与伦比的重要性。

（二）移动营销的类型

一切以智能手机为主的智能移动终端利用移动互联网展开的营销活动称为移动营销。就目前而言，移动营销的形式主要有二维码、LBS、移动广告、APP、HTML5、微信小程序等几种类型。

1. 二维码

二维码是按一定规律在平面上分布的黑白相间的图形。二维码的出现由来已久，但是伴随着能够“扫一扫”的智能手机的普及，二维码的应用迅速扩张，成为一个非常重要的流量入口。使用二维码的营销主要有以下四种形式：

（1）线下虚拟商店。电商是最早使用二维码营销这一方式的。早在几年前，1 号店就建立了地铁虚拟商店，京东商城也在各大楼宇建立了商品展示系统。具体操作方法是在展示的商品旁边贴上二维码，消费者可通过扫描二维码进行支付，进而完成商品的购买。这种线下虚拟商店的发展使消费者可以随时随地通过商品的传单进行购买，为消费者提供了极大的方便。

（2）线上线下广告。二维码营销的另一个重要方式是二维码广告。二维码广告基本的做法就是在商品的平面广告或网站视频中提供二维码，消费者可以通过扫描二维码了解更多关于产品的信息。这种方式最大的优点就是趣味性强。线上广告如图 13–18 所示，线下广告如各种杂志上印刷的二维码广告。

图 13–18 《火星情报局》的线上二维码广告

（3）实体包装。实体包装形式的二维码被用在很多淘宝商家所卖的商品上。商家会在包装上印制自己店铺的二维码，鼓励消费者进一步到线上去了解有关商品的信息，从而进行二次购物。也有一些商家会给扫码购买的用户一定比例的优惠，以刺激消费者购买。这种实体包装的形式促进了线上线下宣传的结合。

（4）线上预订，线下消费。前面三种是通过线下二维码吸引消费者线上购买的形式。这种形式是消费者在线上完成对二维码的扫描，以二维码作为凭证到线下商店进行消费。这种形式的二维码经常用于电影票的预订，或者麦当劳等餐饮企业的线上预订。

2. LBS

LBS 即 local-based service（基于地理位置的服务）。从 LBS 的定义可以看出，其发展与互联网密不可分。智能手机的定位技术是这种服务的基础。作为移动互联网曾经最热门的服务，LBS 能够高效连接线上和线下。常见的 LBS 营销模式有以下几种：

（1）生活服务模式。这类模式以生活服务为出发点，与人们的日常生活、旅游、购买等紧密结合在一起。比如，大众点评（如图 13–19 所示）以及饿了么等外卖类 APP，都是基于人们的地理位置为特定商圈内的居民提供相关服务。这一模式的最大特点是实用性极强，可以随时记录用户的相关信息，并将服务渗透到用户生活的方方面面，使人们的生活更加便利。除了用户主动选择和搜索外，这种模式还包括以企业为核心的服务推送模式。服务推送模式能够利用 LBS 的定位功能，根据用户的喜好实现精准投递。例如，给机场附近的用户推送休闲娱乐方面的信息，给商场附近的用户推送各种折扣信息，给电影院附近的用户推送影讯等。

（2）社交模式。社交模式的主要方式是地点交友。不同的用户只要在同一时间出现在同一地点，就可以建立关联，然后商家可以在关联用户之间发起宣传、团购、优惠信息推送等活动。也可以以地理位置为基础建立小型社区，进而在社区中开展相关营销活动。比如从 2010 年开始，街旁、网易八方、开开、玩转四方等开展签到服务，用户可以利用定位服务在某个商店周边签到，通过分享个人位置、相片和个人状态实现社交互动，获得积分、勋章和优惠券等奖励。

LBS 营销服务的发展有两大趋势：一是平台化，即 LBS 功能与生活服务、电商融合，提供以位置为导向的周边生活信息推荐和电商购买；二是垂直化，即移动终端上的各种垂直类内容和应用与 LBS 服务相结合。LBS 作为各种应用的标准配置工具，能为营销的各个方面提供良好的体验。

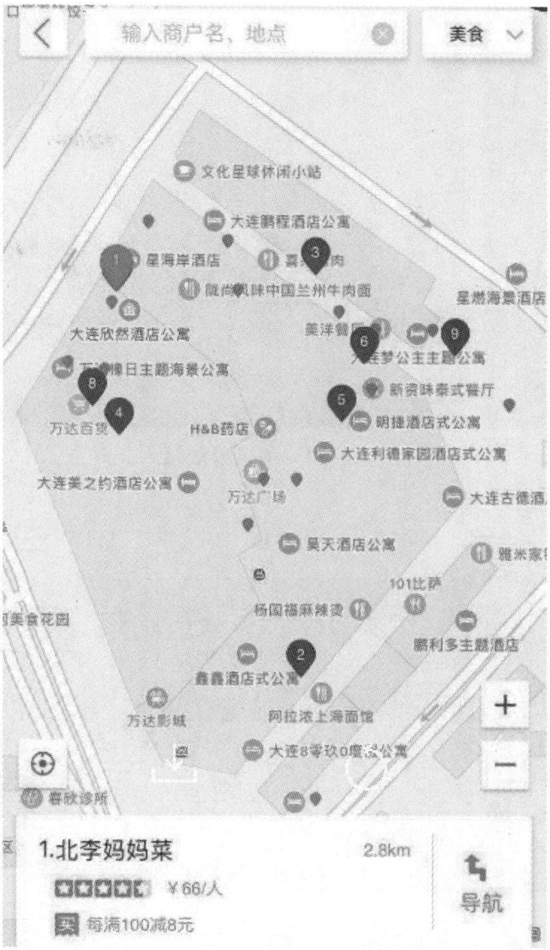

图 13-19　大众点评的 LBS 服务

3. 移动广告

简单而言，移动广告就是移动终端发布的广告。这种广告和传统的电视、报纸广告等形式并无本质区别，但是移动广告恰好能够在碎片时间里出现在人们的眼前，这些碎片连在一起构成了整体时间，营销价值在这些碎片时间里得到了充分体现。常见的移动广告形式大体有以下几种：

（1）短信广告。短信广告是指通过短信平台向用户发送广告以达到营销目的的宣传方式。短信方式虽然“古老”，但是依旧具有极高的打开率和阅读率，是广告传播的有效形式。需要注意的是，手机号码是人们的私人用品，因此，有效合理地获取用户的手机号码并得到其许可是短信广告要解决的一大问题。短信广告的使用以用户的好感和愿意接收为基础，用户如果对企业有好感，可能会乐意接收这种短信广告。否则，过多的短信广告会破坏产品形象，令消费者反感。

（2）语音类广告。这类广告指将广告主的语音类信息通过运营商的语音通道传递到终端用户的手机上，比如常见的集团彩铃。该业务可以让拨打集团电话的主叫客户在接通电话时听到统一定制的音乐和语音，以展示集团的整体风采，拓宽集团与外界沟通的渠道。

（3）植入类广告。这类广告形式主要有终端植入型和内容植入型两种方式。终端植入型是指通过 SIM 卡、客户端软件嵌入等方式所做的广告。这种广告可以通过屏保、壁纸、开关机画面等来呈现。内容植入型是指通过手机游戏、手机电视等各种软件植入的广告。比如图 13-20 所示的《保卫萝卜》游戏中的广告。

4. APP

APP，全称为 Application，表示移动终端上的应用程序。移动互联网时代的 APP 就像互联网时代的浏览器和桌面程序，是用户接触移动互联网的基本途径。APP 无疑为各个企业的营销提供了重要的契机。

APP 营销指的是应用程序营销，通过移动终端平台上运行的应用程序来开展营销活动。

图 13–20　手机游戏植入类广告

图 13–21　比亚迪在汽车之家的广告

在采用 APP 营销的企业中，大众点评、当当网、美丽说、有道词典等都获得了不少的用户基础和良好的用户体验。基于各个 APP 所产生的用户群，企业可以有针对性地发布营销内容，保留现有顾客。比如美丽说、汽车之家就在 APP 上创造了一个优质的闭环社交圈，牢牢锁住了自己的顾客群体。其他企业可以通过该平台进行一些广告的推送，例如比亚迪通过汽车之家进行旗下汽车“唐”的广告宣传（题为“莱昂纳多首次代言 SUV”）（见图 13–21）。

另一种更为常见的 APP 广告类型是视频广告。这类广告多出现在各种视频类 APP 中，比如在爱奇艺、优酷等视频类 APP 中，在播放视频之前会有一段较长时间的广告。企业选择这类广告投放时，可根据视频内容定位其用户群。

5. HTML5

HTML（超文本标记语言）是万维网的核心语言，已经经历过 5 次重大修改，因此称为 HTML5（简称 H5）。简单来说，H5 就是我们在社交应用里经常看到的以文章形式出现，点开后可以滑动翻页、带有动画效果、一般配有音乐的链接。一般在社交应用里发布的广告都是以 H5 的形式展现的，即 H5 场景。由于 H5 的链接内容丰富，交互性强，同时具有成本低、传播效果好的特点，因此这种营销方式在移动营销领域迅速风靡。例如 New Balance 就通过一个题为“你欠青春一张返校照”的 H5 小程序进行了产品的推广（如图 13–22 所示）。

6. 微信小程序

微信小程序是于 2017 年 1 月 9 日上线的微信新功能。这种小程序是一种不需要下载、安装即可使用的应用。用户扫一扫或者搜一下就可以打开应用，实现了用完即走的理念。用户不用安装太多应用，应用随处可用，无须安装卸载。作为微信加载项的一种，微信小程序能够帮助企业实现基于线下场景的“即时”服务。比如，商超停车场可以提供停车导引服务，用户通过扫描二维码，便可享受停车场全景、空位引导、车牌查询等服务。图 13–23 展示了一款停车软件以及爱奇艺在微信中的小程序。由于这些小程序不需要用户经历烦琐的下载过程并且能够很好地集成线下场景，可以为用户带来更好的体验。

二　微信营销

（一）微信的特点

随着消费者移动设备覆盖率的逐步上升，移动营销大幅发展。在众多的移动营销方式中，微信营销的价值不断凸显。前瞻产业研究院的《2016—2021 年中国第三方支付产业市场前瞻与投资战略规划分析报告》显示，微信月活跃账户在 2015 年底达 6.97 亿（包括公众号），几乎达到手机网民人人拥有微信的程度。作为最活跃的即时通信工具，微信凭借其更精准的目标定位，以及多样化的功能和强有力的社交关系链获得了大批企业的青睐。这让微信有机会成为企业的一大营销利器。

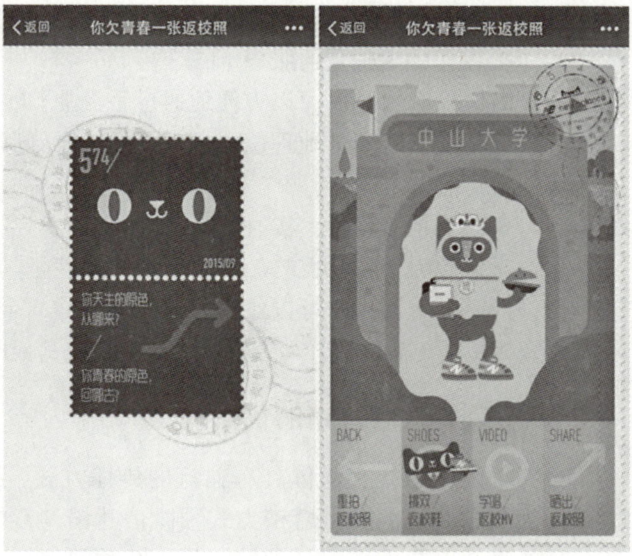

图 13-22　New Balance H5 小程序

微信是腾讯公司于 2011 年 1 月 21 日推出的一个为智能终端提供即时通信服务的免费应用程序，用户可以通过手机、平板电脑和网络快速发送文字、图片、语音和视频。除了基本的社交、信息获取等服务，微信在其发展过程中加入了购物、支付等功能，使其平台拥有更大的商业价值。微信作为一款功能强大的通信软件，具有以下几个方面的特点。

图 13-23　微信小程序示例

1. 熟人网路，小众传播

微信不同于其他社交平台的特点是，建立的朋友圈中都是已经认识的人，形成的人际网络是一种熟人网络，内部传播是一种基于熟人网络的小众传播，其可信度和到达率是其他媒体无法比拟的。

2. 富媒体内容，便于分享

与传统媒体相比，新媒体的一个显著特点就是移动互联网技术的应用，通过手机等终端可以随时随地传递信息，充分利用用户碎片化的时间，微信在这方面可谓做到了极致。微信集文字、声音、图片、视频于一体，在朋友圈、群聊中均能有效传播。

3. 公众平台，一对多传播

微信在 2012 年 8 月 18 日上线了公众平台服务，个人和企业都可以打造一个微信公众号。微信公众号方便了与其他用户的一对多传播，这种信息的到达率和阅读率几乎是 100%。已经有许多微信公众号因其高质量的推送内容获得庞大的粉丝群体。这种群体对公众号有更高的认可度，基于公众号的广告推送更容易取得效果。

4. 基于地理位置的服务（LBS）

微信提供的 LBS 可以方便地通过手机的 GPS 服务获取用户的地理位置信息，用户在分享最新动态时勾选地理位置，好友便能看到其所在地，而地理位置是商家进行精准营销的重要信息。

5. 便利的互动性，实时推送信息

微信作为一种社交软件，便利的互动性是其区别于其他网络媒体的优势所在。在微信公众平台上，用户可以像与好友沟通一样与企业公众号进行互动。企业可以通过公众号及时更新内容，用户可以直接回复。这是其他网络媒体难以做到的。

（二）微信营销的优势

微信作为社交媒体具有独特的传播方式，企业可以利用它开展相关的营销活动。作为网络时代的新兴营销方式，微信营销具有低廉的营销成本、强大的支撑后台、大量的潜在客户、精准的营销定位、互动的信息交流、有效的信息传播、多元的营销模式等优势。

（1）低廉的营销成本体现在微信的免费试用上，即使是企业微信号的注册，也只需要提交少量的认证费用。

（2）强大的支撑后台体现在，腾讯作为微信的拥有者，其新闻、游戏、购物等多种产品形态能够为微信带来庞大的流量。

（3）大量的潜在客户体现在微信庞大的用户数量上，企业可以通过一定的营销方式在微信平台上获取客户。另外，微信提供的公众号也为企业获取和维护大量客户提供了可能。

（4）精准的营销定位体现在微信提供的公众号上，企业可以通过微信公众号建立完善的客户管理系统来实现精准信息的推送。

（5）互动的信息交流主要体现在微信自身的设计上，微信实现了用户之间的互动交流。

（6）有效的信息传播同样体现在微信自身的设计上，微信提供用户自主关注公众号的服务，因此，在微信中，关注企业公众号的用户一般都是对企业有兴趣的顾客，而在营销信息的传播上，顾客也就有更强烈的阅读意愿。

（7）多元的营销模式体现在微信提供的二维码扫描、公众号、朋友圈等多种服务，以及文字、语音、视频等多种信息传播模式上，企业可以根据其营销的定位与目的采取不同的营销方式。

（三）微信营销的策略

企业实施微信营销时，可以采取类似可口可乐“我们在乎”的 H5 格式报告传播企业社会责任，也可以像澳贝婴幼儿玩具的“小鸡砸金蛋”一样用小游戏的形式做营销传播。由于微信集成了各式各样的多媒体功能，因此，企业可以采取多种方式在微信上传播信息。企业在设计微信营销时，一般有如下几种策略可以参考。

1. 推送“完美”内容，提升用户忠诚度

从一开始，微信就注定是一个深社交、强关系、弱媒体的移动平台，因此，品牌在微信上不能频繁地进行推广。如果企业推送信息过于频繁，用户觉得无用信息太多，就

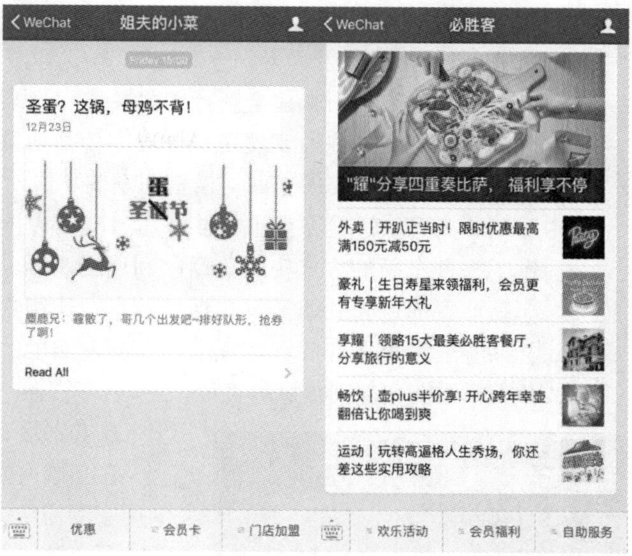

图 13–24　微信信息的推送

可能会取消关注。同样，如果企业长时间不与用户沟通或者互动，也有被取消关注的可能性。因此，企业必须努力推送“完美”的内容，主要体现在质、量、形式等方面。图 13–24 就展示了两类高质量的推文。目前，被认证的公众账号群发信息的数量是每天三条，在这些有限的信息中，企业应当减少广告的硬推送，保持与受众的联系，培养受众的忠诚度。在选择推送内容时，企业需要注意内容的可读性和趣味性，要让受众将阅读推送信息视为一种享受。另外，过快地推送信息有可能让顾客取消对企业微信公众号的关注。因此，企业需要设定一个不打扰顾客的信息推送频率。据调查，企业推送信息的频率为两三天一次为宜。另外，信息推送的形式也会影响用户的接受程度。企业在选择推送内容的时候应该努力做到形式多样化、多媒体化，使用内容营销和场景营销的策略与方法，让用户体会到不同的乐趣，从而增强对品牌的忠诚度。

2. 塑造服务形象，增加用户黏性

微信作为一种强关系的通信工具，到达率高，受众忠诚度高，转化率也高，但也正是因为这种强关系，所以非常容易“得罪”粉丝。如果用户认为企业是以利益为基础才进行沟通的，就很容易取消对公众号的关注。所以，微信营销的关键是做好服务。由于企业能够随时与用户交流，因此，无论是智能机器服务，还是人工服务，企业的微信客服都需要有良好的亲和力（如图 13–25 所示）。除此之外，服务人员还要耐心、详细、及时地回答每一位客户的问题并提供相关建议。在公众号的系统开放和升级上，要从服务用户的角度出发，增加用户对品牌的黏性。

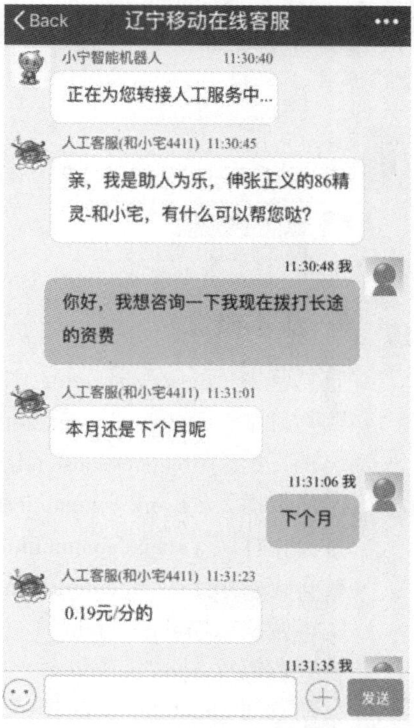

图 13–25　辽宁移动的微信服务形象

3. 挖掘精准顾客，做好精准营销

由于微信本身的强关系特征，企业可以通过它做好精准营销。精准营销基于对顾客的把握，所以要做好微信营销，挖掘精准客户是关键。常见的方法是利用 QQ、社群进行用户挖掘。由于 QQ 账号与微信账号的互通性，企业可以结合自身的行业属性在 QQ 群中检索，锁定精准的潜在顾客群，并邀请其关注企业公众号。另外，企业也可以在微博、网站及论坛上精准锁定顾客。由于微信提供“附近的人”，企业也可以借助这个功能挖掘顾客的相关信息。比如通过“附近的人”，企业可以发现活动于周边的顾客，及时向其推送营销信息。最后，企业需要对现有的顾客群体进行划分，借助科学的客户关系管理系统将用户分组，有针对性地推送信息。

4. 利用朋友圈，构建全新社交关系链

微信朋友圈是一种实现用户一对多传播的渠道，朋友圈功能的开放为分享式的口碑营销提供了很大的发展空间。微信朋友圈功能使用户能够将手机 APP、PC 客户端、网站中的精彩内容快速分享到朋友圈中，并支持以网页链接方式打开，这为企业的口碑宣传提供了一种全新的方式。有些商家利用朋友圈“点赞”功能来宣传自己的活动。具体的操作是商家通过公共账号发布活动信息，让用户通过集齐点赞的方式获得商家优惠，比如礼品券或者电子券等，实现信息在朋友圈中的病毒传播。这种方式充分利用了微信中的社交关系链，起到很好的宣传作用。

5. O2O+ 二维码，打造病毒传播

在互联网时代，二维码的商业用途越来越多，微信也顺应潮流结合 O2O（online to offline）展开商业活动，即线下商务机会与互联网结合，让互联网成为线下交易的前台。二维码是微信的重要功能之一。用户可以通过扫描二维码拓展微信好友。另外，二维码这类小标志还让活动变得时尚轻松，增加了趣味性。利用 O2O 进行营销，能够把不同地区的人连接在一起，突破地域限制，扩大活动的辐射面，提高用户的参与度。因此，企业可以通过设定自身品牌或产品的二维码，用折扣和优惠吸引用户关注，探索 O2O 新营销模式。例如，用户先用大众点评搜索附近美食，挑选后在微信上寻找该商家的公众号并添加，商家便能提供订餐和导航服务，消费者通过微信支付进行结账，结账后将其消费照片发至朋友圈。消费者也可以成为该店的微信会员（见图 13-26）。通过微信会员管理，店铺会了解到该用户的偏好和关注，方便其进行客户关系管理。另外，用户在朋友圈发布图片或其他信息之后，有关店铺的信息可以传播至更多的人，实现病毒传播。

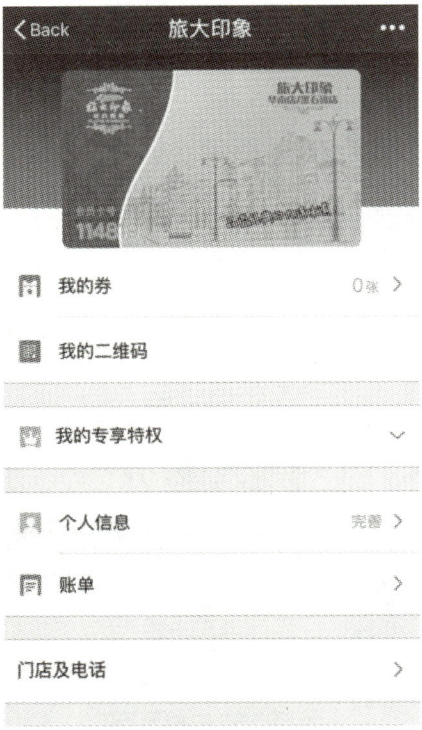

图 13-26　微信会员

▶ 基本概念

直复营销（direct marketing）
直接邮寄营销（direct-mail marketing）
购物目录营销（catalog marketing）
电话营销（telemarketing）
电视直销（direct-response television marketing）
自动售货（automatic selling）
网络传播（network communication）
社交媒体营销（social media marketing）
社会化社区（social communities）
社会化发布（social publishing）
社会化娱乐（social entertainment）
社会化商务（social commerce）
病毒营销（viral marketing）
内容营销（content marketing）
视频营销（video marketing）
游击营销（guerrilla marketing）
移动营销（mobile marketing）

▶ 应用与实战

1. 选取某种您喜欢的直复营销方式，进行一次消费，感受一下直复营销，讨论在网络营销的挑战下传统直复营销的发展。

2. 关注您社交媒体上经常出现的营销传播内容，将其归类并比较社交媒体营销对不同产品的适用性以及各自的特征。

3. 形成 3~5 人的小组，尝试利用微信的朋友圈和微商选择和采购某一产品，并进行信息内容的设计、传播和产品营销，在操作的过程中留意遇到的问题和困难，与小组成员分享并尝试解决相关问题。

4. 关注您身边发生的一个有趣的、影响深刻的社交媒体营销案例，对该案例的网络传播受众、目标、创意、内容设计、媒体选择与发布等进行分析。

▶ 案例

金罐加多宝《愤怒的小鸟》限量装全球首发

近年来，好莱坞顶级 IP（intellectual property）一直是品牌竞相争夺的营销资源，电影已成为新的营销风口。拥有全球 20 亿粉丝的《愤怒的小鸟》无疑更是稀缺 IP 中的皇冠。加多宝就借其风口创造了一场跨界营销的品牌盛宴。

早在 2016 年 4 月 20 日，在上市一周年庆典上，金罐加多宝授予《愤怒的小鸟》大电影主角“胖红”“大战无名火全球大使”的称号，开创凉茶业首位二次元“代言人”先例，并正式拉开《愤怒的小鸟》大电影营销序幕（见图 13–27）。

随后，5 月 6 日，金罐加多宝“愤怒的小鸟限量装”在京东开启全球预售，48 小时内预订人数超过 13 万，预售数量达到百万，可以铺满一个“鸟巢”。不仅如此，5 月 9 日，由“大战无名火全球大使”、二次元界大 IP“胖红”作为发布会主持人，联合十多家合作品牌打造共享型罐体经济生态圈，开启“扫码赢金罐”主题互动微站平台，推进加多宝移动互联网 + 战略再升级。同时，从 5 月 9 日开始，加多宝的“大战无名火”的社会化病毒海报和话题不断推出，加多宝联合二次元星座大号“同道大叔”进行话题原创。此外，加多宝联合 300 多位媒体记者通过其个人社交媒体晒罐、晒“大战无名火全球大使”聘书，不断扩展传播话题的广度和深度。当然，影视、娱乐、文艺、美食等多个维度也不例外，加多宝在这些方面创作了大量年轻人喜欢的内容，并面向精准自媒体进行定向投放，将“预防上火”做深做透。

图 13–27 《愤怒的小鸟》金罐加多宝

《愤怒的小鸟》上映三天前的 5 月 17 日，加多宝借势大电影首映礼，让金罐加多宝“占领”鸟巢，并通过在央视电影频道采访、自媒体发布等持续释放“正宗凉茶大战无名火”话题，引发热议。5 月 21 日，由加多宝开办的全球首个不怕上火公馆出现在北京 CBD 万达影城，大战无名火大使“胖红”到场与消费者热烈互动，并在全国各地影院掀起“集产品展示、终端售卖、大使互动以及观影于一体，最大化实现产品曝光、助力销售”的占领影院行动，金罐加多宝《愤怒的小鸟》限量装火爆大街小巷。

加多宝集团品牌管理部总监表示，牵手《愤怒的小鸟》是加多宝加速“互联网 +”、国际化战略，推进品牌年轻化的重磅举措。“首先，《愤怒的小鸟》代表的‘消解愤怒、释放压力’的大众诉求和金罐加多宝‘预防上火’的产品定位高度契合；其次，凉茶代表的传统养生文化和《愤怒的小鸟》代表的全球流行文化有深度共鸣；最后，手游 IP 的互联网基因与加多宝的‘移动互联网 +’战略也非常匹配。此次大品牌、大 IP 的强强联手，必将向全球消费者传递出‘年轻、不怕上火’的积极生活态度。”

“加多宝的‘移动互联网 +’将从金彩生活圈迭代到以罐体为核心的共享经济生态圈，跨界合作伙伴将从衣食住行升级到文娱、体育等精神层面，同时，活动玩法将从简单的共享流量发展到深度共享消费者、共享粉丝。”品牌管理部总监说，“我们正大力推进《愤怒的小鸟》和加多宝的全球粉丝共享，借助小鸟这一国际 IP 的影响力，以及即将到来的欧洲杯、奥运会等体育大事件，实现国际化战略与‘移动互联网 +’战略协同发力，引领凉茶的‘黄金时代’。”

思考题

1. 简述加多宝网络营销传播的特点。

2. 简述加多宝网络营销策略能够为其带来的好处，并分析加多宝的“互联网 +”战略可能遇到的问题。

3. 基于加多宝“愤怒的小鸟限量装”，请为加多宝设计一个完整的微信营销方案。

资料来源：1. 金罐加多宝《愤怒的小鸟》限量装全球首发 . http://news.163.com/16/0509/14/BMKNO37C00014N4Q.html.

2. 2016 金旗奖候选案例：加多宝《愤怒的小鸟》整合营销传播 . http://www.17pr.com/news/detail/149661.html.

▶ 参考文献

[1] 菲利普·科特勒，加里·阿姆斯特朗 . 市场营销：原理与实践：第 16 版 . 北京：中国人民大学出版社，2015.

[2] 特蕾西·塔腾，迈克尔·所罗门 . 社会化媒体营销 . 北京：中国人民大学出版社，2014.

[3] 阳翼 . 数字营销：6 堂课教你玩转新媒体营销 . 北京：中国人民大学出版社，2015.

[4] 薛雯雯 . 社会化媒体营销创新模式研究 . 北京邮电大学，2011.

[5] 游恒振 . 社会化媒体的演进研究 . 北京邮电大学，2012.

[6] CNNIC：2016 中国社交用户行为研究 .（2016-04-12）. http://www.ebrun.com/20160412/172064.shtml.

[7] 正略 TMT 研究所 . 2016 年第 38 次中国互联网络发展状况统计报告 .（2016-08-05）. http://mt.sohu.com/20160805/n462678473.shtml.

[8] 2015 年中国移动互联网研究报告 .（2016-01-08）. http://tech.sina.com.cn/2016-01-08/doc-ifxnkkuy7746197.shtml.

[9] 五大微信互动营销成功案例，你都玩过了吗？ .（2015-06-16）. http://www.chinaz.com/manage/2015/0616/414537.shtml.

第5篇 ▷▷▷

管理篇

第 14 章
营销策划与方案

学习目标

- ▷ 理解营销策划的内涵与构成要素。
- ▷ 熟悉营销策划的特点与类型。
- ▷ 掌握营销策划的创意与方法。
- ▷ 掌握营销策划书、营销诊断书、营销年度计划书的结构与写作技巧。

引例 “网红年、解闷季”——艾美特家电营销新模式

艾美特于 1973 年创建于中国台湾，长期专注于空气改善类家用电器产品，自 1997 年起专注于拓展中国大陆市场自有品牌，经过多年的市场深耕，艾美特深入各地，进入电暖器与健康小家电等新产品领域。随着互联网时代的到来，人们在室内就可以进行娱乐、社交活动，安全和舒爽显得必不可少。此外，忙碌一天的上班族也希望家里有一个轻松、舒适的空间用来放松休息。近年娱乐圈风格突变，卖逗耍宝的综艺节目层出不穷，男神秒变男神经，解放天性以娱乐大众。因此，艾美特及时抓住“解闷”大趋势，响应现代人们闷的心理。

解闷第 1 式：全新定义电风扇家电使用新场景

细心的艾美特发现，大部分消费者特别是南方用户对风扇的需求不仅仅停留在凉快、降温等方面，而是希望一年 365 天都可以使用。于是，艾美特电器率先提出“衡量一台好风扇的标准不是风力或静音某项具体指标，而是包括喷雾加润、净化除尘、空气档位、风力柔度等在内的舒适度综合指数”的新概念。为此，2016 年艾美特连推 4 款新品电风扇：舒畅大师、舒眠大师、舒净大师以及舒湿大师，并将其定义为“解闷大师”。通过拍摄名为“艾美特‘解闷大师’电风扇”的喜剧武侠视频，用逗趣的功夫招式引出产品，使密集的产品信息变得更加生动好玩（见图 14-1）。

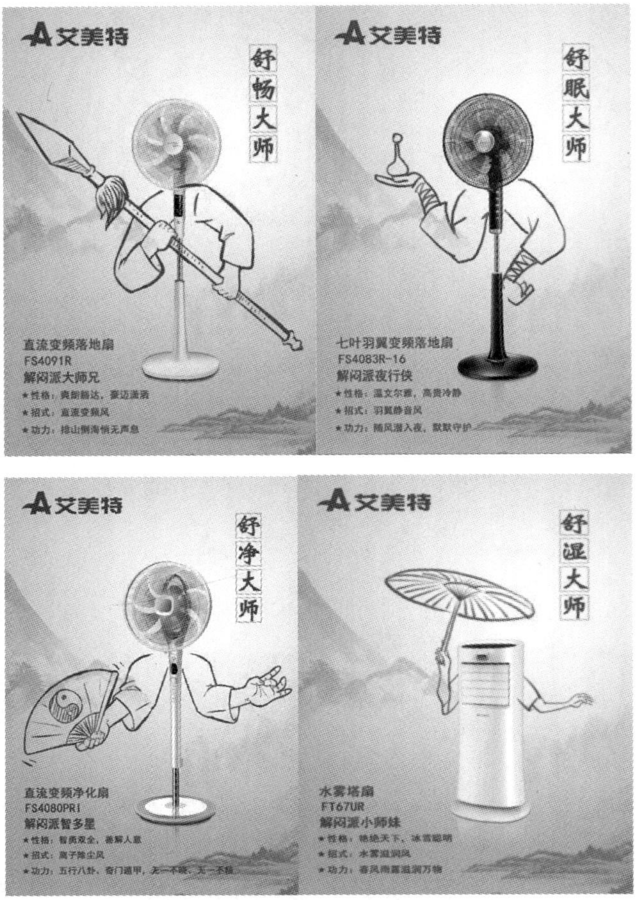

图 14–1　艾美特的四款“解闷大师”

资料来源：http://jiaju.sina.com.cn.

解闷第 2 式：1 元出租解闷大师舒适 365 天

1 元出租电风扇，即传统意义上的产品试用，但艾美特却玩出了新意。来自全国 24 个城市的近百位创意达人，支付 1 元租金，持续八周展示解闷视频，便可获得艾美特“解闷大师”电风扇 365 天的使用权。为了扩大人们的参与度、关注度，在视频征集期间，基于热播剧《太阳的后裔》中“撩手机”“仲基欧巴”的桥段，它推出了系列短剧《风扇的后裔》。艾美特顺应当下态势，通过高传播率原生内容，打造创新型口碑营销模式，使品牌形象逐渐在消费者面前立体和丰满。

解闷第 3 式：“网红 +”

在传统的家电行业营销模式中，广告宣传是主要的推广手段，线下活动趋于常规化，面向的受众是 70 后、80 后等群体。艾美特凭借敏锐的消费者洞察，将品牌营销定位于挖掘潜在的 90 后消费者，拓宽客户群。在“网红经济”兴起的大背景下，艾美特和陈翔六点半、坏才刘科学、小布的日常等拥有特定用户群的一批知名网红、制作团队合作，在全平台传播解闷视频，以一个全新的面貌出现在 90 后消费者眼前，实现品牌年轻化，用营销新模式打造千万级曝光量。

解闷第 4 式：全民解闷大抽奖

2016 年 4 月 26 日起，艾美特线下门店开展全民解闷大抽奖活动，每周送出 5 000 元旅游基金，刺激销售。同时，电商渠道在京东、天猫旗舰店推出解闷系列促销活动，配合解闷主题进行线上销售，实现转化率，扩大影响力。线上线下联动，解闷效应进一步增强。

艾美特推出夏日全民解闷系列活动，跳脱传统家电营销模式，进行了一次“新概念产品 + 网红 + 产品试用”的营销策划创新，取得了超乎预期的营销效果。在活动期间，百度指数出现多个高峰，同比增加 233%；单个小视频取得约 200 万次播放量。艾美特解闷系列活动之所以取得如此大的成功，主要得益于线上和线下营销策划方式的完美结合，通过“网红 +”为线下门店和线上电商造势，使大众在玩中熟知产品，完成“家电产业 +”新营销模式的转变。

资料来源：网红年解闷季　家电营销新模式 .（2016–07–26）. 新浪家居 .

第 1 节 营销策划的内涵与类型

一 营销策划的内涵

策划是现代社会最常见的经济活动之一，也是现代社会使用频率最高的词汇之一。例如，策划一次春游、策划一台晚会、策划职业、策划人生等。通常认为策划是人类运用脑力的理性活动、思维活动和智力活动，借助科学方法和创新思维，认知、分析、判断、推理、预测、构思、想象、设计、运筹、规划并制定具体方案，以改变现状，实现理想目标。**营销策划**（marketing planning）是企业的主要活动内容之一，指市场营销策划活动的主体根据企业的资源状况和营销目标，在对企业内部条件和外部环境进行分析的基础上，产生创意，制定解决问题的目标及一整套有可能实现的规划。根据营销策划的定义，营销策划包括以下五个要素，如图 14–2 所示。

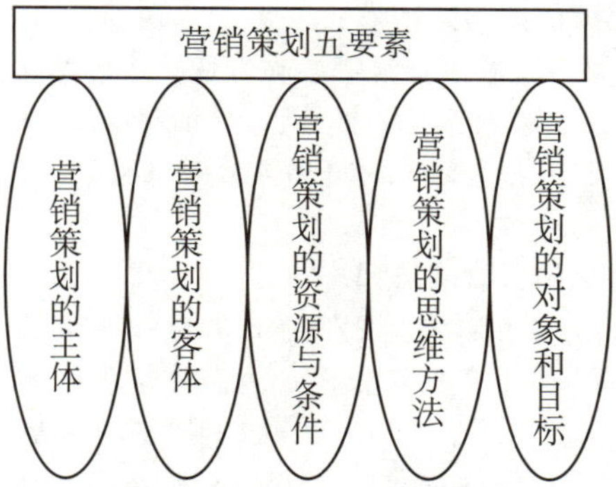

图 14–2 营销策划五要素

1. 营销策划的主体

营销策划的主体指策划人或决策者，可以是某个自然人或某个组织。策划主体进行营销策划活动，提出营销策划方案，在整个策划活动中处于决定性位置。策划人的综合能力和水平直接决定着策划的成败和实际效果，因此，策划人必须思维活跃、知识渊博、想象力丰富，并且具备多学科及营销知识，具有创新意识和技能。

2. 营销策划的客体

营销策划的客体包括两个方面：策划过程的客观环境和主要竞争者。任何策划者都必须考虑环境因素的影响，如国家政策法规、市场时机等。此外，还要考虑竞争对手的情况，因为你想到的事情竞争者也可能想到。

3. 营销策划的资源与条件

策划资源指策划人在策划时，所有可控制和利用的人力、物力与财力等资源，这些资源最好是竞争对手没有的，甚至是独一无二的。所谓条件即策划者所具备的能力，如人财物方面的能力、工作实施能力等。任何策划都需要一定的资源和条件，策划是对资源的整合和应用，资源和条件是客观存在的，策划者无法创造。

4. 营销策划的思维方法

策划者的创新方法和手段是营销的核心所在。营销策划是一种创新思维活动，在一定的资源条件下，策划者运用创新方法和手段，制定规范化、程序化的行动方案。

5. 营销策划的对象和目标

任何策划都具有很强的针对性和目的性。策划目标是策划人希望达到的预期结果，而策划对象则是营销策划需要解决的具体问题。

一次完整的策划活动、一个完整的营销策划方案必须包括以上五个要素，缺一不可。

小贴士 14-1　三只松鼠的秘密武器

三只松鼠是中国当前最大的互联网食品品牌，其坚果系列位居全网销量第一。它是如何在同行业中脱颖而出的？其背后有什么样的营销策划与宣传？

秘密武器一：从顾客的体验出发，拼命卖萌

建立以用户为中心的松鼠文化，大胆地称客户为"主人"，化身萌宠"鼠小弟"，将传统的客服与消费者的关系转换为主人与宠物的关系；通过向主人卖萌"主人，买一个吧"，增加顾客感受到的趣味性，为顾客提供完整的购物体验。此外，从产品描述、包装箱、服务卡、果壳袋到员工工作环境等，无不流露出松鼠文化：快乐可爱、绿色天然、关爱环境。

秘密武器二：依托互联网的网络营销模式

基于 80 后、90 后消费者希望获得优质服务和愉悦心情的特点，三只松鼠依托优质的购物平台如天猫、聚划算、1 号店，以及微信、微博、"松鼠萌动漫"、"寻找最主人"等沟通平台，与消费者进行互动。此外，三只松鼠还自制高品质栏目《松鼠树洞》，鼓励粉丝们用语音倾诉自己的心事或秘密。

秘密武器三：打造个性化的互联网品牌

三只松鼠以互联网技术为依托，利用 B2C 平台实现线上销售；提出"森林系坚果"的概念，开创新鲜、低价、安全的新型食品零售模式，让顾客享受新鲜完美的食品。赋予鲜明形象和个性的三只松鼠，让顾客仿佛身处一个趣味乐园：松鼠小美，温柔娴静、美丽大方；松鼠小酷，充满知性、暖男一枚；松鼠小贱，吃苦耐劳、乐观向上，为消费者打造独特的情感体验。

图 14-3　三只松鼠优惠券：满 199 减 100

资料来源：www.quanmama.com.

秘密武器四：大数据思维，准确掌握客户信息

三只松鼠通过大数据分析消费者购买行为，掌握其购买偏好，进行一对一的精准营销。三只松鼠运用大数据技术，详细分析消费者对产品的评价，并及时给予反馈。比如，通过大数据分析发现，对于坚果口味，广东人喜欢少盐的，安徽人喜欢口味偏重的，三只松鼠根据这些数据使坚果的口味更加符合当地消费者的偏好。大数据使企业可以快速准确地分析消费者的需求变化，并及时调整营销策略。图 14-3 为三只松鼠的广告。

资料来源：章燎原．三只松鼠和它的森林系坚果．(2013-06-15). http://blog.sina.com.cn/s/blog_7660ca0f0101llz0.html.

二　营销策划的特点

营销策划主要具有以下五个方面的特点：

1. 超前性

在营销实践中，企业能否敏锐地发现商机，比竞争对手更迅速、更有效地占领市场显得至关重要。所以，在进行广泛市场调查的基础上，一定要抓住时机，做出超前决策。例如基于常温酸奶的巨大潜力，中国最大的乳品企业伊利集团在 2013 年推出了主打“希腊酸奶”概念的产品安慕希。伊利通过引进国际先进的常温酸奶设备和工艺，在保证原有酸奶工艺和口味的基础上保留了希腊酸奶的特征，使得安慕希的口感较同类产品更为浓郁，其蛋白质含量也比风味酸奶国家标准多出 35%，这极大地满足了消费者对营养和美味的追求。安慕希在 2014 年奶制品市场上成为一匹黑马。

2. 创造性

营销策划是一种创新行为，如运用创新思维解决市场问题、采用新创意和新方法实现营销目标、利用创新的生活方式和消费观激发消费者的购买欲望。从某种意义上说，创意是营销策划的灵魂。一个好的营销策划切忌一味模仿他人，否则即使有短期效果，也会在复杂多变的环境下被残酷淘汰，特别是在买方占主导地位的环境下。要在市场上立于不败之地，就必须推陈出新，不断改进营销方法和营销手段，让创意成为企业发展的原动力。例如，雀巢推出史上第一支可以剥开吃的冰淇淋——“笨 NANA”。笨 NANA，谐音 banana，它的独特之处是打开传统的包装纸后，消费者会看到一个外观极似香蕉的冰淇淋，用舌头剥开香蕉皮就可以尝到里面的香草冰淇淋。外观的萌以及又好吃又好玩的冰淇淋极大地满足了年轻人追求新鲜、好玩、时尚，以及乐意分享的消费心理，受到许多年轻人的喜爱和追捧。

3. 效益性

营销策划的直接目的是取得经济效益，以最小的投入实现企业收益最大化。为了实现经济目的，企业必须坚持系统性原则，即将现有资源和可利用资源进行整合，并把策划对象视为一个整体，处理各要素之间的关系。营销策划就是依据系统论的整合原则，寻求市场营销活动“1+1>2”的投入产出比，以实现最大经济效益。例如，2009 年昆士兰旅游委员会推出“世界上最佳工作”的招募活动。工作者只需要待在一个美丽的海岛上，清理清理水池，喂喂鱼，收收邮件，就可以拿到 15 万美元的报酬。申请人只需要录一段一分钟左右的自我介绍视频就可以参与这次选拔。共有 34 684 人参与了此次招募活动，招募活动仅仅花费了 170 万美元，但在全球产生的广告效益达到 1.1 亿美元。

4. 可行性

营销策划需要有较强的可行性，它不是理论或原则，而是需要解答企业在市场营销活动中面临的各种问题。营销策划的价值可以用以下公式来表述：杰出的创意 × 实现的可能性 = 最大的预期效果。再好的创意，没有实现的可能性也是徒劳。一个好的创意必须基于对企业自身资源和外部环境的考虑，通过提出市场营销行动方案解决企业面临的问题。此外，还要考虑方案的经济效益，如果为解决问题而使成本难以承受或投入大于收益，则会得不偿失。例如，某啤酒制造商为了快速推动其高档啤酒进入市场，举办了“一份报纸领一瓶啤酒”的促销活动，虽然得到了消费者的广泛响应，但是有许多报摊主挑着报纸去经销商处兑换啤酒。于是该公司迅速改变策略，每人凭身份证只能领取一瓶，以防止有些人作弊，但却导致报摊老板将原本 0.5 元 / 份的报纸涨到 1 元 / 份，这使得兑换啤酒的消费者少了许多，最后该公司只能停止这项促销活动。

5. 应变性

在现实中，企业的营销环境具有开放性、多变性的特点，因此，企业在策划过程中可能会遇到一些对策划的实施产生巨大影响的突发事件，如全球经济突变、政府政策改变、竞争对手策略变化、新竞争对手兴起等，它们会增加策略实施的风险。如果处理不当，可能会导致策划失败。因此，营销策划必须具有一定的灵活性和应变性，以提高企业适应环境的能力，增强企业应对风险的能力，或者降低企业的经营风险。例如，自中央政府提出“八项规定”后，各级政府采购公务用车需选择国产自主品牌汽车。许多国产汽车商发现政府汽车采购、维修、更新这个大市场，开始设计稳重、大气、高端配置、环保的汽车以迎合市场的新需求。

三 营销策划的类型

营销策划的内容丰富、领域广泛，依据不同的标准，从不同的角度可以有不同的划分。

（1）按照营销策划的目标，可以分为营销战略策划和营销战术策划。营销战略策划作为企业较长时期内市场营销活动的总体谋划，具有原则性、稳定性、持久性和整体性等特点，一般不可随意变更和调整。对于一个企业而言，若市场营销战略失误，正确的营销活动就会受到严重影响，甚至会造成不可挽回的损失。营销战术则是依据营销战略策划的思路和方向，综合运用各种市场营销手段，进入和占领目标市场，实现企业的战略意图，包括产品策划、价格策划、分销策划和促销策划等。营销战略策划与营销战术策划关系密切，前者为后者指明方向，后者为前者的完成提供支撑和保障。

（2）按营销策划的主体，可分为企业内营销策划和第三方营销策划。企业内营销策划指的是由企业的市场部或企划部人员做出的营销策划；第三方营销策划则是由独立的营销策划公司、管理咨询公司等中介机构做出的营销策划。

（3）按营销策划的客体，可以分为市场调研策划、营销战略策划、新产品开发策划、价格策划、渠道策划、促销策划、品牌策划、企业形象策划、广告策划等。

（4）按营销策划作用时间的长短，可分为过程策划、阶段策划和随机策划。过程策划指的是贯穿企业营销全过程的长期策划；阶段策划则是指企业营销不同阶段的短期策划；随机策划是指在企业营销的某一时点随时策划，属于更短期的策划。

（5）按市场发展程序，可分为市场选择策划、市场进入策划、市场渗透策划、市场扩展策划、市场对抗策划、市场防守策划和市场撤退策划。

（6）按市场营销的不同层次，可以分为市场营销基础策划和市场营销运营策划。

（7）按营销的创新性，可以分为知识营销策划、关系营销策划、网络营销策划、整合营销策划。

第 2 节　营销策划的创意与方法

一 营销策划的创意

自人类诞生以来，创意就与我们的生活紧密相连，人类的生活充满创意。**创意**

（inspiration），是指人们在生活中产生的思想、点子、主意等新的思维成果，是一种创造新事物、新形象的思维方式和行为。它包括两层意思：一是创造的欲望，人们具有强烈的发现问题和解决问题的欲望；二是意想不到能带来效益的解决问题的方法，也就是一连串的点子。

营销策划的创意是指整个策划活动从构思到实施、从酝酿计划到统筹安排，策划者将各个思维要素整合成一个相对独立的、完整的思维体系，显示出自己的某种创造性、独特性和新颖性。创意是营销策划的核心和前提，只有蕴涵创意的策划才是富有鲜活个性和持久影响力的策划。

在我们身边有很多人、很多组织通过不同凡响的创意收获了意想不到的效果。

小贴士 14-2 2016 年八大营销策划方案

1. 科技成为创新核心——“零度可乐，可以喝的可乐”。顾客观看零度可乐广告，打开手机参与互动会呈现出可乐倒入手机的场景，当手机中的可乐杯被倒满后，顾客就能获得一张零度可乐的优惠券。

2. 视觉营销成新宠——“奥美为宜家打造 cinemagraph，精致典雅的厨房生活”。2016 年宜家推出“从细微处感受生活”的主题活动，侧重厨房里发生的美食生活。为了继续推进厨房主题，奥美纽约为宜家打造“Together，we eat”营销活动，拍摄各种类型家庭、不同阶层家庭的厨房生活，以使自己的产品适合所有人。此外，为了使营销活动变得有趣，还用 Emoji 表情符号做起了文章。

3. 互动技术渐趋流行——“Dior Eyes，Dior 门店内的虚拟现实头盔”。这款虚拟头盔是专门为想看时装秀后台的人准备的，带上它可以身临其境，近距离围观造型师是如何化妆的，模特登上 T 台前要做些什么。

4. 产品包装——“亚马逊推出的小黄人特殊版快递盒”。这是亚马逊第一次尝试在包装盒上向第三方出售广告，顿时引发了一阵晒盒风潮，不仅使订单狂增，还为《小黄人》进行了预热宣传（见图 14-4）。

5. 承担更多社会责任的品牌“善营销”——“沃尔玛 Lifepaint”。在英国，沃尔沃为了保护骑自行车人的夜行安全，推出了“Lifepaint”。用户给衣服和自行车喷上夜间喷雾，可以大大提高夜间骑车安全，这不仅体现了沃尔玛对顾客的关怀，也使消费者对沃尔玛产生了“品质、安全环保”的印象。

图 14-4 亚马逊推出的小黄人特殊版快递盒

资料来源：http://www.chinaz.com/manage/2015/1008/454495.shtml.

6. 跨界营销——“淘宝，一次跨界的线上时装周”。淘宝为扩大对年轻群体尤其是 90 后的销量，将上新活动升级为“淘宝新势力周”，在一周内集结了 10 万家店铺，发布 60 余万件新品，打造了一场互联网时装周。此次战役以“新势力独立上身”为活动口号，提出“每个年轻人都该有一张独立的面孔”，以此展现淘宝品牌独立的个性。

7. 娱乐营销——“OPPO：你是我的喋喋 phone”。OPPO 邀请李易峰化身“R7 喋喋 phone”，主演具有韩剧风格的网络微剧《我是你的喋喋 phone》，微剧中塑造的“喋喋 phone”是一部可化成人形的手机，而化身暖男的“喋喋 phone”聪明智能，同时体贴傲娇，

图 14–5　OPPO：你是我的喋喋 phone

资料来源：http://baike.baidu.com/item/%E6%88%91%E6%98%AF%E4%BD%A0%E7%9A%84%E5%96%8B%E5%96%8Bphone? sefr=cr.

大获粉丝青睐（见图 14–5）。剧中将 OPPO 的“充电 5 分钟，通话两小时”的闪充功能情景化为“闪充 5 分钟，恋爱 2 小时”的故事主题，进而表现出来。

8. 可以健身的户外广告——“Coca Cola 运动饮料，把户外广告牌变成了健身器材”。可口可乐旗下运动饮料品牌 Powerade 在德国柏林街头竖起“史上第一个健身广告牌”，趣味性十足。路边寻常的广告牌转眼变成健身房，你可以打拳击、测臂力，甚至可以攀岩，最终传达出“You have more power than you think!”的品牌理念。

二　营销策划的方法

营销策划的方法是营销策划的起点、核心。一个好的创意可以使企业迅速发展起来，甚至可以救活一个企业。下面列举几个国内外常见的营销策划方法。

（一）属性列举创意法

属性列举创意法将事物属性分解为不同的部分或方面并全部列举出来，然后对某一部分或方面的属性进行置换，提出对问题的创新构思。属性列举创意法包括五个阶段，如图 14–6 所示。

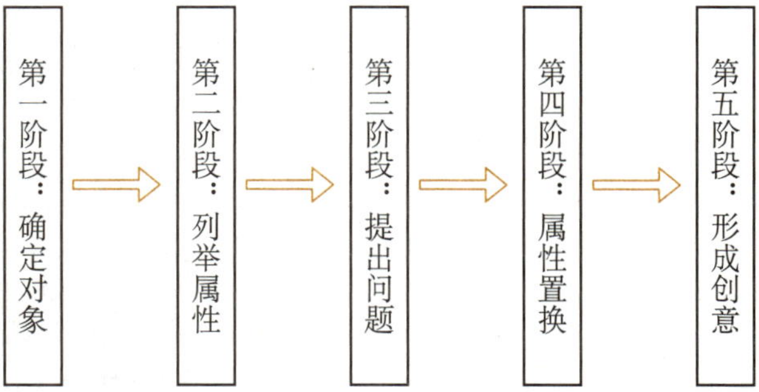

图 14–6　属性列举创意法示意图

第一阶段：确定对象。根据市场发展前景与营销目标的关联确定对象。

第二阶段：列举属性。包括外部特征、整体形态、功能、运动方式、操作方式等。

第三阶段：提出问题。将属性列举出来之后，针对某个或某些属性提出问题。

第四阶段：属性置换。按照属性置换或移动的原理针对各属性引发的问题提出解决方案或措施。

第五阶段：形成创意。将解决方案具体化、方案化，用创意计划书进行描述与说明。

（二）奥斯本设问创意法

奥斯本设问创意法也称为检查表法，概括出 9 种问题模式，并把这 9 种问题归纳成一张全方位的检查表，如表 14-1 所示。这种方法经常用于新产品的开发。这种强制性的设问思考方式有助于突破固有的习惯思维，找到有价值的问题和策划的新起点。

表 14-1 奥斯本检查表

检查项目	含义
能否他用	现有的事物有无其他的用途，保持不变能否扩大用途，稍加改变有无其他用途
能否借用	能否引入其他的创造性设想；能否模仿别的东西；能否从其他领域、产品、方案中引入新的元素、材料、造型、原理、工艺、思路
能否改变	现有事物能否做些改变，如颜色、声音、味道、式样、花色、品种、意义、制造方法，改变后效果如何
能否扩大	现有事物可否扩大适用范围；能否增加使用功能；能否添加其他部件；能否延长使用寿命，增加长度、厚度、强度、频率、速度、数量、价值
能否缩小	现有事物能否体积变小、长度变短、重量变轻、厚度变薄、拆分或省略某些部分（简单化）；能否浓缩化、省力化、方便化
能否替代	现有事物能否用其他材料、元件、结构、设备、方法、符号、声音等替代
能否调整	现有事物能否变换排列顺序、位置、时间、速度、计划、型号；内部元件可否交换
能否颠倒	现有事物能否从里外、上下、左右、前后、横竖、主次、正负、因果等角度颠倒来用
能否组合	能否进行原理组合、材料组合、部件组合、形状组合、功能组合、目的组合

（三）逆向思维创意法

小贴士14-3 多想想：从问题中寻找创意

使用常规思维无法解决问题时，可采用逆向思维以获取意想不到的解决方案。逆向思维能改变人们固有的思维模式，拓宽创意渠道，找出新的切入点。通常情况下，企业往往交替使用逆向思维和顺向思维，寻求解决问题的途径，找出最恰当的方法。例如 2016 年 3 月 14 日白色情人节前夕，康师傅爱鲜大餐品牌推出了四款为这个节日特别打造的方便面产品，在电商 1 号店独家首发，并限时限量供应。乍看起来，“在情人节送方便面”是一件特别“不营销”的事情，因为产品无法与话题搭界。然而，这却是传统方便面巨头康师傅在互联网模式与年轻化方面迈开最大步伐的一次。如何搭界？在这次方便面包装上，康师傅爱鲜大餐分别推出了单身、情侣、女女、男男四款，发布会还邀请比较另类的时下热门脱口秀节目《奇葩说》的著名辩手姜思达畅谈 90 后的新想法。这种打“擦边”路线的社会化营销产品，对于一直走传统路线的康师傅来说，无疑是一次大的突破。

小贴士14-4 饥饿营销——商家的一种新营销谋略

（四）5W2H 法

5W2H 法从 7 个方面对策划创新的对象、目标进行设问。这 7 个方面分别是：

Why ——为什么需要创新？

What ——创新对象是谁？创新的目标和内容是什么？

Where ——从哪些地方开始着手？

Who ——谁来承担任务？

When ——什么时候完成？

How ——如何实施？采用什么样的方法？

How much ——达到什么样的水平？需要多少成本？

5W2H 法能够使企业营销人员的思维清晰化、条理化，围绕目标制定步骤，杜绝思维盲目、随意。

（五）头脑风暴法

头脑风暴法等同于集思广益，人们在小组讨论中可以产生更好的想象力，思考的能力也会增强，更容易产生灵感。头脑风暴包括准备、热身、明确问题、畅谈、加工设想 5 个步骤，具体的做法是：围绕某个目标明确主题，召开 10 人左右的小组讨论会。主持人要善于引导、激励会议成员，并创造轻松、和谐的讨论环境；同时，各成员要遵守不批评他人的设想、不约束自由思考、尽量提出新奇的设想、结合他人的见解提出新设想这四条原则。

（六）组合创造法

组合创造法是指将多种因素通过建立某种关系组合在一起从而形成组合优势的方法。组合创造法是现代生产经营活动中常用的方法。如市场营销过程是产品、价格、渠道、促销等可控因素的组合；整体产品是核心产品、形式产品、附加产品的组合。组合可以是原理组合、结构组合、功能组合、材料组合及方法组合。不同的组合代表的意义不同，形成了属性差异。但无论什么样的组合，都要考虑组合的前提条件和结果。例如，为了降低营销成本，哈根达斯利用组合创造法，提出了“用别人的渠道，搭建自己的渠道”的低成本创意：在高档楼盘的售楼处，让客户免费品尝哈根达斯，以显示自己的贵气。开发商借助哈根达斯的品牌效应营造高端氛围，为顾客带来特殊价值和体验。最终，通过这种组合方式达到双赢的局面。

小贴士 14-5 营销策划人的基本要求

要成为一名出色的营销策划人，必须具备三种能力：一是思维力，它是对一个人逻辑和判断极为重要的衡量标准。二是专业力，策划需要大量知识技能作为基础，包括哲学、心理学、社会学等广泛的学科知识和对人性的认知，以及解决现实问题的综合知识、运作项目的实际经验。三是行业力，即不断积累的行业经验，这些经验无法从书本上学到。更具体地说，营销策划人需要记住八字箴言：察、思、奇、杂、简、德、勤、信。

“察”：营销策划的基础，掌握第一手资料，进行细查、深究。

"思"：金点子、新创意都是在勤思中迸发出来的。
"奇"：标新立异，出奇制胜，培养创新思维。
"杂"：融会贯通，资源整合，避免单一。
"简"：抓住关键点，简洁明了，提倡效益。
"德"：履行道德操守，遵守职业道德。
"勤"：五勤要诀——"手勤、腿勤、眼勤、耳勤、嘴勤"。
"信"：坚持诚信为本。

要成为一名优秀的营销策划人，必须是一个全才、通才，可是对于许多人来说，要掌握这么多知识、技能，特别是一些宝贵的经验，不可能一蹴而就，因此，营销策划人必须不断地学习、感悟，才能在学习中不断进步。

第 3 节　营销策划书的结构与技巧

一　营销策划书的基本结构

营销策划书（marketing planning report）从功能上讲，兼具项目可行性分析、营销活动计划、营销策划书说明三种作用。营销策划书没有一成不变的模式，策划项目不同、策划专题不同，策划书的风格和内容也不同。但是从营销策划活动的一般规律来看，其中有些要素是相同的。规范的营销策划书的基本结构如表 14–2 所示。

表 14–2　营销策划书的基本结构

构成		内容	作用
封面		策划书名称、客户名称、策划人姓名、提案日期、策划适用时间段、保密级及编号	策划书的名片
前言		策划目的、方法、意义等说明	背景与过程
目录		策划书提纲	构成框架
概要		策划书主要内容概括	方案精髓
正文	目的或目标	市场目标、财务目标等	明确营销目标
	环境分析	重要环境因素分析	策划依据
	SWOT 分析	分析优势、劣势、威胁与机会，并进行整体考虑	提出问题
	营销战略	STP 营销（市场细分、目标市场选择、市场定位）	总体布局
	营销策略组合	产品策略、价格策略、渠道策略及促销策略	具体对策
	行动方案	人员安排、道具设备、时间计划、地点选择	执行蓝本
	营销预算	费用预算、效益分析	可行性分析
	营销控制	执行控制、风险预测、应急方案	保障成功
结束语		总结、突出、强化策划人意见	总结主张
附录		数据资料、问卷样本及其他背景材料	提高可信度

（一）封面

营销策划书重在内容，但也不能忽略封面的效果。策划书的封面应美观，具有强烈的视觉冲击，以加深阅读者的印象。策划书的封面可提供以下信息：策划书的名称、委托策划的客户、策划的机构或策划人的姓名、策划完成日期及策划适用时间段、编号等。

（二）前言

前言一方面是对策划内容的高度概括和表述，另一方面是为了引起阅读者的注意和兴趣，使其关注正文。前言不宜过长，一般不超过一页，字数控制在 1 000 字以内。前言的具体内容如下：

（1）策划任务的由来。

（2）策划背景。

（3）策划目标。

（4）策划的指导思想。

（5）策划的简单过程。

（6）执行方案后预期达到的水平。

（三）目录

目录也是策划书的组成部分，它可以使营销策划书的结构一目了然，同时使阅读者方便地查阅营销策划书的内容。因此，策划书的目录不宜省略。要注意目录中所标页码与实际页码必须一致，否则会损害营销策划书的形象。

（四）概要

概要相当于一本书的内容简介。通过概要，阅读者可以大致了解策划内容的要点，理解策划者的思路、意图和观点。通常来说，概要应该简明扼要，篇幅不宜过长，一般控制在一页左右。概要的撰写要注意以下几点：

（1）选择适合自己的写作顺序，如先写概要，后写正文，或先写正文，后写概要。

（2）提纲挈领，勾画出策划的框架。

（3）巧妙地利用框图。

（五）营销策划目的或目标

营销策划目的主要是对营销策划所要实现目标的全面描述，它是营销策划活动的原因和动力。如在某计算机市场营销企划书文案中，对企划书的目的说得非常具体。首先强调某计算机的市场营销不是普通产品的市场营销，然后说明某计算机的营销成败对公司长远、近期利益和某系列产品的重要性，要求公司各级领导及各部门达成共识，高质量地完成任务。

（六）环境分析

环境分析是对营销策划各重要环境因素的分析，是营销策划的依据和基础。环境分析一般应在外部环境与内部环境中抓重点，描述环境变化的轨迹，形成令人信服的结论。

环境分析的内容包括：

（1）宏观环境状况，包括企业所处的政治环境、经济环境、技术环境和社会文化环境，以及这些环境与企业产品的联系。

（2）市场状况，主要是对目标市场和购买者的调查和分析，如目标市场的容量、消费者的特点、购买量、购买方式、购买过程、购买时的影响因素。

（3）竞争状况，指对竞争对手进行确认，并详细分析它们的规模、目标、市场份额、产品质量、营销战略和其他特征。

（4）企业自身状况，指对企业自身的资源进行分析，包括人力、物力、财力、公共关系等因素。如营销队伍有多少人，素质如何，与中间商的关系如何等。

（5）分销状况，指各个分销渠道的销售量和重要程度。

（七）SWOT 分析

基于对内部条件和外部环境的分析来解决某个营销问题。通过分析问题，寻找机会，避免威胁，发挥优势，避免劣势，实现企业内部条件、外部环境与营销目标之间的平衡。

SWOT 分析的主要内容包括：

（1）机会 / 威胁分析。通过对外部环境的分析了解企业所在行业或从事的业务面临的有利影响或不利影响。

（2）优势 / 劣势分析。通过对内部环境的分析了解企业在资源、技术、产品、渠道、定价及促销宣传等方面具有的竞争优势和劣势。

（3）综合分析。基于以上两大方面，分析企业内部条件和外部环境的变化，确定企业应注意的主要问题及发展潜力，提出相应的营销策略，最终制定营销方案。

（八）营销战略

完成 SWOT 分析之后，接下来企业应该制定营销战略。营销战略主要由市场细分、目标市场选择、市场定位三部分组成。

（1）市场细分：依据一定的标准对市场进行细分。

（2）目标市场选择：根据企业资源状况及实力，找准目标市场。

（3）市场定位：在市场分析和细分的基础上，寻找某种产品特色，通过为自己的产品创建鲜明的个性，塑造出独特的市场形象。

（九）营销策略组合

确定营销目标、目标市场和市场定位以后，需要在各个细分市场采取具体的营销对策，确定相关的营销策略组合。一般来说，企业会根据自己的营销目标与资源状况以及目标市场的需要，对四个营销因素进行优化组合和综合运用：

（1）产品策略，包括产品体系、品牌体系、品牌管理、产品服务、包装体系等。

（2）价格策略，包括定价方法、价格改进等。

（3）渠道策略，包括渠道设计、渠道管理、物流系统、渠道调整等。

（4）促销策略，包括人员推销、广告、营销推广、整合营销传播等。

（十）行动方案

制定完营销策略组合，需要将各项营销策略转化为具体的活动。事实上，“做”与“说”同样重要，因此，在撰写这部分内容时，必须提出具体的营销目标、营销战略，设计详细的**行动方案**（implementation plan），包括做什么、何时做、何地做、何人做、怎么做、对谁做、为什么做、支付的费用是多少等具体问题。行动方案除了要细致、周密，还需要有较强的操作性、灵活性。企业可以按照这些问题为每项行动方案作出详细的安排，便于营销策划活动的执行和检查（见表 14–3）。

表 14–3　　行动方案安排表

负责人	活动地点	开始时间		结束时间		费用		人员	物资	备注
		计划	实际	计划	实际	预算	实际			

（十一）营销预算

需要对营销策划方案各项费用的预算进行财务分析，包括营销过程中的总费用、阶段费用、项目费用等，原则是以较少的投入获得最优营销效果，如表 14–4 所示。

表 14–4　　营销预算表

项目名称	1月	2月	3月	4月	5月	6月	7月	8月	9月	10月	11月	12月	合计
作业 A													
作业 B													
作业 C													
⋮													
合计													

（十二）营销控制

营销控制主要是对营销策划方案的执行过程和进度进行管理。具体来说，营销控制要做好以下几方面的工作：

（1）动员与准备工作。营销策划方案的实施需要把任务分解到企业的各个相关部门。为了保证营销策划方案的有效执行，需要各部门明确自己的工作任务，相互配合，因此，最好在实施策划方案之前对员工进行动员，并制定工作计划。

（2）选择适当的实施时机。营销策划方案的实施要精心挑选时机。如果时机正确，往往能取得事半功倍的效果；如果贻误时机，只会事倍功半。

（3）实施过程监控方案。策划书中应明确制定各种监控方案，如效果评估方案、绩效奖惩方案、信息反馈方案等。

（4）应急方案。应急方案中应扼要列举可能发生的各种不利情况或特殊事件，发生的概率和危害程度，应当采取的预防措施和必须准备的善后措施。

（十三）结束语

结束语作为对整个营销策划方案要点和重点的归纳与总结，要与前言相呼应，使策划书有一个圆满的结尾。结束语应再次重复一下主要观点并突出要点。

（十四）附录

附录是策划书的附件，对整个营销策划方案起着补充说明的作用，主要包括策划方案中提到的一些资料的来源，一些理论观点的结论，或者由于篇幅太长不适合放在正文中的分析过程。在营销策划实践中，我们也经常将问卷调查表放在附录里。

二　营销策划书的技巧

掌握营销策划书的结构能够确保策划方案完整，但如何使营销策划书突出特点，吸引阅读者眼球，应注意一些细节和技巧，主要体现在以下三个方面。

（一）结构完整，层次分明

与诊断书、年度计划书相比，营销策划书是综合性最强的一种策划方案。虽然各个营销策划书的主题不同，侧重点不同，但一份完整的营销策划书应该囊括营销战略和营销策略所有的内容。这就要求营销策划人员熟悉和掌握相关的营销理论，即环境分析、战略制定、策略组合，用字母可以表示为：SWOT、STP、4P。对营销理论的整体把握不但可以增强策划内容的可信度，还可以使我们思路清晰，有效开展工作。

营销策划书是一种说服性的材料，掌握营销理论框架的内容可以保证营销策划书结构的完整性，也可以使整个策划书简明扼要、井然有序，各部分承上启下、层次分明，方便读者理解和阅读。一份厚厚的营销策划书，如果看完后头脑乱糟糟，则让人很难接受。

（二）主旨明确，战略统领

一份好的营销策划书应该有一个明确的主线或主题，整个策划内容都围绕这个主线开展。例如，对于处于成长期的产品，企业将提高市场销售量和市场份额作为主要的目标。因此，制定的整个营销策划方案都以此为核心，无论是在战略的确定还是策略的选择上，都要紧紧围绕该目标，如加大促销力度、降低产品价格等，以使更多的消费者购买该产品，扩大市场占有率。

为了更好地运用这一技巧，策划书写人员可以使用一些特殊的符号、调整字体大小、采用特殊的版式，以增强营销策划书的视觉效果，使策划主题和重点突出，层次分明、严谨而不失活泼，帮助阅读者准确快速地掌握策划书的主题。

（三）图表理解，透彻分析

为了保证营销策划书的完整，企业会详尽地说明，这不免增加文案的篇幅。人们希望策划书可以在透彻分析的基础上，尽量做到简明扼要。因此，在编写策划书时企业应小贴士14-6　滴滴打车是怎样炼成的?

选择一种最佳方式以满足双方的要求，可以使用图表。常用的图表有柱形图、折线图、饼图、条形图、面积图、散点图、流程图、组合图、雷达图、矩阵图等。图表的优势在于语言简化、效果直观，帮助读者更好地理解内容。同时，利用图表进行比较分析、概括归纳、辅助说明等十分有效。

第 4 节　营销诊断书的结构与技巧

一　营销诊断书的结构

市场营销诊断（marketing diagnostics）是以企业的全部经营过程为研究对象，在具体分析企业经营活动的基础上，揭示企业经营中存在的各种问题，并提出改进的方法与对策。可见，营销诊断书所涉及的内容繁多。但无论诊断的是哪种问题，诊断书的基本结构都包括如下三个部分，我们称为三段论或营销诊断三板斧：发现问题、分析问题和解决问题，如图 14–9 所示。

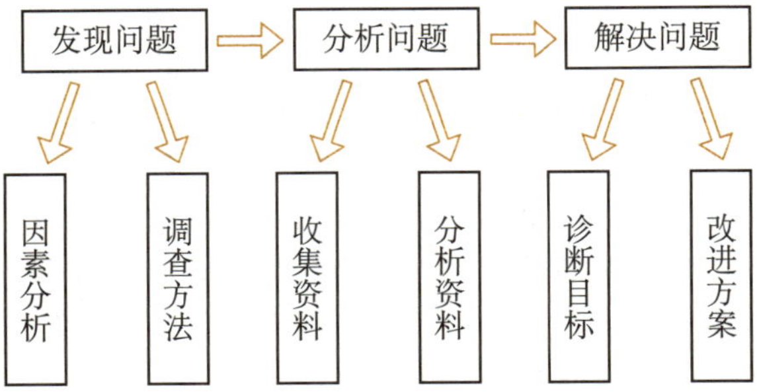

图 14–9　营销诊断三段论

（一）发现问题

营销诊断的第一步是确定导致企业经营出现问题的原因，可以从三大方面进行分析：企业所处的市场环境（宏观环境和微观环境）、战略选择（市场细分、目标市场选择、市场定位）、营销策略（产品策略、价格策略、促销策略、渠道策略）以及营销管理（组织管理及执行控制）等。

营销诊断的第二步是介绍诊断病情的方法。为了给营销诊断提供可靠的依据，企业需要进行大量的市场调查。只有通过市场调查，才能了解市场动态，明确企业的营销战略、营销策略及营销管理中存在的弊病。运用的方法越科学，调查结论越有说服力。

营销诊断的第三步是确定诊断工作的目标。企业通过大量的市场调查与分析，发现企业运营问题所在。企业运营问题的治理效果如何，需要在诊断书的首段加以说明，以增强其可信度。

（二）分析问题

明确了问题，还要分析问题的原因，以便对症下药。一般而言，对原因的解释需做如下两方面的工作。

1. 收集资料

基于问题的不同，所要收集的资料也不尽相同。例如，如果是对产品销售系统进行诊断，那么要搜集的资料主要有：近三年的财务会计报表和统计资料；近三年的产品目录，各种产品的产、销、存情况；近三年采用的销售方式和方法；近三年的价格政策和执行效果；近三年的销售合同及执行情况；历次内部审计报告、销售机构设置、内部控制制度、销售管理及销售工作制度等；其他有关资料和文件。

2. 分析资料

为了准确找到企业问题的原因，需要对收集的资料进行详细的整理、系统的分析。如果资料很多，可以借助图表对数据进行归纳整理，以避免工作冗杂，如表 14-5 所示。

表 14-5　　2016 年度产销比率分析　　单位：万元

项目	期初余额	本期生产	合计	本期销售额	期末余额	产销比率
年产销总额	1 025	7 500	8 525	6 890	1 635	81%
A 类产品	275	1 000	1 275	450	825	35%
B 类产品	500	5 000	5 500	5 200	300	95%
C 类产品	150	600	750	640	110	85%
D 类产品	100	900	1 000	600	400	60%

在表 14-5 中，从该公司 2016 年总的销售额看，产销情况不够理想：全年可供销售额 8 525 万元，实际只销售了 6 890 万元，产销比率为 81%，期末库存 1 635 万元，比期初 1 025 万元增加了 610 万元，造成产品严重积压，资金周转受到影响。

对公司生产经营的四类产品进行分析，B 类产品产销比率为 95%，C 类产品产销比率为 85%，它们的销量都超过了当年的生产量。期末余额比期初少，说明这两类产品受市场欢迎。而 A，D 两类产品销售较差，特别是 A 类产品，其产销率仅为 35%，不到生产量的 50%。可见，A 类产品作为企业多年来生产的老产品，技术上已经落后，样式也陈旧。

从上例中可以看出，通过图表 + 解析的方式对材料进行分析，找出问题的原因所在，不但使诊断书简明扼要，而且有理有据，极具说服力。

（三）解决问题

针对发现的问题和问题产生的原因，企业需要采取一定的措施解决问题。提出有效的对策是营销诊断书的核心部分，也是诊断书的价值所在。首先，需要确定问题的严重程度，在营销诊断的一板斧中我们已经讨论过了；其次，提出改进方案，如上面的例子，企业发现 A 类产品销售低迷的原因，以此为切入点，实施产品策略，如改变产品包装、增加产品种类、加大产品科技含量等。

二 营销诊断书的技巧

（一）问题的可靠性，有理有据

营销诊断书虽然没有营销策划书的综合性强，但它具有较强的针对性，即提出方案以解决企业经营过程中的问题。诊断书的三板斧是环环相扣、循序渐进的。第一板斧是确保整个策划书具有价值的前提和基础，只有保证问题正确，才能确保后期的工作具有实际意义；如果问题本身有误，不但不能解决问题，还可能导致情况继续恶化。因此，营销诊断书的编写应始终以问题为导向，同时保证论证的一致性和严谨性。

（二）对策的实用性，一针见血

针对企业出现的问题，可以采用不同的解决方案。如何选取解决方案就变得尤为重要。作为营利性组织，企业会选择和实施实用性最强的解决方案，使问题在最短时间内得到解决。因此，营销诊断书应在对企业的内外部环境、经营状况、资源等因素进行分析的基础上，提出最优方案，这样可以节省企业在选择方案过程中所付出的成本。

（三）方案的针对性，逻辑严密

一份好的营销诊断书应抓住重点，突出亮点。正如前文所述，在三板斧中企业最关注的永远是为解决问题提出对策与方法。一般而言，诊断书后面部分提出的解决办法应该与前面提出的诸多问题一一对应，所列的多个问题或对策按重要程度由高到低排列，把有关系的条目放在一起。值得注意的是，很多策划者过于关注文案是否华丽，提出的对策过于“空”“大”，没有依据问题提出有针对性的见解，这样的诊断书是失败的。为了避免这类问题，可以使用指标测评方法，对问题进行分析并提出解决方案。

第 5 节 营销年度计划书的结构与技巧

任何一个企业都面对充满不确定性的未来，即市场的动荡不定、技术的更新换代、顾客需求的变化多端，这要求企业不但要管好现在，还要着眼于未来。制定营销年度计划书可以为企业制定营销战略决策提供必要的保障和依据。一份切实可行的营销年度计划书可以使企业相关部门明确相应的职责，企业的营销工作有条不紊地进行，对任务安排、职责落实、目标完成情况进行监督检查，有助于提高营销工作效率和执行力。**营销年度计划书**（report on marketing annual planning）是对企业未来一年的各项营销活动所进行的规划，主要包括三个部分（见图 14-10）。

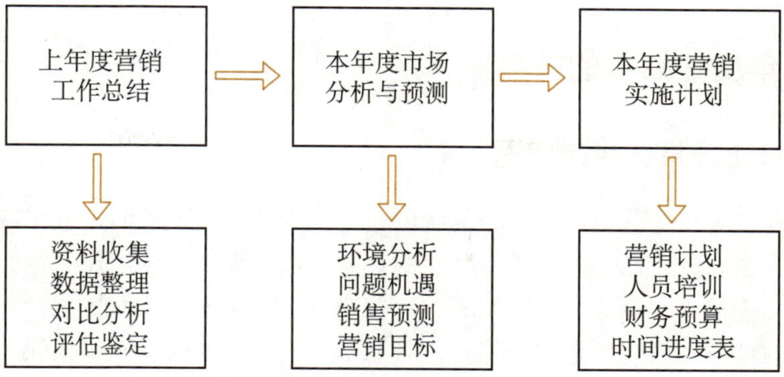

图 14-10　营销年度计划书的结构

一　营销年度计划书的结构

（一）上年度营销工作总结

1. 销售资料的收集与整理

根据上年的营销计划总结销售业绩，通过对收集的销售资料进行整理与分析，对实际与计划的差异进行简要解释。为增强说服力，针对销售业绩所做的任何调查都应包括在内。还需要按照产品类别、品牌、销售地区、代理商等，对销售业绩进行详细的分类和比较。

2. 费用投入

对于上年度的各项费用开支，可通过表 14-6 加以总结。

表 14-6　费用开支实施情况分析表

费用项目	销售	广告	公关	调研	酬金	其他
预算费用						
实际费用						
占预算的比例						

3. 计划执行对比与评估鉴定

在收集和整理相关资料的基础上，将上年度营销计划中各方案所要达到的指标与实际达到的指标进行对比，可以利用表格的形式加以说明。

（二）本年度市场分析与预测

这部分包括企业经营环境（宏观环境和微观环境）分析、SWOT 分析、销售预测以及营销目标的制定。

（三）本年度营销实施计划

这部分包括营销计划、人员培训、财务预算和时间进度表四个方面。

二 营销年度计划书的技巧

（一）对比分析，找出问题

有些策划者对年度营销计划作用的认识存在一定的误区。他们常常把制定年度营销计划看作一项全新的工作，过多关注明年的计划，而忽视今年的工作总结，使得今、明两年的工作出现脱节，缺乏系统性的思考。实际上，年度营销计划的制定始于对需求、机会和问题的评估；而问题来源于哪里，可能是上一年计划的漏洞或失误，因此明年计划的制定很大程度上建立在今年工作总结的基础之上。要想制定好的计划，既要对成功经验进行总结，又要对问题进行盘点，分析原因，提出解决方案，以避免重复犯错。

（二）分清主次，阶段实施

借鉴目标管理理论，在制定营销年度计划书时，企业必须将目标进行分解，阶段性地完成。根据外部市场环境的变化、目标任务的性质以及企业自身状况，可以把年度计划书分解为季计划、月计划、周计划，甚至可以细分为日计划，从中选择最适合的类型。

有的企业在制定年度计划书时以年终目标作为企业的营销任务，这让管理者和企业员工总是感觉压力很大，即使竭尽全力也无法有效完成任务。

（三）预算准确，细化指标

任何企业的资源都是有限的，而为了实现年度计划，必须投入大量的人力、物力和财力资源。如何有效、合理地利用这些资源呢？在年度计划书中必须运用科学的预算和评估对有限的资源进行优化利用。如果低估了成本，那么公司可能不具备满足需求的存货和员工；相反，高估预算，又会造成企业资源浪费。

在实际运作中，有些企业认为预算不过是一种形式，因为实施过程中存在太多不确定因素，导致预算费用与实际费用的差异往往很大，从而忽略对其进行科学的分析。虽然预算只是一个估计值，但仍要尽可能制定科学的预算，以保证年度营销计划的顺利实施。

▶ 基本概念

营销策划（marketing planning）

创意（inspiration）

营销策划书（marketing planning report）

行动方案（implementation plan）

市场营销诊断（marketing diagnostics）

营销年度计划书（report on marketing annual planning）

▶ 应用与实战

1. 娃哈哈作为一个知名的老品牌，近几年业绩持续下滑；一方面是因为近期中国经济不景气，整个行业处于低迷状态；另一方面是因为产品老化、新品销量跟不上，再加上统一、康师傅以及区域品牌的竞争，使娃哈哈企业面临极大的挑战。作为一名营销策划人，你要为娃哈哈撰写一份营销策划书以解决它的营销困境。

2. 基于营销策划创意方法，向学校食堂或校园周边某一餐饮企业提出几个新颖的营销创意。

3. 某大型住宅小区即将开盘，假如你是某家装修企业的营销人员，你将如何寻找顾客展开你的营销行动？请你在分析市场营销环境的基础上，撰写一份行之有效的营销策划书。

▶ 案例

某公司海参品牌网络营销策划方案

一、公司及品牌介绍

大连 R 有限公司拥有万亩无污染的海域基地、数十亩海参幼苗培育基地和近万平方米加工基地，在北京、大连、沈阳等地设有营销机构，通过产、供、销一体化的经营格局建设，现已具备海参育苗、养殖、加工及市场推广的综合实力。

公司秉承绿色、环保、自然的生态经营理念，其海参基地被农业部农产品质量安全中心和大连市海洋与渔业局分别评为无公害农产品基地，并获得无公害农产品产地环境检测报告和无公害农产品产地认定证书。

2012 年公司创建"野猪礁"品牌，它是取万亩海参基地中的极品海参精心打造的顶级冻鲜海参品牌。"野猪礁"这一品名来自海参产地。野猪礁是位于丹东和庄河交界处的一块形似野猪的小岛，当地人曾在这个小岛上多次拾到海参，最大的长达 40 厘米。野猪礁附近的海域不仅是孕育优质海参的基地，更被当地人看作大自然的馈赠。因此"野猪礁"就是优质海参的代名词。

二、大连海参市场分析

1. 一线品牌：包括獐子岛、棒棰岛、晓芹等初具全国品牌地位，销量在 3 亿 ~5 亿元之间的大连海参品牌。

2. 二线品牌：包括上品堂、长生岛、海晏堂、财神岛、新玉麟等品牌，销量在 1 亿 ~3 亿元之间，正在谋求品牌与营销模式的突破。

3. 三线品牌：主要有天伦、钓鱼岛、新玉璘、三山岛等老牌低调品牌和诸如益宝、益群、东泽、蚂蚁岛、御臻坊、岛礼、八鲜岛、参功夫等新品牌。这些海参企业的营销软硬件都有所欠缺，光鲜亮丽的品牌外衣下隐藏着生存和发展的深层次危机。

一线品牌已经在主销市场确立了品牌和销量地位，逐渐与二线品牌拉开距离，稳步确立了市场领先者的优势。二线品牌处于"军阀混战"的市场环境中，缺乏精准的品牌战略，缺乏对海参产业未来发展的精确解读，依靠概念战、产品战、渠道战，价格战的方式角逐市场，获得市场地位。三线品牌还处于营销发展初级阶段，产品体系、营销网络、市场体系尚不完善，还没有与一二线品牌争夺主流市场的能力，只能依靠在小区域市场的拼搏谋求一线生机。

纵观大连海参市场，虽然发展相对成熟，但存在养殖加工企业鱼目混珠、各类产品良莠不齐、行业缺乏统一标准、品牌同质化现象严重等问题，海参企业着手品牌建设已是大势所趋。

三、企业资源及能力分析

"野猪礁"品牌由大连 R 水产养殖有限公司于 2012 年创建，公司秉承绿色、环保、自然的生态经营理念，拥有坐落于大连黄海野猪礁（北纬 39.42 度）万亩无污染的海域基地。家族企业规模庞大，资金雄厚，为海参的水产养殖提供了物质保障和支持。

"野猪礁"品牌对海参的质量有完美的保证。野猪礁的优质养生保健的市场定位，确保了海参的高质量，坚决不以牺牲产品的高质量来换取巨大的市场占有率，在同行业激烈的竞争中，不断优化产品的质量以应对国家对海参行业提出的一系列质量要求。

同时，"野猪礁"凭借全产业链的生产经营模式，实现了海参生产加工全程的可控性，能够真正保证海参的高品质，让消费者对品牌建立起信心。

四、消费者分析

（一）影响消费者需求的因素分析

1. 动机因素

市场上的消费者大多购买海参自己食用，买来作为高档礼品的人数较少。受目前政策的影响，礼品市场受到打压。但海参作为营养品越来越受到消费者的重视。由于生活水平改善，保健意识增强，人们越来越倾向购买海参食用，以增强身体的免疫力。

2. 收入因素

海参是高端奢侈消费品，一般市民可能听说过。但真正了解海参甚至认识海参的，不在多数。海参由于稀少，不少地区甚至没有海参销售。依据问卷提供的数据，我们进行了回归分析，消费者的收入和购买频率在 0.05 这一水平上显著相关，表明收入与购买频率之间存在正相关关系，一般收入越高，购买海参的频率越高。

3. 价格因素

目前市面上以即食海参、入味即食海参、淡干海参等为主，海参的价位区别不是很大，即食海参差不多每斤 700 元左右，每斤大概 7~9 头。消费者习惯购买 50 克左右的海参，大概 60~80 元。与单独包装的海参及大包装相比，消费者更倾向选择小包装的海参，如每袋 3 只或 5 只海参。

4. 观念因素

南北方消费者对海参的消费观念存在差异：北方的海参产业发展得比较早，市场也比较成熟，消费者对海参的营养价值、品类、食用方式等比较了解，由于距离原产地比较近，食用的品类和食用方式比较多样化。相比之下，南方海参市场发展得比较晚，消费者对海参的熟悉度还不是很高。同时由于技术限制，市场上新鲜的活海参不如北方多。因此，进入南方市场的海参产品以即食和入味这两种为主。

（二）消费者购买习惯分析

1. 购买渠道分析

大多数消费者选择去专卖店、超市等购买海参，在他们的潜意识里，那里的海参质量更能得到保证。大部分专营店都提供海参泡发服务，这在一定程度上能够吸引消费者，给消费者提供便利。近些年还出现了一种新的海参购买途径——网络渠道，这种途径比较适合年轻人和习惯网上购物的中年群体。网络渠道给消费者提供了便利，节省时间，而且价格相对便宜。

2. 顾客忠诚度分析

大多数消费者都认为品牌很重要，认为品牌海参的质量和口味较好，让人放心。针对这种情况，“野猪礁”塑造自己的品牌就显得尤为重要。要想让消费者牢牢记住自己的品牌，对品牌具有一定的忠诚度，首先要确立产品的定位和竞争力。

五、产品定位及开发

（一）市场细分

结合海参市场和企业自身实际状况采用新的市场细分变量。以购买人群、产品档次以及地域为细分变量，对海参市场采用立体交叉细分法。

1. 按购买人群进行细分

根据消费者年龄、家庭人口、收入、职业和购买力等，购买人群主要分为低端消费者和中高端消费者。第一类消费群体购买海参用于进补，多为中老年消费者；第二类消费群体购买海参除了用于进补，还用于礼品馈赠，多为收入水平较高的中高端商务客户或企事业单位。

2. 按产品档次进行细分

主要分为低档消费、中档消费以及高档消费。低档消费大多为家庭食用，消费者偏好简易方便的包装，注重性价比，对品质的要求不是特别高；中高档消费者是收入较高、追求海参品质、对包装有较高要求的消费群体，价格对于他们而言不是考虑购买与否的决定性因素。

3. 按地域进行细分

由于产品认知以及文化观念不同，可按地域将海参市场细分为南方市场与北方市场。相比于较为成熟、竞争激烈的北方市场（以大连为代表），南方消费者对海参、对品牌的认知度还不高，因此具有较大的市场潜力。

（二）目标市场选择

经过对消费者以及各个细分市场的研究分析，结合企业的实际情况，我们将进军中高端市场，把中高收入水平的消费者作为主要的目标客户，以质量上乘的中高端海参作为主打产品。依靠海参的高品质来征服市场上的消费者，建立起消费者对企业的信任。

（三）产品定位

1. 品牌定位

坚持提供高品质的海参，全力打造“呵护我的 Ta”。

2. 品质定位

提供高品质、全程可溯源的辽参。通过“全程保质”、“产品溯源”和“私人定制”等特色服务，推广品质上乘的海参产品，在产品质量上严格把关，以百姓的口碑相传作为品牌支撑点。

3. 包装定位

通过大气美观的外包装吸引顾客，采用玻璃罐和木质镂空礼盒。同时内部的三大黄金卡（“野猪礁”企业文化介绍卡、产品质量证明卡、“参 ID”）有助于客户进一步了解品牌，增强客户对品牌的认同感和忠诚度。

4. 价格定位

市面上中端品牌海参的价格一般是 800~1 000 元 / 斤，而高端海参的价格则在 1 500 元 / 斤左右，在对市面上的海参价格进行调查后，根据海参的质量确定相应价格。“野猪礁”的价格不是最便宜的，但是在同等价格下“野猪礁”海参的品质却是最好的。

5. 宣传定位

结合“野猪礁”的品牌定位和目标市场的选择，我们对宣传渠道、方式、风格以及广告语的选择都要符合并集中体现中高端消费群体的特点与喜好。

（四）产品开发

根据市场细分与目标市场选择的结果，我们根据不同消费群体的消费特点，将“野猪礁”产品分为两个系列，以满足目标消费群体的要求，并促使其购买。

1. 家庭消费系列

家庭消费系列主要面对大众消费市场的家庭消费群体，满足其购买海参以供自己、家人食用的需求。为了满足大众的需求，海参不仅可以批量购买，还可以单个购买。

此外，“野猪礁”还将开发新产品“片儿参”（即海参切片），将即食海参切片并包装。由于市面上尚无此种切片，可作为产品差异化战略快速占据海参切片市场。

2. 礼品系列

礼品系列主要满足消费者购买海参送亲朋好友，企事业单位订购福利产品以及对产品品质、包装具有较高要求的高端消费群体的需求，礼品系列的海参选用质量最上乘的进行加工。

六、网络营销策划方案

随着海参市场不断升温，大批新兴海参企业涌现出来，海参业风起云涌，品牌竞争日趋白热化，许多先进的营销手段和营销理念不断应用到海参营销当中，促使海参市场格局发生很大的变化。除了传统的渠道之外，“野猪礁”海参只有开拓网络渠道，加强网络营销，才能在激烈的市场竞争中突破重围。

（一）网络渠道的建立

1. 第三方平台——电商渠道

由于网络销售日趋火热，“野猪礁”已经计划在天猫商城运营。电商渠道将是企业打入市场重要的渠道之一。商家可以在特殊节日如“双十一”期间推出“片儿参”等活动，为实体终端的销售提供有力补充，在销售初期达到开拓市场的目的。

2. 自建平台——“野猪礁”鲜活海参网购商城

为了保证海参交易秩序、提供产品保证，大连 R 有限公司建立了海参网购行业全国最大、最专业的网购平台——“野猪礁”鲜活海参网购商城。该网购商城是集合了企业服务平台系统、400全国热线支持系统、呼叫转移平台系统、客户数据库管理系统、公益海参知识解答论坛等系统的大型海参网购商城。

3. 微信二维码

二维码正在走进百姓的日常生活。在上班的路上拿出手机扫一下二维码，你到办公室时美味的早餐就已经放在你的桌上；游览观光时扫一个二维码便能听到动态的现场讲解。这一切都表示二维码时代已经到来。如今，各行各业都加入二维码潮流，海参行业当然也不落后。各大海参品牌都在网购平台上角力，“野猪礁”也将建立企业的公众号，顾客只要扫一下二维码就能通过微信跟企业联系，方便客户随时随地订购海参，与企业互动。

（二）网络推广策略

1. 搜索引擎

（1）搜索引擎付费点击广告。网络广告是常用的网络营销策略之一，在产品促销、网站推广等方面均有明显效果。网络广告的常见形式包括横幅广告、关键词广告、分类广告、赞助式广告、E-mail广告等。这种方法是中小型企业网络营销的首选，一次性投入小且见效快，是最快、最直接也最简单的方法。这种付费点击广告排名第一的是百度竞价排名广告。据权威机构统计，百度占中文搜索市场的比例大约为60%，如果放弃百度，就等于放弃了60%的主流客户。

（2）搜索引擎优化排名。例如，在百度的关键词搜索结果中先显示竞价排名的结果，后显示自然排名，但竞价排名不管有多少家最多只显示一页，右侧是智能匹配的广告。

2. 网络社交平台

利用微信、微博、博客等网络社交平台，广发一些营销软文，宣传“野猪礁”这一品牌，以培养和引导潜在客户，提高产品的知名度。建立企业的微博、微信公众号，发布企业的产品信息及促销活动，和消费者形成双向互动，将更多的潜在客户转化为企业的实际顾客。

3. 网络视频、微电影

将海参的生产、加工全过程录制下来，做成宣传视频，同时针对“野猪礁”这一品牌制作专门的微电影，投放到优酷等热门视频网站，在吸引网民收看的同时，使消费者增加对“野猪礁”品牌海参的了解，从而实现口碑营销。

4. 食品安全追溯信息平台

利用物联网技术建立统一的食品安全追溯信息平台，对育苗、养殖、加工及销售等生产经营环节实现全程追溯，采用RFID技术为每只“野猪礁”海参配发“参ID”（即电子身份证），通过“参ID”可以查询到这只海参从育苗到销售的详细信息，让客户放心购买、消费者放心食用。同时，针对消费者私人定制的需求，“野猪礁”借力网络的便捷性，每天为限定数量的客户提供视频直播、现场料理、一对一服务及其他满足客户个性化需求的私人定制服务。

七、网络营销的组织保障

网络营销的组织保障见图14-11。

（1）网络市场开发部：通过研究市场情况、品牌宣传等方式，利用网络全面扩大品牌知名度，提升品牌价值。

（2）网络销售部：依据公司总体战略目标和规划，制定并完成销售目标，运用网络平台与客户保持良好沟通，满足客户需求，实现企业战略目标。

（3）网络技术支持部：主要负责企业网络交易平台的开发和维护，提供网络技术支持。

（4）网络宣传部：主要负责品牌宣传，通过网络技术对品牌进行推广。

（5）客户服务部：主要负责解答客户疑问，协助顾客进行网上交易。

（6）订单管理部：主要负责处理客户订单，确保顾客购买顺利完成。

（7）物流运输部：将产品及时、准确地送至客户手中。

（8）仓储部：通过对库存商品以及原料的合理规划，确保供销一体化，提高生产效率。

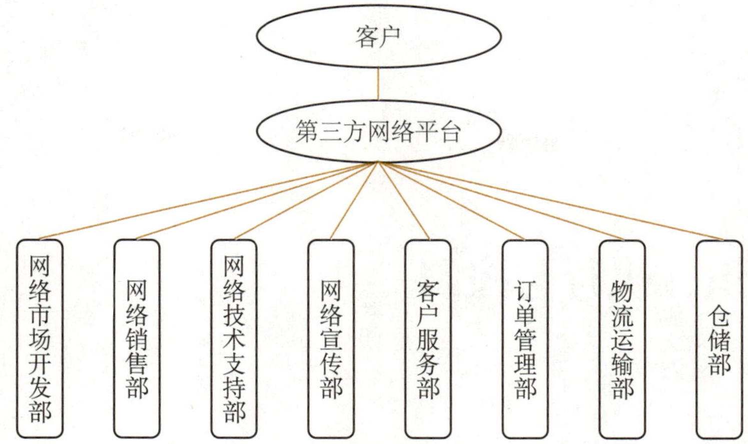

图 14-11 网络营销的组织保障

思考题

1. 本案例体现出哪些与传统营销相同和不同的地方？请对本策划方案做出简要评价。

2. 请对“网络营销策划方案”部分进行优化和细化。

3. 基于海参产品的特点和属性，除了天猫商城，还有哪些第三方网络平台适合作为网络分销渠道？

4. 以本案例为参照，为你家乡的特色产品设计一个网络营销方案。

▶ 参考文献

[1] 孟韬 . 市场营销策划 . 大连：东北财经大学出版社，2011.

[2] 孟韬，毕克贵 . 营销策划：方法、技巧与文案 . 北京：机械工业出版社，2008.

[3] 谭俊华 . 营销策划 . 北京：清华大学出版社，2014.

[4] 谭蓓 . 市场营销策划 . 重庆：重庆大学出版社，2015.

[5] 杨勇 . 市场营销策划 . 北京：北京大学出版社，2014.

[6] 吴文辉 . 势在策划 . 北京：人民邮电出版社，2014.

[7] 2016 年你不能错过的 10 个创新营销趋势 .（2015-10-08）. http://www.meihua.info/a/64813.

第 15 章

营销组织、执行与控制

学习目标

- ▷ 了解市场营销组织的演变过程和基本类型。
- ▷ 掌握市场营销组织设计的原则和步骤。
- ▷ 了解互联网时代组织变革的趋势和新组织类型。
- ▷ 掌握营销执行的过程及相应技能，避免执行过程中的关键问题。
- ▷ 熟悉营销控制的内容、原则、方法以及流程。

引例　苏宁电器和阿里巴巴的组织变革

2013 年 2 月 21 日，苏宁电器发布有关组织结构调整的公告，将公司名称从“苏宁电器股份有限公司”变更为“苏宁云商集团股份有限公司”，以更好地体现公司线上电子商务、线下实体连锁多渠道融合、全品类经营、开放平台服务的业务形态，以及正在实施的“店商＋电商＋零售服务商”的“云商”模式转型战略。业务模式的转型还需要组织架构、运行流程与之相配套，为此公司对组织架构和运行流程进行了全面调整和优化。公司总部原设连锁发展、采购、运营、服务、财务、行政、苏宁易购七大经营管理部及人力资源、法务中心两个直属部门。本次调整更加强调专业细分，并注重各业务单元的自主性及灵活性。调整后总部管理层面设立连锁开发、市场营销、服务物流、财务信息、行政人事五大管理部门，负责战略规划、标准制定、计划管控、资源协调；经营层面设立线上电子商务、线下实体连锁以及商品经营三大经营部门，涵盖实体产品、内容产品、服务产品三大类 28 个事业部，形成“平台共享＋垂直协同”的经营组合，支撑线上电子商务、线下实体连锁融合发展和全品类拓展。在大区层面，2013 年苏宁电器把大区、子公司、营运部三级缩减为大区、城市终端两级管理，并大幅扩充大区和城市终端数量，以增强区域化运营和本地化服务能力，提升运营效率。图 15-1 为阿里巴巴入股苏宁。

图 15-1 阿里巴巴入股苏宁

资料来源：www.iecnews.com.

同样，2013 年 1 月 10 日，阿里巴巴集团宣布，为了面对未来复杂的商业系统生态化趋势，以及互联网带来的机会与威胁，使得组织更加灵活、协同和创新，阿里巴巴集团对现有的业务构架和组织进行调整，成立 25 个事业部，具体事业部的业务发展由各事业部总裁负责。阿里巴巴集团主席马云在给所有员工名为“变革未来”的邮件中解释说，“本次组织变革的方向是将公司拆分为更多小事业部运营，为阿里的年轻领导者创新提供更多的机会，使各个小事业部的商业生态系统变得更加透明、开放、协同，更加美好”。持续的内部组织变革是阿里巴巴的管理传统。如 2011 年 6 月阿里巴巴把淘宝网拆分为三个独立的企业，即淘宝网、淘宝商城和一淘网，3 个子公司分别负责 C2C 业务、B2C 电子商务和一站式购物搜索。到了 2012 年 7 月，阿里巴巴从原有的 3 家子公司调整为 7 个事业群，事业群的总裁直接向阿里巴巴集团主席和首席执行官马云汇报，没有了董事长。2013 年 1 月，阿里巴巴又把原先按照对外品牌业务划分的 7 个事业群改组为按照商业生态系统中的关键环节划分的 25 个事业群。阿里巴巴将同类型业务进行整合的目的就是希望在互联网快速变革的时代，把企业拆分成更多小事业部运营，最终实现“同一个生态，千万家企业”的商业生态系统，使系统更轻巧、更快速，决策更灵活。

第 1 节 营销组织

市场营销组织是企业组织体系中重要的组成部分。如今的营销环境复杂多变、难以预测，导致企业面临巨大的威胁，市场营销组织是否具有灵活性和创造性变得尤为重要。市场营销组织设计的好坏，不仅影响企业营销的效率与管理的成本，还会进一步影响企业的发展与壮大。

一 市场营销组织的概念

市场营销组织（marketing organization）是指企业内部涉及市场营销活动的各个职能及其结构。为了实现企业营销目标和经营目标，市场营销组织通过授予权力与职能划分对营销活动进行协调与管理。

（一）理解市场营销组织的概念

理解市场营销组织的概念必须注意以下三个问题：

（1）企业的市场营销部门并非可以完成所有营销活动，市场营销组织的范围难以界定。营销活动贯穿整个企业，生产部、研发部、人事部等都与营销组织密切联系。

（2）企业差异导致经营管理活动的划分是不同的。例如，信贷对银行来说是营销活动，而对制造企业来说则是财务活动。

（3）市场营销活动跨越组织岗位，不是所有的市场营销活动都发生在同一组织岗位、同一地区以及同一国家。比如，在拥有许多产品线的大公司中，每个产品经理都有一支销售队伍，而运输则由一位经理集中管辖。不仅如此，有些活动甚至发生在不同的国家或地区，但它们属于市场营销组织，因为它们都是市场营销活动。

（二）市场营销组织的目标

1. 对市场需求作出快速反应

营销组织应该不断适应外部环境，并对市场变化作出积极反应。把握市场变化的途径是多种多样的，营销研究部门、企业销售人员以及其他商业研究机构都能为企业提供各种市场信息。了解到市场变化后，企业的反应涉及整个营销活动，从新产品开发到价格确定乃至包装都要做相应的调整。

2. 使市场营销效率最大化

企业内部有许多专业化部门，为避免这些部门产生矛盾和冲突，营销组织要充分发挥其协调和控制的功能，确定各部门的权利和责任。

3. 代表并维护消费者利益

企业一旦奉行市场营销观念，就要把消费者利益放在第一位。这里，主要由营销组织承担这项职责。虽然有的企业利用营销研究人员的民意测验等来了解消费者的心声，但仅此是不够的。企业必须在管理的最高层面设置营销组织，以确保消费者的利益不受到损害。

4. 鼓励营销人员发挥才能，实现营销目标

企业营销活动由营销人员来承担，所以，市场营销组织中对人的激励与管理是首要目标。营销高级管理人员需要通过设计合理的组织结构、制定良好的行为规范，营造和谐的人际关系及合作性竞争的氛围，激发营销人员为实现组织目标而努力。

企业市场营销组织的上述目标归根结底是帮助企业实现整个市场营销任务。事实上，营销组织本身并不是目的，更重要的是指导企业获得最佳市场营销效果。

二 市场营销组织的演变

企业的市场营销组织经历了由低级向高级、由单一功能向复杂功能、由市场反应迟钝向市场反应灵敏的发展。在这种背景下，企业的市场营销组织形式大体经历了六个阶段。

（一）简单的销售部门

20 世纪 30 年代以前，西方企业以生产观念作为指导思想，大部分采用这种形式。按照一般企业的业务活动需要，企业的组织结构多是以生产、推销、财务、会计等职能部门为基础演变而来。生产部门负责制造产品；财务部门负责筹备资金；销售部门作为一个独立的职能部门，一般由一名副总经理负责，管理销售人员并兼管若干市场营销研究和广告宣传工作，主要责任是推销生产部门生产出来的产品（生产什么，销售什么；生产多少，销售多少）。产品生产、库存管理等完全由生产部门决定，销售部门对于产品的种类、规格、数量等问题几乎没有发言权，也不参与企业其他活动。简单的销售部门的基本结构如图 15–2 所示。

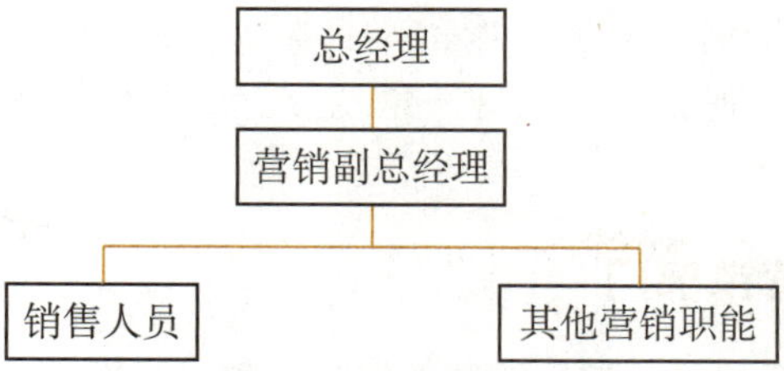

图 15-2 简单的销售部门

（二）兼具其他营销职能的销售部门

20 世纪 30 年代大萧条以后，市场竞争日趋激烈，企业销售压力增大，企业大多以推销观念作为指导思想，经常开展专门的市场调研、广告促销、客户服务工作，这些工作使销售部门的职责逐渐从产品推销向上述职能扩展，当工作达到一定程度时，企业开始设立销售经理职位，全权负责这些工作。兼具其他营销职能的销售部门的基本结构如图 15-3 所示。

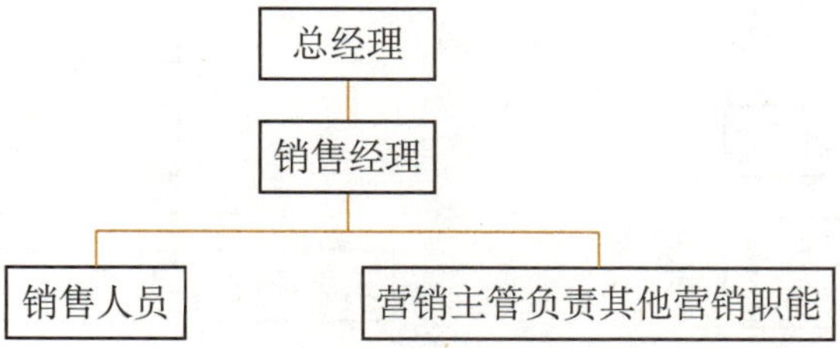

图 15-3 兼具其他营销职能的销售部门

（三）独立的市场销售部门

随着企业规模、业务范围的进一步扩大，以及顾客导向的营销观念的推广，原本作为附属工作的市场调研、营销研究、新产品开发、广告促销和顾客服务等市场营销职能越来越受到重视。于是，在销售职能的基础上逐渐形成相对独立的市场营销职能，并成立相对独立的职能部门，增设营销经理，与销售经理一样受总经理的领导，销售和市场营销是独立、平行的两个职能部门。独立的市场销售部门的基本结构如图 15-4 所示。

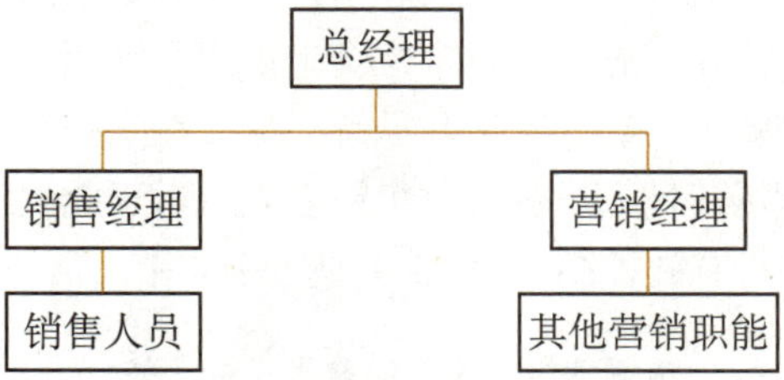

图 15-4 独立的市场销售部门

在具体工作中，两个职能部门需要密切配合。许多企业通常使用这种安排，它为企业总经理提供了全面分析企业面临的机遇与挑战的机会。例如，销售失败后，总经理向销售经理索要解决办法，销售经理常常会推荐雇用更多的业务员，增加销售费用，开展销售竞赛，或是降低成本以利于产品销售，而总经理从营销经理那里得到的答案可能与销售经理大相径庭。营销经理更多从消费者角度分析问题：企业的市场定位是否正确？

与竞争者相比，目标市场消费者怎么看待本企业的产品？产品的特点、风格、包装、服务、配送及促销手段如何？显然从这一角度分析比仅从促销的角度分析更有利于解决问题。

（四）现代市场营销部门

作为相对独立的两个职能部门，营销部门与销售部门在企业管理实践中常常出现协同不力的局面。销售经理趋向于短期行为，侧重根据当前的市场条件制定并执行计划；而营销经理趋向于长期效果，侧重把握市场机会并制定营销战略与规划，以满足长期市场需求。为了化解销售部门与营销部门可能出现的冲突，现代企业逐步优化营销组织，设置一名营销副总经理，管辖所有营销部门和销售部门，全权负责与企业市场营销相关的活动。现实中也有部分企业将与市场营销有关的职能活动分配给两个或更多部门（如市场部、销售部、客户服务部），但这些部门都由营销副总经理统一管理与协调。现代市场营销部门的基本结构如图 15–5 所示。

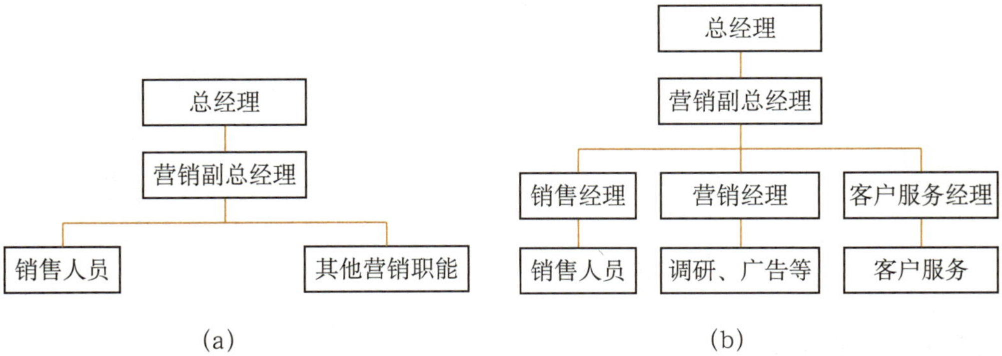

图 15–5　现代市场营销部门

需要注意的是，市场营销人员与销售人员属于两个截然不同的群体，尽管市场营销人员多来自销售人员，但还是不应该将他们混同，因为并不是所有的销售人员都能成为市场营销人员。事实上，这两种职业有本质上的区别。从专业性角度来说，市场营销人员的任务是确定市场机会，制定市场营销策略，计划、组织新产品的进入，确保销售活动达到预期目标；而销售人员则负责实施新产品进入和销售活动。如果两个职能部门的员工没有进行有效的沟通与协调，那么在实施过程中常常会出现两个问题：如果市场营销人员没有征求销售人员对市场机会和整个计划的看法和见解，那么在实施过程中可能会导致事与愿违的结果；如果在实施后市场营销人员没有收集销售人员对于此次活动的反馈，那么市场营销部门很难对整个计划进行有效控制。表 15–1 是市场营销人员与销售人员的比较。

表 15–1　　市场营销人员与销售人员的比较

	市场营销人员	销售人员
出发点	依赖市场调研确定目标市场，并进行市场细分	依赖直接经验了解不同的买主
主要工作	计划	面对面的促销
方向	着眼于长远发展	着眼于短期效益
目的	获得市场份额并赚取利润	促进销售

（五）现代营销型企业

一个企业有了上述现代市场营销部门，并不意味着它是现代市场营销企业。在发展过程中，企业其他部门并不重视市场营销，都强调各自工作及部门的重要性，形成多个中心。在这种情况下，企业很难成为现代市场营销企业。因此，只有当所有的管理人员都认识到企业各部门的工作都是以市场为导向，以服务为目的，“市场营销”不仅是一个部门名称而且是一个企业的经营哲学时，这样的企业才算是真正的现代营销型企业，如图 15–6 所示。

图 15–6　现代营销型企业

（六）以过程和结果为基础的公司

现在许多企业把它们的组织结构重新集中于关键过程而非营销部门管理。为了获得过程结果，企业不设置专职营销部门，而是根据市场营销的具体职能（如新产品开发、市场开发、市场推广、客户服务等），任命过程负责人或专职负责人，组建临时性跨职能小组，让销售人员和营销人员作为过程小组成员参与活动。以过程和结果为基础的公司如图 15–7 所示。

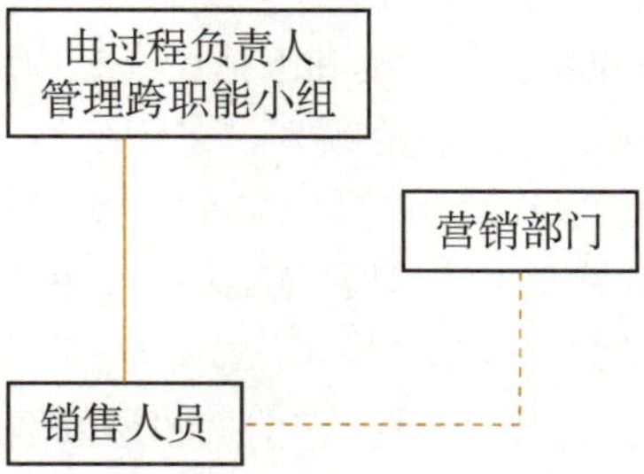

图 15–7　以过程和结果为基础的公司

三　市场营销组织的基本类型

（一）市场营销组织的基本模式及其演变

随着企业营销组织的演变，营销组织的类型也在不断发展和完善。基于营销组织设计的导向，营销组织可分为两种基本模式：生产导向模式和市场导向模式，如图 15–8 所示。

1. 生产导向模式

生产导向模式是一种传统的组织模式。首先，研发部确定开发新产品，并由设计部进行设计，然后由生产部按照设计要求与规定制造产品，最后由销售部将产品销售给顾客。在计划经济时代，这种模式在我国非常普遍，直到现在许多企业仍然沿用这种组织模式。营销部在这种组织结构中不受到其他管理者的重视，属于边缘化角色，不参与产品和技术的重大决策，生产部生产什么它们就销售什么。一般来讲，生产导向模式下生产出来的产品没有基于顾客需求，缺乏特色和市场竞争力，不被提倡。

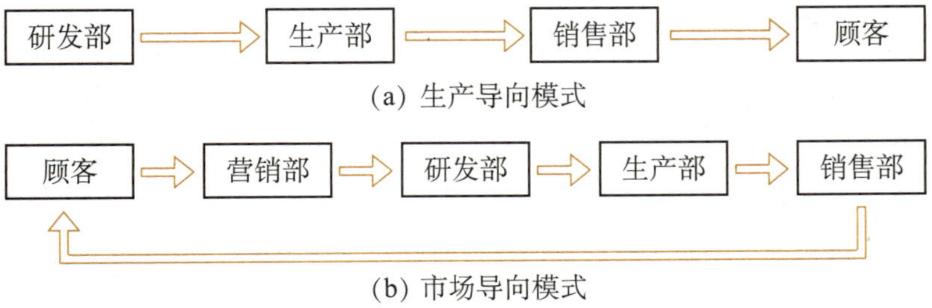

图 15-8　营销组织的两种基本模式

2. 市场导向模式

市场导向模式是一种现代的组织模式，它与传统的生产导向模式有着本质的区别。它把顾客需求作为组织经营、安排结构的出发点，以满足顾客需求和企业盈利为目标。在市场导向模式中，营销部具有主导性和主动性，它们通过对顾客、市场环境的了解构思新产品或提出原有产品的修改意见，然后生产部根据营销部提出的想法生产新产品或改善原有产品，最后通过销售部把产品传递给消费者。营销人员在销售过程中，主动了解和听取顾客意见，并将顾客的需求和意见反馈给负责产品改进的部门。所以市场导向模式是一个动态的、持续的、良性的循环过程。

3. 市场营销组织的演变

为了顺应市场环境变化和营销观念的转变，满足客户需求，许多公司的营销组织结构发生了转变，如图 15-9 所示。原来大部分营销组织结构都是“正三角”，看起来像金字塔，顾客位于金字塔底端，一线人员和中层管理者位于中间，高层管理者则位于塔顶，如图 15-9（a）所示。高层管理者确定目标和下达命令，中层管理者指导一线人员完成任务，最后由一线人员将商品或服务传递给顾客。在传统的“正三角”组织结构中，由于市场信息和决策权分离，一线人员往往掌握最准确、最及时的市场信息，但缺少决策权，而金字塔顶端的管理者虽拥有决策权，却远离市场。这种自下而上的信息反馈和自上而下的决策传递导致组织出现信息流不畅、协调成本高、市场反应慢等问题。许多精通营销的公司发现，顾客才是最终利润的关键。它们把图形颠倒过来如图 15-9（b）所示。在机构的顶部是顾客，其次是一线人员，他们拜访顾客、服务顾客和满足顾客。下面是中层管理者，他们支持一线人员，使其可以为顾客提供更好的服务。在底端的是高层管理者，他们的工作是支持中层管理者，进而支持一线人员。同时，图形的边缘增加顾客，这说明公司所有的管理者都需要了解顾客。

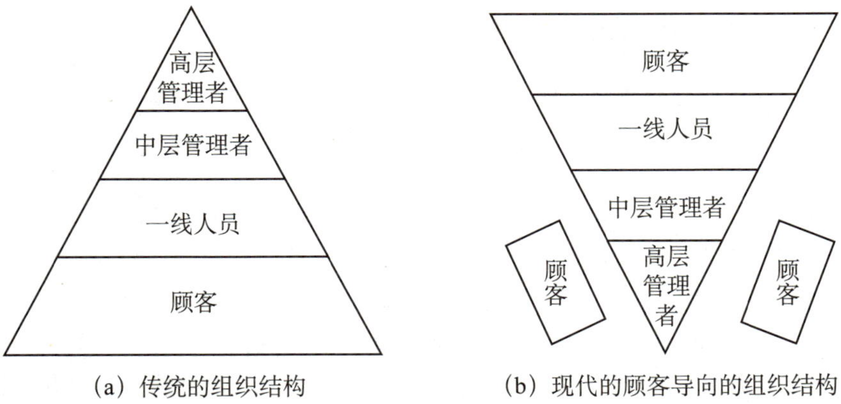

图 15-9　传统的组织结构与现代的顾客导向的组织结构

许多公司都认识到以顾客为中心的重要性，随时对顾客需求的各种变化做出反应。除了营销部门，其他部门如生产、财务、人事、采购等都接受了“顾客为王”这一观念。在这些组织内部，营销文化已经深深扎根于每个部门，这也进一步说明营销在公司中的地位发生巨大转变，如图 15-10 所示。最初，营销被看作与其他功能同样重要（图（a））；而后由于需求不足导致营销比其他功能更重要（图（b））；随后，许多营销者认为没有顾客就没有所谓的公司，所以营销被认为是中心功能，其他功能则被看作营销的支持性功能（图（c））；但是为了缓解与其他部门之间的矛盾，聪明的营销者把顾客而非营销置于公司的中心位置（图（d））；最后，一些营销者指出，一个以顾客为导向的企业，所有功能都必须致力于了解、服务和满足顾客，要正确有效地满足顾客的各种需求，营销仍需处于公司的中心位置（图（e））。

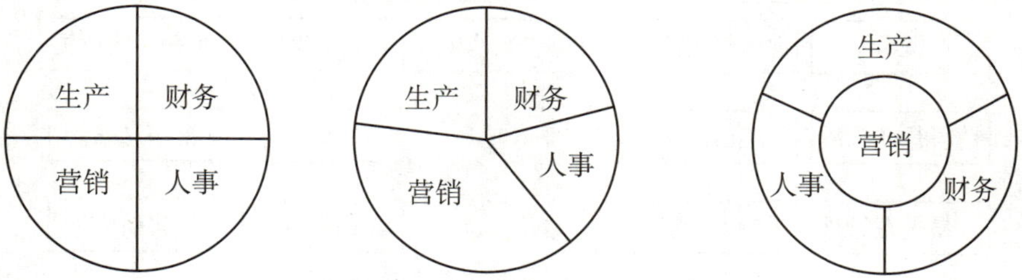

（a）营销作为一般功能　（b）营销作为比较重要的功能　（c）营销作为中心功能

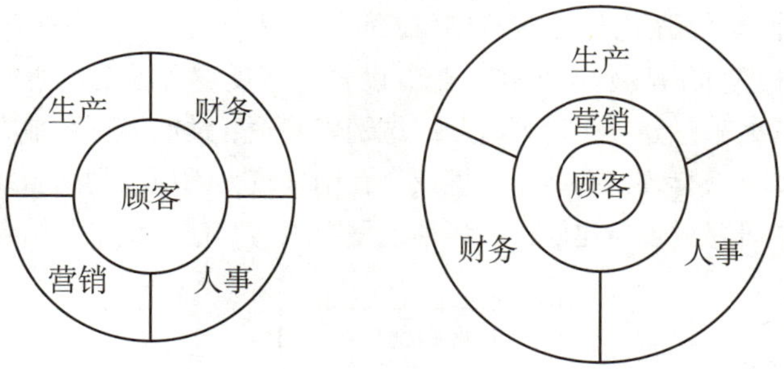

（d）顾客作为中心　（e）顾客和营销作为核心

图 15-10　营销在公司中地位的演变

（二）市场营销组织的具体类型

为了实现企业目标，领导者要根据企业自身的营销目标、业务特点、营销环境等因素选择适合的市场营销组织。大体上，市场营销组织可分为专业化组织和结构型组织两种。基于市场营销活动的四个基本方面（功能、区域、产品和市场），专业化组织可分为职能型组织、地区型组织、产品（品牌）型组织和市场（顾客）管理型组织。

1. 专业化组织结构

（1）职能型市场营销组织。职能型市场营销组织是最常见、最传统的营销组织形式，如图 15-11 所示。这类组织在市场营销副总经理的统一管理和协调下，由市场调研、产品开发、营销策划、市场推广、物流管理等多个领域的市场营销人员共同组成，他们直接对市场营销副总经理负责。组织把销售职能当作市场营销的重点，广告与沟通、产品管理、营销和销售研究职能处于次要位置。当企业生产一种或几种产品，或产品的营销方式大体相同时，鉴于部门设置简单、责任分工明确、易于管理等特点，按照营销职能设置组织结构比较有效。但随着产品品种的增加和市场逐步扩大，这类组织的缺陷日益突出，如由于缺少相应机制没办法保证一个人对某一种产品负责到底，某些产品或市场计划不够完善，那些未受到重视的产品或市场容易被忽略；同时，各职能部门都强调自身的重要性，以获取更多的预算和决策权，这使得各职能部门容易产生利益冲突，加大了市场营销副总经理协调的难度。

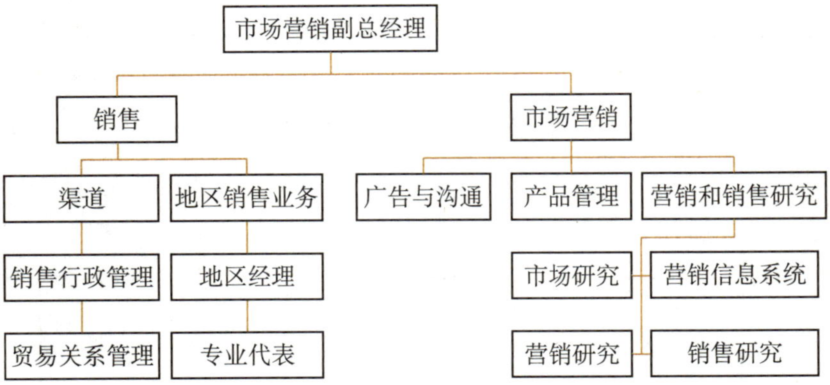

图 15-11 职能型市场营销组织

（2）地区型市场营销组织。当业务范围扩大至全国或更大的地域范围时，企业往往选择按照地理区域设置其营销组织（如图 15-12 所示），即根据企业要进入的不同地区来管理销售队伍并开展相应的市场营销工作。企业设置一名负责全国销售业务的市场经理，然后按照地理区域范围大小，分层次设置若干区域销售经理、地区经理和地方销售经理。为了使整个市场营销活动更为有效，有些企业不仅会在销量较大的地区聘请当地市场专家，由他们提供对当地市场的研究报告与建议，还将地区型组织与其他类型组织结合起来使用。

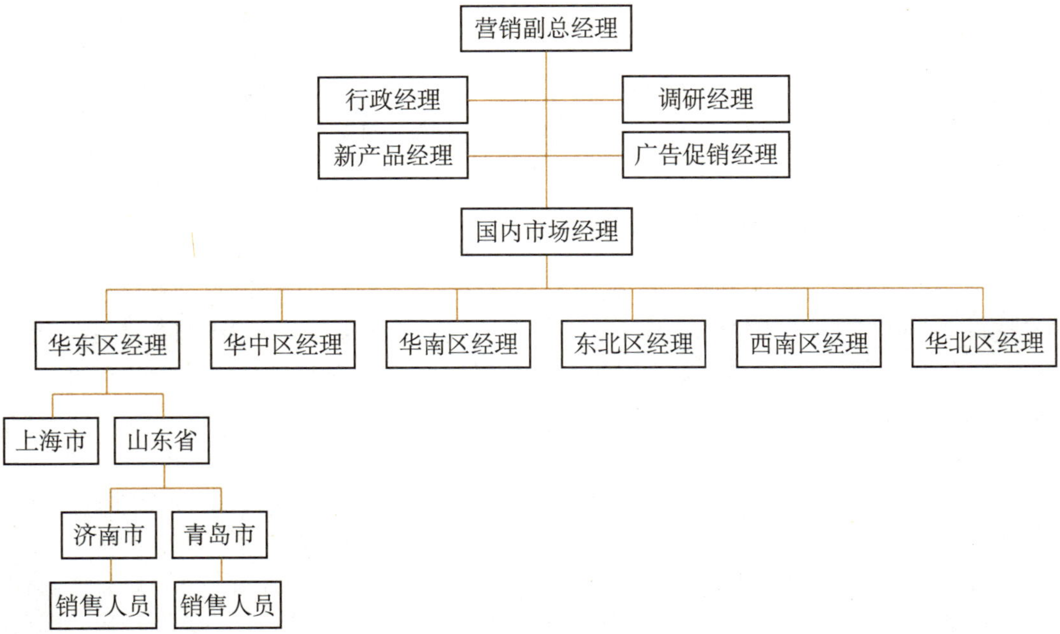

图 15-12 地区型市场营销组织

地区型市场营销组织的优势在于，销售人员可以根据各地区的顾客需求、竞争环境制定具有针对性的市场营销策略，对市场信息迅速做出反应，对营销工作进行调整。

（3）产品（品牌）型市场营销组织。产品（品牌）型市场营销组织是指在企业内部建立产品经理组织制度，以协调职能型组织中的部门冲突。对于生产多种产品或拥有多种品牌且产品之间差别较大的企业，在按职能设置的市场营销组织无法处理的情况下，可制定产品经理组织制度，组建产品（品牌）型市场营销组织。具体的组建方式是：由一名产品市场营销经理负责，下设几个产品大类经理，产品大类经理之下再设几个具体产品项目营销经理（见图 15-13）。

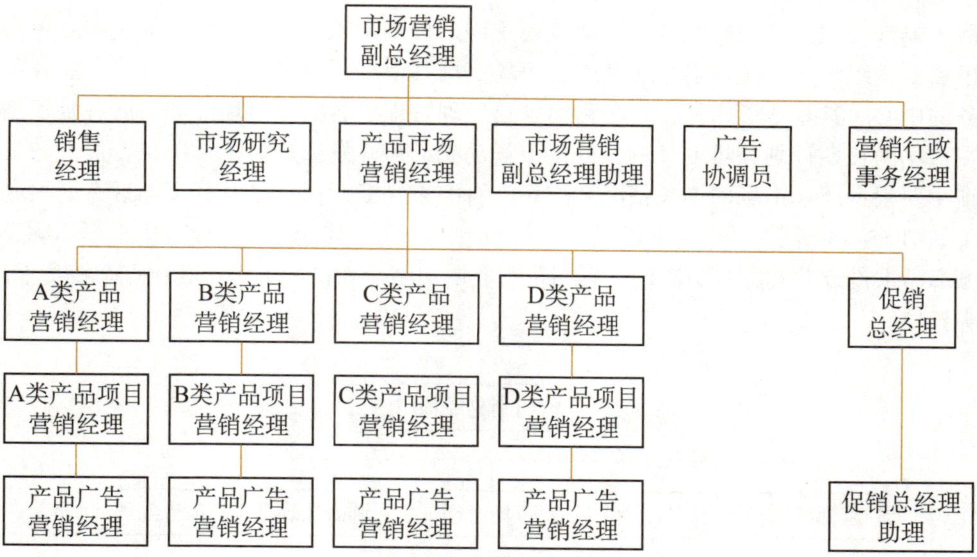

图 15-13　产品（品牌）型市场营销组织

产品市场营销经理的职责是制定产品开发计划，实施计划，管控其结果并采取改进措施。具体职责体现在六个方面：

- 制定产品的长期经营战略和竞争战略；
- 制定年度销售计划，进行销售预测；
- 与广告商、经销代理商共同设计广告文案和促销方案；
- 激发销售人员和分销商对产品的兴趣；
- 收集产品的市场信息，进行统计分析；
- 基于市场动态需求不断改进产品，开发新产品。

产品型组织形式的优点有：产品（品牌）经理对负责的某一产品进行有针对性的过程管理，及时反馈市场信息；企业的全部产品（品牌）都有固定的管理人员，同时能够有效协调各种市场营销职能；那些较小品牌的产品不容易被产品经理忽视；为产品（品牌）经理提供了一个全面提升营销管理能力的平台。

这种组织形式的缺点有：

- 部门冲突：产品（品牌）经理往往会因为授权不足而对各营销职能部门形成依赖，为了有效履行职责，他们必须靠劝说的方法取得广告部门、销售部门、生产部门和其他部门的配合和支持。
- 缺乏整体观念：由于产品（品牌）经理负责一个品牌，业务重点在市场推广和销售上，因此他们难以熟悉企业其他产品或营销职能，综合能力与宏观视野受到影响。此外，由于各个产品（品牌）经理相互独立，为了保持自己负责的产品（品牌）不被淘汰，他们之间往往会产生利益冲突。

• 权责划分不清：在产品型组织中存在多头领导，下级可能从多方面获得指令。例如，产品广告经理在制定广告策略时接受产品营销经理的指导，而在预算和媒体选择上受制于广告协调者。

• 持续性差：部分产品（品牌）经理任职期限较短，这会影响产品（品牌）市场推广的连续性、长期性，对于建立产品（品牌）优势不利，也可能导致组织运作成本较高。

（4）市场（顾客）管理型市场营销组织。当企业拥有单一的产品大类，面对具有不同需求偏好与购买行为的顾客，以及使用不同的分销渠道时，可组建市场（顾客）管理型市场营销组织。目前许多企业都围绕市场安排其市场营销机构，使其成为企业各部门服务的中心。其基本形式是：一名营销副总经理管理多名细分市场经理，后者负责制定所在市场的长期计划和年度计划，分析市场动态，为开发新产品提供信息。他们的工作业绩主要根据所在市场的增长情况和市场占有率来判断，而不是看其市场现有的盈利状况（如图 15–14 所示）。市场型组织与产品型组织相同，其优点是企业可以根据不同类型的顾客需求设计并实施营销活动，有利于企业增加销量和扩大市场；其缺点是权责不清，多头领导。

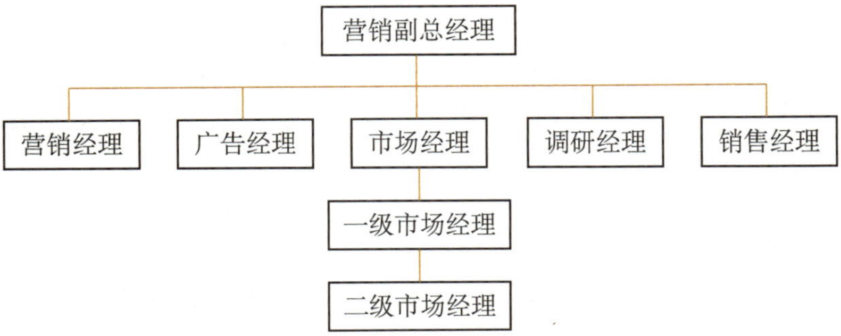

图 15–14　市场（顾客）管理型市场营销组织

2. 结构型组织结构

专业化组织从不同角度确立了市场营销组织中各个职位的形态。基于各企业不同的目标、战略、市场、竞争环境和资源条件，可以建立不同类型的组织结构。

（1）金字塔型。金字塔是一种最为传统和常见的组织结构形式，自上而下建立垂直的领导关系，管理幅度逐步加宽，下级受上级的领导，直接对上级负责。一般来说，按专业职能划分的组织结构都是金字塔型。其特点是上下级权责分明，沟通迅速，管理效率较高。但是每个员工的权责范围有限，缺乏对总体市场营销状况的系统性思考，不利于员工的晋升。

（2）矩阵型。矩阵型组织是职能型组织与产品型组织相结合的产物，在垂直领导系统的基础上，又建立一种横向的领导系统，两者结合起来组成一个矩阵（如图 15–15 所示），市场经理负责开发市场，产品经理负责销售。例如，某公司设有主管产品 1、产品 2 和产品 3 等产品的产品经理，同时设有市场 1、市场 2、市场 3 和市场 4 等细分市场的市场经理。产品经理负责制定销售计划与营销计划，并征求市场经理对产品价格的意见。

同时，市场经理向产品经理了解产品的供应状况、价格并制定市场推广计划。市场经理对市场销售的预期应与产品经理保持一致，以便推进计划的实施。

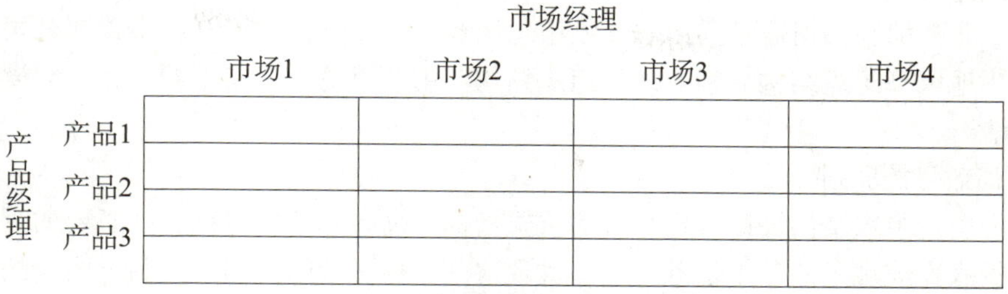

图 15–15　矩阵型组织结构

在营销管理实践中，矩阵型组织的产生大体分两种情形：

第一，企业基于跨部门任务，从各职能部门抽调人员组成由经理领导的工作组来执行任务，小组成员要受到本部门和小组负责人的双重领导。任务结束后，任务小组撤销，小组成员回到各自岗位。这种临时性的矩阵型组织又叫小组制或团队制。

第二，企业要求个人对维持某个产品或品牌的利润负责，把产品经理的位置从职能部门中分离出来并固定化。同时，由于经济和技术因素的影响，产品经理还要借助各职能部门实施管理，这样就构成了矩阵。

矩阵型组织有利于加强企业内各部门间的协作，可以将各部门人员和专业人员有效地组织起来，极大地提高工作效率；但是管理成本高，市场经理和产品经理之间如果沟通不畅容易导致产品推广受阻，双重领导、过于分权化、稳定性差会抵消一部分效率。

（3）事业部型。随着经营规模的扩大，企业常把各大产品部门升格为独立的事业部。事业部下再设自己的职能部门和服务部门，包括完整的市场营销职能部门，进行全面的市场营销活动。企业营销职能全部下放给各个事业部，各事业部获得较大的自主权，有积极性根据产品和市场需求设立不同规模的职能部门。一般来讲，实施事业部制的企业总部只保留重要的、统领全局的营销活动和营销服务，重在对各事业部的营销部门实施战略性控制。

进入 21 世纪，科技的进步、激烈的全球竞争、客户购买经验日益丰富、服务性企业迅速发展，使得企业在选择营销组织模式时面临巨大的挑战。为了适应这些变化，企业在选择营销组织模式时应考虑两大因素：企业内部因素（企业经营战略、经营规模、技术条件、产品和经营复杂程度）和企业外部因素（顾客状况、市场状况、竞争对手和地理位置）。基于对两种因素的综合考虑，企业可以选出最合适的营销组织模式。

四　市场营销组织的设计

（一）市场营销组织设计的原则

完善的市场营销组织结构，是企业营销战略得以贯彻执行的组织保证，以物化的形式体现企业的发展战略、产品组合形式、市场覆盖和营销理念。企业在设计营销组织时需要遵循一定的基本原则，包括战略主导原则、高效可控原则和整体协调原则。

1. 战略主导原则

战略主导原则是指企业营销组织的设计以企业发展战略为主导，即企业发展战略决定着企业的组织结构。例如，单一业务企业和多元业务企业就会设计不同的营销组织结构。单一业务的小公司通常采用职能型组织结构，而多元化或拥有许多跨国公司的大企业会使用地区型组织结构或事业部型组织结构。由此可见，战略不同，企业会设计不同的组织结构。

2. 高效可控原则

作为衡量组织结构设计合理与否的重要指标，高效的营销组织会在必要的时间内以最小的投入完成规定的各项任务。为了实现这一目标，营销部门必须制定明确的规章制度，保证每位员工权责分明、各司其职，减少管理漏洞和人员矛盾；同时，建立畅通的内外部信息沟通渠道，为高效完成各项组织任务提供保证。

3. 整体协调原则

整体协调原则是指营销组织协调各种关系，如营销部门与外部环境的关系、营销部门与企业内其他职能部门的关系以及营销部门不同管理人员之间的关系。许多企业建立了以顾客为中心的管理型营销组织，积极处理和协调企业与顾客的关系，为顾客创造价值、满足顾客需求。为了保证企业整体目标的实现，营销部门与企业其他部门也需要相互协调，如在营销部门完成消费者市场的评估后，研发部门基于市场需求设计、研发适销对路的产品，生产部门负责产品的生产，财务部门负责对资金进行分配、管理、监督和核算，而人力资源部门通过人力资源的开发和使用，帮助企业实现战略目标。由此可见，所有职能部门都以“满足顾客”这一原则为中心，在营销部门的主导下，主动协调各职能部门的活动，使企业发展战略顺利实施。此外，营销部门需要协调内部不同岗位的人员，充分调动其积极性，使其执行不同职能，如市场调研、分销产品、广告宣传等。每个人的创造力都可能会影响营销部门的活力和适应环境的能力。只有各岗位人员之间相互协调，企业的营销管理才会富有弹性和灵活性。

（二）市场营销组织的设计步骤

设计与发展营销组织是每一位营销经理的根本任务之一。营销经理在行使营销管理职能之前，需要对组织进行规划，确定组织结构和人员配备等。在大多数情况下，组织结构并不是固定不变的。为了适应营销管理、提高效率，市场营销者需要根据企业自身的发展与外部环境的变化不断地对组织结构进行调整。近几年，基于产品需求、购买类型、竞争对手行为和政府政策等因素，许多公司都改变了原有的市场营销组织。简而言之，企业营销组织的设计和发展大体遵循六个步骤：分析组织环境（包括市场状况和竞争者状况）、确定组织内部活动、设立组织职位（包括职位类型、职位层次、职位数量）、设计组织结构、配备组织人员、评估和调整组织（如图 15-16 所示）。下面主要讨论设计市场营销组织的一般程序。

1. 分析组织环境

任何一个市场营销组织都是在不断变化的社会经济环境中运作的，受相关因素的影响和制约。企业外部因素是不可控制的（如政治、经济、社会、文化和科技等），营销组织为了更有效和高效地发挥作用，必须随着外部环境的变化不断地对营销组织结构进行调整。其中，对营销组织产生显著影响的外部因素主要是市场状况和竞争者状况。此外，营销组织作为企业的一部分，也会受到企业内部因素的影响。

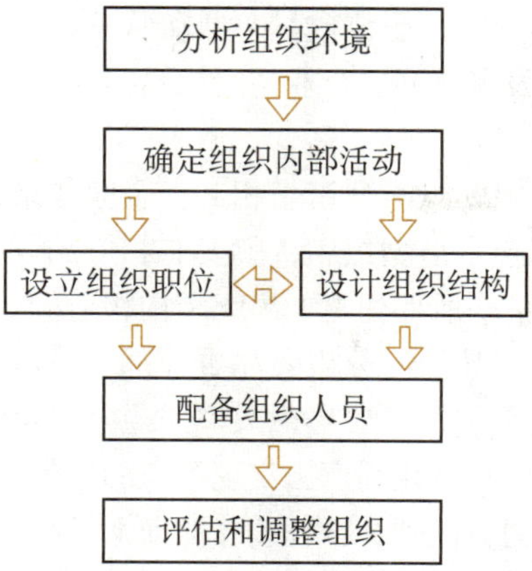

图 15-16　市场营销组织的设计步骤

（1）企业外部因素。第一，市场状况。首先是市场的稳定程度。对于某些市场来说，如食品和工业原料市场，在较长一段时间内，消费者购买行为、销售渠道、产品供应等变化不大，因此这些市场比较稳定；而对另一些市场来说，例如儿童玩具和女性流行用品，由于产品生命周期较短，技术和消费需求变化快，所以，这些市场多变而不稳定。不难理解，市场越不稳定，营销组织就越需要改变，随着市场变化及时调整内部结构和资源配置方式。其次是产品生命周期。通常产品周期可分为四个阶段，即导入期、成长期、成熟期和衰退期。在产品生命周期的不同阶段，企业的营销战略和营销组织要进行相应的调整和改变。最后是购买行为类型。基于不同类型的购买者对产品及服务的要求和侧重点，企业需采用不同的推销方式，同时，企业也要根据顾客的购买量、采购方式以及顾客的地理区域分布改变营销组织模式。

第二，竞争者状况。营销组织必须从两个方面来应对竞争者：了解谁是竞争者；如何对竞争者行为做出反应。企业通过搜集竞争对手的情报不断改变和调整营销组织结构，以应对外部竞争者。

第三，地理位置。它直接影响企业的市场布局。同时，距离远、运费高、与顾客沟通不便和运输受限制等因素，也影响着企业营销组织模式的选择。

（2）企业内部因素。影响营销组织模式的内部因素主要包括：企业经营战略、经营规模、技术条件、产品和经营的复杂程度、高层管理者的营销理念等。此外，企业发展存在一定的周期性，在企业不同的发展阶段有不同的组织结构。

2. 确定组织内部活动

营销组织内部的活动主要有两种类型：职能性活动（营销组织的各个部门）和管理性活动（管理任务中的计划、协调和控制等方面）。企业通常在分析市场机会的基础上制定营销战略，然后再确定相应的营销活动和组织的专业化类型。不过，在实践中由于企业的营销战略可能被现有的组织结构所限制，可能导致上述逻辑行不通，新战略执行困难重重。

3. 设立组织职位

企业在设立组织职位时需考虑三个因素，即职位类型、职位层次和职位数量。其一，职位类型。每个职位的设立都必须与营销组织的需求及其内部条件相吻合，因此职位类型有很多不同的分法，如领导型和参谋型、专业性和协调型、临时型和永久型。其二，职位层次，即每个职位在组织中地位的高低。在设置营销职位时，要明确说明每一个职位的直接领导和下属关系。其三，职位数量，即在营销组织中设立职位的数量。在设定营销职位数量时需考虑企业发展战略、企业的组织结构和营销职位的层次等因素。

4. 设计组织结构

组织结构的设计和选择同职位类型密切相关。企业如果采用矩阵型组织，就要设立大量协调性职位；如果采用金字塔型组织，就要有相应的职能性职位。因此，设计组织结构的首要问题是使各个职位与所要建立的组织结构相适应。

从这个意义上讲，对组织结构的分析要注重外部环境因素，强调组织的有效性。但营销经理总是希望节约成本费用，还要考虑效率。通常，组织的效率表现为以较少的人员和上下隶属关系以及较高的专业化程度去实现组织的目标。这取决于两个因素：

（1）分权化程度，即权力分散到什么程度才能使上下级之间更好地沟通。

（2）管理宽度，即每一个上级所能控制的下级人数。人们普遍认为，假设每一个职员都是称职的，那么，分权化程度越高，管理宽度越大，组织效率也就越高。如果一支 20 人的销售队伍仅由 1~2 名经理来控制，那么，这支队伍就有较大的决策自主权，可能会取得较好的销售效果。

此外，营销组织总是随着市场和企业目标的变化而变化，所以，设计组织结构要立足于将来，为未来组织结构的调整留下较大的余地。

5. 配备组织人员

营销职位和组织结构确定后，需要为每个职位配置人员。配置人员的第一步是招聘与选拔营销人员。为此，企业的招聘人员需要进行工作分析，准备工作描述，发现符合条件的潜在人员，从中筛选出合适的人员进行面试。第二步是在录取员工之后对他们进行岗前培训，使其了解企业文化、企业发展战略、企业作业规范和工作流程以及岗位的责任和权力。岗位培训一般包括系统性学习以及在职经验积累，以全面提高销售人员的素质。新员工接受培训之后就可以上岗工作。营销部门的工作由此走向正轨，开始正常运转。

此外，在企业的营销活动中，一些临时性营销组织的人员配置也需要重视。临时性营销组织往往是企业为完成某项特殊任务而成立的，成员多从其他部门抽调。要使这种临时团队有效发挥作用，企业必须使临时性营销组织的成员与其他成员相互协调。比如，由组织下层的人员作为领导来管理由组织高层的成员构成的团队就行不通。因此，即使是一个临时性营销组织，也要进行合理的人员配置。

值得注意的是，在分析市场营销组织的人员配备时，必须考虑两种组织情况，即新组织和再造组织。相比较而言，再造组织的人员配备要比新组织的人员配备更为复杂和困难。一方面，人们总是不愿意让原组织发生变化，他们视再造组织所提供的职位和工作是一种威胁；另一方面，企业解雇或招聘新员工也并非易事。因此，企业在进行营销组织结构调整时，要考虑到社会安定和员工个人生活等因素，不要轻易裁员。

6. 评估和调整组织

如何对营销组织进行评价？总体上可以从效率和效果两个方面进行考察。从组织角度来讲，企业内部的专业化和程序化可以提高营销效率，而效果则是实际结果对预期结果的实现程度。在实际操作中，有些组织试图不断进行革新，侧重于效率的提高，而有些组织更愿意保持原有的效果。

没有尽善尽美的组织，总会存在不同程度的摩擦和不协调。如果营销组织存在某种缺陷，如管理宽度过大、层级过多、决策缓慢，在运作过程中就容易引发较大的冲突。因此，在组建营销组织之初，市场营销经理要经常进行检查、监督和控制，并及时加以调整，使组织不断得到发展。通常，市场营销管理者需要注意以下几个方面：

（1）外部环境的变化，包括商业周期的变化、竞争的加剧、新技术的出现、政府法规和政策的调整等。

（2）组织主管人员的变动。新的主管人员可能采用与原来的主管完全不一样的管理思想和管理方法。

小贴士15-1　“我的太阳”——苹果公司的组织构架演变历史

（3）改组是为了证明现有组织结构的缺陷，如组织本身存在的弱点。

（4）组织内部管理人员之间的矛盾也可以通过改组来解决。一些营销组织运转时间较长，可能会变得呆板、僵化和缺乏效率，企业为了保持活力，需要适当地、经常地对组织结构加以调整。

五　互联网时代的新组织

进入互联网经济时代，为了应对市场环境的变化，企业建立的营销组织必须进行相应的变革。与传统的营销组织设计思路不同，互联网环境下的营销组织必须具有快速反应、沟通顺畅、内外协调的特点，进行动态的结构设计。一般可供选择的适应互联网时代趋势的营销组织创新的方法主要有：

（1）改变传统的金字塔形营销组织，减少中层管理人员，构建基于信息技术的网络化、扁平化、平台化的组织结构，增加营销组织的灵活性和开放性；

（2）建立以顾客价值为中心的营销组织，鼓励顾客参与研发、设计、生产和营销的全价值链环节；

（3）加强营销组织的横向沟通，特别是与其他职能部门的协同；

（4）对顾客和企业整体目标负责，以群体和协作优势解决具体的营销问题；

（5）构建学习型营销组织，保持组织创造力、开放性和知识共享，形成“学习—持续改进—共享—建立营销优势”的良性循环。

一些典型的互联网时代的新组织形式如下，它们对营销组织创新具有重要的意义。

（一）平台型组织

平台型组织（platform organization）是互联网时代组织发展的大趋势。平台型组织主要利用互联网的开放性、连通性，解决企业经营内容有限、企业边界难以突破和延伸的问题，从而吸收更多的资源和动力。平台型组织的出现在一定程度上打破了“企业边界”的宿命，使初创企业具有一定的后发优势，实现跨越式的发展，最终脱颖而出，重新划分市场份额甚至重新界定行业标准。BAT（百度、阿里巴巴、腾讯）三大互联网巨头都是这种平台型组织，它们分别围绕搜索引擎、电子商务、社交媒体建设了互利共赢的平台，承载了无数企业用户和个人用户或者买方和卖方，并且不断地跨界、多元化经营，在金融、科技创新、教育、文化等行业实现了迅速扩张。

现在商业的竞争已经不再局限于单个企业之间的竞争，而是平台与平台的竞争，而平台化的生态圈无疑具有更强大的竞争力。平台型组织是对传统组织形态的扬弃，是适用于互联网时代的灵活高效的组织形式。处在互联网大潮中的众多企业要拥有平台化的思维，基于互联网进行转型，保留核心竞争力，利用外包、众包形成网络化组织，打造相辅相成的平台生态圈，塑造富有凝聚力的组织文化。

（二）大众生产组织

大众生产是互联网社会中最有意义的组织创新。伴随着互联网技术进入以用户交互为主要特征的 Web 2.0 时代，世界各地的志愿者开始在互联网上通过信息和技术的交流进行知识产品的协作生产，由此诞生了一种新的组织模式，班克勒将其称为**“大众生产”**（peer production）。Linux 计算机操作系统、维基百科、百度百科等都是在这种模式下高效产出的知识产品。宝洁公司每年约 35％的新产品创新思路和技术来自 InnoCentive 等网站的用户。国内类似的网站有猪八戒、任务中国等。除了第三方公共平台，许多世界知名公司也开设专属的网站邀请消费者和其他外部人员为公司提供产品创新思路和设计，如星巴克的 My Starbucks Idea 网站、戴尔公司的 Ideastorm、宝洁公司的 Connect+Develop。国内的海尔、腾讯等企业也在进行探索。

在网络社会中，消费者大众已经拥有了前所未有的知识与技能，在用户社区中通过自组织和大规模协作参与产品与知识的创造过程，消费者和生产者之间的界限开始变得模糊。企业内外部组织形式也呈现出网络化的发展趋势，企业将原本需要花钱雇用他人完成的工作众包给大众，以更低的成本创造更高的产品价值。运用大众生产组织能够提升企业的商业模式、创新模式和组织模式。

小贴士 15-2 大众生产组织模式的优势

大众生产组织模式是基于虚拟社区的自组织模式，它的优势主要体现在以下几个方面：

其一，人员与任务更好的匹配。大众生产的参与者都是自发的，不存在命令指派或任务分配，因此参与者可以根据自己的兴趣和特长自行选择任务，避免了因为人与任务匹配不当带来的损失。

其二，人员能够更有效地使用组织的资源。大众生产网络不像公司和市场需要用契约和产权来设定资源边界，网上资源的边界不受限定，参与者可以根据需要自行选取和使用资源，人员与资源的匹配得以优化。

其三，大众生产具有合作创新和集体智慧的比较优势。企业内部的人力和智力资本是有限的，而消费者个人和群体在传统组织之外的能力增长却是前所未有的。通过互联网，普通消费者拥有参与企业价值创造所需要的知识、技能和学习能力，在虚拟社区中能够便捷地沟通、合作，形成超越企业内部研发人员才智的集体智慧。

（三）虚拟组织

虚拟组织（virtual organization）又称为网络型组织，即一群地位平等的“节点”依靠共同目标或兴趣自发聚集起来的组织。网络型组织只有一个很小的中心组织，通过签订合同将制造、分销、营销或其他关键业务外包给其他组织，而中心组织集中精力于自己最擅长的事情，整个企业是无形的、无边界的。通过组建虚拟组织可以实现真正的全球化，在全球范围内获取资源，实现质量或价格的最优化，并通过下级承包商在全球范围内销售产品与服务。虚拟组织还可以帮助新组建的公司或小公司开发新产品、新服务并迅速投入销售，而无须在工厂、设备、仓库或分销设施等方面进行大量投资，也不需要聘请大量专业人员和管理人员，从而减少行政费用的支出。同时，虚拟组织灵活、反应迅速，能够根据需求的变化配置资源，为顾客提供较好的服务。

在营销环境剧烈变化和竞争压力日益增大的情况下，许多企业创建网络组织结构，如耐克就是一个虚拟营销的典范。在组织上它突破有形界限，是一个既无生产车间又无销售网络的企业，只拥有具有核心竞争力的运动设计部门和营销部门，生产和销售全部虚拟化，通过外部组织来完成。简单而言，企业将有限的资源集中在附加值高的功能上，而将附加值低的功能虚拟化。

随着社交媒体的发展，基于社交媒体、网络论坛的**虚拟社区**（virtual communities）蓬勃兴起，成为虚拟组织新的表现形式。虚拟社区也称为虚拟社群，由具有共同兴趣、认知的群体在互联网上集聚形成，成为推动互联网经济发展的重要社会力量。由于这些群体具有共同特征，在社区中信息传播十分快捷，因此成为网络营销的目标市场，成为决定产品口碑和营销效果的主战场。许多企业把建设虚拟社区作为开展网络营销的基础工作，在互联网和社交媒体上建立自己的虚拟品牌社区，在社区中传播企业信息，与顾客建立良好的互动关系。

（四）战略联盟

战略联盟（strategic alliance）是指两个或两个以上的企业为了抓住战略机会或达成共同的战略目标，通过各种协议、契约而形成的优势互补、资源共享、风险共担、生产要素双向或多向流动的一种松散的合作组织。顺应变化的市场环境和减少交易成本是营销联盟产生的两大根本原因。具体来说，一方面，市场环境以竞争白热化、信息网络化、技术快变化、需求个性化为主要特征，企业必须使其营销组织具有开放式结构，与消费者、供应商和销售商息息相通，形成利益联盟体。为了适应市场环境，企业必须改变传统的组织结构，借助信息技术和互联网，营销组织结构呈现出扁平化、柔性化和网络化的趋势。另一方面，在市场交易中由于重复交易、市场风险、技术条件等因素的限制，交易费用高且市场效率低，而战略联盟通过建立双方都遵守的规则来建立信任，以减少搜寻、谈判、签约、执行等过程中不必要的交易费用。营销联盟通过设定双方都需要遵守的规则，避免重复交易，节省管理费用，同时便于企业控制营销渠道，减少渠道冲突，也有利于企业获得协同效应，节省销售费用。营销联盟主要有促销联盟、渠道联盟、价格联盟、物流联盟、特许连锁等形式。

从联盟对象来看，营销联盟可以分为纵向、横向和交叉三种类型。纵向营销联盟表现为企业与供应商和购物者结成的战略联盟，其中企业与其供应商结成的联盟又称为反向联盟，如宝洁与沃尔玛的联盟；横向营销联盟为企业与同业竞争者、替代品生产者和潜在进入者结成的联盟，如房地产联盟；交叉营销战略联盟则是横向和纵向营销战略联盟的混合，如微软与英特尔组成的 wintel 联盟。值得一提的是，1966 年艾德勒（Adler）提到共生营销理论，即通过与水平方向相关或者不相关的企业建立营销联盟来达到企业自身和联盟的目标，共同开拓营销机会。共生营销作为横向的营销联盟方式之所以越来越受到国内外企业的重视，是因为它以顾客价值为导向构建企业核心能力，倡导把顾客利益放在首位，在实现顾客受益和顾客满意的同时也使企业受益，达到顾客与企业双赢。例如，2016 年 4 月 7 日王老吉开启“超吉 +”4.0 共生营销新时代，与大数据公司、游戏商、阿里巴巴携手建立以用户为中心，企业与企业、企业与平台的共生营销系统，打造凉茶超级生态圈。

（五）学习型组织

学习型组织（learning organization）是美国学者彼得 · 圣吉在《第五项修炼》一书中

提到的管理理念，是指通过培养整个组织的学习氛围和学习文化，促使组织中的每个成员不断学习，发挥创造力，以不断改进管理、技术及服务，从而使组织获得持续的竞争优势。随着科技时代的迅速发展以及知识经济时代的来临，逐渐把人作为发展的中心，为了使个人和团队跟上时代的步伐，需要建立学习型组织。学习型组织的特点主要有：组织成员拥有一个共同的愿景；团队是最基本的学习单位；强调终身学习、全员学习、团队学习、全过程学习；组织要不断求新求变；具有扁平的组织结构，缩短了管理者与个人之间的距离，消除了个人与个人、部门与部门之间的界限。

基于这种思维，建立学习型营销组织首先要对营销理念有正确的把握，运用现代营销学对个体的营销理念进行重塑，以达到个体心智模式的再造，形成一种顾客至上、服务为本的思想；其次，营销人员不仅要重视个人学习，更要重视团队学习，与其他部门相互配合，实现企业营销战略，满足顾客需求，实现组织盈利；再次，企业营销的首要任务不是满足需求而是创造顾客、创造市场，而任务的实现需要员工和组织不断创新和自我超越；最后，制定具有前瞻性的市场营销战略规划，在共同愿景的引导下，大家共同努力、追求卓越。

小贴士 15-3 阿米巴组织

阿米巴又称为阿米巴经营管理模式，是指以各个阿米巴的领导为核心，让其自行制定计划并依靠全体成员的智慧和努力来完成目标。这种管理模式的核心是让一线员工成为主角，实现全员参与经营，人人都成为经营者。阿米巴的原意为变形虫，其最大特点是可以随着外部环境而变化以不断适应所面临的生存环境。同样，企业构建阿米巴组织使其随着外部环境的变化而不断变形，调整状态，成为适应市场变化的灵活组织。阿米巴经营模式的本质是量化分权，在运行推广时要遵循由上到下、由大到小、分层逐步推进的规律。

阿米巴模式最早由稻盛和夫提出，他将他所管理的京瓷公司分解为一个个阿米巴组织，还形成了一套以阿米巴小组为单位的独立核算体制。每个阿米巴就像一个小企业，阿米巴的领导者也就是经营者，需要考虑销售额、成本和利润。由于利润中心下沉，最大限度地释放员工的现场创造力，人人都成为经营者。在京瓷公司常常出现这样的现象，为完成一个项目，公司里三五个人、二三十个人，甚至 100 多个人，组成一个阿米巴项目组。通过单位时间核算公式，使各个部门、各小组，甚至某个人的经营业绩变得清晰透明。这个阿米巴项目组往往是独立开发、落实生产，再交付客户。我国海尔公司提出的“员工创客化”，以及美国、德国等国家的企业和研究者提出的企业内创业也都是阿米巴组织的体现。

第 2 节　营销执行

一　营销执行的含义

营销执行（marketing implementation）是指将营销计划转化为行动和任务的部署，并对计划实施的全过程进行实时的评估、调整和控制，以实现市场营销计划所制定的目标。分析市场营销环境，制定营销战略和营销计划是为了解决企业市场营销活动应该“做什么”、“在哪里做”和“为什么做”的问题，而营销执行则要解决“谁去做”、“何时做”和“怎么做”的问题，如图 15-18 所示。

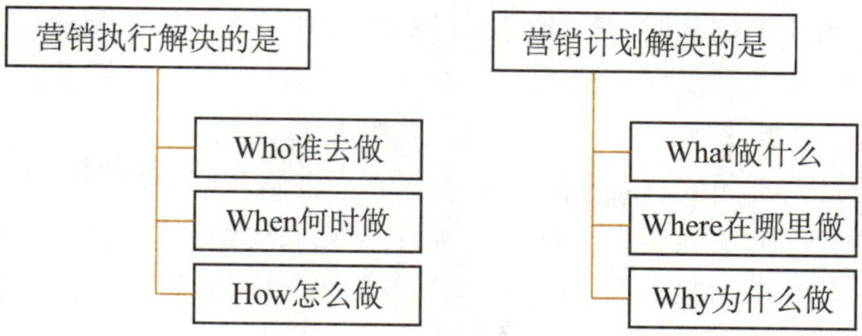

图 15-18　营销执行示意图

营销执行力是指营销人员完成营销流程、实现企业营销目标的速度和程度，或者营销计划的落实程度。营销执行力主要体现为营销人员在营销流程中如何将企业营销计划具体化、方案化，最终表现为营销结果是否符合企业发展目标。简而言之，营销执行力就是将营销战略和计划转化为实际行动的能力。由于营销执行力是营销战略成功的关键和实现高绩效的必要条件，所以如何提升企业的营销执行力显得尤为重要。它不局限于执行环节，还涉及组织、流程、绩效考评与领导力等各个方面。因此营销执行离不开科学的结构、流程和机制设计。

二　营销执行的过程

（一）制定行动方案

为了有效地实施市场营销战略和计划，必须制定详细的行动方案。方案应该明确市场营销战略实施的关键决策和任务。在执行过程中，应将这些决策和任务的责任落实到每个人或小组。另外，行动方案还应包含具体的时间表，定出行动的确切时间。

（二）建立组织结构

企业正式的组织结构在市场营销战略执行过程中起着关键作用。组织将战略实施的任务分配给相应的部门和员工，明确规定他们的职权界限和信息沟通渠道，同时协调企业内部的各项决策和行动。具有不同战略的企业应建立不同的组织结构。换句话说，组织结构必须与企业战略相一致，与企业自身特点和环境相适应。一般来说，组织结构具有两大功能：一是分工职能，将全部工作分解成若干部分，再将它们分配给有关的职能部门和人员；二是协调职能，通过建立正式的组织网络实现有效沟通，协调各个部门人员的行动。

（三）设计评估和薪资制度

为了实施市场营销战略和计划，必须设计相应的评估和薪资制度，这些制度直接关系到战略实施的成败。如果企业在设计员工工作评估和薪资制度时以短期的经营利润为标准，则管理人员的行为必定趋于短期化，他们不会为实现长期战略目标而努力。

（四）开发人力资源

市场营销战略最终是由企业内部工作人员来执行的，所以人力资源的开发显得至关重要，其中涉及人员的考核、选拔、安置、培训和激励等问题。在考核、选拔管理人员时，要注意将适当的工作分配给适当的人，做到人尽其才；为了调动员工的积极性，必须建立完善的薪酬和奖惩制度。此外，企业还必须确定和控制行政管理人员、业务管理人员和一线人员之间的比例。

应当指出的是，不同的战略要求企业挑选不同性格和能力的管理者。例如，拓展型战略要求管理者具有创新和冒险精神、有魄力；维持型战略要求管理人员具备组织和管理方面的才能；而紧缩型战略则需要精打细算的管理者来执行。

（五）建立企业营销文化

企业文化是指一个企业内部员工共同持有和遵循的价值标准、基本信念和行为准则。在企业文化的影响下，企业营销文化是指贯彻企业整个营销活动过程的一系列指导思想、文化理念以及与营销理念相适应的规范、制度等。

营销文化对企业营销管理者的思想和领导风格，对营销人员乃至所有员工的工作态度均起到重要作用。对于营销人员来说，营销文化这种理念和精神被大家所接受，成为他们的行动指南和精神支撑。此外，营销文化不仅可以鼓舞员工，还可以提升企业形象，增强企业凝聚力，提高员工的责任感和荣誉感，甚至有助于打造企业核心竞争力，所以，塑造和强化营销文化是执行企业战略不容忽视的一环。

与企业文化相连的是企业管理风格。有些管理者的管理风格属于专权型，他们喜欢发号施令，严格控制，建立正式的沟通渠道，不能容忍非正式的组织和活动；另一种管理风格是参与型，管理者主张授权给下属，协调各部门工作，鼓励下属主动创新和建立非正式社会关系。企业文化和管理风格一旦形成，就具有相对的稳定性和连续性，不会轻易改变。

企业的行动方案、组织结构、评估和薪资制度，人力资源和企业营销文化这五大要素必须协调一致、相互配合，才能使企业市场营销战略得以成功执行。

三 营销执行的技能

一个优秀的市场营销方案只有得到有效的执行才能达到预期的效果。有效地执行方案要求运用一系列技能。这些技能主要包括以下几种。

（一）诊断技能

当营销计划的执行结果未能达到预期效果和目的时，需要对计划和执行之间的内在关系进行诊断：究竟是什么原因导致的，是计划不当还是执行不当？具体是什么原因，是计划方面的还是执行方面的？如何解决问题？如果发现销售量低，需要进一步诊断这一问题产生的原因是什么？是战略不当还是实施失误。为了完成认识和诊断问题的工作，可以采取不同的方法和措施。

（二）配置技能

配置技能是指营销经理将各种资源（资金、知识、人力资源）分配到不同的使用方向。营销大师舒尔茨认为配置技能是“处理不均衡状态的能力”，这要求管理者善于发现、抓住机会，使资源得到最优配置。要想在掌握有限资源的条件下顺利完成营销工作，需要各岗位上的营销人员合理分配各项资源，使其发挥最大作用，保障营销计划的执行。

（三）调控技能

调控技能包括建立和管理一个追踪控制系统，以便对营销活动的结果进行反馈，确保营销计划不偏离方向。同时，当市场环境发生改变或有突发事件时，营销管理者能够随时对计划的执行进行调整。控制有四种类型：年度计划控制、利润控制、效率控制和战略控制。

（四）组织技能

组织技能是指营销管理者通过建立组织机构和协调机制，进行人员配置，使营销方案得以顺利实施的能力。组织技能涉及确定营销人员之间的关系结构，以利于实现企业的各项目标。只有良好的团队才能形成优秀的组织结构和能力，组织结构、能力同团队之间是一种互相作用的关系，彼此不可或缺、互为依存。

值得注意的是利用非正式组织完成的营销任务。非正式组织往往是企业为了完成某项特殊的营销活动而临时组建的营销团队。这些员工可能来自多个职能部门，多个种族和多种文化背景，组织结构相对复杂。面对这样的情形，如何使一群人快速组织起来，集中力量于共同目标，相互信赖、相互支持，采用一致的工作方法，维持相同的工作标准，企业管理人员的组织技能就变成决定性因素。

（五）互动技能

互动技能是指营销人员通过影响他人来完成工作任务的能力。作为营销人员，不仅要有能力推动本企业的人员有效执行战略，还必须推动企业外的人员或机构（如营销调研公司、广告代理商、经销商、批发商等）来实施战略，即使他们的目标与本企业的目标有所不同。

（六）评价实施技能

执行完营销计划后，市场营销人员需要对营销活动结果进行评价。良好的营销执行必然获得良好的市场效果，然而，良好的市场效果却不一定意味着良好的营销执行，也许是产品或战略自身所致。所以，如何评价一个企业营销执行的有效性？可以通过回答下列问题来实现：是否有明确的营销主题？企业的营销功能是否健全？企业的营销计划是否完整？营销人员与其他部门的人员和企业之间的关系是否融洽？管理部门是否给不同的营销工作合理地分配时间、费用、人员？

四 营销执行中的问题

（一）计划脱离实际

企业的市场营销战略和计划通常由上层的专业人员制定，而执行则依靠市场营销管理人员，由于两类人员之间缺乏必要的沟通协调，使营销计划不可行，脱离现实，执行不力，容易导致一些问题。比如：由于企业的专业计划人员只考虑总体战略而忽视执行细节，使得计划过于笼统和流于形式；长期计划与短期计划脱节，缺乏可操作性；脱离现实的战略导致计划人员与销售人员相互对立和不信任；两种人员缺乏沟通与协调致使市场营销人员在执行过程中经常遇到困难，缺乏对战略的整体理解；计划的前提条件与企业实际不符，制定出来的营销战略脱离企业客观基础。如果发生这些情况，营销管理者必须对计划本身进行调整。

（二）执行力差

市场营销执行是一项艰巨而复杂的任务。美国的一项研究表明，90%被调查的计划人员认为，他们制定的计划和战略没有成功是由于缺乏有效的执行。执行力的强弱会导致营销方案的实施结果有着天壤之别。营销执行力表现在不同的层次和部门。任何一个部门和层次出现问题都会使营销执行力大打折扣。造成营销执行力出问题的原因有很多，如企业内部沟通不畅、销售人员的素质不高、没有充分调动营销人员的积极性等。

（三）缺乏具体明确的执行方案

专业人员制定市场营销计划，往往只考虑总体战略而忽视执行中的细节，致使计划过于笼统而难以执行，缺乏协调企业各有关部门的具体实施方案。企业高层管理人员不能有丝毫想当然的心理；相反，他们必须制定详尽的实施方案，规定和协调各部门的活动，编制详细周密的项目时间表，明确各部门经理应尽的责任。如果各个层次的管理人员责任不清，不知道自己该干什么，不该干什么，营销方案的实施就会陷入混乱，无法保障市场营销战略和计划的实现。

（四）长期目标与短期目标相矛盾

市场营销战略和计划通常着眼于长期目标，需要涉及3~5年的经营活动；而具体执行这些计划和战略的营销人员考虑到工作绩效如销售量、市场占有率和利润率等指标，更关注短期行为。例如，因销售人员追求眼前利益而置新产品开发战略而不顾，使得某公司的长期产品开发战略半途而废，这时公司应该调整战略，将主要资源投入到现有成熟的产品中，使公司的长期目标和短期目标之间的矛盾得到缓解。

（五）企业因循守旧的惰性

如果企业的新战略不符合传统和习惯，往往会遭到部门和员工的抵制。新旧战略差异过大，会使执行新战略的阻力变大。因此，要想执行与旧战略截然不同的新战略，常常需要改变企业传统的组织结构和供销关系，如为了销售老产品开辟新销路而创建新的推销机构。

第3节　营销控制

一　营销控制的含义与原则

（一）营销控制的定义与内涵

营销控制（marketing control）是指市场营销管理者为了实现企业目标，必须经常检查营销计划的执行情况，看看计划与实际是否一致，如果不一致或没有完成，就要找出原因所在，并采取措施以保证营销计划的完成。

在控制论中，控制被认为是一个过程，目的是改善某个或某些受控对象的功能或作用，以信息为基础对其施加影响。这一行为过程由四个基本要素组成：第一，标准，即系统的输入信息，指出控制要达到的标准；第二，控制对象，即控制系统施加影响的对象；第三，传感器，用于测量系统的输出信息，将其作必要的转换后送到输入端；第四，控制器，对传感器的输出信息与输入信息进行比较，确定偏差，并通过调整信息的输入达成目标（见图 15-19）。因此，通过一个信息反馈的过程，将控制系统输出的信息与输入的信息进行比较，对两者的差异进行调整与修正，以达到预期目标。

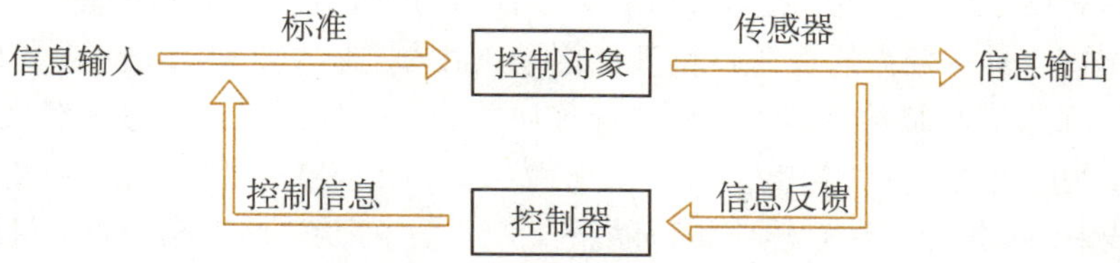

图 15-19 控制系统与控制过程

（二）营销控制的原则

营销控制是营销管理的一项重要职能，但经常会因各种原因导致无法实施。为了能够有效进行营销控制，需要遵循以下原则：

1. 目标管理原则

市场营销控制的最终目的是实现市场营销战略和计划，但是由于公司和对象不同，控制目标也是不同的。市场营销工作通常错综复杂，目标众多，无法实现对每一件事或每一个方面的完全控制，因此，营销管理人员需要从众多目标中选择最能反映工作本质和需要的关键目标，对其加以控制，同时，还需注意目标具有可执行性。

2. 及时性原则

在实施市场营销控制时，信息起着基础性作用。它可以帮助企业及时发现偏差，并迅速采取措施进行修正。为了避免信息滞后造成的损失，企业应该及时收集和传递信息。此外，还应注意反馈控制的及时性，因为发现和分析偏差，并提出改进方法可能需要花费很长时间，而采取改进措施时，实际情况很可能已经发生巨大变化。因此，解决这个问题最好的方法就是采取前馈控制和预先控制，防患于未然。

3. 客观性原则

在市场营销控制过程中，营销管理者容易受主观因素的影响，特别是在采取直接观察法进行衡量的时候，容易产生第一印象效应和晕轮效应。第一印象强调的是由于前面的印象非常深刻或产生的心理效应，导致后面的印象成为前面印象的补充，是一种时间上的差别；而晕轮效应强调的是事物某一方面的特点掩盖了其他方面的特点，是一种内容上的差别。营销管理者在进行市场营销控制时，应避免个人的主观或直觉判断，要采取科学客观的方式进行有效控制。

4. 经济性原则

市场营销控制活动需要付出一定的时间、精力和金钱，这些都构成了控制成本。在思考如何控制以及控制程度时，要考虑到成本问题。在经济性原则的要求下，坚持适度，合理控制支出费用，以实现控制效用最大化。

二 营销控制的类型与方法

（一）营销控制的类型

营销控制可分为正式控制和非正式控制。正式控制是指公司高层管理者制定计划、预算、规章制度和工作任务来实现对员工行为的控制。按时间划分，正式控制可分为事前控制、过程控制和结果控制。

非正式控制分为自我控制、团队控制和文化控制。自我控制是指每个员工基于个人建立的目标对自己进行监督、控制和调整。自我控制的员工一般素质较高、自觉性较强、工作经验丰富、具有较强的责任心和事业心等。团队控制主要利用团队成员共同认可的价值观、目标愿景和利益等因素对成员施加影响。文化控制是指通过组织文化如榜样、仪式、规章制度对员工施加影响。

在实践中，营销控制要考虑到外部环境的影响。为了理解控制的复杂性，最终加强对管理和营销人员的控制，营销控制系统应该包括环境、控制和结果，如图 15–20 所示。

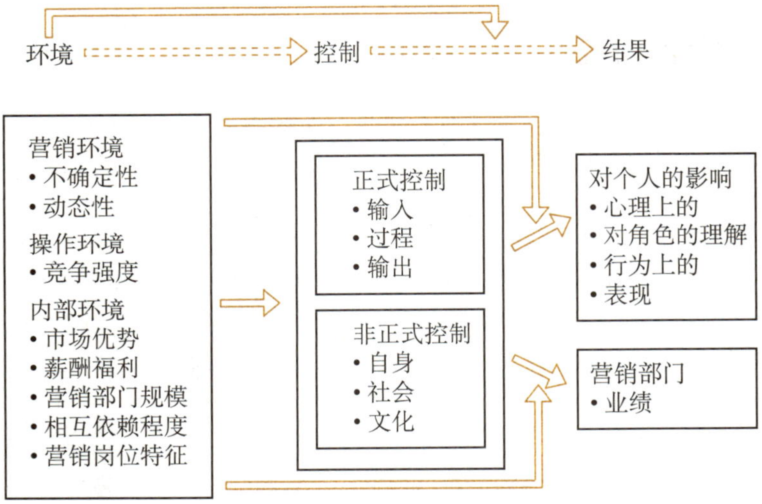

图 15–20 营销控制模型

资料来源：Jaworski，B. J.（1988）.

（二）营销控制的方法

营销方案几乎涉及企业所有员工，因此营销控制相当复杂，需要采用多种方法。营销控制的方法主要包括年度计划控制、战略控制、盈利能力控制、效率控制与平衡计分法，如表 15–2 所示。

表 15–2 营销控制的方法

方法	负责人	目的	工具
年度计划控制	中高层主管人员	检查目标是否实现	销售差异分析、市场占有率分析、销售费用率分析、财务分析、顾客态度追踪分析

续前表

方法	负责人	目的	工具
盈利能力控制	营销主管人员	检查企业的盈利点和亏损点	各地区、各细分市场、各渠道的获利能力分析
效率控制	职能管理部门和营销主管人员	评价和提高营销费用支出的效率	推销人员、广告和促销人员的效率分析
战略控制	高层主管人员	检查企业是否最大限度地利用市场机会	营销审计、营销效益考核、道德与社会责任考核
平衡计分法	高层主管人员、职能管理部门、营销主管人员、营销人员	构建一套完整的绩效管理系统，保证企业战略有效执行	财务指标、客户指标、内部流程指标、学习与成长指标

1. 年度计划控制

年度计划控制是企业在一个财务年度结束后进行的绩效检查。主要目的是找出计划指标与实际完成情况之间的差距，提出改进措施，以实现年度计划中确定的销售、利润及其他目标。年度计划控制的核心是目标管理，包含四个阶段（见图 15-21）。

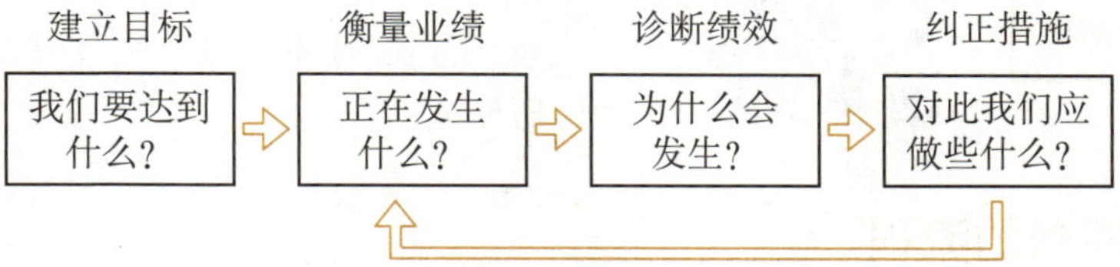

图 15-21　年度计划控制的过程

首先，管理部门确定年度计划中各个月或季度的目标，并作出评价；其次，管理部门密切关注市场业绩；再次，对出现的偏差进行诊断；最后，采取措施弥补目标与绩效之间的差距，在某些情况下可以改变计划，甚至改变目标。年度计划控制工具有：销售差异分析、市场占有率分析、销售费用率分析、财务分析和顾客态度追踪分析等。

2. 盈利能力控制

盈利能力控制通过测定不同产品、不同销售区域、不同顾客群体以及不同渠道的盈利能力，对营销方案的实施过程进行控制。主要目的是发现哪些产品或地区是盈利的，哪些是亏损的，亏损的具体原因是什么，从而调整企业的营销战略部署与策略安排，如决定哪些产品或市场应该扩展，哪些应该缩减以至放弃。

3. 效率控制

效率控制是指企业使用一系列指标对营销各方面进行日常监督和检查。一般来说，企业可以从销售队伍、广告效率、促销效率和分销效率等方面对营销效率进行控制，以提升营销效率和盈利能力。

4. 战略控制

市场营销环境变化非常快，往往会使企业原先制定的目标、战略、方案失去作用，为了使营销战略和策略与企业的营销环境相适应，必须对市场营销战略进行控制。战略控制是指市场营销管理者采取一系列行为，使实际营销工作与原计划尽可能一致，通过不断评审和信息反馈对战略进行修正。战略控制通常由企业的高层领导者来完成。战略控制的主要工具有：营销审计、营销效益考核、道德与社会责任考核。

营销审计是指对企业营销管理活动进行全面、系统、独立、定期的检查，旨在发现企业营销管理活动中存在的缺陷和盲点，找出原因，提出解决问题的对策。包括对市场营销环境、战略、组织、系统、绩效和策略组合的审计。

除了上面提到的营销控制方法以外，对营销实施的控制还可以根据营销方案的过程或阶段，分为项目考评、阶段考评、最终考评和反馈改进等。

5. 平衡计分法

营销绩效考核是企业营销管理的重要环节，但由于种种因素，导致当前营销绩效评价体系还不够完善，如片面追求财务绩效而忽略信息收集。为了构建完善的营销绩效评价体系，不仅要重视财务指标，还要重视非财务指标，不仅要考虑短期指标，还要重视长期指标。由于营销管理工作主要是针对市场需求所做的一种管理活动，因此不能只偏重结果而不重视过程。在这种情况下，许多企业开始基于平衡计分法建立企业营销管理制度。

平衡计分法（balanced score）是从财务、客户、内部流程以及学习与成长四个角度，将组织的战略落实为可操作的衡量指标和目标值的一种新型绩效管理体系。这种方法的关键在于以财务目标为基准，从客户的需求出发建立完善的企业内部流程体系，并且在过程中进行价值创造。

小贴士15-4　平衡计分卡在万科公司的应用

三　营销控制的流程

一个有效的市场营销控制包括七个步骤，如图15-22所示。

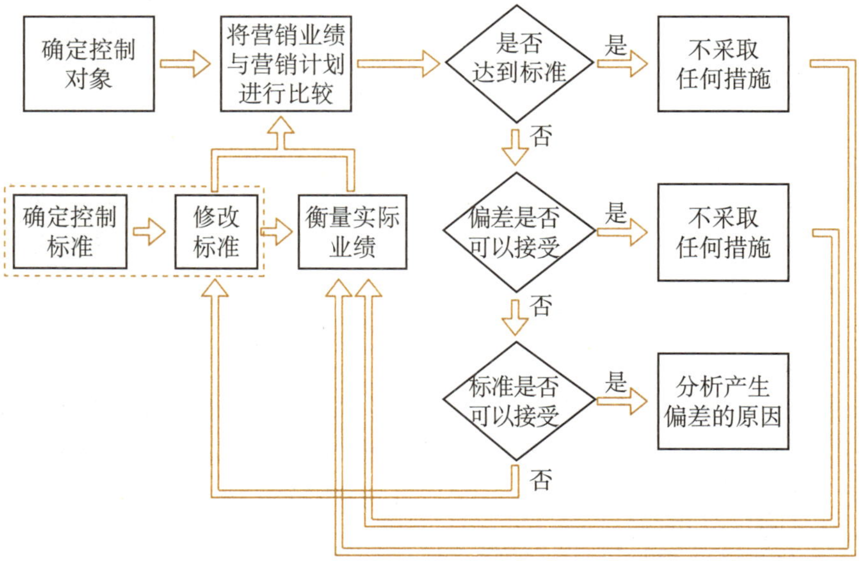

图 15-22　营销控制流程示意图

1. 确定控制对象

确定控制对象，即确定对哪些营销活动进行控制。在确定控制范围、内容时，管理者应当注意使控制成本小于控制活动所带来的效益或可避免的损失。最常见的控制对象包括销售收入、销售成本和销售利润，此外，还应确定控制量，对一些影响大、容易失控和出错的对象加大控制频率。同时，对于市场调查、推销、消费者服务、新产品开发、广告等活动也应通过控制加以评价。

2. 确定是否产生偏差

明确控制对象后，在实际执行营销计划时，根据计划执行情况与目标之间的差异决定是否进行调整。

3. 确定控制标准

控制标准是营销管理者希望企业营销活动达到的状态或完成的任务，包括财务指标和非财务指标。无论是财务指标还是非财务指标，一旦作为控制标准使用，就要设法将其量化，否则，不宜作为控制指标。因为只有量化的指标才能测量，才能用于比较。

一般来说，企业经常采用的控制标准有两个：一个是基本标准，必须完成；另一个是奖励标准，使员工达到更高水平。此外，确定标准时还可以参考其他企业的情况，听取多方面意见，使其更切合实际，或考虑产品、地区和竞争情况，设立具有差异性的控制标准。

4. 确定检查方法

检查方法有很多种，如直接观察法、统计法、访问法、问卷调查法等，可以根据实际情况做出选择。任何检查都是在一定频率和范围下进行的。频率是指两次检查之间隔多长时间；范围是指进行局部的单项检查，根据需要进行选择。

5. 比较实际业绩与标准

将控制标准与实际执行结果进行对比。如果实际业绩与控制标准一致，则控制过程到此结束；如果不一致，则需要实施下一步骤。

6. 分析产生偏差的原因

产生偏差的原因通常有两种：一是实施过程中的问题，这种问题比较容易分析；二是计划本身的问题，确认这种问题一般比较困难。两种原因交织在一起会增加问题的复杂性，致使分析偏差的原因成为营销控制的一个难点。

7. 采取措施

如果在制定计划的同时制定了应急计划，改进就能更快实施。不过，在多数情况下并没有这类应急计划，必须根据实际情况迅速制定补救措施，或适当调整某些营销计划的目标。

▶ 基本概念

市场营销组织（marketing organization）
大众生产（peer production）
虚拟社区（virtual communities）
学习型组织（learning organization）
营销控制（marketing control）
平台型组织（platform organization）
虚拟组织（virtual organization）
战略联盟（strategic alliance）
营销执行（marketing implementation）
平衡计分法（balanced score）

▶ 应用与实战

1. 对你所在企业或你的亲友所在企业进行调查，画出该企业的组织结构图和营销组织结构图，并分析该企业的营销组织类型、优点与不足、未来的改进措施。

2. 上网搜索亚马逊、谷歌、脸书、微软公司的组织结构的资料，思考它们分别是什么类型的组织。

3. 浅析在网络经济时代如何提高网络营销执行力。

▶ 案例

海尔组织之变：从生产产品到生产创客

2015 年海尔集团提出的发展主题为“人人创客，引爆引领”，这标志着海尔集团要从管控型组织变成投资平台，每个人不再是执行者，而是创业者（见图 15-23）。整个组织正在打破原有的组织构架，从传统组织向网络化组织转变。纵观海尔的成长历程，集团始终将人的因素放在第一位，从成立之初提出的“企业即人，人即企业”，到 2002 年“人单合一”的双赢模式，再到 2012 年提出的“三化”战略（企业平台化，员工创客化，用户个性化），最后到 2015 年初进入“人人创客”时代，海尔一直跟随时代的步伐进行转型。

图 15-23 海尔创客实验室接棒卡萨帝创艺大赛

资料来源：http://mt.sohu.com/20150728/n417687731.shtml.

一、做时代型企业

海尔一直相信，没有成功的企业，只有时代的企业。从 1984 年创业至今，海尔集团经历了名牌战略发展阶段、多元化战略发展阶段、国际化战略发展阶段、全球化品牌战略发展阶段，并于 2012 年 12 月宣布进入第五个发展阶段：网络化战略发展阶段。海尔集团一直跟随时代变化转变企业战略，调整组织结构。

首先，21 世纪之前的组织采用正三角组织架构——服从领导。在 15 年的时间里，海尔先后制定了名牌战略、多元化战略和国际化战略，在这些战略的实施过程中，需要制定明确目标的管理模式，以有效、坚决地执行战略目标。因此海尔集团采用正三角架构，这一管理架构的特点为：执行文化为主导，服从领导，分工专业化。领导者掌握全面信息，是决策中心，市场、用户与基层员工信息不对称；水平层部门及职位多，垂直层级数量多，水平层和垂直层沟通、控制和协调的成本高。这一模式的弊端很明显：对用户需求反馈速度慢，对环境变化应对不足。

其次，21 世纪前 12 年的组织采用倒三角组织架构——从服从领导到服从用户。为了实现全球化品牌战略目标，员工需直接面对市场，拉近与用户的距离，快速获取外部信息。倒三角组织架构可以提供专业服务和资源，促使领导者搭建更好的机制，使得专业服务和资源产生高效协同的效果。从服从领导转为服从用户，引导海尔组织架构升级为倒三角组织，通过设置三层经营体（一级经营体直接面对市场和用户，二级经营体提供专业服务和资源，三级经营体搭建机制），初步形成了快速响应市场需求的机制。

最后，2012 年以来建设了平台型组织——建立与员工和客户紧密的价值创造关系。随着互联网时代的来临、信息技术的快速发展，原有的商业模式、制造模式、消费模式都变得毫无意义。因此，为了响应互联网的三个特点——零距离、去中心化、去中介化，海尔集团提出了“企业无边界，管理无领导，供应链无尺度”的“三无”境界，通过“企业平台化，员工创客化，用户个性化”，将员工和用户联系在一起，激活每个员工，让员工在创造价值的同时实现自身价值。另外，在海尔内部接入世界一流的资源，将世界变成海尔的研发部和人力资源部，初步构建并运行平台型组织。

从海尔集团战略和组织结构的转变可以看出，海尔一直遵循“战略决定组织，组织支撑战略”的核心思想，基于对进取、速度与价值的追求，将企业经营权交给员工，为员工提供机会，提倡创业与创新精神，让每位员工成为自己的 CEO，实现自身价值。这种做法应对了张瑞敏总结出来的八个字“企业即人，人即企业”。“企业即人”是指企业能不能发展壮大，要看人的价值。“人即企业”是指跟着互联网转型，让每个人都可以创业，都可以成为企业家。

二、实现“人人创客”

为了创造员工价值，首先要从组织变革着手，否则就无法释放员工的能量。海尔采用企业平台化、员工自驱动和小微孵化模式来实现“人人创客”。

（1）企业平台化。即由原来的封闭组织变成开放的创业生态圈。目前，海尔的平台上有三类用户。一类是平台主。平台主不是领导，它们的作用是保证小微公司活儿不乱，给后者创造一个可以发现和解决问题的恒温生态环境。另一类是小微主，也就是小型公司。它们需要寻找机会创业。最后就是创客，所有的员工都应该是创客。于是企业就从原来制造产品的加速器变成孵化创客的加速器，海尔内部叫做“共创共赢的生态圈”。

当企业平台化后，营销模式也要改变。过去海尔采用以企业为中心的串联结构，以生产流程制造企业为中心；而现在是以用户为中心的开放并联平台，也就是研发、制造、销售都要对用户负责。过去通过销售人员讲解就能把产品卖出去，但现在消费者会先在网上查看所有信息和评价。因此，企业要让用户参与产品的设计，把一次性顾客转变为可交互的用户。海尔过去生产一件产品，如果质量和交货期都没问题，员工就可以拿到钱。但现在不行，只有将生产的产品卖到客户手中，员工才能拿到钱。这就要求围绕用户需求去做工作。因此，成为互联网的一个节点之后，海尔的定位从“出产品”转为“出创客”，或者说原来是制造产品，现在是制造创客；原来就看生产、售出多少产品，但在互联网时代要看能产生多少创客，创造多少新的东西。要把最底层的员工都解放出来，让他们可以自己成立企业，和互联网的资源相连接。

（2）员工自驱动。海尔内部采用动态合伙人机制，只要你有能力，就可以在平台上创业和发展，共享价值。为了让员工自我激活，海尔实行了“让渡三权”和“三自”。过去企业管理有一个授权，现在彻底放权，决策权、用人权、分配权都让渡给小微。所谓“三自”体系，就是自创业、自组织、自驱动。所谓“自创业”，即发现了市场机会就可以创业；“自组织”即觉得谁合适就整合资源；最后一个是“自驱动”，即靠市场、靠用户进行自我驱动。同时，海尔还将原先组织中财务、人力、法律等职能部门变成两个平台——共享平台和驱动平台，驱动企业往前走。

（3）小微孵化模式。目前海尔对于小微公司有四种孵化模式：第一种是脱离主体的孵化，也就是员工可以辞职，独立开公司，但在这个过程中可以用海尔的资源；第二种是企业内部平台，在原有的产业里，有好点子的人可以聚在一起，成立一个公司——由原来的产品延伸出来的公司；第三种是众筹孵化，它可以吸引社会上各种各样的资源，一起筹资成立公司；第四种是生态小微，在这种模式下，会有很多创客进入海尔平台，共享资源。

海尔通过用户资源和产业资源“众创、众包、众筹、众扶”的服务机制，帮助创客创业并取得成功。在众创平台，通过海立方和创意平台，将这些创意与平台上的资源对接；在众包平台，依托海尔的开放式创新平台，使全球有创意的人将创意拿出来共同讨论、实践；在众筹平台，海尔设有专项创投基金；在众扶平台，为内部员工成为创业者提供资源平台。同时，为了推动海尔创客体系的发展，海尔集团还成立了创客学院、创客实验室、创客空间、创客工厂、创客金融、创客市场，加速创客的成长和成功。基于海尔的创业机制和平台，目前海尔分流了 2.1 万人进入小微，成立了 183 个小微生态圈，孵化出 470 个创业项目。

在海尔看来，战略和组织架构的调整要比技术更加基础。在海尔的企业文化里，只有时代的企业，没有成功的企业。这是一个最好的时代，同时也是最坏的时代，在这个创客的时代里，唯有不断颠覆自我，才能不断创新，才能找到改变传统制造企业的途径。

思考题

1. 海尔为什么要进行这样的营销组织变革？
2. 海尔的营销组织结构是如何进行转变的？
3. 海尔是如何实现“人人创客”战略的？
4. 基于组织结构的演变，营销组织管理者应如何理解“企业即人，人即企业”这句话？
5. 营销管理者如何使营销人员成为部门的创客？

资料来源：石丹 . 海尔组织之变：从生产产品到生产创客 . 商学院，2016（1）.

▶ 参考文献

[1] 李怀斌，等 . 市场营销学 . 2 版 . 大连：东北财经大学出版社，2011.

[2] 庄贵军 . 营销管理 . 北京：中国人民大学出版社，2011.

[3] 李德俊 . 市场营销学 . 合肥：安徽大学出版社，2009.

[4] 王永贵 . 营销管理 . 大连：东北财经大学出版社，2011.

[5] 殷博益 . 市场营销学 . 南京：东南大学出版社，2009.

[6] 张荣 . 市场营销案例集 . 杭州：浙江大学出版社，2014.

[7] 董大海 . 营销管理 . 北京：清华大学出版社，2010.

[8] 李怀斌 . 市场营销学 . 2 版 . 北京：清华大学出版社，2012.

[9] Jaworski，B. J. Toward a Theory of Marketing Control：Environmental Context，Control Types，and Consequences. Journal of Marketing，1988，52（3）：23–39.

[10] Benkler，Y. Coase’s Penguin，or，Linux “and the Nature of the Firm”. The Yale Law Journal，2002，112（3）：369–446.

[11] 孟韬，孔令柱 . 社会网络理论下“大众生产”组织的网络治理研究 . 经济管理，2014（5）：70–79.

[12] 孟韬 . 消费者创新研究进展 . 经济学动态，2012（1）：108–112.

[13] 蔡宁伟 . 自组织与平台组织的崛起 . 清华管理评论，2015（11）.

图书在版编目（CIP）数据

市场营销：互联网时代的营销创新 / 孟韬编著. —北京：中国人民大学出版社，2018.1
教育部经济管理类核心课程教材
ISBN 978-7-300-24855-4

Ⅰ. ①市… Ⅱ. ①孟… Ⅲ. ①市场营销学-教材 Ⅳ. ①F713.50

中国版本图书馆 CIP 数据核字（2017）第 203130 号

教育部经济管理类核心课程教材
市场营销：互联网时代的营销创新
孟　韬　编著
Shichang Yingxiao: Hulianwang Shidai de Yingxiao Chuangxin

出版发行	中国人民大学出版社		
社　　址	北京中关村大街31号	**邮政编码**	100080
电　　话	010-62511242（总编室）		010-62511770（质管部）
	010-82501766（邮购部）		010-62514148（门市部）
	010-62515195（发行公司）		010-62515275（盗版举报）
网　　址	http://www.crup.com.cn		
经　　销	新华书店		
印　　刷	北京鑫丰华彩印有限公司		
规　　格	185mm×260mm　16开本	**版　　次**	2018年1月第1版
印　　张	27.75　插页1	**印　　次**	2020年6月第4次印刷
字　　数	650 000	**定　　价**	55.00元

教师教学服务说明

中国人民大学出版社工商管理分社以出版经典、高品质的工商管理、财务会计、统计、市场营销、人力资源管理、运营管理、物流管理、旅游管理等领域的各层次教材为宗旨。

为了更好地为一线教师服务，近年来工商管理分社着力建设了一批数字化、立体化的网络教学资源。教师可以通过以下方式获得免费下载教学资源的权限：

在“人大经管图书在线”（www. rdjg. com. cn）注册，下载“教师服务登记表”，或直接填写下面的“教师服务登记表”，加盖院系公章，然后邮寄或传真给我们。我们收到表格后将在一个工作日内为您开通相关资源的下载权限。

如您需要帮助，请随时与我们联络：

中国人民大学出版社工商管理分社

联系电话：010-62515735，62515987，62515782，82501048

传　　真：010-62515732，62514775　　　　电子邮箱：rdcbsjg@crup. com. cn

通讯地址：北京市海淀区中关村大街甲59号文化大厦1501室（100872）

- -

教师服务登记表

姓 名		□先生 □女士	职 称		
座机/手机			电子邮箱		
通讯地址			邮 编		
任教学校			所在院系		
所授课程	课程名称	现用教材名称	出版社	对象（本科生/研究生/MBA/其他）	学生人数
需要哪本教材的配套资源					
人大经管图书在线用户名					

院/系领导（签字）：

院/系办公室盖章